Sex, Ecology, Spirituality: The Spirit of Evolution, Second Edition

켄 윌버의
성, 생태, 영성
- 진화하는 靈 -

Ken Wilber 저 | 조옥경 · 김철수 공역

학지사

역자 서문

　인류는 현재 전대미문의 혼란 속에 있다. 2020년 초 갑자기 전 세계를 덮친 신종 바이러스는 인공지능이 주도할 4차 산업의 도래를 목전에 두고 한껏 부풀었던 인류의 자존심에 치명적인 타격을 가하고 있다. 눈부시게 발전해 왔던 과학과 기술은 마스크와 사회적 거리두기라는 원시적인 대책 이상의 대안을 마련하지 못하는 실정이다. 여기에 더해서 해마다 가속되는 기후 변화는 인류에게 새로운 돌파구가 시급하다는 경종을 울리고 있다. 우리는 현재 어디쯤 위치하고 있는 걸까? 미래는 어떻게 전개될 것이고 더 나은 미래를 위해 우리가 할 수 있는 일은 무엇일까? 이런 식의 자기성찰적 화두가 모두의 머릿속에 맴돌고 있다. 한국 독자에게도 이미 잘 알려진 켄 윌버는 이 질문에 대해 정신사적으로 가장 적절한 대답을 줄 수 있는 사상가로 보인다. 그의 통합사상은 물리학, 생물학, 생태과학, 심리학, 현상학, 해석학은 물론 동서양 대부분의 신비 전통을 포용하고 있다는 점에서 그는 우리 시대 최고 통합사상가이자 "동양 영성의 헤겔(주간 출판Publishers Weekly)"로 칭송받고 있다. 특히 물질 차원만을 고려하는 평원론적 우주cosmos에서 물질-생명-마음-혼-영을 포괄하는 다차원의 전일적 온우주Kosmos로 눈을 돌리게 만든 그는 물질주의에 지나치게 매몰된 현대인에게 정신과 영성의 회복이라는 시대적 과제를 부여하고 있다.

　저널리스트 토니 슈워츠Tony Schwartz는 현대 미국의 대표적인 지혜를 발굴해서 소개하는 자신의 저서 『무엇이 진정 중요한가What really matters?』에서 켄 윌버를 프로이트와 붓다를 포괄하는 철학 사상가로 소개하였다. 프로이트의 신중하면서도 날카로운 눈빛에 고요하면서도 따뜻한 붓다의 미소가 만나 서로 조화를 이룬다는 것의 의미는 무엇일까? 프로이트는 신비 경험을 포함해서 모든 초월적 경험은 위대한 어머니와의 비분리로 인한 원초적, 유아적 경험으로서 병리를 유발할 소인을 안고 있다고 경고하였다. 반면에 붓다로 대표되는 동양의 명상 전통은 분리된 자아란 환상에 불과함을 설파하면서 전개인-개인-초개인으로 순차적으로 이동하는 의식의 발달 현상을 간과하였다. 켄 윌버는 1977년『의식의 스펙트럼The spectrum of consciousness』을 출판하여 '성장하고 발달하는' 의식을 우리에게 각인시켰다. 이 저서에서 그는 인간의 의식 또한 신체와 마찬가지로 일정한 단계를 거쳐 변화 발전한다고 주장하면서 이를 뒷받침하는 동서양의 증거들을 제시하였다. 이로써 세계적인 주목을 끌었던 그의 나이는 겨우 27세에 불과했다.

『성, 생태, 영성Sex, Ecology, Spirituality』은 1995년에 출판된 켄 윌버 최고의 걸작으로 평가되고 있다. 윌버 자신이 서문에서도 밝혔듯이 이 책은 원래 '온우주 3부작The Kosmos Trilogy'으로 계획된 것의 1권에 해당한다. 아내를 잃고 약 3년 동안 칩거에 들어간 윌버는 근대를 넘어 탈근대가 맞닥뜨린 주요 이슈들을 이 세 개 키워드로 요약한 후 이들을 모두 해결할 수 있는 새천년의 통합비전을 제시하였다. 또한 과학, 도덕성, 미학, 동서양 철학과 수행 전통, 전근대-근대-탈근대, 동서양의 다양한 명상 전통을 포괄하는 온우주Kosmos의 지도를 만들고자 하였다. 현대에 이르기까지 전 세계 과학자, 철학자, 사상가들이 제시했던 만물을 통섭하는 계층구조 약 200개를 늘어놓고, 이것들을 어떻게 통합시킬까를 장시간 고심한 결실로 총 2,500페이지에 달하는 '온우주 3부작'의 초고를 완성하였다. 인간 잠재력 운동의 본산지이자 인본주의 심리학, 트랜스퍼스널 심리학을 낳는 데 핵심 역할을 했던 에살렌 연구소Esalen Institute의 설립자 마이클 머피는 20세기가 낳은 가장 위대한 저서 네 권 중 하나로『SES』를 꼽을 정도였다.

16~18세기 유럽에서 일어난 계몽주의는 존재의 영적 측면을 도외시한 철학적 자연주의에 매몰된 점에서 윌버의 눈에는 불완전해 보였다. 따라서 현대에는 동서양의 수많은 사상가, 철학자들이 동의하고 전제하는 '영원의 철학perennial philosophy'을 근간으로 삼는 영Spirit을 부활시킨 새로운 계몽주의 비전이 필요하다고 윌버는 강조한다. 이 점에서 중요하게 부각시킬 필요가 있는 사상가로 그는 플로티노스, 나가르주나, 셸링, 스리 오로빈도를 꼽았다. 윌버는 세계의 전개를 진화하는 영Spirit의 활동

으로 보았다. 근원의 일자적 영에서 다자로 진화evolution하는 영은 다시 내화involution의 과정을 거쳐 일자로 회귀한다. 위에서 언급한 네 사람은 대립되는 양극단을 통섭하는 비이원적 관점을 견지한 대표적인 사상가들이다. 플로티노스는 상승의 길과 하강의 길을 통합한 점에서, 셸링은 에고Ego와 에코Eco 간의 갈등을 통합한 점에서 비이원론자이다. 나가르주나는 비이원철학을 최초로 주장한 불교철학자이며, 오로빈도는 진화적 관점을 취한 비이원의 베단타철학자이다. 양단을 포함하는 동시에 초월하는 비이원의 관점에서 세계를 관조한 윌버는 현대 생물학, 생태과학, 사회과학, 심리학, 근대 및 탈근대 철학의 성과를 비이원철학 속에 녹여 넣는 작업을 시도하였다.

『SES』는 상권과 하권으로 구분되어 있지만, 상당 분량의 주석이 추가되어 총 세 개 부분으로 구성되었다고 보는 것이 적절할 것이다. 상권에서는 기계론적이고 유물론적인 근대세계관을 기초로 한 철학적 자연주의가 갖는 내면성의 소외, 영성의 배제라는 문제점을 지적하면서 그런 문제점을 보완하는 새로운 온우주론을 제시하였다. 오늘날의 생태적 위기를 극복하기 위한 대안으로 제시된 생명의 그물망이라는 생태적 전일론은 계층구조를 부정하고 수평적 확장만을 강조하는 평원론적 우주관에 머물고 말아 새로운 문제를 낳았다고 그는 말한다. 이런 평원론은 상위 차원이 하위 차원을 초월하고 포함하는 존재의 대사슬을 설명할 수 없다는 점을 지적하면서 그 대안으로 '영의 대둥지Great Nest of Spirit'를 제안하였다. 영의 대둥지를 구성하는 최소 단위는 '어느 한 맥락에서는 전체인 것이 동시에 다른 맥락에서는 부분이 되는' 홀론holon이며 홀론은 어느 한 단계에서는 전체였던 것이 다음 단계에서는 더 큰 전체의 일부가 된다는 점에서 홀론계층holarchy의 계층구조를 이룬다. 이런 계층구조는 힘을 통한 지배력이 근간이 되는 지배 계층구조와는 뚜렷하게 구분되는 실현 계층구조actualization hierarchy로서 여기에서는 낮은 기능의 홀론에서 높은 기능의 홀론으로 진화한다. 홀론이 따르는 십여 개 원리를 상권 2장에서 구체적으로 조목조목 설명하면서 만물은 이런 원리에 따라 서로 연결되어 있을 뿐 아니라 공진화한다고 주장하였다.

홀론, 홀론계층 관점은 홀론 개체의 크기와 집단의 폭이라는 개념으로 개체와 사회라는 외견상 대립되는 두 요소의 종합을 허용한다. 즉, 진화가 진행될수록 개체 홀론의 크기는 커지는 반면 집단 홀론의 폭은 더 작아진다는 것이다. 여기에 더해서 윌버는 그동안 인류 정신사의 흐름에서 주요 지류로 도도히 흐르는 개인의 주관성, 내면성에 관한 지금까지의 경험과 지식을 인간의식론에 통합시킬 필요성을 제기한다. 개체-사회의 차원에 외면-내면의 차원이 결합되자 그의 사상은 큰 도약을 맞이하여 인류 정신사의 큰 획을 긋는 사상한론이 본격적으로 모습을 드러내게 된다. 내면성의 회복은 일차원의 기계론적 평원론에 깊이를 추가하는 결과를 낳음으로써 이제 인간의 의식은 개체-내면(좌상상한), 집단-내면(좌하상한), 개체-외면(우상상한), 집단-외면(우하상한)의 더욱 확장되고 풍성해졌다. 『SES』에서 최초로 제기된 사상한론은 두 가지 환원주의 오류, 즉 사상한으로 전개되는 온우주를 외부만으로만 구성된 물질적 기계론(우상상한)으로 환원시킴으로 계몽주의가 저질렀던 거친 환원주의와 내부를 외부(우측 상한)로 환원시킴으로서 시스템 이론이 저지른 미묘한 환원주의 모두를 마침내 극복하였다. 이로써 근대와 탈근대를 넘어 새로운 21세기를 여는 통합의식론의 기초가 마련된 것이다.

평원적 생태론이 제시한 수평적 차원에 내면성의 깊이로 수직성을 추가한 윌버는 초기 사상에서 제시한 의식발달론(좌상상한)을 집단의식에 적용시켜(좌하상한) 역사적으로 집단의식이 어떻게 발달하고 성장하며 진화해 왔는지를 설득력 있게 설파하였다. 보여 주었다. 개인의식발달을 위해서 피아제의 인지발달론이 필요했다면, 집단의식발달을 위해서는 하버마스의 사회-문화적 발달에 관한 연구가 필요했다. 이 두 개의 이론으로 서구 사회가 어떻게 마술magic, 신화적mythic 단계를 거쳐 합리적rational 의식 단계로 발전해 왔는지가 설명되었다. 인류 집단의식발달의 여정은 인류가 어떻게 물질권에서 생물권으로 해방되고, 생물권에서 정신권으로 해방되었는지를 잘 보여 준다. 윌버는 생물권에서 정신권이 분리되어 분화되는 과정에 페미니즘이 위치하고 있다고 주장하였다. 생물학적 성sex의 구속에서 해방된 여성은 정신권에서 사회학적 성gender으로 자신을 재정립하고 사회 속에서 자신의 권리를 쟁취하는 투쟁이 시작되었다는 것이다. 따라서 윌버의 시각에서 보면 페미니즘은 정신권이 생물권으로부터 분화된 필연적인 결과다. 이제 정신권의 자율성과 독립성을 쟁취한 인류의 집단의식은 목전에는 더 상위 차원에서 생물권과 정신권이 통합되는 비전-논리vision-logic가 기다리고 있다. 그렇다면 비전-논리야말로 인류의식 진화의 정점일까? 아니라면 무엇이 우리를 기다리고 있는 걸까? 이런 질문에 대한 해답의 단초로 윌버는 개인의식발달의 스펙트럼으로 눈을 돌린다. 비전-논리 이후 의식이 진화하는 방향, 즉 에머슨으로 대표되는 자연 신비주의, 아빌라의 성 테레사로 대표되는 신성 신비주의, 에크하르트로 대표되는 무형 신비주의, 라마나 마하르시로 대표되는 비이원 신비주의가 우리를 기다리고 있다. 시대를 앞서간 이 위대한 신비가들은 우리의 과거가 아니라 우리의 미래인 것이다.

하권에서 윌버는 현재 인류에게 주어진 과제, 특히 생태 위기와 영성의 회복과 관련해서 제기되는 쟁점들을 의식발달의 최정점인 비이원의 관섬에서 종합하려는 시도를 하였다. 우선 일자 혹은 절대를 포용하는 상승의 철학과 다수, 다자를 포용하는 하강의 철학은 플라톤에서 출발해서 플로티노스로 이어진다. 플라톤에게 있어 상승 과정은 점점 더 큰 통일성을 찾아가는 에로스에 의해 추진된다. 반면에 플로티노스의 경우 상승의 매 단계마다 하위 단계들이 포함되므로 창조성으로 추동되는 에로스는 하위에 대한 사랑, 관심, 자비로 추동되는 아가페와 균형을 이룬다. 윌버는 에로스와 아가페가 원인적 일자의 직접 경험을 통해 개인 안에서 통합되지 못하면 에로스는 실존의 공포인 포보스Phobos로 변질되어 존재의 대둥지의 하위 수준들을 혐오하고, 소외시키고, 그 수준을 억압한다고 하였다. 이와는 달리 아가페와 에로스가 분리되어 균형을 잃으면 죽음 충동인 타나토스Thanatos로 변질될 위험이 있다고 하였다.

켄 윌버는 또한 근대의 빛과 그늘을 그 시대를 대표하는 길보good news와 흉보bad news로 나누어 기술하였다. 근대의 길보는 신화가 경험적 증거를 요구하는 합리성으로 경질되었다는 것이고, 흉보는 그런 상승 과정에서 '더 이상 신화는 그만'이라는 구호가 '더 이상 상승은 그만'으로 변질되었다는 것이다. 발달적 상승 기회가 부정되었기 때문에 모든 관심이 다차원적 홀론계층으로 이루어진 온우주가 아니라 우측 경험적 접근만으로 탐구 가능한 '평원', 즉 거대한 평면에 머문 상호 연결적 질서로 전락하고 말았다. 이런 세계관은 근대의 중심적인 문제, 즉 합리적 자아의 자

7

율적인 독자성 대 자연과의 결합을 지향하는 자연세계와의 공동성의 대립이라는 문제를 제기하였다. 여기에서 '에고 진영'과 '에코 진영'의 갈등이 출현한다. 에코 진영의 최대 관심은 어떻게 하면 인간을 생명의 흐름 안으로 되돌릴 것인가에 있었지만, 이 진영의 사상가들은 분화를 분리와 혼동함으로써 발달의 순서를 따라 진행되는 진화의 과정을 올바로 인식하지 못한 채 분리와 소외 이전의 과거를 찬미하는 낭만주의 오류를 범하고 말았다.

에고와 에코와의 갈등에 대한 해결책을 마련한 사람은 셸링이다. 그는 마음과 자연 간의 분리는 어린 시절로 돌아가거나 느낌의 즉각성으로 돌아가는 것으로 치유될 수 있는 것이 아니라 마음과 자연 모두를 발견하는 합리적 이성 너머로 진전해 감으로써 치유될 수 있다고 하였다. 따라서 셸링의 경우 절대자는 발달의 알파이자 오메가이고, 근원인 동시에 정상이었다. 외견상 두 가지 절대자로 보이는 영의 움직임은 이 둘의 초월, 즉 하나의 절대자로의 통일, 주체와 객체의 일체성을 통해 종합된다. 그러나 셸링 이후 헤겔로 이어지는 관념론은 실패를 맞이하고 말았다. 윌버에 따르면 관념론자들은 비이원적 실재와 그런 실재의 현현을 일별한 것으로 보이지만, 이런 잠시의 일별을 지속적인 비전으로 안정화시키는 작업, 그런 일별을 의지로 재획득하고 공고한 구조로 전환시키는 고되고 힘겨운 변용 과정의 작업을 소홀히 했기 때문이다. 따라서 비이원의 관념론은 단순한 형이상학으로 전락하여 역사 속으로 사라지는 운명을 맞고 말았다. 여기에서 윌버는 의식 변용의 방법론을 갖춘 관념론의 재창출이 필요하다는 점을 거듭 강조하였다.

진화에는 일종의 초월적 충동이 존재하고 점점 더 많은 사람이 자기초월적 충동을 직관하고 있다. 그러나 상위 단계를 직관한 대다수 사람은 참자아, 순수한 각성, 진여, 불성 등 주관적인 현상에 초점을 둔 개인적, 주관적인 좌상상한에 머물러 버린 나머지 '우리(좌하상한)'와 '그것(우측 상한)'에 해당하는 사회, 문화 및 객관적 현상을 도외시하는 우를 범하였다. 그 결과 상위 단계에서 요구되는 공동체 활동과 봉사, 그리고 그런 활동을 지원하는 데 필수적인 기술, 경제적 인프라를 구축하는 일을 외면하는 결과를 낳았다. 따라서 세상에 대한 근심, 걱정에서는 해방되었지만 더이상 자신과 분리되지 않은 세상을 품어 안고 세상을 위해 헌신하고 봉사해야 할 상호 주관성의 요구마저 저버린 것이다. 윌버는 개인의 발달과 문화적 통합, 생태 보전과 자연에 대한 인식이 상호 연결된 의식의 통합적 발달을 위해서는, 첫째, 초개인 단계로 발달할 수 있는 가능성의 이해, 둘째, 그런 단계를 실현하기 위한 훈련, 셋째, 사상한 모두를 적용시켜 그것들을 행동으로 표현할 것을 요구한다. 그런 포괄적 비전에 의해서만 진화하는 영이 우리 안에서 그리고 우리를 통해서 달성될 수 있다는 것이다.

수백 페이지에 달하는 방대한 양의『SES』가 출판되자 세계적으로 큰 반향을 일으켰다. 이 저서에 대한 평가는 지금까지도 크게 엇갈린다. 한편에서는 이원론, 기계론, 인간중심, 남성중심의 지배 계층구조적 근대세계관이 초래한 인간-자연, 몸-마음, 물질-영혼으로 양분된 세계관을 거시적 관점에서 통합하는 획기적인 세계관을 제시했다는 점에서 엄청난 찬사가 쏟아졌다. 그러나 다른 한편에서는 혹독한 비판도 쏟아졌는데, '만물의 이론'이라는 명분으로 지금까지 인류가 쌓아 온 방대한 양의 지식과 정보를 윌버 자신의 '온상한, 온수준' 패러다임 속에 집어넣으려 지나치게 애쓴 나머지 아이디어, 개념, 통찰 간의 논리적 정합성이 부족하여 대학생 수준에 머문 일반화에 그치고 말았다는 것이다. 특히 페미니즘 진영은 생물권으로부터 정신권이 분화되어 나온 시점에 페미니즘을 위치시키면서 그들이 그토록 혐오하는 남성중심의 계층구조를 부활시킨 점에 대해 노골적으로 반감을 표시하였다. 그럼에도 불구하고『SES』는 몇 가지 점에서 인간의식에 관한 역사상 최대 규모의 거대 담론이자 통합론을 인류에게 선사했다는 사실에 이의를 제기하는 사람은 많지 않을 것이다.

『SES』가 인간의식 연구에 기여한 바를 요약하면, 첫째 자기조직, 자기초월하는 물질, 생명, 마음의 진화 과정을 밝힘으로써 근대의 기계론적 유물론과 탈근대의 탈목적론적 상대주의를 극복하였다. 둘째, 홀론의 계층구조(홀론계층)를 제시함으로써 남성중심적인 지배의 계층구조를 부정하고, 실현 계층구조 안에서 하위 수준에서 상위 수준으로 스스로 성장하면서 자기실현하는 홀론의 지향성을 분명하게 제시하였다. 셋째, 홀론계층의 상위 수준은 하위 수준을 '포함하면서도 초월한다'는 개념을 도입하여 유물론적 세계관과 시스템 이론의 세계관이 빠진 상위 수준을 하위 수준으로, 또 내면을 외면으로 환원시킨 환원주의 오류를 극복하였다. 넷째, 사상한론을 통해 근대적 세계관에서 종종 대립의 양극으로 갈등하였던 개체-사회, 내면-외면의 간극을 해소함으로써 틈새 없이 이어진 만물의 전개를 적절하게 설명하였다. 다섯째, 근대세계에서 독립과 자율성을 획득한 에고가 에코를 착취하고, 소외시키고, 억압하고, 지배함으로써 초래된 생태적 위기를 더 상위 차원에서 에고-에코를 통합시키는 방법론을 제시함으로써 생태 위기를 극복할 수 있는 대안을 마련하였다. 여섯째, 의식의 스펙트럼 관점에서 인류 집단의식의 현 위치(합리, 비전-논리의 새벽)와 미래에 전개될 트랜스퍼스널 의식의 단계를 보여 줌으로써 의식 진화의 과정을 구체적으로 밝혀 주었다. 일곱째, 영성 추구의 여정에서 종종 대립하였던 상승의 길과 하강의 길을 비이원 관점에서 종합하였다. 여덟째, 만물의 현현을 활동하는 영의 전개로 파악함으로써 진화하는 영의 알파와 오메가 포인트를 구체적으로 제시하였다.

코스몰로지, 생물학, 인류학, 사회학, 심리학, 철학, 생태학, 동서양 영적 전통을 두루 섭렵한 켄 윌버 최고의 역작을 번역하는 일은 쉽지 않았다. 책 분량만큼이나 방대한 주석에도 수많은 아이디어, 개념, 명칭, 사상들이 넘쳐 나서 그것을 번역하는 일 또한 고되고 힘겨운 작업이라서 처음 번역에 착수한 후 마무리를 짓기까지 적지 않은 세월이 걸렸다. 그 긴 시간을 인내하며 끝까지 따뜻한 위로로 독려해 주신 학지사 김진환 사장님과 관계자 여러분께 진심으로 감사를 드린다. 켄 윌버의 저서 대부분이 한글로 번역되었다는 사실은 그를 찾고 사랑하는 한국 독자층이 해마다 늘고 있음을 나타낸다. 그럼에도 불구하고 그의 저서를 두루 섭렵한 독자를 만나기란 쉽지 않다. 아마도 독자들에게 가장 많은 사랑을 받는 저서는 『무경계No Boundary』일 것이다. 켄 윌버 저서를 읽었다는 사람에게 무경계 외에 어떤 책을 읽었냐고 물어보면 대부분 침묵을 하거나 말끝을 흐린다. "윌버를 이해하고 싶은데 책들이 너무 어려워요."라는 것이 가장 일반적인 반응일 것이다. 책의 부피만큼이나 거대한 사상, 최고의 지성, 넘치는 개념과 아이디어, 학제 간을 종횡무진으로 넘나들면서 쏟아지는 이름과 개념들, 곳곳에 숨어 있는 날카로운 통찰 등을 품고 있는 『SES』가 '난해한 윌버'라는 이미지를 공고히 하는 결과로 이어지지 않을지 다소 우려가 된다. 윌버 자신도 언급했듯이 그의 통합론은 만물이 하나로 연결되어 있음을 드러내기 위해 세부 사항보다는 지향적 일반화_{orienting generalization} 수준에서 제시하는 인간 의식에 관한 지도이다. 인류의식발달의 정점인 오메가 포인트를 가리키는 윌버의 손가락을 방향키 삼아 오늘날 전 세계인들에게 엄중하게 불어닥친 혼란, 갈등, 위기를 헤쳐 갈 수 있으면 좋겠다.

2020. 11.
역자 조옥경, 김철수

2판 서문

성, 생태, 영성의 탄생

『성, 생태, 영성Sex, Ecology, Spirituality: SES』은 『세상에서 가장 아름다운 용기Grace and Grit』에서 서술된 사건 이후 거의 10년 동안 저술했던 최초의 이론 서적이다. (잭 엥글러Jack Engler와 대니얼 브라운Daniel P. Brown과 함께 저술한) 이전 저서 『의식의 변용 Transformations of Consciousness』은 1984년에 완성되었고, 『세상에서 가장 아름다운 용기』는 1991년에 완성되었다. 그 후 나는 수년 동안 계획했던 심리학 교본을 마침내 저술하는 쪽으로 가닥을 잡았다. 나는 그 교본의 명칭을 『시스템, 자기, 구조System, Self, and Structure』로 했지만, 어쨌든 저술을 끝마칠 것 같지 않았다. 그것을 완성할 결심으로 자리를 잡고 앉아서 두 권짜리 작업을 글로 옮기면서, 나는 첫 번째 단락에서 내가 사용한 네 개 단어(발달, 계층구조, 초월적, 보편적)는 학문적 담론에서 더 이상 허용되지 않음을 충격적으로 깨닫게 되었다. 언급할 필요도 없이 이것은 그 책을 쓰고자 하는 나의 시도에 엄청난 압박을 가함으로써 가엾은 『시스템, 자기, 구조』는 또다시 보류되었다(나는 최근 『통합심리학Integral Psychology』이라는 제목으로 그 책의 축약형을 출간하였다).

내가 10년 동안 저술을 중단한 사이에 일어난 주의를 충분히 기울이지 못한 사실은 극단적인 포스트모더니즘이 학문세계에 일반적으로, 특히 문화 연구를 완전히 침범하고 있다는 사실이었는데, 특히나 대안적인 대학과 기관들이 권위주의에 찬 우레 같은 목소리로 포스트모더니즘을 전파하는 사람들이었다. 대학에서 언급될 수 있거나 없는 진지한 담론 유형을 정치적으로 정당성을 띤 세력이 감시하고 있었다. 다원적 상대론이 유일하게 수용 가능한 세계관이었다. 그것은 일체의 진실이 문화에 기반을 두고 있다고 주장했고(모든 문화에서 진실인 자신의 진실은 예외로 친다.), 초월적 진실이란 존재하지 않는다고 주장했으며(특정 맥락을 초월하는 자신의 선언은 예외로 친다.), 일체의 위계구조나 가치 서열은 탄압적이면서 사회적으로 소외시킨다고 주장했고(다른 대안보다 우월한 자신의 가치 서열은 예외로 친다.), 보편적인 진실이란 없다고 주장했다(모든 사람에게 보편적으로 진실인 자신의 다원주의만은 예외로 친다).

극단적인 포스트모더니즘과 다원적 상대론이 안고 있는 불리한 측면이 지금에 와서는 잘 알려져 있을 뿐 아니라 널리 인정되고 있지만, 『시스템, 자기, 구조』를 저술하려 할 당시 그것들은 일종의 복음으로 간주되었으며 종교적으로 포용되어 어떤 식이든 발달 및 초월적 연구는 배척의 대상이 되어 버렸다. 그러므로 나는 『시스템, 자기, 구조』를 밀쳐 두고는, 최초로 흐름을 역행해서 재미 삼아 헤엄치는 연어 같은 심정으로 최선의 진행 방식을 숙고하기 시작했다.

그러나 나는 포스트모더니즘과 다원적 상대론의 불리한 측면만을 곱씹기만 했다. 그들이 기여한 긍정적인 이로움도 똑같이 많으며 그 영향 또한 지대했으므로 들어 볼 가치는 있다. 나는 여러 곳에서(예컨대, 『감각과 영혼의 만남The Marriage of Sense and Soul』 『통합심리학』 『모든 것의 이론A Theory of Everything』) 다원적 상대론은 실제로 의식의 후형식적 수준에서 도출된 매우 높은 발달적 성취로서 일련의 아주 중요한 진실들을 드러낸다는 점을 제시하려 했다. ['후형식적'이란 선형적인 합리성이나 형식적 조작 사고를 곧바로 넘어 존재하는 인지 단계를 의미한다. 따라서 인지발달은 감각운동부터 전조작, 구체적 조작, 형식적 조작, 후형식적 인지, 아마도 그 이후 더 높은 양식으로 진행될 것이다(다음의 내용을 보라). 나는 또한 후형식적 인지를 네트워크-논리 또는 비전-논리로 부르는데, 겝서Gebser는 이것을 **통합-비조망**으로 불렀다. 포스트모더니즘의 최선을 추동하는 것은 비전-논리다.]

그런 출판물에서 내가 제시한 바와 같이 포스트모더니즘의 진실에는 구성주의(세계란 지각에 머물지 않는 해석이다.), 맥락주의(일체의 진실은 맥락 의존적이며, 맥락은 무한하다.), 통합-비조망주의가(어떤 맥락에도 최종적인 우선권이 부여되지 않으므로 통합적 관점에 다중의 관점, 다원주의, 다문화주의를 포함시켜야 한다.) 포함되어 있다. 이 모든 중요한 진실은 후형식적 비전-논리의 초기 단계로부터 도출될 수 있으며, 포스트모더니즘은 기껏해야 그들의 심오한 중요성을 설명하는 데 불과하다.

특히나 구체적 조작과 ('신화-멤버십'으로 불리는 세계관을 지원한다.) 형식적 조작 ('보편적 형식주의'로 불리는 세계관을 지원한다.) 같은 이전 단계들은 본질적인 한계와 약점을 안고 있으며, 이런 한계를 사회적 행위에 강제로 적용시킬 경우 여러 유형의 경직된 사회적 계층구조를 생산하고, 국소적인 색깔을 무시하는 기계론적 세계관, 문화, 사람, 장소 간에 존재하는 풍요로운 차이들을 훼손하는 인간에 관한 보편적인 선언을 생산한다. 그러나 일단 의식이 형식에서 후형식으로 진화하면, 그리하여 보편적 형식주의에서 다원적 상대론으로 진화하면, 이런 다중 맥락과 다원적 피륙이 갑자기 전면으로 튀어나온다. 포스트모더니즘은 경직된 위계질서, 형식주의, 탄압적 획책을 해체시키기 위해 노력하면서 지난 20년 동안 상당 기간을 보냈는데, 이들은 전형식에서 형식에 이르는 의식 진화의 단계들에 내재하는 것들이다.

그러나 여러 연구에서 일관되게 보여 주듯이, 다원적 상대론 자체는 최상위에 위치하고 있는 발달의 최고 파동이 아니다(『통합심리학』을 보라). 비전-논리가 중기 및 후기 단계로 성숙되면, 다원적 상대론은 점차 더 의식의 전일론적 양식에 길을 내주는데, 이 양식은 다원적 목소리를 통합적 의도라는 아름다운 피륙으로 함께 엮기 시작한다. 다원적 상대론은 **보편적 통합론**으로 대체된다. 다원론이 서로 다른 수많은 목소리와 다중의 맥락을 해방시키면, 보편적 통합론은 그들을 조화로운 코러스로 결합하기 시작한다(따라서 보편적 통합론은 더 상위 발달로 가는 문턱에 있는 셈인데, 이는 초개인 및 영적 영역을 직접 드러내며, 그런 발달에서는 후형식의 심리구조가 대체로 후심리나 초심리로 대체된다).

그러나 이는 다원적 상대론을 곤란한 상황에 빠뜨렸다. 경직된 보편적 형식론을 초월해서 용감무쌍하게 발전했지만, 그것은 어떤 보편성에도 의심의 눈초리를 보냄으로써 그것이 이전에 등장했던 모든 시스템을 해체시켰던 것과 똑같은 포악성을 띠면서 보편적 통합론의 출현에 맞서 싸우는 경향이 있다. 그것은 비판의 총구를 전-다원적 단계에 겨눌 뿐 아니라(이는 적절하다.), 후-다원적 단계를 향해서도 겨누고 있다(이는 재앙을 불러온다). 이에 따라 해체적 포스트모더니즘은 어떤 상위 성장 단계와도 적극적으로 싸우기 시작함으로써 종종 학문세계를 해체적 격노가 들끓는 오싹한 지평으로 바꿔 버리고 말았다. 새로운 것은 거의 창조되지 않고 과거의 영광은 허물어지고 말았다. 참신한 것이 구축되지 않은 채 과거의 구축물은 해체되었다. 새로운 건물은 거의 세워지지 않은 채 낡은 건물은 날아가 버렸다. 포스트모더니즘은 종종 현재 우리가 잘 알고 있는 허무주의와 자기애로 타락하고 말았으며, 연기가 피어오르는 폐허를 응시하는 텅 비고, 잔뜩 겁에 질려 있으며, 움푹 패어 버린 전문적인 학문세계의 눈은 지극히 구슬프게 이야기를 늘어놓았다.

길을 가로막는 것을 모조리 해체하는 데 바친 지적 분위기에서 최선을 다해 어떻게 나아갈 것인가를 고민하며 분투했던 나에게는 한 가지가 매우 분명했다. 나는 후진해서 처음부터 출발한 후 더 건설적인 철학을 위한 단어들을 창조하기 위해 노력해야만 했다. 다원적 상대론을 넘어선 곳에 보편적 통합론이 있다. 그러므로 나는 보편적 통합론이라는 철학의 윤곽을 그리는 일을 시도했다.

달리 표현하면, 나는 세계철학을 찾았다. 나는 **통합철학**, 과학, 도덕, 미학, 동서양 철학, 세계의 위대한 지혜 전통이라는 수많은 다원적 맥락을 믿을 수 있을 만큼 함께 짜서 엮을 수 있는 철학을 찾았다. 제한적으로 불가능한 세부 사항 수준이 아니라 지향적 일반화orienting generalization 수준에서 제시하는, 세계는 실로 분리되지 않고 전체이며 모든 면에서 스스로와 관련되어 있음을 제시하는 방법, 전일론적 온우주를 위한 전일론적 철학holistic philosophy, 세계철학, 통합철학 말이다.

3년 후 그 결과로『성, 생태, 영성』이 탄생했다. 그 시기 동안 나는 은자隱者의 삶을 살았다. 3년에 걸쳐 정확히 네 사람을 만났다(의사인 로저 월시Roger Walsh는 내가 살아 있는지 확인하려고 일 년에 한 번씩 들렀다). 3년에 걸친 그 시기는 전형적인 침묵의 은거였다(이 시기는『켄 윌버의 일기One Taste』의 6월 12일자에 기술되어 있다). 나는 이 문제에 사로잡혔고, 그 문제가 내 머리를 떠나지 않았다.

어려운 부분은 **계층구조**hierarchies와 관련이 있었다. 경직된 사회 계층구조는 개탄스럽고, 탄압적인 사회 서열은 해로운 게 당연했다. 운 좋게도 포스트모더니즘은 우리 모두를 그런 부당함에 대해 더 민감하게끔 만들어 주었다. 그러나 반계층구조 쪽으로 기운 비평가들조차 자신들만의 강한 계층구조(또는 가치 서열)를 갖고 있었다. 포스트모던주의자들은 다원론을 절대론 위에 두었는데, 그것이 그들이 갖고 있는 가치의 계층구조였다. 인간을 진화 계층의 정점에 두는 계층구조를 혐오하는 생태 철학자들조차도 자신들만의 매우 강한 계층구조를 갖고 있었는데, 아원자 요소는 원자의 부분이며, 원자는 분자의 부분, 분자는 세포의 부분, 세포는 유기체의 부분, 유기체는 생태 시스템의 부분, 생태 시스템은 생물권의 부분이라는 식이다. 따라서 그들은 인간 같은 특정 유기체보다 생물권에 가치를 더 부여했으며, 우리 자신이 이기적이면서 파괴적인 목적으로 생물권을 사용하는 것에 대해 개탄했다. 이 모든 내용은 그들이 가진 특정 가치 계층구조로부터 나온 것이다.

페미니스트는 몇 가지 계층구조를 갖고 있다(예를 들어, 파트너십 사회는 권력 사회보다 낫다. 연결 짓기linking는 서열 짓기ranking보다 낫다. 해방은 탄압보다 낫다). 시스템 이론가들은 수백 가지에 달하는 계층구조를 갖고 있다(일체의 자연계는 계층구조식으로 배열되어 있다). 생물학자와 언어학자, 발달심리학자는 모두 계층구조를 갖고 있다. 모두가 어떤 식이든 계층구조를 갖고 있는 것 같았으며, 자신들은 그렇지 않다고 주장하는 사람들조차도 마찬가지였다. 아무도 다른 이들과 잘 맞지 않는 게 문제였다. 어떤 계층구조도 서로 동의하는 것 같지 않았다. 바로 그런 기본적인 문제로 인해 3년 동안이나 방 안에 꼼짝없이 갇혀 있었다.

어느 순간 나는 200개가 넘는 계층구조가 기록된 종잇장을 방안에 온통 늘어놓고 이것들을 어떻게 맞춰야 할지 알아내려 애쓰고 있었다. '자연과학' 계층구조는 쉬웠는데, 모두가 여기에 동의하기 때문이었다. 예를 들어, 원자에서 분자, 세포, 유기체라는 식이다. 그것들은 아주 도식적이어서 이해하기 쉬웠다. 유기체는 실제로 세포를 담고 있고, 세포는 실제로 분자를 담고 있으며, 분자는 실제로 원자를 담고 있었다. 현미경으로도 이것을 직접 볼 수 있다. 그런 계층구조는 사실로 포용하고 있는 계층구조로서, 세포는 문자 그대로 분자를 포용하거나 감싼다.

꽤나 쉬운 일련의 계층구조로는 발달심리학자들이 발견한 계층구조가 있다. 그들은 모두 감각부터 지각, 충동, 심상, 상징, 개념, 규칙으로 진행되는 인지 계층구조의 다양한 모습에 대해서 말하고 있었다. 명칭이 다양하고 형식은 약간 다르지만 계층구조 스토리는 동일했다. 뒤이어 등장하는 각 단계는 그 선행 단계를 포함한 후 다소 새로운 역량을 추가한다. 이는 여전히 명백하게 부합하지 않았지만 자연과학에서 나타나는 계층구조와 매우 유사했다. 실증세계에서 당신은 실제로 유기체와 세포를 볼 수 있지만, 의식의 내면 상태를 똑같은 방식으로 볼 수는 없다. 이런 계층구조들이 서로 어떻게 관련되는지 또는 관련될 수 있는지가 도무지 분명치 않았다.

그리고 그것들은 비교적 쉬웠다. 언어적 계층구조, 맥락적 계층구조, 영적 계층구조가 남아 있었다. 음성학, 별자리 시스템, 문화적 세계관, 자기생성 시스템, 기술 양식, 경제구조, 계통 발생적 전개, 초의식의 실현 등의 발달 단계도 있었다. 그것들은 서로 맞아떨어지길 거부했다.

『형상의 법칙Laws of Form』이라는 탁월한 저서에서 스펜서 브라운G. Spencer Brown은 당신이 알고 싶어 하는 것을 단순히 마음속에 담을 때 새로운 지식이 나타난다고 말했다. 문제를 마음속에 계속 품고 있으면 결실을 맺을 것이다. 인간 역사는 분명코 그런 사실을 증거하고 있다. 한 사람이 문제에 맞닥뜨려서 그 문제를 풀 때까지 사로잡힌다. 재미있는 일은 그 문제가 언제나 풀려 있다는 것이다. 한 주가 걸릴지도, 한 달, 일 년, 십 년, 백 년 혹은 천 년이 걸릴지도 모르지만 온우주는 언제나 해결이 가까워지는 식으로 되어 있다. 백만 년 동안 사람들은 달을 보았고 그 위를 걷고 싶어 했던 것이다…….

역량을 갖춘 사람은 누구나 문제가 자신들의 비밀을 드러낼 때까지 그 문제를 마음속에 품을 수 있다고 나는 믿는다. 모든 사람이 갖지 못한 것은 거기에 필요한 의지, 열정 또는 그 문제를 오래 또는 충분히 격렬하게 유지할 수 있는 미치광이 같은 집착이다. 어쨌든 나는 이 특정 문제에 관한 한 충분히 미쳐 있었으며, 3년이 끝나갈 즈음 문제 전체가 분명해지기 시작했다. 여러 계층구조가 네 가지 주된 부류로 나누어떨어진다는 게(결국 내가 사상한four quadrants으로 부르게 되었다.) 곧 분명해졌다. 어떤 계층구조는 개체와, 어떤 것은 집단과 관련되어 있으며, 어떤 것은 외면적 실재와, 어떤 것은 내면적 실재에 대한 것이지만, 그들 모두는 이음새 없이 딱 들어맞았다. 이런 계층구조를 구성하고 있는 재료는 **홀론**, 다른 전체의 일부가 되는 전체였다(예를 들어, 전체 원자는 전체 분자의 부분이고, 분자는 세포 전체의 부분이며, 세포는 전체 유기체의 부분이 된다 등등). 그러므로 홀라키에 대한 정확한 단어는 **홀라키** holarchy다. 온우주는 둥지 속의 둥지, 그 속의 둥지라는 일련의 둥지로 무한히 이어지면서 점점 더 많이 포용하고 있다. 어디에나 홀론의 홀라키인 것이다! 그런 이유로 모두가 자신만의 가치 홀라키를 갖고 있는 것이며, 결국에는 이 모든 홀라키가 다른 일체와 딱 들어맞아 완벽하게 조화를 이룬다.

우주는 위로도 쭉, 아래로도 쭉 홀론으로 구성되어 있다. 이로써『성, 생태, 영성』의 상당 부분은 저절로 쓰이기 시작했다. 책은 두 부분으로 나뉜다. (주석까지 치면 실제로 세 권이 되는데, 각각은 별도의 책이나 마찬가지다.) 1권은 **둥지** 속의 둥지 또 그 속의 둥지로 무한히 이어지는 이런 홀론적 온우주와 그것을 가장 확실하게 표현할 수 있는 보편적 통합론의 세계관을 서술하고 있다. 이 부분은 상당한 지평을 총망라하는데, 한 가지 후회되는 일은 더욱 설득력을 가질 수 있도록 세부 내용에 살을 붙일 수 있는 방대한 양의 연구 자료와 설명을 포함시킬 수 없었던 점이다. 연구 기록의 일부를 본 사람들이 증명해 주겠지만『성, 생태, 영성』에 있는 수많은 단락은 짤막한 책의 요약이다(한 논평가는 실제로 이를 찾아내서 이렇게 논평을 시작했다. "이 책을 요약하는 건 불가능하다. '이 책은 모두 합쳐 본문 524쪽, 주석 239쪽으로 된 요약'이라는 말은 그 범위의 깊이와 넓이를 잘 드러낸다." 다른 논평자는 이것을 매우 성가시게 느꼈지만 나로서는 선택의 여지가 없었다. 나는 어떤 지점에서는 이런 연구 기록을 출판할 수 있기를 바라는데, 자료 자체를 보여 주기 위해서보다는 비평할 수 있고 검토할 수 있게 하기 위해서다. 그러나 그 논평자의 말이 맞다. SES는 요약이다).

이 책의 첫 부분이 보편적 통합론, 하의식subconscious에서 자의식, 초의식으로 가는 홀론적 온우주 관점의 윤곽을 그리려는 시도라면, 두 번째 부분은 이 전일론적 온우주가 왜 종종 무시되거나 거부되었는지를 설명하려는 시도다. 우주가 실제로 상호 관련된 패턴과 과정으로 된 하나의 패턴, 홀론들의 홀라키라면(그들만의 협소한 전문성은 별도로 치고라도), 이런 사실을 인정한 학문 분야가 왜 없는 걸까? 온우주가 전일론적·통합적·홀론적이 아니라면, 공통된 맥락이나 연결이나 결합이나 공통적 요소 없이 조각난 채 마구 뒤섞여 버린 사건이라면, 그렇다면 세상은 여러 전문가가 그렇다고 말하듯 뒤죽박죽 엉망진창에 불과하다. 그러나 세상이 전일론, 홀론적이라면 왜 더 많은 사람이 이것을 보지 못하는 걸까? 왜 수많은 학문적 전문성은 이것을 적극 부정하는 걸까? 세상이 하나의 전체라면 수많은 사람은 왜 그것을 조각난 것으로 보는 걸까? 세상은 왜 부서지고, 조각나고, 소외되고, 분열된 걸까?

그러므로 이 책의 두 번째 부분은 우리가 전일론적 온우주를 보지 못하게 방해하는 것을 바라본다. 그것은 우리가 평원flatland으로 부른 것을 바라본다.

(하나의 명칭을 부여함으로써 그 내용을 협소하게 만들지 않겠다고 마음먹기 전부터 어느 순간 나는 1부와 2부로 부르게 되었다. 그러나 1부는 '활동하는 영Spirit-in-Action'이고, 2부는 '평원'이다. 아무튼 2부에서는 왜 1부를 좀 더 자주 살펴보고 이해할 수 없는지 설명하려고 했다.)

『전집Collcted Works』에 포함시키기 위해 이 책을 검토하면서 나는 개정판을(당신이 지금 손에 들고 있는 책이다.) 내기로 마음먹었는데, 주된 이유는 첫 번째 판에 대한 건설적 비평의 관점에서 몇 개 단락을 분명히 하고 싶었기 때문이다. 특히 나는 과학적 유물론(평원의 한 버전)의 역사적 발흥을 더 선명하게 설명하고 싶었고, 이에 따라 몇 개 장에서 새로운 단락 몇 가지를 추가(특히, 12장과 13장)했으며, 이와 더불어 새로운 도식을 여섯 개 추가했는데 내용을 이해하는 데 상당한 도움을 줄 것으로 믿는다. 또한 나는 주석을 면밀하게 검토하면서 적절한 곳에 새로운 자료를 포함시켰다.

주석에 관해 말하자면, 내용 자체가 한 권의 책이 되게끔 저술하였다. SES에 등장하는 가장 중요한 개념들 다수는 주석에만 언급되고 있으며, 그곳에서 발전되었다(기본적인 도덕적 직관Basic Moral Intuition이 그 예이다). 또한 다른 학자들(하이데거Heidegger, 푸코Foucault, 데리다Derrida, 하버마스Habermas, 파르메니데스Parmenides, 피히테Fichte, 헤겔Hegel, 화이트헤드Whitehead, 후설Husserl) 그리고 현 시대의 대안 이론가들(그로프Grof, 타나스Tarnas, 버먼Berman, 스프레트낙Spretnak, 로작Roszak)과의 대화에서 도출된 상당 부분도 마찬가지다. 주석은 또한 격론을 불러일으킬 수 있는 집중 포화를 담고 있는데, 여기에 대해서는 잠시 후에 설명할 것이다. 제2판에서는 이 모든 내용에 다시 손을 댔다.

일단 책을 쓰기로 마음먹자 실제 저술하는 일은 상당히 빠르게 진행되었다. 1995년에 책이 출판되었으며, 내가 듣기로는 온갖 종류의 책 중 학술 서적으로는 그 해 가장 많이 팔린 두꺼운 책이 되었다. 한때는 네 달 만에 3쇄까지 출판되는 쾌거를 올리기도 했다. 반응은 극단적이었는데, 믿을 수 없을 만큼 긍정적인 언급에서부터 노발대발 격노하는 폭언에까지 다양했다. 그러나 특정 비평은 솔직했으며, 존경심을 갖고 들을 만한 가치가 있었다.

『성, 생태, 영성』에 대한 주요 비판

일부 비평가들은 이 책이 여러 다양한 접근을 지나칠 정도로 경직되게 범주화시킴으로써 중요한 차이를 하찮게 만들었다고 주장했다. 따라서 그들은 이 책에 이런 저런 '주의isms'를 갖다 붙였다(성차별주의, 인간중심주의, 종중심주의, 로고스중심주의, 불쾌한 일원주의). 이 책을 옹호하는 사람들은 이런 비평이 대부분 그 세계관이 비교적 협소하고 편파적임을 보여 주는 사람들로부터 나온 것이며, 그런 이유로 그들은 부정적인 방식으로 반응하고 있다고 주장했다. 대체로 양측은 조금도 양보하지 않았다.

내 생각에 다룰 필요가 있는 몇 가지 진지한 비판이 있다. 이런 비판 대부분은 내 작업 전체와 친숙하지 않은 탓에 제기된 것이지만, 몇 가지는 더 진지했다. 주된 비판들을 살펴보자.

피아제

가장 흔한 비난 한 가지는 내가 심리발달을 전체적으로 조망하는 근거로 피아제를 활용했다는 것이다. 이는 매우 부정확한 비판이지만 이 책이 어떻게 그런 인상을 주게 되었는지는 이해가 된다. 내 생각을 저술하면서 직면한 가장 어려운 문제 한 가지는 독자들이 항상 내 작업에 관해서 사전 지식이 없다고 가정하는 것이다. 그러므로 새 책이 나올 때마다 나는 맨 처음부터 시작해야만 했고, 처음부터 나의 '체계'를 설명해야만 했다. 보통 그 체계를 안내하는 데 책의 첫 1/3 정도가 소요되고, 그런 다음 후반부에서 새로운 자료를 제시하였다. 이로써 내 작업에 친숙한 독자들에게는 내가 반복하고 있다는 인상을 준다. 이는 게임에 참여한 신참자에게 혜택을 주기 위함이다.

SES에서 나는 몇 가지 지름길을 사용했는데, 이는 별로 좋은 생각이 아니었을 것이다. 상위 발달이나 초개인발달 단계에 대해서는 단계들 자체를 설명하는 대신 각각의 예(에머슨Emerson, 성 테레사Saint Teresa, 에크하르트Eckhart, 스리 라마나 마하르시Sri Ramana Maharshi)를 활용했으며, 세계관에 대한 개체 발생적 발달을 위해서는 장 피아제의 작업을 활용했다. 수많은 논평가, 특히 포스트모던 다원주의자들은 내가 낡은 패러다임, 계층구조, 유럽중심, 성차별주의 체계를 이용하고 있다는 한 예로서 피아제로 달려들었으며, 그러므로 책 전체를 수상쩍게 바라보았다.

물론 내 작업에 친숙한 사람들은 내가 발달에 관한 좀더 전일론적인 개관에 통합시키려고 노력한 십여 이론가들 중 한 사람이 피아제일 뿐임을 알고 있다. 그렇다 해도 나는 어쨌든 엄격한 피아제주의자가 아니다. 그러니 내 관점을 간략하게 서술하기 전에 피아제에 관한 공격으로 서둘러 이동하지는 말자. 왜냐하면 그런 공격이 갖는 편파성은 SES를 겨냥한 공격에도 똑같이 적용되기 때문이다. 피아제가 연구한 인지 측면에 초점을 둘 경우, 그의 일반 체계는 범문화적 연구를 강하게 내세운다. 피아제를 공격하는 사람들은 종종 그런 증거를 모르는 것 같다.

범문화 연구가 치열하게 실시된 지 거의 30년이 지난 후 사실상 전원 합의에 도달한 증거가 있다. 피아제 단계는 형식적 조작까지 보편적이고 범문화적이다. 한 가지만 예로 들면,『다양한 문화의 삶: 범문화적 인간발달Lives Across Cultures: Cross-Cultural Human Development』은 자유주의 관점을(이 관점은 종종 '보편적인' 단계를 의심한다.) 공공연하게 드러내면서 저술된 아주 높이 평가되는 교과서다. 저자들(해리 가디너Harry Gardiner, 제이 머터Jay Mutter, 커린 코스미츠키Corinne Kosmitzki)은 피아제의 감각운동, 전조작, 구체적 조작, 형식적 조작을 지지하는 증거를 주의 깊게 검토하였다. 그들이 발견한 사실은 문화적 배경이 때로는 발달의 속도나 단계 특정적인 측면에 대한 강조를 변화시킬지라도, 단계 자체나 단계의 범문화적 타당성은 그대로 남는다는 것이다.

따라서 감각운동의 경우, '사실상, 감각운동 발달의 질적 특징은 그 문화적 환경이 크게 다름에도 불구하고 지금까지 연구한 모든 유아에게 거의 동일'하다. 나이지리아인, 잠비아인, 이란인, 알제리인, 네팔인, 아시아인, 세네갈인, 아마존 인디안, 호주 원주민이 포함된 엄청난 수에 달하는 연구에 근거해 볼 때, 전조작과 구체적 조작의 경우 '이런 방대한 양의 범문화적 자료로부터 우리가 어떤 결론을 내릴 수 있을까? 첫째, 전조작 시기의 근저에 놓인 구조나 작용의 보편성을 지지하는 증거는 고도로 설득력을 갖는다. 두 번째로… 구체적 조작 발달의 질적 특성(예를 들어, 단계 순서와 추론 스타일)은 보편적인 것처럼 보인다. [그러나] 인지발달 속도는… 한결같지 않고 생태문화적 요인에 의존'한다. 정확히 이런 용어를 사용하진 않았지만, 저자들은 단계의 심층 양상은 보편적이지만 표층 양상은 문화, 환경, 생태적 요인에 (내 방식으로 표현하면 개인발달에는 사상한이 모두 관련되어 있다.) 강하게 의존한다는 결론을 내렸다. '마지막으로, 아이들이 피아제의 구체적 조작 시기를 거칠 때 그 수행의 속도와 수준은 문화적 경험에 의존하지만, 여러 사회의 어린이들은 여전히 그가 예언한 것과 동일한 순서로 발달하는 것 같다.'

어떤 문화(아시아인, 아프리카인, 미국인 또는 그 외 사람들)에서든 형식적 조작 인지에 도달한 사람 수는 더 적은데, 그 이유는 다양하다. 내 생각에 형식적 조작은 단연코 높은 단계라서 거기에 도달한 숫자가 더 적을 수 있다. 형식적 조작은 진정한 역량이지만 저자들이 생각하듯 진정한 단계는 아닐 수 있다(즉, 일부 문화만 형식적 조작을 강조하여 그것을 가르친다). 그러므로 피아제의 형식적 조작이 존재한다는 증거는 강력하지만 결정적이진 않다. 그럼에도 불구하고 피아제의 단계를 모조리 묵살하기 위해 종종 이 한 가지 항목을 사용하는데, 이와는 다르게 엄청난 증거가 지지하고 있는 정확한 결론은 형식적 조작까지의 모든 단계는 현재 보편적이면서 범문화적이라는 점이 제대로 증명되었다는 것이다.

비전-논리와 초합리적 일반 단계들을 포함해서 형식적 조작 및 그것을 넘어선 단계 또한 보편적이라고 나는 믿으며, 내가 저술한 여러 저서는 거기에 대해서 상당량의 증거를 제시하고 있다. 요컨대, 형식적 조작까지의 피아제 단계를 포함시키지 않은 모델은 어떤 모델이든 부적절하다.

파동, 지류, 상태

　범문화적 증거가 요구한 대로 피아제식 인지 라인을 내 모델에 포함시켰지만, 그의 체제는 전체적인 관점의 작은 부분에 불과할 뿐이다. 내 모델에서는 다양한 의식의 수준이나 파동이 존재하며(물질부터 신체, 마음, 혼, 영까지 뻗어 있다.), 여러 발달 라인이나 지류(인지, 정서, 도덕, 대인 관계, 영성, 자기정체성, 욕구, 동기 등이 포함된다.)가 이들을 거쳐 간다. 어떤 사람은 한 라인(말하자면, 인지)에서는 높은 수준일 수 있고, 다른 라인(예를 들어, 정서지능)에서는 중간 수준의 발달, 또 다른 수준(예를 들어, 도덕)에서는 낮은 수준의 발달을 보일 수 있다. 따라서 한 개인의 전반적인 발달은 어쨌거나 선형적인 순서를 따르지 않는다. 발달은 순서가 있다거나 사다리 같다거나 덜컹거리면서 삐걱대고 가는 일련의 단계가 아니라, 오히려 거대한 생명의 강River of Life 속의 수많은 파동과 지류로 유연하게 흐르는 것과 관계가 있다.

　더욱이 실제로 발달의 어떤 파동이나 단계에 있는 사람은 어떤 초개인 영역(심령, 정묘, 원인 또는 비이원)이든 그 영역과 관련된 의식의 변성 상태나 절정 경험을 할 수 있다. 따라서 실제 어떤 발달 단계에 있든 사실상 모든 사람이 초개인 절정 경험과 변성 상태에 접근할 수 있다. 상위 발달 수준에서만 초개인 상태에 접근할 수 있다는 생각은 꽤나 잘못된 생각이다. 그렇다면 나의 전반적인 모델은 파동, 지류, 상태로 구성되어 있으며, 따라서 선형적인 경우는 극히 드물다.

　SES가 선형적 발달 모델을 드러낼 뿐이라는 것이 SES에 대해 지금까지 가장 흔하게 제기되는 비판이다. 1981년 이래로 나는 선형 모델에 동의한 적이 없기 때문에(『전집 제3권』의 서론을 보라.) 그리고 사실상 그런 관점을 비판하면서 장황하게 저술했기 때문에(그런 관점의 거부는 내 작업이 2기에서 3기로 이동할 때 특징이 되는 내용이다.) 나는 논평자들이 이런 관점을 내 탓으로 돌려서 그것을 오래 비판하는 걸 보고는 경악을 금치 못했다. 내 작업과의 대화를 시도한 한 권의 책이 이런 오류나 이와 유사한 오류를 책 전반에 담고 있었으며, 이런 불행한 왜곡에도 불구하고 사실을 밝히는 데는 수년의 세월이 걸렸다. 내 작업을 지지하는 편에 선 학자들의 열렬한 지원 덕분에 마침내 내 모델이 선형적이라거나(그것은 다차원적이다.) 유럽중심적이

라거나(그것은 상당량의 범문화적 증거에 근거하고 있다.) 사회적으로 소외시킨다거나
(홀라키는 다중 맥락에서 초월하고 포함한다.) 초개인 경험은 상위 수준에서만 일어난
다는(그런 경험들은 실제로 어느 수준에서나 상태로서 접근이 가능하다.) 비난을 점점 덜
듣게 되었다.

이와 동시에 나는 SES만 읽은 비평가들이 어떻게 그런 그릇된 인상을 가질 수 있
었는지 이해할 수 있다고 반복해서 말했다. 나는 나의 전반적인 모델을 훨씬 더 명
확하게 만들었어야 했는데, 그랬다면 이런 오해를 피하는 데 도움이 되었을 것이다.
나는 2판에서, 그리고 분명 여기 서문에서 그렇게 하려고 시도했다.

어린이와 인간 여명기의 영성

앞선 비판과 밀접하게 관련된 내용인데, 내가 어린이와 초기 인류에게 어떤 식이
든 영성을 부정했다는 비난이 있었다. 이 또한 내 모델이 선형 모델일 뿐이라는 생
각에 기초를 둔 비판으로서, 이는 불행히도 내 작업을 그릇되게 설명한 것이다. 소
수 비평가들은 나의 '선형' 모델에 대해 기절할 만큼 놀란 나머지 우물에 독을 퍼트
리는 것보다 더 나쁘다고 비난을 퍼부었다. 나의 모델은 파동, 지류, 상태 모델이기
때문에, 그리고 영적 상태는 전개되는 사실상의 어떤 파동에서도 일어날 수 있기 때
문에 그런 특정 비판은 핵심을 상당히 벗어난 것이다. 오로지 SES만 읽었던 비평가
가 어떻게 그런 인상을 받게 되었는지는 이해할 수 있지만, 그런 인상은 잘못된 것
이다(어린이와 초기 인류에서의 영성에 관한 특정 논의를 살펴보려면 『통합심리학』10, 11,
12장을 보라).

아마도 차차 분명해지겠지만, SES에 관한 주된 비평은 내 작업을 단순히 그릇되
게 설명한 데 근거를 두고 있으므로 양측 모두 비난받아 마땅하다. 나는 분명코 나
의 전체 모델의 개요를 분명하게 제시하지 않았으며, 비평가들은 나의 다른 작업들
을 잘 모르고 있다. 내 반응이 낡은 레코드판처럼 들리기 시작했다. "그건 내 견해가
아니고, 그건 내 견해가 아니고, 그건 아니고……." 여기에 대해 나만큼 지친 사람은
없을 것이다.

생태철학 논의

꽤나 정확한 비평 한 가지는 내가 수없이 다양한 생태철학을 뭉뚱그려서 무분별하게 다루고 있다는 것이다. 이건 사실이며 그런 비판은 올바른 비판이다. 나 자신을 방어하기 위해서 나는 온우주 삼부작에서(『섹스, 신, 젠더: 남녀의 생태학Sex, God, and Gender: The Ecology of Men and Women』이라는 임시 제목을 달았다.) 여러 생태철학을 개별적으로 다루었으며, 각각을 그들만의 용어로 다루었음을 몇 개 주석에서 설명했다고만 말할 수 있다. 나는 그런 연구로부터 도출된 광범위한 특정 결론만을 언급했을 뿐이다. 이와 동시에 SES는 현 생태철학의 다수를 대등하게 다루면서, 그들은 사실상 매우 평원적인 관점을 대표하고 있음을 지적했다. SES의 한 논평자는 "내가 일반적으로 진실로 믿고 있는 이런 설명은 대부분 형태의 생태이론에 치명적이다."라고 결론지었으며, 마이클 치머만Michael Zimmerman(『급진적 생태학Radical Ecology』의 저자)은 생태철학 대부분(모두는 아니다.) 실제 설명한 대로 평원에 사로잡힌 것 같다고 지적했다.

SES는 평원의 용어가 아닌 완전히 생태적인 유형의 생태철학을 계속 제시하고 있으며, 이런 **홀론생태학**은 내 생각에 책이 기여한 가장 중요한 부분이다. 그러나 SES는 대부분의 생태철학이 (모두는 아니다.) 채택하고 있는 평원 버전의 생태학에 동의하지 않기 때문에 생태철학자들은 일반적으로 SES를 잘 받아들이지 않는다. 지금도 여전하다. 그러나 SES가 주의 깊게 설명하고 있는 것처럼, 대부분의 생태철학은 실로 평원에 내재하고 있는 주된 문제를 안고 있으며, 더 홀론적인 생태학을 포용할 때까지 이런 문제가 (이론적으로나 실천적으로나) 계속 그들의 다리를 묶어 둘 가능성은 매우 높다.

에머슨과 플로티노스

소수 생태철학자들은 내가 에머슨Emerson과 플로티노스Plotinus를 다룬 방식에 반대했다. 그들의 관점을 보고하는 데 있어 사실 나는 두 가지 사소한 오류를 범했다.

에머슨을 인용한 몇 가지에서 타원형을 올바로 사용하지 못한 것이 그 하나다. 두 번째로는 이미 지적한 바와 같이, 나는 윌리엄 잉William Inge이 아니라 카를 야스퍼스 Karl Jaspers의 번역을 좇아 플로티노스의 마지막 말을 보고하였다. 후속 쇄에서 두 가지 오류를 수정했다. 그런 사소한 위반이 에머슨과 플로티노스에 대한 내 해석과 관련해서 흥분에 찬 맹공격을 받게 된 출발점이 되었다(『아이 오브 스피릿The Eye of Spirit』 11장의 주석 1, 2, 3을 보라). 불행히도 내 생각에 이런 공격은 일부 생태철학자들로 하여금 그들의 관점을 향해 내가 가한 실질적인 비평으로부터 주의를 돌릴 뿐 아니라 에머슨과 플로티노스 둘 다 자연 신비주의에 대항해서 퍼부은 (그러므로 오늘날의 생태심리학, 심층 생태학, 생태페미니즘, 신이교주의neopaganism 형태 대부분에 반해서도 퍼부었을) 주된 비평을 도외시하게끔 만들었다.

『아이 오브 스피릿』에서 발췌한 널리 수용되는 에머슨 해석을 요약하면 그 내용은 다음과 같다. (1) 자연은 영Spirit이 아니라 영의 상징(또는 영의 현현)이다. (2) 감각적 자각 자체는 영을 드러내는 게 아니라 모호하게 만든다. (3) 영을 드러내는 데는 상승(또는 초월적)의 흐름이 필요하다. (4) 자연을 초월할 때만 영을 이해한다(즉, 영은 자연에 내재하지만 자연을 초월할 때만 스스로를 온전하게 드러낸다. 요약하면, 영은 자연을 초월하지만 포함한다). 에머슨을 연구하는 학자들에게 이런 점들은 의심의 여지가 없다.

플로티노스도 이런 요점에 완전히 동의할 것이다. 따라서 에머슨도 플로티노스도 대부분의(모두는 아니다.) 생태심리학, 가이아 숭배, 신이교주의, 심층 생태학, 생태페미니즘은 진실하지만 부분적이라고 비난할 것이다. 이런 이유로 이 특정 생태철학자들은 (내가 제시했던) 통상적이면서도 널리 수용되는 에머슨과 플로티노스에 관한 해석은 사실 엄청난 왜곡이라고 주장하는 것이 중요해지는데, 왜냐하면 그렇지 않다면 그들은 이 두 비범한 인물로부터 자신들의 이론이 지지받고 있다고 주장할 수 없기 때문이다. 물론 고전을 신선하면서도 참신하게 해석할 자유가 있으며, 이는 항상 가치가 있다. 그러나 내가 이 이론가들을 엄청나게 왜곡하고 있다고만 주장함으로써 새로운 해석을 전달하려 애쓰는 것은 SES를 겨냥한 비판 중 가장 서투른 비판이다(그것이 진실이라 해도 어느 쪽으로든 SES의 결론에 영향을 미치지 않을 거라는 사실은 두말할 필요도 없다). 그러나 그것은 재미있으면서도 활기에 넘치는 폭죽놀이 같았음을 말해야겠다.

사소한 비판들

2장에서는 어디서나 발견할 수 있는 진화하거나 성장하는 시스템에 공통적으로 나타나는 '20개 원리'를 개략적으로 서술했다. 그 숫자를 센 많은 사람이 20개가 되지 않음을 알고는 뭔가가 빠졌는지 알고 싶어 했다. 이것은 무엇을 한 개의 원리로 세는지에 달려 있다. 나는 12개 원리를 제시했으며, 2번은 4개 원리, 12번은 5개 원리를 담고 있다. 전부 합치면 19개가 된다. 책 전반에 걸쳐 나는 3개를 추가시켰으며, 그렇게 되면 22개가 된다. 그러나 한두 원리는 실제로 특징이라기보다는 언어에 관한 정의에 불과하다(예를 들어, 원리 7과 9도 가능하다). 그래서 사실상 약 20개쯤 되는 원리 또는 진화의 실제 특징이 남는다. 20이라는 숫자에는 어떤 신성한 의미도 없다. 이것들은 더욱 두드러지게 나타나는 진화의 추세, 향성向性, 경향성이다.

9장 '상승과 하강'에서는 진화와 내화involution를 논하였다. 진화란 물질에서 신체, 마음, 혼, 영으로의 전개인데 각 상위 차원은 그 하위 차원을 초월하고 포함하고 있으며, 그 결과로 존재의 대둥지Great Nest of Being가 된다. 내화란 역방향 과정 또는 상위 차원이 하위 차원 속으로 '포개지고' '감싸지는' 것으로서, 진화와 더불어 현실태로 전개될 채비를 갖춘 거대한 잠재력으로서 하위 차원으로 스스로 침전된다. 일부 독자들은 이로써 우주가 완전히 결정론적이면서 운명적으로 된다고 느낀다. 그러나 내 생각에 내화는 광대한 잠재력의 장場을 창조하는데, 이는 그들의 표층 양상에 결정적으로 작용하지 않는다. 개인적인 솔선수범부터 무작위적인 기회에 이르기까지 거의 무한한 수에 달하는 변인들에 따라, 그들은 진화의 도정에서 공동창조된다(나는 전집 하권의 서문과 『통합심리학』에서 이 주제를 명확하게 다루었다). 드넓은 공간에서 진화는 매 순간 유희하듯 스스로 창조한다!

소수 융주의자들은 원형에 대한 논의를 확장시키길 원했다. 『아이 오브 스피릿』 11장(이는 또한 융주의자들이 제기한 공통된 비판에 대해 답을 주었다.)과 『통합심리학』

에서(특히, 8장) 더 많은 자료를 찾을 수 있다.

한 비평가는 계통 발생적 진화에 대한 내 설명에서 하버마스에 왜 그토록 많이 의존했는지 궁금해했다. 사실 나는 수십 가지에 달하는 주요 인류학적 연구에 의존했으며, 그중 다수를 참고문헌에 열거했다(그리고 삼부작 제2권에 수백 가지가 열거되어 있다). 그러나 예술, 도덕, 과학('삼대 가치Big Three')이라는 세 영역 모두를 인식한 이론가의 한 예로서 하버마스를 이용했기 때문에, 그 분야에서 일반적으로 수용되는 결론과 상충되지 않는 한 그의 광범위한 인류학적 연구를 제시했을 뿐이다.

이보게들, 웃으면서 말합시다

마지막으로, 책의 분위기를 언급하자. 『성, 생태, 영성』은 어떤 면에서는 화가 나서 집필한 책이다. 분노인지 고뇌인지는 말하기 어렵다. 일반적인 담론 분위기가 악의에 차 있고, 옹졸하며, 거만하고, 공격적인 포스트모던 문화 연구에 3년이나 몰두한 후에, 대다수가 역사상 가장 위대한 변용이었으며 지구를 구원하고 세계를 구원할 새로운 패러다임을 갖추었다고 노골적으로 자랑하는 무수한 '신패러다임' 논문을 훑어본 후에, 내가 살펴본 것 중에서 가장 독기를 뿜고 앙심을 품은 일부 저술이었던 그리고 문화 연구를 이런저런 지론持論과 자기애적인 자기과시로 축소시켜 버리는 반서구, 반남성, 반문화, 온갖 미사여구에 반대하는 내용들의 무자비한 공격에 노출된 후에, 이 모든 것이 일어난 후에 분노와 고민에 싸여 SES를 썼으므로 책의 분위기가 그런 상태를 어쩔 수 없이 반영하고 있다.

많은 경우, 매우 분명했다. 나는 독은 독으로, 비방은 비방으로 대처하면서 내가 비판하는 비평가의 분위기를 종종 모방했다. 그러면서도 물론 나는 다른 뺨마저 내밀지 못했다. 다른 뺨을 내밀 때도 있고, 그러지 않을 때도 있었다. SES에서 제시한 전일론 비전에 수긍이 간다면, 요즘 통용되는 문화 연구의 편협함에 대해 당신 또한 화가 날 것이다. 포스트모더니즘에 만연하는 천박함에 대해 느끼는 슬픔과 우울감에도 공감할 것이다. 내가 이 책을 쓸 때 그랬던 것처럼, 당신도 분노와 고민 사이를 오락가락할지도 모른다. 솔직히 말해서 나는 그런 모든 현상이 적절하다고 생각한다. 그러나 SES는 분명 분노와 고민에서 나오는 외침이었다.

책 분위기를 누그러뜨릴 수도 있었지만 일부러 그러지 않았다. 지금도 마찬가지이지만, 때로는 폭발하듯 치열하게 격론을 벌이는 것이 대화를 통합적 방향으로 몰아가는 데 필요하다고 진심으로 믿는다. 나는 통합적이고 전일론적임을 주장하는 '신패러다임' 이론가들이 완전히 무시하고 있는 통합적 의도를 띤 탁월한 책들을 20년이 넘도록 수없이 살펴보았다. 나는 새장을 흔들어서 무슨 일이 일어나는지 보기로 마음먹었다.

실제 효과가 있었을까? 무슨 효과일까? 몇몇 비평가들은 그런 격론을 나의 험악한 성질을 보여 주는 증거로 받아들였다. 나는 그럴 수밖에 없었으며 공격을 해야만 했다. 이는 20년에 걸쳐 집필된 나의 첫 12권의 책에는 격론을 벌이는 문장이 단 한 문장도 없었다는 사실을 간과하고 있다.

어떤 비평가들은 그런 분위기 때문에 책이 주는 메시지가 전달되지 않는다고 주장했다. 그들이 말한 의미를 진심으로 이해하지만 나는 정확히 정반대를 주장한다. 좋든 나쁘든 그들이 중심 무대로 몰고 온 격론을 일으킨 소동이 일어날 때까지 이런 아이디어는 수십 년 동안 고의적으로 무시되었다.

어떤 비평가는 SES를 본따 '대담'을 요구함으로써 관련 사항을 무심코 증명해 보였는데, 그 안에서는 모든 진영이 상호 존중 속에서 서로를 배려하고, 이론적 담론을 전쟁인 양 떠들지 말자고 했다. 그러고선 이 비평가는 자신이 경멸했다고 고백했던 바로 그런 일을 했으며, 논쟁에 가담한 양측을 공정하고 정중하게 제시하지 않고 처음부터 끝까지 내 분위기를 힐난하기만 했다.

책의 분위기에 대한 찬반 입장은 그 책에 동의하는지의 여부와 거의 정확하게 일치하는 결과를 낳았다. SES의 전일론 비전에 동의하는 사람들은 나의 분노와 고민에 공감하면서 격론에 갈채를 보냈다. 한 비평가는 "신선한 비판과 해방감을 주는 유머 때문에 SES에 나타난 격론 투의 어조를 우리 다수가 정말 좋아한다는 사실을 잊지 맙시다."라고 말했다.

이 책에서 비판의 대상이 되었거나 비전이 불완전하다고 생각한 반대편 사람들은 책의 분위기를 몰아세웠다. 어떤 사람은 "윌버는 무지하다 못해 예의가 없으며, 불손하고, 공격적이다."라고 말했다.

의심의 여지없이, 양측 다 옳다.

온우주 삼부작

지금까지 SES에 대해 가장 흔하게 일어난 전반적인 반응은 우리 생각에 기쁨으로 부를 수 있는 것에 속한다. 독자들로부터 메일이 쇄도했는데, 그들은 SES가 세상에 대한 자신들의 관점, 실재에 대한 자신들의 관점, 자신들의 의식 자체에 미친 해방감에 대해 말했다. 결국 SES는 당신 자신의 참자아가 이룬 위업에 관한 이야기이며, 수많은 독자는 그것을 상기하면서 크게 기뻐했다. 여성들은 다소 가부장적 역겨움이 보이는 것에 대해 나를 용서했으며, 남성들은 마지막 장 내내 눈물을 흘렸다고 말했다. 『세상에서 가장 아름다운 용기』를 제외하고는 SES에서 내가 받은 것만큼 진심 어린, 심히 감동적인 편지를 받은 적이 없으며, 이 편지들은 3년이라는 힘겨운 시기의 값어치를 하고도 남았다.

나는 삼부작 2권은 언제 출판되느냐는 질문을 종종 받는다. 원래 계획은 10년에 한 권씩 출판할 예정이었으며, 이는 2권이 2005년쯤 준비될 것임을 뜻한다. 그러나 현재로서는 다른 두 권의 책이 언제쯤 준비될지 정확히 모르겠다. 2권은 어느 정도는 완전히 저술되었고, 3권은 개요만 있는 셈이다. 그러나 나는 각 권이 그 이전 책에 대한 건설적 비판을 흡수할 시간을 갖길 바란다. 반대 의견들에 대한 이전의 절에서 나는 주된 비판에만 중점을 두었는데, 각각에 대해서 만족스럽게 답변할 수 있다고 생각한다. 타당하면서도 제대로라고 생각되는 수십 가지 사소한 비판들은 언급하지 않았으며, 후속 저술에 이것을 포함시키려고 노력했다. 나는 온우주 삼부작이 실로 통합적인 철학, 최초이지만 신뢰할 수 있는 세계철학에 관한 견고한 버전으로 우뚝 서기를 바라므로 설득력 있는 다수의 비판 모두에 대해서 숙고할 수 있는 시간을 충분히 가졌으면 한다.

다른 책들의 출판을 서두르지 않는 또 다른 이유가 있다. SES 자체는 부분적으로는 포스트모던 문화 연구가 보여 준 상태에 대해 개탄하면서 시작되었다. SES를 구상한 이후로 시간이 지나면서 포스트모던 입장은 눈에 띄게 약화되었다. 우리는 실로 포스트모던 이후, 후 다원주의 세계, 다른 말로는 **통합적인** 세계로 진입하고 있다. 실로 통합적인 철학이 점점 더 많이 수용될 것이고, 현재 수용되고 있으며, 열렬히 포용되기까지 한다. 한 해 한 해 지날수록 내가 써야 하는 비평의 장이 하나씩 줄어들고 있다. 한 해가 지날 때마다 보편적 통합론이 점점 더 환영을 받고 있다.

한 비평가는 SES에 대해서, "그것은 역사에서 그 어떤 접근보다도 더 많은 진실을 존중하면서 포함시키고 있다."라고 썼다. 나는 분명 그 말이 맞다고 믿고 싶지만, 나는 또한 내일이 올 때마다 새로운 진실이 생겨나고, 새로운 전망이 열리며, 더 포괄적인 관점에 대한 욕구가 생긴다는 사실을 알고 있다. SES는 길게 늘어선 전일론 비전 중 가장 최근의 비전일 뿐이며, 그 자체가 더 큰 내일로 이어져 더 영광스러운 관점에 대한 각주에 그치고 말 것이다.

그럭저럭하는 사이, 신나게 달려 왔다.

서문

그 어떤 것이든 무언가가 일어나고 있다는 게 아주 이상하다. 아무것도 없다가 빅뱅이 일어나고 우리 모두 여기에 있다. 지극히 불가사의한 일이다.

"어째서 무無가 아니라 무언가가 존재하는 걸까?"라는 셸링Schelling의 타오르는 질문에는 항상 두 가지 일반적인 대답이 있었다. 첫 번째는 '실수'의 철학이라고 부르는 것일 것이다. 우주는 그저 생겨났으며, 그뿐이다. 우주는 근본적으로는 우연이나 무작위적인 것으로서 그저 그럴 뿐, 실수로 일어났을 뿐이다. 때로는 아무리 정교하고 성숙해 보여도 실증철학에서 과학적 유물론, 언어 분석에서 사적史的 유물론, 자연주의에서 실증주의에 이르기까지 그 현대적 명칭과 숫자는 무척 많지만 이는 항상 근본적으로 똑같은 대답, 즉 "묻지 마라."로 귀결된다.

질문 자체(무언가가 도대체 왜 일어나는 걸까? 왜 나는 여기에 있는 걸까?)가 혼란스럽고, 병리적이며, 무의미하고, 유아적이라고 말한다. 그들 모두는 그런 어리석거나 혼란스러운 질문을 멈추는 것이 성숙의 징표이자 이 우주에서 성장했다는 징후라고 말한다.

나는 그렇게 생각하지 않는다. 나는 이 '현대적이고 성숙한' 분야들이 제공하는 대답, 즉 "실수야!"(그러니 묻지 마라.)라는 대답은 인간 상황이 제시할 수 있는 유아적인 반응이라고 생각한다.

그동안 제안해 왔던 그 밖의 개략적인 대답으로는 무언가 다른 것이 진행되고 있다는 것이다. 우연한 드라마 위에는 더 깊거나 높거나 넓은 패턴, 또는 질서나 지성이 존재한다는 것이다. 이런 '더 심오한 질서'에는 도道, 신, 정신Geist, 우주의 질서Maat, 원형적 형상, 이성, 이理, 대승불교, 브라만, 리그파Rigpa처럼 다양성이 존재한다. 더 심오한 질서를 이처럼 달리 표현하는 것은 많은 점에서 서로 이견을 보이지만 이들은 모두 우주가 외면상 보이는 것과는 다르다는 점에 동의한다. 무언가 다른 것, 실수와는 전혀 다른 무언가가 일어나고 있는 것이다.

****

이 책은 '실수와는 다른 무언가'에 관한 것이다. 이 책은 더 심오한 질서의 가능성에 대한 것이다. 이 책은 진화, 종교 그리고 어떤 의미에서는 그 중간쯤에 있는 모든 것에 관한 것이다. 이 책은 우주, 생물권, 정신, 신에 관한 간략한 역사, 말할 필요 없이 한 얼간이가 말하는 이야기, 정확히는 아무것도 의미하지 않으면서 모든 것을 의미하는 이야기다. 음향과 분노가 있을 뿐이다.

이것은 홀론holon, 무한히 다른 전체의 일부가 되는 전체에 관한 책이다. 원자 전체는 분자의 일부가 되고, 분자 전체는 세포의 일부가 되며, 세포 전체는 유기체의 일부가 되는 등등이다. 각 전체는 동시에 부분으로서 전체/부분, 즉 홀론이 된다. 실재는 사물이나 과정, 전체나 부분으로 구성되어 있지 않고, 전체/부분인 홀론으로 구성되어 있다. 우리는 우주, 생물, 정신, 신에 존재하는 홀론을 보게 될 것이다. 그 모두를 연결시키고, 그 모두를 전개하고, 그 모두를 영원히 포용하는 진화의 실타래를 보게 될 것이다.

첫 장은 물질적 우주(물질)와 생물권(생명)에서의 홀론을 다룬다. 이는 자연과학, 생태과학, 생명과학, 시스템 과학의 일반 영역이며, 우리는 이들 각각을 신중하게 탐구할 것이다. 현재 앙갚음하며 이 지구를 덮는 생태 위기뿐 아니라 영성과 생태학을 분리시키지 않고 연결시키려는 노력에서 발생한 심층 생태학에서 생태페미니즘에 이르는 수많은 운동을 생각한다면 이는 특히 중요한 일이다. 그리고 우리는 그 모든 것의 의미를 보게 될 것이다.

중간 장들은 마음, 심리구조 또는 정신권noosphere의 출현을 탐색한다. 그것은 심리구조 자체를 구성하는 홀론이다(마음은 맥락 안에서만 의미가 있는 단위들, 영원히 다른 전체의 부분인 전체로 구성되어 있다). 모든 홀론과 마찬가지로, 이런 심적 홀론은 창발하며 시간과 역사 안에서 진화한다. 우리는 마음과 의식의 역사적 진화 그리고 이런 심적 홀론들이 어떻게 우주와 생물이라는 홀론들과 관련을 맺는지를 살펴볼 것이다.

마지막 장들은 신, 신성한 영역, 더 심오한 질서를 다루고, 그것이 실로 어떻게 우주, 생물권, 정신권과 관계 맺는지를 다룬다. 여기에는 무언가 놀라운 일이 기다리고 있다고 생각한다.

이 책은 세 권으로 구상한 책 중 첫 번째 책이다(연작물은 『온우주Kosmos』 또는 『온우주 삼부작』으로 불리며, 다른 두 권의 책에 대한 간단한 요약이 이 책 전체에 제시되어 있다). 이 책에서 제기된 수많은 질문을 다른 두 권의 책에서 더 면밀하게 검토하였다. 어쨌든 완성된 결론이라기보다는 광범위한 개관이자 소개서로 이 책을 볼 수 있다.

이 책은 내가 '지향적 일반화orienting generalization'로 부르는 것에 기초하고 있다. 예를 들어, 도덕발달 분야에서 모든 사람이 로렌스 콜버그Lawrence Kohlberg의 7개 도덕 단계나 콜버그 구조를 재작업한 캐럴 길리건Carol Gilligan의 세부 사항에 동의하지는 않는다. 그러나 인간의 도덕발달이 적어도 세 가지의 폭넓은 단계를 거친다는 데에는 일반적으로 또한 충분하게 합의하고 있다. 즉, 출생 시 인간은 아직 어떤 식으로든 도덕 체계 내로 사회화되어 있지 않다('전인습'). 그 다음에서야 인간은 자기가 자라온 사회의 기본 가치를 대표하는 일반적인 도덕구조를 스스로, 그리고 타인으로부터 습득한다('인습'). 그리고 더 성장하면 사회를 성찰하는 것이 가능해지고, 따라서 사회로부터 약간 거리를 두면서 사회를 비판하거나 개혁하는 역량을 획득한다(개인은 어느 정도 '후인습'으로 된다).

그런 발달 순서의 실제 세부 사항과 정확한 의미는 여전히 뜨거운 논쟁거리이지만, 그런 세 가지 전반적인 단계 같은 것이 실로 일어나며 보편적으로 일어난다는 점에 모두가 상당 정도 동의하고 있다. 이것들이 지향적 일반화다. 이는 중요한 숲이 어디에 위치하는지를 우리에게 보여 주고 있다. 얼마나 많은 나무가 있는지에 관해서는 동의하지 않더라도 말이다.

요컨대, (물리학에서 생물학, 심리학, 신학에 이르기까지) 지식의 다양한 분야로부터 이런 식의 대략 동의하는 지향적 일반화를 취한다면, 또한 이런 지향적 일반화를 함께 엮는다면 우리는 놀라우면서도 종종 심오한 어떤 결론, 탁월한 결론일 수도 있지만 그럼에도 불구하고 우리가 이미 동의했던 지식 이상을 구현할 수 없는 결론에 도달할 것이다. 지식의 구슬 하나하나는 이미 받아들여지고 있다. 그것들을 한데 엮어 목걸이로 만들 수 있는 실타래를 제공하는 것이 유일하게 필요한 일이다.

이 세 권의 책은 그런 목걸이를 함께 꿰려는 하나의 시도다. 그런 시도가 성공할지는 두고 볼 일이다. 그렇지 않다면, 내 생각에 이것은 최소한 오늘날 포스트모던 세계에서 이런 식의 작업을 어떻게 해낼 수 있는지 보여 주는 좋은 사례가 될 것이다. 포괄적인 지향적 일반화를 다루는 데 있어 삼부작은 우주, 생명, 영과 관련해서 남녀의 위치에 대한 포괄적인 지향적 지도를 제시하고 있으며, 세부 사항들은 우리가 원하는 대로 채워 넣을 수 있다. 그러나 지도의 포괄적인 윤곽은 인간 지식의 여러 분야로부터 추출된 단순하지만 견고한, 지향적 일반화로부터 선택한 엄청난 양의 지지 증거를 갖고 있다.

그럼에도 불구하고 이런 포괄적인 지향적 지도는 결코 고정된 것도 최종적인 것도 아니다. 나는 이 책이 포괄적인 지향적 일반화로 되어 있음은 물론 천 가지 정도의 가정으로 구성된 책이라고 말하고 싶다. 나는 그것이 단지 한 가지 사례인 듯 이야기를 전개하려고 한다(왜냐하면 그런 식으로 말하는 편이 읽기 더 편할 것이기 때문이다). 앞으로 전개되는 모든 문장은 적합한 공동체의 확증이나 거부에 대해 열려 있다. 수많은 독자는 내가 하고 있는 일을 '형이상학'이라고 주장할 것이다. 그러나 '형이상학'이 증거가 없는 사유를 의미할 경우, 이 책 전반에 걸쳐 형이상학적인 문장은 단 한 줄도 없다.

이 책(또는 이 삼부작)은 보다 넓은 온우주(물질, 생명, 마음, 영)에서 남녀의 위치를 포괄적으로 정하는 지도를 제공하고 있기 때문에 생태학적 위기에서부터 페미니즘까지, 근대와 탈근대의 의미에서부터 섹스, 젠더, 인종, 계급, 신념과 관계된 '해방'의 성질에 이르기까지, 기술경제적 발달의 성질과 그것들이 다양한 세계관과 맺고 있는 관계에 이르기까지, 사물의 더 큰 구조 속에서 우리가 차지하는 위치에 관해 세계가 거기에 대해 제시했던 다양한 영적 및 지혜 전통에 이르기까지 최근에 '논란거리가 된' 수많은 주제를 당연히 다루고 있다.

우리가 어떻게 더 온전한 인간이 될 수 있으며, 이와 동시에 그저 인간에 불과할 뿐이라는 운명으로부터 어떻게 구원받을 수 있을까? 신을 저버리고 여신을 저버린 이 근대라는 세계에서 영은 어디에 있는 걸까? 우리 자신의 조건을 개선시키려 노력하면서도 우리는 왜 가이아를 파괴하는 걸까? 구원을 위한 수많은 시도가 왜 자살이 되고 마는 걸까? 우리는 어떻게 더 큰 온우주와 실제로 조화를 이룰 것인가? 우리는 어떻게 더 큰 무언가의 부분이기도 한 전체 개인이 될 것인가?

달리 표현해서, 인간 존재가 온우주의 모든 다른 존재와 마찬가지로 절대적으로 홀론이기 때문이라면 그것은 무슨 의미인가? 영원히 우리를 초월해서 움직이고 있는 것과 우리는 어떻게 어울릴 수 있을까? 해방이란 우리 스스로 전체가 된다는 것일까 아니면 더 큰 무언가의 일부가 된다는 것일까? 아니면 다른 무엇이 된다는 것일까? 역사란 내가 깨어나려고 애쓰는 하나의 악몽이라면, 내가 정확히 어떤 것으로 깨어난다는 것일까?

가장 중요하게는 그 광활하고도 놀라운 온우주를 응시하면서 실수보다는 더 성숙해진 무언가로 반응할 수 있지 않을까?

이 책의 필사본을 이미 읽은 사람들이 독자를 위해 두 가지 제안을 하였다.

첫 번째로, (만약 두 번 이상 읽는다면) 처음 읽을 때는 주석을 건너뛰면서 두 번째를 위해 남겨 두라. 이 책은 의도적으로 두 개 수준으로 집필되었다. 본문은 가능하면 쉽게 접근할 수 있도록 모든 노력을 기울였고, 주석은(자체로 작은 책자가 된다.) 진지한 학도들을 위한 것이다. 그러나 양쪽 모두에게 대부분의 주석은 두 번째 독서를 위해 남겨 두는 게 최선책인데, 그것들이 서술의 흐름을 크게 방해하기 때문이다 (그렇지 않을 경우 어떤 사람들은 일종의 부록으로서 주석을 읽는데, 그것도 괜찮다).

두 번째로, 한 번에 한 문장씩 읽으라. 띄엄띄엄 읽으려는 사람들은 완전히 길을 잃을 것이다. 그러나 대부분의 사람은 각 문장을 그냥 읽다 보면 내용이 저절로 전개되어 부딪히는 모든 문제가 보통은 해결된다고들 한다. 이 책은 분명 방대한 책이지만 작고 미세한 바이트 크기의 조각으로 되어 있으며, 모든 독자는 한 번에 한 바이트씩 읽으면서 매우 즐거운 시간을 보내는 것 같다.

오늘날 근대 및 탈근대 세계에서 어둠의 세력들이 우리를 덮치고 있다는 말이 종종 들려온다. 그러나 나는 그렇지 않다고 생각한다. 어둠과 심연에는 항상 치유 가능한 진실이 존재한다. 도처에서 진, 선, 미를 위협하면서도, 모순되게도 스스로를 깊고 심오하다고 알리는 세력은 어둠의 세력이 아니라 천박한 세력이다. 현대의 위험, 현대의 위협이 도처에 도사리고 있으며, 그럼에도 불구하고 어디에서나 우리에게 구원자라고 외치는 것은 화려하면서도 두려움을 모르는 천박함이다.

우리는 빛을, 고원을 잃어버렸는지도 모른다. 그러나 더 무서운 일은 우리가 신비와 깊이, 공성空性과 심연을 잃어버린 데 있다. 표면과 그림자, 외면과 껍질에 전념한 세계에서 우리는 그것을 잃어버렸다. 그 세계의 예언자들은 맨 먼저 수영장 머리맡의 야트막한 가장자리로 뛰어들라고 우리를 다정하게 설득한다.

에머슨은 "역사가 나의 존재와 생성being and becoming에 관한 유쾌한 우화나 비유의 도를 넘으면 오만과 모욕이 된다."라고 말했다. 그렇다면 이어지는 내용은 당신의 현재와 미래에 관한 유쾌한 비유이자, 당신이 숨을 쉴 때마다 전개되고 감싸지며, 진화evolving하고 내화involving하며, 세계를 창조하고 소멸시키면서 영원히 흘러나오는 공성에 관한 우화다. 이것은 당신이 이미 행했던 것의 연대기, 당신이 보았던 것에 관한 이야기, 우리 모두가 되어 갈 것의 척도다.

차례

하

켄
윌
버
의
성,
생
태,
영성:
진
화
하
는
靈

상

Sex

Ecology

Spirituality

The Spirit of Evolution

인류의 문화적 창조 중에는 발명, 기술, 관념, 방법 등과 같은 수많은 보물이 있다. 지금 그것을 다시 그대로 재가동시킬 수는 없다 하더라도, 최소한 현재 진행 중인 것을 분석하거나 변화시키는 도구로서 매우 유용하게 쓰일 수 있는 어떤 관점을 구성하거나 그런 구성을 돕는 데 활용할 수는 있을 것이다.　　　　　　　　　　－미셸 푸코－

어떤 이들은 훨씬 더 놀랍고 아름다운 세계를 황홀하게 바라보는 것이 우리의 선택 안에 놓여 있다고 선언했다. 이들은 신비가들의 실험이 우주 전체의 변형과 관련있다고 말한다. 신비가의 방법, 기술, 과학 또는 그것을 무엇이라 부르든(그러한 것이 존재한다고 또는 존재했었다고 가정한다면) 그것은 단지 천국의 환희를 회복하는 일에, 원한다면 남녀 모두에게 환희와 영광의 세계에서 살 수 있도록 하는 일에 관심을 둘 뿐이다. 그러한 실험이 있다는 것 그리고 그중에는 성공한 사람도 있으리라는 것은 필경 가능한 일일 것이다.　　　　　　　　　　－리처드 롤 햄폴－

SEX ECOLOGY SPIRITUALITY

09
상승과 하강

서양의 철학 전통 전반에 대해 가장 안전한 일반적인 특징을 부여하자면, 그것은 플라톤에 대한 일련의 각주로 구성되어 있다는 것이다.

―알프레드 노스 화이트헤드―

그러나 어쨌든 나는 내가 관심을 갖고 있는 문제(즉, 일자the One에 대한 신비지식)에 대해 아는 척하는 요즘의 철학자나 미래의 철학자에 대해서 이 정도는 확언할 수 있다. 즉, 내 생각으론 그들은 그 주제에 관해 어떤 이해도 불가능하다는 것이다. 그 주제는 다른 분야의 학문처럼 언어로 기술할 수 있는 것이 아니기 때문이다. 오직 이 탐구에 헌신하는 공동체(관조 공동체) 생활에 오랫동안 참여한 후에만 진리가 영혼 위에 타오른다. 마치 날아다니는 불꽃에 의해 불이 옮겨붙듯이.

이에 관한 나의 논고는 존재하지 않을 뿐만 아니라 결코 존재하지 않을 것이다.

―플라톤, 제7서한―

그토록 많은 서구 전통이 플라톤에 대한 일련의 각주로 여겨지면서도, 각주를 붙여야 할 결정적으로 중요한 책이 결코 쓰인 적이 없다는 것은 너무나도 이상한 일이라서 나는 늘 놀라곤 했다. "이에 대한 나의 논고는 존재하지 않을 뿐만 아니라, 결코 존재하지 않을 것이다."

여기서 플라톤이 말하는 것은 일자, '존재 너머의 선'(플라톤이 그렇게 불렀던 것처럼)에 대한 신비적인 지식이라는 것에 학자들은 대체로 일치하고 있다. 플라톤이 전하려고 한 핵심은 분명 여기에 있었지만, 그럼에도 그는 그것을 결코 문자화하지 않았다(반면, 그는 윤리에 관한 원형적 형상, 인식론, 정치학, 사랑 등등에 관해 수많은 책을 쓰는 데에는 전혀 어떤 어려움도 없었다).

그러나 그 중심적인 점에 관해선, 플라톤은 마치 그가 할 수 있는 유일한 일이 침묵인 양 침묵했다. 그 '지식' 또는 '신성한 무지'란 언어적인 것이 아니라 언어를 넘어선 초언어적인 것이고, 마음의 것이 아니라 '무심'의 것이며, '언설적인 철학'이나 단지 '종교에 관한 이야기'가 아니라 '영혼 속에서 빛나는 관조적 진리의 빛'이다. 그리고 이 진실 또는 돌연한 계시를 직접적으로 볼 수는 있지만(플라톤이 말했듯이, 공동체 안에서 오랫동안의 묵상/관조 수행을 한 후에), 그것을 완전하게 말하거나 언어적으로 전달하는 것은 불가능하다(개인 내면에서 그에 상응하는 발달적 기의記意, signified 없이는). 그 지식에 대한 진정한 각주는 일련의 텅 빈 원, 달을 가리키는 손가락에 지나지 않을 것이다.

나는 몇 가지 이유로 인해 이 플라톤의 유산을 추적해 보고자 한다. 첫째는, 만일 서양 문명이 플라톤에 대한 일련의 각주라면, 그 각주 자체가 분열되어 있다는 이유 때문이다.

또 다른 이유는, 플라톤은 말로 표현할 수 없는 일자와 관련된 두 개의 운동 또는 (그것이 언어화될 수 있는 한에서) 영과 관련된 두 개의 '운동'에 대한 최초의 명확한 진술을 보여 주기 때문이다. 첫 번째 운동은, 일자가 다자의 세계로 하강하는 운동이다. 이 운동은 실제로 다자의 세계를 창조하고, 다자를 축복하며, 그 모든 것에 선성을 부여하는 운동으로서, 영은 이 세계에 내재하게 된다. 또 하나는, 다자로부터 일자로 복귀하는 또는 상승하는 운동, 즉 선을 기억해 내거나 생각해 내는 과정이다. 이 운동으로 인해 영은 이 세계로부터 초월한다.

플라톤이 이 두 가지 운동을 강조했음에도 불구하고, 지금까지 본 것처럼 서양 문명은 이 두 운동 사이의 결투장, 다자라는 '이 세계(차안)'에서 살고 싶어 하는 사람과 오직 초월적 일자의 '저 세계(피안)'에서 살고 싶어 하는 사람들 사이의 멍청한 결투장이 되고 말았다. 이들 모두 파멸적일 정도로 똑같이 상승과 하강을 통합하는 영, 다자를 초월하면서 또한 포함하는 영, 그것을 발견하는 무언의 말씀을 통일시키는 마음을 망각했던 것이다.

잠시 뒤에 보게 되겠지만, 플라톤의 경우에는 이 두 운동을 똑같이 강조했고 똑같은 중요성을 부여했다. 왜냐하면 둘 다 갑작스러운 계시로 드러난 말로 전할 수 없는 일자에 기반을 두고 있기 때문이다. 하지만 이 둘을 결합하는 일자를 망각할 경우, 두 운동은 서로 싸우는 두 진영으로 분열되고 만다. 한쪽은 금욕적이고 억압적인 상승자들로서, 이들은 자신들이 상상하는 '저 세계'를 위해서라면 '이 세계'(감각적인 자연, 신체)를 기꺼이 파괴하려고 한다. 다른 쪽에는 동굴 벽에 비친 그림자를 껴안고 있는 하강자들이 있다. 이들은 시간의 세계 속에서 시간 없는 세계를 찾느라 소란을 피우며 유한한 영역을 무한한 가치로 탈바꿈시키려고 애쓰는 자들로서, 결국 상승자들과 마찬가지로 이 세계를 왜곡시키는 일을 한다. 왜냐하면 '이 세계'에서는 결코 얻을 수 없는 어떤 것을 얻고자 하기 때문인데, 이 세계에서 결코 얻을 수 없는 어떤 것이란 바로 구원salvation이다.

창조를 부정하는 상승자들과 창조만을 보는 하강자들, 이 두 전략은 2천 년에 걸쳐 서양 문명을 괴롭혀 온 플라톤에 대한 분열된 각주라는 두 세력이었다. 이 분열된 각주로 인해 서양은(서양만은 아니지만) 무구한 하늘과 땅의 얼굴에 자신들의 머리글자를 깊숙이 그리고 잔혹하게 새겨 넣었다.

내가 플라톤의 유산을 고찰하고 싶은 마지막 이유는, 일자의 타자로의 하강과 타자의 일자로의 상승이라는 이 두 운동 속에서, 만일 그런 것이 정말로 존재한다면 신의 남성적 얼굴과 신의 여성적 얼굴을 이해하는 최종적인 실마리를 찾아낼 수 있을 것이기 때문이다.

플라톤의 두 가지 유산

아서 러브조이Arthur Lovejoy는 높이 평가된 그의 책『존재의 대사슬The Great Chain of Being』에서 상반되고 갈등하는 플라톤의 두 가지 유산—상승과 하강—을 훌륭하게 추적한 바 있다. 우리는 그 유산을 '다자성 전략'과 '일자성 전략'이라고 불러도 좋을 것 같다. 전자는 창조된 세계의 다자성을 강조하고, 후자는 창조되지 않은 원천 또는 근원을 강조한다. 양쪽 모두 자신을 아무리 일원론자, 비이원론자, 전체포괄론자, 전일론자 또는 그 밖에 달리 뭐라 부르더라도 어느 한쪽만으로는 철두철미하게 이원론적이다.

나는 이 이원론의 역사를 러브조이에 의지하되[1] 그의 해석에 얽매이지 않고 추적해 보려고 한다. 이 이원론은 서양의 다른 모든 이원론을 부수적인 하위 집합으로 포함하는 것이며, 최근 들어 극복될 조짐을 보여 주는 이원론이기도 하다.

많은 사람이 플라톤을 영원한 일자의 '피안의 세계'를 회구하며, 단지 동굴 속 그림자들의 창조된 다자의 일시적인 세계를 '무시하는' 상승자로 기억하는 경향이 있다. 플라톤이 다자로부터 일자에 이르는 상승의 길을 명백하게 보여 준 것은 분명하다. 플라톤은 『국가The Republic』와 『향연The Symposium』 등의 저술에서 즉각적인 감각의 물질 영역에 심취해 있는 혼이 상위의 심적 영역을 통과해서 영원한, 말해진 적 없는 일자의 영적 영역에 이르는 여정을 기술했다.

이 상승의 길에서 플라톤과 이후의 신新플라톤주의 후계자들은 확실히 우리가 진화 또는 발달이라고 부르는 현상, 즉 물질에서 신체, 마음, 혼, 영 그리고 최종적으로 시간의 세계에서 혼의 정상이자 목적지이기도 한 돌연한 계시 속에서 개시된 '존재를 넘어선 선'에 도달하는 운동을 말하는 것으로 보인다. 러브조이가 말한 것처럼, "선이란 모든 혼이 욕망하는 보편적 대상이며, 그것으로 향하도록 모든 혼을 끌어당기는 것이다(궁극의 오메가 포인트). 이 세계에서조차 인간에게 있어 지고선이란 절대 또는 본질적 선을 묵상하는 것 이외에 다른 선은 없다".[2]

이 선은 가능한 모든 현현顯現, manifestation을 초월한다. 플라톤도 이렇게 말했다. "선은 실제로 존재를 초월한다. 혼 전체가 생성하는 것(시간과 현현의 전 세계)에서 떨어져 나와 있는 그대로의 것을 지속적으로 관조할 수 있을 때까지 변하지 않으면 안 된다……"(『국가』).

플라톤은 이 '있는 그대로의 것에 대한 관조'를 '모든 시간과 존재의 목격자'가 되는 것이라고 부른다. '이것도 아니고, 저것도 아니다'인 순수주시자다. 플라톤이 그 절대자에게 때때로 어떤 비유적이거나 신화적·실체적인 속성을 부여했다 하더라도, 그가 최종적으로 마음에 품고 있던 것은 사실상 '네티, 네티neti, neti(이것도 아니고, 저것도 아니다.)' 또는 순수초월적(무형적) 각성, 모든 존재의 정상이자 원천이었다는 것은 의심의 여지가 없어 보인다. 그리고 러브조이도 매우 분명히 말했듯이, 그것에 관해서는 엄밀하게 말해 말하는 것조차 불가능하다.

고대와 현대를 망라해서 플라톤의 해석자들은 그 절대적 선이 그에게 있어서 신의 관념과 동일한 것인지 아닌지라는 문제를 두고 끝없는 논쟁을 벌여 왔다. 만일 완벽한 존재ens perfectissimum, 즉 존재 위계의 정점, 궁극적이며 유일하게 완전히 만족을 줄 수 있는 관조와 숭배의 대상을 가리키는 것으로 생각된다면 선의 이데아가 플라톤의 신이었다는 것에는 의심의 여지가 없다. 그리고 그것이 아리스토텔레스의 신이 되었고, 중세의 철학적 신학의 대부분과 거의 모든 현대의 플라톤적인 시인과 철학자의 신이 되었다는 점에도 전혀 의심의 여지가 없다.

신의 속성이란 엄밀히 말해 현세의 속성을 부정하는 것에 의해서만 표현될 수 있는 것이었다. 자연적인 경험 속에 제시되는 대상의 성질이나 종류를 하나씩 차례로 택하여 우파니샤드Upanishad의 성자처럼, "참다운 실재란 이것도 아니고, 저것도 아니다."라고 말할 수 있을 것이다.[3]

러브조이는 플라톤의 말로 표현할 수 없는 언외의 일자는 기본적으로 철학적 주장이나 이론이 아니고, 시나 신화도 아니며, 또한 형상에 관한 합리적인 논의도 아니라는 점을 자신의 신용을 바탕으로 분명하게 언급했다. 그 언외의 일자는 직접적인 신비 체험이다(러브조이는 그것을 '자연적 종교 체험natural religious experience'이라고 불렀다). 이는 플라톤이 말한 것처럼, 같은 뜻을 갖고 있는 사람들 사이에서의 관조 수련으로 연마된 체험이며, 또한 불꽃에 의해 옮겨붙는 것처럼 스승에서 제자로 직접 전수된 체험이다.

그 자체만 놓고 볼 때 플라톤이 묘사한 이 상승 쪽은 앞에서 내가 제시했듯이, '존재를 초월한' 신비적 또는 초월적 각성과 관련되어 있다. 그것은 모든 현현, 모든 속성을 초월해 있으며(원인/무형), 그것에 비하면 현현된 전 세계는 그림자나 복사품, 환영에 지나지 않는다. 플라톤은 현현된 전 세계를 확실히 그림자 동굴, 혈거인들이 사슬에 묶여 있는 동굴, 덧없는 감각적 인상과 심하게 변하는 심적 의견들이 와글대는 동굴 밖 실재와 빛의 창백한 이미지로 보았다.

모든 진실, 모든 선성, 모든 미는 영원한 언외의 일자를 향한 관조적 몰입에 의해서만 최종적으로 밝혀지고 완전히 밝혀지는 것이었다. 다른 해방은 가능하지도 않고 바랄 수도 없다. 그리고 이 돌연한 계시가 없다면 시간에 지배되는 덧없고 유한한 세계의 고뇌와 혼란 속에서 영원히 길을 잃게 된다고 플라톤은 (우리에게) 말한다. 현현된 영역에서 아무리 많은 '미'나 '환희' 또는 '경이'를 발견한다 해도 그것은 초월적인 미의 그림자(에머슨이 말하는 상징symbol)에 불과하다. 초월적인 미는 직접적인 관조 경험 속에서 드러나며, 그것을 볼 수 있는 눈을 가진 모든 사람에 의해 확인된다.

바꿔 말하면, 플라톤의 이 상승 측면은 세계 어느 곳에서든 권위 있는 원인 수준의 각성 실현에서 가장 잘 드러난다. "세계는 환영(그림자)이다. 브라만만이 실재이다." 다시 말해, 다자에서 물러나 일자를 찾으라는 것이다.

이렇게 해서 서양 문명의 표준적인 상승 목표가 설정되었다. 그것은 아리스토텔레스와 아우구스티누스의 신이 되었고, 따라서 실제로 모든 기독교의 신이 되었다. 대중적인popular 형태와 비교적인esoteric 형태 모두(동방, 로마 가톨릭 및 신교)에서 그 신은 영지주의자와 마니교의 목표이기도 했다. 그들의 경우, 유한한 그림자세계의 어떤 흔적도 노골적으로 악으로 취급했다. 그리고 종교 자체가 시대에 뒤떨어져 한 물가자 그 목표는 계몽주의 시대로 옮겨졌고, 전혀 약화되지 않은 채 빛을 향한 끊임없는 상승의 희구를 지속해 갔다. 그리고 이성을 역겨운 것으로 본 사람들에게서조차 똑같이 그 선은, 삶을 견디기 힘든 것으로 영원만이 해방이라고 본 시적이고 예술적인 모든 상상력을 강력하게 불태웠다.

잠시 뒤 이런 역사를 다시 다루겠지만, 그런 것들이 다양하게 변장된 상승자의 몇 가지 모습이었다.

그러나 여기에 대단히 중요한 포인트가 있다. 상승은 플라톤이 설정했던 운동의 절반에 지나지 않는다는 것이 그것이다. "만일 플라톤이 여기서 멈췄다면"이라고 러브조이는 말했다. 그 이후의 서구 사상의 역사는 의심의 여지없이 지금까지와는 전혀 다른 모습이었을 것이다. 분명히 대부분의 플라톤 비판자 또는 그를 단지 상승자라고 본 사람들, 그의 '타계성otherworldliness'을 격하게 비난했던 사람들은 실제로 그가 여기서 멈췄다고 생각하기도 한다. 그러나 러브조이는 멈추지 않았다. "그의 역사적 영향에 관하여 가장 주목할 만한—그러나 그다지 주목되지 않은—사실은 그가 유럽의 타계성에 특징적인 형식과 용어와 논법을 제공했다는 것뿐만 아니라, 바로 그 정반대의 경향—즉, 각별히 건전한 **종류의 현세성**—에도 특징적인 형식과 용어, 논법을 제공했다."라는 것이다.[4]

이 '넘치도록 풍요로운 현세성'이야말로 플라톤에 대한 수많은 생태학적 비판가가 놓치고 있는 점이다. 그들은 지푸라기로 만든 플라톤 인형을 세워 놓고는 의기양양하게, 난폭하게 쓰러뜨렸고, 그러고는 그들 모두 이 세계의 승리를 자축했던 것이다. 그러나 플라톤은 그렇게 만만하게 다룰 수 있는 존재가 아니다.

> 왜냐하면 그 자신의 철학은 이른바 우리의 타계적 방향(상승)에서 정점에 이르자마자 그 방향을 바꾸었기 때문이다. 모든 평범한 사고 범주와는 거리가 멀고 그 자체로는 외부적인 어떤 것도 필요로 하지 않는(인과적 각성) 순전히 완벽한 관념('자연적 종교 체험')에 도달하자마자, 그는 곧 이 초월적이며 절대적인 존재에서 이 세계의 존재를 필요로 하는 논리적 근거를 발견했던 것이다. 더욱이 그는 상상할 수 있는 모든 종류의 유한한, 시간적인, 불완전한, 물질적인 존재의 실존적 필연성과 가치를 주장하는 데까지 이르렀다.[5]

이 현현세계는 동굴에 비친 그림자의 세계가 아니라, 이제 선성과 사랑으로 가득 찬 영의 광휘의 구현이자 그 영역으로 보이게 되었다. "감각의 세계를 선과 진, 양자로부터 이중으로 떨어진 비실제적인 그림자 모습의 명멸로 기술하는 것이 더 이상 적절하지 않게 되었다. 태양 자체(원인적 일자)가 동굴, 불, 움직이는 모습, 그림자 그리고 이것들을 보는 자를 만들어 냈을 뿐만 아니라, 태양은 그렇게 함으로써 지상의 어떤 눈으로도 응시할 수 없는 그 순수한 광휘뿐만 아니라 그에 못지않게, 본질적인—일견 더 우수한—그 자체의 성질을 드러낸 것이다. 그림자에게 태양이 필요하듯이 하늘의 태양에게도 그림자가 필요하며, 이 그림자의 존재가 태양의 궁극적 완전

성을 가져오는 것이었다."⁶⁾

이렇게 해서 그림자의 존재가 풍요로운 이 세계를 축복하고 받아들이는 원인이 되었던 것이다!

그렇게 해서 '일자로의 귀환'이라는 상승의 길을 확립한 후, 플라톤은 순수하게 창조중심적인 영성, 찬란하게 빛나는 다자의 눈부심과 포옹으로 가득 찬 영성을 수립했다. 순수하게 상승적인 일자는 그 자체만으로는 전혀 완전한 완성에 미치지 못하는 것으로, 그 자신에게서 흘러나와 모든 현현 속으로, 모든 창조 속으로 유입하는 일자에 비해 명백히 열등한 것으로 보인다. 플라톤에게 있어서 창조할 수 없는 절대란 실제로 전혀 절대가 아니다. 따라서 진정한 완전성이란 자신의 넘쳐흐르는 풍요로움을 단 하나의 예외도 없이 만물을 유출하고, 만물에 유입하는 완전성을 의미한다.

『티마이오스Timaeus』— 이후 모든 서구 우주론에 결정적인 영향을 준 책—에서 플라톤은 일자의 창조적 초풍요성과 유출 과정을 그려 냈다. 일자에서 창조의 신이 생겨나고, 원형적 형상이 인간(마음)으로, 그런 다음 그 밖의 살아 있는 피조물(신체)과 물리적 존재의 세계(물질)로 유출해 가는 과정이 그것이다.

따라서 신新플라톤주의자들은 이렇게 기술하고 있다. 영에서 혼, 마음, 신체, 물질로 이어지는 각각의 수준은 선행 단계로부터의 유출이며, 그러므로 일자라는 근원과 기저는 모든 단계에서 각각 자신의 정도에 따라 그 모습을 드러낸다. 따라서 플라톤은 전 우주를 모든 부분이 다른 모든 부분과 그 부분들의 영원한 기저와 긴밀히 짜인 거대한 '초超유기체superorganism'에 비유했다(이런 점에서 플라톤은 가이아의 대변자다). 플라톤은 현현된 전 세계—차안의 세계—를 '눈으로 보고 느낄 수 있는 신'이라고 부른다.

따라서 플라톤의 '자기충족적 완전성'은 동시에 '자기유출적 풍요성'이기도 하다. 그것은 상승의 정점summit이자 목표goal이고, 모든 하강, 모든 현현, 모든 창조의 원천이자 근원이며 기본적인 실재이기도 하다. 러브조이가 말한 것처럼, "시간 없는 무형의 일자는 시간적이고 물질적인 그리고 극도로 다중적이며 변화무쌍한 우주라는 존재의 기저이자 역동적인 원천이 되었다". ⁷⁾

플라톤은 이 창조 속의 영(또는 다자 속의 일자)이 비현현 영보다 훨씬 더 완전하고 충분하며 완벽한 것이라고 하는 데 대해서 전혀 어떤 의심의 여지도 남겨 놓지 않았다. 그는 묵시적으로, 때로는 명시적으로, 현현되지 않은 영(원인)은 현현에 대해서 일종의 긴장이나 '선망envy' 상태에 있으며, 이 긴장은 현현의 모든 것, 가능한 모든 세계 속의 가능한 모든 유형과 정도, 그 모든 것이 영의 광휘로 보일 때만 극복된다고 말했다.

그러므로 영은 세계 밖에서보다 세계 안에서 더 완벽하다는 것이 플라톤의 최종적인 입장이며, 그는 이러한 입장을 매우 강력한 방식으로 언급했다. 이렇게 해서 비이원적 실현에서 반드시 필요한 세 번째, 즉 '브라만이 세계다(또는 '니르바나Nirvana와 윤회의 세계는 둘이 아니다').'가 완성된다.

이렇듯 상승의 길과 하강의 길을 결합시킨 또는 통합시킨 것은 플라톤이었다. 그는 일자와 다자, 니르바나(열반)와 삼사라(윤회)를 똑같이 강조했다. 또는 러브조이가 말한 것처럼, "플라톤의 사고에서 처음에는 구별되어 있던 두 개의 흐름이 이곳에서 융합되었다".[8]

이렇게 해서 플라톤의 전반적인 입장을 (에크하르트와 라마나에 적용해서 이미 보았던 것처럼) 그것이 어디서 나타나든 상관없이 모든 비이원적인 전통에 적용할 수 있는 다음과 같은 말로 요약할 수 있게 되었다. "다자에서 물러나 일자를 찾으라. 일자를 찾으면 다자를 일자로서 포옹하라."

좀 더 간단히 말하면, "일자로 귀환하라. 다자를 포옹하라. 기쁨으로 가득 차고 사랑으로 가득 찬 무조건적인 다자의 포옹, 그것만이 일자의 완전성의 결실이자 완성이다. 일자라 하더라도 다자가 없으면, 이원적이면서 분열된 '선망으로 가득 찬' 존재로 남게 된다".[9]

이런 통합은 (대단히 투박하게 또한 언제나 그런 것처럼 다소 오해를 불러일으키는 식으로 말하면) 큰 원Great Circle으로 생각될 수도 있을 것 같다. 하강의 길, 현현의 길, 창조의 길은 원의 정점에서 낮은 곳을 향해 있고, 상승 또는 귀환의 길은 아래쪽에서 정점을 향해 있다. 양쪽 길 모두 똑같은 차원을 관통하는 하나의 호arc다. 이것은 곧 알게 되겠지만 '상승의 길이 곧 하강의 길'인 이유다.

따라서 하강의 길은 그 길 하나만을 취하지 않는 한 나쁜 것은 아니다. 오히려 그 길은 존재 모두의 창조적인 원천 또는 모형Matrix이자 완전성 자체의 결실이다. 마찬가지로, 상승의 길도 오직 그 하나의 길만을 취하지 않는 한 나쁜 길이 아니다. 오히려 그 길은 존재 모두의 정점 또는 도달점의 실현이다. 중요한 점은 상승과 하강의 에너지의 원은 언제나 연결되어 있음에 틀림없다는 것, '차안의 세계'와 '피안의 세계'는 하나의 지속적이고 영원하며 기쁨으로 가득 찬 포옹 속에 통일되어 있는 세계라고 말해도 좋을 것이다.

지혜와 자비

플라톤과 신플라톤주의(그리고 동양의 유사한 비이원적 전통)에서는 '선', 즉 완전한 일자가 만물의 '선성' 안에서, 만물의 선성으로 표현된다는 입장을 견지해 왔다. '선Good'과 '선성Goodness'이라는 두 용어는 대단히 중요하다. 왜냐하면 이 두 용어가 이후의 역사에서 계속 반복되어 왔음을 보게 될 것이기 때문이다. 즉, 상승의 길은 선으로 가는 길이고, 하강의 길은 선성으로 가는 길이라는 것이다.

동서양을 막론하고 상승의 길과 하강의 길을 결합하고 통합하는 비이원적 전통이 어디서 드러나든 거의 수학적 정확성에 가까울 정도로 일관성 있게 표현된 동일한 주제들을 분명히 볼 수 있다. 탄트라에서 선禪, 신플라톤주의에서 수피즘, 샤이비즘(힌두교 박티파)에서 화엄종에 이르기까지 수백 가지 맥락에서 수천 가지 방식으로, 그럼에도 본질적으로는 동일한 표현이 비이원적인 마음Heart에서 울려 나온다. 그것은 일자로 귀환해서 일자를 포옹하는 다자가 곧 선이라고 말하며, 그것을 지혜라고 부른다. 또한 다자로 귀환해서 다자를 포옹하는 일자가 곧 선성이며, 그것을 자비라고 부른다.

지혜는 다자 배후에 일자가 있음을 안다. 지혜는 변화하는 모습과 스쳐 가는 형상의 혼동을 통해서도 만물의 기저 없는 기저Groundless Ground를 본다. 지혜는 그림자 너머의 시간과 형상 없는 빛(탄트라에서 말하는, 존재의 스스로 빛나는 광명)을 본다. 한마디로, 지혜는 다자가 일자임을 안다. 또는 선에서 말하는 것처럼 지혜, 즉 반야

prajna는 색이 곧 공임을 안다(현상세계의 '확고함solid'과 '실체substantial'는 실제로는 금강경에서 말하는 것처럼, 비눗방울, 꿈, 그림자와 같이 덧없고 무상하며 실체가 없는 것이다). 지혜는 '이 세계가 환상이라는 것, 브라만만이 실재라는 것'을 안다.

그러나 지혜가 다자가 곧 일자라는 것을 안다면, 자비는 일자가 곧 다자라는 것, 일자는 모든 존재에 평등하게 표현된다는 것, 만물은 짐짓 겸손한 방식이 아니라 오히려 각각의 존재가 있는 그대로 영의 완벽한 현현이기 때문에 자비와 배려로 다뤄진다는 것을 안다. 따라서 자비는 일자가 곧 다자임을 안다. 또는 선에서 말하는 것처럼 자비, 즉 카루나Karuna는 공이 곧 색임을 안다(궁극의 공인 법신法身, Dharmakaya은 색의 세계와 다른 것이 아니다. 그러므로 반야, 즉 지혜는 보살의 탄생이며 카루나, 즉 자비는 보살의 추진력이다). 자비는 "브라만이 세계다."라는 것, 즉 플라톤이 말한 것처럼 전세계가 '눈에 보이고 느낄 수 있는 신'이라는 것을 안다.

나아가 동서를 막론하고 상승과 하강의 **통합**(다자가 곧 일자임을 아는)은 지혜와(일자가 곧 다자임을 아는) 자비의 통합이라는 사상이 견지되어 왔다. 일자에 대해 갖고 있는 사랑은 다자에 대해서도 똑같이 확장된다는 것이다. 왜냐하면 그 둘은 궁극적으로는 둘이 아니기 때문이며, 따라서 사랑은 모든 지각의 순간마다 지혜와 자비를 결합시키기 때문이다(이것은 동서를 막론하고 제2권에서 보게 되겠지만, 모든 탄트라적 영성의 비밀이다).

앞으로 진행해 감에 따라 더 자세히 논하겠지만, 지금의 핵심적인 문제는 상승의 길이든 하강의 길이든 어느 하나만을 취하는 것은 파멸적이라는 것이다. 하강, 유출 또는 빛의 방사에서 시작한다면 (상승자, 그노시스파, 마니교도, 소승불교 등이 모두 말하는 것처럼) 창조는 죄가 아니며 악이 아니다. 창조가 죄가 아니라, 창조 속에서 길을 잃는 것이 죄다. 왜냐하면 영의 궁극의 완전성을 표현하는 피조물이 그 지점에서 이제 영을 가로막는 동굴 속의 그림자가 되고 말았기 때문이다.

플라톤식의 설명에 의하면, 혼은 말로 표현할 수 없는 일자의 찬란한 영광에 기반을 두었으나 그 일자로부터 떨어져 나와 심적 형상이나 감각이라는 원형을 거쳐 물질적 신체 영역에 이르게 되었고, 거기서 길을 잃고 혼란에 빠지고 말았다는 것이다. 『파이드로스Phaedrus』에서 소크라테스는 ('창조되지 않은 불사의') 혼을 '날개 달린 전차를 모는 기수Charioteer'라고 불렸다. 그것은 온우주Kosmos를 횡단하는데, 거기서 그는 "내가 말하는 영역은 진정한 지식이 관심을 둔 실재, 색채나 형태를 갖지 않은 오감으로는 파악될 수 없지만 전적으로 실질적인, 혼이라는 기수에 의해서만 파악되는 실재의 거처다."라고 말했다. 10) 여기서 혼은 모든 현현을 통해 '원형의 변형'을 이룰 수 있다. 즉, 온갖 현현에 붙잡히거나 그 속에서 길을 잃을 수도 있지만, 그것에 속박되지 않고 '출발점으로 되돌아올 수도 있다'. 전차를 끄는 '두 마리의 말'—(신체를 나타내는) 활력과 식욕—은 '암브로시아ambrosia'와 '넥타(신들이 먹고 마시는 불로불사의 음식과 생명의 감로주-역자 주)'를 받는다. 따라서 두 마리의 말(신체)은 전혀 구원의 장애물이 아니다.

그러나 어떤 혼은 신체, 즉 두 마리 말에 의해서가 아니라 말과 기수(혼) 사이의 불균형이나 통제 불능에 의해 '길을 잃기도 하는데', 그 책임은 전적으로 기수에게 있다. 소크라테스는 말했다. "그들은 부분은 보지만 전체는 보지 못하게 된다. 혼란과 고투와 희생은 너무나 크며, 많은 혼이 절름발이가 되고, 많은 혼이 기수의 허약함으로 인해 자신의 날개를 잃는다." 이어서 소크라테스는 "만일 혼이 영원한 진실의 비전을 회복할 수 있다면 상처받지 않은 채 남아 있을 수 있다. 그렇게 영원히 계속할 수 있다면 상처로부터 영원히 자유로울 것이다."라고 말했다. 그것은 소크라테스가 상세히 말한("과거 생의 커다란 회로") 출생과 죽음의 고리라는 고통으로부터의 자유라고 말해도 좋을 것이다.

"그러나 혼이 그 비전을 잃고 뒤따르기를 실패할 경우, (혼은) 망각이라는 무거운 짐 밑으로 가라앉고 만다…….." 그리고 현현의 실존 자체가 아니라 기원을 망각해 버린 그것이 타락을 구성한다. "모든 인간의 혼은 그 본성에 따라 (한 번은) 진실된 존재를 보았다……. 미美는 그 찬연한 광휘를 우리에게 보여 주었다. 전체가 곧 그 축제를 경축한 우리 자신이었다. 전체와 그 순결함과 평화로움은 그 신비로운 비전의 빛 속에서 우리에게 드러내 보여 준 대상(창조 그 자체)이었다. 순수함이 그 빛이었고, 그 순수한 빛을 본 우리도 순수했다…….."11)

추락은 창조를 지워 없앴다고 역전되지 않는다. 오히려 우리의 망각을 역전시킬 때, 순수한 일자의 선과 순결한 다자의 선성을 상기해 낼 때 역전된다. 상기

recollection(또는 원천에 대한 기억)는 이렇듯 귀환의 길, 상승의 길이다. "그러나"라고 소크라테스는 말했다. "모든 혼이 자신의 현재의 경험(그것은 영의 직접적인 광휘다.)을 실제 세계를 상기하는 수단으로 용이하게 사용하는 것은 아니다. 현재 경험은 상기를 위해 그런 어두움을 올바로 사용할 때에만, 즉 현재 경험이 완벽한 신비적 비전으로 지속적인 통과의식을 형성할 때에만 진정한 의미에서 완전한 인간이 된다." 창조는 추락의 원인이 아니라 완전한 회복redemption으로 가는 끊임없는 통과의식이다.

달리 말하면, 이 세계가 죄가 아니라 이 세계 그 자체가 영의 광휘이자 선성이라는 것을 망각한 것, 거기에 죄가 있다는 것이다.

이 항목에서 동일한 주제에 대한 문화횡단적 창조물을 장황하게 제시하는 것은 나의 의도가 아니다. 그러나 최소한 이 점만은 유의해야 할 것 같다. 동양에서 '상기' 또는 염念, smriti, '마음챙김mindfulness'은 실제로 모든 관조의 길의 시작이다. 상기의 목적은 자신의 진정한 본성이 불성이라는 것, 브라만이 곧 아트만이라는 것을 기억해 내는 데 있다. 이미 그러하지만 망각 또는 무시했던(무지avidya = '무시' '망각') 본래 자신을 기억해 내는 것이 핵심이다. 각성 또는 깨달음(보리bodhi, 해탈moksha)이란 전에 없던 것을 굴레 안으로 끌어들이는 것이 아니라, 언제나 이미 그러하다는 것을 알아차리는 것이다. ("명상을 통해 그대가 부처가 된다고 생각하지 마라."라고 황벽선사는 말했다. "그대는 언제나 부처였지만, 그 단순한 사실을 잊었을 뿐이다. 이렇게 말하는 것은 쉬운 일이지만, 이 말의 의미는 얼마나 어려운가!") 마찬가지로, 예수의 "나를 기억하면서 이것을 하라."라는 지시는 "내 안에 내가 아니라 그리스도가 살고 계신다."라는 것의 상기다(아트만 = 브라만이라는 것을 다른 식으로 표현한 것이다).

철학의 여신 필로소피아Philosophia는 고뇌하고 있는 보에티우스Boethius에게 이렇게 말했다. "그대는 자신이 누구인지 망각했도다."

에로스와 타나토스

떨어져 흩어진 것dis-membered은 다시 합쳐져야만 한다re-membered. 이 다시 합치는 것 또는 다시 모으는 것re-collecting, 다시 결합시키는 것re-uniting이 상승의 길이다. 소크라테스에 따르면, 이 길은 에로스에 의해, 사랑에 의해, 점점 더 큰 통일의 발견에 의해, 우리 식으로 말하면 보다 높고 넓은 정체성의 발견에 의해 추진된다. 소크라테스는 "연인들은 에로스라는 수단에 의해 자신에게서 떨어져 나와 사랑하는 것과의 보다 큰 결합으로 안내된다. 에로스의 대상은 신체에서 마음으로, 혼으로 향하며, 마지막 통일이 상기re-collected되고 다시 결합re-membered될 때까지 계속된다."라고 말했다.

에로스란, 소크라테스(플라톤)가 사용한 의미에서 볼 때 본질적으로 우리가 자기초월(원리 2)이라고 불러 온 것과 동일한 것이며, 상승, 발달, 진화의 원동력, 즉 타자를 더 넓게 인정하는 더 높은 자기정체성을 지속적으로 찾아가는 원동력이다. 그 반대는 퇴행, 용해, 덜 통합되고 더 조각난 상태로의 하강이었다(우리가 자기용해 요인이라고 불렀던 원칙 2d).

여기서 나는 마지막 비교를 하나 더 하고자 한다. 잘 알려져 있듯이, 프로이트는 마침내 모든 정신적인 삶이 두 개의 대립하는 '힘', 즉 에로스와 타나토스에 의해 지배된다는 것을 알게 되었다. 프로이트가 최종적으로 정의한 것은 아니지만, 이 둘은 대체로 성sex과 공격aggression충동이라고 불린다. 『정신분석학 개설An Outline of Psychoanalysis』에서 프로이트는 이 주제에 대해 최종적으로 이렇게 언급했다. "오랜 망설임과 동요 끝에 나는 두 개의 기본적인 본능, 즉 에로스와 파괴 본능만이 존재한다는 가정에 이르렀다. 이 기본적 본능 중 첫 번째의 목표는 지속적으로 더 큰 통합을 확립하는 것, 한마디로 함께 묶는 것이다." 이 말의 의미에는 아무런 잘못도 없다. 그것은 순수한 의미에서의 에로스다. "두 번째의 목표는 이와는 반대로 결합된 것을 분해하는 것, 그렇게 해서 사물을 파괴하는 데 있다. 파괴 본능의 최종적인 목표는 생명이 있는 것을 비유기적 상태(물질)로 만드는 데 있다고 보아도 좋을 것이다. 이 때문에 나는 그것을 **죽음의 본능**이라고 부르기도 한다.”

물론 프로이트는 자신의 제자들을 포함한 거의 모든 사람으로부터 죽음의 본능(타나토스)을 제안했다는 이유 때문에 심하게 비판받았다. 그러나 그가 의미했던 것은 분명히 자기용해 원칙이었다. 그것은 홀라키에서 낮은 수준으로 이행해 가려는 충동이며, 따라서 최종적인 목표는 프로이트가 말한 것처럼 생명 없는 물질이다.

그러나 내가 여기서 강조하고 싶은 유일한 요점은 서양의 가장 유명한 심리학자이자 분명 반신비주의자 중 한 사람인 프로이트조차, 우리 모두가 그러하듯이 인간의 고뇌가 상승의 길과 하강의 길 사이의 **투쟁**과 **부조화**로 환원될 수 있다고 보았다는 것이다. 프로이트는 잘 알려진 대로 이 불만의 해결책을 찾아내지 못했을 뿐만 아니라, 끝내 인간 조건에 대한 심대한 비관론자로 남았다.

정말로 프로이트는 플라톤처럼 상승을 일자에서의 최종적인 합일까지는 생각하지 못했기 때문에 상승을 빛나는 타자로의 하강과 결합시킬 그 어떤 방법도 없었다. 즉, 에로스와 타나토스를 결합시키는 길, 오르막길과 내리막길을 통합시키는 길, 그 둘의 영원한 투쟁을 극복하는 길을 발견할 수 없었다.[12] 프로이트는 분명히, 그리고 정확하게 에로스를 보았다. 또한 분명히, 그리고 정확하게 타나토스도 보았다. 역사상 누구보다도 그는 너무나 많은 인간의 고뇌가 이 둘 사이의 투쟁에서 유래하며 언제나 그러하리라는 것, 그리고 인간 고뇌의 유일한 해결책은 에로스와 타나토스의 결합이라는 것을 확실히 알아차렸다. 그러나 바로 그 지점에서 프로이트는 그것에 대해 아무것도 할 수 없었다. 거기서 그는 꼼짝할 수 없는 궁지에 몰렸고, 동시에 우리 모두를 궁지에 빠뜨렸다.

결합시키는 혼Heart, 영원히 지속하는 구원과 포옹의 원 속에서 상승과 하강을 연결하고 말로 표현할 수 없는 일자를 결여하고 있었기 때문에, 프로이트는 단지 플라톤에 대한 분열된 각주를 쓴 수많은 사람 중 한 사람, 분명 가장 위대한 한 사람으로 남을 수밖에 없었다.

플로티노스

비이원성, 통합적 비전의 전통(횃불)은 플라톤으로부터 가장 저명한 대표자인 플로티노스(205~270 CE)에게 고스란히 계승되었다. 그는 동서고금을 통틀어 다른 어떤 곳, 다른 어떤 시대, 다른 어떤 형태에서 발견된 것보다 가장 완벽하고 가장 압도적이며 가장 강력한 언어적 표현을 그 전통에 남겨 놓았다. "영적 통찰에서의 강력함, 심원함, 명석함에 있어서 다른 어떤 신비주의 사상가도 플로티노스에 근접하지 못한다."라고 윌리엄 잉william Inge은 말했다. 성 아우구스티누스조차 경외심으로 한 발 물러서 이렇게 말했다. "모든 철학 속에서 가장 순수하고 빛나는 플라톤의 언설이 오해의 구름을 흩트리면서 거의 모두 플로티노스에게서 밝게 빛났다. 그는 그의 스승과 너무나 흡사해 보여서 그들을 동시대인이라고 생각할 정도였다. 두 사람 사이의 시간 간격만 아니라면, 우리는 플라톤이 플로티노스 속에서 다시 살아났다고 말하지는 않았을 것이다."

다른 플라톤주의 스승들도 종종 '신성한'이라는 칭호로 불리긴 했지만, '가장 신성한'이란 최고위의 칭호는 오직 플로티노스뿐이었다. '신성한'이란 단어의 의미를 잃어버린 우리 현대인에게도 플로티노스는 휘테이커whittaker가 말한 것처럼, "아리스토텔레스에서 데카르트 사이에 존재하는 가장 위대한 사상가"라는 사실을 여전히 인정하지 않을 수 없다. 또한 벤Benn에 의하면, "다른 어떤 사상가도 이만큼 직접적이고 포괄적으로, 이처럼 오랫동안 영향을 미친 혁명을 완수한 사람은 없었다".13)

대단히 독창적인 철학자이자 관조적 성자라는 점 이외에도 플로티노스는 다른 누구와도 견줄 수 없을 정도의 통합력을 지닌 천재였는데, 그의 중요성의 많은 부분은 바로 그 통합력에 있다. 3세기 초엽 이집트(정확히 어딘지는 아무도 모르며, 또한 말해진 적도 없다.)에서 태어난 그는 알렉산드리아에서 그의 스승인 암모니우스 사카Ammonius Saccas 수하에서 상당 기간 공부하면서 자신의 사상을 형성했다(암모니우스의 강의를 처음 듣고 그는 "이 분이야말로 내가 찾던 사람이다."라고 소리쳤으며, 10년간 그의 곁을 떠나지 않았다고 한다). 그곳에서 그는 로마로 건너가 당시 로마의 황제였던 갈리에누스와 그의 처 살로니나로부터 융숭한 대접을 받았다. 그는 그곳에서 평생 제자 양성에 힘썼으며, 그의 제자 중에는 아멜리에와 포르피리우스가 있다(위대한 프로클로스가 그 전통을 계승했다). "스승께서는 어떤 것에 대해서도 간결했다."라고 포르피리우스는 말했다. "어떤 엄격한 고행 없이도 스승께서는 그 온화하고 애정 넘치는 본성으로 모든 사람의 마음을 샀다(이는 분명 과장이 아니다. 그는 로마에 체류하는 내내 단 한 사람의 적도 만들지 않았다. 이것은 그 당시로선 거의 불가능한 일이었다). 그는 이 세상의 모든 아름다운 것과 좋은 것에 공감을 표했다. 그의 자연스러운 멋진 표정은 그가 친구들과 대화할 때 빛과 사랑으로 가득 찬 듯 보였다."[14]

그 자신의 기술에 의하면, 플로티노스는 "모든 것을 초월하고 모든 것에 편재하는 신성"[15]에 대한 심오한 체험을 여러 번 했다. 물론 이런 체험들이 자신에게서 이러한 각성을 실현하기 위한 특정한 관조 수행(지시)과 더불어 그의 가르침에서 중심이 되는 기둥이었다. 그는 상기 또는 관조(내면과 너머로 가는)에 대해서 통일에 기반을 두고 그대의 의무를 다하라는 바가바드 기타와 비슷한 유형의 카르마 요가의 실천을 설명하는 기술을 하기도 했는데, 카르마 요가란 통일성에 뿌리를 둔 것으로서 자신의 의무를 행하되 철저하게 '현세적'인 방식으로 수행하는 요가를 말한다. 칼 야스퍼스Karl Jaspers는 다음과 같이 쓰고 있다. "그는 분쟁의 조정자로 불리는 경우는 있어도 결코 적을 만들지 않았다. 고귀한 남녀들이 임종을 맞아 그를 초대하여 그들 자식의 교육과 재산의 관리자로 위탁했다. 그 결과, 그의 집은 많은 소년소녀로 넘쳐 났다."

고아들로 가득 찬 집? 이것이 야스퍼스가 아주 정확하게 그리고 상당한 존경심을 갖고 말한 바로 그 사람이다. "플로티노스만큼 일자와 함께 산 철학자는 없다!" 플로티노스의 "진정한 일자는 다자를 포용한다."라는 이 말에는 분명 진심이 가득 차 있었다.

플로티노스는 캄파니아에 있는 시골집에 머물고 있는 동안 치명적인 병에 걸렸다. 그의 친구이자 의사인 유스토키우스Eustochius가 급히 달려갔으나 이미 시간이 꽤 경과한 후였다. 마침내 유스토키우스가 도착했을 때, 플로티노스는 단지 이 말만을 했을 뿐이다. "내 안에 있는 신성이 우주 안에 있는 신성과 결합하려고 떠나기 전에 그대를 만나려고 기다렸다네." 그리고 그는 눈을 감고 숨을 거뒀다.

　　3세기의 알렉산드리아는 경이로운 도시였다. 문자 그대로 온 세계로부터 온갖 학문적·철학적·영적인 가르침의 조류가 흘러들었고 교차했다. 이와 같은 광경은 서구 역사상 달리 있어 본 적이 없는 것이었다. (초기 기독교 교부 중 가장 중요한 두 인물인) 클레멘트Clement와 오리게노스Origenos는 플로티노스와 이웃 도시에 살고 있었다. 적어도 알렉산드리아에서는 다음과 같은 스승이나 그들 학파를 직접 만날 수 있었다. 이시스 여신 숭배, 미트라 숭배, 플루타르코스(절충적 플라톤주의), 신피타고라스 교단, 오르페우스-디오니소스 신비교단, 티아나의 아폴로니오스(신피타고라스파의 현자), 유대의 경이적인 신비주의자 필론, 마니교도, 스토아학파, 누메니우스Numenius, 위대한 아프리카 소설가 아풀레이우스, 헤르메스 문서, 마기, 브라만-힌두교, 초기 불교, 거의 모든 류파의 영지주의Gnosticism(시리아에서 기원했으며, 결국은 발렌티누스Valentinus가 대표적인 철학자가 되었다.) 등등이 그것이다. 물론 앞에서 언급한 기독교 신학의 가장 중요한 창시자 두 사람은 말할 것도 없다.

　　플로티노스는 각 학파로부터 최상의 요소를 취하고 나머지는 버렸다고 말해도 그다지 과장은 아닐 것이다. 실제로 그는 39세에 어떤 지혜 전통을 만나 그 전통에 친숙해지기 위해서 고르디아누스 황제의 동방 원정에 자진해서 참가하기도 했다. 자신의 심오한 관조 체험을 기반으로, 그는 외경스러운 비전이라고밖에 달리 부를 수 없는 저술들을 만들어 냈다. 그의 모든 저술은 감탄스러울 정도로 흥미롭고 일관된 아름다운 저술들이다.

　　(영적인 모든 것에 꽤나 넌더리를 쳤던 버트런드 러셀Bertrand Russell조차도 "우리는 철학자를 진, 선, 미라는 세 가지 기준에 따라 판단할 수 있다. 진은 예상대로 버트런드에 속하고, 선은 스피노자에 속하지만, 그러나 미는……. 아, 미는 플로티노스에 속한다."라고 말한 바 있다.)

　　존재의 대홀라키라는 관념은 플라톤과 아리스토텔레스(나아가 그 이전)에까지 거슬러 올라가지만, 그 관념이 최초로 포괄적인 모습을 갖추고 제시된 것은 플로티노스에 이르러서다. 이 장에서 나는 물질-신체-마음-혼-영이라는 간단한 연쇄를 사용해 왔지만, [그림 9-1]은 플로티노스가 묘사한 좀 더 완전한 홀라키의 모습이다. [그림 9-1]에서 사용한 모든 용어는 괄호 안의 용어를 포함해서(단, 중괄호 [ ]는 필자

절대 일자(지고신재)	사치타난다/슈퍼마인드(신성)
누스(직관심, 영지)[정묘]	직관심/오버 마인드
혼/세계혼 [심령]	광명 세계-심
창조적 이성[비전-논리]	상위 마음/네트워크 마인드
논리적 기능[형식적 조작]	논리적 마음
개념과 의견	구체적 마음[구체적 조작]
심상(이미지)	하위 마음[전조작]
쾌락/고통(감정)	생기-감정, 충동
지각	지각
감각	감각
식물적 생명 기능	식물
물질	물질(물리적)
플로티노스	**오로빈도**

[그림 9-1] 플로티노스와 오로빈도에 의한 대 홀라키[16]

의 것임). 윌리엄 잉에게서 직접 취한 것이다. 표기상 모든 '수준'을 '직선적'인 방식으로 쓸 수밖에 없었지만, 본래는 확장하고 포괄하는 일련의 동심원으로 제시하는 쪽이 보다 적절했으리라는 것, 확장해 가는 원은 직선적이거나 단방향적인 것이 아니라 나선 모양의 계단을 올라가는 것처럼 제시하는 것이 가장 적절할 수도 있다는 점을 다시 한번 말해 둔다. 즉, 온갖 종류의 부침이 있지만 전반적으로는 틀림없이 하나의 방향, 즉 초월과 포용이라는 방향을 가리키고 있다는 것이다. 앞으로 보겠지만, 이 모든 관념은 플로티노스에서 매우 강력하게 강조된다.

　비교를 위해서 나는 스리 오로빈도Sri Aurobindo가 제시한 발달 홀라키도 포함시켰다. 그는 인도의 철학과 심리학의 가장 위대한 통합자로 여겨지고 있다(용어는 괄호를 포함해서 모두 오로빈도의 것임. 단, 중괄호는 필자의 것임). 동서양의 가장 위해한 종합론자들이 이토록 근본적인 일치를 보이는 것은 그다지 놀라운 일이 아닐지도 모른다.

　상위 단계(심령, 정묘, 원인/비이원)는 플로티노스에 있어서나 오로빈도에 있어서

나 내가 이전 장에서 기술한 것(신성의 심도)과 본질적으로 같다. 다만, 여기서는 플로티노스에 있어서는 정묘 단계(정신nous 또는 신)가 "신을 알 때, 영은 스스로를 안다. 그리고 우리 자신은 전체로서의 신과 하나다."라는 것을 아는 단계라는 것에 주의하는 것으로 족할 것 같다. 그러나 그 결합은 오직 '존재를 넘어선 그리고 지식을 넘어선' 원인적 신성 안에서 자신의 기저를 발견할 때에만 이루어진다. "이 무형 상태에 도달하기 위해서는 그대 자신의 모든 것을 벗어 던져라. 가장 예리한 동경을 불러일으키는 그것은 어떤 형상도, 영적 형상조차도 없다는 것에 놀라서는 안 된다."라고 플로티노스는 말했다.17)

자기와 대상(영적 형상조차)을 텅 비워 무화시키는 것은 다시 한번 무상(무형)nirvikalpa삼매를 초래한다. 그것을 잉식으로 말하면, '무형직관의 신비 체험'이다. 플로티노스가 기술한 바에 따르면, "혼은 어떤 외적인 것(어떤 대상)에도 혼란스러워하지 않는다. 처음에는 그 속에서 헤매는 것을 거부하는 것으로, 그런 다음에는 그런 것들을 전혀 보지 않는 것으로(비현현으로의 몰입) 외적인 것 모두를 무시해 버린다. 혼은 자신조차 알지 못한다. 그렇게 해서 혼은 일자에 머문다".18)

그러나 이 '신성한 어두움' 또는 '무지unknowningness'는 텅 빈 상태나 망아trance 상태가 아니다. 의식을 잃는 것이 아니라, 의식의 강화intensification다. "플로티노스의 일자는 무의식적인 것이 아니라 초의식적인 것이다. 이성 이하의 것이 아니라 초이성적supra-rational인 것이다."라고 잉은 말했다. 플로티노스 자신은 분명히 꿈과 깊은 수면에서조차 현전해 있는 늘 깨어 있는 각성 또는 주시자Witness를 마음속에(또는 무심 속에) 품고 있었던 것처럼 보인다. 그는 "모든 대상, 영적인 미조차도 주시자 앞을 통과해 지나간다. 하지만 주시자 자체는 '존재를 넘어선 각성wakefulness'으로 남아 있다."라고 말했다. 이 잠들지 않는 빛은 천부의 것이며(타고난 것이며), 우리가 잠들어 있을 때조차 현전해 있다. 이 빛은 "미래를 향해 있지 않고 현재를 향해, 아니 오히려 영원한 지금을 향해 있으며 언제나 현전해 있다". 우리는 그것을 대상으로 볼 수는 없는데, 거기에는 어떤 이원성도 없기 때문이다. "그것은 대상이 아니라 대기atmosphere와 같은 것이다."19)

많은 플로티노스 해석자가 상상하듯이, 이 일자는 숫자로서의 일이 아니다. 그가 참을성 있게 그러나 분명히 말하는 것처럼, "일자는 숫자 이를 만드는 단위로서의 일이 아니다". "세계 전체는 하나이며, 분할되어 있지 않다."라고 말하더라도 전적으로 포인트를 놓치게 될 것이다. 그 말 자체도 단지 하나의 개념이며, 그 자체가 이원적인 개념이기 때문이다. '진정한' 일자는 늘 현전해 있는 각성이며, 그것은 '일자'라는 개념을 포함해서 모든 개념을 인식한다. 그러나 그것 자체는 어떤 이미지나 사고 대상이 아니라, 언제나 현전하는 각성과 함께 모든 것을 평등하고 완전하게 포용하고 있다.

이렇게 해서 (일상 용어로 돌아오면) 그 자체가 무無인 '일자'는 그곳에서 모든 것이 발생하는 기저일 수 있으며, 또한 기저이기도 하다. 플로티노스는 그것을 비유적으로 "생명의 샘은 신의 샘, 존재의 원천, 선의 원인, 혼의 근원"이라고 말했다. "이 모든 것이 일자에서 유출하지만 그렇다고 일자가 감소되는 일은 없다."[20] 각성은 어떤 것이 그 앞을 지나가리라는 각성이다. 고로, 각성은 주시하는 어떤 대상에 의해서도 결코 감소되지 않는다. 그러나 주시하는 대상과 떨어져 있는 일도 없다. 이는 마치 거울에 비친 상이 결코 거울과 떨어지는 일이 없는 것과 같다.

따라서 플로티노스는 아주 쉽게 비이원적인 도약을 할 수 있다. "영은 만물을 발생시킬 뿐만 아니라, 영이 곧 만물이기도 하다."[21] (비이원적인 깨달음의 매우 중요한 세 번째 항목이다. 다자는 환영이다. 일자만이 실재다. 일자가 곧 다자다ㅡ브라만이 세계다.) 이렇게 해서 플로티노스는 이 세계와 모든 세계를 (집 안에 가득 찬 불행한 고아들을) 무조건적으로 포용하는 곳으로 돌아온다.

학자들은 대개 플로티노스의 시스템(과 오로빈도의 시스템 그리고 그와 유사한 모든 초개인적 홀라키)을 일차적으로 철학이나 '형이상학'의 한 형식으로 여긴다. 다양한 수준, 특히 상위 수준의 존재와 현현을 설명하기 위해 논리적으로 연역해 낸 또는 사변적으로 추측해 낸 일종의 이론적 구성물이라고 생각한다.

그러나 이들 시스템은 실제로 철두철미하게 실질적인 관조적 이해와 직접적인 발달현상학의 결과물이다. 이들 시스템의 상위 단계를 합리적으로 경험하거나 연역해 낼 수는 없다. 플로티노스에서 오로빈도에 이르기까지 아무도 그렇게 할 수 있다고 생각하지 않는다. 그러나 직접적이고 지속적인 개시開示 이후에는 그것을 합리적으로 재구성할 수 있으며, 하나의 시스템으로 제시할 수도 있다. 그러므로 소위 '시스템'은 추출된 것이 아니라 발견된 것이었고, 같은 마음, 같은 정신을 갖고 있는 사람들의 공동체에서 직접 경험된 것에 견주어 검증된 것이었다(잉이 플로티노스의 영성을 '실험적 증명'에 기초해 있다고 한 것은 우연이 아니다. "신앙은 실험으로 시작해서 경험에서 끝난다.").22)

이러한 시스템을 구성하는 어떤 요소도 경험에 가려진 것은 없으며, 또한 적절한 도구를 갖고 인지적으로 검증할 수 없을 정도로 '형이상학적' 영역 안에 안전하게 머물러 있는 것도 없다. 그런 것들은 가장 엄격하고 가장 포괄적인 경험적-현상학적인 발달심리학이며, 관조라는 실험도구를 통해서 개방적으로 정직하게 초개인 영역으로 진출한 것이다.23)

간단히 말해, 그 시스템은 타당한 지식 획득의 세 가지 요소인 지시, 파악, 확인/반증 모두를 거친 것이다. 이러한 상위 발달 수준을 '부정dismiss'하기 위해서는 갈릴레오의 망원경을 통해 보는 것을 거부한 성직자들과 똑같은 입장에 서 있지 않으면 안 되는데, 그 입장이란 아무것도 볼 것이 없다고 말하는 고집스러운 독단성이다.

상승의 길과 하강의 길은 같은 길이다

플로티노스(와 오로빈도)에게 있어 상승의 길 또는 환류Reflux는 각각의 후속 수준이 선행 수준을 포함하면서 또는 플로티노스가 말한 것처럼 '감싸 안으면서envelops' 초월해 간다는 점을 알 수 있다. 이는 연속하는 홀론만큼이나 익숙한 발달 개념이다.24) 하위에 있는 것 모두가 상위 안에 있지만, 상위의 모든 것이 하위 안에 있지는 않다고(왜냐하면 상위는 하위를 근본적으로 초월해 있기 때문에) 그는 말했다. 그러나 상위의 모든 것은 하위의 것들에 '가득 스며 있거나' '침투해' 있다(편재해 있지 않은 초월은 없다). 플로티노스에 있어서 모든 발달은 곧 포괄이다.

따라서 전형적인 플로티노스식 진술은 (잉의 표현을 빌리면) 다음과 같다. "세계 혼은 세계 속에 있지 않다. 오히려 세계가 그 혼 안에 있으며, 혼에 의해 포용되고, 형성된다." 또는 "혼은 신체 안에 있지 않다. 그러나 신체는 (혼 안에서) 자신을 창조한 혼에 의해 감싸지고 충만된다." 플로티노스는 매 수준마다 그렇다고 말하는데, 이 것은 물론 우리가 모든 발달 단계에서 본 것처럼 창발의 표준적인 비대칭성이다. 그 러나 그 최종적인 결과는 잉이 말했듯이 다음과 같다.

> 자연은 우리에게 존재의 살아 있는 연쇄(홀라키), 상승하고 하강하는 가치의 끊김 없는 연속을 제시한다. 전체는 조화를 구성한다. 그 안에서 각 단계는 바로 윗단계 안에 포함되어 있다. 따라서 모든 존재는 다른 모든 존재와 단단히 연결되 어 있다. 이것은 그것들이 무엇이고 어디에 있든 (모든) 존재의 권리를 주장하는 개념이다.[25]

따라서 상승의 길, 즉 환류의 길은 역의 순서로 밟아 갈 경우 하강의 길, 즉 유출 의 길이기도 하다. 헤라클레이토스가 지적했듯이, "오르막길이 내리막길이고, 내리 막길이 곧 오르막길이기" 때문이다. 앞에서 말했듯이, 두 길은 동일한 차원을 밟는 다. 하지만 만일 그것이 사실이라면, 하강의 길은 언제 일어난 것일까?

플로티노스는 하강의 길은 바로 지금 일어나고 있다고 대답할 것이다. 시간 없는 이 순간에 만물은 절대 일자로부터 멈춤 없이 유출되고 있다. 존재의 각 단계 또는 차 원은 그 단계 바로 위 차원에서 한발 내려온 것으로서, 각 단계는 자신의 바탕, 자신 의 실재, 자신의 근거를 그 위 수준에 놓고 있다(따라서 이 유출에서 어떤 상위 차원을 파 괴하면 그 이하 모든 하위 차원은 그 근거를 잃게 된다. 하지만 그 역은 성립하지 않는다. 상 위는 자신의 바탕으로서는 하위의 '안에' 있지만, 자신의 구성요소로서는 그렇지 않다).[26]

그럼에도 불구하고, 플로티노스에 의하면 사람들은 자신들의 현재 발달 수준 위 에 놓여 있는 지금 바로 가용한 수준이나 잠재력에 대해서 무의식적이다. 이 문장에 서 강조된 단어는 모두 플로티노스 자신이 강조한 부분이다.[27] 확실히 역사가들은 무의식이라는 개념을 최초로 명백하게 제시한 이가 플로티노스라는 데까지 거슬러 올라갔다. 플로티노스는 사실상 모든 사람의 경우 하위 무의식 안에 많은 이미지와 환상을 갖고 있지만, 존재의 모든 상위 수준은 단지 현현되고 실현되기를 기다리면서 잠재력으로 머물러 있을 뿐이라고 말했다.

그러므로 플로티노스에 있어서 '죄'란 '없음'이 아니라 '아직 없음'이다. 우리는 우리 자신의 진정한 잠재력을 '아직 실현하지 못했기에 '죄'를 짓게 된 것이다. 따라서 죄는 새로운 신앙에 의해서가 아니라, 새로운 성장에 의해서 극복된다. 도토리는 죄가 아니다. 도토리는 단지 아직 떡갈나무가 아닐 뿐이다. 이런 성장이나 발달은 바로 발달 과정(즉, 상승의 길)을 통해서 일어난다. 왜냐하면 "자기는 처음부터 주어진 것이 아니기 때문이다".28)

에로스와 아가페의 온우주

플로티노스에 따르면, 상승의 매 단계에서 가장 중요한 것은 하위 단계가 '포함되고' '충만'되어야 한다는 것이다. 그렇기 때문에 하강과 포함은 모든 것이 잘 진행될 경우, 매 단계에서 상승과 발달이 일어나야만 한다(자신의 현재 수준에 이르기까지). 기독교 용어로 말하면, 에로스 또는 초월적 지혜(하위의 상위에 대한 희구)는 모든 단계에서 아가페 또는 (상위가 하위로 내려와 포함하는) 자비와 조화를 이루어야 한다.

사랑의 상승과 하강(에로스와 아가페) 패턴으로 짜여 있는 다차원적 온우주라는 이 일반적인 관념은 모든 신플라톤주의의 지배적인 주제가 되었으며, 이후 계몽주의에 이르기까지(그리고 그 너머에까지) 거의 모든 사상의 흐름에 심대한 영향을 미쳤다. 그 관념은 아우구스티누스와 디오니시우스에 의해 모든 기독교에 이런저런 형태로 침투해 있었으며, 보에티우스Boetius, 야콥 뵈메Jakob Boehme, 위대한 성 빅토리아파 신비가들(휴고Hugh와 리처드Richard)과 성 캐서린과 데임 줄리안Dame Julian, 성 테레사와 십자가의 성 요한에서 타울러Tauler와 에크하르트에 이르기까지 침투해 있었다. 다차원적 온우주는 니콜라스 쿠자누스Nicholas Cusanus와 조르다노 브루노Giordano Bruno를 통해서 중세를 르네상스로 끌어올리는 데 도움을 주기도 했다. 노발리스Novalis와 셸링Schelling을 통해, 그것은 계몽주의의 평원적 측면에 대항하는 반란의 뿌리가 되었다. 라이프니츠, 스피노자, 쇼펜하우어의 철학에 영향을 미쳤으며, 에머슨, 제임스, 융의 이론적인 골격을 형성했다. 로크조차 그 틀을 상당 정도 붕괴시키긴 했지만, 그 폭넓은 틀 속에서 자신의 철학을 수행했다. 분명히 러브조이가 대사슬의 영향을 추적해 가면서 그것을 "역사 대부분을 통해 문명화된 인류의 공식적인 철학의 지배적인 사조"라고 말할 때에도 그 배경에는 예외 없이 플로티노스의 손이 작용하고 있었다.

간단한 예를 하나만 들어 보면, 근대성의 형성에 매우 흥미 있는 역할을 담당했던 케임브리지 플라톤학파들은 14세기 피치노Ficino와 피코Pico에 의해 전개된 르네상스 시대의 플라톤주의에 그 뿌리를 두고 있다. 이것은 플로티노스로부터 상당한 영향을 받은 플라톤주의였다. 그것은 사랑이 중추적인 역할을 하는 하나의 교리였다. 그 사랑은 상위를 향한 하위의 상승하는 사랑, 즉 플라톤의 에로스뿐만 아니라 하위에 대한 배려로 자신을 나타내는 상위의 사랑도 포함하는데, 이는 기독교의 아가페와 쉽게 동일시될 수 있었다. 이 둘이 함께 우주를 통해 사랑의 큰 원을 만든다.[29] 이것은 환류하는 에로스(일자로 귀환하는 다자, 지혜와 선)와 유출하는 아가페(다자가 되는 일자, 선성과 자비)로 이루어진 큰 원이다.

이 일반적인 개념에서(이것이 앞으로 내가 사용할 방식이다.) 에로스란 상위에 도달하고자 하는 하위의 사랑(상승)이며, 아가페란 하위로 내려간 상위의 사랑(하강)이다. 개인의 발달에서 사람은 에로스(또는 더 높고 더 넓은 정체성으로의 확장)와 아가페(모든 하위 홀론을 배려하고 포함하는 하강)를 **통합**한다. 따라서 균형 잡힌 발달은 초월하면서 또한 포함한다. 그것은 부정과 보존, 상승과 하강, 에로스와 아가페다.

마찬가지로, 우리의 현 발달 수준보다 상위 수준에서 우리에게 내려온 온우주의 사랑 또한 아가페(자비)이며, 그 아가페의 원천이 우리의 발달 수준, 우리 자신의 자기가 될 때까지 자신의 에로스를 갖고 반응하도록 돕는다. 상위 차원의 아가페는 우리의 에로스를 오메가로 끌어당기는 인력이다. 지혜를 통해서 상승하도록 우리를 초대하고, 보다 더 많은 존재를 위해 자비의 원을 더 크게 확장시키려는 인력이다.

(아가페를 강조한 것이 서양에서만은 아니다. 예컨대, 오로빈도에서처럼 많은 탄트라와 요가학파에서도 '슈퍼마인드의 하강', 자신과 동일시하도록 우리를 끌어올리기 위해 '내려온' '슈퍼마인드의 아가페'에 일차적인 강조점을 두었다. 이렇게 해서 우리는 지금 우리 '안

에' 있는 모든 존재에 그 아가페, 즉 자비를 표현할 수 있게 된 것이다. 언제나 그런 것처럼, 아가페와 에로스는 비이원적인 마음에서만 결합된다.)30)

포보스와 타나토스

다음에서 상세하게 보게 되겠지만, 에로스와 아가페가 개인에게서 통합되지 못할 경우 에로스는 포보스(공포)로 나타나며, 아가페는 타나토스(죽음의 충동)로 나타난다.

즉, 통합되지 않은 에로스는 상위 수준에 도달해서 하위 수준을 초월하는 것만이 아니라 하위를 소외시키고 억압하기도 하는데, 그렇게 하는 것은 공포(포보스), 즉 하위가 '자신을 끌어내릴 것'이라는 공포 때문이다. 그것은 언제나 하위가 '자신을 오염시키고' '더럽히고' '아래로 끌어내릴 것'이라는 공포다. 포보스란 하위를 포함하는 대신 그것으로부터 놀라 달아난 에로스이자, 하강과 결별한 상승이다. 또한 포보스는 모든 억압(부패한 초월)의 궁극적인 원동력이기도 하다.

또는 포보스란 아가페 없는 에로스(포함 없는 초월, 보존 없는 부정)라고 말해도 같은 것이다. 그리고 이 포보스가 상승자의 원동력이 된다.

그렇지 않다면 적절한 노력이겠지만, '피안의 세계'를 향한 절망적인 회구에서 그들의 상승하는 에로스 노력은 포보스로, 금욕적 억압으로, '현세적인 모든 것'에 대한 부정, 공포, 증오로 가득 차게 된다. 활력적인 삶, 성욕, 감수성, 자연 및 신체(그리고 언제나 여성)에 대한 부정이 그것이다.

이 상승자는 위험한 사람들이다. 왜냐하면 그들 모두가 예외 없이 고백하는 상위에 대한 사랑 뒤에는 언제나 포보스의 폭력적인 손이 감춰져 있기 때문이다. 얼굴을 타고 흘러내리는 눈물과 위로 향한 눈 뒤에서 상승자는 이 약속의 땅을 얻기 위해 세계를 파괴시키려 하거나, 최소한 죽음에 이를 때까지 이 세계를 방치해 버린다. 그것이 아무리 막연한 생각일지라도 한 가지 충분히 이해할 수 있는 것은 약속의 땅이 분명 이 땅, 이 세계는 아니라는 것이다. 차안의 이 세계란 핵심에 이르기까지 그림자이고, 속속들이 기만이며, 잘해야 환영이고, 최악으로는 악마가 살고 있는 곳이다. 상승자는 차안의 세계가 그들이 철저하게 경멸하는 유일한 땅이기 때문에 파괴하고자 한다.

반면, 타나토스는 상승과 결별한 하강이다. 그것은 상위에서 달아난 하위, 미쳐버린 자비다. 그저 하위를 포함하는 게 아니라 그 하위로 **퇴행**한 것이며, 하위를 어루만져 달래는 것이 아니라 그곳에 멈춰 버린 것이다(고착, 정지). 미친 듯이 날뛰는 우주적 환원주의다. 이런 환원주의 원동력의 종착역은 근원과의 연결점을 잃은 죽음과 물질이다. 타나토스는 상위를 표현하는 대신에 상위로부터 달아난 아가페다. 그것은 하위를 보존하지만, 부정하기를 거부한다(따라서 하위에 멈춰 버린다). 그리고 포보스가 억압과 분열의 원천이었듯이, 타나토스는 퇴행과 환원, 고착과 정지의 원천이다. 그것은 상위를 죽임으로써 하위를 지키려고 한다.

타나토스란 달리 말해 에로스가 없는 아가페다.

타나토스는 단지 하강만을 주장하는 하강자의 원동력이기도 하다.

하강자는 "모든 피안의 세계에서 물러나시오."라고 신이 나서 외친다. 아래로 향한 그들의 눈은 다양성의 경이로움에 단단히 고정되고, 그들의 무한한 즐거움은 유한한 용기에 무한을 넣으려는 가당치 않은 과업을 시작한다. 그들은 자신들의 즐거움을 그림자에 결부시키고, 수레바퀴 같은 윤회의 삶에 입맞춤하고 껴안으며 자신들의 고뇌의 원천과 결합하면서, "모든 피안의 세계에서 물러나시오."라고 외친다. 동굴에서의 최종적인 해방을 찾아내지 못한 그들의 실패, 유한한 감옥 속에 갇힌 분노는 자신들과 동의하지 않는 동료들, 그림자에 대한 그들의 사랑을 공유하지 않은 불쌍한 동료들에게 향한다.

하위를 포함하지 않은 상위, 하위라는 이름으로 살해당한 상위, 그것은 아가페가 아니라 타나토스다. 하강자가 모든 것에 대해서 갖고 있다고 공인하는 모든 사랑을 죽음의 손이 어루만지며, '자비'라고 쓰인 얼굴을 타고 눈물이 흘러내린다.

이들 하강자는 위험한 사람들이다. 왜냐하면 아가페와 자비라는 이름하에, 그렇지 않으면 적절한 것이었겠지만, 하위를 포옹하려는 절망적인 희구 속에서 모든 상위를 그릇되게 파괴시키기 때문이다. 한층 더 위험한 것은 이 가엾은 유한한 세계를 무한한 가치의 세계로 변화시키려는 시도다. 모든 하강자는 온갖 방법을 동원해서 바로 그런 일을 하고 있다. 그들은 서서히 그러나 필연적으로 불가피하게 이 세계를 파괴한다. 하강자는 결코 짊어질 수 없는 무거운 짐을 불쌍한 짐승 위에 얹어 놓음으로써 이 세계를 파괴시키는데, 그렇게 하는 이유는 차안의 세계가 그들이 갖고 있는 유일한 세계이기 때문이다.

그노시스파에 대한 플로티노스의 비판

상승과 하강, 에로스와 아가페, 지혜와 자비, 초월과 내재의 균형과 통일의 필요성, 즉 비이원적인 통합은 플로티노스의 영구적이고 위대한 공헌이며, 이는 단지 상승 또는 단지 하강이 가져다준 폭력과 야만성에 지친 사람들에게 언제나 활활 타오르는 횃불로서 우뚝 서 있으리라고 나는 믿고 있다.

플로티노스는 이 세계든 저 세계든 어느 한쪽을 찬미하는 사람들과는 타협하지 않았다. 그런 사람들은 모두 포인트를 완전히 놓치고 말았다. 플로티노스는 "자기의 확장은 매번 자신 안에 보다 많은 '외부 세계'를 들여온다. 자기확장은 외부 세계를 닫지 않는다."라고 말했다. 그런 의미에서 플로티노스에게 있어서의 세계 부정은 그것이 어떤 존재의 부정이든 병의 완전한 징조다.[31]

이것을 가장 강력하게 보여 주는 것은 플로티노스의 그노시스파에 대한 비범한 비판이다. 그노시스파는 원형적인 상승자로서, 모든 현현을 그림자에 지나지 않는 것, 그것도 나쁜 그림자라고 본다. 그노시스파는 확실히 원인 수준 직관을 달성했지만("세계는 환영이다. 브라만이 실재다."), 비이원에까지는 도달하지 못했다("브라만이 곧 세계다."). 따라서 그들은 세계는 악이고, 신체는 무덤이며, 감각은 경멸해야 할 것이라고 가르쳤다. 이것이 보통은 온후한 성격인 플로티노스를 격노하게 만든 것이다. 그는 세계적으로 유명해진 다음의 구절에서 설득력 있게 반박했다.

세상과 그 안에 있는 모든 아름다운 것을 경멸함으로써 인간이 선해진다고 생각하지 마라. 그들(그노시스파)은 윗세계의 신들에게 경의를 표한다고 고백할 권리를 갖고 있지 않다. 우리가 어떤 사람을 사랑할 때, 우리는 그에 속한 모든 것을 사랑한다. 우리는 부모에게서 느낀 애정을 자식에게 확장한다. 모든 혼은, 실은 (신성의) 딸이다. 이 세계가 어떻게 영적 세계와 분리될 수 있겠는가? 영적 세계와 너무나 닮은 이 세계를 경멸하는 자들은 실은 영적 세계에 관해선 그저 이름뿐, 아무것도 모른다는 것을 증명한다…….

그것(모든 개별 혼)이 위대한 혼을 관조할 만한 상태에 이르기 위해서는, 야비한 혼들을 유혹하는 기반과 그 밖의 모든 것을 고요한 정적의 상기를 통해 제거하도록 하자. 그렇게 하기 위해서 모든 것을 고요하게 하고, 모든 환경을 평화롭게 하자. 대지로 하여금 고요에 들게 하고, 바다와 창공도 그렇게 하고, 하늘마저도 조용히 기다리게 하자. 혼이 안식을 취하고 있는 세계 속으로 온 사방에서 어떻게 흘러들어 오는지, 그 자신을 그 세계 속에 어떻게 쏟아붓고, 어떻게 그것을 관통하고, 어떻게 그것을 찬란하게 빛나게 하는지 잘 보도록 하자. 마치 태양의 밝은 햇살이 어두운 구름을 밝게 비춰 황금빛 테두리를 주듯이, 천국의 몸속으로 들어갈 때 혼은 몸에게 생명과 시간을 초월한 미를 주고, 몸을 잠에서 깨어나게 한다. 그리하여 혼에 의해 운동에 바탕을 둔 시간을 초월한 세계가 자신을 지성으로 가득 채워 생동감 넘치고 축복받은 존재가 된다…….

그것(영/혼)은 비록 이러한 부분들이 배치된 공간과 방식이 분할되어 있다 해도 그 자신을 이 광대한 몸속의 모든 곳에 주고, 또한 비록 상호 간에 일부 서로 적대적이고 다른 일부는 서로 상호 의존한다 해도 자신의 존재에게 크고 작은 모든 부분을 베풀어 준다. 그러나 혼은 분할되어 있지 않으며, 각 개체에게 생명을 주기 위해 분열되지도 않는다. 만물은 혼에 의해 완전하게 살며(즉, 궁극적으로는 아무런 등급도 아무런 수준도 없고, 다만 순수한 현존만이 있을 뿐이고), 그것은 온누리에 상존한다. 실제로 광대하고 다양한 하늘은 그러한 혼의 힘에 의해 하나이며, 우리의 신성한 이 우주도 그것에 의해 하나다. 태양 역시 신성하고, 별도 그러하며, 우리 자신도, 만일 우리가 존귀한 존재라면 혼 때문에 그러한 것이다. 그것에 의해 설복될 때, 당신은 신에 이를 수 있다. 그런 만큼 멀리 헤매고 다닐 필요가 없다는 것을 알라…….[32]

계속해서, 플로티노스는 '차안의 세계'와 동떨어져 있는 '피안의 세계'를 찾으려는 자들은 완전히 핵심을 놓쳤다고 지적했다. '차안의 세계'와 '피안의 세계'가 별도로 있는 것이 아니라, 그 모두가 자신의 지각에 달린 문제다. '올라가거나' '내려오는 것'조차도 없다. 공 속에서는 어떤 움직임도 일어나지 않는다. "영과 혼은 모든 곳에 편재하며, 어디에도 없다." 우리가 온 마음을 바쳐 신을 상기할 때 우리는 '천국'에 있으며, 신을 망각할 때마다 우리는 '물질 속에 매몰'된다. 같은 곳, 다른 지각이다. 플로티노스는 명백하게, 그리고 늘 이렇게 말했다. "우리는 장소를 바꾸지 않고 일체 the All에 도달할 것이다." '차안의 세계'나 '피안의 세계'를 말하는 자들은 둘 다 요점을 놓친 것이다. 그들은 상승자이거나 하강자이지 일심자the Whole-Hearted는 아니다.

윌리엄 잉은 플로티노스의 세계관에 대해 너무나 훌륭하게 요약하고 있어서, 길게 인용할 만한 가치가 있어 보인다(모든 고딕체는 필자의 강조임).

플로티노스는 우주를 존재의 살아 있는 연쇄, 상승하고 하강하는 가치와 존재의 끊김 없는 연속이라고 생각한다. 전체는 조화를 이루고 있다. 각각의 단계grade는 바로 윗단계 '안에' 있다. 모든 존재는 다른 모든 존재와 생동적으로 결합되어 있다. 그러나 우리가 각 단계를 결합되지 않은 것으로 보는 한, 가치에서 열등한 단계들은 또한 불완전할 뿐 실재하지 않는다('불완전'과 '열등한 가치'는 우리가 그런 것들을 영과 떨어뜨리고, 따라서 각각을 '비인간중심적' 또는 '탈중심적' 방식으로 신성의 완전한 표현이라고 보지 못할 경우에만 나타난다). 그것들을 진정한 관계 속에서 볼 때까지 그것들은 덧없고 내적 부조화된 특징을 갖고 있는 것처럼 보인다. 진정한 관계에서 볼 때, 그것들은 영원히 계속하는 수축과 확장(환류와 유출)의 통합 요소로 지각되며, 그 안에서 우주의 생명은 인위적이거나 불규칙한 것이 없는, 모든 것이 그 본성에 따라 활동하는 생명으로 이루어져 있다.

신성한 영의 완전하면서 시간을 초월한 생명은 끊임없는 창조적 활동의 흐름으로 넘쳐흐른다. 그 생명은 오직 존재의 최하위(물질)에 도달했을 때에만 자신을 소진한다. 그렇게 해서 신성한 에너지는 그 모든 가능한 현현을, 신성한 빛의 모든 음영을, 종류와 정도가 다른 모든 다양성을 어딘가에서 어떻게든 실현한다.

이 창조적 에너지의 밖을 향한 분출(아가페와 유출)과 나란히 모든 피조물을 그 존재의 근원으로 되돌리는 또 다른 흐름이 있다. 만물의 활동적인 삶에 방향을 지시하는 이 중심을 향한 운동(에로스와 환류)이 그것이다. 무의식적인 존재에서조차 잠들어 있는 (모든 홀론 안에 자기초월의 원동력으로 존재하는) 이 희구는 인류의 도덕적·지적·미적 생활의 원천이기도 하다.[33]

11장에서 보게 되겠지만, 이것이 계몽주의 시대를 만나게 될 에로스와 아가페의 온우주다. 그 시대에 이르러 합리성의 경험적·표상적 비전(독백적 또는 우측 이성)이 온우주를 전일론적 요소들의 상호 연결적 질서로 짜여진 평원으로 붕괴시켰으며, 어쩌다 그곳에 이르게 됐는지 전혀 모르면서 평원적 전일론의 세계에 매달려 있는 당혹스러워하는 주체들이 살게 되었다.

온우주의 모든 것이 어떤 식으로든 분명 우측 차원에 상관물을 갖고 있기 때문에, 과학적 실증주의와 자연주의가 가능한 모든 영역을 다룰 수 있는 것처럼 보이는 것은 이해할 만한 일이다. 과학은 분명 우측 세계에서 너무나 많은 중요한 변화를 이끌어 왔기 때문이다. 이 온우주의 붕괴(미묘한 환원주의)로 인해 에로스와 아가페에 의해 움직여 온 수직적이자 수평적인 풍요로운 홀라키가 단지 표면과 '그것들'만으로 움직이는 수평적 홀라키로 축소되고 말았다.[34]

신화 단계에서 합리 단계로의 필연적인 집합적 진화는 계몽주의의 위대한 성취였다. 그러나 온우주를 전일론적 평원으로 불필요하게 붕괴시킨 것은 계몽주의의 커다란 범죄이자 영속적인 범죄였다.

서양의 영성과 철학 그리고 과학의 악몽이 초래된 것이다. 바로 이 비이원적 온우주가 둘로 분열되고 상처받고 추락했기 때문에, 플라톤에 대한 분열된 각주들이 각기 그 부분성과 좋아하는 이원론으로 풍경을 어지럽히기 시작한 것이다. 그리고 지금, 바로 지금에 이르러서야 우리는 비로소 그 단편들을 수습하기 시작했다.

SEX ECOLOGY SPIRITUALITY

10
차안의 세계, 피안의 세계

그렇게 해서 무진장한 일자의 끊임없는 증식과 무한한 다자의 통합이 있게 된다.
위치나 차원이 없는 점과 날짜나 지속이 없는 지금으로부터의 확장,
이것이 세계와 개별적 존재의 시작이자 종말이다.
―아난다 쿠마라스와미, 힌두교와 불교의 핵심을 요약하면서―

모든 이원론 중 가장 거창한 이원론은 앞에서 언급한 것처럼 '차안의 세계'와 '피안의 세계', 즉 현세와 내세 사이의 이원론이다. 그것은 우리의 영성, 우리의 철학, 우리의 과학에 심대한 영향을 미쳤다. 이 이원론은 '피안의 세계'에서만 영원한 해방을 소망하는 억압적 상승자뿐만 아니라, '차안의 세계'의 스쳐 가는 영광에서만 구원을 바라는 동굴에 비친 그림자를 껴안고 있는 하강자를 통해서도 똑같이 흐르고 있다. 그것은 모든 계몽주의 시대 전체의 위쪽을 희구하는 이유와 아래쪽의 어둠과 깊이를 추구하는 낭만주의적 반항으로 분할시킨다. 이 이원론은 우리가 어디서 구원을 구할 것인지, 그리고 구원을 얻기 위해 우리가 어떤 '세계'를 무시하고 파괴할 것인지를 좌우한다.

이 이원론은 두 진영 사이의 쓰디쓴 반목의 원인이다. 두 진영은 서로 상대방을 (문자 그대로) 사악한 것의 전형이자 본질이라고 공식적으로 탄핵한다. 상승자는 하

강자를 그림자 동굴에서 길을 잃은 자들, 물질주의자, 쾌락주의자, 범신론자, 환원주의자, '~에 불과' 주의자(그들은 감각으로 파악할 수 있는 것'에 불과하다'고 믿는다.)라고 탄핵한다. 상승주의자에게는 형태와 기능으로 이루어진 '차안의 세계'가 잘해야 환영이고, 최악의 경우 사악한 것이며, 하강자는 그 사악함의 첫째가는 대표자들이다.

하강자는 상승자를 억압적이고 금욕적이며, 삶과 성을 부정하고, 대지를 파괴하고 신체를 무시하는 자들이라고 비난한다. '차안의 세계' 위로 올라서려는 시도로 인해 상승자는 실제로 다른 어떤 세력보다도 차안의 세계를 더 많이 파괴하며 차안의 세계에 사악한 것을 더 많이 들여왔다는 것이다. 하강자에 의하면, 차안의 세계에 사악한 것들을 토해 낸 것은 바로 '피안'적인 자세이며, 상승자야말로 그런 사악함의 첫째가는 대표자이다.

그들 모두 옳다, 아니 그들 모두 반은 옳고 반은 틀렸다(플라톤의 둘로 분열된 각주다.)고 말하는 쪽이 더 나을 것 같다. 나는 이 장에서 전 장의 결론을 재확인하고 새로운 논제를 도입하면서 이 점을 좀 더 분명히 할 것이다.

비이원적 전통(플라톤, 플로티노스, 에크하르트, 베단타, 대승불교, 탄트라 등)에 따르면, 실재—'진정한 세계'—는 차안의 세계도 아니고 피안의 세계도 아니다. 그것을 쉽게 또는 정확하게 기술할 수는 없지만, 공동체 내에서의 관조 수행을 통해 직접 알 수는 있다. 또는 즉각적인 각성 속에서 직접 파악할 수 있다. 그리고 만일 그것에 대해 꼭 말해야 한다면, 적어도 다음과 같은 세 가지 (생각해야 할) 점을 포함시킬 필요가 있는데, 그 이유는 이런 점들이 실제로 실재를 기술하기 때문이 아니라, 늘 부적절한 이론화에 대한 억제와 제약(재갈과 고삐) 요인으로 작용하기 때문이다.

1. 일자는 만물이 희구하는 선善. Good이다   절대자the Absolute는 모든 진화, 모든 상승, 모든 현현의 정점이자 목표다. 그것은 만물이 자신의 최상위 잠재력을 실현시키고자 할 때, 그 잠재력이 무엇이든 그것에 대한 동기, 활력, '끌림'을 제공한다. 화이트헤드에 따르면, 이것은 모든 창조적 창발을 위한 '온화한 설득을 통해' 역사하는 신이다. 아리스토텔레스가 말한 것처럼, 선이란 아무리 불완전한 것이라도 만물을 끌어당기는 **최종 원인**final cause이다. 선으로서의 일자는 모든 상승과 모든 지혜의 최

종적인 오메가 포인트다. 그 선은 다자가 일자로 향해 가는 귀환이다(이것만을 놓고 볼 때, 이 신은 물론 상승자의 신이다).

2. 일자는 그곳으로부터 만물이 유출하는 선성 Goodness**이다**　　선성은 모든 장소, 모든 시점, 모든 현현의 원천source이자 기원origin이다. 그곳에는 일자가 다자로서 현현하는 무시간적인 창조 또는 유출이 있다. 만물은 높든 낮든, 신성한 것이든 속된 것이든, 어제의 것이든 내일의 것이든 이 신성한 샘, 만물의 원천, 만물의 기원으로부터 흘러나온다. 선성으로서의 일자는 모든 원인의 제일 원인이다. 그것은 모든 세계의 알파 점alpha point이다. 그러므로 모든 세계는 신성한 존재의 사랑과 초풍요를 표현한다. 이 (알파 포인트로서) 일자의 '창조적'인 초풍요는 이 세계의 풍요와 다양성과 다중성을 초래하는 엄청난 흘러넘침이다. 그러므로 이 세계는 그 자체로 철두철미 자비와 선성을 표출하는 '눈에 보이는 신'이다. 또한 이 세계는 그렇게 완전히 인정되어 있다. 선성은 다자로서의 신이다(이것만 놓고 보면, 이 신은 물론 하강자의 신이다).

3. 절대자는 일자와 다자 모두의 비이원적 기저 Nondual Ground**다**　　비이원적 기저는 모두 똑같이 선이자 선성, 일자이자 다자, 상승이자 하강, 알파이자 오메가, 지혜이자 자비다. 상승과 하강의 길 모두 심원한 진실을 나타낸다. 어느 쪽 진실도 부정되지 않는다(사실, 양쪽 모두 강력하게 주장된다). 그러나 어느 한쪽 길만으론 진실 전체를 나타내지 못한다. 어느 쪽도 하나만으론 실재를 모두 흡수하지 못한다. 실재는 그저 정점(오메가)만도 아니며, 그저 원천(알파)만도 아니다. 실재는 진여眞如다. 언제나 현존하는 무시간적인 기저다. 그것은 높든 낮든, 상승하는 것이든 하강하는 것이든, 유출하는 것이든 환류하는 것이든, 모든 단일 존재에 단일 존재로서 평등하게 완전히 현현해 있다.[1]

상승과 하강이라는 큰 원에서 비이원은 그 원 전체가 그려져 있는 종이라고 할 수 있다. 또는 그 원 자체의 중심점, 즉 원주상의 모든 점에서 등거리에 있는 중심으로 나타낼 수도 있다(편재하는 중심, 어디에도 없는 원주). 존재 각각에 대해서는 정점이나 원천으로부터 더 가깝다거나 더 멀리 있다고 말할 수 있다(이것이 존재의 대사슬의 의미다). 그러나 어떤 존재도 진여로부터 더 가까이 있거나 더 멀리 있지 않다. 거기엔 '위'도 '아래'도 없다. 각각의 개별 존재는 그냥 그대로, 그야말로 현재 있는 그대로 충실히, 그리고 완전히 일자the One이자 일체the All다.

그렇기 때문에 비이원적 진여에서 각각의 존재는 결코 일자의 일부이거나, 일자 안의 참여자이거나 일자의 한 측면이 아니다. 달리 말하면, 각 존재는 범신론에서처럼 일자의 단편, 파이의 한 조각, 큰 그물망의 한 가닥 실이 아니라는 것이다. "플로티노스가 여러 차례 반복해서 말하는 것처럼, 하나하나의 영은 일자로서의 절대 영의 부분이 아니다."[2] 개체 홀론은 일자인 절대 영의 부분이 아니다. 왜냐하면 개별 홀론은 그 완전성에 있어서 일자로서의 절대 영이기 때문이다. 무한한 존재, 근본적으로 차원 없는 존재는 시공간의 모든 점에 완전히 현전해 있다[또는 선禪에서 말하는 것처럼, 공성은 그 완전성에 있어서 각각의 모든 형상에 완전히 현전해 있다(공즉시색). 공성은 형상의 총화가 아니라, 형상의 본질이다. 따라서 그것은 총화 속에 똑같이 현전해 있지만, 각각의 개체성에 나타나 있지 않았던 것이 전체성에 의해 더 추가되는 것은 없다].

우리는 플로티노스가 이렇게 말한 것을 기억한다. "그것(무한한 혼/영)은 이 광대한 천체의 모든 점에 자신을 주며, 위대한 것이든 비소한 것이든 모든 부분에 그 존재를 보증한다. 이 부분들은 공간이나 조성 법칙에 따라 분할되기도 하고, 어떤 것은 서로 대립하기도 하고 서로 의존하기도 하지만, 그러나 혼은 분할되지 않는다. 각각의 개인에게 생명을 주기 위해 자신을 잘라 내지도 않는다. 만물은 혼의 완전성에 의해 살아간다. 그것은 모든 곳에 현전해 있는 모든 것이다." 일자는 각각의 것에 완전히 현전해 있다. 우리는 '시스템 영'을 얻기 위해 각각의 유한한 것을 추가할 필요는 없다. 각 개인의 존재는 지금 있는 그대로 영의 완전한 표현이다.

비이원 전통이 가치 지향성에서 근본적으로 비도구적인 것은 이 때문이다. 개체 홀론은 거대한 그물망의 부분이기 때문에 가치를 갖는 것이 아니라, 근원인 영의 순수성을 완벽하게 현현한 것이기 때문에 가치를 갖는다. 생명의 망으로서의 시스템적 영성의 경우, 모든 존재는 그들의 가치를 이차적으로 도출해 낸다. 확장된 그물망의 한 가닥 실처럼 자신들의 가치를 외재적으로, 도구적으로 도출해 낸다. 결국 최종적으로 그 그물망만이 '실질적인 것'으로 여겨진다.

이와는 반대로, 플로티노스가 말한 것처럼 "일체의 각 부분은 무한하다". 여기서 아주 다른 세 가지, 즉 일자the One, 개체the Each, 일체the All에 주의하기 바란다. 유한한 개체는 일체의 유한한 부분으로 존재한다. 그러나 '영성'은 일체에서는 발견되지 않는다. 그것은 개체와 일체 모두에서 완전히 현전해 있는 일자에서만 발견된다(생명의 망을 주창하는 시스템 이론가들은 일체는 얻지만 일자를 놓친다). 그러나 일자는 개체와 일체에서 그야말로 완전히 나타나 있기 때문에, 추가적으로 플로티노스가 말한 것처럼 "일체가 개체이고, 개체가 일체이며, 그 영광은 무한한 것이다".[3] 결코 끝남이 없는 전체/부분의 계열(그 자체로 헤겔의 '나쁜 무한성'인 계열)에 아무리 많은 것을 추가하더라도, 모든 부분과 모든 전체의 원천이자 진여인 무한히 텅 빈 기저에 비하면 생명의 망은 단지 그곳에 있을 뿐인, 대단히 부분적이고 대단히 이차적인 것에 지나지 않는다.

요약해서 마무리하자면, 실재는 정점(오메가)이자 원천(알파)이며, 이 둘의 공통 바탕이 진여(비이원)다.[4] 실재는 비이원의식이 빛을 발하는 상승과 하강의 길이 통합하는 곳에 존재한다. "세계는 환영이다. 브라만만이 진정하다. 브라만이 세계다."

이런 인식에까지 도달하지 못할 경우, 단지 상승(브라만만이 진정하다.)이나 하강(브라만이 세계다.) 중 어느 한쪽으로 퇴보하고 만다. 내가 말하고자 하는 것은, 그런 퇴보는 단지 이론적인 정확성이나 밀교적esoteric인 관조적 관심만이 아니라는 것, 그것은 정확히 잇따라 계속된 플라톤에 대한 일련의 분열된 각주 속에서 일어났던 일을 말하며, 우리는 이것을 서양 문명이라고 부른다는 것이다.

조화 속의 대지

플라톤은 내세적 철학자이고, 아리스토텔레스는 현세적 철학자라는 말을 자주 듣는다. 그러나 다시 말하지만, 러브조이가 보여 주듯이 사정은 정반대다.

아리스토텔레스가 많은 시간을 현세적인 분석과 사고로 보냈다는 것은 사실일 것이다. 그러나 아리스토텔레스의 신은 플라톤의 신과는 달리 순수하게 상승자의 신이었다. 아리스토텔레스의 신은 천지 만물의 정점이자 가장 높은 도달점(오메가)이긴 했지만, 모든 창조물의 원천, 기원, 샘은 아니었다. 사실 아리스토텔레스의 신은 만물의 최종 원인일 뿐, 창조물 안에는 전혀 없었다. 이것은 만물이 언제나 신을 향해 도달하고자 애쓰지만, 결코 도달할 수 없는 목표라는 의미다. 만물은 아리스토텔레스의 신에게서 비롯된 것이 아니다. 다만, 만물이 그 신을 향해 가고 있을 뿐이다. 바꿔 말하면, 아리스토텔레스는 완벽한 일자를 선성으로서 매우 정확하게 아주 잘 이해하고 있었지만, 그 일자의 현현을 선성이나 창조적 풍요/다양성으로는 전혀 이해하지 않았다는 것이다. 러브조이는 말했다.

> (플라톤에 의해 기술되고 플로티노스에 의해 전개된 창조적 유출이라는) 반대 과정은 아리스토텔레스의 시스템에서는 찾아볼 수 없다. 그의 신은 아무것도 창조하지 않는다. 단지 때때로 대중적인 형식의 말씨를 쓰는 경우를 제외하면, 아리스토텔레스는 신성(원인)의 본질적 속성으로서의 자기충족성이라는 관념에 일관되게 집착하고 있다. 그리고 그는 그것이 모든 관계(창조 관념이 함의하는 유한한 존재와의)를 배제한다고 본다. 아리스토텔레스는 이 부동의 완전성이 모든 운동의 원인이며 불완전한 존재의 모든 활동의 원인이라고 보지만, 그것은 단지 최종 원인으로서만 그러하다. 신이 영원한 자기관조 속에서 향유하고 있는 지복은 다른 모든 사물이 각기 다른 수단과 방법에 따라 동경하고 추구하는 선이다.
> 그러나 이 부동의 동인이 세계의 근거는 아니다. 그의 본질과 존재는 다른 사물이 왜 존재하는지, 다른 사물이 왜 그토록 많은지, 그것들이 신성한 완전성으로부터 전락한 양상과 정도가 왜 그토록 다양한지는 설명하지 않는다. 그러므로 그는 충만의 원리에 기반을 제공할 수 없다.5)

그러므로 아리스토텔레스는 그의 '현세'의 성질에 대한 이해라는 측면에서 놀라운 공헌을 한 것과는 별개로 서양의 원형적 상승자의 뿌리가 되었다. 그렇게 해서 플라톤의 분열된 각주의 효시가 되기도 했다. 플라톤은 지금까지 보았던 것처럼 상승과 하강, 정점과 원천 모두를 옹호했다. 이 두 개의 흐름, 즉 플라톤의 현세에 내재하면서 또한 초월해 있는 신, 아리스토텔레스의 오직 현세를 초월한 신으로 인해 두 개의 극적으로 대립하는 세계를 친구 삼으려는 기도와 세계에 등 돌리려는 기도가 서양 문명의 흐름 속에 흘러들었다.

분열된 플라톤은 어느 쪽 입장이든 지지할 수 있었지만, 아리스토텔레스는 후자의 입장만을 지지해 줄 수 있었다. 의견의 무게는 위험한 정도까지 이미 상승자 쪽으로 기울고 말았다. 만일 플라톤의 사고방식 전체를 불러들이지 않는다면, 인간을 지구상에 지탱케 해 줄 만한 소중한 것은 전혀 남아 있지 않게 될 것이다.

서양 문화는 이제—차안의 세계(현세)와 피안의 세계(내세) 사이를 비틀거리며 요동치는—이 위험한 토대 위에 세워지고 있었다.

천상의 삼위일체

플로티노스는 상승과 하강의 흐름을 감탄스러울 정도로 잘 결합했으며, 플라톤의 원래의 비이원론을 더 세련시켜 표현했다.[6] 압도적이고 절대적으로 결정적인 하나의 요인이 아니었다면, 플라톤/플로티노스의 비이원적 전통은 샹카라Shankara와 나가르주나Nagarjuna, 용수가 각기 힌두교와 불교에 공헌했던 것처럼[7] 오늘에 이르기까지 존속해 왔으리라는 것은 거의 확실했을 것이다. 그 결정적인 하나의 요인이란, 모든 것을 문자 그대로 받아들이는 신화 단계 기독교의 등장이었다.

존재론적으로 자연과 인간성으로부터 떨어져 나온 신화적으로 분리된 신 때문에—틸리히Tillich는 이를 '천상의 신 영역과 지상의 인간 영역이 분리된 엄격한 이원론'이라고 불렀다—결국 신을 이 지상에 자리 잡게 할 방법이 없어진 것이다. 이에 따라서 인간 존재의 최종적인 운명을 이 삶에서, 이 육체에서, 이 지상에서 실현할 수 있는 길도 사라져 버렸다.[8] 이렇게 해서 철저하게 분열된 피안의 세계만을 희구하는 상승자는 모든 배타적인 상승자가 그런 것처럼, 부분적으론 포보스Phobos(대지, 육체, 자연, 영성, 성, 감각에 대한 공포)에 의해 조정되었으며, (결코 완전히 지배한 적은 없었지만) 그 공포가 천년에 걸쳐 서구 문명을 지배하게 되었다.

그러나 아이러니한 점은 신화적으로 상승된 이 신은 실제로는 전혀 상승 또는 초월적 신이 아니었으며, (극소수의 실현자를 제외하고) 그노시스 또는 원인 수준의 일자조차 아니었다는 것이다. 그 신은 철저하게 신화 수준의 산물이었다. 그 신은 야훼Yahweh라는 이름의 지상중심적·자아중심적·인간중심적인 특정 지역의 화산신火山神이었으며, 그 신이 인간의 역사에 관여한 구조적 특징은 그가 선택한 민족에게 '보상'이나 '처벌'을 한다든가, 그의 선민이 적을 기적적으로 쳐부수게 하기 위해서만 개입했다는 사실로 잘 드러난다. 그 밖의 시간에 그 신은 시금치를 감자로 바꾸는 일로 소일한 듯하다.

그런 신을 만들어 낸 의식구조 자체에는 전혀 잘못이 없다. 그러나 그 신은 기독교(와 유대교) 전통 자체의 보다 심원한 사상가들로부터 매우 신랄한 비판을 초래했다. 클레멘트Clement, 오리게노스(및 필론Philo)를 필두로, 이들 모두 폴 틸리히Paul Tillich의 다음과 같은 말에 동의했다. "신에 의한 기적적인 개입, 특별한 영감이나 계시, 이런 것들은 진정한 종교적 경험에 비하면 수준이 낮다. 종교는 직접성immediacy이다(틸리히 자신이 대단히 명확하게 말한 것처럼, 여기서 말하는 직접성이란 우리 안에 내재하는 기본적인 각성Wakefulness 또는 순수한 현전Presence, 즉 영Spirit을 가리킨다). 이 직접성에서는 기적을 일으키기 위해 자연법칙을 무시하는 초자연적 유산은 완전히 붕괴하고 만다."9)

그러나 내가 애써 분명히 하려고 해 왔던 것처럼, 단지 로마라는 기독교적 신화 제국만이 문제가 됐던 것은 아니었다. 그 신화-합리 단계구조는 거의 천 년에 걸쳐 문화적 의미와 사회적 통합의 기본 원칙으로 작용했다. 그것은 단계 특정적으로는 충분히 적절한 것이었으며, 5장 신화-합리 단계의 탐욕에서 논했던 모든 진보(와 모든 참해)를 가져다준 것이기도 했다. 특히 그 단계는 사회중심적 도덕성과 (로마)법과 모든 시민은 신 앞에 평등한 지위에 있다는 (후인습적) 신념을 처음으로 가져다준 것이다. 물론 그것이 제국 건설과 제국주의적이고 군사적인 '세계화'라는 신화-합리구조 특유의 의도에서 그러했음은 말할 것도 없다.

플라톤이나 플로티노스(또는 나가르주나나 샹카라)의 시스템을 논할 때, 우리는 그 시대에서 가장 앞선 의식발달의 첨단 부분을 말하는 것이다. 나는 그 수준이 그 특정 시대의 평균적인 의식이었다거나 그렇게 될 수 있었다고는 전혀 기대하지 않으며, 그 시대의 평균의식을 오늘날의 평균의식 기준으로 판단하는 것도 아니다. 로마 기독교적 신화, 군사제국에 이르게 된 것 자체가 문제였던 것은 아니다. 그 평균의식의 세계관이 첨단 세계관에 행사했던 것이 문제였다. 평균의식은 첨단의식을 이단으로 파문시켰고 비난했으며 단죄했다. 그것도 매우 철저하고 엄중하게, 때로는 잔혹하게 단죄했다(특히, 반종교 개혁에서). 그런 일이 그 정도 규모로 일어난 것은 (극히 적은 예외가 있긴 하지만) 세계사 어디서도 유례를 찾아볼 수 없을 정도였다.

모든 의식구조는 자신보다 고차원의 모든 상위 구조에 대해 회의적이기 마련이다. 그 상위 구조는 현 구조와 그 너머에 놓여 있는 구조로서 현 구조의 내재적인 잠재력이긴 하지만, 그것을 실현하기 위해서는 죽음과 재생을 필요로 하는 두려운 구조이기도 하다. 그리고 모든 사회는 조직화와 일관성 원칙을 제공하는 의식구조보다 상위에 있는 의식구조에 대해서 어느 정도까지 관용을 보일 것인가에 따라 배열할 수 있다. 신화-군사적 기독교 제국의 성공과 그 제국에 대한 끊임없는 위협은 사실상 관용을 문제 밖에 놓았다. 관용은 신화구조에서는 그다지 중요시되지 않는다. 신화-합리보다 상위 의식구조를 명백하게 드러낸 대담한 사람들은 당연히 모두 정치적 위협 인물로 보였으며, 사실상 반역죄로 단죄되었다.[10]

이러한 단죄는 거의 보편적인 것이었다. 이성(과 과학)의 구조는 증거를 요구한다는 이유 때문에 단죄되었다(따라서 이성은 교리에 봉사할 때만 허용되었다). 자연-국가 신비주의인 심령 수준은 그것이 신을 천상의 왕좌, 천상의 도시에서 끌어내려 이 세계 안으로 '과도하게' 끌어들였기 때문에 단죄되었다. 정묘 수준 신비주의가 단죄된 것은 또는 간신히 허용됐던 것은 그것이 혼을 지나치게 신 가까이 놓았기 때문이었다. 그리고 교회는 누군가 신성과의 최상의 정체성이라는 원인 수준 직관을 드러내기라도 하면 몹시 진노했다. 이단 심판관은 조르다노 브루노를 화형에 처했으며, 마이스터 에크하르트의 설교 역시 같은 근거로 단죄했다.

그러나 이것은 원인 수준 각성자가 신화적 신자의 손에 들어갔을 때 일어났던 아주 오래전부터 있어 온 이야기였다. 그 이야기의 시작은 나사렛의 예수에서 비롯한다. 그의 원인 수준의 인식("나와 아버지는 하나다.")은 관대하게 대접받지 못했다.

"내가 여러 가지 선한 일을 보였거늘, 왜 나를 돌로 치려 하느냐?" 하고 예수가 물었다. 유태인들이 답하길, "선한 일을 말미암아 우리가 너를 돌로 치려는 것이 아니라 신성모독으로 인함이니, 네가 사람이 되어 자칭 하나님이라 함이로다". "우리 모두가 하나님의 아들(과 딸)이다."라는 그의 답은 군중 속에 묻혀 버렸다. 이러한 인식은 그를 알 할라즈, 브루노, 오리게노스 그리고 그 이후 이어지는 각성자들이 밟은 운명, 즉 정치적이자 종교적인 이유에서 비롯한 잔혹한 처형으로 이끌어 갔다. 그들의 인식, 각성은 국가에 대해서나 낡은 종교에 대해서나 동시에 위협적이었다.

교회의 교리는 나사렛 출신의 놀라운 각성자의 사례를 매우 교묘한 방식으로 다뤘는데, 합리성의 모든 힘을 신화를 지지하는 데 사용한 것이 그것이다. 그들은 예수가 하나님과 하나라는 것은 진실이라고 인정했다(또는 그들이 다음에서 말한 것처럼 신은 세 개의 위격, 테르툴리아누스Tertullian의 삼위일체를 갖고 있는 하나의 실체이며, 예수라는 인물은 두 가지 성질, 즉 신성과 인성을 갖고 있다는 것이다). 하지만 원인 수준 상승은 거기서 끝나고 말았다. 예수 이외의 어느 누구에게도 이런 인식은 허용되지 않았다. 그 당시 모든 사람이 당연히 알고 있었던 것처럼, 예수는 자신만이 이런 인식을 갖고 있다거나 가질 수 있다고 말한 적이 단 한 번도 없었으며, 그의 제자들이 자신을 가리켜 '구세주Messiah'라는 말을 사용하는 것조차 명백히 금지시켰다.

그러나 많은 주석가가 지적했듯이, 만일 그 나사렛 현자가 정말로 만물에 똑같이 충분히 내재해 있는 신성을 인식했다면 그를 배타적인 특정 신화의 전유물로 만들 수 있는 방법은 없었을 것이다. 거칠게 말하면, 저잣거리에서 그를 사고팔 방법은 없었을 것이다. 그러나 예수는 그곳에서 그가 늘 주장했던 모든 사람의 고통받는 종이 아니라, 문자 그대로 야훼의 독생자가 되고 말았다. 달리 표현하면, 그는 당시의 지배적인 신화 속에 고스란히 끼워졌으며, 여전히 새로운 선민 집단을 구원하기 위한 역사상 기적적이고 초자연적인 개입 중 또 다른 (이번엔 훨씬 더 큰) 개입의 예로 보았다. 새로운 선민이란 교회를 신봉하는 사람들이었으며, 교회를 신봉하는 것만이 모든 영혼을 위한 유일하게 진실한 길이자 유일한 구원이었다(이것은 신화-제국 단계에서 제국적·정치적 응집력을 확보하기 위한 유일한 방식이라는 것을 의미했다).

나사렛 현자의 인식은 이렇게 해서 대좌 위pedestal에 안치되었고, 전적으로 교회만의 독특한 보물이 되었다(혼의 보물이 되지는 못했다).[11] 발달상 이 단계에서는 도덕적 영역과 정치적 영역(교회와 국가)이 충분히 분화되지 않았다는 점에 주의할 필요가 있다(이는 모든 신화적 구조에서 진실이다. 국가의 지배자는 그 지배의 정당성을 신화적 지위를 주장함으로써, 즉 신/여신과 하나라거나 특별하게 연결되어 있다거나 그의 자손이라고 주장함으로써 지배의 정당성을 확보한다. 예컨대, 클레오파트라는 이시스 여신이다). 틸리히는 이렇게 설명했다. "교회가 정한 법을 깨뜨리는 자는 단지 교회의 근본적인 교리에 동의하지 않는 이단자일 뿐만 아니라 국가에 대항하는 **범죄자**이기 때문에, 교회로부터의 파문만으로 끝나지 않고 국가에 대한 범죄자로 처벌받도록 당국에 인도되었다."[12]

교회는 많은 위대한 철학자(이성)와 많은 위대한 심령·정묘 수준의 신비주의자를 산출해 냈다. 그러나 이들 각성자들이 아무리 애써 신화를 경시해도, 아무리 신화를 비유적으로 말하거나 그럴듯하게 해석해 치우려 해도, 하나의 근본적인 교리가 그들의 초월 노력을 억누르는 무거운 추처럼 매달려 어깨를 짓눌렀으며, 단 1인치의 상승도 하지 못하도록 그들을 지면에 못 박았다. 그 하나의 근본 교리란 예수의 각성은 전적으로 그에게만 특유한 것이고, 절대 재생 불가능한 것이라는 것이다.[13]

상승 그 자체도 즉각적으로 신화화되었다. 대지 모신의 배우자인 달의 신이 3일 동안 죽었다가 부활한다는 아주 오래된 신화적 주제가 그 내용이다(이교도 의식과 기독교화된 의식에서도 배우자의 '살을 먹고' '피를 마심'으로써 부활한 힘에 참여할 수 있다고 믿는다).[14] 이러한 신화적 신조(또는 신앙)를 공유했던 기독교인들 역시 최후의 심판의 날 다른 세계에서 자신들의 신체가 다시 조립되어 재생할 것이라고 믿었다("저, 실례지만 당신이 거기 갖고 있는 것이 나의 네 번째 손가락뼈가 아닌지요?"). 그렇게 해서 야훼와 그의 아들 그리고 그 밖의 일단의 사람들과 함께 천국에 영원히 앉게 될 것이라고 믿었다. 개인이 이번 생에서, 이 세계에서 깨달음 또는 상승을 성취할 방법은 전혀 없었다. 그런 일이 가능하다고 주장한 사람은 누구든 즉각적으로 모두 이단자이자 범죄자로 보았다.

다시 한번 말하지만, 나는 단계 특정적인 신화-합리구조와 그 구조가 필연적으로 나사렛 출신의 현자의 각성에 대해 부여했던 해석과 다툴 생각은 없다. 그것은 그 발달 시점에서 사회적 통합과 문화적 의미의 중요한 성분이었으며, 분명히 그 목적에 아주 잘 기여했다. 그보다 문제는 이 각성을 철저하게 신화 수준으로 축소했다는 것, 그것도 매우 열광적으로 그렇게 축소했다는 것이다. 원인 수준 각성을 그 정도까지 극적으로 아래로 끌어내려 해석했던 일은 거의 없었다. 뿐만 아니라 그토록 강력한 각성자가 같은 수준에 도달한 후계자를 양성하는 데 실패한 것 역시 극히 드문 일이다.

붓다, 샹카라, 노자, 발렌티누스, 누메니우스, 아폴로니우스, 도겐선사, 법장, 천태지자, 가랍 도르제, 총카파TsongKapa, 파드마삼바바, 이들 중 어느 누구도 예수만큼 그토록 철저하게 축소된 각자는 없다. 이것은 실로 놀라운 일이다. 신화는 물론 이 모든 각자와 신화 수준에서 실재와 관련 맺고 있는 바로 그런 사람들을 위해 생존하고 성장한다. 그러나 각자의 원인/비이원에 관한 최종적인 가르침은 그 가르침을 받아들이고 지시를 실천하여 신화, 이성, 심령, 정묘 단계를 넘어서 텅 빈 기저Empty Ground를 발견한 모든 사람에게 열려 있었다. 그리고 무형의 정체성에서 자신이 실제로 무한한 기저인 일자라는 것을 알아차릴 만큼 깨달은 제자에게 돌아온 보답은 모든 경우에 이러했다. "축하하네! 그대는 마침내 진정한 자신을 발견했도다!"

그러나 깨달음에 대한 응답이 교회에서 나왔더라면 아마 이러했을지도 모른다. "너는 곧 화형에 처해지리라."

이 모든 것의 최종적인 기묘한 결론은 교회의 신은 기본적으로 상승의 신이었음에도 불구하고—이런 측면에서 보면 골수까지 내세적이다—그곳에는 상승을 완성시킬 어떤 길도 없었다는 것이다. 가장 앞장서 있는 소수인에게조차 그런 길은 없었다. 오직 예수만이 그럴 수 있었다.[15] 우리는 그리스도의 본질에 각자 다른 정도로 '참여'할 수는 있지만, 전체적인 진정한 각성이나 상승은 있을 수 없었다. 이 세상은 단지 진정한 상승을 위한 활주로에 지나지 않았다.

이 몸으로, 이번 생에서, 이 세상에서 상승을 완성할 길은 전혀 없었기 때문에, 상승의 길이 하강의 길로 흘러넘칠 수 있는 어떤 계기도 있을 수 없었다. 즉, 선인 원인 수준 일자는 어떤 방법으로도 이 세계에 철저하게 뿌리내리고 전체 세계로서 빛나는 모든 것에 편재하면서 모두를 받아들이는 선성을 유출할 길이 전혀 없었다.[16] 플라톤(과 모든 비이원 각자)이 제시한 현세를 초월하지만 현세로서 각성한다는 놀라운 역전은 더 이상 나침반의 역할을 할 수 없었다.

상승을 완성할 수 없다는 바로 그 이유 때문에 서양은 영속적으로 좌절된 상승 열망 속에 갇혀 버렸다. 공식적으로는 결코 허용되지 않는 목표에 도달하고자 하는 열망, 따라서 결코 반복될 수 없지만 그렇다고 놓아 버릴 수도 없었던 열망, 그것은 한바탕 시원하게 긁고 난 후 잊어버리도록 허용되지 않았던 서양인의 정신 속에 남아 있는 영구적인 가려움이었다. 가엾은 나귀들이 장대 위에 매달린 상승이라는 당근을 향해 돌진하는 것은 괜찮지만, 결코 먹을 수 없다는 것이 처음부터 분명했다.

좌절된 상승자, 얼어붙은 상승자에게는, (1) 아리스토텔레스의 피안의 세계, (2) 플라톤의 피안이라는 세계의 절반, (3) 신의 독생자이자 유일한 상승자라는 신화적 피안의 세계가 필요했다. 이것이 이후 서양을 천 년에 걸쳐 구속했던 삼위일체, 타계적 삼위일체다. 이 삼위일체는 결코 세계를 완전히 통치하지는 못했지만, 언제나 공식적으로 세계를 지배했다.

유일자 내의 두 신

상승과 하강, 이 두 길은 양자를 통합하는 유일자에게 직접 접속할 수 없었기 때문에 논리적으로 양립 불가능하며 전적으로 화해 불가능하게 되었다. 진정한 상승, 상승의 완성이 차단되었기 때문에(이론적으로조차) 진정한 하강, 완전한 하강 역시 직접 경험될 수 없었으며, 올바로 추론될 수도 없었다(이론적으로조차). 플라톤과 플로티노스의 하나의 세계가 '차안의 세계'와 '피안의 세계'로 분열되었고, 이 이원론은 세계에 대한 완전히 상반되고 절대로 양립 불가능한 두 개의 입장을 만들어 냈다. 뿐만 아니라 이 이원론은 '좋은 인생'에 대한, 우주에서의 남녀의 궁극적인 위치에 대한, 인간 운명의 대상과 본질에 대한, 자기충족의 근거를 어디서 발견해야 하는가에 대한, 이 삶에서 가져야 할 이상에 대한, 가장 중요하게는 이 삶에서 실현시키기 위해 노력해야 할 실천적 목표 유형에 대한 아주 다른(또한 양립 불가능한) 관점을 만들어 냈다.

이 이원론은 사실상 전혀 화해 불가능한 두 신을 만들어 내고 말았다.

양쪽 모두 인간에게 있어 궁극의 선이란 신의 모방imitatio Dei이라는 것에는 동의했다. 하지만 어느 쪽 신을 말하는 것인가? 모든 것을 일자로 되돌리는 상승의 신인가, 아니면 다자의 다양성을 즐기는 하강의 신인가? 통합하는 마음이 없다면 이 둘은 전혀 양립할 수 없는 것처럼 보인다. 그렇다면 나는 세상에 등을 돌리고 오직 일자만을 추구할 것인지, 아니면 창조적인 신을 추구하고 모든 창조의 선성을 받아들이면서 이 세상에서 완전히 표현된 나의 신을 발견할 것인지 둘 중 하나만 가능한 것처럼 보인다.

이에 대한 비이원적인 해답은 언제나 이런 것이었다. 먼저, 한 가지를 하라. 그런 다음, 온우주 내의 모든 것을 완전히 초월하라. 마지막으로, 온우주 안의 모든 것을 자비와 사랑으로 선택 없이 받아들이라는 것이 그것이다. 하나의 예로 오로빈도를 들어 보자. "영적 변용은 하위 의식에서 상위 의식으로의 영속적인 상승에서 정점에 이르며, 상위의 본성이 하위 속으로 끊임없이 하강하는 것으로 이어진다." 마찬가지로, 깨달음에 이르는 열 개의 '단계'를 표현한 선의 〈십우도十牛圖〉를 보면 처음 일곱 장의 그림은 세상에서 떨어져 나와 오직 일자만을 탐구하는 것, 즉 선으로의 상승(심우尋牛)을 묘사하고 있다. 여덟 번째 그림은 하나의 텅 빈 원, 순수한 공성(원인)이다(인우구망人牛俱忘). 마지막 그림은 '빈손으로' 저잣거리에 들어선 사람을 보여 주는데(입전수수入廛垂手), 다자의 포옹, 눈부신 자비의 길, '창조중심적' 영성이 그것이다.

중요한 점은 상승의 길과 하강의 길을 완벽하게 결합하는 것은 여덟 번째 그림, 텅 빈 원이라는 것이다. 이것은 단지 비이원성에 대한 이론이 아니라, 무형의 공(원인적 영)에 대한 직접적인 인식이다. 그것에 접속하지 못할 경우 두 길은 **경험적인 직접적 접점**을 잃게 되고, 단지 이것 대 저것이라는 이원론으로의 분열로 전락해 버린다. 이론상으로든 실질적으로든 양자를 결합시킬 수 있는 길은 어디에도 없게 된다.

그런데 곧 보게 되겠지만, 바로 그런 일이 일어나고 말았다.

서양의 베단타

상승과 하강을 완전히 포함하는 하나의 세계라는 비전은 플로티노스에서 시작해
서 거의 훼손되지 않은 채 성 디오니시우스Saint Dionysius라는 주목할 만한 훌륭한 인
물에게 온전히 전해졌다(실수로 바울에 의해 개종된 최초의 아테네인과 혼동되었던 그
혹은 그녀는 이후의 모든 기독교 신비주의에 심대한 영향을 미쳤다. 실제의 저자는 미지로
남아 있으며, 그렇기에 '위(가짜)-디오니시우스pseudo-Dionysius'라고 부른다). 위-디오니시
우스의 신비주의는 플로티노스의 그것과 거의 동일하지만, 같은 술을 새로운 통에
담은 점, 그것을 기독교 신학과 기독교 용어로 이음새 없이 잘 봉합했다는 점이 다
를 뿐이다. 거기에는 물론 무형의 신성을 향한 위태로운 상승이 있으며, 다자로 이
루어진 전 세계를 사랑스럽게 포옹하는 완벽한 하강도 있다. 이는 모든 비이원 전통
의 표준적인 메시지, 즉 온우주 내의 모든 것 하나하나를 완전히 초월하라, 온우주
안의 모든 것들을 선택 없이 자비와 사랑으로 포옹하라는 것이다. 디오니시우스는
말했다.

> 만물에 좋은 것으로 작용하는 사랑은 이미 지고의 선 속에서 넘쳐흐를 정도로
> 존재하고 있다. 그것은 스스로를 창조하기 위해 움직였다. 그리고 그 선의 초풍요
> 성에 의해 만물이 창조되었다. 선은 그저 있음으로 해서 선성을 만물에 뻗어 낸다
> (예외 없이!). 마치 태양이 선택하거나 편듦 없이 단지 존재함으로써 만물을 밝게
> 비추듯이, 선은 단지 존재하는 것만으로 그 선성의 빛을 만물에 방사한다.[17]

성 아우구스티누스Saint Augustine(354~430 CE)는 약간의 미묘한 수정과 추가가 있긴
했지만 플로티노스의 전통을 상당 부분 훌륭하게 계승했다. 아우구스티누스의 가
르침 속에는 분명 비이원적이며 심오한 내용들이 (그 함의 속에) 많이 함축되어 있
다. 특히 에로스와 아가페의 합일, 신을 인식하는 데 있어서 내성의 중요성, 사랑
Amor의 창조적인 힘, 신성을 각성하기 위한 의식 변용(의지의 변용)의 근본적인 중요

성 같은 것이 거기에 해당한다.

나는 그런 모든 것 중 가장 중요한 것은 아우구스티누스로 인해 서양식 베단타가 개화되었다는 것이라고 생각한다. 아마도 이후 서양 철학(과 문명)에 이보다 더 심대한 영향을 미친 단일한 사상은 없을 것이다. 이제 나는 그것을 하나의 문장으로 요약해 보려고 노력할 것이다.

플라톤의 '견자Spectator', 플로티노스의 '항존하는 각성ever-present Wakefulness'은 아우구스티누스에 의해서 어떤 상황에서도 결코 의심할 수 없는 내면의 주시자interior Witness(아우구스티누스는 혼Soul이라고 불렀다.)라는 보다 성숙한 개념으로 발전되었다. 일반적인 의문에서 시작해 보라고 아우구스티누스는 말했다. 그런 다음, 할 수 있는 모든 것을 의심해 보라. 논리의 신뢰성도 의심할 수 있으며(그것은 틀렸을 수도 있다.), 감각적 인상의 실재조차 의심할 수 있다(그것들은 환각일 수도 있다.)는 것을 알 수 있을 것이다. 그러나 가장 강력한 의심에서조차도 당신은 의심 그 자체를 인식할 것이다. 당신의 즉각적인 인식 속에는 확실성이 존재한다. 그것이 비록 의심하고 있다는 것에 대한 확실성일지라도 이 확실성을 떨쳐 내는 것은 불가능하다. 외부 세계의 모든 것을 의심할 수 있지만, 그곳엔 언제나 이 내면의 직접성 또는 기본적인 인식에 대한 확실성이 있다. 그리고 아우구스티누스는 신이 이 기본적인 인식 속에, 그리고 그것을 통해서 존재하는데, 이러한 확실성만큼은 결코 의심할 수 없다고 말했다.

그러므로 자기현전의 직접성(또는 기본적인 인식)처럼 신의 존재는 흔들릴 수 없는 확실성이다. 신이란 신의 존재를 의심하는 그 의심 배후에 그 실제의 기저, 그 전체로서 존재한다. 만일 당신이 '나는 신을 믿지는 않는다.'라는 생각을 인식한다면 그 인식 자체가 이미 신이라고 아우구스티누스는 말했다. 신을 믿는 것과 신을 의심하는 것 모두 이미 신을 전제로 하고 있다는 것이다.

나아가 이 현전의 밀착성과 즉각성에는 주체, 객체라는 이원성이 없다. 이 즉각적 현전에서 뒤로 물러서서 그것을 볼 수는 없다. 만일 그렇게 한다면 그것은 또 다른 대상을 본 것일 뿐, 그 보는 일이 일어나는 즉각성은 아니다. 신은 자기와 세계에 대한 궁극적인 선험prius이다. "신은 혼 안에서 보인다. 주체성과 객체성으로 분할되기 이전에 인간의 중심에 신이 존재한다. 신은 존재하는지 안 하는지를 논할 수 있는 낯선 존재가 아니라, 오히려 우리 자신의 선험적a priori 존재다. 신 안에서 주체와 객체의 분리, 객체를 알려고 하는 주체의 욕망이 극복된다. 그곳에 주/객의 간극은 없다. 주체가 자신에게 있는 것보다 신은 주체에게 더 가까이 있다."[18] 아우구스티누스에게 신이란 당신이 무언가를 알기 이전에 알고 있는 것이다. 모든 것이 그것에 의존하고 있기에 실제로 결코 의심할 수 없는 것, 그것이 신이다.

만물의 기저일 뿐만 아니라 우리 자신의 즉각적이고 근본적인 인식의 기저로서의 신, 이것이 아우구스티누스가 말하는 신이다. 동양의 여러 전통과 얼마나 유사한가! "평상심이 곧 도다"(무문관). 선에서 평상심이란 어떤 노력이나 이원성도 없는 단지 즉각성이 머물러 있는 마음을 의미한다. 티베트불교에서는 궁극의 법신Dharmakaya을 리파Rigpa라고 부른다. 리파란 주체와 객체 이전에 현전해 있는 즉각적 인식의 명료성을 말한다. 앞에서 이미 라마나Ramana가 진아the Self 없이 존재하는 것은 불가능하다고 말한 것에 대해 논한 적이 있다. 만일 당신이 근원적인 참자기를 찾지 못했다거나 보지 못했다고 생각한다면, 그 인식에는 이미 하지 못했다고 생각하는 참자기를 가정하고 있는 것이다. 이들 전통에서는 당신이 불성을 갖고 있지만 그것을 알지 못할 뿐이라고 말하지 않는다. 당신은 그것을 알고 있지만 인정하지 않을 뿐이라고 말한다.

내가 말했던[19] 이 서양의 베단타는 다양한 형식을 취하면서 아우구스티누스에서 데카르트, 스피노자, 버클리, 칸트, 피히테, 셸링, 헤겔, 후설, 하이데거, 사르트르 등으로 이어졌다. 기본적인 인식, 즉각적인 의식은 우리가 갖고 있는 것이자 또한 우리가 갖고 있는 전부다. 그 밖의 모든 것은 현상적(칸트)이거나 연역적(데카르트), 외면적(스피노자), 이중으로 격리된(후설, 사르트르) 것들이다. 기본적인 인식으로서의 영은 증명될 필요가 있는 것이 아니라, 의심의 존재조차 언제나 그것의 기저로 전제되는 것이다. 따라서 영(또는 의식, 순수에고, 초월적 자기, 기저 개방성)은 알아채기 어려운 것이 아니라, 오히려 회피하는 것이 불가능한 것이다.

우리는 발달의 매 단계가 내면으로—그리고—너머로 가는 것임을 이미 보았다. 이것은 분명히 아우구스티누스도 발견했던 것이다. 그는 그것을 대단히 심오하고 설득력 있게 진술했다. 찰스 테일러Charles Taylor에 의하면, 이 '내면성inwardness'이라는 관념은 문자 그대로 전 문명의 색조를 결정했다. 틸리히나 테일러 같은 신중하고 냉정한 학자들조차도 그가 이룬 것에 대해 솔직히 경탄해 마지 않았다. 틸리히는 "아우구스티누스는 다른 누구보다도 서양을 대표한다. 그는 서양이 말해야 할 모든 것의 기반을 닦아 놓았다."라고 말했다.[20]

이 내면으로—그리고—너머로 가는 것에 관해서 아우구스티누스는 플로티노스의 논점을 받아들였다. 즉, 내면이 외면을 초월하면서 포괄하며 내면 자체가 일자로 용해한다는 발달의 길이다. 길슨Gilson이 요약한 것처럼, 아우구스티누스의 길은 '외면에서 내면으로, 그런 다음 내면에서 우월'로 이끌어 가는 것이다. 테일러는 그것을, "내면을 향해 가는 것은… 나를 초월로 안내한다."라고 말했다.

이것은 역사에 심대한 영향을 미쳤는데, 그 이유는 플로티노스가 제시한(그리고 플라톤이 암시했던) 내면성interiority이라는 관념을 취했으며, 그것을 완전히 무대의 중심에 놓았기 때문이다. 궁극의 실재에 이르는 길은 외부가 아니라 내부에 있다는 것이다. 이성에서 출발하여 이성의 기반에 있는 기본적인 즉각성에 이를 때까지 이성의 내부로 들어간다. 그러면 그 즉각성이 나를 이성 너머에 있는 온우주의 기저로 데려다준다. 그렇게 해서 마침내 진리는 궁극적으로 내 안이나 내부에 있게 된다. 이기적으로 내 안에 폐쇄되는 것이 아니라, 전적으로 나를 초월해 있게 된다. 마음 속 깊은 현전이라는 기저는 나를 넘어 만물의 무시간이자 영원한 존재에 개방시켜 준다. 나는 나의 내부로 들어가서, 마침내 나로부터 자유로워진다. 오직 그것만이 나라는 속박으로부터의 무시간적 해방이다.

테일러는 이 새로운 내부의 강조를 '근본적 내성성radical reflexivity'이라고 불렀다. 그는 "근본적 내성성이라는 내면성을 도입하고 그것을 서양에 전해 준 것은 아우구스티누스였다고 해도 과언은 아니다."라고 말했다.[21] 그뿐 아니라 테일러는 근대성과 탈근대성에 이르기까지 서구 문명의 특징인 '내면성' 또는 '근본적 내성성'의 세 가지 주요 측면(즉, 자기-통제, 자기-표현, 자기-책임)의 근원을 추적해서, 결국 그 세 길 모두가 (플로티노스에 기반을 둔) 아우구스티누스에 이른다는 것을 발견해 냈다.

이 근본적 내성성은 (동양에서 그랬던 것처럼) 서양에서 매우 커다란 역할을 담당했다. 그것은 비록 왜곡된 형태일지라도 어떤 진실을 말하고 있기 때문이다. 즉, 우월은 내면을 통과해서 놓여 있으며, 초월은 내부를 통과해 놓여 있다는 진실이다. 계몽주의는 이 '내부로 향해' 가는 일을 지속했지만, 초월은 잊고 말았다. 떨어져 나온 계몽주의 자아는 (방향을 돌려) 내부로 들어갔지만, 자신이 들어설 여지가 없었던 전일론적 평원세계에 무력하게 매달린 채 그곳에 붙잡히고 말았다. 내부와 초월이 아니라 내부와 자폐였다. 푸코는 그것을 "자신의 내부에서 폐쇄된 지식"이라고 불렀다. 여기에는 자기를 '전일적 우주'에 다시 결합시킬 방법이 없었다. 외면적인 것들로 꽉 짜인 그 우주는 당연히 내면을 배제했기 때문이다(온우주가 물질적 우주론 또는 미묘한 환원주의로 붕괴되었다).

그러나 이러한 폐쇄된 지식, 내부로 들어가 그곳에 머물러 버린 지식, 그런 다음 전적으로 꽉 짜인 시스템 용어로 외부 세계를 기술하는 지식, 이것은 아우구스티누스에게는 진실이 아니라 악이었다. "악이란 이 내성성이 스스로에게 갇혀 버린 경우를 말한다."[22] 내부로 들어가 그곳에 틀어박힌 것이다. 이곳에는 우월에 도달할 길이 전혀 없었다. 내면은 이 꽉 짜인 외면의 질서 속에서는 제외되었으며, 그로 인해 남아 있는 것이라고는 조화로운 시스템의 그림자들과 모든 심도를 서로 짜인 표면으로 바꿔치기한 멋진 그물망뿐이었기 때문이다.

그러나 아우구스티누스의 즉각적인 영향은 이와는 전혀 반대 방향에 있었다. 계몽주의가 내면에서 길을 잃고 외면 이외에는 아무것도 없다는 데 사로잡혔다면, 르네상스에 이르기까지의 아우구스티누스의 영향은 초월에 도달하는 것에 있었으며 외면의 것을 전적으로 경시하고 망각하고 무시하는 데 있었다. "진실은 인간 혼의 내면에서만 발견할 수 있기 때문에 물리학은 궁극적인 진리에는 쓸모가 없다."[23]

이 말은 어떤 의미에선 정말로 그렇다고 할 수 있는 것이기에, 아우구스티누스의 이원론적인 유산이 아무도 모르게 그곳에 살며시 기어들었다. 아우구스티누스에게 있어서 물리학/과학의 하강세계와 혼의 상승세계는 모두 하나의 세계로 통합되는 구성요소였다. 물리학의 연구를 통해서는 결코 혼이나 영에 도달할 수 없다는 것은 분명하다(실제로 그것은 우리로 하여금 혼을 눈 멀게 할 것이다). 그렇긴 하지만 물리학은 눈으로 볼 수 있고 감각으로 파악 가능한 신의 일부이기도 하다.

아우구스티누스는 결코 존재론적 이원론자는 아니었다. 하지만 그는 우리에게 잔혹한 선택을 제시했다. "모든 사람은 그가 사랑하는 그것이 되기 마련이다. 그대는 대지를 사랑하는가? 그대는 대지가 될 것이다. 그대는 신을 사랑하는가? 그렇다면 나는 말한다. 그대는 신이 될 것이다."

그러나 양쪽 모두일 수 있는 길은 없는 것일까?

플로티노스에게서처럼 『바가바드 기타Bhagavad Gita』의 저자에게 있어서도, 그 책에서 노래하는 것과 같이 "이 대지, 이 세계조차도 일자의 비전 속에 마음을 확립한 사람들에 의해 변용된다". 플로티노스(와 대부분의 비이원적 동양 전통)에 있어서 우선 사람은 대지에, 가이아에 열중한 채, 외면세계에 연결된 채 시작한다(자아중심, 생물중심, 지구중심). 그런 다음은 내면을 발견하고, 가이아를 초월하여 천국(혼, 영)에 몰두한다. 그런 다음엔 분리된 자기를 완전히 해소시키고, 천국과 대지 모두를 똑같이 신성의 영광스러운 빛으로 포용한다(이것이 요가 전통과 소승불교의 그노시스적·배타적인 상승이라는 이상을 폐기한 밀교/탄트라와 대승불교의 혁명이었을 것이다).

그러나 아우구스티누스는 이런 비전을 취할 수 없었다. 미래에 있을 신체의 재생이라는 교리적 신조가 그런 비전에 사실상 종지부를 찍었다. 미래에 있을 신체의 재생과 근본적으로 독특한 (반복 불가능한) 나사렛인의 각성은 이 몸, 이번 생, 이 대지에서의 혼의 최종적인 해방을 차단시켰다. 지금 이 순간의 즉각성 속에서 상승과 하강의 길을 함께 결합시키는 것은 더 이상 가능하지 않게 되었다. 사랑의 얼굴에 분할선이 새겨졌고, 당혹한 신은 이제 전혀 반대인 두 방향을 망연히 응시할 뿐이다.

최종적인 결과는 상승인가, 하강인가 하나를 선택하라는 것이었다. 두 길은 더 이상 합쳐질 수 없었다. 상승자와 하강자는 이후 역사적으로 각자 자신들의 분리된 길을 걷게 되었다.

간단히 말해, 아우구스티누스로 인해 '두 신' 사이의 긴장은 참기 어려운 것이 되었다는 것이다. 일부는 그가 십 년 이상 이원론적인 마니교와 함께했기 때문이라고 말하고, 일부는 그 자신의 영지주의 때문이라고 말하기도 한다. 그러나 무엇보다 아우구스티누스는 '하나님의 독생자'라는 교회의 교리를 단호하게 수용했기 때문에 진정한 상승은 이 몸, 이번 생, 이 대지에서는 일어날 수 없다고 느꼈다. 신에 대한 신비적 각성은 괜찮지만, 이 지상에서 이 몸으로 최종적으로 해방되는 것은 안 된다는 것이다.

플로티노스에게 있어서 '상승'은 장소의 변화나 소재의 변화 또는 '차안의 세계'에서 다른 세계로 변화하는 것을 의미하지 않는다. 상승은 지각의 변화를 의미하며, 그렇게 해서 차안세계의 더욱더 많은 부분을 피안의 세계처럼 지각하게 된다. 완전한 신성으로 지각하는 **모든** 것 속에 오직 완전한 신성만이 존재할 때까지, 그때 '차안의 세계'와 '피안의 세계'는 전혀 부적절한 것이 되고, 상승과 하강의 길은 사랑스럽고 무선택적이고 비이원적인 지각이라는 한 행위 속에서 모두 만나게 된다.

아우구스티누스는 의심의 여지없는 영지를 갖고 있으면서도 이 세계가 단지 다음 세계를 위한 준비라는 자신의 이원론적 도그마를 떨쳐 버릴 수 없었다. 그는 지각의 변용에 의한 형태의 신성화가 아니라 미래에 있을 신체의 부활이라는 신화에 갇혀 있었다. 따라서 아우구스티누스의 열렬한 신봉자인 폴 틸리히조차 그의 관점을 다음과 같이 요약할 수 있었다. "한쪽에 하나님의 도시가 있고, 다른 쪽에는 대지 또는 악마의 도시가 있다."24) 이것은 영적 존재론이 아니라, 단지 신화적 분열에 지나지 않는다.

나는 이 이원론을 전적으로 아우구스티누스의 탓으로 돌리려는 것은 아니다. 그것은 그가 다른 이유 때문에 받아들이지 않을 수 없었던 세계관에 내재해 있는 신화적 분리다. 나는 만일 신화적 세계관과의 긴장이 없었다면 아우구스티누스만이 플로티노스 시스템을 계승할 수 있었던 최선의 인물이라고 말하고 싶다. 그러나 아우구스티누스의 열렬한 애호가와 비판가 모두 그의 시스템에서 이 불안정한 이원론, 그의 '타계적' 경향, 좌절된 상승과 상처받은 하강의 흔적을 지적한 바 있다.

만일 '아우구스티누스가 서양이 말해야 할 모든 것의 기반'이라면, 서양이 말해야 할 모든 것은 좌절된 상승, 영적 중절뿐이며, 따라서 어떤 진정한 하강도, 이 대지에서 이 몸을 갖고 이번 생에서 이룰 수 있는 진정한 신성화의 길도 없을 것이다.

분열된 신

러브조이는 이 분열의 관조적·경험적 성질(차안의 세계로의 하강과 피안의 세계로의 상승)을 이해하지는 못했지만, 그럼에도 불구하고 또 한번 실제로 일어났던 일, 즉 서양이 절대 양립 불가능한 두 신이라는 짐을 짊어지게 된 사태에 관해서는 완벽하게 보고했다.

> 한(쪽의) 신은 '상승'의 목적지였다. 그 신은 유한한 혼이 모든 피조물로부터 등을 돌리고 그곳에서만 휴식할 수 있는 불변의 완전성으로 돌아가는 상승의 최종 도달점으로서의 신이다. 또 하나의 신은 존재가 최저 수준에 이를 때까지 모든 가능성의 단계를 통해 흘러가는 하강 과정의 원천이자 생기를 불어넣는 에너지였다…….
>
> 다자에서 일자로의 귀환, 창조된 세계와의 대비를 통해서 정의되는 완전성의 탐구는 일자에서 다자로의 유출에서 자신을 현현하고, 다양성 속에서 기뻐하는 선성과 효과적으로 조화로울 수 있는 길이 전혀 없었다.[25]

일단 진정한 상승이 부정되자, 진정한 하강도 똑같이 상실되었다. 그리고 이 둘의 비밀스러운 결합은 엄중한 비밀로 감춰진 채 남게 되었다. 비관적인 상승자는 결코 도달할 수 없음이 보증된 타계적 목표를 완고하게 추구했다. 반면, 낙관적인 하강자는 찬양했지만 결코 경험할 수 없었던 원천에 의한 세속적 창조물을 경솔하게 껴안았다.

이렇게 해서, 앞서 내가 말했듯이 모든 점에서 서로 다른 두 신, 두 세계에 대한 자세가 만들어졌다. 이런 자세는 그저 '이론적'인 지향성에서의 차이만이 아니라(끊임없이 논쟁되긴 했지만), 패러다임으로서의 지시와 범례에서, 실천적인 생활 양식에서, 인간인 것의 의미와 '좋은 삶을 살기 위한 목표'라는 점에서도 철저하게 달랐다.

상승 프로그램은 모든 '피조물에 대한 집착'에서 멀어질 것을 요구했다. 그것은 금욕을, 때로는 고행을 추천한다. 언제나 그 관심과 주의가 감각, 신체, 대지, 무엇보다도 섹스(따라서 여성)에서 멀어지는 쪽을 지향했다. 그러한 모든 것을 유혹 또는 그보다 훨씬 나쁜 것으로 보았다(모든 것이 '이론적으로는' 선의 창조물이긴 했지만). 그들 모두가 에로스(사랑)의 대상이 아니라, 포보스(공포)의 대상이 되었다.

이 '일자 전략'은 내성적이자 대단히 내향적인 것이었다. 그리고 어디서 출현하든 그것은 철저하게 현세에 대한 비관주의(철학에서든, 종교에서든 일자 전략의 핵심 특징 중 하나)와 세계에 대한 경멸을 가져왔다. "나의 왕국은 이 세상의 것이 아니다." "당신의 재물을 현세에 놓지 마라."가 그것의 특징이었다. 현세적인 추구는 궁극적으로 미혹한 자들을 위한 것이었으며, 그런 자들은 성사聖事, sacrament를 통해 선에 참여할 수는 있었지만 그 밖의 모든 점에서는 그림자 동굴 속에서 길을 잃은 자들이었다. 벽으로 둘러싸인 은둔 생활만이 유일하게 좋은 생활이었고, 그것만이 진정한 신의 모방으로 이끌 수 있는 유일한 삶이었다.

하강 프로그램은 전혀 반대의 신을 추구하면서 정반대 방향으로 이끌었다. 그것은 남녀 모두에게 어떤 유한한 방법으로 신의 창조적인 열정에 참여할 것을, 그리고 의식적으로 만물의 다양성, 우주의 풍요성과 충만성이 달성되는 과정에 협력할 것을 요구한다. 그것은 창조의 광휘를 바라보는 환희 속에서 또는 무한한 다양성의 세부를 즐겁게 추적하는 데에서 자신의 아름다운 비전을 찾았다. 그것은 활동적인 삶을 관조보다 위에 두었다. 그것은 전적으로 외향적이었으며 또한 언제나 자신의 낙관주의로, 즉 '끊임없이 반복해서 모든 가능한 세계 중에 이 세계가 최선의 것'이라고 보았다(즉, '모든 것은 신으로부터 곧바로 나온 것이며, 선성을 표현한다는 것을 의미한다.'라는 구절로 요약될 만한 낙관주의).[26]

이 전략에서는 신을 닮는 것에 대해 종종 예술가의 다양한 형식의 창조적 활동을 신성과 가장 닮은 인간의 생활 양식으로 보았다. 왜냐하면 예술가는 창조 과정에 참여하는데, 그 과정은 일자에서 다자의 영광을 방사하는 영의 초풍요성 및 유출 과정과 같거나 비슷하기 때문이다. 그러나 이 길은 끊임없이 아래쪽을 향해 가는 마수에 빠지는 길이었고, 밖으로 향해 나가도록 내몰리는 길이었다. 이 길에서 작용하는 것은 아가페가 아니라 타나토스다. 상위에 의한 하위의 받아들임이 아니라 그저 하위의 받아들임만 있을 뿐이고, 그것으로 끝난다. 모든 높이와 모든 깊이는 축소되고 평원화되고 균질화되고 절멸된다.

이 두 신은 이후 천 년 동안 (곧 알게 되겠지만 실은 오늘에 이르기까지) 서구인의 혼을 얻기 위해 서로 싸웠다. 두 신은 전혀 양립할 수 없었기 때문에 교회는 공식적으로 어느 한쪽을 선택하지 않을 수 없었다. 내세적인 삼위일체의 지배하에 있던 교회는, 물론 (좌절된) 상승의 길을 선택했다.

> 교회의 윤리적 가르침(적어도 완덕의 전통 신학에 있어서)을 결정짓고 또한 이후 르네상스에 이를 때까지 가톨릭과 신교를 불문하고 정통 신학에서 서구인의 사고를 지배한 인간 삶의 주 목적에 관한 가정을 생성한 것은 생성적인 선성(하강)이라는 관념이 아니라 선(상승)의 관념이었다. '상승'은 인간이 선한 것을 추구할 때 바라보아야 할 유일한 방향이었다……20)

신화적으로 상승된 신의 천 년에 걸친 지배는 그러한 것이었다. 그것에 대해서는 이 짧은 관찰 이외에 더 많은 말이 필요하지 않을 것 같다. 나는 그저 그것의 기원과 그것의 내적 구조 그리고 그것이 이룩한 것(좋은 것이 많았다.)과 그것이 산산조각 낸 것(똑같이 광범위했다.)을 제시하고 싶었을 뿐이다.

가장 흥미 있는 것은 르네상스와 함께 출발하여 계몽주의를 통과해 가면서 '거대한 역전'이라 부를 만한 일이 일어났다는 것이다. 갑자기, 그야말로 갑작스럽게 상승자는 퇴장하고 하강자가 입장했다. 이러한 갑작스러운 변천은 명백히 유럽 역사상 가장 피로 물든 인지적 변용이었다.

위대한 충만

다가올 하강자의 지배를 이해하기 위해선 플라톤/플로티노스의 비이원론적 시스템이 유출Efflux 또는 충만Plenitude이라는 하강의 길을 어떻게 보았는지 이해할 필요가 있다. 이 충만의 길은 방정식의 절반에 불과한 것이긴 하지만, "생물다양성은 좋은 것이다."라는 현대적인 말로 요약할 수 있을지도 모르겠다.

그저 생물다양성만은 아니다. 다양성 그 자체가 일자의 놀라운 초풍요성 또는 선성의 직접적인 증거였다. 따라서 다양성이 크면 클수록 선성도 커졌다.

앞으로 자세히 보겠지만, 내가 이 말을 강조하는 것은 이것이 하강자의 신을 이해하는 관건이기 때문이다(그 자체는 플로티노스의 신의 절반, 대단히 중요하지만 매우 부분적인 것에 지나지 않는다).

『티마이오스』(유출에 대한 서구의 성서)에서 플라톤은 일찍이, "세계가 부분적인 것에 지나지 않는 이데아와 닮은꼴로 만들어졌다고 생각해서는 안 된다고 주장했다. 왜냐하면 불완전한 것은 그것이 어떤 것이든 전부 아름답지 않기 때문이다. 우리는 오히려 세계를 모든 동물—모든 개체와 종—이 부분을 이루고 있는 완전한 전체 이미지라고 가정해야 한다. 우주의 패턴은 바로 이 세계가 우리와 눈으로 볼 수 있는 모든 피조물을 내포하고 있는 것처럼, 그 자체 내부에 지성에 의해서만 파악할 수 있는 만물의 형상을 포함하고 있기 때문이다."라고 언급했다. 이렇듯 창조적인 유출이란 볼 수 있는 하나의 살아 있는 지적 존재가 동일한 성질의 다른 모든 살아 있는 존재를 자신의 내부에 담고 있는 가장 완벽한 이 세계를 초래했다는 것이다. 플라톤이 현현우주를 '볼 수 있고 느낄 수 있는 신' '초유기체'라고 불렀던 이유는 바로 이 때문이다. 그는 "일체가 진정으로 전부이기 위해서는 우주가 완전하게 채워져야 한다."라고 말했다. 그렇게 해서 '볼 수 있는 신은 가장 위대하고 가장 공정한, 최상의 완벽한 신'이 되었다.[28]

이러한 관점에서 존재의 가능한 모든 존재 형식은 우리가 그것들을 좋은 것이거나 나쁜 것, 높은 것이거나 낮은 것, 더 좋은 것이거나 더 나쁜 것이라고 판단하든 말든 그 모든 것은 온우주의 통합적인 부분이며 필요한 부분들이다. 따라서 각각의 존재는 지금 있는 그대로의 모습으로 내재적 가치를 갖는다. 간단명료하게 말하면, 세계는 더 많은 것을 담고 있을수록 더 좋다는 것이다.

비이원적 비전을 이어받은 플로티노스는 우리가 그림에서 어떤 색이 '덜 예쁘다'고 판단해서 그 색을 지워 버리고 싶어 하는, 예술을 이해하지 못하는 사람과 같다고 말한다. 그렇게 하면 동시에 그림 전체가 파괴된다는 것을 알아차리지 못했다는 것이다. "어떤 것이든 그것을 제거하는 것은 전체의 아름다움을 훼손하는 일이 될 것이다. 그것은 전체라는 이유로 완전하기 때문이다." 따라서 어떤 것을 '열등한 존재'라고 생각해서 '우주에서 제거'하려고 하는 사람은 '신의 섭리 자체를 제거'하게 될 것이다. "만물을 생성해 내고 그들 나름의 존재 방식대로 다양화시키는 것이 신의 섭리의 본질이다."[29]라고 플로티노스는 말했다.

러브조이는 하강 흐름이 인정되는 곳이라면 그곳이 어디든—충만 원리라는 이름하에—언제나 다음과 같은 형태를 취하고 있음을 보여 주었다. 일자의 선성은 부분의 다양성으로 반영된다. 다양성이 커질수록 선성도 더 커진다. 다양성의 극대화, 이 것이 충만의 원리가 추구하는 것이다.

우리는 다음 장에서 이 충만의 원리가 근대의 발흥에 가져다준 놀라운 영향을 보게 될 것이다. 그 영향은 과학, 정치, 윤리 등 다방면에 이른다(그것은 다문화주의자에서 생태철학자에 이르는 이론가들에 의해서도 큰 소리로 반향되고 있지만, 그들 대부분은 자신들의 철학적 기원에 관해서는 알고 있는 것 같지 않다).

다시 한번, 충만(또는 유출)을 요약하는 가장 좋은 방법은 다양성이 그저 우리 인간을 위해 좋은 것이라는 매우 지구중심적·인간중심적·자아중심적인 자세로 끝나는 정도가 아니라, 다양성 자체가 인간과 관계가 있든 없든 일자의 선성 자체라고 말하는 것이다. 이것이 플로티노스가 그노시스파에 대하여 철저하게 비판한 내용의 일부였다. 그노시스파는 인간을 존재 단계의 정점으로 보고, 사실상 나머지 단계를 무시했으며 가치를 평가절하했다. 따라서 그들은 '태양이 신성이고, 지구도 신성이며, 모든 형식의 존재가 신성임'을 볼 수 없었다.

앞서 말했듯이, 이러한 인식은 플로티노스의 근본적으로 탈중심적이고 비인간중심적인 자세에서 비롯된 것이었다. 그는 생물다양성이라는 생각이 인간을 위해 좋은 것이기 때문에 또는 인간 존재가 그것에 의존하기 때문에(그는 그것을 알고 있었다.) 또는 집 밖으로 나와 야생을 경험하는 것이 멋지기 때문에 개발한 것은 아니었다. 플로티노스에게 있어서 그런 것들은 모두 철저하게 인간중심적인 자세였고, 그저 남녀 인간의 에고에만 기여할 뿐 만물에 내재해 있는 신성에는 조금도 기여하는 것이 없었다.

상승 쪽에 대해서 플로티노스는 이렇게 말했다. 우리가 상승을 계속하면서 만물에 **평등하게** 현전해 있는 무형의 일자를 발견하지 못하는 한, 세계는 참으로 존재의 거대한 홀라키처럼 보인다. 그것은 우리 자신의 무지로 인해 최하위에서 최상위에 이르기까지 자리 잡고 있는 단계들이다. 그것은 던져 버리기 전에 먼저 완전히 올라서지 않으면 안 되는 단계 또는 사다리다. 오르지 않고 던져 버린 사람은 하강자, 빛을 못 보고 그림자만을 숭배하는 동굴 속의 주민에 지나지 않는다.

존재의(외견상의apparent) 대홀라키 또는 대사슬의 핵심이 한마디로 요약되었다. "자연에는 간극gap이 없다."가 그것이다. 최하위에서 최상위에 이르기까지 존재에는 (외견상의) 단계가 있긴 하지만, 각각은 '가능한 한 차이가 최소가 되는 식으로'(아리스토텔레스) 다음 단계로 조금씩 변해 간다. 대사슬을 구성하는 '고리links'에는 빈틈이 있을 수 없다. 빈틈이 있다면 우주는 '가득 차지' 않을 것이고, 다양성 속에서 환희하는 형상들로 **충만한** 공간을 표현하지 못할 것이다.

우주는 영의 선성을 표현한 것으로서 완전히 '가득 차' 있는 거대한 홀라키였기 때문에 각 '수준' 또는 '단계'는 상위 및 하위 차원 모두와 완전히 연속된 것이었다. (아리스토텔레스는 말했다. "사물은 그것들이 중첩하고 공동으로 소유하는 동일한 한계가 있을 때마다 연속해 있다고 말할 수 있다.") 우주에는 간극도, 빈 구멍도, 잃어버린 고리도 없었다. 온우주는 선성이라는 견고하게 짜인 하나의 직물이었다.

"어떤 주어진 두 개의 자연 종種 사이에 이론적으로 가능한 중간형이 있다면 그 중간형은 반드시 발견될 것이다. 그런 식으로 무한히 계속될 것이다. 그렇지 않다면 우주에 간극이 있게 될 것이고, 창조는 원래 그래야 하는 만큼 '충만'하지 않을 것이며, 이것은 『티마이오스』에서 말하는 의미에서 볼 때 원천이 '선'이 아니었음을 의미하게 될 것이다."30) 그러나 이것도 러브조이가 추측하는 것처럼 논리적인 연역이 아니라, 초충만성이 마치 물처럼 마른 곳이라곤 한 곳도 남기지 않고 구석구석 흘러 들어가는 것을 관조적으로 경험한 결과다. 그러므로 "자연에 간극은 없다."가 된다.

동시에 이것은 "자연은 모든 곳에서 도약한다."라는 것을 볼 수 없도록 플로티노스(와 그의 비이원적인 후계자)를 가로막지도 않았다. 아리스토텔레스에 의해 정의된 상위 수준이란 하위의 본질 플러스 그 밖의 (창발한) 어떤 것이었다. 여기서 창발한 어떤 것이란 하위 차원에는 현전해 있지 않던 새로운 수준으로 정의된다. 그러나 그 생각은 두 수준이 어느 지점에선가 경계를 공유한다는 것, 그러므로 우주의 모든 곳에 연속하는 단계가 있긴 하지만 근본적으로는 단절된 것이 전혀 없다는 것이었다. "간극은 없다."와 "모든 곳에서 도약한다."라는 관점 중 어느 한쪽을 취하더라도 그것은 균형 잡히지 않은 관점이 되고 말 것이다.[31]

현현우주는 모두 거대한 유기적 전체성이라고 보았다. 그것이 최종적인 결론이었다. 그것은 다양성 수준이라는 점에서는 연속하는 단계이지만, 그 모든 것 하나하나는 온우주에서 통합적인 고리였다. "우주의 단편성은 본질적으로 그 안에 있는 자연이 다양성에 비례해서 획득된다"(성 토마스). 참으로 대홀라키로 인해 현현세계는 끊긴 곳 없이 하나였다. 중세 말기 비이원 전통의 위대한 대표자 중 한 사람인 니콜라스 쿠자누스는 이렇게 말했다.

> 만물은 아무리 다르더라도 서로 연결되어 있다. 사물의 속 개념genera 속에는 상위의 것과 하위의 것이 어떤 공통점에서 만나는 접점 같은 것이 있다. 그렇게 해서 한 속의 최상위 종이 그다음 속의 최하위와 접속하는 종 간의 질서를 획득한다. 그렇기에 우주는 완전하고 연속적인 하나가 된다.[32]

충만의 원리는 모든 것이 한꺼번에 무대에 등장할 수는 없기에 외견상 연속적 단계로 자신을 표현한다. 그러나 단계는 '가득 차' 있고, 연속적이며, 끊긴 곳이 없다. 그리고 인간은 무한히 연속된 계층에서 한 층을 점하고 있는 데 지나지 않는다. 많은 생태학자가 불쾌하게 생각한 것처럼, 남녀 인간을 온우주의 중심에 놓는 것과는 달리 홀라키라는 관념은 실제로 그들의 위치가 얼마나 하찮은 것인가를 예리하게 깨닫게 했다. 이미 12세기에 마이모니데스Maimonides는 다음과 같이 썼다(슈마허Schumacher가 대홀라키를 칭찬하면서 자신의 책에 신중히 같은 제목을 붙였던 『당혹해하는 자를 위한 지침서The Guide for the Perplexed』에서).[33]

항성들의 천구에 비해 볼 때 지구가 하나의 점 정도의 크기에 지나지 않는다면,

창조된 우주 전체에 비해 인간 종의 비율은 얼마나 되겠는가? 그렇다면 이런 천구와 우주가 어떻게 인간을 위해 존재하고, 인간에게 봉사하기 위해 존재한다고 생각할 수 있겠는가?

이미 보았듯이, 이 모든 근본적인 비인간중심주의는 정말로 근본적으로 **탈중심화**된 비이원 신비주의의 본질에서 유래했다. 그렇기에 조르다노 브루노는 이렇게 솔직하게 진술할 수 있었을 것이다. "인간이라는 것만으로 무한한 것에 더 가까이 있다고 생각하는 것은 잘못이다. 인간이라는 것만으로는 개미인 것과 다르지 않다. 마찬가지로, 항성도 인간보다 무한한 것에 더 가까이 있지 않다."[34] 또한 이런 생각으로 인해서 브루노는 "무형의 탁월한 신은 유형이라는 방식으로 자신을 현현시킬 필요가 있는 무수한 등급의 완전성 때문에 우리의 신성한 어머니이신 대지가 하나인 것처럼 그곳에는 무한의 개체가 있음에 틀림없다."[35] 라고 인식할 수 있었을 것이다.

이런 생각은 교회와 잘 맞지 않았다. 교회는 개미와 인간을 등거리에 놓는 신을 마음에 들어 하지 않았고, 모성Motherhood도 이미 아주 다른 곳에 놓아두었다. 그러나 중요한 점은 러브조이가 전문적으로 요약한 것처럼 다음과 같은 것이었다.

어떤 피조물도 그 계층(대홀라키)에서 단지 자신보다 윗단계 피조물의 복지를 위한 도구로 존재하지 않았다. 각각의 피조물에는 독립된 존재 이유가 있었다. 최종적으로 어떤 것도 다른 것보다 더 중요하지 않았다(궁극적으로 플로티노스가 말한 것처럼, 모든 것은 충실하게 일자였으며 단계는 외견상 그런 것처럼 보일 뿐이다). 따라서 모든 것은 각각에 대한 경의와 배려, 자신의 삶을 살 권리와 그 위치에서 '특권과 권리'를 즐기고 그 기능을 완수하는 데 필요한 모든 것의 소유권을 주장할 수 있었다. 존재의 사슬에서 각각의 고리는 단지 일차적으로 다른 고리의 이익을 위해 존재하는 것이 아니라, 자신을 위해 존재한다. 따라서 어떤 종의 진정한 존재 이유raison d'etre는 결코 다른 존재를 위한 유용성에서 찾을 수 있는 것이 아니었다.[36]

이렇게 해서 플라톤/플로티노스 시스템의 하강 측면(물론 이와 동등한 위치에 있는 상승 측면과 균형을 이루고 통합되어 있다.)에서는 다음과 같은 것들을 모두 볼 수 있었다. 즉, 근본적으로 탈중심적인 비전, 철저할 정도의 비인간중심성, 잃어버린 고리나 간극은 없지만 공통 경계에서 창발하는 존재의 외견상의 계층, 창조 과정의 복잡한 성질에서의 즐거움과 생물다양성의 필요성, 영의 창조적 선성의 열정에 충실히 참여하려는 욕망, '일자의 선성'으로서의 다양성에 대한 환희로 가득 찬 포옹 그리고 '신성한 대모', 우리의 '눈으로 보고 느낄 수 있는 신'으로서의 대지와 모든 피조물에 대한 축복이 그것이다.

이것이 대체로 아우구스티누스 시대로부터 코페르니쿠스에 이르기까지 비현세적인 삼위일체의 지배하에서 경시되고 억압되었던 진실의 절반이다. 이 모든 관념은 그 시대의 배타적인 상승 이상ideal이라는 무거운 짐 아래 감춰져 있었지만, 당장이라도 폭발할 것처럼 부글부글 끓고 있었다.

상승자가 르네상스 시대까지 무대를 지배했었던 것과는 달리, 하강의 길을 해방시키는 데 결정적으로 필요한 것은 의식에서의 변화뿐이었다. 천 년에 걸친 유폐로부터 분출해 나온 하강의 길은 창조적인 격정을 무대 위에 작열시켰다. 그것은 불과 수세기 만에 서양세계 전체를 완전히 바꿔 놓았다. 그리고 그 과정에서 이미 분열된 신을 또 하나의 분열된 신으로 바꿔 놓았다.

11

멋진 신세계

낡고 고색창연한 편견과 의견의 행렬과 함께 고착되고 급속히 고정된 단기간의 모든 관계
가 사라져 가고, 새로 형성된 모든 관계는 굳기도 전에 골동품이 되고 있다. 모든 견고한 것이
허공 속으로 사라져 가고, 모든 신성한 것은 세속화되고 있다. 이렇게 해서 인간은 마침내 제정
신으로 자신의 진정한 조건과 본래의 관계에 직면하도록 강요받고 있다.

—카를 하인리히 마르크스—

'근대성': 모든 견고한 것들이 허공 속으로 사라져 간다. 우리는 여전히 그 그
림자 속에서, 3세기 전에 해방된 강력한 흐름의 지배하에서 살아가고 있
다. 우리는 여전히 계몽주의 시대에 일어났던 사건으로 인해 심하게 요동친 온우주
에 우리 자신을 자리매김하려고 분투하면서, 여전히 일어난 일의 의미가 정확히 무
엇인지 의아해하면서 살아가고 있다.

그러나 이것만큼은 확실해 보인다. 즉, 르네상스로부터 계몽주의(그리고 오늘날)
에 이르기까지 상승자는 퇴장하고 하강자가 무대에 등장했다는 것이다.

이런 일을 촉진시킨 것은 광범위한 이성(형식적 조작)의 출현이었다. 이것은 (과거
에도 종종 일어났던 것처럼) 단지 소수 개인에게서만이 아니라, 사회 자체의 기본적인
조직원리로서 일어났다(과거에는 결코 일어난 적이 없었다). 이성은 실제로 신화로부
터의 실질적인 상승 또는 초월이었다. 그러나 천년에 걸친 (좌절된) 위쪽 바라보기

SEX, ECOLOGY, SPIRITUALITY

에 지친 이성은 그 대신에 현현세계의 영광에 눈을 돌렸고, 다양성의 경이와 불가사의에서 열정과 환희를 찾아내는 하강의 신의 뒤를 따랐다.

근대성: 좋은 소식吉報과 나쁜 소식凶報

(계몽주의 시대로부터 오늘날에 이르기까지) 근대성 운동은 아주 다른 두 가지 사조를 포함하고 있었으며, 지금도 포함하고 있다. 근대성과 우리 자신의 관계를 자리매김하려고 할 때, 그리고 근대성이 '길보'였는지 '흉보'였는지를 결정지으려 할 때에는 이 두 가지 사조를 분명히 염두에 둘 필요가 있다고 생각한다.

근대성을 규정한 첫 번째 사조는 "더 이상 신화는 그만!"이었다(계몽주의철학자들 역시 자신들의 의도를 표현할 때 이 말을 똑같이 사용했다). 증거를 구하는 합리적인 요구로 인해 계몽주의 심성은 신화적 세계의 폐쇄된 사회를 산산조각으로 폭파시켰으며, 그 문화적 세계 공간 역시 아주 확실하게 해체시켜 버렸다. 그들은 사사건건 이런 식으로 물었다. "모세가 홍해를 갈랐다는 증거는 어디에 있는가?" "성서에 그렇게 써 있기 때문에."라는 대답은 과거 천 년에 걸쳐 결코 반론되거나 의심할 수 없었던 대답이었지만, 이제는 아무도(즉, 계몽주의자라면 누구도) 납득시킬 수 없었다.

신화-멤버십 사회가 최초의 위대한 이성의 추진자(소크라테스-역자 주)에게 강제로 독약을 마시도록 한 지 2천여 년이 지난 이제 이성 지향 사회는 자신들의 신화적 선행자에게 복수를 개시했다.

신화적 지배 계층(신, 교황, 왕이 정점에 있고, 맨 밑에 이르기까지 예속 단계가 이어지는) 그리고 그것과 궤를 같이하는 사회 조직의 정치-종교적 형태는 종종 놀라우리만치 매우 빠른 속도로 해체되었다. 볼테르Voltaire는 "잔혹함을 기억하라!"라고 외쳤다. 미국의 혁명가들은 "자유 아니면 죽음을 달라!"라고 절규했다. 종종 잔혹하고 냉혈한 지배 계층이 모든 곳에서 와해되기 시작했다. 왜냐하면 이 지배 계층은 그 정점에 합당한 심도를 획득하지도, 그만한 자격을 갖추었거나 실제로 소유하지도 못했기 때문이다(그들이 사회 통합이라는 단계-특유의 과업에 아무리 많은 기여를 했다

하더라도).

앞서 본 것처럼, 역할 정체성에서 자아 정체성의 비교적 광범위한 출현(그리고 인습적·사회중심적 도덕성에서 후인습적·세계중심적 도덕성으로의 전환)은 (에로스 또는 온 우주의 자기초월 동인에 의해 구동된) 하나의 주요한 진화적 변용이자 초월이었다. 이 것은 다음과 같은 요구를 초래했다. (1) 시민법 앞에서 자유롭고 평등한 주체, (2) 도 덕적으로 자유로운 주체, (3) 민주국가의 시민으로서 정치적으로 자유로운 주체가 그것이다. '자유로운 주체'라고 말할 경우, 지배 위계 내부에 단단히 구속되었던 신 화-멤버십 역할에 비교하면 합리적 자아는 상대적으로 자율성(원칙 12d)이 크다는 것을 의미할 뿐이다 (하지만 합리적 자아는 자신의 '자율성'을 훨씬 더 절대적인 것으로 상 상한다). 그러나 그 자체의 성공과 실패를 포함해서 그 모든 것은 근대성의 전반적 인 '길보'의 일부, 즉 평균적 의식 양식에서의 진정한 변용이었다.

그러나 "더 이상 신화는 그만!"이라는 사조는 근대성을 규정하는 두 번째 사조인 "더 이상 상승은 그만!"을 의미하기도 했다. 신화는 전부 상승을 향한 희구였기 때문 에 "더 이상 상승은 그만!"이라는 사조는 더 이상 어떤 종류(좌절된 것이든 진정한 것 이든)의 상승을 향한 희구도 요구하지 않는 것처럼 보였다. 천 년 아니 2천 년에 걸 친 (좌절된) 상승 지향, 즉 '저 세상에서나 얻을 수 있는 극락세계에 대한' 동경에 진 절머리 난 이성이 신화적 목욕물과 함께 초월적 아기까지 내던져 버린 것도 무리는 아닐 것이다.

이러한 고차원 상승의 투하는 이제 합리성에 의해 인정된 증거를 요구하는 실증 주의positivism를 허용했으며, 때로는 요구되기조차 했다. 합리적 과학이 온우주의 모 든 사상을 관찰 가능한 경험적인 우측의 자연적 현상으로 제시할 수 있었기 때문에 더 이상 상위 또는 '형이상학적' 상태는 필요하지 않게 되었다(따라서 오컴Ockham 식으 로 말하자면, 일체 허용되지 않았다). 온우주의 모든 홀론은 실제로 우측 성분을 갖고 있기 때문에 경험적 과학은 정직하고 경험적인 성질만을 다루면서 마치 온우주 전 부를 다룬 것처럼 상상할 수 있었다.

그렇게 해서 온우주는 우측의 길로 붕괴되었다. 그리고 다차원적 홀라키를 대신 해서 평원적인 경험적 전체주의(소수의 평원적 원자론자를 포함해서)가 지도적인 패러다임(앞에서 기술했듯이, 근본적 계몽주의 패러다임)이 되었다. 신화적 구조에 내재하는 지배자 위계를 해체시킨 그 이성이 이번엔 동일한 도구를 사용해서 온우주 Kosmos를 우주cosmos로 축소시키고 말았다. 이 '평원'이야말로 '흉보'의 골자다.

근대성에 '길보적' 성질과 '흉보적' 성질을 부여한 것은 이들 두 가지 주요 사조였다("더 이상 신화는 그만!"과 "더 이상 상승은 그만!").

근대성이 시작할 때부터, 데카르트에서 칸트에 이르는 철학자들이 가져다준 변화의 초기부터 이 평원에 대한 신랄한 비판자가 많았다(그중 가장 눈에 띄고 격렬했던 인물은 헤겔이었다. 그에게 있어서 계몽주의 전체, 특히 칸트는 '오성의 허영'이자 '발달이 정지된 괴물'이었다). 니체로부터 바타유Bataille, 푸코에 이르기까지, 하이데거로부터 데리다, 리오타르Lyotard에 이르기까지 수많은 비판자가 공격을 계속했다. 오래 계속된 반근대주의자들 중 제일 뒤늦게 출현한 포스트모던 탈구조주의자들이 아마도 가장 시끄러운 비판자였을 것이다.

그러나 대부분의 비판자가 너무나도 자주 놓친 것은 근대성의 '길보·흉보적' 성질인데, 특히 조금이라도 '길보'적인 것은 전혀 보지 못했다(또는 무시했다). 하지만 결국 천안문 광장에 모인 학생들이 외쳤던 이름은 로크와 제퍼슨이었지, 푸코와 데리다는 아니었다.

찰스 테일러는 사태의 핵심을 정확하게 파악하고는 이렇게 말했다. "이 주제(근대성의 성질)에 관해 현재 유행하고 있는 이런저런 관점에는 만족할 수 없다. 어떤 관점은 너무 낙관적이어서 우리가 이미 높은 차원에 도달해 있는 것처럼 보고 있다. 다른 관점들은 몰락과 상실, 망각의 그림만을 보여 준다. 나에게는 어느 쪽도 옳은 것으로 보이지 않는다. 양쪽 모두 우리가 처해 있는 상황의 엄청나게 중요한 특징을 무시하고 있다. 나는 우리가 근대라는 시대를 특징짓는 위대함과 위험, 영광과 비참이라는 독특한 조합을 아직도 파악하지 못하고 있다고 생각한다. 근대의 정체성이 갖는 복잡성과 풍요로움을 충분히 본다는 것은, 첫째, 아무리 그것을 부인하려고 해도 우리 모두가 얼마나 그 안에 붙잡혀 있는지를 보는 것이며, 둘째, 우리가 그것에 대해 토론한 일면적인 판단이 얼마나 얕고 부분적인지를 아는 것이기도 하다."1)

테일러가 지적한 것처럼, 근대성을 둘러싼 논의는 엄청나게 풍요롭고 복잡한 주제다. 그렇기 때문에 이번 삼부작 중 제3권 『포스트/모던의 정신The Spirit of Post/Modern』에서는 전적으로 그 주제에 할애할 예정이다. 내가 이 장과 다음 장에서 하려는 것은 수많은 요인을 이 두 가지 폭넓은 사조로 요약하고 압축하는 일이다. 두 가지 사조란, "더 이상 신화는 그만!"(길보), 그리고 "더 이상 상승은 그만!"(흉보)을 말한다.[2]

전자는 말하자면, 한 단계 더 위로 올라선 것이었다. 신화-멤버십 사회에서 합리-자아 사회로 올라선 무게중심의 변화였다. 그것은 에로스에 의해 추진된 상승으로 가는 주요한 발걸음이었다. 무엇보다 중요한 것은 그것이 빅3Big Three(과학, 예술, 도덕성)의 분화를 가져다주었다는 것이다. 빅3의 분화는 자신들의 진리 주장을 실질적으로 관용과 상호 인정이라는 세계중심적이고 보편적인 다원주의로 전진시킬 가능성을 열어 주었다. 그런 분화는 앞으로 전진해 가는 에로스의 집합적인 진화적 발달이었지만, 그럼에도 불구하고 모든 발달 단계에서 그런 것처럼 자신의 수준으로는 해결할 수 없는 그 자체의 문제들을 초래하기도 했다(진보의 변증법).

그러나 이런 것과는 전혀 별개로, 그곳에는 하나의 분리된 분석 노선으로서 "더 이상의 상승은 그만!", 즉 "이성까지의 상승은 좋지만, 그 이상은 안 됨!"이라는 금지가 있었고, 이것은 흉보였다. 그것은 온우주를 일차원적이고 독백적인 물건으로 납작하게 평면화시켰을 뿐만 아니라, 이성 단계에서는 해결할 수 없는 딜레마를 유일하게 용해시킬 수 있는 더 깊고 더 넓은 발달 가능성도 봉쇄해 버렸다. 예컨대, 합리성이 마침내 빅3를 분화시켰고, 그렇게 해서 예술, 과학, 도덕성이 자신의 영역을 강화하고 도그마적인 방해 없이 자신의 탐구를 풍요롭게 해 나갈 수 있었다 해도, 비전-논리로 더 상승해 가지 못할 경우 빅3를 **통합**할 수 있는 길을 잃게 된다(셸링과 헤겔 모두 이 점을 지적했다). 그렇게 해서 빅3의 분화는 18세기가 끝나 갈 무렵 빅3의 분리로 변질되고 말았다(하버마스의 지적처럼). 나아가 이것이 빅3를 그것-언어라는 빅1으로 난폭하게 환원시키는 것을 허용했다. 그것은 표상과 생산 패러다임이라는 평원적·일차원적·독백적 시스템 이론으로서, 인간이든 동물이든 모든 생명 있는 존재의 심도를 무한히 평탄하고 색 바랜 시스템의 한 가닥 실로 축소시킨 악몽이었다.

그러므로 신화와 비교해 볼 때, 이성 자체는 내면의 심도 면에서 향상되었다 하더라도(형식적 조작은 구체적 조작을 초월하면서 포함한다.) **평원으로 제한된 이성**(우측·경험적 · 감각운동적 대상만 인정하는 이성)은 대부분의 신화가 인정했던 실재(예컨대, 신성한 영역)보다 못한 제약된 의식이다. "더 이상 상승은 그만!"이라는 어젠다하에서 이성은 고차원의 피안의 세계를 완전히 단념했다. 그리고는 감각으로 파악할 수 있는 것으로 스스로를 제약했다. 말하자면, 존재하는 것 중 가장 기본적이긴 하지만 가장 덜 중요한 홀론, 즉 외면적 · 감각운동적 · 경험적 대상들로 한정시켜 버렸다.

이것을 한 문장으로 표현하면, 근대성은 더 깊어진 주체를 더 얇아진 세계로 이끌었고, 그 결과 우리는 길보와 흉보 양쪽 모두를 갖게 되었다는 것이다.

이성의 시대

이 장에서는 길보를 다룰 것이다.

르네상스에서 계몽주의 시대에 이르기까지 다음의 이름들이 그 모든 것을 말해준다. 코페르니쿠스Copernicus, 케플러Kepler, 레오나르도 다 빈치Leonardo da Vinci, 보티첼리Botticeli, 미켈란젤로Michelangelo, 라파엘Raphael, 마키아벨리Machiavelli, 알렉산더 포프Alexander Pope, 에라스무스Erasmus, 프랜시스 베이컨Francis Bacon, 얀 반 아이크Jan van Eyck, 지오토Giotto, 셰익스피어Shakespeare, 아이작 뉴턴Isaac Newton, 존 로크John Locke, 고트홀트 에프라임 레싱Gotthold Ephraim Lessing, 데카르트Descartes, 스피노자Spinoza, 볼테르Voltaire, 라이프니츠Leibniz, 루소Rousseau, 디드로Diderot, 흄Hume, 칸트Kant, 토마스 페인Thomas Paine, 토마스 제퍼슨Thomas Jefferson.

이들이 공통적으로 갖고 있던 것은(전부 남자라는 사실은 제외하고, 이것은 다음 장에서 다룰 '흉보'의 일부다.) 방법과 정도에서 차이가 있긴 하지만 합리성에 의해 개시되고 창조된 가능성의 공간을 공유하고 있었다는 것이다(대문자 R로 표기한 이성Reason은 전문적으로 비전-논리 또는 변증법적 네트워크 이성을 말한다. 이는 단순한 형식 조작적 이성 또는 '오성the understanding'과는 대비된다. 그러나 역사가들이 '이성의 시대'라고 말할 때에는 앞에서 정의한 대로 형식 조작적 이성을 의미한다. 문맥에 따라 각 용법의 의미가 분명해지리라 생각한다).

'이성의 발현'과 '이성의 시대'는 그 이전에는 개인들이 합리성에 접근할 수 없었다는 것을 의미하는 것은 아니다. 앞에서 평균적 또는 전형적인 양식이 마술 단계에 있을 때조차 합리성 공간은 소수의 개인에게 접근 가능했다는 사실을 본 바 있다. 에크하르트, 테레사, 플라톤 같은 사람들은 합리성뿐만 아니라, 그것을 넘어 정묘와 원인 단계까지도 접근했었다.3)

오히려 '이성의 시대'는 '사회적 무게중심'—사회의 기본적인 조직원리—이 신화-합리구조에서 합리구조로 변화했을 정도로 이성의 공간에 대한 접근이 보편적이었음을 의미한다. 그것은 법과 정치, 사회제도 등 모든 분야에서 입증되었다. 물론 평균 양식보다 위에 있는 사람도 있었고 그보다 아래에 위치한 사람도 있긴 했지만, 이성은 기본적인 사회 조직원리가 되었고 평균적인 개인들에게는 실현 가능한 가장 높은 잠재력이 되었다.

결국엔 합리성(과 그것에 내재하는 한계와 중대한 문제)을 넘어서고 싶어 하겠지만, 먼저 이성이 무엇을 달성했는지, 그리고 이성의 단계 특정적 진화 과업이 무엇이었는지를 인식하는 것이 중요하다.

인간발달에서 어떤 수준을 초월할 수 있으려면 우선 그 단계를 충분히 존중하고 경의를 표해야만(따라서 포함/아가페를 허용해야만) 한다는 것이 내가 믿고 있는 하나의 중요한 진실이다. 그렇지 않을 경우, '발달'은 단지 선행 수준에 대한 반작용, 그 수준에 대항하는 반작용에 지나지 않게 되며, 그럴 경우 부정 에너지로 인해 그 수준에 사로잡히게 된다. 그것은 포보스이지 에로스가 아니다.

시저의 장례를 치르려면 먼저 그를 칭송하자. 이 장 앞에서 언급한 사람들의 이름을 보면 그들이 한 거의 모든 일, 그들이 달성한 모든 것이 결국 우리가 앞에서 이미 논했던 형식 조작적 의식의 다양한 특징과 부합한다는 것을 알 수 있을 것이다.

1. 합리성은 가설연역적 또는 실험적이다　　튀코 브라헤Tycho Brahe, 케플러, 갈릴레오, 뉴턴, 다윈, 샤르코, 켈빈: 합리성은 도그마나 신화가 아니라 증거와 논리적 추론을 요구한다(서양의 경우에는 화이트헤드가, 동양의 경우에는 니덤Needham이 지적했던 것처럼). 신비주의자와 새롭게 등장한 과학자들이 종종 교회(또는 겉으로 드러난 종

교)에 대항하여 제휴한 것은 신비주의와 과학 모두 실험적임과 동시에 증거에 기초하기 때문이다. 이성이 그 시대의 특징을 구성하는 다른 어떤 요소보다도 폐쇄된 신화세계를 더 이상 되돌릴 수 없고 취소할 수 없을 정도로 철저하게 때려 부쉈던 것은 증거의 요구였다. 한 번 짠 치약은 결코 치약 통에 다시 넣을 수 없었다.

실제로 관여되었던 복잡 미묘한 점들에 주목해 보자. 신화적 세계관이라 해서 아무 증거도 없는 그런 것은 아니었다. 도리어 그 증거는 그 자체의 세계 공간이 제공하는 확실성(과 도전 불가능성)에 기반을 두고 있었으며, 그 세계 공간에서는 **충분히 진실한** 것이었다.[4] 신화적 세계 공간 내부에도 증거들은 산더미처럼 넘쳐 났다. 신과 여신은 존재한다. ("그들이 존재하는지 어떻게 아는가?" "정신이 나갔구먼? 누가 비를 내려 준다고 생각하는가?" "주변에 있는 모든 피조물을 좀 보라고! 안 보여? 장님인가?") 신과 여신이 인간에게 언어를 주었다. 파라오pharaoh는 그 신들의 직계 자손이다. 그러므로 인간은 이 시간적 세계에서 신/여신의 대표자에게 충성을 맹세하는 것이다. 이에 대한 증거는 도처에 널려 있다. 그저 주변을 둘러보기만 하면 된다.

따라서 신화적 세계 공간은 반증성을 갖고 있지 않았다고 말하면 요점을 놓치게 된다. 신화적 세계 공간 내부에서의 어떤 해석은 해석자 공동체에 의해 실제로 거부될 수 있었으며, 그런 일은 수시로 일어났다. 신화적 세계 공간은 합리성의 반증에는 견뎌 낼 수 없었을 것이다(즉, 합리성이 개시한 증거 유형에는 반증이 가능하지 않았을 것이다). 그러나 그 증거는 그 당시에는 알 수 없었던 것이어서 특정 해석을 거부하는 이유가 되지 않았다(될 수 없었다). 그렇지만 신화적 세계 공간 내부에서 나쁜 해석은 신화적 세계 공간의 뉘앙스와 조화를 이루는 유능한 해석자 공동체에 의해 확실하게 거부되었다(그리고 그 공간 내에서 그들은 잘못되기보다 옳은 경우가 더 많았다). 이런 구조들은 어리석지 않았다(어떤 구조도 어리석지 않았다. 각각의 구조는 자신들만의 진정한 천재를 만들어 냈다). 오히려 각각의 구조는 그 구조가 알 수 있는 증거들을 매우 신중하게 검토했다.

바꿔 말하면, 모든 세계 공간의 해석학은 그 세계 공간이 제공하는 증거에 대해서만 반증성을 가지며, 그 이외의 증거에 대해서는 닫혀 있다는 것이다. 어떤 새로운 해석도 그 공간을 벗어날 수 없을 것이다. 오히려 발달적인 초월만이 창발을 통해서 돌연 새로운 심도와 폭넓은 지각을 개시해 줄 것이며, 그것들 자체가 과거의 상대적인 맹목성에 대한 심판권을 넘겨 줄 것이다. 낡은 전환을 부정하는 것은 변용이다. 전환 그 자체는 자신의 지평을 넘어선 것을 볼 수 없다(상대적으로 진실한 지평 내부에서의 나쁜 해석은 그 구조의 눈이 볼 수 있는, 그것도 아주 명백하게 볼 수 있는 증거에 의해 확실하게 반박될 수 있다).

마찬가지로, 이성도 자신의 증거만이 유일한 증거이자 명백하고 논쟁의 여지가 없는 증거라고 상상한다(즉, 신화구조 때와 마찬가지로 이성의 증거에도 '도전 불가능'이란 도장이 찍혀 있다는 것이다). 합리적 지평 역시 내부(이것도 구조적 세계 공간 내부를 의미한다.)에서의 나쁜 해석은 합리성으로 드러난 깊이를 볼 수 있는 눈을 가진 사람들로 이루어진 공동체에 의해 그 지평 내부로부터 확실하게 반박되거나 거부될 것이다. 초합리적 구조에서 나온 해석은 반박되지 않을 텐데, 그런 해석은 무엇보다 우선 눈에 띄지도 않을 것이고, "무슨 소리야, 너 미쳤니?"라는 상투적인 말만 듣게 될 것이기 때문이다(이 말은 반박이 아니라, 손을 떼는 퇴각이다).

그러나 합리성이 드러낸 증거는 분명히 신화적 의식구조와 지평이 드러낸 증거를 탈맥락화하고, 따라서 쓸모없는 것으로 만들 수 있었을 것이다(신화구조가 마술구조를 탈맥락화하고 쓸모없게 한 것과 똑같이). 그것은 위대하고 절대적인 진실이 허위를 타파하는 것이 아니라, 보다 큰 진실이 작은 진실을 폐기시키는 것이라고 할 수 있다(어떤 시대도 거짓으로 살지는 않는데, 그런 식으로는 생존할 수 없다). 낡은 증거를 탈맥락화하는 새로운 증거의 지평, 계몽주의 시대가 신화시대에 들여온 것은 이것이다.

계몽주의는 신화를 확실하게 탈맥락화시켰다. 우리는 신화적 세계 공간을 전적으로 당연한 것으로 보았던 증거들을 잊어버리는 경향이 있다. 갈릴레오가 목성의 위성을 발견했을 당시 널리 받아들여졌던 한 가지 '반박'은 이런 것이었다. "동물의 머리에는 7개의 창이 있다. 그 창으로부터 공기가 신체라는 예배소로 들어와 그것에게 빛을 주고, 따뜻하게 하고, 자양분을 준다. 이 소우주의 부분들은 어떤 것인가? 두 개의 콧구멍, 두 눈, 두 귀 그리고 입이다. 소우주와 마찬가지로 하늘에도 두 개의 좋은 별, 두 개의 좋지 않은 별, 두 개의 빛나는 별 그리고 어디에도 속하지 않고 무관심한 수성이 있다. 이것에서, 그리고 7개의 금속과 같은 자연 속에 있는 수많은 유사한 예에서 볼 때, 설명하려면 장황하지만 행성의 수는 필시 7개라고 추론할 수 있다."5)

이것은 신화적 세계 공간 내부에 대한 매우 훌륭하고 정확한 묘사다. 여기서는 그 심도에서 드러낸 대로 혼효적 전체syncretic wholes가 온우주에서의 상호 연결성의 성질을 규정한다. 합리성은 이 상호 연결성을 더 깊은 차원에서 설명할 수 있다. 따라서 더 많은 종류의 증거를 열거할 수도 있다. 하지만 합리성이라 해도 가능한 모든 세계의 최종적인 아르키메데스 점에서 작동하는 것은 아니다.

지금으로부터 천 년 후에 원자를 8차원으로부터 거대한 지성체로 들어가는 아주 미세한 입구라고 이해할 경우(아니면 현재 관점을 흔들어 충격을 줄 만한 어떤 발견이든 좋다.), 온우주가 '실제로' 어떤 모습일지에 대한 우리의 확고한 믿음은 그다지 똑똑하게 보이지 않을 것이다. 원자는 여전히 원자일 것이다(어떤 진실도 손실되지 않는다). 그러나 원자를 더 깊은 맥락에 설정할 경우, 그 맥락은 자신과 확신으로 가득 차서 갈릴레오를 공격했던 가여운 영혼의 어리석은 소리만큼이나 협소한 조망과 해석으로 보이게 할 것이다.

나의 요점은 매우 간단하다. 합리성이 드러내 보여 준 증거 유형들은 그 증거를 신화구조 전반에 적용했다는 것, 그러자 얕은 맥락은 더 깊은 개시에게 길을 내어 주었고, 고령의 고귀한 세계 공간은 낯선 새로운 풍경을 가로질러 점점 더 세차게 불어오는 바람 속에서 임종을 맞아 마지막 숨을 내쉬었다는 것이다.

2. 합리성은 대단히 반성적reflexive이고 내성적introspective이다 데카르트, 로크, 버클리, 흄, 칸트의 부단한 내성적 분석이 이를 증언한다(이들은 모두 아우구스티누스의 합리성과 근본적 반성성의 후계자다).

하나의 예로, 심리학 연구, 개인의 정신세계psyche에 대한 연구를 들어 보자. '심리학psychology'이라는 단어 자체는 프라이기우스가 1575년에 처음 사용할 때까지는 사용되지도 않았다. 그러나 16세기가 끝나 갈 무렵, 인간학anthropologia—인간성의 연구—은 심리학Psychologia과 생체학Somatologia이라는 두 부분으로 구성된 것으로 보는 견해가 일반적이었다. 이것은 그 당시에 마음과 신체(형식적 조작의 전형적인 산물)가 매우 명료하게 분화되었음을 반영한다. 심리학이라는 용어를 최초로 폭넓게 사용한 것은 라이프니츠의 후계자이자 칸트의 선행자인 크리스티안 폰 볼프Christian von Wolff의 『경험심리학Psychologia Empirica』(1731)과 『합리심리학Psychologia Rationalis』(1734) 같은 저술에서였다. 이 용어를 영국에서는 하틀리Hartley(1748)가, 프랑스에서는 보네Bonnet(1755)가 처음 사용했으며, 18세기가 끝나 갈 무렵에는 이 용어가 일반적으로 널리 사용되었다. 이것은 연구해야 할 새로운 실체의 출현을 반영하는데, 개인의 자아ego가 그것이다.

최초의 현대적 심리학 '학파'는 (영국에서) 데이비드 하틀리David Hartley, 존 스튜어트 밀John Stuart Mill, 알렉산더 베인Alexander Bain 등에 의한 연합주의학파associationist였으며, 최초의 실험적 접근은 베버Weber, 페흐너Fechner, 분트Wundt(독일에서) 그리고 티치너Titchener(영국에서)의 실험실 연구였다. 이 모든 일이 가능했던 것은 대체로 합리성이 개시한 구조적 세계 공간과 그 내성적 양식 때문이라는 것이 핵심이다.

3. 합리성은 다원적 조망을 파악한다(또는 다원주의로서의 보편성을 갖는다)   이 조망주의perspectivism, 다원주의pluralism는 정치이론에서 예술에 이르기까지 모든 분야에서 나타났다. 존 로크는 관용(또는 다른 조망과 관점의 수용, 단 타인을 비난하는 자들은 제외)에 관한 세 편의 논문을 썼는데, 누구도 타인의 '생명, 건강, 자유, 소유물'을 침해할 권리가 없다는 것이 그의 결론이었다. 이후 이 논문이 역사에 미친 영향은 헤아릴 수 없을 정도로 컸다.

매우 다르지만 관련성이 큰 예를 예술 분야에서 들자면, 원근법perspectivism은 실질적으로 15세기에 플로렌스(피렌체)에서 회화에 최초로 묘사되기 시작했고, 브루넬레스키Brunelleschi, 알베르티Alberti, 도나텔로Donatello, 레오나르도, 지오토 같은 이름과 연결되었다. 진 겝서는 이렇게 말했다. "전혀 새로운 공간 감각이 혼에서 세계 속으로 분출되기 시작했다. 원근법 덕분에 공간을 볼 수 있게 됐을 뿐만 아니라, 백주의 각성의식 속에서도 분명하게 드러났다. 인간은 이것에 의해 가시성visibility을 획득했다. 점진적인 조망의 획득은 이것이 르네상스인의 기본적인 관심사였지만, 세계 이미지를 확장하는 효과를 갖게 되었다……."[6] 이 '인간의 가시성'은 곧바로 다음 항목에 관련된다.

4. 합리성은 이전의 역할 정체성 대신 자아 정체성을 전면에 내세운다   도덕성은 단지 인습적·민족중심적·사회중심적(또는 신화-멤버십)일 뿐만 아니라 후인습적·세계중심적이기도 하다. 이제는 그럴 수 있다. 도덕적 판단은 자신의 비교적 자율적인 선택에 대해 책임을 져야 하는 개인에게 놓여 있다(합리성에 따라 살아갈 것을, 그리고 보편적 다원주의라는 세계중심적 공간에서 행동할 것을 선택할 수도 있고 안 할 수도 있다. 그러나 어느 쪽을 선택하든 비교적 자율적인 선택하에 놓여 있다).

그래서 **자율성**은 정말로 계몽주의의 위대하고 지속적인 주제(중 하나)가 되었다. 칸트는 그것을 사회적으로 주어진 규칙이나 교리에 의존하지 않고 스스로 생각하는 용기라고 규정했다(이것이 머지않아 평원적 전일론의 분리된 주체로서 역할을 하게 된다는 것은 다음 장에서 다룰 것이다).

앞에서 보았듯이, 정치이론(과 실천)에서 이것은 자율적 (행위) 주체로서의 남성(그리고 조금 뒤 여성도)이라는 개념을 초래했다. 그것은 시민법 앞에서의 자유롭고 평등한 주체, 도덕적으로 자유로운 주체, 정치적으로 자유로운 주체 또는 민주적인 시민을 의미했다.

이것은 예술 분야에서 최초로 그림을 그릴 실제 인간(자아 소유자)이 존재하게 되었음을 의미했다. 초상화가 시작된 것이다(얀 반 아이크가 그린 것 같은). 그리고 그림으로 묘사할 자아가 존재한다면 자아의, 자아에 의한, 자아에 대한 이야기도 가능해진다. 소설은 이렇게 해서 탄생했다.

5. 합리성은 생태적 또는 관계적이다   자율성과 더불어 계몽주의의 커다란 주제는 시스템의 조화였다. 이 조화는 '평화적'이거나 '충돌 없음'을 의미하는 것이 아니라, 실재의 '전체 시스템'은 시스템을 구성하는 개별 성분들이 겪을 수 있는 특별한 충돌과 부조화에도 불구하고 전체로서는 조화롭다는 것이다. 앞에서 보았듯이(그리고 다음 장에서 다시 보겠지만), 그것은 실재에 관한 철저한 시스템적 관점이었다. 그 관점에서는 개인의 모든 행운과 불운에도 불구하고, 진체성은 그 자체를 '자가조절'하고 있다. 그리고 이 시스템적 견해는 그것을 잘못 사용할 경우 고통받을 수 있긴 하지만, 신화를 넘어서 온우주의 상호 연결성에 관한 이해를 크게 진척시켰다. 그것은

혼효적 전체(7개의 구멍은 7개의 행성을 의미한다.)의 믿음을 홀론의 이해로 바꿔 놓았기 때문이다. 즉, 전체/부분인 홀론이 개개의 전체 또는 부분을 침범하지 않는 방식으로 상황에 맞게 자리매김된다는 이해로 바꿔 놓았기 때문이다.

(이 시스템적 관점이 온우주를 독백적 평원이라는 경험주의적인 전일론적 우주로 붕괴시키는 데 관여했다는 것은 별개의 문제이며 다음 장에서 다룰 '흉보'의 일부다. 그리고 이 전일론적 세계관이 역설적으로 생태 위기에 가장 큰 공헌자라는 것 역시 다음 장의 주제다.)

한편, 시스템적 사고가 만들어 낸 상호 관련성이 온갖 곳에서 대유행하고 있었다. 그것은 문자 그대로 도처에 있었다. 대륙과 섬을 막론하고 온 유럽에서 그것은 "맞아! 그래, 바로 이거야!Eureka"라는 외침과 함께 환영받았다. 우리는 그것을, 예컨대 애덤 스미스의 '보이지 않는 손'에서도 볼 수 있는데, 여기서는 개인들이 탐욕적인 방식으로 행동하더라도 전반적인 결과는 전체를 위해 선하고 이익이 된다는 것이다(그렇게 믿었다). 우리는 그것을 라이프니츠의 모든 모나드의 '예정적' 조화에서도 볼 수 있으며, 존 로크의 '상호 연결적 질서'라는 관념에서도 강력하게 그것을 볼 수 있다. 정치학에서 그것은 루소의 인민의 '일반 의지'라는 개념에서 가장 영향력 있게 나타났다. 그것은 만일 개개인이 각자의 이성에 기초하여 행동한다면, 모든 사람에게 이익이 될 만한 다수의 합의가 나타난다는 것이다. 이 일반 의지volonte generale 개념은 미국의 독립과 프랑스 혁명의 직접적인 선구체가 되었다. 그러나 "계몽주의철학자들은 모두 직접적이든 간접적이든, 명시적이든 암시적이든 이 조화라는 개념을 사용하고 있다."라는 것이 포인트다.[7] 그 모든 것은 '위대한 보편 시스템의 완전성'을 칭송하기 위해 사용되었다.

6. 합리성은 비인간중심적nonanthropocentric이다　코페르니쿠스, 다윈, 프로이트: 합리성/과학이 가져온 충격적인 탈중심화는 이제는 모르는 사람이 없을 정도로 잘 알려져 있다. 남녀 인간은 그 어마어마하게 거대한 존재의 사슬 중 하나의 고리에 지나지 않는다(이러한 것은 쿠자누스나 브루노, 플로티노스와 같은 이들에겐 언제나 명백한 것이었다. 그러나 우리가 지금 논의 중인 것은 합리성이 평균 양식에 가져다준 것과 골수의 신화 신봉자를 제외하고는 매우 일반적으로 수용되었던 관점이다).

다음 장에서 보겠지만, 이 비인간중심적인 자세는 너무나 강렬해서 때로는 사실 상 윤리가 완전히 정지될 정도였다. 사람들은 자신들이 완전히 무가치하다는 생각 으로 마비되었다. 자신의 불완전성에서 외면하는 것은 18세기의 가장 큰 죄, 즉 자 만pride으로 여겨졌다. 이렇게 해서 '불완전성에 의한 사려 분별-신중한 범용의 윤리 라고 기술될 수 있는'8) 도덕적 분위기가 출현했다. 그러나 이 모든 것은 이성이 자 신의 관점, 자신의 자아중심성을 옆으로 밀쳐 낼 수 있었다는 것, 타인의 눈으로 세 계를 볼 수 있게 되었다는 것, 전례 없는 방식으로 타인을 존중하고, 좋든 싫든 자신 의 존재할 권리에 대해 심각하게 묻기 시작했다는 사실의 직접적인 결과였다.

7. 합리성은 보다 깊은 감정과 보다 큰 열정이라는 새로운 공간을 초래한다   인지적으 로 모든 가능성을 상상할 수 있는 진정한 몽상가의 폭발적인 이상주의를 초래한다. 이 새로운 열정은—이성의 후인습적 도덕 능력이 현재의 상태를 가능한 미래라는 점 에서 비판할 수 있는 능력과 짝을 이룬—이 시대가 단지 이성의 시대만이 아니라 혁명의 시대였다는 것을 의미했다.

우리는 이 이성이 어떤 것이었는지 이해하지 않으면 안 된다. 그것은 (단지) 어 느 쪽이 더 유리한가에 따라 이걸 할까 저걸 할까를 결정하는 계산적인 이성을 말 하는 것이 아니다. 그것은 정의의 원칙(후인습적 도덕성)이라는 이름하에 인간 의 본질적인 선성을 혁명적이고 열정적으로 충분히 강조하는 것이었다. 혁명가 들은 봉건주의와 권위주의적인 교회에 대항해서 싸웠다. 그들은 실재의 선성 (또 는 조화)에 대한 열정적인 믿음을 갖고 있었으며, 인간의 마음이나 사회 변용에 의해 이 구조를 재구축할 수 있다고 확신했다. 따라서 우리는 그러한 이성을 혁 명적 이성뿐만 아니라 비판적 이성이라고 부를 수 있었다. 그것의 심도로 인해 이 비판적·혁명적 이성은 봉건 질서의 편견과 국가와 교회에 의한 인민의 타율 적heteronomous(사회중심적) 종속화를 극복했다. 그렇게 할 수 있었던 것은 그것이 (다원주의적 또는 후인습적) 진리와 정의라는 이름으로 말했기 때문이다. 계몽 주의철학자들은 대단히 열정적이었다. 그들은 (단지 이성의 가능성 중 하나일 뿐인) 실증주의자는 아니었다. 그들은 사실을 수집하는 일에는 흥미가 없었다. 그들은 그 열정을 위해 순교자가 되었다…….[9]

이 평등에 대한 특별한 열정은 이성이라는 정신권 공간에서만 볼 수 있다고 말해도 좋을 것이다. 그 결과가 바로 오늘날의 다원주의적 민주주의다. 그것은 관용에 대한 열정에 의해 만들어진 것이었다. 그 관용은 모든 시민이 언제나 그 원칙에 따라 살아갈 수는 없기 때문에 법적인 제도에 확고하게 새겨 놓았다. 또한 이 관용은 처음부터 언제나 순수한 세계시민과 세계적인 비전-논리의 창발을 향해 움직여 왔다. "나는 당신의 말에 반대하지만, 그런 말을 할 당신의 권리는 목숨을 걸고 지킬 것이다."라는 슬로건하에 미국과 프랑스에서 싸우다 죽은 수많은 남녀를 위해 우리는 깊은 경외와 찬미하는 마음을 간직해야만 할 것이다.

해방운동

언제나 그런 것처럼 이성의 광범위한 출현은 새로운 통합을 요구하는 새로운 분화를 의미했다. 우리는 이미 교회와 국가의 분리를 포함해서 몇 가지 새롭고 중요한 분화를 보았다. 빅3의 분화(잠시 후 다시 다룰 중요한 사항이다.)와 갈수록 점점 더 명확하게 된 정신권noosphere과 생물권biosphere의 분화가 그것이다.

가장 중요한 것으로, 이 정신권과 생물권의 분화는 분화differentiation가 지나쳐서 분리dissociation로 치달을 가능성이 있다는 것 그리고 그 분리가 매우 다양한 모습으로 나타날 수 있음을 의미했다. 무엇보다 생태 위기의 가능성이 출현했고, 그 위기의 가능성은 최근 들어 점점 더 심각한 현실이 되었다. 앞에서 기술했던 것처럼, 생태 위기는 정신권이 생물권을 부정, 소외, 분리하는 전 세계적인 집합적 신경증의 결과일 것이다.

생태철학자들은 생태 위기를 인간이 자신보다 큰 생물권의 일부에 지나지 않는다는 것을 인식하지 못한 결과라고 주장한다. 그러나 이것은 앞서 보았듯이 사태를 완전히 뒤집어 놓은 것으로서 부분이 어떻게 전체를 지배할 수 있는지조차 설명할 수 없는 주장이다. 그렇지 않다. 우리는 복합 개체로서의 인간은 생물권의 일부가 아니라는 것을 아주 분명하게 본 바 있다. 오히려 복합 개체로서의 인간의 일부가 생물권의 **부분**이며, 생물권 자체는 정신권의 부분이다(왜냐하면 정신권은 생물권을 초월하면서 포함하기 때문이다). 그리고 바로 그런 까닭으로 억압이 일어날 수 있고, 바로 그런 이유 때문에 정신권이 생물권을 분리할 수 있으며, 바로 그런 까닭으로 뿌리를 해치는 것이 가지의 죽음이기도 하다는 것을 의미한다.

그러나 그것 또한 (다음 장에서 다룰) '홍보'다. 이 시점에서는 그 홍보 대신 정신권과 생물권이 분화한 직접적인 결과, 즉 생물적 결정 요인은 더 이상 그때까지 역사에서 볼 수 있었던 만큼 강력한(종종 압도적인) 결정 요인이 아니었다는 것에 주목할 필요가 있다. 생물권에서는 힘이 곧 정의다. 생물권에서는 약육강식이 원칙이다. 생물권에서는 큰 물고기가 작은 물고기를 잡아먹는다. 생물권에서는 힘이 강한 자muscle가 지배한다. 또한 생물권에서는 수컷이 다른 수컷을 지배하고, 수컷이 암컷을 지배한다.

페미니스트와 정통파 연구자들 모두 현재까지 알려진 거의 모든 사회에서 양성 간의 힘은 매우 특정적이고 대단히 광범위한(거의 보편적인) 방식으로 비대칭적이었다는 데 동의하고 있다. 즉, 알려진 모든 사회를 비교적 '평등한'(남성과 여성이 공공 영역에서 대체로 동등한 힘을 공유한) 사회에서 남성 지배적(남성만이 공공 영역을 지배하는) 사회로 진행해 가는 하나의 연속선상에 배열할 수 있지만 그 역으로, 즉 여성이 공공/생산 영역을 지배하는 사회로 가는 일은 결코 없었다는 것이다.

바꿔 말하면, 대부분의 여성 사회(초기 원예농업 사회)는 여성이 지배했던 사회가 아니라, 대체로 여성이 공공/생산적 힘을 남성과 50퍼센트씩 나눠 갖던 사회였다. 그에 비해 '대부분의 남성' 사회(농경 사회)는 남성이 공공/생산적 권력을 거의 100퍼센트 장악했던 사회였다(사적/생식 영역은 여성에게 위임되었다).

자넷 채페츠Janet Chafetz, 리안 아이슬러Riane Eisler, 레이 블럼버그Rae Blumberg, 조이스 닐슨Joyce Nielsen 같은 연구자들이 지적했던 것처럼, 이런 구도에서 예외적인 사회는 알려진 바 없다. 그 구도는 남성과 여성 50퍼센트씩에서 100퍼센트 남성 지배로 옮겨 갔지만, 결코 100퍼센트 여성 지배로 가는 법은 없다. 여기에는 분명히 그 구도를 오직 한 방향(남녀 균형에서 남성 지배로 가지만, 결코 남녀 균형에서 여성 지배로 가지는 않는다고 하는)으로 가도록 하는 강력한 보편 요인이 작용하는 것으로 보인다. 거의 보편적으로 보이는 이런 요인들은 어떤 것일까?

"희소하고 가치 있는 사회적 자원에 접근하는 데 있어서 여성이 남성보다 우월한 곳이 아무 데도 없는 이유는 무엇일까?"라는 물음에 답하기 위해선 "관건이 되는 일련의 중대 변인을 보지 않으면 안 된다."라고 자넷 채페츠는 말했다.[10] "절대적으로 남성이 생식/사적 영역 활동에만 전문화된 곳은 어디에도(알려진 어떤 사회에도) 없으며, 하나의 집단으로서 여성이 전적으로 생산/공공 영역에 전문화된 곳도 없다. 달리 말해, 여성의 활동은 비생산적 역할에 전문화되든(이것은 열등한 지위를 초래한다.), 아니면 비교적 평등한 지위를 허용하는 두 영역으로 분할해서 종사했다." 바꿔 말해, 잘해야 50 대 50이었고, 그나마 그것도 곤경에 맞서 쟁취한 것이었다.

"이것은 '여성은 왜 공공/생산 분야 역할에는 절대로 전문화되지 않았는가?'라는 또 다른 의문을 낳는다. 이것은 (예외 없이) 불변적이기 때문에 하나 이상의 상수로 논리적으로 설명되어야만 할 텐데, 이 경우 제기된 의문에 답하는 데 몇 가지 생물적 요인이 도움이 될 것이다. 여성은 몸속에 아기를 잉태한 채 움직여야 하고 출산 후에도 젖을 먹여야 하는데, 이는 그들의 신체적 이동성을 제한한다. 이런 제약을 경감시킬 수는 있지만(출산율 감소 등을 통해), 결코 없앨 수는 없는 것이다. 실제로 거의 모든 인류 역사를 통해 대부분의 인간 사회에서 임신과 수유로 인한 그러한 제약은 줄어든 적이 없었다."

이 제약은 매우 크고 광범위한 결과를 초래했다. "이러한 생물적인 사실로 인해 대부분의 사회는 젖을 뗀 어린이의 양육도 여성이 맡는 쪽이 훨씬 더 효율적이라는 것을 알게 됐다. 즉, 편의주의에 기반을 두고 이러한 양육 역할은 생물적 기반의 수유현상을 넘어 확장되었다. 이 확장은 여성을 남성보다 집 가까운 곳에 있도록 제약하는 요인이 되었다. 그것은 나아가 여성의 역할을 가사에 보다 많이 종사하도록 하는, 예컨대 식사 준비나 소유물의 관리 유지와 같은 일로 확대되는 결과를 낳았다. 많은 사회에서 대부분의 생산적 활동이 집에서 멀리 떨어진 곳에서 이루어졌기 때문에, 여성의 이동성을 막는 이러한 족쇄는 여성이 생산적인 역할에 종사할 기회를 제한했다."

채페츠에 의하면, 이러한 본질적으로 보편적인 생물적 소여 조건이 어떤 사회든 여성이 공공/생산 영역의 100퍼센트를 지배하도록 향해 가지 못하고, 잘해야 50 대 50, 최악의 경우엔 100퍼센트 남성 지배로 향하게 된 원인의 일부다.

또한 남성의 공공/생산 영역의 지배라는 경향에 박차를 가한 것도, 마찬가지로 보편적으로 존재하는 남성 쪽의 불변적인 생물적 요인이다. '부가적인 생물적 요인'은 필경 남성의 육체적 힘에서의 우월성일 것이다. 많은 사회에서, 특히 산업사회 이전 사회에서 대부분의 생산 활동이 더 많은 육체적 힘을 필요로 했으며, 적어도 육체적 힘이 있는 쪽이 효율적이었다. 또다시 여성은 이러한 역할에서 경쟁하기에는 전반적으로 불리한 위치에 놓이게 된 것이다.

따라서 결론은 간단명료하다. "간단히 말해, 여성이 남성에 비해 우월한 지위를 갖지 못한 이유는 상대적으로 불리한 이동과/또는 육체적 힘의 조건을 감안했을 때 남성이 모든(또는 많은) 생산 역할을 독점하고, 여성은 최소한 몇 가지 가사 노동을 맡는 것이 좀 더 효율적이기 때문이었다. 따라서 집단으로서의 여성은 공공/생산 분야 역할에 종사하거나 독점하는 데 결코 자유롭지 못했다. 남성이 그러한 역할에 종사하고 독점하는 곳에서 남성은 여성에 비해 그 지위에 있어서 매우 우월했다(100퍼센트 남성 유리). 양성이 두 영역을 비교적 평등하게 나눠 갖는 경우, 남녀의 지위는 평등에 가깝다(거의 50 대 50). 집단으로서의 여성은 남성에 대해 크게 우월한 지위를 점하지 않았는데(결코 그런 방향으로 흘러가지 않았다.), 그 이유는 인간 종의 역사에서 여성은 스스로의 힘으로 사적/생식 영역 활동에서 결코 벗어날 수 없었기 때문이다."

채페츠의 전체이론(매우 포괄적인 이론으로서 나의 삼부작 제2권에서 상세하게 검토된다.)은 단지 생물적 요인(또는 '성적 구도에서의 강력한 보편 요인')에 기초해 있는 것만은 아니다. 이러한 생물적으로 정해진 소여 조건은 단지 배경적 불변 요인에 지나지 않는다. 그것을 배경으로 놓고 대단히 많은 다른 요인, 예컨대 기술 양식, 환경 위협, 가족구조, 생산 활동 유형, 인구 밀도, 노동 조직의 성질, 일과 가정의 분리 정도 등과 같은 변수들이 작용한다. 전체적으로 채페츠는 다양한 사회에서 남녀의 전반적인 '성차별적 지위'에 관여하는 십여 개 요인을 분리해 냈다.

그러나 정해진 생물적 불변 요인을 배경에 두고, 이 모든 요인이 어떤 사회가 비교적 평등한 방향으로 갈 것인지(50 대 50), 아니면 편의주의나 효율성이라는 이유 때문에 공공/생산 영역의 남성 지배적 방향으로 향해 갈 것인지에 영향을 미칠 것이다(그러나 결코 반대 방향으로 가지는 않을 것이다).

그런데 수많은 경험적 자료가 보여 주듯이 그 결론은 이러한 다른 변인들이 변경될 때마다, 즉 환경적 위협이나 재앙, 식료품의 결핍, 전쟁, 사회 불안, 강도 높은 스트레스가 있을 때마다 50 대 50이라는 균형은 어쩔 수 없이 와해되고, 남성의 육체적 강도/이동성이 유리하게 작용하면서 양성 간의 균형은 극적으로 양분되었다(남성이 공공/생산 역할을 지배하고, 여성은 사적/생식 영역을 주도하는 방향으로 양분되었다. 결코 그 반대 방향으로 변화되는 경우는 없었다).

그리고 양성의 역할이 극적으로 양극화될 경우, 가장 중요한 것은 남성과 여성 모두가 극심한 스트레스에 시달리게 된다는 점이다. (실제로 채페츠에 의하면, 남성만이 방위를 위해 징집된다는 사실을 비롯해서 남성 지배 사회에서 남성이 여성보다 스트레스가 훨씬 더 악화되었다.) 강압이라는 개념은 원인 설명으로서는 거의 모든 점에서 결함이 많고 부적절한데, 왜냐하면 그 개념은 다른 어떤 이유보다도 자료에 부합하지 않기 때문이다. 채페츠는 이렇게 말했다. "이러한 강압이론은, 예컨대 '가부장제' '여성의 복종' '성차별'과 같은 종종 모호하게 정의된 전혀 적합하지 않은 조작적 개념에 기초해 있다. 그러나 이런 식의 명확하지 않은 용어는 성적 불평등이라는 주제에 꽤나 전형적으로 규범적인 접근과 결부해서 최대한의 수사학rhetoric과 최소한의 명확한 통찰을 초래하게 된다."

그렇지 않다. 이러한 성적 양극화, 즉 남성은 공공/생산 영역을 지배하고, 여성은 사적/생식 역할을 맡는 양극화는 양성 모두에게 손해를 가져다준다. 그것은 실제로 남성의 강압과 여성의 굴종과는 아무 관계도 없다. 그것은 전적으로 생물권에서의 생활과 관련되어 있을 뿐이다.

그런데 정신권과 생물권이 분화했다고 해서 이런 생물적 불변 요인들이 사라지는 것은 아니다. 그런 것들은 다만 종속 요인일 뿐(보존되고 부정된다.), 더 이상 사회 조직 형태의 주요 결정 요인이 아닐 뿐이다. 생물적 조건은 더 이상 어쩔 수 없는 운명이 아닌 것이다.

과거의 비교적 '평등한' 사회(초기 원예농업 및 수렵채집 사회)에서조차도 '평등성'은 법적·도덕적(또는 정신권적) 결정 요인에 의해서가 아니라, 단지 우연에 의해 유지되었다. 호미는 여성의 손에 공적·생산적 힘을 쥐어 주었지만, 그것은 의식적이고 의도적인 계획에 의한 것이 아니라 단지 우연에 의한 것이었다. 간단한 호미나 나무 막대기는 여성도 남성만큼이나 육체적으로 쉽게 다룰 수 있기 때문에, 게다가 원예농업 사회에선 일터가 종종 집 바로 곁에 있었기 때문에 육체적인 이동성에 관한 한 임신한 여성도 불리하지 않았다(그들도 남성처럼 걸어서 일터로 갈 수 있었다). 그리고 그런 사회에서 여성은 약 80퍼센트의 식료품을 생산했으며(남성은 주로 사냥을 했다.), 결과적으로 그 사회는 이상적인 50 대 50 균형 상태에 비교적 근접해 있었다. 그러나 그런 균형은 전적으로 상황 덕분에 가능했던 것이다.

따라서 호미가 의식적인 기도가 아니라 우연하게 여성의 손에 힘을 주었던 것처럼, 여성의 손에서 그 힘을 빼앗아 간 것은 쟁기가 여성을 억압하거나 강압적 기도를 해서가 아니라, 똑같은 생물적 조건이 이번엔 전혀 다른(그리고 똑같이 비의도적인) 상황에 적용되었기 때문이다. (채페츠가 지적한 것처럼, 쟁기를 다루는 여성은 유산율이 증가했다. 더구나 닐슨Nielson과 그 밖의 학자들이 지적했듯이, 쟁기를 쓰는 농장은 언제나 집에서 상당히 먼 거리에 있어서 임신부가 일터로 가기에는 불리했다.)[11] 똑같은 생물적 불변 요인이 어떤 상황에서는 여성에게 유리하게 작용했고, 다른 상황에서는 불리하게 작용하기도 했던 것이다.

여기에는 어떤 억압도, 미덕도 작용하지 않는다.

정신권과 생물권의 분화 때문에 이런 생물적 불변 요인들이 배제되지는 않았지만, 더 이상 남성과 여성의 공적 지위를 결정하는 주요 요인이 되지도 못했다. 생물권에서는 힘이 정의였고, 육체적 기능에 의해 지위가 결정되었다. 정신권에서는 권리가 힘이고, 권리는 보편적 조망주의라는 세계중심적 공간에 살고 있는 자유로운 주체free agents에 종속한다. 여성이 공공/생산 영역에서 식료품을 생산하든 안 하든 그 영역에서의 여성의 권리와는 관련이 없다는 생각은 가히 혁명적인 것이었으며, 그런 생각이 대규모로 확산된 것은 전혀 전례가 없는 일이었다.

　정신권과 생물권의 분화로 인해 여성은 생물권 요인이나 기능 또는 불변 요인과는 관계없이 문화적-정신권적 주체로서의 권리를 확보할 수 있었다. 역사상 최초로 시민으로서, 그리고 말뿐이 아니라 실질적으로 권리의 보유자로서 생물권 요인이나 기능은 공적 지위와 무관한 것이 되었다. 생물권이 아니라 정신권이 권리와 책임을 결정하게 되었다. 이러한 권리는 이전부터 억압되었던 것이 아니라, 이전에는 무의미한 것이었다(그것은 억압되었던 것이 아니라 그때까지는 출현하지 않았던 것이다).

　5장에서 언급했던 것을 다시 반복해 보자(이제 그것은 보다 의미 있는 것이 되리라고 생각한다). 이런 방식, 오직 이런 방식에 의해서만 우리는 역설적이고 혼란스러운 진실, 즉 '여성 해방'과 관련해서 페미니즘을 혼란시켜 온 역설적인 진실을 주장할 수 있다. 그것은 여성들이 이제 해방을 위해 당당히 일어섰고 해방을 필요로 하고 있긴 하지만, 과거에도 해방되지 못한(또는 어리석은) 방식으로 행동하지는 않았다는 것이다. 18세기와 19세기에 출현한 광범위한 여성운동은 정신권과 생물권이 완전히 분화되었기 때문에 일어났던 것이다.[12] 그리고 이러한 광범위한 여성운동의 출현은 일차적으로 잘못된 상태를 바로잡으려는 것이 아니라, 오히려 중요한 의미에서 전례가 없는 전혀 새로운 상태의 출현을 의미하는 것이었다.

　남성과 여성을 매우 협소한 생물적 역할에 묶어 놓았던 것은 꽤나 최근까지 생물권에 뿌리내리고 있던 진화 과정 그 자체였다. 그 진화 과정은 최근에야 비로소 특정 역할에 한정되었던 것으로부터 남성과 여성 모두를 해방시키는 과정에 들어섰다. 그러한 특정 역할들은 한때는 필요한 것이었지만, 이제는 시대에 뒤떨어진 것이 되고 말았다.

　역사적으로 다원주의적 합리성의 출현으로 인해, 즉 정신권과 생물권의 분화로 인해 서서히 권리가 힘을 대치하기 시작했다. 다원주의적 합리성이 출현한 곳이면 그곳이 어디든 육체적인 힘에 기초한 사회관계는, 특히 노예제 및 양성 간의 양극화 또는 분리는 이 합리성, 다원주의, 다조망주의에서는 참을 수 없는 것이 되었다. 자신을 노예의 입장에 놓고 그 느낌이 어떨지 느껴 보라! 그 느낌은 근본적으로 새로운 것이었……

이렇게 해서 서양에서든 동양에서든 합리성이 출현한 모든 곳에서 여성운동이 출현했으며 또한 반노예운동도 출현했다. 동양에서 한 가지 예를 들어 보면, 고타마 붓다가 인도를 뒤흔든 진정한 혁명은 그의 영적 수행에 있다기보다는—요가는 인도에 이미 뿌리내려 있었다—오히려 그가 카스트제도를 부정했다는 사실에 있다. 종교적 선구자였지만 그는 그 이상으로 사회 혁명가였으며, 인도를 극심하게 흔들어 놓은 것은 바로 이 때문이었다. 이성의 힘이 가져다준 '혁명적 열정'의 또 다른 예다. 또한 고타마는 초합리적이었음에도 불구하고, 그의 종교는 세계 최초의 '합리적 종교'로서 신화적 신과 여신에 기초해 있지 않았다. 그는 그 모든 것을 부정했다. 동시에 그는 신화적 세계관에 내재하는 지배자 위계, 카스트제도 역시 부정했다. 그의 시스템을 그토록 혁명적이게끔 했던 것은 바로 이런 것들이다.

그러나 이러한 다양한 해방운동(여성, 노예, 불가촉천민 등)이 과거에도 부상하려고 분투 노력했지만 잔혹하게 억압되었던 것이 아니라, 오히려 그러한 운동이 남성에게든 여성에게든, 노예에게든 주인에게든 아무런 의미도 없었기에 그런 의도나 목적이 전혀 존재하지 않았다는 것이 내가 말하려는 포인트다. 권력은 획득하거나 쟁취하는 것이었다. 그 세계구조에서 볼 수 있는 증거에 따르면, 권력을 다른 누군가와 공유하는 것은 정신 나간 짓이었다. 오직 정신권이 출현해서 자신을 생물권에서 분화시킨 곳에서만, 즉 권리/정의가 힘을 꺾어 누르기 시작한 곳에서만 이런 '노예제도'가 문제로 지각되었다. 그렇지 않은 곳에선 권력을 전략적으로 어떻게 행사할 것인가가 문제였지, 그것을 어떻게 공유할 것인가는 아니었다. 전사의 윤리, 의무의 윤리, 민족중심적 윤리에서는 보편적 자비란 나약함의 징표였다. 자비의 가치가 억제되거나 억압되었던 것이 아니라, 처음부터 아예 보이지 않았던 것이다.

그러나 정신권이 생물권으로부터 분화됨에 따라 메리 울스턴크래프트Mary Wollstonecraft, 존 스튜어트 밀, 해리엇 테일러Harriet Taylor 같은 사람들이 큰소리를 낼 수 있었고, 그렇게 해서 들고일어났던 것이다(똑같은 목소리를, 비록 고립되었긴 했지만 그리스와 로마, 인도와 중국에서도 들을 수 있었다. 즉, 다원주의적 이성이 자신의 보편적인 머리를 꼿꼿이 세운 곳이라면 그곳이 어디든 들을 수 있었다).

첫 번째 남편이 사망한 후 해리엇 테일러는 존 스튜어트 밀과 결혼했으며(그는

20여 년 동안 그녀를 사랑해 왔었다고 한다.), 그 둘은 함께 그 유명한 『자유론On Liberty』 (1859)을 저술했다.

그 책이 출판된 시기는 메리 울스턴크래프트의 탄생 100주년을 기념하는 해였는데, 메리가 쓴 「여성의 권리 옹호Vindication of the Rights of Women」(1792)라는 글은 역사상 최초의 페미니스트가 쓴 논문으로 여겨진다.

"근대 이념으로서의 페미니즘은 19세기 중엽까지도 출현하지 않았다."라고 리안 아이슬러는 지적했다. '페미니즘을 위한 상당 부분의 철학적 기초'가 그보다 이전에 메리 울스턴크래프트, 프란시스 라이트Frances Wright, 어니스틴 로즈Ernestine Rose, 조르주 상드George Sand, 사라Sarah와 안젤리나 그림케Angelina Grimke, 마가렛 풀러Margaret Fuller 같은 사람들에 의해 정교화되긴 했지만, 페미니즘의 공식적인 탄생일은 1848년 7월 19일이고, 탄생 장소는 뉴욕주 세니커 폴스Seneca Falls였다. 여성의 집합적 투쟁의 발진 목적을 나타내기 위해 이곳에서 개최된 (기록에 남아 있는) 역사상 최초의 회의에서 엘리자베스 캐디 스탠턴Elizabeth Cady Stanton은 다음과 같은 핵심적인 연설을 남겨 놓았다. "대중 앞에 들고 나온 많은 주요 문제 중에서 현재 전문적으로 여성의 권리라고 부르는 문제보다 인류 역사상 결정적으로 영향을 미친 것은 없을 것이다."13)

정신권에서는 권리가 힘을 만든다. 윌리엄 윌버포스William Wilberforce는 그의 평생의 친구 윌리엄 피트William Pitt와 함께한 캠페인에서 1807년 대영제국의 노예 거래를 금지하는 운동의 선두에 섰으며, 마침내 1807년에 노예 거래가 중지되었다. 미국에서는 부분적으로 노예제도 반대가 동기가 되어 내전이 일어났는데, 한 번의 전투에서 베트남 전쟁 전사자만큼이나 많은 병사가 전사했다. 3일에 걸친 게티스버그 전투에서만 5천 명이 전사했다. 대통령은 전쟁에서 행한 연설에서 단지 269개 단어로 전쟁의 의미를 세계에 선언했다. 이 내전은 국가가 '모든 인간은 평등하게 창조되었다는 명제에 헌신했기 때문에' 싸웠다는 것이 선언의 골자인데, 그 명제는 자연에 의해, 또한 자연에 매몰되어 있던 모든 사회에 의해 조롱당해 온 것이었다.

그 명제, 그 합리적인 관념은 곧바로 생물권적인 힘의 잔여물에서 스스로를 떼어냈으며, 여성에게로 확장되었다. 해리엇 테일러 사후 1세기도 안 되어서 민주사회의 여성은 법적인 보호를 확보했으며, 다음 3가지가 **법제화되었다**. (1) 시민법 앞에서의 자유롭고 평등한 주체, (2) 도덕적으로 자유로운 주체, (3) 민주국가 시민으로서의 정치적으로 자유로운 주체가 그것이다. 이러한 자유와 보호는 여전히 좀 더 확장되고 강화될 필요가 있긴 하지만, 그렇다고 그런 것들이 현재 구조적으로 자신의 자리를 잡고 있다는 사실을 손상시키지는 않는다.[14]

정신권과 생물권의 분화로 인해 여성은 여전히 남성과는 차별되는(남성은 대체로 초독자성hyperagency) 생물권적 질(대체로 체현된 공동성)에서 다채로운 전통을 주장할 수 있었다―이것이 급진적 페미니스트의 주장이다. 마찬가지로, 여성은 **정신권적 평등성**도 주장할 수 있었고, 법으로 그것을 보호하라고 요구할 수도 있었다―이것이 자유주의 페미니스트의 주장이다.

나는 양쪽 주장 모두 진실이라고 생각하며, 또한 이제 정신권과 생물권이 분화되어 인간이라는 복합적 개인에서 똑같이 포함되고 수용되었기 때문에 그 주장을 올바로 실현할 수 있게 되었다고 생각한다. 이것은 합리적 조망주의와 보편적 다원주의의 출현으로 인해 지구상에 출현한 다양한 '해방운동(여성, 노예, 불가촉천민)'의 다채로운 전통 중 하나다.

동일한 방식으로, 진화로 인해 생물권의 구속으로부터 해방된 여성의 가치 영역은 이제 배려와 관심을 갖고 공공 영역으로 보다 쉽게 주입될 수 있게 되었다. "플로렌스 나이팅게일Florence Nightingale, 제인 애덤스Jane Addams, 소저너 트루스Sojourner Truth, 도로테아 딕스Dorothea Dix 등에 의해 구현된 '여성 정신female ethos'이 집합적으로 공공 세계 안으로 침투해 들어가기 시작했다. 그 결과, 조직화된 간호와 사회사업 같은 새로운 직업들이 출현했으며, 또한 노예를 해방시키기 위한 노예제 폐지운동도 풀뿌리 시민들 사이에서 커다란 지지를 얻었다. 정신병자나 정신장애인들 또한 보다 인간적인 대우를 받게 되었다."[15]

니농 드 랑클로Ninon de Lenclos, 마담 조프랭Madame Geoffrin, 마담 랑뷔에Madame Rambouillet, 마담 드 샤틀레Madame du Chatelet 같은 여성들이 만든 '살롱salons'의 분위기 속에서 현재 인본주의와 계몽주의로 인식되는 수많은 아이디어가 생겨났고 발전되었던 것은 말할 것도 없다. 그 살롱의 분위기는 '해방적'이라는 말 이외에는 달리 부를 수 없는 것이었다.[16]

리안 아이슬러가 지적했듯이(그리고 하버마스도 자주 논했던 것처럼), 그 모든 것은 이 점을 확실히 보여 준다. "분명한 것은 18세기 계몽주의와 더불어 시작한 서구 사회의 거대한 변용은 실패한 것이 아니라, 아직 완성되지 않았을 뿐이라는 것이다."[17]

(그러면 다음 '해방운동'은 어떤 것일까? 합리성과 자아/켄타우로스가 가져다준 해방을 더욱 충실하게 실현시키는 것이 급박한 과제라는 것을 이해한다면, 다음 과제는 바로 생태-정신적Eco-Noetic 자기, 세계혼인 초혼Over-Soul이 인간의 해방만이 아니라 모든 생명, 모든 중생의 해방을 요구한다는 것이다. 그것은 평등한 권리를 갖는 것으로서뿐만 아니라 영의 현현으로서, 축복과 배려, 존중과 명예의 가치로서 해방을 요구한다. 우리는 마지막 장에서 '환경윤리'라는 이 주제를 다시 한번 보게 될 테지만, 현재 나의 요점은 모든 에로스 또는 상승은 해방의 힘을 가져온다는 것 그리고 고착이나 억압이 일어나지 않는 한 더 넓은 아가페 또는 자비 안에서 그 해방의 힘을 구현할 수 있다는 것이다).

빅3

나는 특별히 이마누엘 칸트의 3대 비판(순수이성 비판, 실천이성 비판, 판단 비판)을 지적하고 싶은데, 그 이유는 그것들이 다른 무엇보다도 명확하게 과학, 도덕, 예술이라는 세 영역이 이제 결정적으로 분화되었음을 보여 주기 때문이다. 신화 및 신화-합리 혼효 단계에서는 과학, 도덕, 예술이 여전히 전반적으로 융합fusion되어 있었다. 이런 융합은 '전일적holistic'인 것이 아니라, 다른 모든 혼효주의와 마찬가지로 개체의 전체/부분이 왜곡되거나 액면 그대로 받아들여지지 않는다는 것을 가리킨다. 과학, 도덕, 예술은 '전체' 안에 억제되어 있거나 속박되어 있었다. 과학적 '진실'은 종교적 교리에 부합할 경우에만 진실이었고, 모든 예술은 그 신화적 조직체의 어떤 측면을 보여 주지 않으면 안 되었다.

칸트에 이르러 이런 영역들이 분화되었는데, 이미 보았듯이 전반적인 미분리 속에서 각자 자신의 잠재력을 '강제로 적응'시키려는 폭력에서 벗어난 이 세 영역은 일반적으로 '나' '우리' '그것' 차원을 가리킨다. ('그것'은 개체와 집단의 외면과 내면이라는 사상한에서 우측의 두 상한을 하나로 다룬 것이다. 우측의 위아래 상한은 모두 '그것' 언어로 기술할 수 있는 눈에 보이는 외면을 다루기 때문이다.)

경험과학 영역은 비교적 '객관적'인 방법으로 연구할 수 있으며, '그것'을 주어로 하는 문장으로 기술할 수 있는 실재의 측면들을 다룬다(기술적·독백적·명제적 진실, 사상events의 상태를 다루는 우측 절반). 그것은 홀론의 외면 또는 표면을 수반하는데, 그것들이 감각으로 또는 감각 확장 도구로 파악되는 차원이기 때문이다. 실천이성 또는 도덕적 이성이라는 '우리' 영역은 표면이 아니라, 너와 내가 공유하는 상호 이해라는 공통의 심도를 발견할 수 있는 공통점이라는 점에서 실천적으로 어떻게 상호 작용하고 상호 관련을 맺을 수 있는가 하는 영역을 가리킨다('우리', 정의, 선, 좌하상한). 예술 또는 심미적 판단 영역은 가장 넓은 의미에서 내가 나 자신을 어떻게 표현하는가 그리고 개인의 심도로서 자신의 무엇을 표현하는가를 가리킨다('나', 성실성, 표현성, 좌상상한).

칸트가 이 세 영역을 분화시킨 것은 '나'와 '우리'가 차별화된 것을 의미한다(나는 더 이상 자동적으로 사회의 규칙과 규범을 따를 필요가 없다는 것, 내가 규범들을 규범화할 수 있다는 것, 교회와 국가가 말하는 것이 반드시 진실이거나 선한 것은 아니라는 것이다). 그것은 '나'와 '그것'이 명확하게 분화된 것을 의미하기도 한다(나의 주관적인 소망이 실재나 실재에 대한 과학적 연구를 구성하지 않는다). 이는 '우리'와 '그것'이 명확하게 구별된 것을 의미하기도 한다(국가와 교회는 무엇이 현실인지를 강제할 권리를 갖지 않는다).

이들 세 개의 영역 하나하나는, 따라서 각 영역이 진실을 말하는지 아닌지를 분리해서 판단할 수 있게 되었다. '그것' 영역, 경험적-과학적 진실 영역인 경우, 우리는 명제들이 드러난 사실과 얼마나 정확하게 일치하는지를 알고 싶어 한다("목성에 생명체가 존재하는가, 하지 않는가?"). '나' 영역에서의 평가 기준은 성실성sincerity이다. 내가 진실을 말하는지 아닌지, 내가 느끼는 것에 대해 정직한지 아닌지, 내가 나의 내적 상태를 정직하게 표현하는지 아닌지(내가 나의 심도를 성실하게 보고하는지) 등이 진실성을 평가하는 기준이 된다. '우리' 영역에서의 평가 기준은 친절, 공정성 또는 관계적 배려와 관심 등이다. 타인에 대한 우리의 행동이 친절과 이기적이지 않은 배려 또는 최소한 상호 이해에 기초해 있는지를 묻게 된다. 우리는 세계중심적인 공정성을 갖고 행동하기를 원한다(보편적인 것처럼 행동하라는 좌우명이 지상 명령이다).

근대성의 분화는 되돌릴 수도, 취소할 수도 없는 일이다. 그런 분화를 강력하게 비판하는 사람들조차도 분화된 공간 내부에서 비판할 것이다. 다시는 사람 얼굴에 있는 7개의 구멍이 자동적으로 7개의 행성이 존재함에 틀림없다는 것을 의미하지 않게 될 것이다. 그런 증명은 현대세계 공간에 사는 어느 누구에게도 전혀 의미가 없을 것이다. 빅3의 분화를 비판할 수는 있겠지만, 그 비판 자체가 분화를 전제 조건으로 할 것이다.

필요한 것은 물론 분화 이전 상태로 후퇴하는 것이 아니다(퇴행낭만주의자들이 종종 그렇게 후퇴하고, 그렇게 할 것을 추천하지만 전혀 가능하지 않은 일이다). 필요한 것은 빅3의 **통합**이다. 과학, 예술, 도덕이 돌이킬 수 없는 모습으로 분화된 이 시점에서 그것들을 어떻게 **통합**할 수 있을 것인가? 이것이야말로 포스트모던의 **중추적인 문제**라고 말할 수 있을 것이다.

칸트는 제3비판에서 명제적 진실과 실천적 진실의 통합을 유목적적$_{telos}$ 유기체와 심미적 차원(이 경우에 그가 의미하는 것은 감각적-심미적 파악이다.)을 통해 시도했다. 이런 시도는 대단히 풍요롭고 시사적인 것이었기 때문에 실러$_{Schiller}$에서 셸링$_{Schelling}$에 이르는 철학자들은 칸트의 직접적인 영향하에서 자신들의 통합을 심미적인 차원에서 보았다.

그러나 이러한 시도는 결국 실패하고 말았다. 감각적-심미적 차원이 감각운동적 인지로 파악되는 경험적 현상(과학)과 실천적 윤리(도덕성)를 연결하는 일종의 '연결 고리$_{connecting\ link}$'임은 분명하다. 발달 스펙트럼상에서 볼 때, 심미적 또는 '심-개념 $_{endoceptual}$'적인 인지가 감각운동적 인지와 인습적 도덕구조 사이에 있다는 것도 분명하다.[18] 그것은 확실히 '잃어버린 고리' 또는 '연결 고리'이긴 하지만, 연결 고리가 통합일 수는 **없는** 일이다. 그것은 4학년이 3학년과 5학년 사이에 있기 때문에 4학년이 그 둘을 연결한다고 말하는 것과 같은 것이다. 분명 연결하는 것은 맞지만, 그 세 학년의 지식은 6학년이 되어서 **통합**되는 것이지, 세 학년 내에서는 불가능한 일이다. 단지 **중간**에 있는 매개 또는 연결 고리는 **통합적** 고리가 아니다. 왜냐하면 그 연결 고리는 하위와 상위 사이의 고리이긴 하지만, 그 자체가 그 모두를 통합하는 초상위super-higher는 아니기 때문이다.

다른 말로 하면, 빅3의 통합은 비전-논리의 출현을 기다려야 한다는 것이다(지금도 여전히 기다리고 있다). 칸트는 도덕적 이성('우리')과 객관적인 감각운동적 현상에 묶여 있는 이성('그것')을 결합하는 연결 고리 중 하나를 심미적 파악('나' 차원의 하위 단계)이라고 지적했다. 그것은 확실히 빅3의 어떤 결합을 보여 주는 것이긴 하지만, 결코 그것들을 통합할 수는 없었다. 통합은 중간 수준이 아니라 보다 고차원의 상위 수준을 필요로 하기 때문이다.

합리성이 조각낸 것은 비전-논리가 결합시킬 것이다. 최소한 이것이 포스트모던의 잠재력이자 약속이며 고투일 것이다. 근대성이 분화시킨 것은 포스트모던 주창자들이 **통합시켜야만 한다**. 합리성이 분화시켜 놓은 것은 후 합리성이 치료하지 않으면 안 된다(그 후 합리성이 곧 비전-논리라는 것이 내가 주장해 온 것이다). 이것이 우리가 앞에서 종종 언급했던 포스트모던의 **통합적 비전**이며, 지금까지 겝서(통합적-비조망적), 하버마스(특히, 그의 의사소통 행위이론은 빅3를 통합하려는 의도로 구상되었다.) 및 하이데거의 켄타우로스적인 세계-내-존재(이 또한 조각들을 짜 맞추려는 시도이다.)를 참조하면서 논해 왔던 것이다. 우리는 인식episteme의 외면적인 지도화를 시도한 푸코에서 그의 비전-논리의 작용을 볼 수 있다. 니체 편이었던 푸코조차 여러 차례 칸트에게로 돌아갔는데, 결국엔 자신을 칸트의 계보에 폭넓게 자리매김했다. 우리는 이러한 통합을 "마음과 몸은 둘 다 통합된 자기의 경험이다."라는 관점에서 언급한 바 있으며, 이러한 통합이 정신권, 생물권, 물질권의 통합이라는 것도 언급했다. 또한 그것이 정신권에서의 남성과 여성을 통합하는 것과 결부되어 있다는 것도 보았다. 우리는 지금 그것을 과학, 도덕, 예술의 통합에서 보고 있는 것이다.

그러한 것들 모두는 이제는 돌이킬 수 없는 빅3의 분화를 통합시키려는 전반적인 시도 중 다른 측면에 지나지 않는다. 그러나 많은 이론가와 그들이 제안한 해결책(또는 나의 해결책)에 대해 어떻게 생각하든 그것들 모두 빅3의 분화 후에 일어난 것이며, 그것들 모두 그 분화에 대한 다양한 반응 양식이었다(지금도 그렇다.)는 것이 포인트다. 빅3의 분화는 세계를 뒤흔들고, 세계를 새롭게 만든 기념비적인 발달 관계의 창발적인 출현이었다. 칸트는 이것을 잘 인식하고 있었다(특히, 그의 논문 「계몽이란 무엇인가?」에서). 그리고 그의 직계 후계자들뿐만 아니라 비판자들까지 모두 예술, 과학, 도덕성이 분화된 것만이 아니라, 완전히 분리될 위험에 처해 있는 세계 공간에 **꼼짝없이** 붙잡혀 있다는 것도 인식하고 있었다.

다음 장에서 보겠지만, 분화_{differentiation}하고 있을 뿐만 아니라 빠르게 분리_{dissociation}되고 있는 이 신세계에 가장 강력하게 반응한 최초의 인물은 셸링이었다. 셸링은 헤겔에서 마르크스, 실러, 프로이트, 베버, 하이데거에 이르는 '근/현대를 치유하려 한 수많은 치유사 중 첫 번째 인물이었다. 그들은 주변에서 흩어지기 시작한 단편들을 치유하기 위해 필사적으로 다양한 방법을 시도했다. 근대성(과 포스트모던)은 성장 과정에서 이제는 되돌릴 수 없게 된 분화를 어떻게 통합할 것인가에 대해 걱정하지 않으면 안 되었을 뿐만 아니라, 실제로 분리에 이르기까지 너무 멀리 나간 분화를 치유적으로 다루지 않으면 안 되었다. 우리는 이미 그 하나의 예로, 마음과 몸의 분화가 마음이 몸을 억압할 정도로 지나칠 수 있다는 것을 본 바 있다. 억압이 일어날 경우, 모든 곳에서 신경증적 증상을 토해 내게 된다. 따라서 이 특정한 역사적 시점에서 만일 프로이트가 존재하지 않았더라도, 그 새롭고 창발적인 성장 과정에서 병적 분리를 치료하기 위해 진화는 그러한 인물을 만들어 내지 않으면 안 되었을 것이다.

그러나 나는 다시 '홍보' 쪽에 서서 논해야 할 것 같다. 무엇보다 이 시점에서 내가 강조하고 싶은 것은 근대성(및 포스트모던)이 구하려 했던 새로운 통합—특히 나·우리·그것의 통합, 자기·문화·자연의 통합, 과학·예술·도덕의 통합, 의식·가치·사실의 통합—이 비전-논리에 의해 이미 서서히 실현되고 있다는 것, 과학, 가치 및 주관성이 켄타우로스적 세계-내-존재의 다양한 측면으로서 탐구되고 있다는 것이다.

삼부작의 제3권은 전적으로 이 주제에 바칠 텐데, 현재로선 단지 진화는 통합할 수 없는 분화는 결코 만들어 낸 적이 없다는 점에만 주목하면 좋을 것 같다(단, 분화가 지나쳐 분리가 되는 경우는 별개다. 그런 경우 멸종을 피할 수 없을 것이다). 그런 멸종이 인간의 경우에 있어서도 실제로 가능할 수 있는데, 특히 생물권과 정신권, 몸과 마음의 위협적인 분리를 감안해 보면 그 가능성을 무시할 수 없을 것 같다. 그러나 나는 이런 멸종이 불가피하게 일어나리라고 생각하지는 않는다. 통합은 가능하며, 그 가능성은 켄타우로스적인 비전-논리, 합리적-자아를 넘어선 단계에 놓여 있다고 믿고 있다(이미 말했듯이, 이런 주장을 설득력 있게 제시하는 것이 제3권의 과제다).19)

내가 이 모든 것을 언급한 것은, 만일 근대성을 규정했던 분화에 통합의 길이 있다면 그 길은 어제의 혼효주의에 있는 것이 아니라, 내일의 융합에 놓여 있다는 것을 지적하려는 것일 뿐이다.

신의 죽음

제우스: 오레스테스, 내가 그대를 창조했고, 내가 모든 것을 창조했다. 자, 보라! 이 건방진 녀석! 그래도 내가 너의 왕이 아니란 말인가? 그렇다면 누가 너를 만들었는가?

오레스테스: 당신이십니다. 하지만 당신은 큰 실수를 저질렀습니다. 당신은 나를 자유롭게 만들지 말았어야 했습니다. 당신은 신이고, 나는 자유롭습니다. 우리 각자는 별개지만, 허나 고뇌는 비슷합니다. 인간의 일생은 절망이라는 저 먼 곳에서 시작합니다.

제우스: 좋다. 오레스테스, 이 모든 일은 내 이미 알고 있던 것이다. 때가 도래하면 한 사내가 와서 나의 몰락을 고하리라는 것을. 그런데 그 사내가 바로 그대인 것 같구나.

-장 폴 사르트르, 파리-

어떻게 해서 하강의 신이 상승의 신을 대체하게 됐는지(그런 다음 '신'을 완전히 떨쳐 냈는지 또는 결국 독백적인 자연으로 환원시켰는지)를 좀 더 자세히 살펴보기 전에 이성의 시대와 그보다 앞선 신화시대와의 역사적인 관계를 가능한 한 분명하게 이해할 필요가 있을 것 같다. 그것이야말로 계몽주의철학자들이 그 시대 상황을 보았던 방식이기 때문이다. "더 이상 신화는 그만!"은 그 시대 전체를 통해 철학적 전투의 구호가 되었으며, 곧이어 니체의 그 유명한 "신은 죽었다."로 요약되었다.

전합리적이고 인격화된 신화적인 신의 모습을 내던지면서, 동시에 '현대 서양은 그 어떤 비인격화된, 초합리적인, 초도덕적인 선성Godhead도 함께 내던져 버렸다'는 것이 나의 결론이다. 엄청난 양의 목욕물이 버려졌고, 그와 함께 소중한 아기도 사라져 버렸다는 것이다.

교회의 경우, 그 탄생 시부터 문제였던 것은 교회가 계승했고 신세를 졌던 문자적-구체적 신화의 콤플렉스를 어떻게 다룰 것인가 하는 것이었다. 교회의 가장 위대한 신학자[20] 오리게네스Origenes(185~254 CE)의 생애와 사상에서 우리는 '신화 문제' 전부와 그것이 이후 문명 전체에 미친 영향이 고스란히 담겨 있음을 알 수 있다.

오리게네스는 알렉산드리아에서 플로티노스와 같은 마을에 살고 있었다. 그곳에서 그는 플로티노스의 스승 암모니우스 사카의 강의에 참석하기도 했다. 그는 원인causal/비이원nondual 세계관에 빠져 있었다. 사카는 분명 이 세계관을 나사렛 현자의 원인적 각성과 궤를 같이하는 것으로 제기하려고 했을 것이다. 나사렛 현자의 각성이 그토록 빠르게 구체적-문자적 신화로 표현되지 않았더라면, 그 작업은 그다지 어려운 일이 아니었을 것이다.

그 시대는 합리적 구조가 막 개화하기 시작한 초창기였다(겝서에서 캠벨에 이르는 이론가들에 의하면, 그 최초의 광범위한 촉발은 기원전 6세기경 그리스에서 시작되었지만 형식적 조작은 하버마스가 지적한 것처럼 그보다 훨씬 이전에도 가끔 소수의 개인들에게 가용한 구조였다). 관조적 현자들이 각자의 방식으로 고도의 초합리적 영역을 탐구하긴 했지만, 그 영역에서 발견한 것을 합리적인 용어로 말하려고 일제히 애쓰기 시작한 것은 이때부터였다. 이것은, 특히 대략 기원전 6세기경 인도의 고타마 붓다 사례에서 분명하게 보인다. (인도의 경우, 그 이전의 종교는 대부분 신과 여신으로 시작했고, 그 다음에 신들을 달래고 설득하기 위한 제식이나 기도를 처방했다. 고타마 붓다는 근본적으로 그 모든 것을 제거하고, 그 대신 직접적이고 집중적으로 의식의 흐름, 주체 내부를 내관하도록 권했다. 그러면서 그는 그의 지시와 패러다임의 결과가 초합리적 자각에 의한 합리적 흐름의 해체와 억제였음에도 불구하고, 그것을 대단히 합리적인 언어로 제시했다.)

관조적 철학자-현자가 신화와 만난 곳이면 그곳이 어디든 직접 그 신화를 해체하거나(소크라테스가 발견해 냈듯이, 그것은 매우 섬세한 과정이었다. 특히 신들이 문화적 '접착제gluons' 기능을 담당하고 있는 경우에는 신화를 쉽게 던져 버릴 수 없다.) 신화를 합리적으로 재해석하는 길고 더딘 과정을 시작했고, 이런 작업으로 인해 신화 자체는 보존하면서도 신화의 원래 의미는 부정하는 것이 가능해졌다. 그것이 그노시스파였든("그노시스파의 시스템을 읽어 보면 그들이 신화를 합리화한 것 같다는 느낌을 갖게 되는데, 이 느낌은 정확한 것이다.")[21] 필론이었든("그는 구약의 언어적 영감을 옹호한다. 그렇지만 그는 합리적인 우의적 해석이라는 자신의 이론으로 그것을 도덕적·형이상학적 이야기로 바꿔 놓았다.")[22] 플라톤과 아리스토텔레스였든("플라톤은 종교가 초기 단계에서는 신화적인 것 … '치유력이 있는 거짓말'이었음에 틀림없다고 강력히 주장했다. 그는 그것들을 결코 문자 그대로 받아들여서는 안 된다고 경고했다.")[23] 말이다.

오리게네스도 같은 생각을 갖고 있었다. 그는 공개적으로 문자 그대로의 신화를 매우 격한 어조로 조롱했다. "오리게네스는 구약에 나오는 흉조나 현세의 약속을 문자 그대로 받아들이는 기독교도에 대하여 경멸조로 말했다."[24] 오리게네스는 개인적인 혼이나 자아의 생존을 믿지 않았다. 또는 자아가 영속하는 것이 구원이라고 믿지도 않았다(그렇다면 그것은 실제로는 지옥일 것이다. 오리게네스에게 있어서 구원이란 '신은 모든 사람의 것'이라는 발견으로 이루어져 있다. 오리게네스는 철두철미하게 신플라톤주의자였다).

무엇보다 대담한 것은 그가 미래의 신체 부활을 믿지 않았다는 것이다. "그는 최후의 심판과 죽은 자의 부활이라는 전통주의자의 조잡한 믿음을 참을 수 없었다. 복음서를 문자 그대로 '받아들일 수는' 없었다. 모든 분자가 수많은 다른 신체로 변했는데 어떻게 물질적 신체로 재합성될 수 있단 말인가? 이 분자들은 어떤 신체에 속하는가? 따라서 오리게네스는 인간은 부조리의 수렁에 빠졌고, '신과 함께라면 모든 것이 가능하다'는 독실한 믿음의 위안처로 도피한다고 신랄하게 공격했다."[25]

그럼에도 오리게네스는 기독교인이었기에(그는 18세 무렵 이미 알렉산드리아의 교리 교육학교의 교장이었다.) 어느 정도는 성서에 의해 제약을 받았다. 그곳에서 그는 눈부신 해결책을 만들게 되었는데, 그 해결책으로 인해 그는 (필론과 함께) 당연히 유명하게 되었고 정당하게 천재로 여겨지게 되었다. 이후 그 해결책은 신화가 부정되고 보존되어야 할 필요가 있을 때마다 사용되었는데, 비유적 해석법allegorical method 이 그것이다.

(구약을 지칭하면서) 오리게네스는 어떤 신화든 세 개의 수준에서 해석할 수 있다고 말했다. 문자 그대로의 해석, 윤리적 해석, 비유적 해석이 그것이다. 뒤의 해석이 앞의 해석보다 '상위' 해석이다. 문자 그대로의 해석은 그저 신화가 말하는 것을 그대로 받아들이는 것이고, 윤리적 해석이란 신화를 받아들이면서 그것을 현재의 윤리적 상황에 적용할 수 있도록 합리적으로 재해석하는 것이다. 비유적 해석은 신화를 우리가 원하는 신비적·영적·초합리적인 것을 의미하는 데 사용하는 것을 말한다.

이러한 시도가 훌륭한 점은 (문자 그대로의) 전합리적 신화를 합리적(윤리적) 수준과 초합리적(신비적) 수준으로 재구성했다는 데 있다. 그렇기 때문에 '신화'의 원작자들이 실질적으로 의도하려고 했던 것과는 전혀 상관없이, 말할 필요가 있는 것이면 무엇이든 말하도록 만들 수 있다. 바꿔 말하면, 신화는 다른 해석에 의해 신화적 공간을 넘어서 처음엔 이성의 공간으로, 그런 다음엔 영적인 공간으로 들어설 수 있게 되었다는 것이다. 신화는 고스란히 보존되면서 또한 완전히 부정된다.

그러므로 오리게네스는 자신이 넣고 싶은 어떤 고차원의 의미도 신화 안에 넣을 수 있게 되었고, 이렇게 해서 그는 성서의 권위를 주장하면서 동시에 신화를 근본적으로 무시할 수 있게 되었다. 그리고 가톨릭 교회에서 조지프 캠벨에 이르기까지 역사상 모든 '신화학자'는 정확히 이 방법을 사용해서 필요할 때마다 계속해서 신화가 원래 의미하고자 했던 것과는 다른 의미를 부여할 수 있게 되었다.

교회도 어쩔 수 없이 이 방법을 채용하긴 했지만(가능한 선택지로 다른 무엇이 있었겠는가?), 신화에 '고차원'의 의미를 강조하는 오리게네스의 방식이 매우 위험하다는 것을 알아차리게 되었다(오리게네스는 신화를 신플라톤적 사고방식으로 해석하는 일로 바빴다. 성 히에로니무스Saint Jerome는 오리게네스가 8백 편을 저술했다고 말한 바 있다). 신화 역시 고차원의 의미를 갖고 있다고 말하는 것과 저차원 또는 글자 그대로의 의미를 근본적으로 모두 **부정**해 버리는 것은 전혀 별개의 것이다. 교회는 오리게네스가 신화라는 배 밑바닥에 구멍을 뚫어 놓은 것은 아닌가 의심했는데, 그것은 올바른 의심이었다. 데키우스 황제(서기 250)의 기독교 박해 시 오리게네스는 투옥되고 고

문받았으며, 목에 칼을 찬 채 웃음거리가 되었다. 결국 그는 유스티니아누스 황제에 의해 이단자로 선고되었다.

오리게네스는 '신화를 문자 그대로 받아들이는 것'을 '단지 신앙'을 갖는 것, '단순한 것들'이라고 불렀다. 또한 '어리석은 것'을 믿는 철학자들에 대해서는 매우 가혹했으나, 교육받지 못한 일반 기독교도인의 반인 신화적인 대중 신앙에 대해서는 [매우 큰 관용을 보였다. "로고스는 각자의 능력에 따라 다양한 방식으로 사람들을 가르친다. 어떤 이는 우유로, 어떤 이는 질긴 고기로 키우지 않으면 안 된다."26)라는 것이 그의 생각이었다. 그의 생각은 사람들을 그가 처해 있는 발달 수준에서 출발시켜 초월적 방법이나 비유적 방법을 사용해서 그노시스(영지, 진정한 지식)에 이르기까지 끌어올리는 것이었다. 그노시스(원인 단계)에 이르면 신화(문자적)와 합리성(윤리적) 모두를 초월할 것이고, 그렇게 되면 결과적으로 그 목적에 기여한 것이 된다.

교회는 원인적 그노시스에 이르는 순수한 상승을 부정했기 때문에 신화를 초월할 수 있다는 것마저 부정했다(그 이유는 지금까지 논의했던 그대로다). 문자 그대로의 신화에 다른 의미를 추가할 수는 있었지만, 결코 신화 자체를 부정할 수는 없었다. 그것은 '단순한 것들'의 승리였다. 초월적 그노시스는 또다시 정체됐고, 전합리적 형식-문자 그대로의 신화 속에 동결되고 말았다.

오리게네스와 마찬가지로, 계몽주의철학자들이 장례를 치뤘던 것도 문자 그대로의 신화였다. 성서(따라서 교회)에서 말하는 거의 모든 '과학적 주장'이 보다 깊은 심도에서 증거가 드러남에 따라 비참하게도 부적절한 주장임이 증명되었다(이는 단순히 틀린 것을 의미하는 것으로 받아들여졌다). "코페르니쿠스 체계가 정통 신학에 준 주된 모욕은 그것이 전통적인 우주 구도에 대한 보다 철학적인 부분과의 근본적인 불일치 때문이 아니라, 기독교가 다른 종교에서는 예를 찾아볼 수 없을 정도로 그 교리 안에 짜 넣었던 순수하게 역사적인 신조(문자 그대로의 신화)의 세부 사항들과의 명백한 불일치 때문이었다."27)

교회 종교는 이성 시대의 철학자들에게 전면적으로 웃음거리가 되었다. 어디서든 그것은 경멸과 조소의 대상이 되었다. "무한한 창조 과정에서 생겨난 수많은 세계에 제각각 이브와 사과, 뱀과 구세주가 있었다고 가정해야 한단 말인가?"라고 토마스 페인Thomas Paine은 빈정거렸다.

그 결과, 거의 모든 신화적 신조가 내던져졌다. 나아가 그에 부수해서 신화와 이성을 초월했던 위대한 철학자-성자들(플로티노스에서 에크하르트에 이르기까지)도 여전히 신화적으로 맥락화된 문화 안에서 말했기 때문에 이러한 위대한 관조자들이 말했던 모든 것도 마찬가지로 내던져지고 말았다.

목욕물과 함께 아기도 던져 버렸던 것이다. 이성은 어렵지 않게 뒤를 볼 수 있었을(있을) 뿐만 아니라 아래도 볼 수 있었다. 신플라톤주의자, 위대한 스토아학파의 철학자들에게 있어서 이성이란 온우주 안에서 자신의 위치를 아는 것을 의미했다. '합리적'이라는 것은 존재의 거대한 홀론계층을 보고, 그곳에서 자신의 적절한 위치를 흔쾌히 차지하는 것을 의미했다(온우주와 자신을 일체로 동일시하는, 초월적이거나 신비적인 더 나아간 발달과는 전혀 동떨어진 것이었다). 합리적이 된다는 것은 온우주와 동조하는 것을 의미했다(온우주 또는 모든 것과의 정체성을 위한 준비로).

그러나 근대성이 사실상 모든 형태의 상승하는 신을 거부했기 때문에 남은 것이라곤 하강한 신, 놀랍도록 창조적인 자연의 신뿐이었다. 편재하는 자연은 거부되기는커녕 이제 구원은 오직 그곳에서만 발견될 수 있는 것이 되었다. 선과 일자의 교의는 풍요성과 다자의 교의에 의해 완전히 가려졌다. 모든 형태의 신이 사망 선고되었고, 오직 자연만이 살아남았다.

신화에 대한 반동으로 이성은 거의 배타적으로 아래쪽만 보는 것을 선택했고, 근대 서양세계는 바로 그런 시들어 가는 응시 속에서 태어났다.

탐구 프로그램으로서의 충만의 원리

초기 르네상스 과학자들은 자신들이 탐구하는 것이 '신의 법칙', 즉 창조적이고 유출하는 하강신의 로고스(또는 원형), 조화로운 자연 속에서 규칙적인 패턴으로 자신을 표현하는 원형이라고 강하게 믿었다. '자연법칙'은 '신의 마음'(또는 신의 이데아) 안에 있었고, 같은 마음이 우리를 창조했기 때문에 우리 역시 그러한 법칙들을 보고, 이해하고, 법칙화할 수 있음에 틀림없다고 믿었다.

그들이 그렇게 믿었던 것은 정말로 옳은 것이었지만, 그곳에는 그것만이 아니라 보다 특별한 것이 있었다. 러브조이가 꽤나 신빙성 있게 보여 준 것처럼, 르네상스에서 계몽주의에 이르는 많은 '과학적 발견'은 실제로는 경험적 발견이거나 '놀라운' 발견이 아니라, 충만성에 관한 플라톤/플로티노스적인 두 개의 원칙에서 직접적으로 (또한 의도적으로) 도출해 낸 선험적 가정에 기초한 것이었다. 자연은 존재의 홀론계층으로 층화되어 있으며, 그곳에는 전혀 잃어버린 고리가 없다는 두 개의 원칙이 그것이다.

달리 말하면, 원래 비이원적 시스템의 하강 또는 충만의 측면, 즉 그 이전의 중세시대에는 억압되었던 측면이 이제 분리되고 강조되었으며, 하나의 실질적인 탐구 어젠다로서의 역할을 담당하게 되었다는 것이다. 이 어젠다는 이후 과학적 발견을 잇따라 내놓기 시작했는데, 그것이 지금 모두가 다 알고 있는 근대의 특징이 되었다. 우리 모두는 지금 그 '근대의 그늘' 아래 서 있는 셈이다.

중세로부터 근대에 이르기까지 사고방식의 변화를 초래하는 데 있어서 가장 결정적인 역할 또는 중요한 역할을 담당했던 것은 코페르니쿠스적인 가설이 아니었다. 뿐만 아니라, 2세기에 걸친 과학적 천문학의 놀라운 업적도 아니었다.

18세기 초엽, 교양 있는 사람들 사이에서 일반적으로 받아들여졌던 우주상은 그 특성에서 신구 세계상을 가장 명확하게 갈라놓았다. 이러한 특성이 도입되고 마침내 폭넓게 수용된 것은 천문학자의 실질적인 발견이나 전문적인 추론 때문이 아니었다. 그보다는 잠재적으로는 존속해 왔지만 중세적 사고방식에 의해 늘 억압되고 중단되었던 원래 플라톤적 (사고방식의) 영향 때문이었다.

새로운 세계의 사고방식에서 보다 중요한 특성들은 오늘날 우리가 과학적이라고 부를 만한 관찰 결과에 기초한 새로운 가설에는 거의 신세를 지고 있지 않았다. 그것은 주로 플라톤적인 전제(하강 측면)에서 유래한 것이었다. 간단히 말해서, 그것은 충만성, 풍요성의 원리에서 연유한 추론 결과였다.[28]

먼저 천문학을 보면, 무한한 원천의 무한한 창조라는 충만의 원리는 단지 이 지구와 이 생물이 사는 세계만이 존재하는 것이 아니라, 거의 무한한 또는 다양한 다른 세계(예컨대, 다른 태양계라는 구체적인 의미에서)가 존재한다는 것을 필요로 하는 것처럼 보인다. 그리고 이러한 다른 세계에 우리와 같은 또는 우리보다 지적인 의식적 존재가 생존하지 말라는 이유도 없어 보인다.

다른 세계가 무한히 또는 다양하게 존재한다는 이런 생각은 중세적 마음에 심대한 충격을 주었으며, 단순한 코페르니쿠스적 혁명보다 훨씬 더 파국적인 충격을 주었다. 실제로 코페르니쿠스/케플러의 태양중심설은 별 어려움 없이 받아들여질 수 있었다. 그 이론이 결국 지구를 우주의 중심에서 밀어냈을지라도 어쨌든 지구는 여전히 독특한 위치를 점하고 있었고, 여전히 사랑이 넘치는 신의 보호를 받는 합리적인 존재가 사는 유일한 영역이었으며, 일자인 신의 독생자가 하강하고 상승하는 유일한 무대였다. 태양중심설은 중세 말기의 마음에서는 가이아를 태양계의 중심에서 확실히 밀어내긴 했지만, 그것은 가이아를 관심의 중심에서 밀어낸 것은 아니었다. 요즘의 우리 식으로 말하면, 중대 뉴스가 되지 못했을 뿐이라는 것이다.

하지만 다른 곳에도 우리와 같은 존재가 살고 있는 세계가 여럿 있다는 것은 지구가 여러 개 중 하나에 불과하다는 말이 아닌가? 이것은 가이아(그리고 나사렛 현자)의 중요성을 거의 완전히 바꿔 놓았다. 그런데 이 비중심적 관념은 어떤 과학적 증거로부터 도출된 것이 아니라(우리는 아직도 다른 행성에 생명이 존재한다는 어떤 과학적 증거도 갖고 있지 않다.), 오히려 무한한 충만의 원리에서 도출된 것이었다. 중세를 뒤로 하고 이제 막 르네상스 시대로 진입해 가는 중세 정신을 뒤흔들어 놓은 것은 다른 어떤 관념보다도 바로 이 비중심적 관념이었다. "지구중심설에서 태양중심설로 변화한 것은 태양중심설에서 비중심설로 변화한 것에 비교해 보면 별로 획기적인 일도 아니었다."[29]

그 주된 추진자는 누구였을까? 그가 조르다노 브루노였다는 것은 놀라운 일이 아니다. 세계의 복수성이란 관념은 플로티노스의 시스템에서 암시(때로는 명시)되었으며, 그것을 '근대적'으로 처음 표현한 것은—이 또한 놀랄 일은 아니지만—니콜라스 쿠자누스였다. 그러나 탈중심화된, 무한한 그리고 무수의 생명이 존재하는 우주라는 설의 주된 제창자는 조르다노 브루노였음에 틀림없어 보인다.[30] 지구중심적인 것이든, 태양중심적인 것이든 가이아에만 특권적 지위를 준 시스템은 산산조각 나고 말았다(그와 더불어 늘 상관을 맺고 있던 자아중심적·인간중심적인 자세도 무너졌다).

쿠자누스와 브루노는 이렇게 해서 천문학에 충만성 또는 하강적 측면에 중요성을 부여한 최초의 인물이 되었다.[31] 브루노와 동시대의 그리고 그 뒤를 잇는 세대의 천문학자들인 튀코 브라헤, 케플러, 갈릴레오 등은 이미 사실이라고 여겨 왔던 이 설의 증거를 충실하게 찾아내기 시작했다. 유럽을 근대로 밀어 넣은 것은 코페르니쿠스가 아니라 브루노의 혁명이었다(브루노가 이단 심판관의 주의를 끌고 마침내 화형에 처해진 것은 우연이 아니라 그 때문이었다). 브루노에서 시작된 새로운 사고방식은 가장 저명한 대표자 데카르트에까지 계승되었다. 17세기 말경, 대부분의 교양 있는 남녀는 의식 있는 존재가 사는 세계가 다수 있다는 믿음을 받아들였다. 교회에 의한 가이아중심적 신화는 이후 다시는 회복되지 못했다(물론 오늘날에도 그 신화가 종종 재활성화되긴 한다).

이러한 생각들이 그 생각을 지지해 주는 과학적인 발견보다 훨씬 앞서 있었다는 것이 요점이다. "이러한 생각은 18세기 중반 이전에 매우 널리 읽힌 독서물로 인해 익숙한 것이 되어 가고 있었다. 그리고 이러한 설의 발전에는 충만성과 연속성 원칙의 영향이 매우 컸던 것으로 보인다."[32]

천체나 거시macro 세계에 '간극', 즉 '잃어버린 고리'가 있을 수 없다면 미시micro 세계 역시 같을 것이라고 생각되었다. 판 레이우엔훅van Leewenhoek이 실제로 자신이 만든 망원경을 들여다보기 훨씬 이전에, 충만성의 대표자들은 라이프니츠가 그랬던 것처럼 이렇게 썼다. "나는 자연과학이 통상의 관찰에선 너무 작아 감춰져 있는 것이나 땅속 깊이, 그리고 바다 속 깊이 감춰져 있는 생물 등 무한히 많은 생물의 존재를 더 많이 연구할 경우, 어느 날엔가 그런 생물들이 틀림없이 존재한다는 것을 알게 되리라고 확신한다."

그러나 이제까지 가장 획기적이고 어떤 의미에선 가장 희극적인 '잃어버린 고리'의 탐구는 인간 자신의 '중간 영역' 탐구에서 일어났다. 종 간의 잃어버린 고리의 탐구, 특히나 인간과 원숭이 사이의 중간 종의 탐구가 그것이다. 이 탐구는 과학적 인류학의 초기에 결정적인 중요성을 띠고 있다. 로크와 라이프니츠는 이미 자연에서 간극이나 잃어버린 고리처럼 보이는 것은 전적으로 우리의 무지 때문이라는 점을 명백히 천명했으며, 그렇기 때문에 자연과학자들은 충만성의 원리를 기반으로 새로운 탐구 어젠다를 설정했다. 위대한 보네가 말한 것처럼, "무엇보다 존재의 단계적 진화를 인식하지 못하는 것이 불가능한 곳은 바로 이 영역이다. 특히 '대자연은 간극을 만들지 않는다'는 독일의 플라톤(라이프니츠)의 유명한 금언이 확인된 것은 이 영역이다⋯⋯".

전문가들뿐만 아니라 일반 대중도 이 탐구에 매료되었다. 그것은 인간이라는 생명체의 가장 초기 형태와 고차원의 원숭이 형태를 연결해 주는 종을 찾는 탐구였다. 루소는 (1753년에) 인간과 고차원의 원숭이는 실제로 같은 종이라고 주장했다. 그 이유는 언어가 인간에게 원래부터 구비된 능력이 아니라고 생각했기 때문인데, 이런 생각이 발생학적으로 간극을 메워 버렸던 것이다. 그러나 악명 높은 바넘Barnum만큼 전 세대의 열기를 정확하게 감지한 사람도 없었을 것이다. 1842년, 그는 자신의 박물관에 전시한 동물들에 관해서 이렇게 광고했다.

> 물개와 오리 사이의 연결 고리인 오리너구리, 새와 물고기를 연결해 주는 듯 보이는 날 수 있는 두 종의 독특한 물고기, 파충류와 물고기 사이의 연결 고리인 이구아나, 그 밖의 활기찬 대자연의 거대한 사슬에서 연결 고리를 형성해 주는 다양한 동물을 이곳에서 볼 수 있습니다.

그런데 이 광고는 『종의 기원Origin of Species』이 출판되기 거의 20년이나 앞선 것이었다.

탐구 어젠다로서의 충만성 원리, 이것이야말로 무한한 유출을 하고 있는 하강의 신이 중세의 억류에서 해방되어 멋진 다양성 안에 자신의 모든 환희를 풀어 제친 것이었다. '희귀한' 생명 형태의 새로운 발견은 자연에서 무관한 사실이 부가적으로 드러난 것이 아니라, 이미 알고 있던 전체적인 계획의 완성을 향해 가는 발걸음으로 여겨질 수 있었다.[33]

쿠자누스와 브루노에 의해서 시작된 이 시스템 이론적인 탐구 어젠다는 다자에서 일자로, 그리고 일자에서 다자로라는 전체 구도에서 볼 때 절반에 지나지 않는 것이었음에도 불구하고 (곧 보겠지만) 전체 구도가 되고 말았다. 그리고 전적으로 다자, 일체, 원천과 기저에서 떨어져 나온 이 세계에 대한 조화로운 시스템으로서의 현현된 전체로 주의가 집중되었다. 이 세계를 위한 지도적인 어젠다는 여전히 전과 같이 전체 시스템의 간극을 메운다고 하는 것이었지만, 원천이나 선성, 일자에 대한 언급은 없었다. 탐구는 현현된 전체, 자연의 거대한 시스템에 국한되었고, 연구는 경제학, 정치이론이나 과학 등 그 대상이 무엇이든 철저하게 시스템 이론적인 접근법이 주를 이루었다(전체의 전반적인 조화).

『백과전서Encyclopédie』에서는 지식의 진보라는 항목에서 "자연에 존재하는 모든 것은 서로 연결되어 있다."라는 말로 시작했으며, "철학자의 과업은 분리된 부분들에 새로운 연결 고리를 추가하는 것이다."[34]라고 기술했다. 과학자와 철학자 모두 자신들이 주장하는 높이에 도달할 경우, 전체로서의 보편 시스템의 완전성을 웅변조로 논의하는 데 익숙해 있었다.[35] 파스칼Pascal이 말한 것처럼, "부분은 모두 서로 관련되어 있고 연결되어 있기 때문에 전체를 알지 못하고 부분을 아는 것은 불가능하며, 또한 부분들 전부를 알지 못하고 전체를 아는 것도 불가능하다". 그리고 알렉산더 포프Alexander Pope(1688~1744, 영국의 시인)는 '강력한 연결, 멋진 의지(의존 상태, 관계)'를 탐구하는 그 시대의 모든 기질을 이렇게 기념했다.

광대한 우주 공간을 꿰뚫어 보고 한 세계를 넘어 또 다른 세계가 하나의 우주를 이루고 있음을 알며, 하나의 체계 속에 또 다른 체계가 어떻게 움직이고, 어떤 다른 행성이 다른 태양을 주행하며, 별마다 어떤 색다른 존재들이 살고 있는지를 지켜보는 자만이 신이 왜 우리를 지금처럼 만들었는지 말할 수 있으리라. 그러나 이러한 체제의 단단한 연결과 미묘한 의존 관계, 올바른 단계를 침투력 있는 당신의 영혼은 꿰뚫어 보았던가?

그러나 이 모든 것에서 아주아주 이상한 일이 일어나고 있었다. 많은 경우, 이미 일어나기도 했다. 플로티노스의 다차원적인 온우주에서는 일자가 다자, 일체를 탄생시키고, 일체는 일자로 귀환한다. 일체를 구성하는 각각의 개체는 무한한 일자의 완전한 구현이다. 일자는 개체와 일체 양쪽 모두의 기반이다.

그렇지만 반쪽으로 잘려 나간 새로운 사고방식에서는 무한한 일자가 더 이상 허용되지 않았기 때문에 ("더 이상 상승은 그만!") 하강한, 유한한, 현현한 일체 또는 전체만이 신과 조화를 이루는 유일한 거처가 되었다. 그것은 더 이상 개체와 일체가 일자에 대해 갖는 관계가 아니라 단지 개체가 일체에 대해서 갖는 관계였다.

시스템 이론이 태어난 것이다.

퉁명스럽게 말하자면, 동굴 속 그림자의 **총계**를 동굴 너머의 빛과 혼동했던 것이다. 그리고 그 그림자가 원자론적인 것이 아니라 전일론적이라는 것, 즉 그림자들이 조화로운 거대 시스템으로 혼연일체를 이루고 있다는 것, 전일론이라는 보편적인 보이지 않는 손이 개체를 기능적 완전성이란 면에서 일체에게 인도한다는 것을 좀 더 확실하게 제시할 수 있을 때에만—개인, 사회 모두—**구원**이 확보될 수 있다고 깊이 느꼈고, 확고하게 믿었다는 것이다.

구원은 더 이상 개체가 자신이 곧 일자라는 것(따라서 일체를 감싸 안을 수 있는 것)을 깨닫는 데 있지 않았다. 오히려 이제 구원은 개체가 어떻게든 (일자를 우회해서) 단지 일체와 동일시할 것만을 요구했다. 즉, 개체가 일체에 기능적으로 적응하는 것, 개체가 위대하고 영광스러운 그물망에서 (그 그물망이 자연이든, 국가든, 우주든) 도구적인 위치를 점유하는 것이었다. 그림자들이 서로 밀착해서 몸을 의지하기만 하면, 빛은 어떻게든 만들어지리라고 생각했던 것이다.

이렇게 해서 그림자의 **상호 연결적 질서**와 전일적 성질을 제시하는 것이 탐구 어젠다가 되었다(마치 그것이 동굴에서 탈출하는 데 도움이 되기라도 하는 것처럼). 그것은 이미 기술했던 것처럼, 충만성이라는 하강 시스템 이론을 강조했다. 그것 자체만 놓고 볼 때는 옳은 것이지만, 이야기의 반쪽에 지나지 않았다. 그런데 그 반쪽짜리 이야기가 우주의 알파이자 오메가라고 주장하기에 이르렀던 것이다(이것이 다음 장에서 다룰 '홍보'다).

한편, 거대한 홀론계층의 유출 측면이 새롭게 떠오른 근대 문화를 위한 탐구 어젠다가 되었다. 유출의 충만성은 오늘날에 이르기까지 이제 막 전개된 놀라운 신세계를 정의하는 것이 되었으며, 그 신은 전적으로 다음과 같은 금언으로 정의되었다. "다양성이 커질수록 선성 또한 커진다."

자연에서의 새로운 위치

존재의 거대한 홀론계층은 결코 중세적 정신의 산물이 아니다. 이런 사실을 무엇보다 확실하게 보여 주는 것은 18세기 중엽까지 계몽주의철학자들이 신화와 신화에 구속된 스콜라 신학의 거의 모든 면을 비웃듯이 거부했지만 거의 전원이 위대한 홀론계층이라는 관념을 지지했다는 사실이다. 즉, 계몽주의철학자들에게 있어서 홀론계층은 신화적 종교 또는 중세적 정신과는 아무런 관련도 없었다는 것이다. 그렇지 않았다면 그 관념은 철저하게 또한 신속하게 부정되었을 것이다.

> 온갖 분야의 저술가들(과학자, 철학자, 시인과 대중적인 수필가, 이신론자와 정통 신학자 등)이 존재의 대사슬에 대해 이 정도로 말하고, 그와 관련된 사고 전반을 암묵적으로 수용했으며, 이것들로부터 그 잠재적인 함의를 과감하게 도출해 낸 시대는 달리 없었다. 애디슨Addison, 킹King, 볼링브룩Bolingbroke, 포프, 할러Haller, 톰슨Thomson, 에이큰사이드Akenside, 부폰Buffom, 보네, 골드스미스Goldsmith, 디드로Diderot, 칸트, 램버트Lambert, 헤르더Herder, 실러 등의 모든 저술가와 그 밖의 군소 작가 모두 대사슬이라는 관념을 상세하게 언급했을 뿐만 아니라, 그것으로부터 새로운 결론을 이끌어 냈다. '존재의 대사슬'이란 말은 '대자연'이란 단어 다음으로 18세기의 성스러운 문구였다.36)

존재의 대사슬은 계몽주의 시대에 크게 유행한 개념이었다. 그 이유는 그것이 단지 어떤 심원한 진리를 명확하게 표명했기 때문만이 아니라, 그것이 신화 수준의 산물이 아니었기 때문이다(그것이 다양한 형태로 여전히 신화 수준에 현전해 있었을지라도). 교회는 플로티노스로부터 곧장 이어진 오리게네스와 디오니시우스를 통해 대사슬 관념을 채용했지만, 이미 본 것처럼 곧바로 그것을 신화화함으로써 상승의 상한선을 설정했을 뿐만 아니라 동시에 하강도 억압했다. 이 장(그리고 다음 장)의 주제는 계몽주의 역시 똑같이 반쪽짜리이지만 역의 형태로 대사슬 관념을 채용했다는 것이다. 그렇긴 해도, 신화와 합리적 마음 그리고 다가오는 비전-논리 단계조차 모두 홀론계층이라는 관념을 받아들일 수 있다는 것은 매력적인 일이 아닐 수 없다. 이 관념은 분명 각 단계의 비판을 견뎌 낼 수 있었던 매우 희귀한 관념 중 하나였다.

잠시 후 상세히 보겠지만, 물론 계몽주의가 상승과 하강의 완전한 원을 받아들인 것은 아니었다. 그러나 대사슬 관념을 '거의 만장일치'로 수용한 순수효과는 우주 내의 남녀 인간의 위치에 대한 견해를 근본적으로 변화시켜 놓았다. 그것은 중세의 관점과는 사실상 정반대되는 것이었다(중세에는 우주에서의 인간의 위치에 대한 신화적인 관점이 사회중심적 단계에 봉사했다). 이 특별 관점, '새로운' 그리고 '근대적'인 관점은 플로티노스나 브루노 또는 쿠자누스나 그 밖의 근본적으로 탈중심화된 우주 이론의 지지자들이 갖고 있던 것이었다. 그것은 앞에서 언급했던 대로 근본적으로 비인간중심주의였다.

이 점에 대해서는 마지막으로 한 번 더 언급할 필요가 있어 보인다. 그 이유는 거대한 홀론계층에 대하여 대부분의 생태적 비판자가 잘못 제시하여 생긴 오해 때문이다. 러브조이의 말을 마지막으로 한 번 더 들어 보자. "충만의 원리에는 대사슬 안에 존재하는 모든 고리가 일차적으로 그저 다른 고리의 이익을 위해 존재하는 것이 아니라 그 자신을 위해 존재한다는 것이 함의되어 있었다. 모든 고리는 자신의 존재를 위한 동등한 주장을 갖고 있었다. 따라서 한 종의 존재 이유는 결코 다른 종에 대한 유용성에서 추구될 수 없었다."37)

모든 존재가 다른 정도의 현현을 취하고 있다는 것은 진실이며, 그렇기에 그 정도에 따라서, 즉 상위의 것이 하위의 것을 포괄하지만 그 역은 성립하지 않는다는 기준으로 순서를 매길 수 있었다. 그러나 모든 존재가 궁극적으로 자신의 존재를 위한 동등한 요건을 갖추고 있기 때문에 그 서열은 마치 그런 것처럼 보이는 것일 뿐, 실은 완전히 깨어나지 못한 각성의 산물일 뿐이었다. 왜냐하면 순수하게 비이원적인 기저에서 볼 때, 큰 원의 변두리에 있는 모든 점은 그것이 높든 낮든 상승이든 하강이든 중심과 등거리에 있기 때문이다. 브루노가 기술한 것처럼, 개미든 별이든 인간이든 모든 것은 중심으로부터 등거리에 있다.

이 관점에서는 상대적인 또는 외견상 그렇게 보일 뿐인 서열을 여전히 수용했으며, 상대적인 세계에서 실용적인 가치 판단을 위해 서열을 사용하는 것이 허용되었다(원숭이보다 사과를 희생하는 쪽이 더 낫다). 그러나 이것은 단순한 서열 짓기나 절대적인 서열 짓기와는 근본적으로 다른 것이었다. 그런 서열 짓기에서는 모든 '하위단계'를 오직, 그리고 언제나 도구적·수단적 의미만 부여하는 데 전혀 주저하지 않았을 것이다. 그것이야말로 중세적인 관점—인간중심, 지구중심적인 것이었으며, 대사슬 철학자들이 그토록 강력하게 싸웠던 상대는 바로 그 완고하게 버티던 잔존자들이었다. 스콜라 신학/철학의 기본 텍스트에서는 다음과 같이 기술하고 있다.

> 인간은 신을 위해 만들어졌고 따라서 인간이 그분에게 봉사해야 하듯이, 세계는 인간을 위해 만들어졌고 따라서 세계는 인간에게 봉사해야 한다.

그 당시 매우 칭송받던 개신교 신학 텍스트에서는 이렇게 기술하고 있다.

> 우주의 가장 아름다운 부분의 우월성을 구성하고 있는 것을 면밀히 고찰해 보면 그것들은 우리 인간과의 관계에서만, 우리의 혼이 그것들에 가치를 부여하는 한에서만 가치를 갖는다는 것, 인간의 존중이 암석이나 광물의 주된 가치를 구성한다는 것, 인간의 용도와 즐거움 때문에 식물, 나무, 과일은 가치를 갖게 된다는 것을 알게 될 것이다.

'대사슬이라는 사고방식의 논리가 설득력 있게 작용했던 것'[38]은 바로 이런 세계관에 반대한 것이었다. 이런 형식의 모든 인간중심주의에 대한 주요 반대자는 데카르트, 라이프니츠, 스피노자(헌신적인 데카르트주의자)였다. 그들은 줄기차게 싸웠다. 괴테는 그의 시 〈응집Athroismos〉에서 그들 모두를 대표해서 이렇게 말했다. "모든 동물은 그 자체로 목적이다." 또는 실러가 너무나 명확하게 기술한 것처럼, "모든 존재는 이 거대한 창조의 이해 속에서 논쟁의 여지가 없는 시민권을 갖고 있다". 그러나 이를 가장 잘 표현한 것은 또다시 포프였다.

> 인간은 짐승과 함께 걸었으며 같은 그늘 아래서 쉬었다. 식탁도 같았고, 침상도 같았다. 옷을 위해서나 먹기 위해서 그들을 죽이지 않았다. 반향하는 숲속, 같은 신전에서 소리 낼 수 있는 모든 존재들이 평등한 신을 찬양했다!

이것은 분명 복음이었다.

그리하여 이성은 새로운 여명을 맞기 위해 일어섰다. 하지만 이성의 그 강력함이 곧 자신을 공격할 것이라는 것은 알지 못했다. 온우주를 경험적으로 표현할 수 있는 그 능력—빅3의 분화에 의해 해방된 힘—은 자신도 모르는 사이에 온우주를 독백적·경험적·우측 측면으로 붕괴시키고 말았다. 이 붕괴로 인해 남자도 여자도 전적으로 하강된 세계, 속속들이 평원뿐인 세계에 갇혀 살게 되었다.

그러나 무엇보다 기묘한 일은 새로운 이성이 자신에 대한 최악의 비판자조차 자신 안에 받아들이고 숨겨 주었다는 것, 이렇게 해서 새롭게 발흥하는 가이아이론의 추진자에 대해서 오늘날에 이르기까지 여전히 가이아를 파괴하는 평원적 존재론의 은신처를 제공해 주었다는 것이다.

하강자가 이 세계를 파괴하고 있다는 것이 곧 분명하게 드러났는데, 그들이 이 세계를 파괴하는 이유는 이 세계가 그들이 갖고 있는 유일한 세계였기 때문이다.

12

온우주의 붕괴

영겁永劫서부터 하늘과 땅에서 일어난 모든 것, 신의 생명과 시간의 모든 산물은 영이 자신을 알고, 자신을 발견하며, 자신으로 존재하고, 마침내 자신만이 자신과 일체가 되기 위한 투쟁이다. 영은 소외되고 분리되지만, 그렇게 해서만 자신을 발견하고 자신으로 귀환할 수 있기 때문이다.

개별적 형태로 존재하기에 이 해방은 '나'라고 불린다. 총체성에 이르기까지 발달했기에 그것은 자유로운 영이다. 감성으로서 그것은 사랑이며, 환희로서 그것은 지복이다.

-게오르크 빌헬름 프리드리히 헤겔-

서양에서는 대체로 아우구스티누스 시대로부터 코페르니쿠스 시대에 이르기까지 신화-합리적 구조는 전 장과 전전 장에서 내가 제시했던 여러 이유로 인해 상승의 흐름을 대단히 강조했으며, 이론적으로는 완전한 상승의 종착점을 그리스도에 두었다(그러나 동시에 공식적으로는 그곳에 도달하는 것이 금지되어 있었다).[1] 이 기묘한 조합은 서구를 천 년 이상 거의 배타적으로 상승 이상형Ascending Ideal 안에 가둬 놓았다. 언제나 위대한 오메가 포인트를 약속했었지만, 극히 희소한 개인적인 예외를 제외하고는 결코 실현된 적이 없었다. 그 모든 것의 핵심에 중단된 상승이 있기 때문에 서구는 참으로 기묘한 영적 기아 상태에 놓여 있었다. 이 정도로 절망적인 기아 상태는 다른 어디에서도 볼 수 없었⋯⋯.

사회를 조직하는 무게중심으로서 광범위하게 출현한 이성은 신화-합리 구조 그 자체를 초월했다(5장에서 논의했던 온갖 방식으로). 이성은 상승(에로스)에서 한발 더 나간 것이었으며, 그로 인해 이성의 상관적인 능력인 포용의 확장도 가져왔다(아가페: 예컨대, 보편적 자비, 세계중심적 조망 및 수많은 해방운동을 그 증거로 들 수 있다).

합리적 구조 자체는 이렇게 해서 우연적인 요인과 문화적인 요인에 의해 하나의 이상형으로서 상승 흐름이든 하강 흐름이든 또는 (바람직하게는) 양쪽 흐름 모두를 강조할 수도 있었다. 그런데 내가 기술한 것처럼, 거의 천 년에 걸쳐 (좌절되었던) 상승적 이상에 대한 반동으로, 이성의 시대는 실은 그 자체가 새로운 상승의 발걸음이었다는 사실을 망각한 채 하강의 길과 창조와 유출의 영광에 온몸을 내던졌고, 원천과 기원에는 등을 돌렸으며, 눈으로 보고 감각으로 느낄 수 있는 신에게 충성을 맹세했다. 상승의 신과는 달리 이 신은 동거할 수 있었고 소유할 수도 있었다. 그러나 그로 인한 가려움은 아무리 긁어도 결코 만족될 수 없었다.

서양은 무한한 위쪽above을 보는 대신, 무한한 앞쪽ahead에 주의를 기울였다. 심도와 고도라는 수직적 차원은 수평적 확장을 위해 버려졌고, 강조점은 심도depth가 아니라 폭span에 주어졌다. 이렇게 해서 현대 서양세계의 표준적인 신이 설정되었다. 그 신은 부르주아 계층의 신일 뿐만 아니라 헌신적인 과학자들의 신이기도 했다. 유물론자의 신임과 동시에 사회 개혁가의 신, 녹색당과 '자연으로 돌아가자'는 운동의 신, 민주주의의 신임과 동시에 마르크스주의와 모택동주의의 신이기도 했다. 그들 모두가 공통적으로 갖고 있는 것은 그 신이 감각으로 파악될 수 있다는 것, 즉 눈으로 보고 손으로 잡을 수 있다는 것이었다(물론, 이 경우엔 오른손, 우측의 손이다).

어떤 종류의 '피안의 세계'도 내던졌다. 그리고 모든 남녀의 눈은 위가 아니라 그들 앞에 놓여 있는 수평선에 단단히 고정되었으며, 이 세계, 오직 현 세계에만 냉담하게 머물렀다. 이 작은 세계에서 구원을 발견할 수 없다면 구원은 다른 어떤 곳에서도 발견할 수 없는 것이었다.

온우주의 붕괴

르네상스와 계몽주의철학자들 거의 모두가 (앞으로 보게 되겠지만, 낭만주의철학자

도 포함해서) 대사슬 관점을 신봉하고 있었지만, 그 관점에서 특히 사슬의 '상층부'에
서 무언가 심상치 않은 일이 발생했다. 대부분의 교양 있는 남녀는 인간이 대사슬의
중간쯤에 있다고 가정했다. 즉, 그들 아래에 있는 것만큼이나 (또는 그보다 더 많은)
'상위 발달' 차원이 있다고 가정했다. 존 로크는 말했다. "우리 아래쪽에 있는 것보
다 훨씬 더 많은 피조물 종이 우리 위쪽에 존재한다. 우리 인간이란 존재는 그 완전
성 정도에서 무한한 신의 존재로부터 매우 멀리 떨어져 있다. 그 거리는 최하위 존
재로부터 우리까지의 거리보다 훨씬 더 멀며, 그 차이는 거의 무한이라고 말해도 좋
을 정도다. 우리는 이렇게 믿을 수밖에 없는 이유를 갖고 있다."

　이러한 비인간중심적인 배열은 인간의 자존심을 완전히 손상시키지 않을 만큼만
축소하는 데 기여했다. 포마이Formey Jean(1711~1797, 독일의 목사이자 작가-역자 주)
의 탄식은 그 시대를 대표하는 전형적인 것이었다.

　　다른 것들보다 나를 더 드높여야 할 이유는 없어 보인다. 그런 자만심의 동기는
　　어디에서 끝어내야 하는가? 지금까지 나는 나 자신을 신의 피조물 중 가장 탁월한
　　존재라고 자부하곤 했지만, 이제 나는 나의 허상이 얼마나 큰 것이었는지 알게 되
　　었다. 나는 내가 그 사다리의 최하단 가까이에 있음을 알게 되었고, 내가 자랑할
　　수 있는 것이란 단지 내가 비이성적 피조물보다 약간 낫다는 것뿐이다. 그리고 이
　　것조차 언제나 그렇지는 않은데, 왜냐하면 내가 지니지 못한 여러 장점을 지니고
　　있는 것들이 많이 있기 때문이다. 이와는 달리 나는 내 위에서 대단히 많은 우월
　　한 지성을 본다.[2]

　러브조이가 말했듯이, 실제로 모든 르네상스와 계몽주의철학자가 그렇게 가정했
다. 그러나 이 관념은 그 당시의 남녀에게 겸양의 미덕을 고무했다기보다는 그들에
게 대사슬의 '상위 도달점'이 분명히 존재한다는 생각을 고취했다(믿어야 할 이유가
있었다). 그들은 보다 깊은 또는 보다 높은 차원이 존재한다고 생각했다. 충만의 원
리에 의하면, 존재에는 어떤 간극도 있을 수 없다. 그러나 인간과 무한한 원천 사이
에는 분명 간극이 있기 때문에, 그 간극은 우월한 지성을 갖고 있는 무한히 많은 존

재로 메워지지 않으면 안 되었다. 만일 그 간극들이 어떤 생명체는 아닐지라도 적어도 무한히 상승해 간 고차원의 이데아, 영원히 인간의 도달을 벗어난 획득 불가능한 완전성의 단계가 있음이 분명하다고 추론되었다.

중세 시대에는 그 당시의 평균적 의식 모드가 이러한 상위 단계를 천사, 대천사, 그 밖의 인간과 궁극적 신성 사이에 존재하는 다양한 천계의 존재로 신화화했다. 오늘날 이러한 '우월한 존재'는 존재 대신에 유한한 인간의 마음으로는 도달할 수 없는 우월한 지성, 미덕, 지혜 등의 단계로 합리화되었다. 어떤 점에선 그런 합리화가 진실이긴 하지만(그런 것들은 인습적인 마음으론 도달할 수 없다.), 이러한 상위 단계는 원래 그 시스템을 만든 사람들의 견해와는 전혀 다른 것이었다.

플로티노스, 디오니시우스, 에크하르트 및 그 밖의 사람들의 경우, 이러한 고차원은 무엇보다도 모든 존재에게 잠재력으로 내재하거나 현전해 있는 것이었다(모든 것이 그곳에서 유출하기 때문에). 또한 이러한 상위 잠재력은 자신의 혼 안에서 고도/심도를 볼 수 있는 사람이 인식하거나 의식적으로 실현할 수 있는 것이었다. 이러한 상위 수준은 외계에 존재하는 천사이거나 어딘가에 존재한다고 가정된 형이상학적인 관념 또는 세계에서 '간극'을 메우기 위한 철학적·논리적으로 추론된 가정이 아니었다. 상위 단계는 **직접 경험**할 수 있고 실현할 수 있는 잠재력이다. 여기에 피안의 세계 같은 것은 전혀 없다. 혹시 그런 것이 있다면 그것은 자신의 내적 각성이 결여되어 만들어진 것일 뿐이다.

아직 말을 배우지 못한 어린아이에게 상징과 개념의 세계는 주변을 이리저리 날아다니는 미지의 것에 지나지 않을지 모른다. 어린아이에게 언어는 '이해 불가능'한 것이며, '다른 세상'의 것이다. 언어의 세계는 강력한 마력으로 가득 차 있으며, 어린아이로서는 이해할 수 없는 것을 이해하는 존재, 그로서는 이해할 수 없는 대단한 것을 갖고 있는 것처럼 보이는 존재가 살고 있는 세계다. 저 밖에 신과 여신, 천사들, '피조물들'이 살고 있는 것과 같다. 어린아이는 그런 것들에 대해 자신의 비참한 무력함을 느낄 뿐이다. 그러나 언어가 어린아이 자신의 발달적 요소로 출현할 경우, 보라! 언어의 힘, 개념적 천사들, 이 모든 것이 이제 어린아이 내부에 존재하게 된다.

플로티노스(또한 세계 어느 곳이든 그와 유사한 비이원적 현자들)에게 의식의 상위 단계는 전혀 내세적이거나 형이상학적인 것이 아니며, 철학적 가정도 아니다. 그들에게는 (공유된 사회적 훈련을 실천하는 공동체에서 적절한 패러다임, 지시, 예시를 따른 결과로) 적절한 성장과 발달이 일어날 경우, 자신의 내부에서 직접 경험하거나 실현할 수 없는 의식의 상위 단계란 없다.

신화적인 마음과 합리적인 마음은 이러한 고차원(그들 자신의 잠재력)을 자신의 발달 단계에 입각해서 해석할 테지만(이 점에 대해선 다투지 않겠다.), 그렇긴 해도 이런 상위 단계를 이론적으로나마 단지 형이상학적인 가정으로 변질시키는 것은 커다란 재앙이 아닐 수 없다. 그것은 이들 상위 단계의 본질을 부정하는 일이다. 상위 단계의 본질은 적절한 조건하에서 즉각적인 인식으로 직접 드러나는, 어디까지나 실험적이고 관조적이며 경험적인 실재였다.

앞에서 말했듯이, 계몽주의 정신은 두 개의 아주 다르지만 융합된 어젠다를 따르고 있었다. 하나는 "더 이상 신화는 그만!"이라는 것으로서 이는 단계 특정적으로는 충분히 적절한 것이었다. 그러나 신화는 비록 좌절되긴 했지만 위쪽을 보는 것이 주된 내용이었기 때문에 "더 이상 상승은 그만!"이라는 전혀 불필요한 두 번째 어젠다가 생겨나게 되었다. 대사슬의 상위 도달점은 이렇게 해서 형이상학적 가정에 불과한 것으로 전환되었고, 그 후 완전히 버려지고 말았다.

그 결과, 어떤 식의 상승—초월—도 지독한 의혹의 눈으로 보게 되었다("더 이상 상승은 그만!"이라는 표어가 "상승은 이성까지, 그 이상은 없음!"이라는 의미가 되었다). 믿을 수 없는 일이지만, 대사슬의 상위 단계는 이러한 사람에게는 그야말로 도달할 수도 없고 시도조차 해서는 안 되는 그런 미덕, 그런 힘이 되고 말았다. 실제로 그런 것에 도달하려고 시도하는 것 자체가 자만으로 여겨졌다. 뒤에서 보겠지만, 그것은 몹시 끔찍한 세기의 대죄였다.

언제나 자신의 최상의 잠재력을 보여 주는 지도로 생각되었던 대사슬은—그 지도는 박애와 자비로 온온주 전체를 포용하게 될 사랑을 개화시키기 위해서 에로스가 따라야 할 도정을 보여 주는 안내도다—놀라운 해방의 지도가 아니라 더 높고/더 깊은 인간발달의 모든 가능성을 가둬 버린 감옥이 되고 말았다. 루소는 (『에밀Emile』에서) 모든 세대에게 이렇게 훈계했다. "오, 인간이여! 그대의 존재를 그대 안에 한정시키라. 그리하면 결코 더 이상 비참해지지 않으리라. 존재의 사슬에서 자연이 그대에게 할당한 자리에 머물러 있으라. 그리하면 그 어떤 것도 그대에게 거기서 떠나라고 강요하지 않으리라"(고딕체는 필자의 강조임).

이렇게 해서 '자신의 위치에서 위로 오르려는' '우주적 원인에 역행하려는' '우주의 질서 자체를 교란시키는' 모든 시도는 곧 자만이 되었다. 상승은 어떤 형식이든, 어떤 종류든, 어떤 모습을 취하든 대죄arch-sin, 끔찍한 자만의 죄가 되었다.

'피안의 세계'를 나타내는 듯한 것이라면 모조리 공공연하게 경멸했고, 격하게 조롱했다. 전적으로 왜곡되고 오해받은 것은 더 말할 필요도 없다. 다시 한번 포프를 인용해 보자.

가라, 플라톤과 함께 최고천으로 솟아올라라. 제일의 선으로, 제일의 완성으로, 제일의 미로, 아니면 그의 추종자들이 밟은 미로를 뒤쫓아서, 감각을 잊는 것을 신의 모방이라고 부르라. 동양의 성직자들이 어지럽게 원을 돌며, 태양을 모방하려고 머리를 빙글빙글 돌리듯이.

이렇게 해서 이성을 넘어선 어떤 형태의 상승도 그저 나쁜 생각인 정도를 넘어서, 자연에 대한 문자 그대로의 범죄, 대사슬과 그것이 남녀에게 부여한 위치에 대항하는 범죄로 보았다.

자만 속에, 추론하는 자만 속에, 우리의 잘못이 깃들어 있다. 모든 것이 자신의 영역을 떠나 하늘로 몰려든다. 자만은 여전히 지복의 거처를 목표로 삼는다.

근대의 주제는 포프가 말한 것처럼, "겸양의 미덕을 갖고, 과학을 그대의 안내인으로 삼아 그 뒤를 따르라."가 되었다. 위로 비상하지 마라, 위를 보지 마라, 변용하지 마라, 다만 겸허한 마음으로 아래쪽을 굽어보는 과학을 따르라.

톨란드Toland, 틴들Tindal, 루소, 제퍼슨, 프랭클린Franklin 등 이신론자들理神論者, Deists은 그들 자신이 생각하는 신을 구원하기 위해 노력했는데, 그 신은 이 세계를 창조하고, '태엽을 감고', 그런 다음 무대에서 완전히 사라져 버린 신이었다. 그것으로부터 아무것도 유출하지 않지만 모든 것을 열망하는 아리스토텔레스의 순수한 오메가로서의 신과는 달리, 이신론자의 신은 모든 것이 그것으로부터 유출된다. 아무것도 그것을 향해 가지 않는 순수한 알파 원천, 제1원인으로서의 신이었다. 이 시점에서 상승과 하강의 두 길은 철저하게 완전히 분리되고, 분단되고, 결렬되었으며, 생기를 잃고 분열되었다. 그 둘 사이에는 통합은커녕 어떤 접점도, 어떤 대화의 장도 없었다. 이신론자의 신은 곧 명백해진 것처럼, 도덕적으로, 실천적으로 또는 이론적으로조차 아무런 기능도 하지 못했다. 당연한 일이지만, 그러고는 완전히 잊혀지고 말았다.

이 멋진 충만의 세계는 더 이상 신에서 비롯된 것이 아니었다. 충만 자체가 곧 신, 그것도 유일한 신이었다. 사방 천지에 오직 하강만이 있었다. 어디를 둘러봐도 오직 그림자뿐이었다. 온갖 곳에 오직 평원뿐이었다. 그렇다면 유일하게 진정한 죄란 어떤 것이었을까? 그것은 동굴에서 벗어나려는 것, 그곳으로부터 탈출을 시도하는 것, 육안으로 볼 수 있는 것 이상을 보려고 하는 것, 단지 변화만이 아니라 변용을 시도하는 것이었다. 이런 모든 것이… 자만이었다.

이성에 의해 안내받는 감각의 세계, 그것만이 근본적인 실재였다. 창조의 경이로움, 하지만 누가 그 원천을 필요로 한단 말인가? 창조의 거대함! 누가 그 이상을 요구할 수 있단 말인가? 감각적 세계의 풍요로움 속에서 몸을 녹이게 해 달라. 필요하면 이성을 사용하는 것까지는 좋다. 하지만 무엇 때문에 이 드러나 있는 것 이상을 보려고 하는가? 무대 뒤편을 보여 달라고 요구하지 마라. 우주적 감정과 신앙심이 자연 속에서 그날그날을 이끌어 가도록 하라. 자아의 정감이라는 아주 작은 코드에 호소하는 자연 속의 스쳐 가는 모든 풍경을 환희와 더불어 둘러보라. 나에게 너무나 소중한 젖먹이 그림자와 하루 종일 보내도록 하자. 이 그늘진 온갖 구석구석 그 이상을 바라는 죄는 결단코 범하지 않도록 하자. 모든 것을 포용하는 원천에서 겸손하게 눈을 돌려 언제나 이 멋진 외양을 구하고 지키는 일을 하도록 하자. 결코 위를 올려다보지 말 것이며, 절대로 위대한 대사슬 안에서 정해져 있는 내 자리 밖으로 나가지 않도록 하자.

이렇게 해서 2천 년이 경과한 지금 마침내 여기까지, 해방의 길이 자만의 죄가 되는 데까지 오게 되었다. 우리의 가능성을 보여 주는 지도였던 대사슬은 시도조차 해서는 안 되는 지도가 되었다. 대사슬 자체가 대사슬을 부정하는 데 사용되었다. 동굴에서의 탈출로를 보여 주는 지도가 그 안에 남녀를 가두는 감옥으로 사용되었다. 대사슬은 더 이상 탈출로를 보여 주는 지도가 아니라, 종신형을 선고받은 죄수를 가두는 감옥의 설계도가 되고 말았다.

거대한 상호 연결적 질서

온우주가 단지, 그리고 전적으로 하강된 세계로 붕괴되자 거대한 홀론계층에서 남은 것이라곤 표면이나 외면 또는 우측 요소의 경험적 · 평원적인 상호 연결적 질서뿐이었다. 온우주를 대신해서 평원적 시스템 이론이 등장한 것이다.

이 장에서 나는 (존 로크가 말한) '거대한 상호 연결적 질서great interlocking order'를 신중하게 탐색해 보고자 한다. 그것이 왜 그리고 어떻게 발생하게 됐는지, 그것이 무엇을 달성했으며, 무엇을 공격적으로 침범했는지 등을 탐색해 보려고 한다. 왜냐하면 만일 그 시대가 신을 승인하려고 했다면 그 모습이 어떻든 간에 이후 근대세계의 신은 거대한 상호 연결적 질서의 신이었기 때문이다.

마지막으로 한번 더 말하고 싶은 것은 플로티노스나 오로빈도, 에크하르트나 샹카라의 경우, 거대한 상호 연결적 질서는 잘못된 것은 아닐지라도 부분적인 진실, 이야기의 절반에 지나지 않는 것이었다("충만성에 간극은 없다."라는 측면, 하강 또는 유출의 측면). 그것은 개체와 일체의 상호 침투적인 측면을 나타내는 것이었다. 그러나 개체와 일체의 기저는 비이원적인 일자로서, 선성이라는 하강적 측면뿐만 아니라 선이라는 상승 측면에도 존재하는 것이었다. 그러나 이 반쪽짜리 이야기가 '전체' 이야기가 될 때, 바로 그곳에서 근대성으로 알려진 악몽이 생겨나게 되었다.

근대성에 의한 온우주의 붕괴는 근대성의 달성과 병행해서 일어났는데, 나는 이 달성을 부러워해서는 안 된다고 생각한다(이것이 근대성의 길보와 흉보적 성질이다). 이미 근대성을 정의하는 특징 중 하나가 빅3의 명확한 분화—이것을 근대의 진정한 긍지라고 불렀다—에 있다는 점을 본 바 있다. 그것은 과학(그것), 도덕(우리), 예술(나)의 분화였으며, 그렇기에 제각기 진실의 길을 추구할 수 있었고, 다른 것의 지배나 간섭 없이 자신의 진실을 확립할 수 있었다. "문화적 근대성의 특정적인 명예는 막스 베버Max Weber가 자신의 논리에 따른 가치 영역의 분화라고 말한 것으로 이루어져 있다."[3] 그리고 "18세기가 끝나 갈 무렵 과학, 도덕, 예술은 그 활동 영역이 제도적으로 분화되었을 뿐만 아니라 진리(과학), 정의(도덕), 취향(예술)의 문제가 제각기 자율적으로 탐구되었다. 즉, 이들 앎의 영역 각각은 자신만의 특정한 타당성 측면에 입각해서 추구되었다".[4]

그러나 근대성의 긍지가 빅3의 분화에 있다고 한다면, 근대성의 재앙은 그것들을 통합할 수 있는 길을 아직 발견하지 못한 데 있다고 할 수 있다. 통합하는 중심을 갖고 있지 않았기 때문에 빅3는 일찌감치 분리로 이행해 가기 시작했다. 각각의 영역은 근본적으로 분리된 '초자율적hyper-autonomous' 영역으로 존재하면서 서로 간에 아무 말도 없이 종종 서로를 경멸하면서 철저하게 자신의 영역에 국한되었다. "이러한 분리와 자기충족은 역사철학의 입장에서 생각해 보면 오랜 (신화-멤버십 혼효주의에서의) 의존으로부터 해방의 길을 닦아 놓았지만, 동시에 생활세계의 윤리적 맥락의 통일성으로부터 소외(분리)로, 추상으로 경험되기도 했다. 한때 종교는 이 통일성을 깨지 못하게 하는 봉인이었으나, 이 봉인이 깨진 것은 우연한 일이 아니었다."[5]

아직 드러나지 않은 통합의 부재 속에서 세 영역은 각기 분리되고 외로운 길을 걸었다. 특히 주관적이고 도덕적인 영역—좌측의 길, 내면의 길—은 자신의 논리를 엄격하게 탐구했으며, 객관적이고 경험적인 외면에 대한 연구인 우측의 길 또한 고립된 채 자신만의 길을 걸었다. 양쪽의 길 모두 세계를 뒤흔들 만한 대단한 발견을 했지만, 서로 간에 그 발견에 대해 이야기할 만한 여지는 없었다.

이것이 빅3의 분리였으며, 자연과학(그것 영역)이 내면, 주관성, 도덕, 문화 영역(나와 우리)을 압도할 정도로 앞서 나아가게 된 원인이었다. 내가 빅3가 빅1으로 축소되었다고 말하거나 우측의 길만으로 축소되었다고 말한 것은 이 때문이다. 즉, 객관적인 그것-언어(표상/반영 패러다임과 그 전환으로서의 생산 패러다임, 그리고 명제적 진실과/또는 기능적 적응만의 전반적인 타당성 요건)로 축소되었다는 것이다. 빅3의 분화로 인해 신화적 혼효주의에서 해방된 (대단히 중요하지만, 매우 부분적인) 독백적 이성의 바로 그 힘이 빅3의 분리 때문에 압도적인 힘으로 지배할 수 있었으며, 그 결과 빅1으로 축소되고 말았다. 그 세계는 독백적·경험적-분석적·실증주의적 '그것들'의 평원세계였으며, 경험적-자연과학에 의해서 연구된 실체만이 '진정'한 것으로 인정받는 세계였다.

이어지는 삼부작에서 나는 상당 부분을 이 분리와 그것이 초래한 평원에 대한 강조를 추적하며, 산업화의 기술-경제적 기반과 기계 정신(기계 같은 심적 태도)이 갖는 영향도 추적한다(그것은 자본주의로 이끈 보다 일반적인 분석과 유사한 것이긴 하지만, 같은 것은 아니다). 기술-경제적 기반은 도구적-합목적적 활동을 지원했다. 하지만 머지않아 그것은 실제로 도구적-합목적 합리성이 만들어 낸 것의 한계를 훨씬 넘어가 버렸다. 정적 피드백 루프가 통제력을 잃자 계산적 합리성이 질주했는데, 이렇게 된 것은 실은 통제력을 얻으려는 공인된 목적이 그 원인이었다.

한편, 도널드 로스버그Dolald Rothberg는 이러한 폭넓은 경향에 대해서 훌륭하게 요약한 바 있는데, 이는 나의 요약과도 상당 부분 일치한다. "다양한 이유로 인해, 이러한 근대성의 창발적 잠재력, 이러한 세 가지의 앎과 행위 모드(예술, 과학, 도덕: 빅3)는 고르게 발달하지 못했다. 정확히 말하면, 근대성을 비판적으로 분석했던 많은 연구자가 제시한 것처럼, 근대성은 실제로는 제1세계(그것 세계, 우측, 객관적인 세계)를 알고 조작하는 데 지나치게 중점을 두었으며, '마법에서 풀린disenchanted' 객관적인 세계를 '도구적' 또는 '기술적' 합리성이 지배하는 방식으로 전개해 갔다(지금도 그렇게 전개하고 있다)" (버먼Berman, 해버마스, 하이데거, 호르크하이머Horkheimer, 마르쿠제Marcuse, 머천트Merchant, 매킨타이어MacIntyre).

로스버그는 "다른 두 개의 세계[상호 주관적 세계(우리)와 주관적 세계(나)]의 내용은 점점 더 경험과학과 도구적·계산적인 이성의 구조에 따라서 조직되었다. 하버마스는 이러한 불균형적인 발달을, 특히 자본주의적 세력의 강력한 영향과 결부시키기도 했다. 실증주의와 경험주의라는 '과학적' 영향하에서 통일된 경험과학만이 모든 '진정한' 지식을 포괄한다는 주장이 나왔으며, 문화적 실재와 주관적 실재를 다루는 인문학의 자율적 지위를 확보하기 위한 다양한 시도는 배제되었다."라고 지적했다.[6] 달리 말하면, 빅3가 빅1으로 축소되었다는 것이다.

온우주가 평판화, 균일화되었고, 결국 붕괴되고 말았다. 우주는 객관화라는 여과 장치를 통과하도록 내몰렸고, 그 결과 남은 것은 묽은 스프뿐이었다. 풍요로운 다차원적 온우주에서 남은 것이라곤 단지 감각/경험적인 외면과 윤곽 그리고 평원적 형태뿐이었다. 마치 입체적인 구체를 평면에 투영한 것처럼, 깊이는 없어지고 면뿐인 원만 남게 되었다. 이렇게 되자 우리는 "구체라니, 그게 뭔데?"라고 말할 정도가 되고 말았다.

수직적이고 수평적인 홀론계층—내면과 외면 차원—은 풍부한 가치의 네트워크, 의식의 심도, 질적인 구분으로 '상호 연결'되어 있으며, 이들 중 어떤 것도 물리적인 크기나 경험적인 길이 또는 물질적인 폭으로는 측정될 수 없는 것들이다. 하지만 이것들 모두가 눈으로 볼 수 있고 감각적·경험적인 물리적 상관물로 환원되었다(좌측이 우측에 있는 그것의 상관물로 환원되었다). 그 상관물들은 분명히 물리적인 크기나 그 밖의 연장적인 속성(질량, 속도, 운동량, 수, 폭)으로 측정될 수 있었다.

질과 가치는 "더 좋거나 더 나쁘다."라는 기준으로 측정되지만(자비는 통상 살인보다 더 낫다.), 경험적인 크기는 더 좋지도 더 나쁘지도 않다. 더 크거나 더 작을 뿐이다(항성은 행성보다 더 좋은 것이 아니라 더 클 뿐이다). 따라서 감각적 표면과 외면적 형태의 거대한 상호 연결적 질서—객관화라는 여과 장치를 통과하도록 강요된 우주의 최종적인 결과—는 냉혹하게도 가치를 잃어버린 우주였다.[7]

온우주는 문자 그대로 이런 자신의 그림자가 되고 말았다. 나와 우리의 수직적이고 내면적인 홀론계층은 그저 (가치 없는 그것들의 거대한 상호 연결적 질서의) 수평적이고 외면적인 홀론계층으로 전락하고 말았다.[8] 질적인 구별은 단지 양적인 구별과 기술적인 측정치로 대치되었다. "그건 무슨 의미지?"라는 물음이 "그건 무얼 하는 것이지?"라는 물음으로 근본적으로 바뀌었다. 내재적 가치가 경험적 행동언어 안에서 사라져 버린 것이다. "어떤 가치가 있는가?"라는 물음이 "얼마만큼의 가치가 있는가?"라는 물음으로 대치되었다. 보다 위대한 것이 보다 큰 것으로 대치되었다. 문화적 의미가 기능적 적응과 표면의 전일적 상호 작용 속에서 표류했다. 도덕은 시스템 이론으로 용해되었다. 에로스는 도구적-기능적 **효율성**으로 전환되었고, 아가페는 하강된 일상생활의 용인 속에서 용해되었다.

간단히 말해, 해석을 필요로 하는 심도가 단지 볼 수 있는 상호 연결적 표면들, 즉 꾸준히 지속적으로 정확하게 묘사할 수 있는 가치 없는 (경험적-분석적) 표면들로 인해 무시되었다. 객관적 여과기를 통과한 세계는 오직 감각적 표면, 경험적 형태, 과정적 그것들의 거대한 상호 연결적 질서로만 보였다.

거대한 경험적 사상寫像, mapping 게임, 근대성의 인식론적 게임이 시작된 것이다.

이 전반적인 이행에 대해 테일러가 요약한 것을 본 바 있었다. "질적으로 분화된 수준이라는 의미 있는 질서(수직적 홀론계층)로서의 우주는 처음에는 수학적 질서라는 비전에게, 끝으로는 경험적 관찰에 의해서 꾸준히 사상할 수 있는 궁극적으로 우연적 관계성의 세계라는 '근대적' 관점에게 길을 내 주었다."9)

그리고 1장에서 본 것처럼, 이 경험적 사상 게임은 그저 부분적일 뿐만 아니라 그 자체만 놓고 볼 때 완전히 자기모순적인 것이었는데, 그 이유는 객관적 여과 장치를 통과하고 남은 이 묽은 객관적 스프만이 알 가치가 있는 유일한 증거라는 어떤 증거도 없기 때문이다. 우측 자료만이 진정하다는 그 주장은 모든 좌측 판단을 부정하는 좌측의 판단이었다. 객관적인 세계관은 자신의 입장조차 설명할 수 없었으며(그것은 '입장 없는 관점'이다.), 객관적 대상을 증명할 수는 있었지만 객관적 대상만이 유일한 실재라는 배타성을 증명할 수는 없었다. 즉, 스스로를 증명할 수는 없었다. 오히려 그 주장은 액면 그대로 맹목적인 믿음으로 받아들일 수밖에 없었는데, 그 믿음은 온 우주의 좌측 전부를 눈멀게 한 믿음이었다. 그런 믿음은 실은 자신의 감춰진 판단으로 좌측 차원에 몰래 침투해 있던 것인데, 강력하게 열정적으로 그런 판단을 해 놓고는 그 판단 자체를 완전히 부정해 버린 것이다. "경험적 지식만이 진정한 지식이다." 그러나 그런 주장에 대한 경험적 증거가 어디에 있단 말인가?

그 결과, 대사슬은 한쪽으로 크게 기울어졌다. 말하자면, 무한한 전면과 앞쪽을 위해 무한한 내면과 초월이 방기되었던 것이다. 그리고 서양은 그로 인해 생긴 가려움을 필사적으로 긁기 시작했다.

여기서 이야기를 잠시 중단하고, 간단하지만 매우 중요한 점에 대해 언급하고 싶다. 이것은 좀 앞서 나간 이야기이긴 하지만, 중요한 것이기 때문에 본론으로 돌아가기 전까지 간단하게나마 다뤄 보고 싶다.

포스트모던에서의 빅1의 타파, 즉 (다원적인 문화 해석과 심층 해석학, 내성과 내면의 개시, 상호 주관적 담론의 형성과 인식론적 패러다임의 존재, 의미 작용의 연쇄와 소통의 심도, 질적 구별의 요구와 가치 및 의미의 탐구 등을 포함하고 있는) 좌측 차원 탐구의 재개로 인해, 간단히 말해 획일적인 평원과 반대되는 빅3의 복권으로 인해 관심은 또다시 주관적인 나와 상호 주관적인 우리의 심도로 복귀할 수 있게 되었다(그리고 복귀했다). 그 심도는 하이데거의 명료함 또는 개방(순수한 초월)에서부터 해석학의 끈질긴 심도 탐구, 니체, 바타유, 데리다에서도 볼 수 있는 신비주의에 대한 관심, 푸코의 한정적 경험과 '광적인 신비적' 시인들에 대한 집중적인 탐구에 이르기까지 범위가 매우 넓다. 또한 인본주의 및 초개인 심리학에서 동양의 신비주의와 요가에 이르기까지 심도는 그 모든 것에 대한 폭발적인 관심에 불을 지폈으며, 심도는 진실이 단지 실증주의적이고 경험적인 사상의 깔끔한 게임이 아니라는 것을 잘 알고 있던 포스트모던 탈구조주의자도 불러냈다.

이러한 포스트모던 조류에는 적어도 한 가지 공통점이 있는데, 그것은 단순한 경험주의는 죽었다는 것이다. 표면 여기저기에 구멍이 뚫렸으며, 평판적이고 색 바랜 시스템은 골수에 이르기까지 쇠약해졌다. 묽은 스프가 인식론적으로, 존재론적으로 또한 동기적으로도 영양실조를 초래한 것이다.

전반적인 요점은 일단 인식의 어깨에서 빅1의 짐이 내려지자 빅3가 즉각 무대로 돌아왔고, 한때 진지한 대화에서 금지되었던 내면의 심도, 온우주의 붕괴로 인해 금지되었던 심도가 이제 마음의 내적인 눈앞에 활짝 펴졌다는 것이다. 표면이 전부가 아니라 그 안에도 무언가가 숨겨져 있다는 것, 겉모습은 단지 드러내 보일 뿐만이 아니라 숨기기도 한다는 것, 그 안에선 무언가 다른 일들이 진행되고 있다는 것, 그 안에는 반짝이는 표면의 묽은 스프가 담고 있지 않은 영양 보충제가 있으며 감각에겐 분명하지 않은 비밀, 훨씬 더 재미있는 것들이 숨어 있다는 것이 그것이다.

이렇게 재개된 내면의 주관적 심도와 상호 주관적인 심도의 탐구에서 우리를 기다리는 것은 바로 이런 탐험의 선구자들이었다. 플로티노스에서 디오니시우스, 아우구스티누스, 아빌라의 테레사, 에크하르트, 에머슨에 이르는 위대한 신비철학자/현자들, 이들은 의식이라는 전인미답의 광대한 대륙을 탐험하기 위해 출발한 선구자들이었다. 내면을 발견하기 위한 항해는 역사적으로 현 시점에 이르기까지 계속되고 있긴 하지만, 이제는 그런 광대한 대륙 자체가 존재하지 않는 것이 되었고 모든 항해자는 ('문화적 주변화'에 의해) 자신의 발견을 논하는 것마저 금지되었다. 내면 차원들은 더 이상 진지한 담론으로 여겨지지 않았다. 그 모든 것은 '단지 신화적'인 과거의 일부에 지나지 않는 것이 되었다(더 이상 신화는 그만, 더 이상 상승은 그만). 푸코가 이 (붕괴의) 전 과정에 대해서 말했던 것처럼, 만일 표상이라는 편평한 탁자 위에 올려놓을 수 없는 것이라면 그것은 존재하지 않는 것이었다[그리고 푸코는 고전적 계몽주의자는 서랍(주관적 의식)은 탁자 위에 올려질 수 없다는 점을 알아차리지 못했던 것으로 보인다고 말했다]. 내면세계의 뛰어난 선구자들(플로티노스, 피치노, 에크하르트……)은 이렇게 해서 잊혀지고 말았다.

그러나 그들은 자신들이 그린 초기 지도를 고스란히 남겨 놓았다. 그것은 (재)발견되기를 기다리고 있는 신세계나 다름없는 내면의 지도였다. 이들 지도 대부분은 일반적인 형식을 갖고 있었다. 즉, 마음에서 왼쪽으로 돌아 나와 곧장 무형상으로 들어가 영에서 편히 쉬면서 세상을 껴안으라는 것이었으며, 그 놀라운 여정에 필요한 모든 단계도 표시되어 있었다([그림 9-1]과 같은 지도들이었다).

그러나 이러한 지도에 세부적인 부분들까지 정확하게 그려져 있다고 확실하게 말할 수는 없다. 이 초기 지도들은 많은 점에서 아메리카 대륙의 초기 지도와 흡사하다. 쿠바는 텍사스와 동일한 크기로 그려져 있고, 그린랜드는 끝없이 연장되어 있으며, 플로리다는 거대한 대륙으로 묘사되어 있다. 그러나 이 지도들이 조잡하다거나 초보적이라거나 시대에 뒤떨어진 것이라는 사실이 쿠바나 플로리다, 그린랜드가 존재하지 않는다는 것을 의미하는 것은 아니다.

따라서 그들이 그린 초기 지도의 상세한 부분까지 모두 받아들일 필요는 없다. 어떤 지도는 급하게 그려졌을 뿐만 아니라, 발달이 진행해 감에 따라 단순히 이미 완전하게 주어진 토지를 발견하는 것만이 아니라, 동시에 새로운 영역을 만들어 내기도 한다는 것이 의식발달의 전반적인 포인트이기 때문이다. 광대한 내면 의식 영역이(심층구조로서) 가용한다는 사실은 표면구조 역시 한꺼번에 모두 주어진 것이라는 점을 의미하지는 않는다(이 때문에 플로티노스가 묘사한 뛰어난 내면 지도조차 수정되고 최신화되지 않으면 안 된다). 콜럼버스가 플로리다 지형도를 완벽하게 그렸다 해도, 그 지도 자체는 오늘날의 용도로서는 심히 부적절한 것이다(그 지도에는 새로운 도시, 도로, 마을, 개발된 모습 등이 그려져 있지 않다. 이렇듯 그 이후에 만들어진 모든 표면구조는 지도 어디에도 없을 것이다). 의식의 각 수준들도 실제로 의도적·행동적·문화적·사회적 요인들에 의해 주형된 똑같은 사상한적인 것들로서, 이 모든 수준은 위대한 선구자들의 시대 이래 지금까지 진화와 발달을 지속해 온 것들이다.

오히려 이러한 초기 지도는 푸코가 제시했던 노선에 훨씬 더 가깝다. "인류의 문화적 발명 중에는 도구, 기술, 아이디어, 절차 등과 같은 보물들이 있다. 그것을 정확하게 재가동시킬 수는 없는 일이지만, 적어도 현재 일어나고 있는 것을 분석하거나 변화시키는 도구로서 매우 유용하게 쓰일 수 있는 어떤 관점을 구성하거나 또는 그런 구성을 돕는 데 활용할 수는 있을 것이다."[10]

따라서 곧 보게 되겠지만, 관념론자들이 평원을 타파하고 붕괴된 우주, 가치를 잃어버린 우주를 폐지하려 했을 때, 그들이 의지한 것은 바로 이 내면세계에 대한 초기 지도였다. 그리고 이 또한 곧 보게 되겠지만, 이 운동 전반에서 독창성이 풍부한 인물 한 사람을 꼽자면, 그가 바로 플로티노스였다.

그러나 이것은 우리의 이야기에서 많이 앞서 있는 것이기에 여기서 내가 강조하고 싶은 것은 빅3의 부활이라는 포스트모던의 가능성과 더불어, 우리는 훌륭한 선구자들이 남겨 놓은 내면에 대한 초기의 신세계 지도를 소지하고 있다는 것이다. 이러한 지도에 의존하는 것은—최소한 처음에는—과거에 대한 퇴행적인 동경이라고 할 수 없을 것이며, 신화적인 후퇴는 더더욱 아닐 것이다. 그것은 오히려 근대의 붕괴로 인해 완전히 가치가 제거된 심도를 다시 측량하려는 새로운 혈통의 선구자들이 취할 수 있는 유일하게 합리적인 행동 과정일 것이다. 지도를 수정/보완하는 것은 좋은 일이다. 옛 지도의 외형 중 이곳저곳을 새로 그리는 것도 좋은 일이다. 그러나 우리에 앞서 분명하게 흔적을 남겨 놓은 사람들의 용기와 영광, 그 뒤를 따랐던 민감한 영혼의 소유자 모두에게 고마움을 잊어서는 안 될 것이다.

쾌락의 계산법

본론으로 돌아가 보자. 빅3가 빅1으로 붕괴되었다. 그렇게 붕괴되고 가치를 잃은 그 세계도 여전히 위계였고 여전히 **홀론계층**이었지만, 그 세계는 이제 엄밀하게 수평적 평면으로만 전개해 갔다(어떤 수직적 운동도 자만의 죄였다). 우주는 거대한 상호 연결적 질서, 시스템 이론의 거대한 망처럼 보였으며, 그 망은 단지 경험적이고 물리적인 것, 즉 감각이나 그 연장 수단으로 볼 수 있는 우측 길로서의 망이었다.

따라서 그곳에는 해석되어야 할 심도와 접근해야 할 내면은 없고, 있는 것이라고는 '경험적 관찰로 볼 수 있고 꾸준하게 묘사할 수 있는' 외면적 표면, 소위 '반영' 또는 '표상 패러다임'뿐이었다. 그곳에서는 이미 주어진 아무 문제없는 주체가 이미 주어진 감각적·경험적 세계에 존재하는 대상을 반영하거나 표상할 뿐이다.[11]

예컨대, 우상상한에도 원자에서 분자, 세포, 유기체 등으로 진행해 가는 홀론계층이 있다. 이것은 부정되지 않았다. 부정된 것은 우측에서 발견한 것과는 전혀 다른 용어로 설명해야 하는 좌측 차원들이었다. 이것은 미묘한 환원주의였다(꽤 많은 순진한 바보는 거친 환원주의로 한발 더 나갔으며, 실질적으로 우측에 있는 모든 것은 원자로 환원시킬 수 있다고 주장했다). 거친 환원주의든 미묘한 환원주의든, 어쨌든 실재는 단지 독백적·경험적·표상적인 것(경험적으로 획득 가능한 반영)에 지나지 않았다. 따라서 여기서는 '아는 데 적합한 모든 진실'에 접근하기 위한 어떤 내적 **변용**(어떤 내면의 상승 또는 수직적 발달)도 필요로 하지 않았다.

또한 이것은 그 시대의 대죄와 완벽하게 부합하는 것이었다. 정해진 위치보다 위로 올라가려는 시도, 그것은 물론 외경스러운 대죄였다. 우측의 길은 어느 누구에게도 위로 올라설 것을 요구하지 않는다. 획득 가능한 경험세계를 그저 좀 더 주의 깊게 보는 그것만으로 족하다. 힘든 **변용**은 필요 없고, 그저 확고한 **변환**만으로 족하다.[12] 대사슬은 관찰 가능한 경험적인 것들로 기울어졌고, 심도는 폭으로 붕괴됐으며, 해석적 차원은 경험적 행동언어로, 질적 구별은 기능적 상호 관계로 용해되었다. 경험적인 그것들의 거대한 상호 연결적 질서로 붕괴해 버린 것이다.

어쨌든 온우주 내의 진정한 모든 사상events이 우측 상관물, 경험적 또는 감각 물질적 측면(외면 형태)을 갖고 있는 것은 확실하다. 그러므로 경험적이고 실증적인 행동의 증거는 언제나 제공 가능하다. 사고는 그 상관물로 뇌 생리 현상을 수반한다. 의도는 행동적 측면을 수반하며, 문화는 물질적인 사회적 성분을 수반한다. 우측 길 자체는 결코 잘못된 것은 아니다.

그러나 대단히 부분적이다. 시스템 이론은 영이 빠진 충만에 불과하다. 그런데도 시스템 이론은 다양한 모습으로 변장한 채 오늘날 대유행 상태에 있다[계몽주의에서 현재에 이르기까지 다양한 형태를 취한 미묘한 환원주의는 우측 길의 첫째가는 거대 패러다임이며, 거친 환원주의자(원자론자, 기계론자)와 격렬하게 싸우고 있다. 그러나 양쪽 환원론자 모두 온우주의 좌측은 공식적으로 인정하고 있지 않다].

계몽주의를 들불처럼 휩쓸고 간 거창한 시스템론적 패러다임(둘 다 독백적 합리성에 기초해 있지만)에서 개체의 구원은 개체와 일자(따라서 전부)와의 관계 대신에 각자가 얼마나 기능적·도구적으로 일체, 즉 전체적인 기능 시스템에 적응하는가에 달려 있다. 전일론적 세계란 어디까지나 도구적인 세계였다. 모든 것은 거대한 경험적 그물망을 이루고 있는 한 가닥의 실에 불과하기 때문에 전체 시스템에서 외재적·도구적 가치만을 가질 뿐이다.

따라서 질(내면 심도)은 거대한 상호 연결적 질서(외면의 폭)와의 양적인 적응이란 점에서 측정되었다. 믿기 어려운 일이지만 이것은 그 당시 자연과학과 종교 양쪽 모두에서 진실이었다. '거대한 도구화'가 진행되고 있었던 것이다.[13] 이러한 붕괴에 대해서 테일러는 이렇게 말했다. "이 질서라는 사고방식 자체도 도구화를 중심으로 한 변용을 겪었다는 것은 흥미로운 일이다. 이 (전일적) 질서를 '기술학'이라는 용어로 불렀으며, 신의 질서가 갖추고 있는 통일성은 관조해야 할 구조가 아니라 전체를 이루는 조화로운 행동을 하도록 요청하는 사물의 상호 연결적 집합으로 파악되었다."[14]

테일러는 종교 개혁에서 청교도, 이신론에 이르기까지 종교의 중심적인 흐름에 대해서도 논했다. 자신의 행동을 조화로운 전체에 어떻게 적응시킬 것인가, 이것이야말로 구원을 위해 결정적으로 중요한 것이었다. "(조화로운 전체에서) 부분들 간의 조화라는 관념은 '에우프락시아Eupraxia(정상의 회복)'라는 말로 파악되었다. 그것은 신의 의지를 표상하는 징표의 질서 속에 있는 사물의 상호 반영의 문제가 아니라 행동계기를 요청하는 이유의 일관성 문제였다." 바꿔 말해, 행동에 관여한 표면과 외면의 조화로운 전체(그것은 무엇을 하는가?)였지, 내면의 관조와 징표의 질서(그것은 무엇을 의미하는가?)는 아니었다는 것이다.

테일러가 보여 주듯이, 질적 가치에서 도구적 행동으로의 이러한 변환은 그 시대 전반을 특정 지었다. "이러한 변환은 세상에 대한 도구적 입장에 새롭고 중요한 영적 의미를 부여했음을 의미한다……. 사물을 도구화하는 것은 영적으로 본질적인 발걸음이다……."15) 도구화야말로 모든 것을 순수하게 하강적 충만의 그물망을 구성하는 한 가닥의 실로 변환시키는 것이며, 감각적 표면이라는 거대한 우주 시스템 안에서 자신의 도구적 위치를 차지하는 것이다(감각적 표면은 도구적 합리성에 의해 '반영'된다).

(계몽주의의 교사) 존 로크만큼 확실하게 이 전일적 도구화에 승인 도장을 찍은 사람은 아무도 없을 것이다. "적절하게 사용할 경우, 도구적 합리성은 신에 대한 우리의 봉사에서 핵심을 이루는 것이다. 이것만이 우리가 신의 목적에 참여하는 길이다. 동물처럼 본능에 의해서가 아니라, 의식적인 추론에 의해서 우리는 전체에서의 위치를 차지하게 된다."16) 테일러가 요약한 것처럼, "로크는 성장 중에 있던 이신론적 구도를 정의하고 그것을 유포하는 일에 힘썼다. 이신론은 18세기에 완전한 모습으로 출현했으며, 우주를 존재의 거대한 상호 연결적 질서, 서로 간의 번영을 위해 상호 봉사하는 것으로 보았다……". 이렇게 해서 도구적 의식만이 '신의 의지에 참여하는 우리의 대도大道'가 되었다.

('신의 의지' 대신 '가이아'라는 단어를 쓸 경우, 오늘날 대다수 생태철학자의 새로운 '패러다임'이 된다는 것이 지금쯤 분명해졌을 것 같다. 그들은 온우주를 붕괴시킨 창시자들로부터 끊기지 않고 계속된 계보를 잇고 있다. 그것은 새로운 패러다임이기는커녕 여전히 암묵적으로 근본적 계몽주의 패러다임을 따르고 있고, 여전히 세계를 생명의 망이라는 이데올로기에 봉사하는 도구화를 시도하고 있다. 그것은 푸코의 생권력bio power이라는 악몽에 여전히 붙잡혀 있으며, 여전히 거친 환원주의자들과 신랄한 싸움을 계속하고 있다. 그 싸움 자체는 좋은 일이지만, 그들 자신의 미묘한 환원주의 과정이 온우주에 끼친 보다 큰 폭력은 알

아차리지 못하고 있다. 우리는 이 모든 주제를 뒤에서 탐구할 것이다.)

위대한 홀론계층은 ("더 이상 상승은 그만!"을 받아들인 결과) 평원의 독백적이고 도구적인 이성(기술학)에 의해 상호 연결하고, 상호 침투하는 표면과 외면으로 변환되었다. 또한 보편적이고 객관적인 거대한 시스템, 즉 절차적이고 행동적인 용어("무엇을 하는가?")로 정의된 구조적-기능적인 시스템에서 서로가 서로를 돕는 가닥들로 이루어진 일관성 있고 조화로운 전체라는 개념으로 변환되었다. 한마디로, 내면성과 심도를 완전히 결여한, 테일러식으로 말하면 모든 질적 구별이 사라진 평원적인 생명의 망으로 전환되고 말았다. '나'와 '우리'가 서로 짜인 '그것들'로 환원되고 만 것이다.

여기에서 '최대 다수를 위한 최대 행복'이라는 관념까지는 불과 한 걸음에 불과했다. 이 관념은 우측 길의 특징인 철저한 행동언어로 기술된 상호 연결적 외면들의 계산법이었다. 접근할 수 있는 심도가 없으므로 그곳에 있는 것이라곤 계산할 수 있는 표면뿐이다. 다다익선인 것이다. 질을 상실한 우주에서 '질'은 이제 계산에 의해서만 발견된다. 그런 풍속도에서 크면 클수록 더 좋다는 생각을 누가 감히 의심할 수 있겠는가?

한편으로는 '최대 다수의 최대 행복'(다수 안에는 종종 동물도 포함되었다.)을 순수하게 세계중심적인 관념이라고 인정해도 좋을 것 같다. 그 모든 것은 대체로 후인습적이고 세계중심적인 합리성의 출현 때문이었다. 여기까지는 좋다.

그러나 좌측과 우측 차원으로 이루어진 온우주가 단지 우측의 경험적이고 감각적인 표상으로 붕괴되었기 때문에, 만물에게 확장되었다고 생각된 '선'의 유형이나 질에서의 차이가 끼어들 여지가 없었으며 그 차이를 나타낼 방법도 없었다. 그곳에 있는 것은 오직 표면에서의 기능적 적용뿐이었고, 그런 적용의 많고 적음만이 문제였다.

달리 말하면, 평원세계란 만물에 적용 가능한 동기의 균일화를 의미하며, 이곳에서의 윤리적인 정언명령은 이 균일화된 것을 가능한 한 많은 것에 확장시키는 것이 된다. 이것은 또한 균일화된 동기가 만물에 적용될 수 있는 최저의 공통분모여야만 한다는 것을 의미하기도 한다. 즉, 감각적인 쾌락/고통, 쾌락주의적인 행복을 의미한다.

이미 1742년에 허치슨Hutcheson은 "최대 다수의 최대 행복을 달성하는 행동이야말로 최선이다."라고 선언한 바 있다. 여기서는 다른 유형의 행복이나 다른 수준의 행복이 있을 수 있다는 점은 전혀 고려되지 않는다. 평원적 우주에서는 모든 행복이 똑같은 것, 즉 감각적 행복, 쾌락적 행복이라는 단일 행복mono happiness뿐이다. 따라서 평원적 계산법에서는 단지 이 단일 행복의 폭을 거대한 상호 연결적 질서에 따라 모든 방향으로 **확장**시키는 것이라고 말했다. 여기에는 심도는 없고, 다만 감각적인 폭을 무한히 추가하는 것만이 있을 뿐이다. 이것은 거대한 상호 연결적 질서를 확장시켜 가는 진정으로 나쁜 악몽 속의 무한성이었다.

"허치슨과 로크가 공유한 가장 중요한 관념은 거대한 상호 연결적 우주라는 것이다. 이 우주에서 부분들은 서로의 보존과 번영에 이바지하도록 설계되어 있다."[17] 허치슨 자신이 이렇게 명확하게 설명했다. "우리의 애정은 전체를 위하도록 고안되었다. 그것에 의해 각각의 독자적 개체Agent는 대체로 전체의 선에 봉사하도록 만들어진다. 이렇게 해서 보이지 않는 통일체에 의해 (일체는) 서로 연결되며 하나의 커다란 시스템을 이루게 된다. 이 통일체 내에서 자발적으로 지속하는 자는 행복할 것이고, 이 통일체에 참가하지 않고 그것을 파괴하는 데 영향을 미치는 자는 스스로 재앙을 초래할 것이지만, 그렇게 한다 해도 자연의 결합을 깰 수 있는 방법은 없다."[18]

거대한 상호 연결적 질서와 자연 시스템 안에서 도구적인 한 가닥의 실 이상이 되려고 하지 마라. 표면의 뒷면을 보려고 하지 말 것이며 높은 곳을 보려고 하지 마라. 그렇게 하는 것은 자만의 죄를 범하는 것이고 비참한 불행을 초래하는 일이다. 쾌락주의적인 계산을 위반했을 뿐만 아니라, 행복한 에고가 한 마리 벌레처럼 획일적으로 아늑하게 적응해야 할 감각적 평원의 총화에서 자신을 제외시킨 것이다.

그 당시 승산 없는 싸움을 하던 캠브리지 플라톤주의자들에게 구원의 열쇠는 테오시스Theiosis, 즉 자신이 신이 되는 것, 그렇게 해서 일자의 완벽한 현현으로서의 개체를 포용하면서 모든 심도에 참여하는 것이었다. 단지 한 부분으로서 시스템에 적응하는 것이 아니라, 일자로서 시스템의 원천을 발견하는 것이었다. 반면에 이미 꽤 널리 확산되었던 순전히 하강적인 세계관의 경우, 신의 선성은 **전적으로** 존재의 상호 연결적 질서(거대한 시스템)에서 보이는 박애의 충만성에서만 알 수 있는 것이었다. 그곳에서 부분들은 근본적으로 똑같은 감각적 쾌락이라는 단일 행복을 추구하는 것으로 가정되었다.

테일러가 지적한 것처럼, 이것이 (로크에서 벤담Bentham에 이르기까지) 도구적 질서 및 상호 연결적 질서 이론가들이 언제나 **쾌락적 동기이론**에 의지했던 이유다. 경험적-감각적 세계에는 오직 경험적-감각적 동기만이 존재할 것이다(그 밖에 어떤 동기가 있을 수 있겠는가?). 우리 모두가 경험적인 거대한 망에서 한 가닥 실인 이상, 우리 모두가 공통으로 갖고 있는 것(실제로 최저의 공통분모)은 신체적 쾌락 추구와 신체적 고통 회피뿐이다.[19] 이것은 동기의 획일화, 즉 모든 동기를 최저 공통분모로 환원시키는 일이다.

[동기라는 점에서 신체적 쾌락/고통과 밀접하게 관련된 것은 단순한 생존, 즉 **자기보존**이다. 그래서 이후의 시스템 이론가들은 흔히 시스템의 자기보존(자기생성auto-poiesis)을 모든 홀론이 갖는 단일 동기로 여긴다. 이는 추상적인 방식에선 부분적으로 진실이지만—이것은 원칙 2a에 해당한다—존재하는 모든 것이 똑같이 자기생성적이므로 좌측의 질을 구별하는 것은 불가능하게 된다. 따라서 평원에서 자기생성은 또 다른 공통의 단일동기다.]

달리 말하면, 질을 상실한 우주에서조차도 그 우주가 작동하도록 하기 위해선 어떤 종류의 질이 필요했다는 것이다. 자신의 행동언어를 위해선 어떤 식의 추진력이 필요했다—그물망을 움직이도록 하려면 여전히 어떤 유형의 동기가 필요했다—그런데 그곳에 남아 있는 것은 최저 공통분모뿐이었다. 탐구해야 할 내면성으로서는 쾌락주의적인 쾌가 가장 가까운 곳에 있었는데, 이 '유일한' 질은 모두에게 근본적으로 똑같은 것이었기 때문에 쉽게 수량화할 수 있고 계산할 수 있었다(다른 질은 다른 유형의 실체를 갖고 있기 때문에 간단히 더해질 수 없다. 그런 것을 우리는 '사과와 오렌지'라고 말한다. 그러나 만일 그런 질의 차이를 무시할 수 있다면, 우주를 단일한 질로 변환시켜 질을 제거할 수 있다면, 온통 사과로 변환시킬 수 있다면, 이제 사과는 덧셈, 뺄셈이 가능해진다).

우리 모두가 쾌락/고통이라는 기본 수준에 연결되어 있다는 말은 물론 사실이다(감각운동 수준에서는 우리 모두 참으로 그러한데, 모든 홀론이 그 수준을 갖고 있기 때문이다). 그렇다고 우리 모두가 오직 그 수준의 동기만 갖고 있다고 말하는 것은 전혀 별개의 문제다. 하지만 당시 엘베시우스Helvetius는 이미 이렇게 선언했다. "신체적 고

통과 쾌락은 모든 인간 행동의 미지의 원칙이다."[20] 이 말에서는 중요성significance을 기본성fundamentalness으로 완전히 붕괴시킨다. 그런데 상호 연결적 공리주의자들은 이렇게 해서 퉁퉁 불은 국수 같은 공통 동기에 이르게 된다. 이 최저의 공통 동기가 윤리적 지상 명령이 되어 평원 전반에 확장시켜야 할 유일한 행복, 단일 행복을 규정한다. 개체에게 쾌락적 행복이 크면 클수록 전체에게 더 이롭다는 것이다.

이러한 생각은 만일 내가 나의 범용함을 만인에게 확장시킬 수 있다면 집단적인 선과 커다란 행복이 어떻게든 달성될 것처럼 보이겠지만, 그러나 그것은 독백적이고 도구적인 이성에 의해 계산된 최저 공통 동기의 확장에 지나지 않는다. 그렇게 해서 내가 얻을 수 있는 것은 거대한 도구적 전체에서 올바른 나의 위치일 뿐이다. 거대한 상호 연결적 질서를 이해할 수 있는 것은 오직 나의 이성뿐이고, 우리 모두는 그 질서 속의 한 가닥 실이므로 단일 시스템 전반에 이 단일 행복을 확장하도록 요구하는 것이다.

아리스토텔레스조차도 중요성 심도의 홀론계층 안에 동기를 서열화시켰다. 우리가 행하는 모든 행동이 똑같이 가치 있거나, 똑같이 선하거나, 똑같이 정의로운 것은 아니다. 아리스토텔레스식으로 말하면, 인생에는 몇 가지 '좋은 것들'이 있지만 그중 어떤 것은 다른 것들보다 '더 좋은 것'이다. 가장 중요도가 적은 것은 감각적 쾌락, 즉 쾌락주의적 관여였다. 이것도 여전히 '선'이었고, 그 자체로는 비난받지 않았다. 하지만 보다 중요하게 추구해야 할 또 다른 것들이 있었다.

감각적 쾌락보다 더 깊고 넓은 것은 필요한 물건을 생산하고 소비하는 일상적인 삶이었다. 생산과 소비보다 더 깊고 넓은 것은 시민 생활, 즉 상호 주관적인 관계와 상호 인격적인 우정 생활이었다. 그중에서 가장 깊고 높은 것은 시간을 초월한 무시간성의 관조였다(우리는 불변하는 것을 관조함으로써 신성에 가장 가깝게 접근한다).[21]

이것은 물론 또 다른 의미의 거대한 홀론계층에 지나지 않는다. 아리스토텔레스와 스토아학파의 경우, 이 위계가 목표의 순서였고 동기의 순서였다. 플라톤과 플로티노스의 경우에는 이것이 온우주의 구조이기도 했다(플라톤의 '과학'과 그의 '윤리'가 일체인 것은 이 때문이다).

그러나 어떤 경우든, 윤리적 생활은 의식(또는 자신의 존재)에서의 중대한 **변용**을 전제로 했다. 더 깊거나 높은 동기는 단순히 애초부터 주어진 것이 아니다. 개인은 그러한 변화를 이룰 때까지 성장, 발달, 전개하지 않으면 안 된다(마치 매슬로Maslow의 욕구위계와 같은 것으로, 이 위계는 현대적인 형태의 홀론계층과 같다). 무엇보다 개인은 자신의 **지각**을 변화시켜야 하는데, 깊고 넓고 보다 포괄적인 동기는 감각이나 감각 확장 장치로 발견되기를 기다리면서 주변에 놓여 있는 것이 아니기 때문이다. **변용**은 진실로 윤리적인 삶을 살기 위한 필수 조건이었다.

그러나 온우주가 경험적인 우측 길로 또한 쾌락/고통이라는 최저의 공통 동기(아리스토텔레스와 플라톤의 홀론계층에서 가장 낮은 동기)로 붕괴하자, 매우 심대한 영향을 미친 변화가 일어났다. 즉, 최저의 공통 동기는 이미 대부분의 어른에게 현전해 있고(실제로 모든 생명체에게 현전해 있을 정도로 기본적이다.), 이미 그것이 지각 안에 현전해 있으므로 이 '윤리적' 생활을 살기 위해 변용해야 할 필요가 없다는 것이다. 그는 자신의 현재 상태를 가능한 한 다른 많은 것에 확장하는 것으로 족하다. 더 넓게 **변환**하는 것으로 족하지 더 깊게 **변용**시킬 필요는 없는 것이다(흥미 있는 것은 푸코가 자신의 연구를 윤리학으로 변경했을 때 그가 전근대와 비교하면서 근대 윤리이론들에 대해 했던 주요 비판은, 그가 기술했듯이 현대 이론들이 대체로 어떤 자기단련ascesis, 어떤 변용적 수련도 없다는 것이었다. 단지 다르게 생각하는 것으로 족했고, 변용적 실천을 할 필요는 없었다).

실제로 보다 깊고 변용적인 동기(이것은 보다 넓고 보다 포괄적인 것이기도 하다.)를 지향하는 것, 이것은 그 시대의 철학자에게는 '자만'의 죄였다. 깊은 의미와 동기를 추구하는 것은 그 당시 최저의 공통 동기라는 거대한 상호 연결적 질서 밖으로 나가려는 것으로 보였음에 틀림없다. 이미 본 것처럼, 그 행동은 문자 그대로 '자연에 대한 범죄'이자 '거대한 보편 시스템'에 대한 범죄로 낙인찍혔다.[22]

따라서 도구적-전일적인 합리성에 의해 계산된 최저 공통 동기를 통해서 평원적 전체를 포옹할 수 있다고 말할 수 있게 되었다. "도구적인 이성이 중요한 것은 그것에 의해 인간이 우주의 상호 연결적 질서라는 계획 안에서 각자의 부분적인 역할을 담당할 수 있기 때문이다."[23] 그것은 행동언어로 기술된 상호 연결적 외면의 조화이지 내적 **변용**을 요구하는 내면과 외면 모두를 포옹하는 것은 아니다.

이렇듯 기력이 쇠해 가는 독백적인 응시 속에서, 아가페는 급속하게 타나토스 Thanatos로 변질되고 만다. 상위가 하위를 포용하는 것이 아니라, 상위가 하위로 퇴행하거나 환원된다. 이는 상위 최저 공통분모의 부분으로 분해시키는 작용이다(이 과정에서 상위가 말살된다. 즉, 타나토스). 그것에는 더 이상 깊거나 높은 행복은 없고, 단지 더 넓은 행복만이 있을 뿐이다. 더 이상 일자로서 만물을 포용할 수직적인 행복은 없고, 다만 개체를 감각으로 파악 가능한 일체의 요소로 환원시킨 수평적 행복만이 있을 뿐이다. 그런 다음에 이번엔 조각난 부분들을 끊임없이 추가함으로써 파괴된 손상을 수선하려고 한다. 이것은 개체의 유일한 '행복'을 평탄해진 일체에 확장시키려는 끝없는 악몽이다.

캐츠킬에서 전해 내려오는 오래된 농담 하나가 있다. 캐츠킬에서 휴가를 보내고 있던 두 명의 노부인이 리조트 식당에서 저녁 식사를 기다리고 있었다. 음식이 도착하자 한 명이 "이거 형편없는 요리잖아."라고 말했고, 그러자 다른 한 명이 "맞아, 형편없군. 그나마 이렇게 조금 주다니!"라고 말했다.

이 시대의 공리주의적 윤리는 맛없는 요리라도 많기만 하면 사회적인 선을 구성한다는 명제에 충실했다.

도구적-전일적이고 공리주의적인 분위기가 그 시대를 지배했다. 그런 분위기는 모든 도덕적인 구별을 지워 버려서 전혀 다른 수준의 도덕적 미덕이 있다는 것을 알 수 없도록, '만족한 돼지보다 불행한 소크라테스 쪽이 왜 더 좋은지' 그 이유를 알 수 없게 만들었다. 루소와 칸트는 복수심에 불타올라 이러한 동기의 획일화를 맹렬히 공격했으며, 헤겔 역시 거의 무자비할 정도로 비난했다. 그러나 그 사이에 평원적 단일 동기는 인간의 보다 더 깊은 행복은 의식의 심원한 변용에 있다는 것, 단지 자신의 현재 상태에 대한 변환을 확장하는 데 있지 않다는 것을 알 수 없도록 만들었다.[24]

하강자 신의 큰 장점은 그 신이 이미 내 시야 주변에서 요란한 소리를 내고 있음을 알 수 있다는 데 있다. 쾌락과 고통이 이미 그 세계를 지배하고 있으며, 그런 것들은 이미 나에게 주어져 있다. 그 신은 확실히 현전해 있기에 어떤 노력도, 어떤 아스케시스(고행, 금욕)도 요구하지 않는다. 쾌락은 일출과 더불어 매일 그곳에 있다. 나는 이 쾌락, 오직 그것만을 무한히 확장할 것이고, 그런 까닭에 거대한 상호 연결

시스템 밖으로 나가는 일은 결코 없을 것이다.

그로 인해 감각과 육욕에 새로운 가치가 주어졌다. 감각적 충족은 근본적 계몽주의가 초래한 되돌릴 수 없는 변화였던 것으로 보인다. "일상생활(비초월적인)의 장려는 이미 이신론자에 의해 행복 추구의 신으로 바뀌었고, 이제 그 신은 감각의 찬양으로 변질되고 있다."25)

아리스토텔레스의 최저의 선이 여기서는 유일한 선이다! 그것이 최저 공통분모망에 적합한 유일한 선이기 때문이다. 경험적-감각적인 세계에는 단지 경험적-감각적인 동기만이 있을 뿐이다. 보다 깊은 단계로의 성장, 변용, 발달은 필요하지 않았을 뿐만 아니라 허용되지도 않았다.

고차원적 변용의 온전한 전체가 아닌 감각적인 단일 행복의 잡다한 무더기들, 이것이 새롭게 형성된 하강적 세계관을 구성하는 매우 중요한 성분이었다. 해석되어야 할 깊이는 없고 눈으로 볼 수 있는 표면만의 세계, 그곳에선 어떤 내적 변용도 필요하지 않으며, 오직 외면적이고 경험적인 사상mapping만이 필요할 뿐이다. 단련되어야 할 질적인 구별이 없는 세계, 오직 측정되어야 할 수량적 연장만 있는 세계일 뿐이다. 온우주에는 더 이상 좋고 나쁜 것을 창조해 내려 하지 않는 물리적 우주 속에 더 크고 작은 것만 있을 뿐이다. 상호 맞물린 해석적 심도의 질서는 없어지고, 오직 경험적 폭이라는 거대한 상호 연결적 질서만 있을 뿐이다. 가치와 동기의 차이는 존재하지 않고, 오직 쾌락과 생존으로 추진되는 기능적 적응의 차이만 있을 뿐이다. 거기에는 기본적으로 "그것은 무엇을 하는가?"라는 물음만 있을 뿐, "그것이 무슨 의미인가?"라는 물음은 없다.

하강자의 세계관, 그것은 심도를 깊게 하는 대신 폭을 확장하는 것이라고 간단하게 요약할 수 있을 것이다.

에고와 에코

우리는 앞에서 계몽주의 패러다임의 터무니없는 역설에 대해 주목한 바 있다. 전체로서의 자연이 자기라는 원자를 만들어 냈다는 역설이 그것이다. 이 거대한 경험적인 상호 연결적 질서와 서로 짜인 망이 너무나 전일적이었고 '거대한 보편 시스템'이 너무나 완벽했기 때문에 이 망을 지각하는 주체, 합리적 자아는 자율적이고 자기 정의적인 에이전시(독자성)로서 그곳에서 **떨어져 나와** 허공을 떠다니게 되었다. 이 주체는 이음새 없이 꽉 짜인 상호 연결된 객체들의 세계에 자신을 짜 맞추려고 애써도 끼어들 틈이 없었다. '나'와 '우리'는 '그것들'로 빈틈없이 꽉 짜인 숙소에 발 딛을 곳을 찾을 수 없었다.26)

전일적인 세계, 자연 시스템에서 이 거대한 균열은 모두에게 곧 명백하게 드러났다. "계몽주의는 부분들이 완벽하게 맞물린 하나의 조화로운 전체로서의 자연nature이라는 개념을 만들어 냈다. 여기에는 인간 본성human nature이라는 개념도 포함된다. 그러나 이 두 개의 자연, 즉 계획 또는 그 도구로서의 자연과 그 계획에 따라 행동하는 의지로서의 자연 사이에는 여전히 균열이 있었다."27) 의지 또는 독자성은 자신이 존재하는 그것들의 망 안에서 동일한 용어로 기술될 수 없었다. 주체는 경험적인 객체의 세계에 자신을 맞출 수 없었다.

따라서 새로 출현한 합리적 자아가 자신은 단지 자연이라는 거대한 경험적 그물망 안에서 그저 한 가닥의 실일 뿐이라고 말할 수는 있을지 모르지만, 그렇게 하는 것은 주관적 영역을 경험적 차원으로 환원시키는 것이었다(좌상상한을 우측 차원으로 환원시키는 것, 이것이 바로 시스템 이론가들이 오늘날까지 계속하고 있는 일이다). 그러나 그것은 주체가 경험적으로 전일적인 망에 어떻게 들어맞는지를 설명하지는 않고, 오히려 주체를 단지 또 다른 객체로 설명해 치워 버린다. 즉, 설명하고자 했던 바로 그 대상을 치워 없애 버린다.

전일적인 평원세계에는 **심도를 갖고 있는 주체**가 끼어들 여지가 없었다(즉, 내면을 위한, 나 또는 우리, 동물, 인간, 신, 그 밖의 홀론의 진정한 심도를 위한 여지가 없었다).

이렇게 해서 근대성의 중심적인 문제, 즉 인간의 주체성과 그 주체성이 세계에 대해 갖는 관계에 대한 문제가 발생했다. 그것은 계몽주의에 대한 낭만주의적 관념론자의 반항에서 문제였을 뿐만 아니라, 하버마스에서 푸코, 테일러에 이르는 이론가들에게 있어서도 종종 중심적인 주제였다. 예컨대, 푸코는 이렇게 말한 바 있다. "지난

20여 년에 걸친 나의 작업 목표는… 권력이라는 현상을 분석하는 것이 아니었을 뿐만 아니라 그런 분석의 기초를 만드는 것도 아니었다. 권력이 아니라 주체, 그것이 내 연구의 전반적인 주제다."[28]

여기서 가장 관심을 끄는 것은 자율적 주체(또는 합리적 자아)와 전일적 세계라는 근본적 계몽주의 패러다임의 양극이 근본적으로 똑같은 평원적 존재론 안에서 상호 불화 상태에 놓여 있다는 것이다.[29] 양극 모두가 온우주의 붕괴를 근본적으로 경험적이고 자연주의적인 태도로 받아들였다. 그것은 더 이상 상승자와 하강자 사이의 싸움이 아니었다. 하강자들이 근본적으로 승리했다. 그들은 신화라는 목욕물을 버리면서 상승이라는 갓난아이도 함께 내던져 버렸으며, 합리적 자아와 그것이 경험하는 세계보다 더 깊고 더 높은 단계는 인정하지 않았다. 이 점에 대해선 양측 모두 실질적인 합의 상태에 있었다.

그것은 이제 남은 자들 간의 싸움, 자아-합리 수준이라는 그 특정 수준에서의 독자성agency과 공동성communion 사이의 싸움, 자기정의적 · 자기생성적 · 자기자율적임에 틀림없어 보이는 자아-주체 대 그 자아-주체를 (거대한 보편적인 그물망의 부분으로) 포괄하고 지배하고 있음에 틀림없어 보이는 객체/환경 세계 사이의 싸움이었다. 따라서 양측의 주장 모두가 전적으로 진실일 수는 없다는 것이 분명해졌다.

그러므로 이 싸움은 고차원적 변용의 싸움이 아니라(그것은 양쪽 모두 제외시켰다.), 단지 변환의 싸움이었다. 그 싸움은 이런 형태를 취하고 있다. 합리적 자아-주체를 가정할 경우, 좋은 인생이란 (1) 자기확신적 도덕과 포부를 생성하기 위해 합리적 자아의 자율적 독자성을 따르는 데 있는가, 아니면 (2) 자아를 자연세계 속에 공유된 공동성이라는 보다 넓은 바탕과 결합해서 고립된 자아보다 '더 큰' 어떤 것을 찾아내는 데 있는가 하는 것이다.

이 싸움은 오늘날에도 여전히 계속되고 있다. 나는 이것을 에고Ego 대 에코Eco의 싸움이라고 부를 것이다. 양쪽 모두 뼛속까지 평원적이었으며, 그것이 상위의 통일 속에서 통합되는 것을 가로막았다(양 진영 모두 수직적인 홀론계층을 부정하기 때문에 수직적으로 통합되는 것은 불가능하다). 평원세계에서는 어느 한쪽이 많아지면 다른 쪽은 더 적어질 수밖에 없기에, 에고 진영과 에코 진영은 서로 상대방이야말로 악의 정수라고 탄핵하면서 불구대천의 적으로 대치했다.

쟁점은, 좋은 인생이란 에고의 독자성에 있는가, 아니면 **공동성**에 있는가? 에고인가, 에코인가였다.

플로티노스는 물론 그 **양쪽 모두**라고 말하는 철학을 갖고 있었다(개체의 주관적 독자성과 일체의 객관적 공동성은 비이원적 일자에서 초월되고 포함된다는 시종일관된 방식의 철학이다). 그러나 에고와 에코 양측 모두가 비이원적 일자로 이행해 가는 홀론계층적 상승을 철저하게 거부했기 때문에, 유일하게 남아 있는 것은 유한하고 자율적인 주체(개체)를 모든 객체를 포괄하고 있음에 틀림없어 보이는 유한한 망(일체)에 어떻게 관련시킬 것인가라는 골치 아픈 문제였다. 게다가 어느 쪽도 다른 쪽으로 환원시키지 않고 또한 어렵게 얻은 각 진영의 통합을 손상시키지 않으면서 결합시켜야 하는 문제였다.

양쪽 진영은, 달리 말하면 전적으로 양립 불가능했다(이 점에 관해선 모두가 기꺼이—그리고 공세적으로—인정했다). 자연에서는 발견되지 않는 합리적 도덕성과 윤리적 의지의 진정한 바탕으로 에고를 강조할수록 에고의 가치는 더욱 감소되었고, 에고-주체의 합리적인 자율성에 대항하는 다원성('타자 지향성')의 근원으로 지각되었다. 자연 시스템 내부의 어떤 것도 보편적 자비나 상호 이해 또는 윤리적 제약을 추구하지 않는다. 따라서 에고 진영에서는 에고의 과제가 불쾌하고 협소하며 잔혹한 자연의 망에서 자신을 해방시키는 것이라고 주장했다. 에코로부터 떨어져 나와 그 속박에서 자유로워지는 것이 에고의 과제였다. 자신의 독자성을 거대하고 압도적인 시스템의 공동성 위에 확립하는 것이었다. 한마디로 말해, 에코가 적을수록, 에고가 많을수록 좋은 것이었다.

에코 진영에서는 이러한 전개 과정을 대단한 경계심을 갖고 바라보았다. 에코 진영에서는 에고가 단지 자신의 독자성을 확립하는 데 그치지 않고 자신과 자연과의 결합과 공동성을 단절하고 억압했다고 주장했다. 여기서 자연이란 외적인 자연과 보다 중요한 내적인 자연(감각, 욕망, 성, 활력)을 동시에 포함하는데, 에고가 에코의 가치를 타락시키는 목표를 달성할수록 그곳에 사는 에고는 점점 더 추상적이고 무미건조하고 고갈된 존재가 되었다는 것이다. 에고의 발생 그 자체가 에고의 존재가 의존하고 있는 공동성이라는 풍요로운 직물을 파괴한다고 에코는 주장했다. 그 해결책도 똑같이 분명한 듯 보였는데, 에코가 많을수록 또한 에고가 적을수록 모두에게 좋은 것이었다.

진정한 홀론계층을 갖고 있지 않기 때문에 양쪽의 부분적인 견해는 어느 쪽도 대신할 수 없었다. 양쪽 모두 상대 진영을 포괄한다고 주장했지만, 양쪽 모두 그것을 위해 할 수 있는 일이란 그저 공격적인 뺄셈(으로 상대를 제거하는 것)뿐이었다. 그들은 여러 점에서 사실상 대전쟁이었던 싸움에 충실하게 빠져들었으며, 그 싸움은 여전히 근대와 탈근대 간의 투쟁으로 남아 있다.[30]

에고와 에코가 좋은 인생을 걸고 싸우는 이 세계, 이 하강된 세계에서 그들은 서로를 혐오할 수밖에 없는 운명에 처해졌다.

그렇다면 그들(평원 에고와 평원 에코)이 무엇을 달성했고(꽤 많았다.) 무엇을 파괴했는지(훨씬 더 많았다.)를 좀 더 주의 깊게 검토해 볼 필요가 있을 것 같다. 왜냐하면 이미 지적했듯이, 평원 존재론으로는 해결할 수 없는 이 무익한 싸움이 오늘날에도 여전히 우리 곁에 있으며, 여전히 그들 모두가 구원하겠다고 주장하는 진정한 세계의 약탈에 똑같이 기여하고 있기 때문이다.

대략적 개요

이 주제는 매우 중요한 것이긴 하지만 다소 복잡하기 때문에 이 단락에서는 몇 개의 도표를 사용해서 매우 단순화된 개요만을 제시할 것이다. 도표의 경우, 언제나 그렇듯이 문제를 해소해 주는 것보다 더 많은 문제를 만들어 낼 수도 있지만, 이런 그림들이 매우 도식적이라는 점에 유념하는 한 몇 가지 중심적인 이슈를 강조할 수는 있을 것 같다.

[그림 12-1]은 물질에서 몸, 마음, 혼, 영에 이르는 전통적인 존재의 대사슬을 매우 단순화된 형태로 요약한 것이다. 각 수준은 초월하면서 포함하기 때문에 나는 그것을 좀 더 정확하게 보여 주기 위해 존재의 대둥지(또는 대홀론계층)로 그렸다. 중

심(가장 기본적인 물질)에서 위로 올라가는 것이 진화 과정(에로스에 의해 추진되는 환류 또는 상승)이며, 영에서 (가장 중요한) 아래로 내려가는 것이 내화(아가페에 의해 추진되는 유출 또는 하강)다. 각각의 상위 수준은 이전 단계에서는 없었던 새로운 성질이 출현한다는 특정을 갖고 있다. 영은 최상위 수준(모든 것을 초월해 있으면서 모든 것을 포함한다.)이자 각 수준의 기저로 똑같이 현전해 있는(별, 개미, 인간으로부터 등거리에 있다.) 양쪽 전부다.

하지만 전통적인 대둥지가 유의미한 규모로 통합하는 데 실패했던 것은 사상한을 명확하게 분화시키지 않았기 때문이다. 예컨대, 물질적인 뇌가 모든 물질과 함께 존재의 최하위 단계에 놓여 있었다. 그러나 물질적인 뇌는 실은 내면적 의식 상태의 외면적 상관물로 보아야 했다(그렇게 되면 뇌는 단지 모든 수준 중 최하위 수준이 아니라, 매우 높은 수준의 외면적 상관물이다). 의식을 물질적 뇌와 밀접하게 연관되어 있는 것으로 보지 않고 의식을 모든 물질 위에 맴도는 것으로, 초월적이고 형이상학적이며 완전히 피안적인 것으로 보았다(의식 상태는 뇌 상태와 연관되어 있다는 발견, 즉 모든 좌측 사상은 우측 상관물을 갖고 있다는 발견은 전통적인 대사슬 및 모든 형이상학에게는 통렬한 일격이었다. 그도 그럴 것이 그 충격이 너무나 커서 온우주를 과학적 유물론에 지나지 않는 것으로 붕괴시키는 데 기여했기 때문이다).

마찬가지로, 전통적인 대둥지 관점에서는 문화적 맥락(좌하상한)이 모든 지각을 주형하는 방식에 대해서, 기술-경제적 기반(우하상한)이 개인의식에 강력하게 영향을 미치는 방식에 대해서, 세계관, 개인의식, 생산 양식 등의 진화에 대해서는 거의 이해하지 못했다. 이 모든 경우, 대사슬 관점은 심하게 제한되어 있었다(이것은 개인들이 대사슬 관점을 좌상상한의 개인적인 의식발달을 위한 적절한 지도로 사용하는 것을 완전히 막지는 않았다. 실제로 많은 사람이 그렇게 사용했다. 그러나 우리가 사상한이라고 부르는 실재의 그런 측면에 대한 대둥지 관점의 민감성은 심하게 제한되어 있었다. 그 이유는 사상한이 평균적 양식으로서 대규모로 분화되지 못했기 때문이었다).

이 모든 것이 근대성과 빅3의 분화로 인해 변화되었다. 이것은 [그림 12-2](와 단순화된 [그림 12-3])처럼 제시될 수도 있는데, 이 그림은 대둥지가 사상한(또는 빅3)으로 분화된 모습이다. 이 통합비전은 출현 가능했던 것이고 여전히 출현 가능한 것이

영(원인)

혼(정묘)

마음

생명

물질
물리학

A

A
+
B

A
+
B
+
C

A
+
B
+
C
+
D

A
+
B
+
C
+
D
+
E

생물학

심리학

신학

영(비이원)

신비주의

[그림 12-1] 존재의 대둥지 영은 최상위 수준(원인)이자 모든 수준의 비이원적 바탕이다.

긴 하지만, 실제로는 이런 방식으로 지속해서 출현하지는 않았다. 사상한이 분화된 것까지는 좋았지만, 그런 다음 물질적(경험적 또는 객관적) 상관물로 붕괴되었고 곧바로 평원, 과학적 유물론, 감각적 단일자연, 거대한 상호 연결적 질서로 끝나고 말았다. 이러한 온우주의 붕괴를 추적하는 것이 이 장에서 다룰 이야기의 핵심이다.

앞서 제시했던 것처럼, 이러한 붕괴는 모든 좌측 사상이 물질적(또는 객관적) 세계에서 확실히 우측 또는 경험적 상관물을 갖고 있기 때문에 일어날 수 있었다. 이렇게 해서 그것이 언제나 전자(힘든 해석이 필요한 심도)를 후자(쉽게 볼 수 있는 표면)로 환원하도록 유혹한다. 이것은 [그림 12-4]에서 보다 명확하게 볼 수 있다. 내면의 의식 상태 각각은(신체적 의식에서 심적 의식, 영적 의식에 이르는) 물질적·객관적 뇌 및 유기체(우상상한)와의 어떤 상관물을 갖고 있다. 따라서, 예컨대 영적 체험(좌상상한)을 하고 있는 사람에게서는 뇌파 기록 장치(우상상한)로 측정 가능한 객관적인

켄
윌
버
의
성,
생
태,
영
성:
진
화
하
는
靈

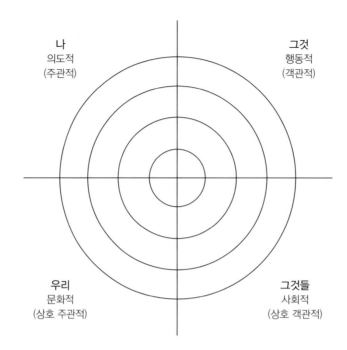

[그림 12-2] 사상한을 수반한 대둥지

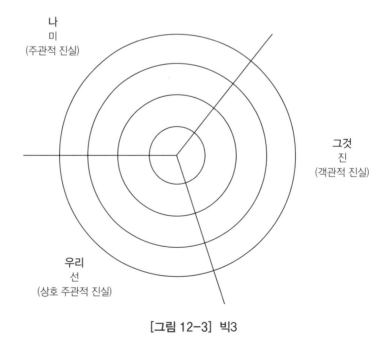

[그림 12-3] 빅3

뇌파의 변화가 나타날 것이다.

그러나 의식 상태, 가치, 심도, 의도가 물질적인 뇌파로 환원될 수는 없는데, 그 이유는 어떤 가치는 다른 가치보다 더 낮지만, 어떤 뇌파도 다른 뇌파보다 더 낮지 않기 때문이다. 자비를 경험할 때, 그것이 살인보다 더 낫다는 것을 우리는 안다. 그런 생각을 하는 동안, 우리의 뇌는 EEG상에 기록 가능한 뇌파를 만들어 낼 것이다. 그러나 우리는 자비가 살인보다 낫다는 것은 알 수 있지만, EEG 장치에 기록된 것 중, "이 뇌파가 더 가치 있다, 이 뇌파가 더 도덕적이다, 이 뇌파가 더 아름답다."라고 말할 수 있는 것은 전혀 없다. EEG 장치는 어떤 뇌 상태가 다른 뇌 상태와 다르다는 것을 보여 줄 수 있을 뿐, 어떤 상태가 다른 상태보다 더 낫다고 말할 수는 없다. 그런 판단을 내리기 위해선 내면의 의식, 심도, 가치 인식—질의 홀론계층—에 의존하지 않으면 안 되는데, EEG 장치는 단지 양의 홀론계층을 기록할 수 있을 뿐이다. 좌측을 우측으로 환원시키는 것은 모든 질을 양으로 환원시키는 것이며, 따라서 앞서 본 것처럼 곧바로 질을 상실한 우주, 평원우주라는 곤경에 빠지게 된다.

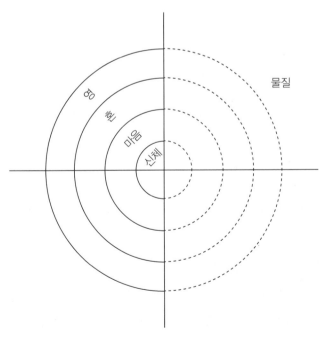

[그림 12-4] 내면(의식) 상태와 외면(물질적) 상태의 상관관계

바로 그런 일이 일어나고 말았다. 우리가 말해 온 것처럼, 평원 내부에서 에고와 에코라는 두 진영이 나타난 것이다. 양측 모두 근본적으로 평원, 즉 경험적·감각적·객관적 자연이라는 우측 세계 지향적이었으며, 이것만이 '진실로 진정한' 세계였다. 즉, 둘 다 미묘한 환원주의에 어느 정도 관여되어 있었다. 하지만 차이도 있었다. 에고 진영에서는 좌측의 합리적 에고와 독자성에 의지했고, 에코 진영에서는 자연이라는 거대한 그물망과 그 공동성에 에고를 끼워 놓고 전적으로 내내 그렇게 가고 싶어 했다. 이러한 상태는 [그림 12-5]와 [그림 12-6]에서와 같이 제시할 수 있을 것이다.

[그림 12-5]에서는 지금까지 얘기해 왔던 평원으로 붕괴되기 직전까지의 기본적인 이야기를 볼 수 있다. 문화적 진화(좌하상한)는 태고로부터 마술, 신화, 합리로 이동해 왔으며(개인 또는 좌상상한에서는 신체/감각 운동에서 전조작, 구체적 조작, 형식적 조작으로), 이와 관련 있는 도덕적 진화는 자아중심에서 민족중심, 세계중심으로, 사회적 진화(우하상한)는 수렵채집에서 원예농업, 경작농업, 산업사회로, 이에 수반해서 사회 조직(즉, 사회 시스템)은 부족에서 촌락, 왕국, 국가로 전개해 갔다. 사상한(또는 간단히 나, 우리, 그것의 빅3)이 분화되었고, 아직은 제대로 통합되지는 않은 상태지만 그렇다고 분리되지도 않은 상태다. 이 시점에서 각 상한은 다른 상한의 지배나 방해 없이 자신의 진실을 추구한다([그림 12-5]는 통합됐을 경우, 빅3의 모습을 보여 주는 지도이기도 하다. 각 상한은 자신만의 존중받는, 영예로운 위치를 할당받고 있다. 이는 비전-논리의 과제이며, 뒤에서 다시 다룰 것이다).

그러나 그런 일이 있은 후 대략 1세기에 걸쳐서 평원으로, 경험적 실재의 거대한 상호 연결적 질서로, 미묘한 환원주의로, 서로 짜인 그것들의 전일적인 그물망, 자연 시스템으로 활주하기 시작한다. 이는 [그림 12-6]에서 볼 수 있는데, 이것이 평원에 대한 일반적인 지도다.

그 지도에서 가장 눈에 띄는 항목은 합리적 에고를 제외하곤 좌측에서 모든 것이 완전히 사라졌다는 것이다. 그것이 (계몽주의 시대의 자아였던) 허공에 떠 있는, 이탈되고 소외된 과잉 자율적인 주체에 대한 삭막하고 생생한 초상이다.

좌상상한에서는 합리적 에고가 자신의 하위 수준들(내면의 자연)에서 떨어져 나

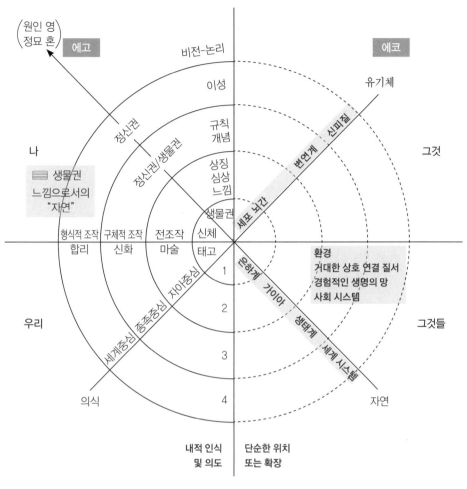

[그림 12-5] 붕괴 이전의 에고와 에코

왔을 뿐만 아니라, 자신의 영과 자신의 상위 자기로부터도 떨어져 나왔다("더 이상 상승은 그만!"). 좌하상한에서는 진실을 드러내고 가치를 형성하는 일을 담당했던 문화적 맥락의 엄청난 역할이 무시되었으며, 따라서 자신의 문화적 소여물을 보편적인 진실로 오해하는 경향이 있었다(그런 소여물들은 종종 백인 유산 계급 부르주아 남자들의 취향에 지나지 않았다). 또한 합리적 에고가 우측 경험적 자연세계와 거대한 상호 연결적 질서를 근본적인 실재라고 생각하더라도, 그 에고는 그 자연과의 친교와 합

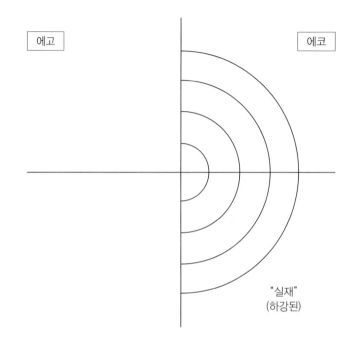

[그림 12-6] 평원

일에서 떨어져 나와 단절되었다. 이는 에고가 공정하고 초연한 자세로 자연을 반영하는 것이 자신이 해야 할 일이라고 상상했기 때문이다(표상 패러다임, '자연의 거울'). 이 모든 것은 좌상상한에서 허공에 떠 있는 에고로 매우 정확하게 제시되어 있다.

합리적 자아의 이러한 곤경은 부분적으로는 결백하다고 할 수도 있다. 그것은 자신의 내면적인 뿌리(합리적 자아에 이르기까지 이끌어 준 발달 단계)와 연결되어 있지 않았다. 그 이유는 단순히 그런 단계들이 아직 대규모로 발견되지 않았기 때문이었다. 오늘날의 대다수 사람은 이성을 산출한 개체 발생적 단계들(즉, 감각운동, 전 조작, 구체적 조작, 형식적 조작 단계)을 제대로 알지 못하면서 사용하고 있다. 이성 자체가 발달 또는 진화한 것이라는 사실이 이성에게는 전혀 즉각적으로 분명하지 않기 때문이다. 그럼에도 불구하고, 이성은 세계를 공정하게 반영할 수 있는 최초의 구조다. 그러므로 자신은 세계로부터 떨어져 있고, 그 세계를 순진무구하게 반영할 수 있다고 생각하는 것은 이성의 자연스러운 자세일 것이다. 데카르트 이원론의 이러한 부분은 잘못이긴 하지만 충분히 이해할 만한 것이다. 로크, 칸트 등 계몽주의철

186

학자 대부분은 이성에 이르기까지 이끌어 준 실질적인 발달 단계를 파악하지 못했기 때문에 그와 같이 생각했다. 실제로 칸트에 대한 헤겔의 비판 중 하나는, 의식이란 그저 주어진 것이 아니라 오히려 "발달된 것으로밖에는 달리 생각될 수 없다."라는 것이었다. 그리고 그 발달 과정을 추적한 것이 관념론의 놀라운 선물 중 하나였다. 그렇지만 수많은 연구 결과를 기초로 의식발달 단계가 엄밀한 방식으로 제시된 것은 지난 세기 후반부에 들어서였다. 여기에는 볼드윈Baldwin, 베르너Werner, 그레이브스Graves, 매슬로, 피아제Piaget, 뢰빙거Loevinger 등 많은 발달(심리)학자의 연구가 포함된다. 따라서 내가 [그림 12-5]에 그려 놓은 것은 모든 상한에서 진행된 모든 연구 결과를 갖고 오늘날의 우리가 사상한을 어떻게 이해할 수 있는가를 보여 주려는 것이다. 계몽주의철학자들도 사상한에 완전히 접근했었지만, 각 상한의 개별적인 연구는 겨우 시작 단계였다. 따라서 세계를 [그림 12-6]처럼 본 것은 부분적으로는 이러한 소박하고 단순한 무지에 책임이 있다고 하겠다. 이 그림은 계몽주의가 일반적으로 세계를 어떻게 바라보았는지를 보여 준다.

합리적 에고를 넘어선 단계들, 정묘 혼과 원인 영이라는 상위 초합리 단계도 부정(또는 무시)되었는데, 그 이유는 앞에서 봤던 것처럼 계몽주의가 "더 이상 상승은 그만!"이라고 외쳤기 때문이다. 이것은 민족중심적인 종교적 신화를 넘어 세계중심적인 남성(과 곧이어 여성)의 권리로 옮겨 가는 고귀한 시도의 일부였다. "더 이상 신화는 그만!" 그러나 전합리적 목욕물과 함께 초합리적 자기도 내던져 버렸기에 에고는 지상에서의 뿌리와 천상에서의 가지 그 모두로부터 단절되고 말았다.

그러나 에고의 고립 전부 다가 소박하거나 고귀한 것만은 아니었다. 어쨌든 플로티노스는 이성을 완전히 소유했음에도 내면을 전혀 파괴하지 않았다. 온우주를 붕괴하는 이 게임에는 무언가 다른 일이 진행되고 있었다. 계속해서 보게 되겠지만, 그 게임은 모든 좌측 사상을 우측의 상관물로 환원시키는 것, 모든 실재를 자연 시스템의 거대한 상호 연결적 질서로 환원시키는 것이었다. 일단 그러한 환원 작업이 완성되자 주체로서의 에고는 그것들이라는 전일적 세계에 자신을 끼워 맞출 여지가 없었다. 다시 말하지만, 이렇게 해서 합리적 에고는 [그림 12-6]에서 보듯이 허공에 떠 있게 된 것이다.

에코 진영 역시나 거대한 상호 연결적 질서와 자연 시스템이 '진실로 진정한' 세계라는 점에서는 에고 진영과 일치했다(양쪽 진영 모두 하강된 평원을 채택했다). 그러나 에코 진영은 에고 진영의 이탈과 합리적인 거리 두기('세계의 비마법화 disenchantment')에 화들짝 놀랐으며, 그렇게 하기보다는 거대한 생명의 망과의 공감적인 합일을 원했다. 에코 진영은 평원을 반영하기보다는 평원과의 합일을 희구했다. 이러한 '자연과 합일'하려는 욕망 속에서, 우리는 근대성의 (이른바 평원이라는)원형적인 철학적 문제, 즉 심/신 문제mind/body problem를 보고 있다. 심신 문제는 '근대성의 중심 문제'에 붙인 또 다른 이름이며, 그 문제란 어떻게 하면 주체('마음')를 세계('신체')에 조화시킬 수 있을 것인가 하는 문제다.

심/신 문제

심/신 문제는 평원의 산물이다. 근대 붕괴의 흔적에서 '마음'과 '신체' 모두 최소한 전혀 다른 두 개의 의미를 갖고 있어서 하나의 문제처럼 보이지만, 실은 네 개의 문제를 갖고 있기 때문에 매우 다루기 힘들다는 것이 판명되었다. 하지만 생각만큼 나쁘지는 않은데, [그림 12-5]를 적용하면 이 모든 문제를 쉽게 추적할 수 있다.

'신체'는 먼저 전체로서의 하나의 생물적 유기체를 의미할 수 있다. 여기에는 물론 뇌(신피질, 변연계, 뇌간 등)도 포함된다. 다시 말해, '신체'는 우상상한 모두를 의미할 수 있다는 것이다. 나는 그것을 '유기체'라고 부를 것이다.

그러나 '신체'는 평범한 사람들이 의미하듯이, 주관적인 느낌, 감정 및 느끼는 신체 감각을 의미할 수도 있다. 전형적인 사람이 "마음이 몸과 싸우고 있다."라고 말할 경우, 그는 그의 의지가 어떤 신체적 욕망이나 성향(성이나 음식과 같은)과 싸우고 있음을 의미한다. 바꿔 말해, 이러한 일반적인 용법에서 '신체'란 자기 내면의 최하 수준을 의미한다. [그림 12-5]는 수준 1에서 4까지 숫자를 써 놓았는데, 이 용법에서 보면 '신체'는 좌상상한의 수준 1에 해당하며, 다른 의미의 '신체'는 우상상한 전부(유기체 모두)에 해당한다.

신체에서 마음으로 옮겨 가 보자. 다수의 과학자는 마음과 뇌를 같은 것으로 보며, 단지 뇌 상태, 신경전달물질, 인지과학 등을 이야기하고 싶어 한다. 나는 그런 의미를 다루기 위해 '뇌'라는 용어를 사용할 텐데, 이것은 우상상한의 윗수준, 예컨대 신피질을 가리킨다.

한편, 보통 사람들이 "마음이 몸과 싸우고 있다."라고 말할 때, 그는 자신의 신피질이 변연계와 싸우고 있다는 것을 의미하지는 않는다. 그가 '마음'이란 말로 의미하는 것은 자신의 내면의 윗수준, 즉 좌상상한의 윗수준이다(정확히 그런 용어를 사용하지 않을 수도 있다). 달리 말하면, 그의 합리적 의지가 그의 감정 또는 욕망과 싸우고 있음(수준 4가 수준 1과 싸우고 있음.)을 의미한다. 마음은 1인칭 현상적 기술과 나-언어로 기술되는 데 반해, 뇌는 3인칭 객관적 기술과 그것-언어로 기술된다.

(심/신이란 용어에는 또 다른 일반적인 의미가 있다. '마음'은 일반적으로 내면 차원 또는 좌측을 의미하며, '신체'는 일반적으로 외면 차원 또는 우측을 의미할 수도 있다. 그럴 경우에는 그 용법을 특별히 지적할 것이다.)

이렇듯 마음과 신체에 대한 다양한 정의가 심/신 문제를 만들어 내는 데뿐만 아니라, 해결하는 데에도 나란히 사용되어 왔다. 환원주의자들은 마음을 뇌로 환원시킨다. 뇌는 분명히 유기체의 일부분이기 때문에 여기에 이원론은 없으며, 따라서 심/신 문제는 해결된다! 뇌가 유기체의 일부이고, 거대한 생명의 망과 경험적인 상호 연결적 질서의 일부라는 것은 옳다. 그러나 그 결과로 생긴 우주 어디에도 가치, 의식, 심도 또는 신성함은 존재하지 않는다. 그런데 그런 환원주의는 정확히 근본적 계몽주의 패러다임이 실재에 부가한 '해결책'으로서, 대부분의 인지과학, 신경과학, 시스템 이론 등의 형태로 여전히 대유행하고 있는 '해결책'이기도 하다. 좌측을 우측으로 환원시킨 다음 문제가 해결되었다고 주장하는 것이다.

그러나 대부분의 사람, 대부분의 과학자조차 그 '해결'을 불편해하는 이유는 (또한 그 문제가 여전히 문제로 남아 있는 이유는) 아무리 유물론적 단일론이 이원론은 없다고 공표하더라도 그와는 다르게 대부분의 사람은 자신의 마음과 신체 사이의 차이를 느끼기 때문이다. 그들은 의식적으로 팔을 움직이려고 할 때마다, 의지를 행사할 때마다 그 차이를 느낀다. 일반적인 점에서는 보통 사람들이 옳다. 마음과 신체, 정신권과 생물권에는 차이가 있으며, 이 차이를 내면 또는 좌측 차원에서 느낄 수 있다. 이것은 몇몇 철학자들이 가정했던 것처럼 경직된 이원론이 아니라, 오히려 '초월과 포함'의 사례다. 합리적인 거의 모든 성인은 어떤 기분 좋은 날에는 마음이 신체를, 또한 신체적인 욕망을 제어할 수 있다는 점에서 일종의 초월적인 감각을 갖는다. 그리고 그 모든 것이 좌측 영역에 있어서는 현상적으로 진실이다(좀 더 정확한 언어로 기술하면, 형식적 조작은 확실히 감각운동과는 다르다. 형식적 조작은 감각운동을 초월하면서 포함하며, 그렇기에 감각운동 위에서 작용할 수 있다). 그러나 '신체'가 우측 유기체를 의미하고 '마음'이 우측 뇌를 의미할 경우, 그런 내면의 발달 단계 중 어떤 것도 포착되지 않는다. 물질적 단일론에서는 이 중요한 모든 구별이 완전히 소실되기 때문에 문제를 해결하는 것이 아니라 문제를 감추는 것에 불과하다.

한편, '온상한 온수준' 접근에서는 마음과 신체 및 뇌와 유기체에 대한 그러한 정의들 각각의 입지를 허용한다. 그것들 하나하나가 진정한 실재, 불가환원적인 실재를 나타내기 때문이다. 사상한 및 각 상한에서의 수준들의 이러한 통합은 비전-논리의 과업이다. 이는 여러 형태의 심/신 문제를 제거하는 데 도움이 된다. 온상한 온수준 접근은 1인칭 현상적 기술('나')과 2인칭 구조('우리') 및 3인칭 유기체적 시스템('그것')을 동등하게 포함하도록 허용한다(또한 요구한다). (『통합심리학』'의식 연구의 1-2-3'을 보라.) 나아가, 궁극적인 심/신 문제, 즉 내면의 주체와 외면의 객체와의 관계는 상한을 초월하면서 포함하는 비이원적인 인식에서만 해소되기 때문에, '온수준 온상한' 관점은 심/신 문제를 충분히 주요 형식으로 다룰 수 있다는 것이 나의 주장이다.

이런 주장에 대한 상세한 설명은 그 자체만으로도 분명히 두툼한 책 한 권을 필요로 할 텐데, 내가 지금 여기서 이 문제를 언급한 것은 현재 다루고 있는 주제, 즉 에고와 에코의 관계에 직접적으로 관련되어 있기 때문이다. 거대한 생명의 망은 실재의 모든 것을 다룬다고 주장함으로써 에코 진영은 부지중에 실재에 대한 표준적인 평원 관념(즉, 우측 세계)에 빠지고 말았다. 이는 그들의 '자연'이란 용어의 용법이면서 또한 결과적으로 지금껏 우리와 함께하고 있는 추천, 즉 세계를 '다시 마법에 걸자'는 그들의 추천에 반영되어 있었다.

자연

'자연'이란 단어는 적어도 세 가지 의미를 갖고 있다(이는 '심/신'이란 단어와 마찬가지다). 자연은 우측과 좌측 차원 모두를 포함하는 온우주 전체 또는 존재의 거대한 홀론계층을 의미할 수 있다. 그것을 '온자연NARURE'이라 부르기로 하자. 자연은 감각적이고 경험적인 전체 세계, 감각에 의해 드러난 세계, 달리 말해 우측 세계 전체를 의미할 수도 있다. 그것을 '자연Nature'이라 부르기로 하자. [그림 12-5]의 우측에 그렇게 써 놓았다. 또한 자연은 문화와 대비되는 자연, 또는 역사와 대비되는 자연, 또는 정신권에 대비되는 생물권을 의미할 수도 있다(감각적 신체 대 합리적 마음과 비슷한 의미로). 그것은 '타고난 성향/본성nature'이라고 부르기로 하자. 이는 [그림 12-5]에서 수준 1로 표기되어 있다.

세 가지 정의 모두가 실질적인 실재를 나타내고 있으므로 이 세 정의 모두 수용 가능하다. 하지만 어떤 것을 의미하는지 구체화하지 않을 경우에는 문제가 발생한다(이후에 일반적으로 어떤 용법을 뜻하는지 지적할 테지만, 문맥 역시 지침이 될 것이다).

우리는 이런 문제가 일어나는 것을 보게 될 것이다. 평원에서는 내면 차원들, 특히 상위의 초월적 차원들이 근본적인 실재가 아니라고 부정되었기 때문에(에고와 에코 진영 모두에 의해), 온자연은 그림에서 완전히 배제되었다. 대신에 실재는 '자연계', 즉 감각적이고 경험적인 세계 전체가 되었다. 이것은 거대한 상호 연결적 질서 및 자연 시스템이었다. 또한 모든 내면은 외면에 상관물을 갖고 있으므로, 그리고 외면의 **총화**를 자연이라고 불렀으므로 모든 내면을 외면으로 환원시키면 자연은 모든 것을 포함하는 것처럼 보이게 된다(실은 그저 우측 세계만을 포함할 뿐이다).

일단 자연(즉, 감각적이고 경험적인 세계 전체)에 초점을 맞추면 정신권이 어떻게 생물권을 초월하고, 생물권이 어떻게 물질권을 초월하는지를 파악하는 것이 매우 어렵게 된다. 그런 구별은 부분적으론 내면 차원에 놓여 있기 때문이다([그림 12-4]를 보라). 물질적 단일론이나 과학적 유물론에서는 그런 구별을 해야 할 이유가 전혀 없다. 그런 것들은 모두 그저 복잡한 물질/에너지 시스템에서의 변이일 뿐이다. 정신권, 생물권, 물질권, 이 모든 것은 그저 물질적인 것 자체의 복잡한 형태로 보일 뿐이다. 예컨대, 우리가 정신권이라고 부르는 것은 과학적 유물론에 의해 그 자체가 물질/에너지의 복잡 시스템이며 정보의 끊임없는 변동인 신피질의 기능으로 환원된다. 그리고 뇌는 유기체의 일부이고 유기체는 자연의 일부이므로, 그렇다면 분명히 정신권은 그저 자연의 일부이거나 넓은 의미에서의 '생물권'의 일부에 지나지 않게 된다. 따라서 분명히 정신권은 생물권을 초월하면서 포함하는 것이 아니라, 오히려 생물권의 일부가 된다. (또는) 평원에게는 그렇게 보이게 된다. 모든 내면이 외면으로 축소될 경우 더 이상 내면의 심도를 인식할 수 없게 되고, 따라서 가치를 상실한 그것들의 거대한 상호 연결 그물망에서 모든 것은 똑같이 한 가닥의 실이 되고 만다. 만물은 자연의 일부인 것이다……

한편, 내면 차원에서의 생물권, 정신권, 신권theosphere 사이의 구분은, 예를 들면 신체적 느낌과 욕망(전합리), 이성적 마음(합리), 혼과 영(초합리) 사이의 구분으로 드러날 것이다. 이 모든 것은 의식 속에서 직접적으로, 즉각적으로 알려질 수 있으며, ([그림 12-4]에서 볼 수 있듯이) 자연세계 내에서 객관적인 상관물도 갖고 있다. 그러나 [그림 12-6]에서 보여 주듯이 이들 중 어떤 것도 평원으로 끝장나지 않고서는 자연으로 환원될 수 없는데, 바로 그런 일이 일어난 것이다.

'초월과 포함'은 평원세계에서도 여전히 일반 규칙으로 존재한다(스무 개의 원칙은 사상한 모두에서 진실이다). 따라서 여전히 신피질은 변연계를 초월하면서 포함하고, 변연계는 파충류의 뇌간을 초월하면서 포함한다. 마찬가지로, 뇌간을 구성하는 세포는 분자를 초월하면서 포함하고, 분자는 원자를 초월하면서 포함한다. 하위의 것을 파괴하면 상위의 것 역시 파괴된다(그러나 그 역은 아니다: 원칙 9). 상위의 것이 하위의 것을 초월하면서 포함한다는 것을 보여 주는 것은 그것만으로도 충분하다. 그러나 반복해서 보았듯이, 그 우측 구도에는 양적인 것만 있을 뿐 어떤 질적인 순위도 없다. 더 좋거나 더 나쁜 것은 없다. 다만, 더 크고 더 작은 것만 있을 뿐이다. 이런 식으로 온자연NATURE을 자연Nature으로 환원시킨 것이 곧 평원에 빠진 것이다. 양 진영 모두가 한 것은 바로 이것이었다.

따라서 [그림 12-6]에서 묘사한 것처럼, 에고 진영과 에코 진영 모두 결국에는 일반적인 현실을 수락하는 것으로 끝나고 말았다. 이런 점을 염두에 두고 이야기를 이어 가 보자.

에고

이 단락과 다음 단락에서는 에고 진영과 에코 진영의 강점과 약점을 좀 더 상세하게 검토할 것이다.

앞에서 지적했듯이, 이 싸움은 기본적으로 평원세계 내부에서 일어난 하강자 간의 싸움이었다. 내적으로 분리된 에고가 외적으로 전일적인 에코와의 관계를 어떤 식으로 구성할 것인가라는 문제를 풀어내려고 시도했지만, 양쪽 모두 철두철미하게 독백적(단일 논리적)이었다. 하지만 앞으로 보겠지만, 에고 진영은 끊임없이 순수한 상승의 길 방향으로, 에고를 완전히 떼어 내려고 하면서 순수자기의 방향으로 들어섰는데, 이 순수자기는 결국 피히테의 초월적 일자로서의 **무한 주체**infinite subject가 되었다. 한편, 에코 진영은 다양하고 내재적인 다자의 순수한 하강세계를 강렬하게 포용하면서 끊임없이 순수하고 근본적인 하강의 길로 들어섰다. 이것을 상징하는 것은 스피노자의 순수 **실체**pure substance다(피히테의 무한 주체가 순수한 초월 또는 상승을 의미하는 것으로 이해되었던 것처럼, 순수 실체는 흔히 순수한 내재 또는 하강을 의미하는 것으로 이해되었다).

18세기가 끝나 갈 무렵, 에고와 에코 사이의 이러한 긴장 그리고 순수한 상승과 하강 사이의 극단적인 긴장은 더 이상 참을 수 없을 정도로 격심해졌고, '피히테와 스피노자를 통합하자!'는 것이 그 시대의 표어가 되었다. 즉, 에고와 에코를 통합하자, 상승과 하강을 통합하자, 그렇게 해서 탄생 시부터 2천 년에 걸쳐 서양 문명을 지배해 왔던 분열된 신을 치유하자는 의미의 표어가 등장하게 되었다. 바로 그런 상황하에서 매우 특별한 한 인물이 등장했고, 오랫동안 추구해 온 통합을 시도하게 되었다.

그러나 그 사이에 에고와 에코는 불구대천의 적이 되어 서로가 서로에게 공세를 취했다. 그 싸움은 이미 말했듯이, 좋은 인생이란 에고의 독자성에 있는가 아니면 공동성에 있는가 하는 데 있었다. 즉, 에고에 있는가, 에코에 있는가 하는 것이었다.

　나는 각 단락을 '긍정적인 면'과 '부정적인 면'으로 나눠서 검토할 것이다. 긍정적인 면의 경우, 각 진영을 공감적으로 다룰 것이고 진정 영구적인 진실로 보이는 각 진영의 주장을 포함시킬 것이다. 부정적인 면에서는 각 진영이 만족스럽게 답하지 못했던 비판들(양 진영의 진정한 약점을 드러냈던 비판들)을 다룰 것이다. 역사적으로 볼 때, 관념론이 오랫동안 기다려 온 통합을 시도하려고 했던 것은 바로 그러한 약점들이었다.

에고-긍정적인 면: 자유

　에고 진영(들)을 올바로 자리매김하기 위해서는 신화적인 지배자 위계로부터 창발한 합리적 에고가 이룩해 낸 진정한 성과들을 잊지 말아야 할 것이다.

　(여기서 잠시 혼란스러운 용어를 정리하고 넘어가자. 합리적 에고는 그 자체로 '이기적'인 것이 아니라 오히려 그 반대되는 것이었다. 자기는 [그림 12-5]에서 볼 수 있듯이 자아중심에서 민족중심, 세계중심적인 능력으로 발달했으며, 보편적 다원주의, 관용과 조망주의라는 후인습적 세계관으로 발달했다. 에고가 자신의 합리적인 잠재력에 걸맞게 살아가는 한, 그 성숙한 자아는 세계중심적이며 보편적 다원주의라는 탈중심적인 관점을 갖는다. 내가 '에고' 진영이라고 말할 때 의미하는 것은 이 '성숙한 에고'이며, 에고 진영의 추진자들이 염두에 두었던 것도 세계중심적인 이성을 간직하고 있는 이 성숙한 자아였다.)

　이것은 참으로 근대성의 **영광스러운** 부분이었으며, 민족중심적인 편견과 신화적인 제국주의 그리고 그러한 천박한 행태에 내재하는 폭력으로부터 스스로를 자유롭게 하려는 해방적이고 계몽적인 운동의 일부였다. "더 이상 신화는 그만!"

　하버마스는 다음과 같이 환기시켰다. "계몽주의 전통에서 계몽적인 사고는 신화에 대한 대항으로 이해되었다. 대항적인 힘이란 그것이 수세대에 걸쳐 연결된 권위주의적인 규범적 권력(지배자 위계)이 갖고 있는 전통적인 힘에 대항했기 때문이다. 대항 세력이란 그것이 집단적인 신화적 권력의 주박을 타파했기 때문이다. 계몽주의는 신화의 모순을 드러냈으며, 그렇게 해서 그 폭력을 피할 수 있었다."31)

신화의 힘(과 폭력)은 대체로 주장 그 자체의 권위를 훼손하지 않고서는 주장의 보다 깊은 근거를 제시할 수 없는 주장들을 한다는 사실에 기인한다. 진실처럼 활보하는 감춰진 이해관계, 감춰진 권력, 자신의 권력으로 강탈하지 않고는 **증거를 제시**할 수 없는 진실, 그것이 이데올로기에 대한 정의이기도 하다. "이데올로기의 배후에는 권력과 타당성이라는 승인될 수 없는 혼합물이 감춰져 있으며, 그에 대한 평판은 여전히 이것에 신세 지고 있는데, 그것들이 혼란스러운 것은 타당성 요건이 권력과의 관계에 의해서 결정되기 때문이다."[32]

계몽주의는 최상의 경우 그러한 권력과의 관계를 드러내고, 신화 및 신화-합리성의 시대를 통해서 사회, 문화, 종교 제도의 핵을 형성해 왔던 지배자 위계를 해체시키는 데 있었다. 자유, 평등, 형제애. "더 이상 신화는 그만!"은 '더 이상 지배적 위계는 그만!'을 의미했으며, 이성과 혁명의 시대는 바로 그것을 입증하는 일에 착수했다.

정열적인 홀바흐Holbach는 '독재자의 온갖 노력에도 불구하고 성직자의 온갖 폭력과 책략에도 불구하고, 인류의 적들의 온갖 노력에도 불구하고', "인류는 계몽을 획득할 것이다. 국가는 자신들의 진정한 이익의 소재를 알 것이다. 수많은 광선이 어느 날 하나의 빛이 되어 모든 가슴을 따뜻하게 해 주고, 모든 마음에 이성의 빛을 비출 것이다Essai sur les prejuges. Ecrasez, l'infame!"라고 외쳤다.

공리주의자들이 전적으로 평원 존재론 안에서 행동해 왔을지라도(그것은 말할 것도 없다.), 그들조차 인종, 신조, 피부색(얼마 안 있어 성별)에 관계없이 모든 인간에게 (종종 동물에까지) 확장된 보편적 박애라는 목표에 입각해서 행동했다. 벤담은 이렇게 말했다. "내가 쓴 책에서 인류에 대한 사랑을 한순간이나마 망각한 글이 단 한 줄이라도 있었던가? 그렇다면 내게 보여 주라. 제일 먼저 내 손이 그 책을 찢어 버릴 것이다."

근본적으로 이 모든 것은 집합적인 규모로서는 참으로 새로운 것이었다. 그 이성은 자아중심적 또는 민족중심적인 자세라는 협소한 이해관계 위로 올라설 수 있었으며, 단지 자신이나 자신의 종족 또는 자신의 국가를 위한 것이 아니라 만물에게 선하고 공정한 것을 발견하고 승인할 수 있었다. 이것이 합리적 에고의 영속적인 추구 목표 중 하나였다.

이 세계중심적인 다원주의에까지 올라서기 위해서 에고로서의 나는 자신 내부에서 자아중심적이거나 민족중심적인 방식으로 행동하려는 경향성과 싸워야만 한다. 나는 세계중심적인 공정성에서 멀리 떼어 놓으려는 자신의 성향과 자신의 욕망, 자신의 자연적 충동과 싸우지 않으면 안 된다.

따라서 합리적 에고는 세계중심적인 도덕적 자세로부터 자신을 떼어 놓으려는 자연과 문화 속에 있는 그런 흐름들과도 싸워야만 한다. 이성, 오직 이성만이 이런 도덕적 비전을 나에게 제공해 준다. 그런 까닭에 에고로서의 나는 보편적 배려라는 이 합리적인 윤리에 맞춰 사는 것을 방해하는 그런 권력과 충동들로부터 거리를 두지 않으면 안 된다.

그래서 에고 진영에서는 합리적 에고가 거대한 자연의 그물망에서 단지 한 가닥 실에 불과하다면 모든 행동은 이미 그 그물망에 의해 결정될 것이라고 주장했다. 그렇다면 우리는 그저 쾌락과 고통, 자기보존의 원칙에 의해 조종될 것이고, 타인에 대한 자비라는 이름하에 자기중심적인 충동을 부정할 수 있는 근거를 자신의 내면에 갖고 있지 않을 것이다. 여우가 (식사거리가 아닌 한) 궁지에 몰린 닭을 도와주려고 나서지 않을 것이다. 왜 그래야 하는가? 그러나 바로 그것이 나의 윤리적 반응의 이상적인 모델이다. 33)

자연의 거대한 그물망, 에코세계는 나에게 세계중심적인 도덕적 반응을 하도록 어떤 것도 제공해 줄 수 없다. 나 자신의 자연적인 경향에서 물러나 타인의 이익을 위해 행동하도록 하는 것 그리고 타인이 자신에게 해 주기를 바라는 식으로 타인을 대하도록 하는 것은 이성, 오직 이성뿐이다.

이러한 입장의 중심에 서 있던 인물은 물론 이마누엘 칸트다. 도덕적 주체로서의 합리적 에고는 자아중심적 욕망, 자연적인 자기보존, 산만한 성향의 낮은 충동에서 떨어져 나올 수 있을 만큼 자유로우며, 또한 도덕적인 자유에 안주할 수도 있을 것이다.

칸트의 중심적인 목표는 이 도덕적 자유와 자아 주체의 독립성을 옹호하고 입증하는 것, 타율성 또는 '타자 지향성'의 끌어당기는 힘에 대항하는 자율성을 확립하는 것이었다. 이 경우, 그가 의미하는 타자 지향성은 특별히 민족중심적인 문화, 신화적인(형이상학적) 종교, 저급한 자연적 성향과 욕망 등이었다. 진정한 도덕적 의지는 내부로부터, 자신의 이성으로부터 우러나온 세계중심적인 관점이지 교회나 국가, 자연계 같은 그 어떤 외적인 원천에서 비롯된 것이 아니었다.

따라서 칸트의 경우 개인이 진정으로 자유로운 것은, 즉 외적 타인에 의해 좌우되지 않고 완전히 자기결정적인 것은 오직 그 또는 그녀의 합리적 의지의 결정에 따라 행동할 경우에 국한된다. 세계중심적 관점에 입각해서 행동할 때, 나는 진정으로 자유롭다. 즉, 나를 천박하게 행동하도록 하는 저급하고 야비한 것으로부터 자유롭다. 내가 세계중심적인 입장에서 행동할 때 나는 진정으로 자유로운데, 그 세계중심적인 입장 자체는 오직 합리성에 의해서만(보편적 조망에 의해서만) 생성되고 이해될 수 있다.

그러므로 나는 세계중심적인 능력 안에서 나 자신의 도덕적 의지에 따라 행동할 경우에만 진정으로 자유롭다. 내가 이성적인 입장에서 행동할 때, 그때 나는 이성적 의지라는 순수한 자유 상태로 행동하는 것이다. 왜냐하면 그것이 나 자신의 (이른바) 가장 깊고, 가장 진정한 자기이기 때문이다. 나는 타인에 의해 그런 식으로 행동하도록 강요되지 않는다(타율성). 왜냐하면 세계중심적인 입장은 오직 나 자신의 합리성에 의해서 생성되기 때문이다. 나는 완전히 자기결정적이며, 따라서 진정한 의미에서 자유롭다.

그러므로 자아중심적으로 행동할 경우, 나는 진정으로 자유로운 것이 아니다. 그것은 단지 내 욕망의 노예인 것이다. 또한 길들여진 가축적 심적 상태와(민족중심적이고 순응적인) 다수 의견의 노예일 경우에도 나는 자유롭지 않다. 더 나아가, 칸트는 이렇게 말했다. "나는 무도덕한 자연 속에서도 자유롭지 않다. 그 경우, 나는 단지 상호 연결적 그물망에서 한 개의 톱니바퀴에 지나지 않는다. 나는 나 자신의 합리성에 의한 세계중심적 입장에서 행동할 경우에만 자유로운데, 그래야 저급하고 천박한 속박에서 내가 해방되기 때문이다. 그런 저급한 속박은 보편적인 박애와 배려를 결여하고 있어서, 결국 나 자신도 상처 입게 된다."

도덕적 자유로부터 나는 자연과 자연의 무도덕한 방식으로부터의 독립을 선언한다. 칸트는 "그러한 독립을 엄밀한 의미, 즉 초월적인 의미에서 자유라고 부른다."라고 말했다. 역으로, 외적 권위나 전통적 관습, 교회의 교리나 자연과 자연의 망에 속박되어 있는 것, 이 모든 것은 나를 세계중심적인 입장에서 끌어내려 이런저런 부분성, 비열함, 협소함에 빠뜨린다.

"이것이 칸트 윤리학의 중심적인 관념이자 고무적인 관념이다. (자기 자신의) 도덕적 의지에 의한 근본적인 자기결정감이란 점에서 도덕적인 생활은 자유와 같은 것이다. 이것이 곧 '자율성'이다. 그것으로부터의 일탈, 즉 어떤 외적인 고려나 성향이나 권위에 의한 결정은 그 결정이 아무리 대단하다 해도 타율성으로 지탄받는다. 외경을 고무하는 신비한 것도 이성의 자기수여(그러나 세계중심적인) 도덕률 명령인, 즉 그가 이성적 의지로서 자신에게 준 도덕률만큼의 신은 아니었다. 그러므로 인간이 무조건적인 경의를 요구하는 신성에 가장 가깝게 근접한 것은 그들이 신성을 숭배할 때가 아니라, 도덕적 자유에 의해 행동할 때라고 생각한다."[34]

일반적으로 볼 때, 내가 간략하게 묘사한 칸트의 입장에는 많은 진실이 있다고 생각한다. 칸트는 신중하게 빅3를 분화시켰을 뿐만 아니라, 환원주의적 평원이라는 그 시대의 경향과 맞서 맹렬하게 싸웠다.[35] 칸트는 (내가 말하는 식으로 말하자면) 정신권이 생물권 안에 있지 않다는 점을 지적했다. 따라서 정신권의 도덕적 정언명령은 경험적으로는 발견되지 않는다(오직 대인적으로 또는 실천적으로만 가능하다). 또한 칸트는 공리주의자 사이에 만연해 있던 동기의 균일화와 명백히 맞서 싸웠다. 칸트에게 있어서 감각적인 성향과 욕망을 확대하는 것은 단지 타율성의 확대, 노예 근성의 확대, 탐닉을 확대하는 것이었다.

그러나 칸트의 관점도 빅3를 통합하는 데 실패했기 때문에 결국 난처한 처지에 놓이게 되었다[그는 제3비판에서 예술 및 유기(체)를 통해 통합을 시도했지만 성공하지 못했다. 곧 보겠지만, 이 통합 또는 '화해'의 노력은 셸링과 헤겔에 의해 계속되었다]. 여러 가지 문제 중에서도 이러한 실패가 '에고와 에코를 어떻게 관련시킬 것인가?'라는 문제를 풀 수 없는 난제로 남겨 놓았다.

그러나 그 사이에 에고 진영은 칸트의 입장에 포함된 몇 가지 명백한 진실을 다양한 형태로 자신들의 원동력으로 삼았다. 에고의 독자성이 증대하면 할수록, 즉 에고가 에코 및 일반적인 타율성에서 떨어져 나오면 나올수록 자기의 지식과 자유가 증대한다는 것이 그것이다.

이렇게 해서 근본적 계몽주의 패러다임의 한쪽 극인 주관적 입장이 등장하게 되었는데, 그것은 '자기정의적 주체' '자율적 에고' '분리해 나온 자기' '단속적 자기' '주체의 철학' '자기충족적 주체성' 등 다양한 명칭으로 불렸다.[36] 테일러는 이러한 포괄적인 출현을 '도덕의식의 혁명'이라고 불렀고, 푸코는 그것을 '돌연한 급진적 재구축' '심대한 격변이자 고고학적 돌연변이'라고 불렀다. 그것이 근본적으로 근대성의 출현이었고, 에고의 창발이었다.

긍정적인 측면에서 말하면, 자기책임 및 자기존중 욕구(매슬로)가 순응주의 및 소속 욕구에서 창발했다고 말할 수 있을 것이다. 그러나 데카르트에서 로크, 칸트, 피히테에 이르기까지 전반적인 경향은, 확실히 에고가 많아지고 에코가 적어질수록 더 좋은 것이라는 것이었다.

이 시점에서 에고 진영은 부정적인 면으로 방향을 전환하기 시작했다.

에고-부정적인 면: 억압

그런 이론가들에게 있어서(그리고 합리-에고 진영의 다른 많은 이론가에게 있어서) 세계를 환상에서 해방시키는 것은 분명 분리된 주체였으며, 더 많이 해방시킬수록 좋은 일이었다! 세계를 환상에서 해방시키는 것이야말로 앎의 주체로서의 자기를 해방시키는 것이었다.

(이러한 입장에는 확실히 진실이 포함되어 있다. 즉, 이성은 분명히 단지 신화적인 환상에서 인간을 해방시킨다. 어른은 더 이상 산타클로스를 믿을 필요가 없다. 그렇긴 해도, 에코 진영이 비판을 개시하는 곳은 대체로 이 지점이다. 대규모로 환상에서 해방되는 것이 필요했다 하더라도, 그럼에도 그 해방은 통제력을 잃고 사악하게 되었으며, 급속하게 자기해체되고 말았다는 것이 에코 진영의 주장이다.)

그 사이에, 떨어져 나온 에고-주체는 세계를 완전히 객관적인 술어로 애매함 없이 반영하려고 착수했다(주체와 세계가 근본적으로 분리됐기 때문에, 이것은 전혀 문제로 보이지 않았다. 주체는 단지 세계를 보는 것으로 족했다). 떨어져 나온 주체가 세계를 응시하고 세계를 객관화하여 그 결과를 기술하는 것, 이것이 소위 '반영 패러다임 reflection paradigm'이다. 이 표상주의적 인식론은 데카르트에서 시작해서 홉스, 로크, 콰인Quine에 이르기까지 근/현대 철학의 중심 교의였다. 하버마스는 이것을 "반영의 기풍을 과시하는 계몽주의 문화"라고 불렀으며, 테일러는 "실재를 안다는 것은 사물을 올바르게 표상하는 것"이라고 요약했다. 그것은 단지 에고가 에코를 반영하는 것만은 아니었다. 그것은 에고가 에코에 작용하는 이른바 '생산 패러다임'(마르크스)이었다. [그림 12-6]에서 보듯이 모든 실재는 우측에 있으며, 에고는 단지 그런 경험적 대상들을 반영할 뿐이다. 에고는 자연의 거울일 뿐이다.

이런 구도에서 언어는 매우 단순한 것으로, 즉 언어는 구체적인 사물을 단순히 그대로 표상하는 관습적 기호의 집합으로 여겨질 뿐이다. (이것은 홉스와 콩디약Condillac 및 오늘날의 경험주의 언어학자들에서도 볼 수 있는데, 이들 모두가 놓치고 있는 것은 기호가 의미를 갖는 것은 다른 기호화의 상호 주관적 시스템에 의해서일 뿐이라는 것이다. 가장 관심이 적은 기호만이 사물을 '지적'할 뿐, 대부분의 기호는 다른 기호를 가리킨다는 사실도 놓치고 있다. 언어는 세계를 창조한다. 언어는 그저 이미 주어진 세계를 반영하는 것만은 아니다.)

이러한 모든 논의와 반영 패러다임 일반에서 우리가 보는 것은 세계가 애매함 없이 독백적인 술어로, 그것-언어로, 해석을 필요로 하는 심도와 상호 이해를 필요로 하는 대화를 결여한 객관적인 표면으로 축소되었다는 것이다([그림 12-6]에서 볼 수 있듯이, 환원 불가능한 실재로서의 좌하상한은 없다). 그 세계는 단지 객관적으로 상호 연결된 사상의 집합일 뿐이며, 앎은 그런 사상들을 정확하게 표상하는 것으로 이루어진다. 지식은 그런 대상들의 표상일 뿐, 주체들 사이의 상호 이해는 해당되지 않는다(비이원적 일자 안에 주체와 객체 모두를 초월하는 것이 없다는 점은 말할 필요도 없다). 이 지식은 초논리적translogical인 것이 아니며, 대 논리적(대화적)dialogical인 것도 아니다. 그것은 단지 단일 논리적(독백)monological인 것일 뿐이다.

다시 말하지만, 표상적·객관적(또는 경험적) 지식 자체는 틀린 것이 아니다. 정확히 말하면, 그것은 모든 차원을 우측 상관물로 환원시킨 극히 부분적인 지식이다(즉, 미묘한 환원주의다. 거친 환원주의의 경우, 우측 차원을 원자론적 요소로 한층 더 환원시킨다. 양쪽 모두 독백적이다). 모든 차원이 우측 상관물을 갖고 있기 때문에, 그러한 기도는 언제나 성공한 것처럼 보인다. 거기에는 언제나 지적할 수 있는 어떤 증거가

(비록 그 증거가 환원을 포함할지라도) 있기 때문이다. 이러한 편견을 갖고 보면 세계 전체는 마치 그것-언어만으로도 충분히 파악될 수 있는 것처럼 보이게 된다.

이렇게 해서 온우주는 어느 쪽도 아닌 평원우주로 축소된다. 온우주는 내면적 심도를 갖고 있지만, 따라서 각각의 홀론과 모든 홀론(동물, 인간, 신성)의 심도에는 내재적 가치가 깃들어 있지만, 평원우주(또는 그것-언어로 표현된 것)에는 의미, 가치, 인식, 파악, 의식이 완전히 결여되어 있다. 그곳에는 모든 좌측 성분이 완전히 배제되어 있다. 화이트헤드의 그 유명한 요약처럼, "우주는 이제 지루한 곳, 소리도 냄새도 색채도 없는, 단지 물질이 끝없이 무의미하게 질주하는 곳이 되었다"(여기에 더해서 그는 "이리하여 현대철학은 몰락했다."라고 말했다).

그러나 어쨌든 그것이 모든 표면을 올바르게 나타내는 방식이다. 만일 유일하게 허용된 지식이 객관화된 지식이라면, 즉 감각 또는 감각 연장 수단으로 볼 수 있는 표면의 지식뿐이라면 그런 유형의 연구 결과는 이미 결정되어 있는 셈이다. 모든 가치를 객관적인 방식으로 볼 경우, 그곳엔 어떤 가치도 없고 그저 중립적인 표면만 있을 뿐이다. 그곳에서 우리는 "가치라니, 그런 게 어디 있는데?"라고 말할 것이다.

앞서 보았듯이, 이 경험적이고 객관적인, 상호 연결적이면서 전일적인 '그것들'의 세계에는 주체(나와 우리)가 들어설 곳이 없다. 이렇게 해서 18세기경에 시작한(이보다 앞선 노력도 있었다.) 이 기묘한 이야기는 훨씬 더 기묘하게 전개되었다. 주체가 자신을 알기 위한 시도로서 독백적인 응시를 주체 자체의 내면을 향한 것이 그것이다. 주체가 독백적 응시를 반전시켜서 자신을 반영했다. 즉, 주체가 객관적인 술어로, 그것-언어로 자신을 범주화하고, 기술하고, 설명하려고 시도했다. 상호 이해와 상호 인식이라는 간 주관적인 술어가 아니라, 그것-언어라는 중립적·자연주의적·'과학적' 술어로 그렇게 했다.

이렇게 해서 푸코가 말한 '인간의 시대'(단지 인간에 대한 '객관적인' 연구)가 태어났다. 계몽주의 패러다임 전체(오늘날의 시스템 이론에 이르기까지)의 종합적인 영향을 요약한 이 멋진 말 속에서 푸코는 '인간의 시대'와 더불어 인간은 '소통에서의 주체가 아니라 정보의 대상'이 되었다고 지적했다.[37]

푸코 연구의 상당 부분은 독백적 지식의 전일적인 망 속에서(특히, '생권력'하에서의 생물학적 형식에 의해) 단지 대상(따라서 종속된 주체)이 되어 버린 시민에게 드리워졌던 수많은 악몽의 목록이다.

이것은 하버마스가 '자신을 포함해서 주변의 모든 것을 객관화하는 도구적 이성의 전체주의적 특징'이라고 부른 것이기도 하다.[38] 이런 점에 있어선 하버마스도 푸코와 완전히 일치한다. "그것은 주체-중심적 이성으로서 동시에 지배를 획득하려는 관념이며, 주체를 변용시키는 대화적인 관계를 말살하는 관념이다. 그 결과, 주체는 독백적 응시를 자신에게 향하여 서로에게 또 다른 대상이 되고, 결국 단지 대상이 되고 만다."[39]

나아가, 하버마스는 말했다. "동일한 구조(회귀-반영적인 독백적 응시)는 인간과학의 요람기부터 이미 발견되었다." 이것이 이른바 '비인간화된 인본주의'와 '인간과학'이다(이에 대한 포스트모던의 많은 공격은 정확히 그곳에 초점을 맞추었다). 푸코와의 일치점에 주목하더라도 하버마스는 좀 더 특정적이다. "객관화하고 검사하는 응시, 사물을 조각내서 분석적으로 다루는 응시, 모든 것을 감시하고 침투하는 응시는 이러한 제도로 인해 구조적으로 형성된 권력을 획득한다. 환경과의 직감적인 모든 연대를 상실하고 상호 주관적(이고 대화적인) 합의로 이룩한 모든 다리를 끊어 버린 합리적 에고의 응시다. 또한 고립 상태에 있는 이 독백적 주체에게 다른 주체는 단지 비참여적 관찰대상으로서 접근이 가능할 뿐이다."[40] 하버마스는 이것 또한 독백적 시스템 이론의 한 가지 변용이며, 그곳에는 시민의 '이익과 복지'를 위한다는 미명하에 거대한 시스템 이론의 망이 그들 위에 군림하게 됐다는 점을 명백히 하고 있다.

흥보는 계속 이어진다. 푸코와 하버마스에 의하면, 객관화하는 '인간과학' 그리고 시스템론적인 '인간과학'은 실은 스스로를 과시하려는 유사pseudo과학이다.[41] '외부에서 객관성이라는 관념을 빌려 온 인간과학은 자신의 모델과 (배타적) 지식이라는 근대적인 형태로 인해 최초로 과학적 연구 대상으로 전락한 인간 존재에 관여하게 되었다. 그 일에 종사하는 인간 자신의 만연된 충동을 알아차리지 못했기에, 그들은 그 충동을 받아들임으로써 자신들의 진실 주장을 위험에 빠뜨렸다. 그 충동이란 보다 많은 지식, 자기우월성, 자기과시를 위한 끊임없는 압력이다……[42]

달리 말하면, '인간과학'과 새로운 '비인간적인 인본주의'는 인간 존재의 객관적

(독백적) 측면을 연구했을 뿐만 아니라(그것은 괜찮은 것이었다.), 동시에 인간을 객관적·경험적인 요소로 환원시켜 버렸다(그것은 범죄였다). 인간은 '소통의 주체'가 아니라, 단지 '정보의 대상'일 뿐이었다. 온우주는 그런 환원을 지지하지 않으며 그런 축소는 우주의 풍요로움에 대한 모독이기 때문에 그런 일은 진실이 아닌 다른 무언가에 의해 수행되어야 하는데, 푸코와 하버마스에 의하면 그것은 틀림없이 자기과시를 꾀하는 권력이다.

이와 함께 계몽주의의 어두운 측면 전체가 비틀거리면서 전면에 등장한다. 파국은 이성의 출현으로 인해 일어난 것이 아니라, 이성이 초기에 경험적-분석적인 양식에 사로잡혔고 그것에 국한되었다는 데 있었다. 이성이, 자신들의 작용이 좌측 차원에 긴밀히 의존하고 있음에도 불구하고, 우측 차원만 바라보고 좌측 차원은 완전히 무시해 버린 것이다. 빅3를 분화시킨 이성이 분리되었기 때문에, 그 결과 전적으로 우측만을 강조하게 된 것이다(빅3가 그것-언어라는 빅1으로 축소된 것이다).

바꿔 말하면, 그것은 전적으로 칭찬할 만한 세계중심적인 이해로부터 자신과 같은 종류가 아닌 모든 것을 자동적으로 억압하는 방향으로 가 버린 이성이었다. 그것은 모든 것을 독백적 응시 대상으로 전락시키고, 무엇보다 자신의 독자성을 기능케 해 준 풍요로운 친교communion를 단절시키고 소외시키며 억압하는 매우 무례한 목적을 위해 쓰인 고차원의 창발성이었다.[43] 우측 차원만 승인할 경우, 온우주의 좌측 차원 전부는 억압되고, 부정되고, 축소되고, 왜곡될 수밖에 없게 된다.

비판가들이 특히 초점을 맞췄던 것은 계몽주의의 바로 이 억압적 측면이었다(비판가도 많았지만, 비판 형식도 다양했다. 셸링, 헤겔, 니체, 하이데거, 바타유, 푸코, 데리다). 그러나 이런 비판들 중 가장 예리했던 사람은 헤겔이었다. 헤겔이 계몽주의를 '오성의 허영vanity of the understanding'이라고 단죄했던 것은 앞에서 기술한 바 있다. 여기서 '오성'이란 경험적-범주적·반영적·독백적인 이성으로서, 성숙한 이성(비전-논리)에 대립(차라리 함유)하는 것이다. 성숙한 이성은 변증법적·대화적·과정지향적이다. 헤겔은 "현대세계에서 해방은 부자유한 것으로 변화되고 말았다. 족쇄 풀린 (독백적) 반영이라는 힘이 자율성을 갖고, 주체를 종속시키는 폭력을 통해서 통일을 성취했기 때문이다……. 그것은 조건적인 주체가 자신을 절대의 자리에 놓은 것이었다."44)라고 말했다.

간단히 말해, 이성은 비이성적인 것 모두를 자신의 독백적 지배하에 놓고는 그것을 주변화하고, 배제하고, 지배하고, 객관화했으며, 혐오감을 갖고 소독했다(는 것이다).

그것은 포보스로 가득 찬 이성이었다고 해도 좋을 것이다. 위대한 계몽주의의 합리성은 초월했으나 포함하지 않았으며, 에로스와 균형을 맞추기 위해 아가페를 갖고 세상과 만나지도 않았다. 포용하는 대신 광적일 정도로 거리를 두었고, 극단적일 정도의 이탈과 소외, 억압과 분리를 시도했다. 이 모든 일은 궁극적으로 '타율성'처럼 보이는 모든 것에 대한 (무리는 아니라 해도) 광적인 혐오감에서 비롯되었다.

에고의 소중한 자율성 안에서 작용한 것은 칭찬할 만한 에로스가 아니라 기분 나쁜 포보스였다. 그렇게 해서 자율성과 독자성은 너무나 자주 자연, 신체, 감각, 공동체와의 친교를 단절시켰으며, 그 조각난 파편들을 바람에 실어 보냈다. 그렇게 하면서 통일과 통합이 영광스럽게 도래할 것으로 여겼다.

(에고의 내적 심도와 문화, 자연으로부터의 고립은 [그림 12-6]에 잘 묘사되어 있다. 이것은 1장에서 논의했던 것으로, 홀론계층이 병적인 것으로 변질된 전형적인 예라는 점에 주목하기 바란다. 정상적인 홀론계층에서 오만한 홀론이 자신의 특권적 위치를 주장하는 것이며, 이렇게 해서 자신의 존재가 긴밀하게 의존하고 있는 다른 홀론을 지배하는 것이다. 이것은 정상적인 홀론계층이 아니라, 두려움 때문에 친교를 단절하고 지배하려는 병적인 홀론계층이다. 거기엔 미친 듯이 날뛰는 합리성과, 억압의 원동력인 포보스가 있었다.)

따라서 재구성된 근대성의 발의자인 하버마스조차도 다음과 같은 사실을 알 수 있었다. "온갖 억압과 착취하는 비인간화와 소외의 노골적인 형태를 단죄하고 해체하는 이성 자체가 이성의 지배라는 흔들림 없는 지위를 향해 움직였다. 이러한 거짓된 절대 속에서 생성된 주체 체제는 의식 변혁과 해방의 수단들을 수많은 대상화와 수단으로 변질시켰다. 이성은 자기의 지배 의도를 철저하게 감춘 채, 그곳에서 면죄받은 자기를 만들어 냈다."45)

따라서 "계몽주의의 영속적인 특징은 객관화된 외적 자연과 억압된 내적 자연의 지배다. 이성 그 자체가 자신을 최초로 가능하게 해 준 인간성을 파괴한다".46)

계몽주의의 억압적인 측면, 자신의 친족이 아닌 모든 것을 주변화시키는 독백적

이성의 성향, 폭주하는 포보스로의 파국적인 에로스의 전락, 계몽주의의 고귀한 이상이 유럽을 재건하는 동안에도 이 암적 질병은 이성의 시대 속으로 파고들어 확산되었다. 홀바흐는 실제로 다음과 같이 노래했는데, 누가 그에게 동의하지 않을 수 있었겠는가? "이 모든 굴레에서 해방된 인간, 진보라는 적의 지배하에서 벗어난 진실의 길, 미덕과 행복의 길을 확고하게 걷고 있는 인간의 초상화를 보라. 그 모습은 아직도 이 세계를 훼손하는 오류, 범죄, 불의를 바로잡으려는 철학자의 눈을 위로한다. 철학자는 이러한 노력을 인간의 운명에 묶으려고 하며, 거기서는 미덕의 진정한 보상(영원한 선을 창조한다는 환희)을 발견한다. 그 운명은 더 이상 편견과 노예제를 다시 불러들이는 치명적인 보상으로 파괴당하지 않을 것이다. 자연의 권리와 존엄 속에 다시 확립된 인간성을 찾는다는 생각 속에 살면서 그는 욕망, 공포, 질투로 인해 타락되고 고통받던 자를 잊는다. 그가 사는 곳은 그곳이다. 그곳은 인간성에 대한 그의 사랑이 가장 순수한 환희로 아름답게 꾸며져 있다."47)

그곳은 진정코 그 시대의 고귀한 열망이었으며, 그곳을 이처럼 고상하게 표현한 것도 없었다.

이 글을 쓸 당시 홀바흐가 알지 못했던 것은 몇 달 후 닥칠 자신의 죽음이었다. 1793년 그는 파리에 숨어 있었지만, 자코뱅당이 이미 그의 체포 영장을 발부한 상태였다. 당의 지도자 로베스피에르는 누가 보아도 성실성과 용기, 공화주의를 겸비한 헌신적인 인물이었지만, 곧 공포시대의 지배자가 되었다. 그 시대를 통해서 밝은 미래를 세우고자 일어선 이성이라는 혁명적 대의로 인해 수많은 사람이 학살되거나 단두대에서 처형당했다. 그것은 이성을 절대라고 오해했고, 그것에 굴종한 결과였으며, 그렇게 되자 포보스는 자신의 냉혹한 가슴속에 공포와 복수심을 풀어놓았다.

에코

에코 진영은 발흥 당시부터 이성이 할 수 있었고 흔히 그렇게 해 왔던 억압과 배타적인 실천의 의미를 즉각적으로 파악했다. 표상적/반영 패러다임은 온우주 한가운데를 가로지르는 연결 불가능한 간극, 틈, 균열된 어느 한쪽에 이질적인 세계를 응시하고 있는 주체를 남겨 놓았다. 에코 진영에서는 이 균열을 참을 수 없었다. 따라서 그들은 에고와 에코 사이의 분열, 자기와 자연 사이의 분열을 치유하는 일에 착수했다. 그들 사이의 분열을 치유하는 것은 그 당시로선―지금도 그렇지만―(상상할 수 있는) 최상의 고귀한 목표였다.

에코-긍정적인 면: 전체성

그 의도는 언제나 그렇듯 존경할 만한 것이었다(에고 진영의 의도 역시 마찬가지였다). 또한 그 접근법에도 진실한(지금도 진실인) 것이 많이 포함되어 있었다는 데는 의심의 여지가 없다. 무엇보다 먼저 에코 진영은 반영 패러다임의 절대적 지위에 대하여 공격을 가했다. 그곳에는 떨어져 나와 허공에 매달린 주체가 침묵한 채 잠자코 무채색의 세계를 응시하고 있었다. 에코 진영에서는 계몽주의가 '진정으로 살아 있는 원천에서 인간을 떼어 낸 거짓된 표상의 세계'를 끌어들였다고[48] 느꼈다. 자연으로, 즉 거대한 유기적 생명 흐름이라는 풍요로운 직물로 돌아가는 것만이 '살아 있는 원천'을 부활시키고, 재접촉하고, 축복하며, 재생시킬 수 있다고 느꼈다. (이 단락에서 '자연'이라는 단어는 타고난 성향nature과 자연계Nature 또는 내면과 외면의 경험적-감각적 세계 모두를 의미한다. 다음 단락에서 전반적으로 요약할 때 좀 더 정밀한 정의를 사용할 것이다.)

테일러는 그 상황을 이렇게 요약했다. "계몽주의 인간학이 자유의 감각, 자기정의 감각을 통해서 그 자체를 추천했지만, 그것에 대한 (에코 진영의) 반응은 인간에 대한 계몽주의의 그림을 생명을 파괴할 만큼 메마르고 활기 없는 것으로 경험했다는 것이다. 자기정의적인 자유감의 경우, 이성적으로 사유하는 주체는 자연을 객관화함으로써, 그리고 자신에게 있어서 대상인 자신의 타고난 성향조차도 객관화함으로써(반전된 독백적 응시) 승리할 수 있었던 것이다. 그 자유는 의지하는 주체와 자연 속에 있는 사물들 사이의 균열이라는 대가를 치르고 쟁취했던 것이다."[49]

폭넓은 에코 운동의 창시자들―루소(1712~1778), 헤르더(1744~1803), 다양한 낭만주의자들(슐레겔Schlegel, 실러, 노발리스Novalis, 콜리지Coleridge, 워즈워스Wordsworth, 휘트먼Whitman)—은 이 균열을 치유하는 작업에 전념했다. 헤르더는 말했다. "자연 전체를 보라. 창조의 위대한 공통점을 보라. 모든 것들이 서로서로 감응하며, 생명이 생명에 반향한다."

이런 비전에 가장 적합한 앎의 양식은 무감동한 사고나 표상이 아니라 오히려 일종의 황홀감이었다. 워즈워스는 그것을 '강렬한 감정의 자발적인 분출'이라고 불렀다. 헤르더는 "충동이야말로 우리 존재의 원동력이다. 그것은 우리의 가장 고귀한 지식에조차 자신을 남겨 놓는다. 사랑은 가장 고귀한 감정인 것만큼이나 가장 고귀한 앎의 형식이다."라고 말했다. 편견 없는 표상이 가장 진실한 형태의 지식이라고 믿는 사람들에게 헤르더는 '거짓말쟁이거나 무기력한 존재'라고 조롱했다.

이런 식으로 에코 진영에서는 가장 진정하고 가장 순수한 언어의 사용은 객관화되고 무력화된 실재를 반영하거나 표상하는 것이 아니라, 장대한 생명의 조류를 표현하는 것이라고 주장했다. 그리고 그렇게 하는 데에는 시와 미술이 가장 이상적으로 적합하다고 주장했다. (이것은 원대한 영향력을 갖는 중대한 운동으로서, 표현에 있어서 그저 명제적 진실이라는 우측 차원만이 아니라 성실성과 진실성이라는 좌상 차원을 재도입하는 것이었다. 이것은 종종 과잉 찬미되곤 했지만, 실로 심대한 기여였음에 틀림없다.)

자연으로부터 거리를 두고 무감동하게 치우침 없이 자연을 반영하는 것이 아니라, 자연에 참여하고 자연을 표현하는 것, 개체와 일체를 살찌게 하는 거대한 친교의 흐름에 합류하는 것, 개인의 자기생성적이고 자기독립적인 독자성만을 찬미하지 않는 것, 이러한 것들이 에코 진영의 생각이었다. "이 감정은 나의 자기라는 경계에서 멈출 수 없다. 이 감정은 모든 것에 걸쳐 흐르고 있는 위대한 생명 조류의 흐름에 개방되어 있어야만 한다. 이 흐름은 내 신체만의 흐름이 아니라 그보다 큰 흐름이다. 나의 신체 흐름은 더 높은 포부와 결합되어 있지 않으면 안 된다……. 만일 자기 안에 통일이 있다면, 우리의 자기감정은 우리를 통해 흐르고 우리도 그 일부이자 보다 큰 생명 조류의 흐름과 연결되어 있음에 틀림없을 것이다. 이 조류는 우리의 신체뿐만 아니라 영적으로도 우리를 양육하고 있음에 틀림없으므로 단지 필요한 물질적 교환만이 아니라 그 이상의 친교로 경험되어야만 할 것이다."[50]

그런 까닭에 에고 진영이 자유와 자기결정의 증거로 삼았던 것을—즉, 자연의 객관화와 비마법화를—에코 진영에서는 깊은 내적 균열이 일어난 곳으로 여겼다. 뿐만 아니라 스스로를 주체와 자연 사이의 틈 또는 균열로 표현한 주체 내부의 깊은 소외의 징조로 여겼다. 에코 진영이 자기결정과 독립, 자기책임의 발달에 열정을 기울였던 데 반해, 에코 진영에서는 동일한 열정을 통일성과 전체성, 조화에 기울였다. 전자에게는 자기책임적인 독자성이, 후자에게는 자기방기적인 친교성이 열정의 대상이었다.

"통일과 전체성에 대한 열정적인 요구가 있었다. (에코 진영의) 관점은 계몽주의 사상가들이 인간을 분해하고 객관화함으로써 인간 생활의 진정한 이미지를 왜곡시켰다고 비난했다. 계몽주의자들의 이 모든 이분법은 진정한 인간 본성을 하나의 생명 조류에서 볼 수 있거나, 아니면 어떤 부분도 다른 부분의 추상으로 정의될 수 없는 예술 작품의 규범에서 볼 수 있는 것을 왜곡시켰다. 따라서 이러한 이분법은 실재로부터의 추상으로 보였다. 하지만 이러한 이분법은 인간을 그 이상으로 손상시켰다……. 그것은 주체의 생명, 자연과의 친교, 자연적인 존재로서의 자기표현의 부정이었다."51)

테일러는 시대 전반에 걸친 에코 사상가들의 열망을, "그들이 희구했던 것은 자기와의 통일과 자연과의 친교, 즉 인간이 자연과의 친교 속에서 통일되는 것이었다."라고 요약했다. 그리고 그들은 '인간 자신도 그 일부인 커다란 생명 조류에 공감적으로 참여함으로써 그런 통일이 달성될 것'이라고 느꼈다.52)

에코-부정적인 면: 퇴행

그러나 그곳에 문제가 있었다. 이러한 참여가 바람직한 것이라 하더라도, 에고가 용감하게 싸워 이제 막 획득한 소중한 것들의 긍정적인 면을 잃지 않고 어떻게 자기보다 큰 생명 조류에 자신을 끼워 넣을 수 있단 말인가? 에고 진영에서는 에고를 포기하자는 것은 결국 자율성을 포기하고 타율성으로 돌아가자는 것이 아닌가라고 반문한다. 교회나 국가가 개인보다 더 크다는 이유 때문에 그것들에 순응하던 상태로 돌아가자는 의미인가? 개인적인 충동과 성향과 자연적인 감정이 아무리 자기봉사적이거나 자기방기적이라 하더라도 그런 것들로 돌아가자는 것인가? 아무리 활력이 넘치고 생기로 가득 차 있더라도 여전히 상호 주관적인 문화를 구성하지 못하는, 따라서 인간 교류 모델을 제시하지 못하는 무도덕적인 자연의 흐름으로 돌아가자는 말인가? 여우가 닭을 잡아먹던 때로 돌아가자는 뜻인가? 단지 자연적이라는 이유 때문에 좋다는 것인가?

문제는 생명의 거대한 흐름에서 "주체와 객체는 하나다."라고 간단히 말할 수 없다는 데 있었다. 유창한 언어적 장식에 의지하지 않고서 왜 하나인지, 어떻게 해서 하나인지를 보여 주어야 할 것이다. 에고 진영은 이 특정한 점에 있어서는 매우 설득력이 있었다. 자연의 거대한 흐름 속에 우리 자신을 끼워 넣으려고 한다면, 세계중심적인 박애와 후인습적인 자비라는 도덕적 자세를 잃지 않고서 어떻게 그렇게 끼워 넣을 수 있는지 당신들 에코 진영에서는 우리에게 보여 주어야 한다고 요구했다. 세계중심적인 자세는 합리성 공간에서만 달성 가능한 것이므로—그것은 자연 어디에서도 발견되지 않는다—무엇보다도 자연에 대한 공감-동정을 가능하게 해 준 그 자세를 파괴하지 않은 채 어떻게 이성을 생명권 안에 용해시킬 수 있는지 그 방법을 말해 달라는 것이었다.

칸트에서 피히테, 헤겔에 이르기까지 에고 진영에서는 에코 지향적 마음이 갖고 있는 '감상성mushiness'에 대해 매우 신랄하게 공격했다. 에고 진영에서는 자연 안에서 자아중심적으로 감동하고, 스스로 감동해서 눈물 흘리며 감상에 젖는 것은 '가장 고귀한 앎, 가장 고귀한 감정'이 전혀 아니라고 주장했다.

좀 더 정확성을 기하기 위해, 앞에서 내렸던 세 개의 정의를 사용해 보자(온자연NATURE, 즉 온우주 전체, 존재의 대둥지: 자연Nature, 즉 우측 세계와 생명의 거대한 그물망: 타고난 성향nature, 즉 신체 감각과 전조작적 인식). 에코-낭만주의자들은 최상의 의도에서 볼 때, 온자연과의 합일, 온우주와의 합일을 희구했다(에코 정신적 자기 또는 그 이상, 초혼Over-Soul인 세계혼World Soul). 그러나 지금까지 논의했던 온갖 이유 때문에 에코 진영은 온자연을 생명의 거대한 그물망, 온갖 유기적 풍요로움과 다양성으로 가득 찬 거대한 감각적-경험적 세계와 동일한 것으로 보는 것에 휘말려 들었다. 평원의 강력하게 끌어당기는 중력으로 인해 그들은 온자연을 자연으로 축소시켰고, 그 자연에게 불멸의 충성을 맹세했다.

에코-낭만주의자가 이해했던 최선의 것은 온자연(또는 영)은 오직 합리적 에고를 넘어선 인식으로만 파악될 수 있다는 것이었는데, 이는 전적으로 옳은 것이었다. 그러나 초월적 상태로 가려는 이해할 수 있는 열정으로, 그들은 종종 비합리적인 것이면 무엇이든 추천하는 것으로 끝나고 말았다. 솔직히 초합리적인 것 중 상당히 많은 것이 후인습적인 것이 아니라 전인습적인 것, 초개인적인 것이 아니라 전개인적인 것, 자아 위로의 상승이 아니라 자아 아래로의 하강, 즉 퇴행을 포함하고 있었다. 이성을 넘어선 것이 아니라, 이성 아래로 내려간 것들이었다.

달리 말하면, 자연, 거대한 생명의 망을 포용하기 위해서 그들은 종종 타고난 본성(또는 전인습적 감각 지각)으로 복귀할 것을 추천했다. 생물권에서 정신권, 신권에 이르는(전인습에서 합리, 초합리에 이르는, 자연에서 마음, 영에 이르는) 초월이 아니라 전혀 반대 방향으로 움직였다. 전/초 오류와 평원의 끌어당김 때문에 그들은 후인습적 영과 전인습적 본성을 혼동했던 것이다.

따라서 [그림 12-6]에서 볼 수 있듯이 결국 똑같은 일반적인 평원이 되고 말았지만, 그들은 합리성을 갖고 자연에서 물러서는 대신에 감정을 갖고 자신들을 자연에 끼워 넣으려고 했다. 거대한 생명의 망, 감각으로 알게 된 세계는 자연으로부터 거리를 두는 합리성에 의해서가 아니라 자연에 자신을 끼워 맞춰 자연으로 돌아가려고 하는, 즉 감각적-경험적 세계의 즉각적인 풍요로움과 즉각적으로 알게 된 전인습적 인식으로 돌아가려는 강렬한 감정 또는 친교에 의해 파악된다는 것이다.

한마디로, 자연에 가까이 있으려는 에코-낭만주의자는 타고난 성향으로 돌아가려고 노력함으로써 자연과 하나가 되기를 추구했다. (따라서 '자연으로 돌아가는 것'과 '타고난 성향으로 돌아가는 것'은 근본적으로 동일한 것을 의미했다. 왜냐하면 '자연'은 우측의 경험적-감각적 세계 전부이고, '타고난 성향'이란 그 세계를 아는 경험적-감각적 인식이기 때문이다.) 그러므로 에코 진영에서 합리적 에고가 해야 할 일은 무봉의 자연/타고난 성향에 자신을 끼워 넣는 것, 전일적이고 경험적인 거대한 생명의 망과 하나가 되는 것이라고 주장했다. 합리적 에고가 해야 할 일은 자연/타고난 성향으로 돌아가는 것이고, 정신권이 할 일은 생물권으로 돌아가는 것이라는 말이다. 어쨌든 여기서 중요한 문구는 '돌아간다는 것'이었다.

낭만주의적이고 퇴행적인 거대한 전략이 이제 막 시작된 것이다. 후인습적 영과 전인습적 본성을 혼동한 낭만주의자는 눈으로 보고 감각으로 파악할 수 있는 신을 탐구하는 일에 착수했다. 그들은 뒤로 물러나 평원을 반영하려고 하기보다는 평원과 하나가 되려고 했다.

이러한 운동에는 사실상 분화와 분리에 대한 철처한 혼동이 있었다. 에코-낭만주의자는 전체성을 추구했기 때문에 어떤 종류의 분화도 의심을 품고 바라보았다. 낭만주의자는 그러한 분화를 새로운 상위 통합(따라서 더 깊고 더 넓은 전체성)을 위해 필요한 전제 조건으로 보지 않고, 모든 분화를 분리와 단편화의 징조로, 이전의 '통일'이 산산이 흩어진 신호로, 실낙원의 신호로 여겼다.

이렇게 해서, 아직 이루어지지 않은 상위의 통합을 향해 전진해 가는 대신에 죄를 범하기 이전의 자연으로 돌아가야 한다고 생각했다. 그것은 정신권이 생물권에서 분화되기 이전으로, 빅3로 분화되기 이전의 문화로, 고상한 야만인이 존재했고 자연과의 때 묻지 않은 친교가 존재했던 낙원 시대로 돌아가자는 것이었다. 모든 분화를 철저하게 소외라고 오해했기 때문에 분화 이전에 존재했음이 틀림없는 에덴으로 돌아가자는 것이었다.

달리 말하면, 분화를 더 깊고 더 높은 창발적 통합에 이르기 위한 필수적인 과정으로 보는 대신에 그 이전에 존재했던 조화로운 상태의 분열, 분할, 파괴로 본 것이다. 떡갈나무를 도토리에 대한 침범으로 보았다는 것이다.

이러한 전/초 혼동으로 인해 모든 중요한 강점이 상실되었다. 왜냐하면 근대성을 괴롭힌 분리의 실질적인 치료를 위해서는 그것이 어떤 분화가 되었든 그 이전 상태로 **퇴행**해 가는 것이라고 오해했기 때문이다.

바꿔 말하면, 에고 진영은 억압이라는 특징을 갖고 있었고, 에코 진영은 **퇴행**에 침식되었다는 것이다.

양쪽 진영 모두 온우주라는 직물을 자신들이 좋아하는 이데올로기에 맞춰서 공격적으로, 때로는 난폭하게 재단했다. 계속 보게 되겠지만, 그 이유는 양 진영 모두가 정확히 똑같이 평원 패러다임 속에 갇혀 있었기 때문이다. 그 패러다임에서는 에고가 많으면 에코는 적다는 것을 의미했고, 그 역도 마찬가지였다. 똑같이 중요한 양쪽의 주장을 새롭고 창발적이며 통합적인 성장 속에 통일시킬 수 있는 길은 전혀 보이지 않았다.

그러는 사이에 에코-낭만주의적 분위기는 지난날의 영광으로 흥분해 있었다. 에코 사상가 다수의 중심적인 관념은 무언가 엄청나게 잘못되었다는 것, 누군가 또는 무언가가 치명적인 과오를 범했다는 것, 역사가 기본적으로 커다란 범죄, 흉악한 범죄의 그림자였다는 것 그리고 구원은 무엇보다 먼저 생명을 잃고 산산조각 난 실낙원의 부활에 있다는 것이었다.

다양한 이론가들이 근대성 중에서 개인적으로 가장 싫어하는 것이 무엇이냐에 따라 각자 퇴행 머신의 날짜를 다르게 설정했다. 분화를 분리와 혼동했기 때문에 문화 자체를 깊고 넓은 세계를 드러내 주는 창발적 변용 양식이 아니라, 순수한 자연과 무구한 나의 자기를 은폐하고 왜곡하는 세력으로 보았던 것이다. 문화를 보다 큰 분화/통합의 변용적 창발 과정으로 보는 대신에 자칫하면 분리/소외로 치달을 수 있는 것으로, 자연에서 인간을, 나 자신에서 나를 분리하고 소외시킨 세력으로 볼 수밖에 없었던 것이다.

그러므로 나는 무엇보다 문화로부터 도망쳐 나와 자연으로 돌아가지 않으면 안 된다. 순수한 자연과 가장 진정한 나의 충동을 표현하는 야생으로 돌아가야만 한다. 분화는 근본적으로 왜곡의 죄를 범한 것이기에 나는 순수한 자연의 진실과 순수한 자기의 진실을 찾기 위해 이 왜곡의 배후 세력을 탐구하지 않으면 안 된다.

에코-낭만주의자는 '자연으로 돌아가자'는 주장이 후인습이 아니라 전인습 방향으로 향할 수도 있다는 점을 알지 못했거나 그런 것을 전혀 저지하려 하지 않았던 것으로 보인다. 분화를 분리와 혼동할 경우, 퇴행이 구원으로 혼동된다.53)

이렇게 해서 잃어버린 낙원의 탐색이 시작되었다. 퇴행 머신이 첫 번째로 되돌아갈 날짜는 중세 시대로 설정되었다. (그때나 지금이나) 많은 낭만주의자는 중세를 '유기적으로 잘 짜인 사회'라고 칭송했다. 그 사회의 구성원들은 자연과 문화가 단절되지 않은 문화의 망 속에서 서로 긴밀하게 짜여 있다고 보았다. 분명히 이 사회는 빅

3를 분화시키지 않았다. 일곱 개의 신체 구멍을 일곱 개의 행성이 존재하는 전제로 여겼던 이 사회는 확실히 꽉 짜인 조직체임에 틀림없었다. 한편, 그곳에는 왕과 교황 및 초남성적 신이라는 불쾌한 지배자 위계도 있었다. 필경 찾고 있던 낙원이 이런 시대는 아니었을 것이다.

다음으로 가장 인기 있는 특급 퇴행 머신의 정거장은 훨씬 먼 고대 그리스였다. 고대 그리스에 대한 숭배에 가까운 동경은 거의 열병 수준이었다. "이 시대의 사람들에게 고대 그리스가 대표했던 것은 최상의 인간의 삶과 형식, 명료성에 대한 열망이 인간 본성뿐만 아니라 자연과도 일체를 이루었다는 점이다. 인간 내면의 사고와 감정, 도덕성과 감수성이 일체를 이룬 통일과 조화의 시대였다. 도덕적이든, 정치적이든, 정신적이든 그들의 그런 생활 양식은 자연스러운 존재에서 흘러나온 것이지 원초적인 의지력이 억지로 강요한 것은 아니었다."[54]

원초적 의지력이 세 명 중 한 명을 노예로 만들었고, '모든 여성도 사실상' 같은 운명에 처해 있었다는 것에는 신경 쓰지 않았다. 물론 이런 사실은 실러가 이렇게 노래하는 것을 막지 않았다.

> 시의 마술이 여전히 진리의 전개와 함께하고 있을 때
> 가득 찬 생명이 창조를 통해 흘러넘쳤고
> 그곳에는 그 이상으로 느껴야 할 것은 없었다.
> 인간은 대자연 속에 있는 보다 고귀한 것을 인정했고
> 그것을 사랑의 가슴으로 껴안았다.

에코 진영은 약화되지 않은 채 (또한 거의 변화되지 않은 채) 오늘날 다수의 생태철학자와 '새로운 패러다임' 운동으로 계속되었다. 그들의 특급 퇴행 머신은 훨씬 더 열성적인 형태를 띠었다. 에코 페미니스트는 고대 그리스(부권 사회)를 결코 바람직한 모습으로 인정하지 않는다. 그보다는 대모大母가 지배하던 훨씬 앞선 원예농업 사회를 더 좋아한다. 그 시대의 여성들은 거의 모든 생산적인 일에 종사했을 뿐만 아니라(그 사회에선 식량의 거의 80%를 여성이 생산했다.), 많은 공공 정책 결정에도 참

여했다. 이런 것 때문에 에코 페미니스트는 그 사회를 종종 '평등' 사회 또는 리안 아이슬러 식으로 '파트너십' 사회라고 불렀다.

그러나 앞에서 보았듯이, 그 파트너십은 정신권에서의 의식적인 선택에 의해 설정된 것이라기보다는 생물권에서의 우연과 행운 때문이었다고 보는 것이 더 나을 것 같다. 왜냐하면 그 파트너십은 상호 인정의 산물이 아니라, 곡괭이의 산물이었기 때문이다. 그런 분화 이전의 사회는 통합적인 파트너십 문화의 본보기가 아니라, 생물적 노예 상태의 본보기일 것이다. 통계가 실제로 그런 진실을 말해 주고 있다. 렌스키Lenski의 방대한 자료가 명백히 보여 주듯이, 이런 사회의 44퍼센트가 빈번한 전쟁을 겪었고, 50퍼센트 이상이 간헐적인 전쟁 상태에 있었다(이것은 대모 사회가 '평화 애호적'이었다는 주장에 대하여 믿을 만한 증거를 요구한다). 그런 사회의 61퍼센트가 사유 재산권을 갖고 있었고, 14퍼센트는 노예제도를 갖고 있었으며, 45퍼센트는 신부에게 값을 치러야 했다. 여러 가지가 있지만 다수의 원예농업 사회에서, 특히 풍년을 기원하기 위해 인간을 제물로 바치는 희생의식이 실행되었다는 사실은 대충 무시해도 좋다는 식이다(그런 의식이 행해졌던 유적지에선 대모에게 희생된 한 살짜리 여아 유골 80구가 발굴되기도 했다). 이들 원예농업 사회는 에코 페미니스트들이 (스스로) 공세적으로 지적했던 것처럼, '순수하고 무구한' 사회는 결코 아니었다.

한편, 오늘날의 에코 남성주의자는 퇴행 머신의 날짜를 인간의 한계에까지 거슬러 갔다. 그들은 (에코 페미니스트의 천국인) 원예농업 사회를 전혀 인정하지 않는다. 사실 그들에게 있어서 경작의 시작은 인류의 커다란 범죄의 시작이다. 그런 점에서 오늘날의 산업화는 '순수한' 자연에 씨를 뿌려 훼방 놓은 필연적인 결말이다. 이것이 에코 남성주의자와 에코 페미니스트가 종종 잘 어울리지 못하는 이유 중 하나다. 어느 한쪽의 '순수하고 무구한 자연'은 다른 쪽의 '순수하고 무구한 자연'에 대한 원초적인 범죄인데, 그 이유는 양쪽 모두 '순수하고 무구한 자연'이 순전히 이데올로기에 지나지 않는 것이기 때문이다. 따라서 그들은 상대방이 자신의 영역을 침범할 경우, 엄청나게 분노한다.

랠프 메츠너Ralph Metzner는 에코 남성주의의 오랜 계보를 대표하는 '인간의식과 자연 사이를 분리한 역사적 기원을 추적해 볼 때'라고 하면서 설명을 시작한다. 여기서 그는 '분리'라고만 말할 뿐 분화와 분리를 구별하지 않고 있음에 주의하기 바란다. 따라서 그는 그 범죄 이전으로 거슬러 가기 위해 인간의 기원까지 거슬러 가는데, 이는 모든 분화를 왜곡으로 해석하기 때문이다. 그는 "더 많은 선택 지점 및 더 깊은 분리와 소외로 이끈 더 많은 왜곡의 층과 문화적 변용을 식별하는 것도 가능하다. 최초의 자연에 대한 통제 및 자연을 변화시키려는 운동은 1만 년에서 1만 2천 년 전 신석기(원예농업) 시대의 가축화에서 시작되었다. 그 당시 수십만 년에 걸쳐 행해져 왔던 변화하는 계절과 삶의 리듬에 조화로웠던 수렵채집 생활 양식이 가축과 농업 경제, 작은 부락과 마을에의 정착, 잉여물의 축적과 저장, 인근 부족에 대한 기습과 전쟁 등의 생활로 바뀌게 되었다."[55]라고 설명했다.

그렇게 해서 특급 퇴행 머신은 요란한 소리를 내면서 마지막 종착지에 도달했다. 그곳을 넘어서면 더 이상 인간이라고 부를 수 있는 것이 없으므로, 이곳이야말로 잃어버린 궁극의 낙원이다. 바퀴조차 발명되기 전의 이 순수하고 무구한 상태는 작은 수렵채집 집단을 이루고 사는 고상한 야만인이라는 최신 이론에서도 발견된다. 이 모든 것이 가장 목가적인 술어로 이야기된다. 그들의 전형적인 하루는 멋진 자연 소풍으로 시작했다. 사내들은 사냥을 끝낸 후 맨발의 임신한 여성들이 모여 있는 집으로 돌아와 모닥불 주변에 모여 앉아 약초herb를 피우면서 노래한다("자연은 나를 사랑한다네. 빗방울이 말해 줘서 나는 그걸 안다네……").

렌스키가 보고했듯이 평균 수명은 22.5세였고, 유아 3명 중 1명은 인구 조절을 위해 '버려졌다'. 이들 사회 중 10퍼센트는 노예제도를 갖고 있었고, 37퍼센트는 신부를 돈으로 샀으며, 58퍼센트는 빈번하게든 간헐적으로든 전쟁에 휘말렸다. 이런 것들은 편하게 잊어버렸던 것 같다.

탐구는 이런 식으로 계속해 간다. 무구한 낙원, 근원적인 낙원을 탐색하면서 온우주 심도의 층들이 하나씩 벗겨졌다. 낙원을 넘어선 모든 것, 즉 진화는 기괴한 오류로 생각되었고, 낙원의 대표자들은 문화 비판권을 갖게 되었다. 그것이 근대적인 모든 것, 즉 선택된 낙원 시대를 넘어선 모든 과거를 탄핵하는 막강한 힘을 자신들에게 부여해 준다고 믿었다. 인류의 몸서리치는 타락 과정을 이런 식의 탄핵적인 수사학으로 비판했는데, 이런 타락 과정이 비판자들에게는 구원의 열쇠가 되기도 했다.

왜냐하면 인간이 터무니없이 잃어버린 실낙원은 동시에 비판권을 소유하고 있는 선택된 사람들의 지시에 따라 다시 돌아가야 할 약속의 땅이기도 하기 때문이다.

(낭만주의 시대로부터 오늘날에 이르기까지) 분화와 분리의 차이를 이해하지 못한 특정 에코 진영의 이러한 퇴행적 활주의 결과는 필연적으로 매우 이원적인 세계관, 마니교적인, 사실상 조로아스터교적인 세계관을 초래했다. 그 이원적인 세계관에는 선령(무구한 자연)과 악령('자연과의 조화'에서 벗어난 것으로 해석된 인간의 모든 개입)이 있었다.

그러나 '자연과의 조화'라는 것은 정의 불가능한 일이거나 지적하는 것조차 불가능한 일이다. 에코 페미니스트는 자연의 계절 흐름과 대모에 가장 조화로웠던 것으로 경작 사회를 칭송하는 데 반해, 에코 남성주의자는 그 사회를 전적으로 자연에 대한 원초적인 범죄라고 지탄한 다음, 그보다 앞선 부족의 수렵채집 생활이야말로 자연과의 순수하고 무구한 조화를 대표하는 것이라고 주장했다. 그러나 이러한 부족 사회조차도 조리한 음식을 먹었고, 거주지를 만들었으며, 입을 옷을 만들고, 사냥이 성공하도록 비는 의식을 시행했다. 이 모든 것도 어떻게든 자연에 간섭하는 일이었다.

인간을 유인원 이상의 존재로 놔둔 채 '자연과의 조화'를 정의하는 일은 불가능하기 때문에, 에코이론가들 각자는 인간의 필수적인 분화 흐름 중 어떤 부분을 싫어하는가에 따라서 자의적으로 결정한다는 것이 분명해졌을 것이다.

에고 진영의 형제인 에코 진영의 입장에도 그들 나름의 서글픈 비애감pathos과 빈정거림irony이 있는 것은 마찬가지다. 에고-계몽주의는 타율성과 순응주의 그리고 가축 같은 무리 정신 상태로부터 에로스를 해방시키는 일에 착수했으나 이 자율성의 추구가 지나쳐 소외에 이르게 되었고, 결국 에로스를 포보스로 변질시켜 놓고 말았다. 자유를 희구했지만 찾아낸 것은 공포와 소외뿐이었는데, 그것은 초월하기를 원했던 타율성에 훨씬 더 단단히 얽매이는 결과를 낳고 말았다.

한편, 보다 큰 생명과 환희로 가득 찬 사랑과 배려심을 갖고 온우주의 심도를 포옹하는 아가페에 끼어들기를 그토록 강력하게 원했던 에코 진영은, 이 참입이 일어날 수 있는 원초적인 바탕을 찾아 헤매면서 우주 심도의 층을 하나씩 벗겨 나갔다.

그런 작업의 결과가 깊고 높은 것을 얕고 낮은 것으로 환원시키고 말았는데, 이러한 환원, 퇴행, 평준화를 달리 부르면 그것이 곧 타나토스다. 보다 큰 생명을 추구하면서 그들이 발견한 것은 보다 큰 죽음(즉, 더 작은 심도)뿐이었다. 무엇보다 그런 추구를 가능하게 해 준 분화를 평탄하게 만들었기 때문이다.

하버마스는 말했다. "이 균일화는 근대적인 생활 양식과 전근대적인 생활 양식과의 통시적인 비교에서도 알 수 있다. 많은 대가를 지불하고 대중이 획득한 것들(육체적 노동, 물질적 조건, 개인적인 선택 가능성, 법적 처벌의 안정성, 정치적 참여 및 교육 등의 차원에서)은 사실상 주목되지도 않고 있다."[56]

이들 에코파가 주목한 것은 오늘날의 세계가 신을 버렸다는 것, 과거 어느 역사적(또는 역사 이전) 시점에서, 즉 과거 어떤 일정 시기에 우리는 위대한 영에서 일탈했으며, 스스로를 위대한 여신으로부터 분리했다는 것이다. 우리가 온우주의 실질적인 흐름에서 크게 일탈할 수 있다는 이 이원론적인 관념은 종종 퇴행적인 조로아스터교적 세계관을 만들어 낸다. 이 세계관은 위대한 영이 진실로 위대하다면, 우리에게 일탈처럼 보이는 그런 움직임에서조차 그 배후에서 작용하고 있음에 틀림없다는 사실을 간과하고 있다. 모든 에코파가 간과한 것을 선禪에서는 아마 이렇게 말했을 것이다. "일탈할 수 있는 도는 진정한 도가 아니다."[57]

에고와 에코, 이 평원적 쌍둥이는 얄궂게도 계속해서 자기파멸적인 춤을 추고 있다. 양쪽 모두 똑같이 통합의 실패에 기여하고 있다. 한쪽은 정신권을 절대화하고 있고, 다른한쪽은 생물권을 절대화하고 있어서 어느 한쪽만으로는 서로를 통합할 수 없다. 어느 쪽도 통합에 기여하지 못한다는 것, 에고와 에코 양쪽 모두의 파멸에 직접적으로 기여하는 것은 바로 이것이다.

에고 대 에코, 이 강력한 상호 반감의 풍토 속에서 역사의 진로를 다시는 돌이킬 수 없는 방향으로 바꿔 놓은 두 가지 사건이 발생했다.

그중 하나가 진화의 발견이었다.

SEX ECOLOGY SPIRITUALITY

13

하강자의 지배

달아난 신들의 시대이자 오고 있는 신의 시대다.
이중의 결여와 이중의 없음이라는 상황하에 놓여 있기에
신을 욕구하는 시대다.
달아난 신들은 더 이상 없고
오고 있는 신은 아직 와 있지 않다.

—마르틴 하이데거—

가장 최선의 고귀한 의도를 갖고 출발한 에고 진영과 에코 진영 모두 역설적으로 자신들이 제거하고자 했던 바로 그것을 초래하고 말았다. 그 이유는 매우 간단하다. 양 진영 모두 같은 평원 경기장에서 시합했기 때문에(지금도 그렇다.) 한쪽 진영이 승리할수록 배제된 진영이 그만큼 역설적인 모습으로 되돌아오기 때문이다. '억압된(또는 퇴행된) 것'은 원래 살던 집으로 더 자주 돌아오기 마련이다. 비이원적 일자—이는 에고와 에코 모두를 비이원적 초월과 포함 속에서 부정하고 보존하는 것이지만—로의 홀론계층적인 상승(과 그것으로부터의 하강)의 결여로 인해 남아 있는 것은 상호 부정과 상호 혐오뿐이었다.

마침내 분화한 빅3(개인, 문화, 자연)의 통합, 이것이야말로 근대(와 포스트모던)가 당면한 가장 큰 단일 과제였다(또한 과제이기도 하다). 단순화해서 말하면, 내면, 즉 주관적 세계(나와 우리)와 외면, 즉 객관적 세계(자연)의 통합, 다시 말해 에고와 에코의 통합이 필요해졌다는 것이다.

거대한 분화는 이미 돌이킬 수도, 취소할 수도 없는 모습으로 일어났다. 세계가 마음 졸이며 기다렸던 것은 통합을 알리는 외침이었다.

손해의 역설

에고 진영과 에코 진영은 각자 독자적인 치유책을 갖고 요구에 부응했다. 그러나 양 진영 모두 완화시키고자 했던 자신들의 상처가 오히려 더 확대됐고, 치료하고자 했던 상처가 더 악화되었다는 것을 알게 되었을 뿐이다. 양 진영은 서로에 대한 최악의 적이 되었을 뿐만 아니라, 자신들이 치료하고자 했던 세계의 분열에 오히려 기여한 꼴이 되고 말았다.

우리는 합리적 에고가 자아중심적인 성향과 민족중심적인 지배자 위계로부터 보편적 다원주의, 이타주의, 박애와 자유라는 세계중심적 자세로 변형시키는 것을 목표로 했다는 것을 이미 본 바 있었다. 그것은 다양한 형식의 '독립선언'이었다. 종교적이고 신화적인 지배로부터의 독립, 국가가 개인 생활에 부가한 강제적인 간섭으로부터의 독립, 가축적 무리 심성이 갖는 순응 양식으로부터의 독립, 아직 도덕성을 구비하지 못한 충동과 성향의 원천으로 보이는 본성nature으로부터의 독립 등이 그것이다. 합리적 에고의 자율성은 보편적 관용과 박애라는 세계중심적 자세로부터 끌어내리기 위해 끊임없이 작용하는 그 모든 타율적인 힘에 맞서 싸워야 했고, 적극적으로 지켜 내지 않으면 안 되었다.

그러한 가치들, 특히 보편적 다원주의, 애타주의 및 자유는 테일러가 세 가지 '초선hypergoods'(다른 선보다 더 좋은 것으로 느껴지는 선)이라고 부른 것으로서 근대성(및 포스트모던)을 가장 깊게 특징지은 것이었다. 이러한 가치들이 근대성의 진정한 존엄성을 구성하는 것이었다는 점에는 의심의 여지가 없다. 그러나 합리적 에고는 이러한 초선 중 몇몇 관념을 확보한 지 얼마 지나지 않아서 그 선을 다른 선으로부터 분화시키는 데에서 멈추지 않고, 다른 선을 소외시키고 분리하고 억압하고 봉인하기 시작했다.

그런 일은 전 방향에 걸쳐서 일어났다.

1. 합리적 에고는 "더 이상 신화는 그만!"이라는 표어를 외치면서 초합리적이고 초개인적인 모든 것을 완전히 거부했다. 격렬하게 싸워 확보한 자율성을 유지하려는 납득할 만한 이유에서였지만, 죽음을 무릅쓸 정도로 그 자율성에 집착했으며, 자신의 자율적 독자성을 극단적이고 터무니없는 형태로까지, 우리가 '과잉 독자성 hyperagency'이라고 부르는 데까지 밀어붙였다. 이것은 무엇보다도 새롭게 획득한 자유를 신 또는 영과 조금이라도 비슷해 보이는 어떤 것에도 결코 넘겨주지 않겠다는 결의를 의미했다.

2. 합리적 에고가 완전히 무시했거나 거의 전적으로 잊어버린 것은 자신의 상호 인격적 차원이었다. 오직 독백적이고 객관적인 양식만을 중시한 나머지 대화적이고 상호 주관적인 소통 차원을 망각한 것이다. 그 양식 역시 대단히 과잉 독자적인 양식이다. 개인적인 권력과 독자성이라는 독백을 과도하게 좋아한 나머지 상호 주관적인 공동성을 하수구에 던져 버린 것이다. 인간의 시대, 그것은 떨어져 나온 (과잉 독자적인) 주체가 다른 주체를 '정보의 대상'으로 응시할 뿐 '소통이나 친교의 주체'로 여기지 않는 시대였다.

3. 합리적 에고는 생의 활력, 생명의 뿌리, 유기적 풍요 등 전개인적 차원을 초월하면서 포함할 수 있었지만, 종종 그런 차원들을 분리하고 억압했을 뿐이다(어떤 것도 자신의 자유를 속박할 수 없다는 과잉 독자적인 방식으로). 내부와 외부 모두에서 자연세계의 마술을 끊어 버렸다([그림 12-6]을 보라).

전개인prepersonal, 상호 개인interpersonal, 초개인transpersonal 차원의 분리와 소외는 에고의 소중한 자유를 대폭적으로 박탈했다. 적극적으로 진지하게 자유를 추구했음에도 불구하고, 에고는 엄청난 부자유를 초래하고 말았다. 이것이 에고가 만들어 낸 손해의 역설이다.

어떤 타율성에도 구속되지 않는 자율성이라는 자유를 추구했지만 에고는 영으로부터, 자연으로부터, 자신의 신체로부터, 친구들로부터 떨어져 나오는 것으로 끝나고 말았다. 이런 불쾌감이 커질수록 에고는 과잉 독자성으로의 철수와 미몽에서의 각성disenchantment을 더욱 강화했으나, 그 결과 에고는 더욱 부자유스럽게 되었다. 내부로 들어가 그것으로부터 초월한 것이 아니라, 내부로 들어가 그곳에서 움츠러 든 것이다.

간단히 말해, 모든 영역(영, 자연, 신체, 시민)에서 그 어떤 것도 개의치 않고 오직 독립으로 매진하는 길 위에는 사방에 시체들이 뒹굴고 있었다. 과잉 독자적이고 과 잉 독립적인 합리적 에고의 상대적 자율성(분명 상당히 증가했다.)을 받아들였으며, 그것을 절대적 수준으로까지 팽창시켰다. 자유와 해방을 증대시키려는 이해할 만 한 소망에서 시도한 것이었지만, 역설적으로 합리적 천국으로 가는 고속도로 곳곳 에 수많은 시체만 남겨 놓게 되었다.

그러나 에코 진영에도 똑같은 역설이 에워쌌다. 에고를 비중심화하려는 의도, 인 간을 커다란 사랑과 생명의 흐름에 섞어 넣으려는 의도를 갖고 출발했던 것이, 역설 적으로 부주의하게도 종종 자아중심적이고 그야말로 자기애적인 앎과 감각 양식을 대변하는 것으로 끝나고 말았다. 에코 진영은 에고를 전복시키려 애쓰면서 오히려 근대세계에 신성한 에고이즘의 찬미를 도입했다.

시작은 충분히 순수한 것이었다. 그것은 모든 근대 및 탈근대 조류가 그런 것처 럼, 합리적 공간에서 확보한 세계중심적인 자세, 보편적 다원주의 자세로부터 출발 한 것이었다.

신성한 에고이즘으로 전락한 에코

합리성 또는 세계중심적·보편적인 조망은 모든 구조가 그런 것처럼 몇 가지 서 로 다르고 분명히 모순적인 자세를 허용하는 세계 공간 내에서 작용한다. 실제로 무 슨 일이 일어나는지 주의 깊게 보지 않을 경우, 그런 것들로 인해 혼동될 수도 있다.

따라서 합리성은 한편으론 모든 개별성과 모든 특이성, 모든 차이를 무시하고 매 우 추상적이고 기계적이며 형식적인 방식으로 작동하면서 꽤나 엄격한 '보편적' 진리를 지향하는 경향이 있다. '보편적'이라는 말이 엄격하게 '획일적인' 것을 의미하게 되고, 그렇지 않다면 감탄할 정도로 세계중심적인 조망이지만 '누구에게나 모든 곳에서 똑같아야만 한다'는 것을 의미하는 것이 되고 만다. 합리성은 처음에 실제로 균일설uniformitarianism인 독백적이고 객관화하는 보편주의 방식으로 발생하는 경향이 있다고 말해도 좋을 정도다(이성의 시대에 최초로 발생했던 합리성 형태가 그런 보편주의였다). 그 합리성은 세계중심적인 조망을 충분히 이해하긴 했지만, 그 흥분이 지나쳐서 세계중심적 조망이 온갖 특이성에도 불구하고 누구에게나, 어디에서나 반드시 똑같은 것이라고 생각해 버렸다. 그렇게 해서 온갖 다채로운 차이가 추상화 과정에서 무시되고 말았다.

따라서 새롭게 발생한 이성은 해방의 흥분을 가져다주기도 했지만, 동시에 거의 배타적으로 독백적이고 객관적인 양식에 붙잡혀 있었기에 이성의 시대와 계몽주의 시대를 통해서 균일설이 맹위를 떨쳤다. 계몽주의 시대에 신화적 종교가 거부된 가장 주된 중심적인 이유는 이런 종교들이 지역마다 서로 달랐기 때문이다. 여기에 이런 신이 있는가 하면 저기에는 저런 여신이 있었고, 여기에 이런 창조 이야기가 있는가 하면 저기엔 또 다른 이야기가 있었다. 이런 식으로 모든 종교가 서로 일치하지 않는다면 어떻게 그 종교 모두가 진실일 수 있단 말인가? 인간성을 분단하고 단편화하는 것 이외에 종교가 어떤 역할을 할 수 있단 말인가? 뿐만 아니라 모든 종교가 진정한 보편성, 진정한 세계중심적인 조망을 결여했기 때문에 거부되지 않으면 안 되었다. "더 이상 신화는 그만!"은 '더 이상 고립되고 상충된 진실은 그만!'을 의미하는 것이 되었다.

이렇게 해서 보편적 진리, '공통의 진리'를 구하려는 건설적인 열망이 인류 사이에서 생겨나게 되었다. 그 진실은 모든 인간을 대변하는 진실이자, 모든 인간을 위해 '진실로 진정한' 진실이어야만 했다. 모든 개인적인 선호와 취향, 모든 특이성과 모든 지역적인 차이는 공통의 것이 아닌 것, 인간성의 보편적인 일부가 아닌 것으로 기각되었다. 볼테르Voltaire는 "자연 종교는 인간 공통의 도덕적 원리만을 포함할 수 있다."라고 선언했다. 또한 새무엘 클라크 박사Dr. Samuel Clarke(18세기 초 영국의 철학자)가 "모든 사람에게 보편적으로 알려지지 않은 것은 아무에게도 필요 없는 것이다."라고 말했을 때, 그는 그 시대 전체를 대표하는 것이었다.

보편적이고 불변인 규칙의 집합과 '자연법'(보편법을 의미)의 탐구는 모든 학문, 과학, 정치 및 사회 이론을 휩쓸었다. 또한 그 영향력은 예술 분야에까지, 시와 회화와 건축에 이르기까지 미쳤다.

미학이론에 있어서 이러한 균일주의에 대한 존슨 박사Dr. Johnson의 표현 역시 잘 알려져 있다. "일반적인 표현 속에 모든 적절한 예술 용어가 숨어 있다는 것은 시의 일반 법칙이다."라고 그는 말했다. 그가 말한 대로 하면, 그것은 '시란 보편적 언어로 말하는 것'이라는 의미가 된다. 하나의 보편적 언어, 하나의 공통 인류가 되는 것이다.

영국의 시인이자 문학사가인 토마스 와튼Thomas Wharton은 자신이 청년 시절에 단지 특정 스타일에 대한 일탈 때문에 고딕 건축을 좋아했었다는 것을 알게 되었고, 청년 시절 고딕 건축을 열렬히 사랑했던 것은 특정 스타일에 대한 '편향'에 불과한 것임을 알았다. 1782년, 그는 이런 절규와 함께 자신의 통탄할 만한 오류를 취소했다.

> 당신의 억센 손이 고딕의 사슬을 끊어 냈고
> 나의 가슴을 진리로 되돌려 놓았다.
> 어떤 특이한 취향에도 한정되지 않고
> 그 보편적 형태로 인해 인류를 감동시키는 진리로.

이리하여 거의 2세기 동안 "신앙, 제도, 예술의 개선이나 수정을 향한 노력은 대체로, 인간은 활동의 각 단계에서 가능한 한 모든 이성적 존재에 대하여 보편적이고 단순하며, 부동의 획일성으로 생각되는 기준에 따라야 한다는 가정에 지배되었다".[1]

스피노자가 이런 상황을 가장 훌륭하게 요약했다는 데에는 의심의 여지가 없어 보인다. "자연의 목적은 평범한 어머니를 가진 자식들과 같이 사람들을 균일하게 만들려는 것이다."

보편적인 언어, 공통의 인간성, 균일한 패턴은 충분히 고상한 대의였으며, 그 안에도 중요한 진실이 들어 있기는 하다. 우리 모두는 심상과 상징, 개념과 욕망, 포부와 희망을 갖는 능력을 공유하고 있다. 우리 모두는 자궁에서 태어나서 무덤으로 들어간다. 우리 모두는 먹고, 일하고, 사랑하며, 배운다.

이렇듯 최초의 대규모 창발이 일어나는 동안, 합리성이라는 칭찬할 만한 세계중심적인 자세는 다른 사람, 다른 국가, 다른 인종, 다른 신념이 갖는 다양한 조망을 모두 취합한 다음, 그들 모두가 합의할 수 있는 요소로 추상화하려고 시도했다. 그것은 결코 특이한 것이거나 자아중심적이거나 민족중심적인 것이어서는 안 되었다.

그러나 과학, 정치, 예술에서든 종교(이신론)에서든 '보편언어'를 발견하고 말한다는 열광적인 탐구는 어디서든 단 하나의 개별성 증거만 보여도 여지없이 증기롤러로 평탄하게 다져졌다. 인간을 독백적으로 객관화시킨 것은 오직 그들의 공통성을 발견하려는 열망 때문이었다(이미 보았듯이 이것은 에고-계몽주의 진영의 중심적인 프로젝트였다).

그러나 합리성이 그 잠재력을 충분히 개화시키고 가장 아름다운 표현을 얻을 수 있는 것은 그것이 보편적 조망의 실질적인 공간을 보다 공정하게 추구하는 경우였다. 합리성과 그것이 갖는 다원적 조망의 전반적인 요점은 단지 공통성으로 추상화하는 데 있는 것이 아니라(의학에서는 그것이 중요한 것일 수 있지만), 자신을 타인의 관점에 놓고 그렇게 해서 서로를 확충시키고 자아를 용인하는 길을 찾아내는 데 있다. 이것은 동일한 세계중심적 합리성이라 하더라도, 다양한 조망을 축복하는 합리성이지 그것을 단순히 독백적인 획일성으로 다림질하는 합리성과는 다른 것이다.

이 에코-낭만주의자들은 자신을 종종 '반합리주의'라고 불렀지만, 특정한 점에서 볼 때 다양성에 대한 찬미는 사실상 '반-균일주의'였다. 똑같은 보편적 조망이라는 합리적인 자세에서 출발했지만, 에코-낭만주의는 '보편성' 대신에 '다원적 조망'을 강조했던 것이다.

이러한 경향이 초기 낭만주의자에게서 나타났다는 것은 의심의 여지가 없어 보인다. 슐레겔이 합리적-보편적 조망에서 문화적 차이의 찬미로 어떻게 매끄럽게 옮겨 갔는지 주목해 보자. "정신의 보편성 없이는, 즉 우리에게 익숙한 개인적인 기호나 맹목적인 선호를 버리고 다른 국민과 다른 시대의 독특한 것 안으로 우리 자신을 이입시키고, 그 중심부에서 바깥을 향해 독특함을 느끼려 하는 탄력성 없이는 진정한 애호가가 될 수 없다."

탈중심적이거나 세계중심적인 이런 합리적 능력에 의해서만 일찍이 역사상 어디서도 일어난 적이 없는 규모로 문화적 차이를 축복하고 찬미하는 것이 가능해질 수 있다(예컨대, 원예농업 사회에서 다른 부족의 특정 가치를 축복하는 것은 전혀 상상할 수 없는 일이다). 그 당시 바켄로더Wackenroder(낭만주의에 큰 영향을 미친 독일의 시인-역자 주)는 다음과 같이 쓰고 있다. "인간은 자신들이 서 있는 그 지점을 우주의 중심으로 생각한다. 마찬가지로, 자기들의 감정을 예술의 모든 아름다운 것의 중심으로 간주하여 아무도 그들에게 재판관의 자격을 부여하지 않았다는 생각에는 미치지 못한 채, 만물에 대해 마치 재판관의 자리에서 말하듯 최종 판결을 선언한다. 만일 당신이 다른 수많은 존재의 심장에 파고듦으로써 그들의 감정에 직접 침투하여 그들의 작품을 느낄 수 없다면, 지성을 연결대로 사용해서 간접적으로라도 그들에 대한 이해에 도달하도록 노력하지 않으면 안 된다."

이는 단지 다른 관점에 대한 관용만은 아니었다. 물론 관용도 합리성의 세계중심적인 프로젝트의 일환이었지만(에고 진영조차 관용의 옹호자였다.), 낭만주의 운동은 그보다 훨씬 앞서간 것이었다. 그것은 오히려 자신의 내면성을 풍요롭게 하는 수단으로서, 다른 문화에 대한 평가의 객관적 타당성을 부여하기 위한 방식으로서 다른 관점의 이해와 공감적 평가를 계발하려는 직접적인 시도였다. 똑같은 세계중심적 합리성이라는 열린 공간에 있었지만, 칸트는 모든 인간에게 공통적인 보편성을 탐구하려 했고, 낭만주의자는 모든 것의 차이점을 찾아내려고 했다.

따라서 개별성, 다양성, 특이성, 이국적이고 색다른 것, 철저하게 개인적인 것, 특이하고 기묘한 것, 일상에서 벗어난 것, 이런 것들의 윤리가 이전의 균일주의를 바꿔치기 위해 급속도로 밀려들어 왔다. 슐레겔은 이에 대해 이렇게 말했다. "인간에게서 독창적이고 영원한 것은 바로 개성이다. 이 개성의 발달과 계발이야말로 인간 지상의 천명이다." 또한 노발리스는 예술에 대해서 이렇게 말했다. "한 편의 시가 개성적이고, 지방적이고, 특이하고, 그 나름의 시대적인 것일수록 그 시는 핵심에 더 가까이 접근한다." 슐레겔은 문학에 대해서, "낭만주의 관점에서 볼 때, 문학의 변종은—비록 정도를 벗어나고 기괴한 것일지라도—단지 그 내부에 무언가를 지니고 있고, 정말로 독창적이기만 하다면 나름대로 보편성을 위한 필요한 준비행위로서의 가치를 지닌다."라고 기술했다. 그가 말한 것처럼, "이들 중 어느 하나를 찬양하기 위해서는 반드시 다른 것을 비방해야만 한단 말인가? 비록 한쪽이 다른 쪽과 전혀 다르다 할지라도 그것들 나름대로 각자 위대하고 찬탄할 만한 것이라고 인정할 수는 없는 것인가? 세계는 넓고, 그 안에는 많은 것이 나란히 공존할 수 있다".

다양성의 이상화. 이것은 넓은 의미에서 볼 때, 대사슬이론가들의 직접적인 영향이었다. 이미 상세히 보았듯이, 그들은 다양성과 충만을 신성의 초풍요적 유출이자 선성, 즉 눈으로 보고 감각으로 파악할 수 있는 신의 징표로 보았다. 다양성이 풍부하면 할수록 선성도 더 커진다. 계몽주의철학자들과 마찬가지로 초기 낭만주의자들도 대사슬의 열렬한 이론가였으며, 뒤에서 보겠지만 그러한 전통은 플로티노스에까지 거슬러 올라간다. 따라서 에이큰사이드(18세기 영국의 시인이자 의사-역자 주)가 '사물의 대단한 다양성'이라고 썼던 것처럼, 그들이 다양성을 찬탄하고 축복했다는 것은 조금도 놀라운 일이 아니다.

오늘날 대부분의 '정치적으로 온당한 다문화주의자'가 자신들의 관념이 플라톤과 플로티노스로부터 끊이지 않고 전해 내려온 것이라는 것을 알게 되면 충격을 받고 두려움에 사로잡힐 것이라는 데에는 의심의 여지가 없어 보인다(플라톤은 백인이자 남성이라는 점은 말할 것도 없고, 어떻게든 피해야만 할 유럽중심적·로고중심적인 인물이 아니던가). 그러나 러브조이의 지적은 여기서도 매우 정확하다. "다양성의 본질적 가치에 대한 발견은 그 양 측면에 있어서, 이에 잠재하는 모든 위험에도 불구하고 인간 정신에 의한 위대한 발견 중 하나다. 그리고 인간의 수많은 다른 발견과 마찬가지로 이 발견 역시 인간에 의해 파멸적인 용도로 사용되어 왔다는 사실이 있긴 하지만, 발견 그 자체가 무가치하다는 증거는 아니다. 역사적으로는 그 발견이 18세기에 최고조에 달했던 충만의 원리(대사슬)의 영속적인 영향에 기인하는 한, 우리는 그 발견을 가장 중요하고 잠재적으로는 가장 좋은 것이라고 평가할 수 있을 것이다."[2]

그러므로 최상의 측면에서 볼 때, 낭만주의에 의한 다양성의 이상화는 "인간성의 확장으로 향해 가는 경향이 있었다. 그것은 다수의 같은 모델의 전형으로서가 아니라, 적절하고 환영할 만한 문화의 다양성과 우리가 공통으로 갖고 있는 세계에 대한 개인적인 반응의 표현으로서 인간과 국가에 대한 상호 이해와 평가를 증진시키려

는 것이었다".3)

 "사물의 대단한 다양성", 그러므로 에고-계몽주의의 근대성에 대한 프로젝트가 보편적 균일주의를 강조하는 것이었다면, 에코-낭만주의는 자기정의적 에고를 넘어 더 큰 생명과 더 큰 사랑을 탐구하면서 보편적 다양성주의를 강조했다고 말해도 그다지 큰 과장은 아닐 것 같다.

 양 진영 모두 둘 다 똑같이 후인습적·세계중심적인 이성의 공간에 자리 잡고 있었기 때문에 보편적인 입장을 취하고 있었다. 그러나 그들의 목표는 정반대였고, 방법 또한 정반대였다. 에고 진영은 여전히 절대적이고 독백적인 공격적 방법으로 자기정의적 자유와 자율성 및 독자성을 확보하려 했고, 에코 진영은 그와 달리 자연과 다른 문화에서 상상 가능한 모든 다양성과의 친교로 풍요롭게 된 보다 크고, 보다 다양화된 생명과 사랑에 필사적으로 다가가려 했으며, 다양성과 평등/이타주의를 열정적으로 촉진시키려고 했다.

 이 다양성주의는 힘을 잃지 않은 채 오늘날의 '포스트모던'과 '다문화' 운동에까지 계속 이어졌다. '포스트모던 탈구조주의자들'은 그런 사고의 길들여지지 않은 독창성을 자신들의 것이라고 자랑하지만, 그 독창성의 모든 권한은 원래 에코-낭만주의 기도에 속하는 것이다(개인적 독특함에 대한 강조와 '길들여지지 않은 독창성'도 물론 포함된다).

 에코-낭만적 프로젝트에 대하여 러브조이가 요약한 글을 주의 깊게 읽어 보자(러브조이가 이 글을 쓴 것은 1932년이었다. 따라서 그가 '탈구조주의자'와 '다문화주의자'를 염두에 두었을 가능성은 없다는 점에 유념하기 바란다. 그러나 이 글을 지금 읽어 봐도 그의 지적은 놀라울 정도로 정확하게 이 두 주의자의 표준적인 기도를 말하는 것처럼 보인다. 더 놀라운 것은 러브조이가 150년 전에 최초로 개발된 기도를 기술하고 있다는 점이다).

 (이 다양한 경향들이란) 장르와 시 형태의 엄청난 수적 증가, 혼합 장르의 심미적 정통성의 승인, 뉘앙스에 대한 선호(차이에 대한 흥미), 예술에 있어서 '그로테스크'한 것의 자연화, 지방색의 추구, 시간이나 공간 혹은 문화 조건에서 멀리 떨어진 사람들의 특징을 이루는 내적 생활을 상상력으로 재구성하려는 노력, 자아의

과시, 풍경 묘사에 있어서 개별적인 사실성의 요구, 단순성에 대한 반항, 정치(또는 사회이론)에 있어서의 보편적 공식에 대한 불신, 표준화에 대한 심미적 반감, 형이상학에서 절대자를 구체적 보편적인 것과 동일시하는 것, 불완전함에 대한 찬양의 감정, 개인적·민족적·인종적 특성의 배양, (전체적으로 이전 시기에는 전혀 낯선 것이었던) 명백한 것에 대한 경시 및 독창성에 대한 일반적인 높은 평가와 그와 같은 속성에 대한 통상 무익하고 부조리한 자의식에 대한 추구 등이었다.[4]

에고-계몽주의가 모든 것을 균일적·보편적인 것이 되도록 촉진하려 한 것에 비해, 에코-낭만주의의 가장 깊은 욕망은 절대적·근본적으로 다른 것, 즉 완전히, 그리고 근본적으로 독특한 것이 되는 것이었다. 우리는 앞에서 슐레겔의 "인간에게 있어서 독창적이고 영원한 것은 바로 개성이다."라는 선언을 들은 바 있다. 여기에다 그는 "이 개성의 계발과 발달이야말로 인간의 가장 고귀한 천명으로서의 신성한 에고이즘이다."라고 덧붙여 말했다.

인간의 가장 고귀한 천명이 고통의 완화, 보편적인 관용의 촉진, 사심 없는 봉사, 가족이나 친족, 국가나 지구에 대한 의무나 헌신이 아니라 신성한 에고이즘의 계발에 있는 그런 상태를 상상해 보라!

거기에는 축복해야 할 세계중심성이 파멸적일 만큼 자아중심적으로 변질된 상태가 있다. 거기엔 에코-낭만주의가 부지중에 어떤 에고 진영에서도 꿈꾸지 않았던 자아몰입에 빠진 상태가 있다! 사실 이 신성한 에고이즘이야말로 에고 진영이 그토록 싸웠던 바로 그 타율성이었다! 그들이 싸운 이유는 이 자기몰입과 자기과시의 자세가 사실상 개인을 세계중심적인 포용과 자비라는 더 높고 넓은 자세로부터 아래로, 즉 세계중심에서 사회중심, 자아중심으로 끌어내리고, 깊고 넓은 자기의 자유로부터 얕고 좁은 잡다한 용무에 얽어매기 때문이다. 이런 잡다한 용무는 나만 상처를 입는 것이 아니라 타인에게도 상처를 입힌다. 왜냐하면 그것은 실제로 획득 가능한 것보다 훨씬 사소한 것이고, 사소한 것은 언제나 사물을 악화시킬 뿐만 아니라 환희에 넘쳐 노래해야 할 곳에 고뇌를 남겨 놓기 때문이다.

그 신성한 에고이즘은 또한 타율성, 즉 타인 지향성이기도 하다. 왜냐하면 자아중심적인 자기는 나의 진정한 자기, 나의 더 높고 더 깊은 세계중심적 자기가 아니기 때문이다. 그것은 오히려 낮은 충동에 대한 탐닉이며, 나를 지금의 나 자신의 모습에 노예가 되도록 하기 때문이다. 신성한 에고이즘은 나 자신의 깊은 가능성 안에 자리 잡고 있는 병적인 타자다. 따라서 신성한 에고이즘에 빠져 있을 때, 나는 타자 지향적이며 중심을 벗어나 있게 된다.

에코 진영은 특이성의 최대한의 무질서, 개별적 차이점의 범람, 상호 신성한 에고이즘 이외에 어떤 공통성도 없이 고립되고 단편화된 것들의 무더기로 전락하고 말았다. 신성한 에고이즘은 심부에서 다른 모든 에고이스트의 존재를 경멸한다. 이 광신적인 다양성주의는 "문자 그대로 병적이고 비생산적인 내향성", 즉 개인적 에고의 염중 나는 기괴함의 과시는 이제는 잘 알려진 것처럼, 그저 관습적인 것들을 애써 뒤집어 놓은 것에 지나지 않았다. 이리하여 수레바퀴는 완전한 원을 그린 후 제자리로 돌아왔다. 개별주의적 획일주의라고 부를 수 있는 것, 즉 본래는 보편적이 아니기 때문에 존중되었던 것을 보편화시키려는 경향이 시와 철학, 국가의 정책과 국민들의 열망 속에 표현되었다. 그것은 또 인간의 자기중심주의와, 특히—정치와 사회 분야에—민족주의나 인종차별적인 집단적 자만심을 촉진시키는 데도 도움이 되었다. 개인 특성의 존엄성에 대한 신앙은, 특히 그 특성이 집단의 특질이어서 상호 간의 아첨에 의해 유지되고 강화될 때, 이 우월성에 대한 믿음으로 급속하게 바뀌게 된다. 지난 1세기 반 동안 좋고 나쁨에 관계없이 자신들만의 특성을 신으로 만들어 놓고, 그런 다음 그 외의 다른 신은 없다고 생각한 위대한 국가의 국민은 한둘이 아닐 것이다.[5]

에코다양성주의자들은 부지중에 자아중심성을 과시하는 것으로 전락하고 말았다. 애써 피하려고 시작했던 바로 그것을 이제 현저하게 체현하게 된 것이다.

비자연화된 자연

자연 자체에 대한 전반적인 접근은 18세기 들어 매우 큰 변화를 겪었다(이 단락에서

'자연'이라고 할 때는 자연계와 타고난 본성 또는 경험적-감각적 외부 세계와 내부 세계 모두를 의미한다. 다음 단락에서 전반적인 요약을 할 때 좀 더 정확한 정의를 사용할 것이다). 자연은 이제 더 이상 마술 사회에서처럼 또는 그보다 약하긴 하지만 여전히 중요했던 신화-멤버십 사회에서처럼 혼효적인 미분화 상태는 아니었다(이 새롭게 발생한 분화는 소위 일보 전진한 것이었다. 그것은 빅3의 분화의 일부였고, 근대성의 영광의 일부였다). 그러나 그 자연은 플라톤이나 플로티노스 또는 에크하르트, 노자, 황벽선사, 파드마삼바바가 그랬던 그런 것처럼 영의 구현은 아니었으며, 일자의 표현도 아니었다.

오히려 자연은 무엇보다도 자아가 감상하는 대상의 원천이 되었다. 자연은 '나로 하여금 느끼게 해 주는 것으로서의 자연'이 되었다.

이 자연은 물론 '영적'이라고 일컬어지긴 했지만—문화의 제약에서 벗어난 영적인 본성과의 '순수하고 무구한' 만남—많은 경우 곧 보겠지만 그것은 단지 신성한 에고이즘에 투영된 생물권, 즉 나르시스의 얼굴이 비친 연못으로서의 자연에 지나지 않았다. 독백적 자연은 모든 점에서 독백적 에고의 음화photographic negative였다. 에고와 에코는 여전히 거대한 상호 연결적 질서라는 평탄하고 색 바랜 풍경에서 서로 싸우고 있었다. 그들 모두 속속들이 독백적이었다.

우리는 이미 온자연(영)이 자연(경험적인 생명의 망)으로 붕괴되는 일반적인 전개과정을 추적한 바 있다. 그러나 찰스 테일러도 그 당시의 문헌을 매우 세심하게 읽고 철저히 독파한 후 그것을 기반으로 유사한 결론에 도달했기 때문에, 그가 제시한 그 기반을 다뤄 보는 것은 중요할 것 같다. 사실 (자기의 원천에서) 테일러가 시도한 것도 우리가 자연과의 만남에서 얻은 놀라운 변화를 추적하는 것이며, 거기서 그가 내린 결론은 많은 사람이 공유할 수 있는 것이기도 하다. "나는 자연에 대한 관념의 실로 엄청난 변화 추세를 추적했다."[6] 그가 지적했듯이, 이러한 변화 추세 중 한 가지 측면을 우리는 '온우주의 붕괴', 즉 존재의 거대한 홀론계층이 관찰 가능한 외면, 즉 거대한 상호 연결적 질서라는 독백적이고 평원적인 전일주의로 붕괴되었다고 말한 바 있었다.

이미 보았듯이 평원 전일주의flatland holism에서도 자연과 실재는 여전히 위계적 또는 홀론계층적인 것으로(상호 연결하는 전체로 구성된 것으로) 파악되긴 하지만, 이러한 전체는 이제 모두 경험적인 것일 뿐이다(거대한 상호 연결적 질서 또는 보편적 시스템이란 위대한 홀론계층이 경험적으로, 독백적으로 붕괴되었을 때 보이는 방식일 뿐이다. 미묘한 환원주의의 결과다).

전체도, 홀론계층도 이제 모두 경험적인 것이므로 진정한 실재를 보기 위한 내적 **변용**은 더 이상 필요치 않게 된다. 이미 주어진 경험적인 곳을 보다 세련된 도구를 갖고 꼬치꼬치 캐내기만 하면 된다. 진실을 얻기 위해 고행도, 요가도, 지관타좌(좌선)도, 지시에 의한 개인적인 변용도 필요치 않게 된다. 그저 눈을 크게 뜨고 독백적 응시를 예리하게 다듬는 것으로 족하다.

급진적 계몽주의는 에고로 하여금 거대한 상호 연결적 질서를 지향하도록 하기 위한 수단으로서 에고에게 도구적 또는 계산적인 이성을 제공했다. 에코-낭만주의는 이에 대한 반항으로 배타적 이성을 조롱했고, 그 대신 거대한 상호 연결적 전체 속에서 우리 자신을 '느끼는' 방법으로 감정을 제공했다. 도구적 이성이 아니라 도구적 감정을 제공했다고 말해도 좋을 것 같다. 우리는 그러한 감정에 의해서 전체를 지배하려고 하지 않고 그 한 부분으로서 생명의 망에 적합한 존재가 될 수 있다는 것이다. 이렇게 해서 '진실한' 또는 '진정한' 자연은 일차적으로는 감정에 의해 나에게 개방되었다. 따라서 자연이란 내 안에서 나의 내적인 자연으로서, 또한 나 자신의 순수하고 왜곡되지 않은 감정으로서 환기되거나 각성된 것의 총체적인 결과였다.

테일러가 다음과 같이 말할 때 의미하는 것은 이것이다. "자연에 대한 새로운 지향성은 자연이 우리 안에서 환기시킨 감정과 관련되어 있다. 우리가 자연으로 돌아가는 것은 그것이 우리 내부에 고귀한 감정을 강력하게 불러일으키기 때문이다. 창조의 위대함, 전원 풍경을 바라볼 때의 평화로움, 강풍과 그것이 남겨 놓은 황량한 풍경 앞에서의 숭고함, 적막한 숲속 공터에서 느끼는 울적함 등은 자연이 불러일으킨 감정들이다. 자연이 우리를 끌어당기는 것은 어떤 식으로든 그것이 우리의 감정에 조화롭기 때문이다. 그렇기에 자연은 우리가 이미 느끼고 있는 것들을 비추고, 강화하며, 잠들어 있는 것들을 깨우기도 한다. 음악을 반복해서 듣듯이, 우리는 우리 안에 있는 최선의 것을 환기시키고 강화시키기 위해 자연으로 돌아간다. 그러나 언제나 핵심은 감정에 놓여 있다"(테일러 자신의 강조임).[7]

이 '감상sentiment으로서의 자연'은 플라톤/플로티노스의 영의 체현으로서의 자연이라는 관념(또는 테일러가 말하는 '존재론적 로고스ontic logos')에 대한 심대한 부정을 전제로 한다는 것이 테일러의 예리한 통찰이다. (존재론적 로고스란 이 새로운 자연이 온우주의 일부가 아니라, 그 자연 자체가 우리가 단지 한 부분을 차지하고 있을 뿐인 우주 전체였다고 말하는 다른 방식이다. 그 망은 온우주의 한 요소에 불과한 것이고, 온우주의 자기인 나-나가 될 수 있다고 보는 대신 우리가 그 거대한 망의 한 가닥 실에 불과하다고 본다. 그 망 자체는 영이 아니라, 단지 영의 현현에 불과한 것이다.)

이 새로운 이해에 따르면, "자연 현상이 갖고 있는 의미는 더 이상 그것들이 체현하고 있는 이데아(또는 영)에 의해 정의되지 않고, 그 현상이 우리에게 미치는 영향과 그것들이 일깨운 반응에 의해 정의된다. 자연과 우리 자신의 조화는 이제 (존재론적 또는 온우주적) 질서에 의해 매개되지 않고, 자연이 우리에게 환기시킨 공명을 통해서 형성된다. 자연과 우리의 조화는 더 이상 존재론적 위계(대홀론계층)에 대한 인식이 아니라, 자연이 우리 내부에서 반향을 일으킬 수 있는지 아닌지에 따라 이루어진다".[8] 에고적인 반향…….

똑같은 평원의 생명의 망, 거대한 상호 연결적 전체에 대한 접근이지만, 이제 에고적 논리가 아니라 에고적 감상에 의한 접근으로 옮겨 갔다는 것이다. 잘 논의된 테일러의 요점은 그들(에고 진영과 에코 진영)이 근본적으로는 사진의 음화와 양화라는 것이다. 플라톤/플로티노스의 관점에서, "우리 존재는 사물의 질서 및 조화로운 존재와 동일시된다."라고 테일러는 말했다. 즉, 경험적 전체에 수평적으로뿐만 아니라 비이원적인 일자를 희구하는 내적 변용에, 수직적으로 상호 연결하는 다차원적인 우주에, 거대한 홀론계층에 조화를 이루고 있는 존재라는 정체성을 갖고 있다는 것이다. "그러나 18세기 이후에 발생한 자연에 대한 그 감정에서 이것(질서)은 근본적으로 파괴되고, 그런 다음 잊혀졌다."[9] 온우주가 평원의 상호 연결적 질서로, 독백적 이성과 똑같은 독백적인 자연으로, 그 자체를 절대라고 생각하는 단일자연으로 붕괴된 것이다(에고가 자신의 '이성'을 절대적인 것이라고 생각하는 것과 똑같다).

테일러는 이렇게 마무리 지었다. "바꿔 말하면, 18세기에 출발한 자연에 대한 이 근대적인 감정은 존재론적 로고스에 매몰되어 있던 전근대적인 정체성에서 분리해 나온 이성이 이룩한 새로운 정체성의 승리를 전제로 한다." 똑같은 납작하고 색 바랜 동전의 앞뒷면인 에고와 에코 진영이 보여 준 전형적인 반응을 보면 에고 진영은 그 질서에서 탈출하려 애썼고, 에코 진영은 그 질서 안에 끼어들려고 애썼다. 서로 달랐지만, 실은 동일한 상호 연결적 질서를 지향했던 것이다.

에코 진영의 경우, 테일러가 "우리의 본성은 더 이상 목적론적 질서(존재론적 온우주)에 의해 정의되지 않고, 내적 충동과 상호 연결적인 전체에서 점하고 있는 우리의 위치에 의해 정의된다."라고 지적할 수 있었던 것은 이 때문이다.[10] 이 상호 연결적인 전체는 에고 진영에서도 똑같다! 에고와 에코, 이 둘은 똑같은 상호 연결적 평원에서 춤추는 쌍둥이다.

이런 식의 전반적인 변화 추세를 다음과 같이 요약해도 좋을 것 같다.

빅3의 분화는 신화-멤버십의 혼효 체제라는 제약에서 합리적 자아를 해방시켰지만, 이성은 산업화와 함께 생겨난 객관적·독백적·도구적인 형태의 포로가 됨에 따라 분리에 물들고 말았다. 빅3가 독백자연mononature이라는 빅1으로 환원된 것이다. 그 독백자연은 경험적 평원세계, 자연 시스템이라는 거대한 상호 연결적 질서였다.

에고 진영은 자연의 거대한 상호 연결적 질서에 대해서 객관적이고 독백적인 분석(경험적·분석적)으로 접근했으며, 에코-낭만적 진영은 이 '냉담하고 추상적인' 접근에 대해 공격적으로 반항하면서 보다 감정 지향적인 인식을 통한 자연과 자기의 통일이나 친교의 길을 찾으려 했다.

그러나 테일러가 지적한 것은 양쪽 진영이 접근했던 자연은 본질적으로 똑같은 자연이라는 것이다. 이 '자연'은 플라톤/플로티노스적인 관점과 비교해 볼 때 비자연화된 자연이지, 영의 직접적인 표현이자 체현으로서의 자연은 아니라는 것이다. 에고 진영에서의 자연은 에고에게 반영된 최종적이자 궁극적인 실재인 데 비해 에코 진영에서는 자연 자체를 영으로 격상시켰다. 왜냐하면 다른 곳에선 더 이상 진정한 영을 발견할 수 없었기 때문이다.

양 진영 모두에게 동일한 평원적 자연이 인식의 대상이 되었고, 존재론적 질서는 '파괴되고 잊혀졌다'. 양쪽 모두에게 독백자연은 궁극적으로는 그것이 갖고 있을 수 없는 목적에 봉사하도록 하는 데 있기 때문에, 온우주의 붕괴는 양쪽 모두에게 절대적으로 전제될 수밖에 없었다.

세 가지 자연

좀 더 정확한 정의를 사용해서 간단하게 정리하면, 온우주의 붕괴로 인해 온자연 NATURE(존재의 대둥지)이 자연$_{Nature}$, 즉 거대한 생명의 망으로 환원되었고, 에고 진영은 이 자연에 이성으로 접근한 데 반해, 에코 진영은 타고난 성향(본성)$_{nature}$(또는 전인습적 감정)으로 자연에 접근했다고 할 수 있다. 그러나 양쪽 모두 자연에 고삐를 채워 제어하려 했다는 점에서는 같다.

에고 진영에서는 이 독백자연에 대해 객관화하면서 분석적인 방식으로 접근한다는 것을 이미 본 바 있었다. 자연은 에고의 반영에 의해 파악되는 근본적인 실재였다(에고는 '자연의 거울'이고, 자연은 궁극적인 '반영물'이었다). 에코 진영은 같은 단일자연에 대해서 통일, 공감, 복귀, 영광화하는 방식으로 접근했으며, 평원과 친교하는 것 또는 그것과 하나가 되는 것이 궁극적인 영적 작업이었다. 본성으로 돌아감으로써, 원초적인 감정으로 되돌아감으로써 자연을 품에 안을 수 있다는 것이다.

근대세계에서 자연은 서로 관련이 있지만 약간 다른 두 가지 의미를 갖고 있다는 것을 앞에서 보았는데, 그 둘을 '자연$_{Nature}$'과 '타고난 성향으로서의 본성$_{nature}$'이라고 부른 바 있다. 둘 다 일반적으로 경험적-감각적 세계를 일컫는다. 그러나 온우주의 붕괴로 인해 경험적-감각적 세계는 두 개의 역설적인 모습으로 나타났다(이 둘은 [그림 12-5]에서 볼 수 있다). 물질권에서 생물권, 정신권으로 진행해 가는 거대한 진화 과정에서 각 권역마다 내면이 있는가 하면 외면도 존재한다. 통상의 용법에서 자연이란 그런 외면의 총계('대자연/천지 만물')—또는 우측 경험적 세계 전체—그리고 외면이든 내면이든 **생물권**('타고난 본성') 측면과 정신권(마음 또는 문화)이 아닌 측면을 일컫는다. 두 번째 용법인 생물권으로서의 '자연/본성'은 마음과 대립하는 신체, 문화와 대립하는 자연, 합리적인 것과 대립하는 경험적인 것, 개념적인 것에 대립하는 감각적인 것을 의미한다.

자연과 타고난 성향(문명의 영향을 받지 않은 인간의 본성) 모두 동일한 경험적-감 각적 영역에 대한 다른 관점이며, 모두 감각기관(안과 밖 모두)에 의해 드러난 세계 다. 그러나 매우 혼동되는 항목은 정신권의 측면들이 자연에는 존재하지만 본성에 는 존재하지 않는다는 것이다(이것은 심/신 문제와 동일한 것이다. 이 문제는 평원 관점 에 의해 만들어진 같은 문제다).

이것은 [그림 12-5]에서 쉽게 추적해 볼 수 있다. (물질, 신체, 마음 대신에 나는 물 질권을 생물권의 일부로 다룰 텐데, 이는 실제로 그렇기도 하다. 따라서 단순하게 생물권과 정신권, 또는 신체와 마음의 일반적인 관계를 다룰 것이다.) [그림 12-5]에서 생물권은 (내면과 외면 모두에서) 수준 1에 있다. 정신권은 (내면과 외면 모두에서) 수준 4에 있 다. 수준 2와 수준 3은 정신권과 생물권이 분화(어쩌면 분리)하는 단계를 나타낸다. 수준 1은 생물권 또는 본성이며, 우측 모두는 자연이다.

내면, 즉 좌측 영역에서 생물권은 전합리적인 감정, 정서적-성적 충동, 생의 활 력, 감각적 풍요 및 사람들이 일반적으로 '마음'에 대립하는 것으로 '신체'를 의미하 는 그런 모든 항목으로 존재한다. 마찬가지로, 내면, 정신권이란 신체적인 것과 대 비되는 '심적'인 것 모두를 일컫는다. 여기에는 합리성, 상징적 문화, 언어와 언어 적 소통 같은 것들이 포함된다. 내면적 정신권은 자아중심(전인습)에서 민족중심(인 습), 세계중심(후인습)으로 옮겨 가는 도덕발달이 일어나는 곳이기도 한데, 이런 것 들은 감각적 신체나 생물권 또는 본성에서는 찾아볼 수 없는 것들이다. 물론, 정신 권 또한 생물권을 초월하면서 포함한다(형식적 조작 단계에서는 감각운동 단계를 초월 하지만 포함한다). 즉, 생물권은 정신권의 일부다. 왜냐하면 생물권을 파괴하면 정신권 도 파괴되지만 그 역은 그렇지 않기 때문이다. 달리 말하면, 본성은 마음의 일부라 는 것이다([그림 12-5]에 표현된 것도 이런 의미다).

정신권과 생물권—또는 마음과 신체, 문화와 자연—간의 차이점은 인간이 자연 을 파괴하고 있다거나 생물권을 훼손시키고 있다는 일반적인 대화 속에서 잘 드러 난다. 또한 밖에 있는 경험적인 세계를 바라볼 때, 나무는 자연의 일부라고 생각하 면서 자동차는 자연의 일부라고 생각하지 않는 경향이 있다. 달리 말하면, 생물권의 산물과 정신권의 산물을 구별한다는 것이다.

여기까지는 그런 대로 좋다. 여기서 혼동하는 부분은 정신권의 외면은 자연에 존재하지만 본성에는 존재하지 않는다는 것이다. 따라서 마음의 자연세계와의 관계는 그 자연이 타고난 성향인가 아니면 자연계인가에 따라 달라진다. 왜냐하면 모든 타고난 성향으로서의 본성은 정신권 안에 있지만, 정신권의 외면은 자연 안에 있기 때문이다([그림 12-5]에서 보았듯이).

따라서 모든 내면을 외면으로 환원시킬 경우, 온우주를 자연으로 환원시킬 경우 자연이 모든 것을 포함하고 있는 것처럼 보이게 되고, 따라서 마음은 그저 자연의 일부에 지나지 않는 것처럼 보이게 된다! (마음을 뇌로 환원시켰기 때문이다. 심/신 문제는 온우주/자연 문제와 동일한 구조의 문제다.)

정신권의 내면은 마음, 즉 바로 지금 자신의 의식이다. 그러나 정신권의 외면은 신피질이고, 그 신피질은 자연 속에 존재한다. 신피질은 감각기관이나 그 확장 장치를 통해 볼 수 있는 구조와 기능을 갖고 있는 객관적인 시스템이다. 그것은 분명한 위치를 점하고 있으며, 공간적 확장이라는 홀론계층으로 이루어져 있다. 뇌는 자연 안에 존재한다.

그러나 마음은 자연 안에 존재하지 않는다. 마음은 감각대상이 아니라 내면의 인식이다. 앞에서 보았듯이 개념과 아이디어, 의미, 가치 등은 단순한 위치를 갖고 있지 않다. 그것들은 저 밖의 감각 세계 주위를 어슬렁거리며 배회하지도 않는다. 그것들은 경험적인 생명의 망 어디서도 찾아볼 수 없다. 그런 것들은 육안으로 볼 수 있는 외면적 대상이 아니라, 심안으로 알게 되는 내면적 가치다.

따라서 개인의 경우, 본성(생물권 또는 신체)은 정신권 또는 마음 안에 있다(이성은 감정을 초월하지만 포함한다). 본성은 마음 안에 있지만, 뇌는 자연 안에 있으므로 후자는 전자를 거의 볼 수 없게 만든다. 거기에 평원의 역설이 있으며, 이것이 심/신 문제라는 풀 수 없는 매듭의 또 다른 모습이다(그 문제의 해결에 관해서는 이전 장에서 논의한 바 있다).

자연 또는 우측 세계에서 보다 복잡한 진화 형태(예컨대, 신피질)는 덜 복잡한 것(예컨대, 파충류의 뇌간)을 초월하면서 포함한다는 점에서 정신권은 여전히 생물권을 초월한다. 그리고 그러한 외면적인 모든 것은 자연세계 안에 존재한다. 뇌, 유기체,

변연계, 세포, 분자, 이런 모든 것은 거대한 자연 속에 존재한다. 이 모두는 감각세계에서 드러나는 외면적인 것들이다.

따라서 자연에서 마음과 감정과 내면은 볼 수 없지만, 그런 것들의 외면 전부는 볼 수 있다. 따라서 앞에서 말했듯이, 온우주를 경험적인 평원으로 환원시킬 경우 자연이 모든 것을 포함하는 것처럼 보이겠지만, 그 자연은 실은 우측 세계 또는 거대한 경험적 그물망일 뿐이다. 그렇게 해서 온우주 전체와 일치하고 싶을 경우, 해야 할 일이란 그저 자연과 하나가 되는 것에 불과한 것처럼 보이게 된다(왜냐하면 이제 온우주에서 자연만이 남아 있는 전부이기 때문이다).

그러나 이곳이 낭만주의적 어젠다에 외적 자연/내적 자연(본성)에 대한 혼동이 되풀이되어서 들어오는 곳이다. 외적 자연의 모든 것이 순수하고 무구한 것은 아니다. 경험적-감각적 세계(자연)에서는 생물권의 외면(나무, 호수, 신체)뿐만 아니라 (비행기와 자동차 같은) 정신권의 외면도 볼 수 있는데, 그런 외면들이 종종 문제를 일으킨다. 정신권의 외면은 산업화, 공해, 오존층 파괴와 같은 것을 포함하지만, 그런 것들을 본성의 일부로 여기지는 않는다. 그런 것들은 비록 외적 자연의 일부이긴 할지라도 내적 자연(본성)의 부분은 아니다.

그러므로 자연세계와 하나가 되라는 낭만주의의 추천에는 고유한 딜레마가 내재해 있음을 알 수 있다. 외적 자연과 하나가 되는 것인가, 아니면 내적 자연(본성)과 하나가 되는 것인가? 에코-낭만주의자들이 추천하는 것은 물론 일반적으로 본성으로 돌아가라는 것이었다.

따라서 온우주가 자연으로 붕괴된 근대세계에서 에코-낭만주의자는 자연의 모든 것을 받아들인 것은 아니었다. 왜냐하면 정신권이 만들어 낸 자연의 측면들(특히 산업화와 같은)은 꺼려 했기 때문이다. 낭만주의자도 일반적으로는 자연을 받아들였지만, 특정적으로는 본성이었다. 실제로 그들이 목표로 한 것은 온자연NATURE이었지만 얻은 것은 자연Nature이었고, 결국에는 본성nature을 찬미하는 것으로 끝나고 말았던 것이다.

'자연으로 돌아가자'는 외침이 모든 선량한 에코-낭만주의의 초대장이었다. 자연과 본성 모두 감각적-경험적 세계이긴 하지만, 본성(또는 생물권)은 문화(또는 정신권)가 손대지 않은 자연의 부분이다. 따라서 현시대가 자연(하강된, 독백적, 우측, 경험적 생명의 망과 거대한 상호 연결적 질서)을 유일한 신으로 안치할 때, 에코-낭만주의자는 본성으로 돌아감으로써 자연의 보다 순수한 측면을 껴안으려고 시도했던 것이다.

자연과 본성 둘 다를 나는 종종 독백자연(또는 단일자연)이라고 부를 것이다. 왜냐하면 둘 다 똑같이 독백적이기 때문이다. 따라서 테일러의 결론은 다음과 같이 아주 단순하게 진술할 수 있을 것 같다. "더 이상 온자연(또는 영)은 없었다. 있는 것은 오직 본성에 의해 드러난 자연뿐이었다." 다만, 감정과 감상적인 상태에서 드러난 경험적인 생명의 망만이 있을 뿐 더 이상 영은 없었다. 나로 하여금 느낄 수 있게 해준 자연이 있을 뿐, 신권과 정신권은 생물권으로 환원되고 말았다. 후인습적 영과 전인습적 본성을 혼동했던 것이다.

우리는 이러한 평원적 에코 관점(독백자연을 '영'과 동일시하는)을 향해서 에머슨이 강력하게 반대한 소리를 이미 들은 바 있다. "자연에 있는 미는 궁극의 것이 아니다. 그것은 내면의 영원한 미를 알려 주는 전령일 뿐, 그 자체만으론 충분히 만족스러운 미가 아니다." 계속해서 그는 이렇게 말했다. "오히려 자연은 영의 상징(또는 표현)이다. 혼의 계시 앞에서 시간과 공간 그리고 자연은 몸을 움츠린다. 자연의 광대한 공간, 대서양, 남해, 시간의 장구한 간격, 연월, 세기 등은 여기서는 문제가 되지 않는다. 이 신성한 사실의 간결한 계시 앞에서 인간과 책, 제도 등 잡다한 침입자들이 외경으로 놀라 경악케 하자. 침입자들로 하여금 신발을 벗도록 하자. 이 나무에도 신이 존재하기 때문이다. 그런 것을 단순함을 갖고 판단하도록 하자. 그리고 우리 자신의 법칙에 대한 순종은 자연에 대비해서 우리 본성이 갖는 풍요로움이라는 것을 드러내도록 하자."[11]

그러나 이제 온우주의 붕괴로 인해 자연 그 자체가 영이 되었으며, 영적인 감정의 궁극적 원천이자 문화의 범죄와 왜곡으로부터 구원되어야 할 궁극의 기초가 되었다.[12] 본성 안에, 단순한 생물권 안에 자신을 매몰시킨 것은 에고였으며, 합리성의 수치스러운 지배력으로부터 해방된 자신의 모습을 찾을 수 있는 곳도 그곳이었다.

따라서 평탄해진 지향성으로 인해 이 새로운 자연과의 순수한 만남이 지속되는 동안 영은 나를 통해 자연 속으로 흘러 나가는 대신에 자연으로부터 내 안으로 흘러 들어오게 될 것이다. 여기 있는 것은 더 이상 나를 통해서 영적인 비춤으로 자연을 밝게 비추고, 자연을 영의 완전한 현현으로 개시하는 영 또는 초혼의 빛남은 아니다. 이제 나는 오히려 독백자연에 의해 또는 그곳으로부터 해방된 나 자신의 감정에 압도되고 말 것이다.

또한 이 감각적 독백자연 안에 파묻힐수록 나는 내가 앞으로 있게 될 '영'에 더 가깝다고 생각한다. 나는 더 이상 신의 선성을 갖춘 모든 신성이 자연과 그곳을 통해서 흐를 수 있을 만큼 개방되어 있거나 투명하지 않다. 나는 이제 현현을 세례하면서 자연으로부터 내 안으로 들어오는 감정의 수용기, 나를 감상의 홍수와 감각적 친교로 운반해 가는 감정의 수용기일 뿐이다.

그것이 에머슨이 계속해서 이렇게 말하는 이유다. 감각과 낡은 이해 속에 "자연의 절대적 존재에 대한 본능적 믿음이 깃들어 있다. 그들의 관점(에코 진영의 관점)에는 인간과 자연이 확고하게 결합되어 있다. 사물이 곧 궁극적인 것이다. 이런 관점을 취한 자들은 결코 자신들의 영역 너머를 보지 않는다. 그의 마음은 잔인하게 된다. 그는 이기적인 야만인이다".

그러나 진실한 직관은 이 신성한 에고이즘을 타파한다고 에머슨은 말했다. 왜냐하면 "인생에 있어 최고의 순간은 이러한 고차원의 힘에 대한 통쾌한 깨어남이며, 또한 자연이 신 앞에서 공손하게 물러나는 것을 보는 것이기 때문이다".

그러나 이제 자연은 신 앞에서 물러나지 않을 것이다. 왜냐하면 지금은 자연이 유일한 신이기 때문이다. (온우주를 붕괴시킴으로써) 독백적 사고는 (에코 진영에 있는) 자연을 신으로 바꿔 놓았다. 그러므로 '신'은 내 안에서 해방된 본성의 충격에 의해서만 알려질 수 있었다. 자연이 가치로운 것은 그것이 에고를 통해서 '때 묻지 않은' 야생과의 조우에서 오는 짜릿함을 느끼게 해 주기 때문이다. 신성에서의 투명성이 아니라, 독백적 감정 안에서 자신을 반영한 신적인 에고다. 이 새로운 본성은 초논리적 translogical인 것은 아니었으며, 분명 문화의 대화적dialogical 상호 주관성도 아니었다. 그 대신 새로운 본성은 그 모든 것에서 등을 돌렸고, 무구하고 때 묻지 않은 본성으로 되돌아갔다. 그런 다음, 이제 똑같은 독백적 응시를 한 채 단순한 생물권에 정착했다.

온자연(또는 비이원적 일자로서의 영)이 있어야 할 곳에 이제 감각적 자연만이 있게 되었다. 따라서 죄란 온우주에서 나를 분리시킨 것이 아니라, 본성에서 분리시킨 것이 되었다. 그런 까닭에 **생물중심적 충동과 감정**으로 복귀하는 것이 나의 구원이고, 합리성과 문화는 나의 내부와 외부의 이 본성을 질식시키고 왜곡하는 기본적인 세력이 된다. 그러므로 나는 이 본성에 나 자신을 매몰시킴으로써 나의 진정한 자기를 찾아내게 될 것이다.

(따라서 문화는 영의 의식적인 실현으로 가는 길에서 획득한 발달이기보다는 본성을 은폐, 왜곡, 부정하는, 즉 '영'을 부정하는 범죄다. 문화가 실제로 부정하는 것은 생물중심적이고 자아중심적인 지각이지만, 신적인 에고는 물론 이런 부정을 장려하지 않을 것이다.)

대화적 문화에서 멀리 떨어진 독백자연 속에서 나는 내가 하고 싶은 것을 마음껏 할 수 있다. 나의 무구한 자기가 독백자연 속에서 새롭게 태어난다. 독백자연 속에서 나는 무의미해 보이는 문화적 제약 없이 나의 영광과 자유를 확장한다. 어쨌든 자연 시스템에 대항하는 인류의 커다란 범죄를 구현한 것이 문화이지 않던가. 이 자연 안에서, 독백적 응시라는 무언의 순수함 속에서 나는 신 또는 여신을 발견한다.

또한 그렇게 드러난 세계 속에 매몰됨으로써, 그리고 그 세계와의 결합에 의해서 나는 나의 해방과 구원을 발견할 수 있다. 그림자와 **통합**하면 빛이 있게 될 것이다. 비자연화된 자연과 일체가 되면 그곳에 구원이 있을 것이다. 평원과 합체가 되면 그곳에 영광이 있을 것이다. 느낌/감각으로 돌아가서 그림자에 더 가까이 밀착할수록 그곳에 나의 진실한 자기가 있을 것이다.

이 새로운 자연과의 만남에서 영적인 통찰이 전혀 없었던 것은 아니다. 하지만 워즈워스조차도 자연 속에서 환기된 영적 직관과 계시의 진정한 원천을 알고 있었다. "내 마음에서 나온 한층 더 밝은 빛이 일몰의 빛에 새로운 광채를 더한다."

그러나 빛 바래고 평탄한 새로운 우주에서 그 광채는 곧바로 일몰로부터 내 안으로 흘러들어 오는 것으로 해석될 것이다. 그러고는 그 일몰, 그 자연이 영적 계시의 원천이라고 상상할 것이다. 그러나 그 '광채'는 감각에 의해 지각되기를 기다리면서 '저 밖'에 놓여 있는 것이 아니다. 토끼와 족제비, 여우 같은 동물들이 대체로 우리보다 훨씬 더 예민한 감각을 갖고 있을지라도, 일몰의 광채와 아름다움을 몇 시간씩 응시하지는 않는다.

그렇지 않다. 자연은 영적 광휘의 원천이 아니다. 오히려 그 목적지다. 내가 자아의 수축을 느슨하게 이완시킬 수 있을 때(많은 사람이 그런 일이 자연 속에서 보다 쉽게 일어나기 때문에 자연은 자아의 수축을 이완시키는 데 적절한 환영할 만한 장소라는 점을 알고 있다.), 나는 위대한 초혼 속에서 이완할 수 있으며, 일자의 영적 광휘가 **나를** 통해 밀려나와 일몰조차 무색하게 만들고 그것에 새로운 영광을 추가한다.

그러나 내가 경험적 독백자연이라는 평원세계에 붙잡혀 사는 한, 자연을 신성의 원천으로 해석하는 한, 나는 나의 보다 깊은 또는 보다 진실한 영적 계시와 직관으로부터 닫혀 있게 된다. 황금알만을 소중히 여기고 그 알을 낳은 거위를 죽도록 방치해 버린 상태가 된다.

더욱이, 이렇게 함으로써 자신을 모든 통합적 비전으로부터 완전히 닫아 버린다. 생물권이 신성이라면, 정신권은 범죄임에 틀림없다. 자연과 문화를 영(진정한 온자연) 안에 통합시킬 수 없게 된다. 그저 자연으로 돌아가라고 장려할 수 있을 뿐이다. 즉, **퇴행**을 장려할 수밖에 없게 된다.

초개인적인 것에서 멀어지고 상호 개인적인 것에서 멀어져 전개인적인 것, 생물중심적인 매몰로 퇴행하는 것―완전히 지상중심적이고 완전히 자아중심적―전합리적인 신성한 에고이즘으로 퇴행하는 것은 무제한적인 감각적 투입을 초개인적 해방으로 오해한 것이다. 테일러가 말한 것처럼, 감각적 자연으로 돌아가는 것은 너무나 빈번하게 자기탐닉을 자기초월로 혼동하는 결과를 초래했다.

이렇게 해서 자연으로 돌아가는 것이 온자연에서 멀어지는 것이라는 끔찍한 결론에 도달하게 되었다. 에고 진영과 마찬가지로, 에코 진영도 자신들이 가장 피하고 싶었던 바로 그것으로 에고의 과시와 진정한 온자연의 부정을 초래하고 말았다.

한쪽은 정신권을 절대화하고 다른 한쪽은 생물권을 절대화하는 이런 구도 속에서는 에고와 에코 모두 결코 통합될 수 없다. 어느 진영도 진정한 통합을 이룰 수 없다. 왜냐하면 양 진영 모두 자신이 선택한 단편을 특권화하는 외고집 상태에 있기 때문이다. 양쪽 모두 상대 진영에 자신들의 질병을 퍼뜨려 상대를 개종시키려고 고집하기 때문이다.

이러한 상황하에서는 독백자연을 대화적 문화 안에 들여놓고, 그런 다음 자연과 문화 양쪽을 취합해서 초논리적 영 안에 통합시킬 수 없을 것이다. 에고와 에코, 정신권과 생물권은 이런 구도하에서는 결코 통합되지 않을 것이다. 각 진영은 서로 영원한 악마로 남게 될 것이다.

이것이 손해의 역설이다. 서로 간의 양립 불능성과 혐오에 갇혀 있는 에고와 에코는 같은 평원에서 경기하면서 그들이 가장 피하고 싶어 했던 바로 그것을 초래하고 말았다. 에고 진영은 무엇보다 자연과 순응주의 양식이라는 타율성으로부터 자유로워짐으로써 자율성과 독립성을 얻고자 했다. 그러나 그들이 발견한 것은 보다 큰 자유를 추구하는 자신들의 강력한 요구가 자연으로부터, 그리고 문화적 친교로부터 그 자유의 뿌리를 말살시켰다는 것, 이러한 자연과 문화의 억압으로부터 자유를 획득하기는커녕 극적으로 박탈당했다는 것, 포보스에 의해 구동된 고약한 초월(소외와 억압)로 인해 오히려 혐오 대상에 더 가까이 밀착되었다는 것뿐이었다.

에코 진영은 무엇보다 에고로부터의 자유를 추구하면서 에코-자연세계를 환희로서 포용했고, 합리적 에고에서 멀어지려고 필사적으로 노력했다. 그러나 그들은 마침내 자연의 온갖 것 속에서 전합리적 충동에 몸을 내맡겼고, 그러한 전합리적 양식이야말로 가장 자아중심적이라는 것을 알고는 깜짝 놀랐다. 본성에 가까이 가면 갈수록, 점점 더 자아중심적이 된다. 그들은 에고 진영과 멀어지려고 출발했지만 그들 자신의 감상에 갇히고 말았으며, 외부 자연과 그것에 대한 내부의 반향 모두를 신적인 것으로 과장했다. 세계중심적 다원주의가 아니라 신성한 에고이즘과 생물중심적인 감각적 매몰에 의해 자기-반향적 감정 속에서 감상적 자연과 일체가 되는 것, 이것은 평원적 전일주의의 또 다른 파국이었고, 온통 기만으로 가득 찬 천박한 행동을 언제나 멋진 것처럼 속삭였던 타나토스를 동력으로 한 병적인 포옹이었다.

성과 근대

기본적으로 자연을 반영된 실재라고 보는 에고 진영과 자연을 영으로 영광화하는 에코 진영이 하나의 절대적 강박관념에서 서로 만난 것은 그다지 놀라운 일이 아니다. 그것은 성sexuality이다(이후부터는 필요하지 않는 한 자연과 본성을 구분하지 않을 것이다. 둘 다 기본적으로는 경험적-감각적 영역을 일컫는 것이기 때문이다. 어느 쪽인가는 문맥에서 드러날 것이다).

푸코가 솜씨 있게 제시한 것처럼,[13] 근대성의 발흥은 성의 억압보다는(그는 그런 일이 있었음을 부정하진 않는다.) 성에 대한 강박관념으로 특징지어졌다. (프로이트에 앞서 1세기 전부터 시작한) 이 시대 전체는 의학에서 정신의학, 문학, 교육에 이르기까지 성적인 것에 대한 관심이 하나의 폭발적 현상이 되었다. 푸코는 어느 한 시대의 언설이 이 정도로 많은 분야에서 성에 대한 관심으로 점령된 적은 없었다고 말했다. "모든 신체적 측면과 모든 성적 차원에 이 정도로 관심이 집중된 적은 결코 없었던 것으로 보인다. 성은 의미 작용과 권력 및 지식의 주요 탐구 대상이 되었다."[14]

이 강박적인 성에 대한 푸코의 설명(이라기보다 기술)이나 내가 그것을 어떻게 재구축했는지에 대해 여기서 상세하게 다룰 필요는 없을 것 같다. 이 주제는 제3권에서 다뤄지므로 여기서는 전체 상황을 간단하게 약술했다.

자연이 근본적인 실재 또한 여러 면에서 최종적인 실재이고(반영적인 에고 진영에 의하면), 자연이 깊은, 궁극적인, 종종 감춰진 진실의 원천이라면(에코 진영에 따르면) 성적인 것이 인간 인격의 비밀을 쥐고 있다는 신념보다 그들을 더 잘 통합시킬 수 있는 것이 있을까? 자연만이 최종적인 실재일 경우, 다른 어떤 비밀이 있을 수 있을까?

성에 대한 강박관념에는 평원세계에 존재하는 거의 모든 당파를 만족시키는 무언가가 있었다(지금도 여전히 있다). 공리주의자에게는 쾌락적 행복, 심리학자에게는 감춰진 해석의 원천이 그것이었다. 해석은 그럼에도 안전하게, 그야말로 얕고 평원적인, 대단히 경험적-감각적인 것으로 남아 있을 수 있었다(표면에만 머문 해석학). 자연에서(생물권에서) 인간 생활의 궁극적이고 가장 깊은 충동을 찾아내는 것, 이것이 낭만주의자들을 즐겁게 했다.

일반적으로 빅3의 분화(그리고 정신권과 생물권의 분화)는 이제 확실히 강박적이 될 정도로, 그리고 새로운 방식으로 억압될 정도로 변별된 신체/자연/리비도가 혼재했음을 의미했다. 빅3가 빅1—단일자연의 객관적이고 경험적인 상호 연결적 질서—으로 붕괴된 이래, 성은 모든 사람에게서 사실상 모든 것이 되었다. 성은 인간의 인격에 감춰진 궁극의 비밀, 모든 사람을 움직이게 하는 궁극의 동기, 그들을 해방과 자유로 흠뻑 적셔 주는 위대한 생명력이 되었다('성적 자유' '억압으로부터의 해방' '문화적 아나키로서의 성' '자유연애'). 이 위대한 생명력이야말로 본래 그 자체로 우주의 궁극의 영이었다. 신으로서의 성, 여신으로서의 성, 본능으로서의 성만이 최고의 지배자였고, 생물권 동기만이 유일한 동기였다.

프로이트는 게오르그 그로데크Georg Groddeck의 『그것의 서The Book of the It』(이 책은 부분적으로 동양의 신비주의에 기초해 있으며, 여기서 그것이란 본질적으로 우리 모두를 움직이는 위대한 도를 의미한다.)가 '그것'('이드id'로 번역됨.)이라고 부르게 된 원천임을 명백하게 인정했다. 이드는 모든 심적 생명을 움직이는 것이며, 이드를 붕괴(와해, 혼란, 박해, 파괴)하는 것은 거의 모든 병리(와 불행)의 원천이 된다. 이드는 생물권적인 성과 공격적 충동이며, 자연의 유기적이고 신체적인 생명, 즉 프라나마야 코샤Pranamaya kosha이다. 영이 아니라 성이 궁극의 비밀이기에, 인간의 혼을 깊이 파고 내려가면 궁극적으로 모든 것의 감춰진, 가장 깊고 가장 어두우며 가장 심오한 비밀을 발견할 것이다. 그 비밀은 영혼Ur-Geist이 아니라 성적 절정감orgasm에 있다는 것이다.

이드로 축소된 도, 거기에 있는 것은 온우주를 평원적 독백자연으로 붕괴시킨 가장 악명 높은 예였다. 성은 이제 평원세계의 새로운 요인, 사실상 유일한(또는 분명히 '가장 중요한') 요인이 되었다.

플로티노스나 샹카라 혹은 가랍 도르제라면 이러한 관념을 일소에 붙였겠지만, 문제는 그것이 거대한 붕괴의 완벽한 예라는 데 있었다. 가장 피상적인(가장 얕은, 가장 심도가 낮은) 홀론이 이제 가장 심오한 홀론으로 선언된 것이다. 그 이유는 바로 온우주의 붕괴가 심도가 들어설 여지를 남겨 놓지 않았기 때문이다. 이 붕괴의 수많은 특징과 마찬가지로, 가장 기본적인 것을 가장 중요한 것으로 혼동했던 것이다.

프로이트심리학 같은 접근을 '심층심리학depth psychology'이라고 부르는 것은 엄밀히 말해 잘못 붙여진 명칭이었다. 실제로 그것은 '천층심리학shallow psychology'이었다. (물론 행동주의만큼 얕지는 않기에, 그것과 비교하면 정신분석학은 참으로 '깊은 것'처럼 보였다. 아홉 개의 껍질로 이루어진 자기라는 양파(아홉 개의 분기점)에서 물질은 첫 번째 껍질 또는 층이며, 리비도 혹은 프라나는 두 번째 껍질/층이다. 따라서 첫 번째 껍질조차 벗기기를 거부한 행동주의-실증주의-경험주의와 비교했을 때에만 정신분석이 '깊은' 것처럼 보인다. 이렇게 해서 정신분석학은 평원세계를 위해 대담하고도 과감하게 '심층' 속으로 잠수해 들어갔다! 그리고는 자신보다 더 깊은/더 높은 정신분석학 너머의 일곱 개 층은 완전히 무시해 버렸다!)

이런 식으로 리비도 안으로 '파고들어 갈' 경우, 실제로는 더 깊은 곳을 향해 파고 내려가는 것이 아니라 대체로 그 반대 방향을 향하는 것이다. 보다 낮고, 더 얕고, 존재론적으로 표층 수준에 일시적으로 **퇴행**하기 위해 더 깊은, 혹은 더 높은 인지 기능을 일시 중지시킨 것이다. 상호 주관적이고 세계중심적인 이성('이차 과정')이라는 더 깊은/높은 인지 기능을 의도적으로 중단하고, 보다 얕고 보다 자기애적 감정으로 물든 상상적인 과정('일차 과정')으로 옮겨 간 것이다. 그렇게 해서 더 얕은 계기에 재접촉하게 된다. 그런 것들은 보다 기본적인 것(그리고 덜 중요한 것)이기 때문에 이후의 발달에 엄청난 손상을 야기할 수 있다. 여기서의 요점은 이들 낮은/얕은 수준이 외상을 입을 경우, 더 깊은/높은 발달이 순조롭게 진행되지 못한다는 것이다(이는 상당히 진실이다).

하지만 이들 초기의 얕은 곳에서 생긴 일에 접촉하는 것은 매우 어려웠는데(지금도 그렇다.), 그런 것들이 발달 초기에 일어난 일이라는 이유뿐만 아니라 대체로 그런 것들이 너무나 **얕은** 층의 일이라는 것이 주된 이유다. 리비도에 계속 머물러 있는 것은 이완 상태로 상위 의식의 진정한 깊이로 잠수하는 대신에 수면 위에 계속 떠 있어야 하는 것과 같다. 표면에 떠 있기 위해선 끊임없이 심하게 몸부림치지 않으면 안 된다. 누구나 알고 있듯이 쾌락주의는 대단히 피곤한 것이다.

(종종 오해받고 있는 탄트라의 목적 중 하나는 성적 오르가슴의 흥분을 받아들여 그 표면적인 소모에서 해방시켜 깊고 높은 영적 계기에 개방시킨다는 것에 있다. 그곳에선 성적 흥분이 지복으로, 소모가 원기 회복으로 전환된다. 성은 영에서 떨어져 나오거나 대항하는 것이 아니라, 영의 표현 중 가장 낮은 또는 가장 기본적인 것 중 하나일 뿐이다. 따라서 개인의 성은 영으로 돌아가기 위해 사용될 수 있는 많은 실타래 중 가장 용이한 가닥이다. 생명력, 프라나(생기), '우주적 리비도'는 분명히 존재한다. 그러나 그것은 영의 여러 층 중 가장 낮

은 층이다. 그 층은 자연 안에, 생물권에 존재하는 층이다.)

그러나 실재에 있어서 그것이 유일한 자연이고, 따라서 오직 성, 쾌락, 고통으로 작동된다면 — 이 얼마나 기괴한 마르퀴 드 사드Marquis-de-Sad적인 조합인가 — 끊임없는 강박관념을 요구하는 탈진만이 집합적 마음에서 가용한 유일한 기본 코스course(이자 저주curse)였다. 독백자연이야말로 궁극의 실재이고, 표면이 지고이며, 그런 표면의 '최심층'에 있는 것이 성이라는 것인데, 성에 의해 자연의 비밀스러운 동기가 낱낱이 밝혀지고, 인간성의 비밀을 열어 줄 열쇠를 손에 쥐게 되기 때문이다.

이렇게 해서 인간 해방의 열쇠를 쥐게 된다. 독백적 사고가 자연을 신으로 격상시킬 경우, 영적 해방은 초월적 영의 발달적 창발에 있는 것이 아니라 억압된 성을 발굴하는 데 있게 된다. 성 이외에 다른 어디에 감춰진 신이 있겠는가? 그 밖에 다른 어디에서 해방을 찾을 수 있겠는가?

이렇게 생각하는 낭만주의적 비전은 이런 것이다. 자연이 궁극의 실재라면 자연과 성의 자유로운 유희를 '방해'하는 것(예컨대, 문화)으로부터의 해방 이외에 어떤 해방이 있을 수 있겠는가? 초의식적 영으로 전진하는 것이 아니라 의식 하부인 성으로 퇴행하는 것, 현현 이전의 영을 상기하는 것이 아니라 문화 이전의 충동을 발굴하는 것, 이것은 후인습적 초월이 아니라 전인습적 매몰이다. 성은 달아난 위대한 신Eens abscondus, 부재하는 억압된 위대한 신이 된다. 성은 문화라는 대죄에 의해, 문명으로 알려진 비열한 생명력의 '농무smothering'에 의해 파묻히고 억압된 신이다. 이 농무가 우리에게 가져다준 것은 단지 불만의 겨울일 뿐이다.

그런 까닭에 리비도적 신은 재생되지 않으면 안 된다. 그 부활은 위대한 리비도적 신체 부활 의식에 참가하는 모든 이에게 억압으로부터의 해방이라는 이름으로 구원을 베풀 것이다. 그 신체는 억압이라는 어두운 밤에서 몸을 일으켜 그 몸을 먹고 그 피를 마시는 모든 사람에게 오르가슴적 해방을 부여할 것이다. 왕국으로 들어가는 입구는 영이 아니라 성이다. 여기서 제공된 해방은 유한성과 필멸성, 시간이라는 고뇌로부터의 자유가 아니라 오르가슴적 능력을 발견함으로써 얻게 되는 문화로부터의 자유다.

도대체 이것에 무슨 잘못이 있는 것일까? 성이 억압되어 있지 않았다거나 때때로 그것을 '완화시키는 데' 사용할 수 없었다는 것이 아니다. 아무도(푸코를 포함해서) 문화가 너무 지나쳐서 성을 억압할 수도 있다는 것, 어느 정도의 '억압 완화'가 필요 하다는 것을 부정하지 않는다. 정신권과 생물권이 분화되었기 때문에 이들 둘은 실 제로 분리(억압)될 수 있었고, 이것이 근대성을 특징짓는 성에 대한 관심의 폭발을 상당 부분 설명할 수 있다는 것 역시 의심의 여지가 없다.

하지만 뭔가 잘못된 일도 진행되고 있었다. 성에게 엄청난 힘, 권력, 신비, 오라, 권위 등이 부여되었던 것이다. 실제로 모든 것을 리비도에서 발굴할 수 있다고 할 정도로 도가 지나쳤다. 실제의 '부재의 신', 즉 보다 깊은 또는 보다 높은 개시의 진 정한 영적 인식을 추구하는 대신에 감춰지고 억압된 오르가슴의 해방이라는 흥분 을 극적으로 추구했는데, 다시 말하지만 그 이유는 독백자연만이 실재인 평원세계 에서는 그 밖의 다른 해소를 찾을 수 없었기 때문이다.

따라서 기본적인 것이긴 하지만 그것 이외에는 서로 완전히 달랐던 에고와 에코의 관심이 한곳에서 만났을 때, 양쪽 모두 독백자연(평원의 상호 연결적 질서)이야말로 기 초적이며 궁극적인 실재라고 선언했으며, 결과적으로 양쪽의 관심은 성에 대한 강박 관념에서 교차하게 되었다. 결국 성이 자연세계의 거대한 동력이었기 때문이다.

달리 말하면, 독백적 사고가 에고—실재를 확실하게 그리고 최상으로 반영할 에 고—의 신이 되었을 때 경험적 자연(피반영물)도 똑같이 절대가 되었다는 것이다(그 것은 에고에 의해 '반영된' 최종적이고 궁극적인 실재였다). 에고의 독백적 사고가 경험 적 자연을 '절대화했던 것이다'(빅1). 유사한 방식으로, 자연을 절대시하는 에코-낭 만주의자의 똑같은 독백적 사고는 새롭고 절대적인 독백자연이야말로 궁극의 신/여 신/영이라고 선언했다(에고와 에코는 온우주 붕괴로 인해 등장한 비자연적인 자연을 지 향하는 단일세계의 양극이다. 이것이 테일러의 요지였다). 양 진영의 방식은 아주 달랐 지만, 독백적 자연(자연의 상호 연결적 질서)에 대한 숭배라는 공통된 입장에 의해 결 합되었다. 그 입장에서는 성이 자연의 위대한 비밀이었다.

이렇게 해서 근대의 성적 해방을 위한 엄청난 탐구가 시작되었다. 그 탐구에는 너 무나도 많은 희망이 걸려 있었다. 마르퀴 드 사드는 영속적(이면서 영향력이 큰) 참조 점이 되었으며, 프로이트는 모든 사람의 주치의가 되었다. 근대성이 전개됨에 따라

'자유로운 성'은 라이히Reich적인 형태(문화는 육체의 갑옷으로 탈바꿈했고, 해방은 오르가슴 능력과 동일시되었다.), 정치적 형태(성적 억압의 경감이 마르크스주의자의 '탈억압'과 손을 잡았다.) 등의 모습으로 변화되고 널리 확산되었다. '자유연애'는 억압을 해체하는 것일 뿐만 아니라, 자본주의를 타도하는 것이기도 했다. 파시즘은 성기적 억압을 지지했지만, 오르가슴 능력은 자본주의적 독재든, 권위주의적 독재든 독재 체제를 끝장낼 것이다. 그것은 학생들의 반란을 불러일으키기도 했다(1968년 5월 파리에서 학생들은 '마르크스, 모(택동), 마르쿠제Marcuse'를 열광적으로 외쳤다). 그것은 퇴행-낭만주의적 운동을 재활성화했으며, 문학이론에도 침투했다(노먼 브라운Norman O. Brown의 리비도적 '다형도착polymorphous perversity'을 통한 구원에서, 롤랑 바르트Roland Barthes의 텍스트의 쾌락Le plaisir du texte 및 바타유Bataille의 오르가슴적 해방과 푸코의 사드-마조히즘의 추구, '신체와 쾌락의 신경제학'에 이르기까지). 진정한 영적 실현이라는 주제가 진지한 담론의 일부가 되지 못할 경우, 개인의 리비도 내부로 끝없이 파고드는 것만이 유일하고only 고독한lonely 대체물이 된다.

오르가슴이라는 샘에 끊임없이 몸을 담그더라도, 이상한 것은 그렇게 얻은 해소가 결코 약속된 해방처럼 보이지 않았다는 것이다. 그럼에도 이들 '해방론자들'은 여전히 같은 방향을 바라보았는데, 그 방향은 리비도적이고 생물권적인 신, 성의 여신이었다. 그것이 근대성에 의해 너무나 야만적으로 억압되었다고 열렬히 믿었다(그 이면은 전적으로 간과했다. 성에 대한 강박관념은 근대성으로부터의 도피가 아니라, 근대성의 특징이었다. 이 강박관념은 진정한 성이 전적으로 억압되었다는 사실 때문만이 아니라, 더 이상 인식되지 않은 해방의 대체물의 일부라는 것에서 유래한다. 따라서 '해방론자들'은 성적 해방을 근대성으로부터의 도피로서 강력히 추구하면서 실은 본질적으로 근대적인 것, 또 다른 버전의 손해의 역설을 추구하고 있었다. 그들은 또다시 전복시키겠다고 호언했던 바로 그것을 전제로 했고 추구했다).

약속된 해방이 실제로 실현되지 않을 때, 오르가슴이 매번 깨달음이 아니라 계속해서 탈진만을 남겨 놓을 때, 그들은 무엇을 추천했을까? 좀 더 열심히, 좀 더 오래, 좀 더 거칠게, 좀 더 크게 소리 질러라. 그러면 해방은 그 어딘가에 분명히 있을 것이다. 이것이 그들의 추천이었다.

이러한 모든 운동과 그 밖의 많은 것이 하나의 관념에 묶여 있었는데, 그것은 인간 해방의 비밀이 성의 해방에 달려 있다는 것이었다.

수십 년에 걸쳐 학자들은 프로이트가 최상의 합리주의자(에고 진영)이면서 또한 심대한 낭만주의자(에코 진영)였다는 사실로 인해 당혹스러워했다. 그는 '도덕군자의 마음'을 갖고 있다는 말을 듣기도 했고, '최후의 위대한 낭만주의자'라고 불리기도 했다. 그는 무엇보다 빅토리아 시대 사람으로서, 억압적이며 엄격하게 청교도적인 사람으로 보였다. 그런가 하면 그는 근대의 거의 모든 라이히 사상, 자유연애, 반ᄇ억압 운동의 아버지이기도 했다. 그는 문화와 현상 유지의 반동적 지지자로 보이기도 했으며, 또한 19세기의 거의 모든 진보적인 '성적 무질서' 운동을 고취시킨 장본인이기도 했다. 그는 쾌락 원리의 위대한 예언자로 보이기도 했고, 현실 원리의 확고하고 엄격한 지지자로 보이기도 했다.

이런 것은 전혀 놀라운 일이 아니라는 것이 나의 요점이다. 프로이트는 에고와 에코가 평원세계에 남아 있는 유일한 '주스', 즉 성에 대한 강박관념에서 서로 만난 멋진 예였다. 발달은 이제 전합리적 리비도에서 합리적 문화까지만 이동했기 때문에(그리고 초합리적인 영은 공식적으로 전혀 인정되지 않았기 때문에), 이번에는 리비도를 둘러싸고 몹시 골치 아픈 갈등이 생겼다. 만일 자연이 절대라면(신이라도 된다면), 그리고 리비도가 억압으로부터 자유로운 원초적이고 '천국 같은' 상태라면, 무엇 때문에 그 신에 대한 배타적인 헌신을 포기하고 문화를 발달시켜야 한다는 말인가? (낭만주의의 입장에서 보면) 리비도가 신일지도 모른다. 그러나 (에고-합리주의자의 입장에서는) 그 신은 파괴되지 않으면 안 된다. 이로 인해 프로이트를 포함해서 모든 사람이 아주 우울한 딜레마, 즉 "우리는 신을 원한다. 그러나 신을 갖는 것이 허용되지 않는다."라는 딜레마에 빠지고 만다.

에코-낭만주의자는 영원히 그 상실을 슬퍼하고 근대가 자신들의 신을 죽인 것에 대해 비탄에 잠길 것이다. 그리고는 프로이트의 관념에서 성을 긴급하게 탈억압시켜야 할 '필요성'을 끌어내고, 문화에 의한 질식 상태로부터 자연을 해방시키려고 할 것이다. (따라서 그들은 근대성을 해체할 위대한 해방 세력으로서 정신권을 영원히 벗어던지고, 생물권에 대한 억압을 완화시키는 방법으로서 성에 매료된 채 영영 남아 있을 것이다.)

반면, 에고-합리주의자도 성에 대해 똑같이 매료되고 강박적인 상태로 남겠지만, 프로이트의 관념에서 리비도에 대항하는 분명한 보루를 세워야 할 '필요성'을 끌어낼 것이다(그 사이에, 성을 주제로 한 과학적이고 의학적인 문헌을 끊임없이 생산해 내면서 개인적 성생활의 온갖 구석을 샅샅이 조사할 권리가 과학 공동체에 있다는 점을 확실하게 보증했다. 그러나 이는 마치 외설물 반대자가 외설물의 위험성을 알리기 위해 포르노 사진을 늘 휴대하고 다니는 것과 같다. 푸코의 '생권력'에 대한 연구—성과 신체 정보를 통제하는 수단으로, 그런 것에 강박적인 근대 합리적 에고의 강박관념—는 무수히 많은 예 중 하나에 지나지 않는다).

한마디로 말해, 독백적 사고가 신이 되었을 때 성은 그 신에 대한 강박관념이 되었다.

마찬가지로, 독백적 사고가 자연을 신으로 바꿔 놓았을 때 성은 인간의 해방과 구원의 열쇠가 되었다.

양쪽 모두에서 독백적 사고가 온우주를 평원적 자연으로 붕괴시켰는데, 그 자연이 에고에게는 유일하고 최종적이며 궁극적인 '반영된' 실재였고, 에코에 의해서는 영으로까지 그 지위가 격상되었다. 그리고 에고와 에코 진영 모두 성이 원초적 원동력인 자연에 대하여 강박상태인 채로 남게 되었다. 에고와 에코는 이 강박관념 속에서 비밀리에 손을 잡았다. 그들 모두에게는 독백자연이 전부였고, 성이 그 비밀이었다.

에고는 그것을 통제하려 했고, 에코는 그것을 해방시키려 했다. 그러나 양쪽 모두에게 '그것'은 곧 성이었다.

이렇게 해서 '근대성'과 '성적 강박관념'이라는 말은 똑같은 두통에 붙인 두 개의 다른 이름이 되었는데, 사실상 근대성이 "오늘 밤엔 안 돼요."라고 말하는 경우는 없었다.

진화

우리는 전체를 하나의 발달 원리 안에서 파악할 수 있을 것이다. 만일 이것이 명백해진다면 그 밖의 모든 것은 자연스럽게 그 뒤를 따라 일어날 것이다.

－헤겔

독백자연에 대한 숭배를 제외하면 성에 대한 강박관념과 방법은 매우 달랐지만, 에고 진영과 에코 진영은 자연에서 분리할 것인지 아니면 자연과 결합할 것인지라는 접근 방법의 차이로 인해 이론적인 상호 경멸 상태에 빠져 있거나 아니면 교착 상태에 고착되어 있었다.

진화의 발견이 없었더라면, 이 교착 상태는 지금까지 그대로 남아 있었을 것이다.

진화학설에는 다수의 선행자가 있었다. 탈레스Thales, 엠페도클레스Empedocles, 아낙시만드로스Anaximander, 아리스토텔레스, 성 그레고리우스Saint Gregory 등이 그들이다. 15세기에 걸친 진화에 대한 탐구는 17세기에 이르러 플로티노스가 제시한 홀론계층이 사실상 개인의 성장과 발달의 지도일 뿐만 아니라 온우주의 성장과 발달의 지도일수도 있다는 것을 대사슬 신봉자들은 인식하기 시작했다. 만일 홀론계층이 실재의 여러 차원에 대한 지도라면, 그 차원들이 전개될 경우 어떤 차이가 생겨날 것인가? 실로 아주 먼 옛날 오리게네스 같은 철학자-현자들은 플로티노스의 위계가 실제로 우주적 시간에 걸쳐 시대별로 단계를 밟으며 전개되었다고 제안했다.

따라서 다윈보다 1세기 전에 우주 진화이론과 인간 진화이론이 도처에서 등장했다. 그 이론들은 앞에서 보았듯이 '잃어버린 고리'를 찾아내는 것이었는데, 오늘날에는 그 잃어버린 고리가 시간과 역사 속에서 전개해 온 것으로 믿고 있다. 라이프니츠는 "동물의 종은 여러 차례 변용되어 왔다."라고 주장했다. "사자, 호랑이, 스라소니 등 고양이의 성질을 갖고 있는 여러 종은 같은 종에 속할지도 모른다. 그리고 이제 원래 고양이종의 새로운 하위 변종으로 여겨질 수도 있을 것이다." 우주 전체가 발달된 것일 수 있다고 그는 말했다. 왜냐하면 우리는 어디에서든 자연의 창조적 진보를 보기 때문이다. 그는 그것을 '초창조transcreation(변용)'라고 불렀다.

다시 말하지만, 이러한 관념에 대한 과학적 증거가 제시되기 훨씬 전부터 러브조이가 말한 것처럼, 그 결론은 매우 확고하게 세워져 있었다. "세계는 아직 미완성이다. 존재의 사슬은 모든 형태가 시간을 따라 점진적으로 실현된 과정으로서 추론되어야 한다."[15] 1693년경, 라이프니츠는 이것으로부터 과거 어떤 종들의 멸종과 또 다른 종들의 '초창조'의 필연성을 이미 추론해 냈다. 1745년, 베를린 과학 아카데미의 총재였던 모페르튀Maupertuis는 오늘날 생존해 있는 모든 종은 매우 적은 수, 어쩌면 한 쌍의 선조에서 최초로 유래했을 것이라는 이론을 제창했다. 그리고 1949년, 백과사전의 주 편집자였던 디드로도 그 이론을 그대로 되풀이했다. 이것은 『종의 기원』이 출판되기 110년 전의 일이다.

잘 알려져 있듯이, 곧이어 칸트도 우주 진화에 대한 심원한 이론을 내놓았다. 그는 말했다. "우주는 비교적 단순하고 미분화된 상태로 시작했으며, 점진적으로 보다 다양하고 복잡한 조직화 상태로 되었다. 물질조차 가장 단순한 상태에서 자연적 진화에 의해서 더 완전한 구조물로 스스로를 형성하려는 경향성을 갖고 있다." 이는 분명히 (물질권에까지 적용 가능한) 진화의 자기조직적 특성에 대한 가장 명백한 기술일 것이다. 따라서 그는 "진화는 자연의 새로운 향상을 가져오며, 새로운 사물과 새로운 우주를 드러내는 일로 영원히 바쁘다."라고 말했고, 자연의 다산성(충만성)은 점진적 다양화라는 법칙을 갖고 있다고 주장했다(우리는 그것을 점전적 복잡화 또는 분화라고 부를 것이다).

간단히 말하면, 자연의 전개는 점점 더 창조적 다양성을 이루어 가는 하나의 방향성을 갖고 있다는 것이다. 로비넷Robinet, 보네Bonnet, 셸링, 베르그송Bergson 같은 사람들에게 진화란 확대해 가고 자기분화하는 창조적 충동 에너지가 점진적으로 현현되어 가는 화려한 행렬이었다.[16]

그러나 진화는 단지 분화만은 아니다. 각각의 상승은 또한 새롭고 더 높은 통일이나 통합을 가져오기도 한다. 칸트가 말한 것처럼, "자연의 창조 또는 발달은 보다 큰 폭을 향한 끊임없는 전진에 의해 확산해 간다……". 셸링은 1800년에 좀 더 구체적으로 다음과 같이 쓰고 있다.

연속 그 자체는 점진적이다. 즉, 한순간에 모두가 부여될 수는 없다. 그러나 그 연속이 앞으로 나가면 나갈수록 우주는 그만큼 더 충실하게 전개된다. 결과적으로, 유기적 세계 역시 연속이 전진함에 비례해서 더 충분한 연장에 도달하고, 우주의 더 큰 부분을 표현할 것이다. 그리고 다른 한편으로 우리가 유기체들의 세계 속으로 역행해 가면 갈수록 유기체가 그 내부에 안고 있는 우주의 부분은 점점 더 작아질 것이다(중요성과 기본성 사이의 구분에 주목하기 바람).17)

전진과 분화가 커질수록 포용과 통합도 커진다. 플로티노스도 말했듯이, 발달은 다양성을 포함한다. 다양성은 발달에 의해 더 높은 통일, 더 높은 포용에 포섭된다. 이것은 일자 대 다자가 아니라 연속적인 분화와 통합에서 유희하는 다자 속의 일자다. 매번 더 많은 우주를 전개시키고, 그렇게 해서 우주의 더 많은 부분을 감싸 안는다.

여기서 우리의 옛 친구 에로스가 등장한다. 언제나 보다 큰 결합, 보다 큰 통합, 보다 많은 것을 풀어내고 보다 많은 것을 감싸 안고 싶어 하는 에로스/아가페다. 그것은 고차원 수준의 자기조직화와 자기초월로 움직이는 것으로, 물질에조차 감춰져 있는 오메가 동력이다. 그 동력은 물질조차도 비조직화된 무더기로 남아 있지 못하게 한다. 잠시 뒤 다시 이 이야기로 돌아갈 것이다. 주류에서는 이미 잘 알려져 있는 것이지만 다윈의 단조롭고 힘든 작업, 즉 발달 관념에 대한 꾸준하고 성실한 증거 수집에 대해서도 잠시 뒤에 보게 될 것이다.

그러나 이미 만연되어 있던 평원세계관에 진화에 대한 새로운 이해가 어떻게 조화를 이룰 것인지는 전혀 분명하지 않았다. 에고와 에코는 건널 수 없는 심연을 마주한 채 서로를 바라보고 있었다. 이들 두 개의 절대주의는 전적으로 양립 불가능한 것이었다.

근대성의 고뇌: 피히테 대 스피노자

에고 진영은 피히테Fichte의 순수자아Pure Ego 또는 무한 주체infinite subject라는 마지막 한계에까지 도달했다. 순수자아가 부분적으로는 아무리 초혼(주시자)에 대한 진정한 직관이었다 하더라도,18) 순수자아 또는 무한 주체가 아무리 자연 자체로부터 가정된 것이었다 하더라도, 실천적이고 윤리적인 요지는 명확했다. 에고가 많을수록,

그리고 에코가 적을수록 모든 면에서 좋다는 것이다.

이것은 분명 평원을 피해 영을 도입하려는 시도였지만, 그 영은 주체 또는 자아를 근본화하는 데서 발견된 영이다(따라서 이 길은 모든 하강된 자연, 모든 대상으로부터 자유로운 순수한 상승으로 나아갔다).19) 뿐만 아니라, 피히테는 시대 전체를 통해서 초월적 주체와 절대 주체로서의 영, 순수자유로서의 영을 위해 싸웠다. 그것은 에고 진영이 싸웠던 모든 열망 중 최상의 열망이었다. 순수 주체에서 순수자유를 발견해 낸 근본적인 자율성이 그것이다.

반면, 모든 에코 진영은 스피노자Spinoza에게 의지하면서 그의 사상을 자신들의 목적을 위해 멋대로 해석했다(스피노자에 대한 이러한 의존은 에코 남성주의 서클에서는 여전히 꽤나 공통적이다).20) 여기서는 영이 절대적이고 총체적인 객관 시스템으로 파악되었다. 에고는 그곳에 아무런 저항 없이 삽입된다. 따라서 윤리적 정언명령은 똑같이 명확하다. 에코가 많을수록, 에고가 적을수록 모두에게 더 좋다는 것이 그것이다.

또한 이것 역시 본질적으로는 영을 도입하려는 매우 고상한 시도였지만, 여기서의 영은 에코를 근본화함으로써 발견된 것이었다(따라서 이 길은 순수한 하강, 순수한 내재를 구현한 것이다).21) 같은 시대에 스피노자는 영원하고 총체적인 객관적 **질료**(또는 무한 객체와 절대 객체, 피히테가 무한 주체와 절대 주체를 위해 싸웠던 것처럼)를 위해 싸웠다. 에코 진영이 싸웠던 모든 것의 핵심은 바로 이것이었다. 에코의 무한한 생명과 사랑이 거대한 질서 속으로 용해해 들어갈 경우, 여기서 영은 현현세계의 총체적인 다양성으로서 현전하게 된다.

자연의 거대한 상호 연결적 질서. 에고 진영은 그곳에서 벗어나길 원했고(최선의 경우, 에로스에 의해 움직이는 순수한 상승 주체를 향하면서), 에코 진영은 그곳으로 들어가고 싶어 했다(최선의 경우, 아가페에 의해 움직이는 순수한 하강된 통일로서). 에고의 경우에는 자연과의 공동성이라는 주박에서 풀려날수록 자기의 지식과 자유는 증대한다. 독자성이 클수록, 그리고 공동성이 적을수록 더 자유롭게 되고 더 해방된다는 것이다. 가장 순수한 자유는 순수자아, 순수 주체이며, 이 주체가 자연과 객체를 완전히 **초월**하여 궁극의 윤리적인 명석함을 발견할 것이다. 손해의 역설(에고의 분별없는 억압)을 별개로 할 경우, 자기책임과 자기결정이라는 이 성숙한 입장에는 많은 진실이 포함되어 있었다.

에코 진영의 입장에서 볼 때, 자기고립적인 독자성이 아무리 중요하다 해도 그 독자성은 자연과 문화와의 풍부한 통합 및 공동성 네트워크를 단절시켜 버린 것이었다. 따라서 세계를 다시 마법에 걸수록 더 좋은 것이다. 공동성이 많아질수록, 그리고 독자성이 적어질수록 그것만이 더 자유로운 것이고 더 큰 전체다. 가장 순수한 전체성은 분리된 에고로부터 완전히 자유로워진 순수에코 상태일 것이다. 이것이 스피노자의 위대한 시스템이었으며, 객관적이고 영원한 질료로서 순수하게 내재하는(하강한) 것이었다. 손해의 역설(에코의 분별없는 퇴행)을 별도로 한다면 자연과 문화와 친교를 이루고 사는 세계와 다시 결합해야 한다는 에코의 주장에는 많은 진실이 있었다.

프레더릭 코플스턴Frederick Copleston과 테일러, 그 밖의 많은 학자들이 지적했듯이 이 시대의 지성은 절대 주체와 절대 객체의 통합, 피히테와 스피노자(또는 칸트와 스피노자, 피히테와 괴테)의 통합을 위해 헌신했다. 최소한 그 일에 매우 강박적이었다. 이러한 노력들은 결국에는 주체의 자유와 객체의 통일을 어떻게 통합할 수 있는가[22]라는 똑같은 문제에 봉착하게 되었다.

즉, 상승하는 일자를 향하는 근본적인 자유와 이탈의 길 對 다양한 다자와의 하강적 통일 및 친교에 전념하는 길을 어떻게 하면 통합할 수 있을 것인가? 2천 년 동안 서양 문화 전반에 잔인하게 새겨진 이 가장 깊은 이원론을 어떻게 하면 치유할 수 있을 것인가? 플라톤에 대한 엄청난 양의 각주에서 볼 수 있는 정신분열적 분열을 어떻게 하면 끝장낼 수 있을 것인가? 처음부터 서양의 역사를 지배해 온 둘로 나눠진 신, 마침내 피히테와 스피노자에서 자신들의 최종적인 대변자를 발견한 두 신, 개인 내에서는 주체적 자유와 객관적 통일의 분열로 나타난 두 신을 어떻게 하면 결합할 수 있을 것인가?

주체와 객체는 하나라는 그저 그럴싸한 상투적인 말로 그 둘을 통합할 수는 없는 일이다. 그 이유는 주체적 자율성과 객체적 타율성은 전혀 양립 불가능하기 때문이며, 그렇기 때문에 일관성 있게 추구하다 보면 이들 입장은 어쩔 수 없이 피히테 또는 스피노자로 이끌어 간다. 한쪽의 승리는 다른 쪽의 패배이므로 결코 윈-윈 할 수 없는 윈-루즈 상황이다.

18세기 말엽, 상승적 에고와 하강적 에코 간의 분리는 근본적으로 똑같은 기본적인 분리이긴 하지만 놀라울 정도로 많은 형태의 이원론으로 나타났다. 테일러는 그 중에서도, 특히 관련된 이원론 몇 가지를 다음과 같이 요약하고 있다. 사고, 이성, 도덕성(에고)과 욕망, 감성(에코) 간의 대립, 최대한 자의식적인 자유(자율성/독자성)와 공동체 내에서의 생활(시민적 교류), 자의식(에고)과 자연과의 친교(에코) 사이의 대립, 나아가 이런 것들을 넘어 칸트의 주체와 스피노자의 질료 사이의 분리 (그리고) 장애물…….23)

테일러가 언급하는 이원론들은 몸과 마음, 인간과 인간, 인간과 자연, 자연과 영의 분리를 포함하고 있다는 점에 주목하기 바란다. 양 진영 모두 이 거대한 이원론을 극복했다고 주장했지만, 모두 거짓이었다. 빅3는 분명 분화했다. 하지만 어느 영역도 특권화하지 않고 그 모두를 통합하는 확실한 길은 어디에도 없었다. '나'는 '우리'에서 분리됐고, '나'와 '우리'는 '그것'으로부터 분리된 채로 남아 있었다…….

특히 거기에는 최상의 자주적인 나(칸트/피히테)와 전일론적인 그것(스피노자), 완전한 나와 완전한 그것, 에고와 에코의 분열이 있었다. "1790년대의 그 열망은 일반적인 것이 되었다. 자율성은 자연과의 통일성과 화해해야 했으며, 칸트와 스피노자는 통합되어야 했다. 이런 것들이 그 시대의 슬로건이었다."24)

에고 진영과 에코 진영 모두 긍정적이고 진실한 기여를 존중하기 위해서는 온우주로부터의 분리(자율성을 보존하기 위해서)와 온우주와의 결합(전체성을 위해서)을 동시에 하지 않으면 안 된다. 그러나 어느 진영도 필요함에도 불구하고 표면적으론 모순처럼 보이는 이 프로젝트를 실제로 어떻게 진행해 갈 것인가에 대한 최소한의 실마리도 갖고 있지 않았다. 에고-독자성과 에코-공동성을 어떻게 화해시킬 것인가, 모든 것과 단절된 채 순수한 상승만을 향해 가는 길과 모든 것에 내재된 순수한 하강만을 지향해 가는 길을 어떻게 화해시킬 것인가, 이것이 이 시대의 고뇌였다. 그러나 그 일을 어떻게 하면 좋을지는 전혀 분명치 않았다.

매우 뛰어난 한 인물이 아니었더라면, 이런 사태는 오늘날까지도 참으로 미스테리한 일로 남아 있었을지도 모른다.

활동 중인 영

셸링은 경이로움으로 감탄하고 있는 청중에게 강연을 하고 있었습니다. 하지만 안으로 들어갈 수 없는 사람들이 창문을 두드리고 휘파람을 불어 대는 소음과 소동의 와중에 입추의 여지없이 가득 들어선 혼잡한 강당에서 강연이 진행되었기 때문에 이 강연이 계속된다 해도 청강을 포기하고 싶은 유혹에 빠질 지경이었습니다. 첫 번째 강연 내내, 그의 말을 듣는 것은 거의 생명의 위험을 무릅쓰는 문제처럼 느껴졌습니다. 그러나 나는 셸링을 신뢰하기로 했고, 생명의 위험을 무릅쓰고라도 한 번 더 청강하기로 용기를 냈습니다. 이 신뢰는 강의를 듣는 동안 틀림없이 활짝 개화될지도 모르며, 그렇게만 된다면 목숨 같은 건 대수가 아니라고 생각했습니다. 셸링의 강의를 들을 수 있다면 무엇인들 못하겠습니까?

셸링의 두 번째 강의를 듣게 되어 무어라 형언할 수 없을 만큼 행복합니다. 철학과 '현실성'의 관계를 연결해서 그가 세계의 '현실성'을 언급했을 때, 내 안에선 사상의 맹아가 환희와 함께 재빨리 솟아올랐습니다. 그 후, 그가 말한 거의 모든 단어를 기억합니다. 아마도 이 단어로 인해 명료성이 달성될 수 있었는지도 모릅니다. 특히 한 단어가 나의 모든 철학적 고통과 고뇌를 상기시켰습니다. 그렇게 해서 이전의 나의 철학적 고뇌 또한 지금의 환희를 공유할 수만 있다면 나는 기꺼이 그때의 고뇌로 돌아갈 것이고, 이것이 올바른 길이라는 것을 믿도록 열렬히 나 자신을 달랠 것입니다. 아, 그렇게 할 수만 있다면(얼마나 좋을까요?) 이제 나는 모든 희망을 셸링에게 걸었습니다.

－쇠렌 키르케고르, '셸링의 베를린 강의'(1841)에 관한 서한[25]－

프리드리히 빌헬름 요셉 폰 셸링Friedrich Wilhelm Joseph von Schelling(1775~1854)은 뷔르템베르크의 레온베르크에서 태어났다. 늘 놀라운 천재 소년이었던 그는 15세가 되던 해에 튀빙겐 대학에서 입학 허가를 받았으며, 그곳에서 그는 (다섯 살 위인) 휠덜린Hölderlin(1770~1843, 독일의 시인-역자 주)과 헤겔의 친구가 되었다. 그는 이미 10대 후반에 논문을 출판하기 시작했으며, 헤겔보다 어렸음에도 예나Jena에서 둘의 협동 작업을 하던 시기에 주도적인 역할을 담당했다(1798년, 스물 셋의 나이에 그가 쓴 예나 대학의 논문은 이미 피히테와 괴테의 추천을 받았다. 1800년, 그는 헤겔을 그곳으로 초대했다).

불행하게도, 셸링은 통상 피히테에서 헤겔로 (즉, 칸트의 비판철학에서 절대적 관념론으로) 이행해 가는 인물로만 개략적으로 다뤄지고 있다. 나는 이것을 매우 큰 잘못이라고 생각하는데, 그의 철학적 영향은 여러 방면에서 헤겔보다 더 크다고 보기 때문이다(예컨대, 하이데거는 셸링의 철학은 언제나 관념론자 중에서 가장 심원하다고 느꼈다). 헤겔의 체계는 너무나 거대하고 너무나 일관된 것이었기 때문에, 일단 흔들리기 시작하자 실제로 완전히 붕괴하고 말았다. 반면, 셸링은 수많은 작은 시한폭탄을 심어 놓았기 때문에 아직도 또 다른 폭발의 시간이 일각일각 다가오고 있다.

셸링은 어떤 의미에서는 합리성만이 우리가 갈망할 수 있는 최상위 상승점이라는 계몽주의 관념에 대한 반응으로 자신의 철학을 시작했다고 할 수도 있다. 계몽주의가 마음과 자연, 정신권과 생물권을 분화하는 데 성공했다는 것이 진실이라 하더라도, 동시에 그것은 양자의 초월적이고 통합적인 기저를 잊는 경향이 있어서 마음과 자연을 분리시키는 경향이 있었던 것도 사실이다(이성의 커다란 잠재적 병리). 이러한 마음과 자연, 에고와 에코의 분리는 과학적 탐구에서 자연을 '비추는' 마음이라는 개념(반영 패러다임)과 함께 융성했다. 그러나 반영 패러다임은 외적 객체로서의 자연과 그것을 반영하는 주체로서의 자기 사이에 균열과 분열을 만들어 냈다고 셸링은 지적했다(그는 그것이 인간을 객체로 만들었다고 말했다. 앞에서 보았듯이, 회귀적으로 자기 자신을 반영시킨 독백적 응시다). 반영 자체가 목적이 될 때, 그것은 '정신적인 병'이 된다.

동시에 셸링은 이 분리가 '감각의 즉각성, 즉 인류의 초창기로 회귀함으로써 극복될 수 없다'는 것도 인식하고 있었다.[26] 에코-자연으로 돌아가는 것도 가능하지 않았는데, 셸링은 그것도 알고 있었다.

오히려 마음과 자연 양쪽 모두가 하나의 절대 영의 다른 운동일 뿐이라는 것을 발견하기 위해, 영은 전개와 포함이라는 연속적인 단계로 자신을 현현한다는 것을 발견하기 위해 이성을 넘어서 가지 않으면 안 된다고 그는 주장했다. 헤겔이 곧바로 지적했듯이, 영은 다자로부터 떨어져 있는 일자가 아니라 다자를 통해 다자 안에서 연속적인 전개로 자신을 표현하는 일자의 과정이다. 그것은 유한한 발달(또는 진화)

과정으로서, 그 유한한 발달 과정 안에 자신을 표현하는 무한한 활동이다.

따라서 절대(자)란 발달의 알파(출발점)이자 오메가(도달점)다. 셸링은 말했다. "나는 신을 처음이자 마지막, 알파이자 오메가, 진화하지 않는 신, 함축된 일체를 포괄하는 신Deus implicitus이자 완전히 진화한 신, 완전히 현시된 신Deus explicitus이라고 단언한다. 달리 말해, 신은 원천이자 정점이다. 또한 텔로스(에로스), 즉 전 과정을 움직이는 자기조직적이고 자기초월적인 원동력으로서 상승 또는 발달 과정 전반을 통해 현전해 있다." 셸링의 말에 따르면, 신은 '세계를 하나의 시스템… 하나의 자기조직적 통일체로 만드는 조직원리'다.

달리 어떻게 말하든 세계는 혼연일체를 이루고 있으며, 진화는 방향성을 갖고 있는 활동하는 영으로서의 에로스다. 그러므로 셸링과 헤겔 모두 진화란 단지 영을 향해 가는 충동만이 아니라고 주장했다. 그것은 영을 향한 영의 충동이다. 영은 전체성과 통합성(홀론)이 연속적으로 증대해 가는 과정에서 자신을 표현한다. 나아가, 그것은 영 자신의 자기인식 또는 자기실현 과정에서의 진전을 표현한다. 에로스는 이런 과정의 모든 단계에서 과정 그 자체로서 완전히 현전해 있다. 피히테가 말한 것처럼, 존재란 "끊임없는 시간의 흐름 속에서 고차원의 자기실현을 향해 언제나 앞서 나아가는 끝없는 자기발달적 생명"인 것이다. 또는 헤겔의 말처럼, "절대자란 그 자체가 되어 가는 과정"이다. 그것은 발달에 의해서만 구체적인 것 또는 현실적인 것이 된다.

헤겔이 역사철학 강의에서 설명했듯이, "세계의 역사는 그 기록이 남겨 놓은 것처럼, 모든 장면을 변화시킨 정신(영)의 발달과 실현의 과정이다. 이러한 통찰에 의해서만 세계의 역사와 정신(영)을 화해시킬 수 있다. 즉, 과거에 일어났던 것 그리고 매일 일어나고 있는 것들은 '신의 부재'가 아니라 본질적으로 신의 역사"다(일탈할 수 있는 도는 진정한 도가 아닌 이유는 바로 그 때문이다).

일탈(진화)의 각 단계는 그 단계의 구조(와 한계)를 통해 영이 자신을 알게 되는 지식이다. 그러므로 각 단계는 테제(피히테, 헤겔)가 결국 자신의 한계에 이르게 되고(피히테의 반정립, 헤겔의 모순, 셸링의 체킹 포스checking forces), 그것이 새로운 **통합**(피히테, 헤겔)으로 이끄는 자기초월을 촉발한다(셸링의 유기적 통일). 그것은 선행 단계를 **부정하면서 보존한다**(셸링, 헤겔). 물론 이 변증법은 에로스, 즉 활동 중인 영이며, 영을 보다 충실히 전개시킨 다음, 보다 완전하게 통합시키는 원동력이다.

이렇게 해서 영은 처음에는 감각을 통해, 그런 다음 지각, 그다음엔 충동을 통해 자신을 알려고 한다.[27] 이 단계에서 영은 아직 무-자기-의식un-self-conscious적이다. 이 무의식의 관념에 대해서는 피히테와 셸링 모두 거의 플로티노스의 노선에 따라 큰 의미를 부여한다. 상위 단계는 하위 단계에 내장되어 있지만, 하위 단계에서는 의식되지 않은 잠재력이다. 그리고 상위 단계는 발달해 가면서 하위 단계를 포괄한다.

따라서 셸링은 자연 전체를 '잠들어 있는 영slumbering spirit'이라고 불렀다. 더욱이 자연은 단지 마음을 위해 존재하는 비활성적이고 도구적인 배경이 아니라, '영의 객관적인 현현'으로서 '자기조직하는 역동적 시스템'이다. '통일된, 자기발달적 초유기체로서의 자연',[28] 이것은 플라톤이 말한 '볼 수 있는 신'과 정확히 일치한다. 하지만 그 신은 이제 발달과 진화라는 맥락에 설정된 신이다.

따라서 자연은 결코 정적이거나 결정론적인 기계가 아니다. 그것은 '생성 중에 있는 신'이다. 모든 생명 과정은 시간과 공간에서 전개해 가는 신성한 생명의 현현이다. 그러나 셸링은 그것을 잠들어 있는 영이라고 말했다. 왜냐하면 자연으로서의 영은 아직 자기를 의식하지 못하기 때문이며, 온우주가 아직 자신을 의식적으로 아는 작업을 시작하지 않았기 때문이다.

마음이 출현함에 따라 영은 처음으로 자기를 의식한다. 영은 상징과 개념, 이성을 통해 자신을 알려고 한다. 그 결과, 우주가 우주에 대해서 생각하기 시작한다. 그것이 이성의 세계를 만들어 내며, 무엇보다 의식적인 도덕의 세계를 만들어 낸다. 그러므로 셸링은 자연이 객관적인 영이라면, 마음은 주관적인 영이라고 말했다.[29]

그리고 셸링은 마음과 자연이 분리된 것처럼, 서로 전혀 관심 없는 것처럼 보일 수 있는 것이 이곳이라고 말했다. 양측으로 분리된 낯선 존재가 주/객 이원론에 따라서 서로를 이해할 수 없다는 듯 멍청하게 응시하면서 마주 보고 있는 에고와 에코가 그것이다.

셸링이 말하는 이들 두 개의 '외견상의 절대'는 영의 제3의 큰 운동으로 종합된다. 그것은 자연과 마음 양쪽 모두의 초월이며, 따라서 셸링은 이들 두 개의 절대성(절대 객관성과 절대 주관성)이 다시 하나의 절대성으로 근본적인 종합 또는 통일을 이룬다고 말했다. 이것은 영이 영으로서 자신을 직접 안다는 비시간적 행위로서의 주체와 객체의 정체성이기도 하다. 그것은 어떤 형식을 통해서도 매개되지 않은, 즉 객관적인 자연의 감각이든 주관적인 마음의 상념이든, 그 어떤 형식으로도 매개되지 않은 직접적인 신비적(또는 관조적) 직관이라고 셸링은 말했다.

여기에는 무형상이면서 비이원적인 기저 없는 기저에 대한 의심의 여지없는 심오한 통찰이 있다. 셸링은 에크하르트와 뵈메(그리고 디오니시우스)의 계보에 잇닿아 있는 '무차별indifference'과 '심연Abyss'이라는 말에 의지하곤 했다. "신성한 존재, 원초의 기저 또는 궁극적 기저Urgrund의 어두운 심연 속에는 차별은 일체 없고 순수한 정체성이 있을 뿐이다."30) 실로 수피교도가 말하는 '지고의 정체성'이다. 셸링이 말하는 것처럼, "본질에서 실존으로 이행하고 싶다면 구분, 차별이 가정되지 않으면 안 된다"(여기서 셸링은 순수한 에고주의자 피히테와 순수한 에코주의자 스피노자를 염두에 두고 있다). (이렇게 해서 우리가 내화 또는 유출이라고 불렀던 전 과정이 개시된다.)

따라서 셸링과 헤겔에게 있어서 영은 자신의 밖으로 나와 객관적 자연을 만들어내고, 주관적 마음 안에서 자신으로 깨어나며, 그런 다음 순수한 비이원적 지각 속에서 자신을 회복한다. 주체와 객체는 각성한 영 속에서 자연과 마음을 통합한 비이원적 의식의 순수한 행위로서 하나다. 자연으로서는 객관적으로 자신을 알고, 마음으로서는 주관적으로 자신을 알며, 영으로서는 절대적으로 자신을 안다. 영은 그 전체 과정의 원천이자, 정상이며, 에로스다.

(우리는 이러한 세 가지 큰 운동을 하의식, 자기의식, 초의식으로 또는 생물권, 정신권, 신권으로 또는 전개인, 개인, 초개인으로 인식할 수도 있을 것이다. 이들은 앞선 장에서 여러 차례 다뤘던 세 개의 큰 영역이다.)

이렇듯 진화의 전 과정은 철저하게 홀론계층적이다. (상승의) 각 단계는 선행 단계 위에 세워지고, 그것을 포함하면서 진행해 간다. "최종 단계는 모든 선행 단계의 결과물이다. 어떤 것도 상실되지 않으며, 모든 원리가 보존된다"(헤겔). 상실된 것은 선행 단계가 갖고 있던 협소성, 즉 자신이 전체라는 주장이다(헤겔은 이것을 '부정의 부정'이라고 불렀다). 각 단계는 선행 단계를 포함하지만, 그 단계의 부분성은 부정한다. 헤겔은 말했다. "초월한다는 것은 부정과 보존을 동시에 하는 것이다."

셸링의 견해도 마찬가지로, 창발적인 홀론의 내부에서 창발적인 홀론이 발생하는 진화 또는 발달에 대한 정확하고 완벽한 요약이다. "하위는 상위에게 필요한 기초다. 그리고 후자는 전자를 자신의 내부에 포함한다. 그러나 거기에는 무언가 새로운 것의 창발이 있다. 그리고 이 새로운 수준이 그 전제가 되는 선행 수준을 설명한다."31)

이것은 진정 놀라운 비전이다. 에고-마음과 에코-자연의 심원한 통합, 최하위 상태에까지 하강하고 다시 자신에게로 상승하는 영, 그럼에도 불구하고 자기인식과 자기실현의 각 단계, 자기를 전개하고 발달시켜야 할 모든 단계에서 완전하게 현전하는 영, 온우주의 모든 운동에서 현전하는 영의 신성한 놀이 그러나 그 놀이가 진행해 감에 따라 자신을 점점 더 많이 알아 가는 영, 우주의 모든 몸짓에서 완전하고 신성하게 춤추는 영, 결코 진정으로 잃어버린 것 없고 결코 진정으로 찾을 것 없는, 그러나 빛나는 심연에서 윙크하고 끄덕이면서 처음부터 늘 현전해 있는 영에 대한 비전이다.

셸링의 비전은 다음 장에서 다시 다룰 텐데, 거기서 그의 비전이 양측의 달성을 희생시키지 않고 에고와 에코, 상승과 하강을 어떻게 통합시킬 수 있는지를 보다 분명하게 제시할 것이다.32) 그러나 여기서는 이 모든 것이 시간화된 플로티노스처럼 그다지 틀린 것이 아니라는 점만 지적해 두기로 한다. 그 시대의 어떤 역사가는 다음과 같이 쓰고 있다.

우리가 초기 낭만주의에 이르는 '열쇠'에 관해 이야기하려면, 그것은 고대 사상가 중 한 사람인 플로티노스에게서 찾을 수 있을 것이다. 왜냐하면 이 신플라톤주의철학자는 무수한 단편 가운데 흩어져 있는 노발리스의 전 체계에 대한 영감의 근원이 되었기 때문이다. 그의 영향력은 멀리까지 미쳤다. 비록 간접적이긴 하지만 노발리스와 셸링을 통하여 슐레겔 형제들에게까지 영향을 미쳤는 바, 이러한 사실을 전혀 모른다면 '시에 대한 대화'와 (빌헬름 슐레겔이) 베를린 강연에서 한 많은 구절들은 수수께끼로 남을 것이다.33)

평소에 '천재'로 불렸던 노발리스는 슐레겔에게 보낸 서한에서 이렇게 쓰고 있다.

"내가 사랑하는 플로티노스에 대해서 자네에게 이미 말했는지 모르겠네. 티데만 Tiedemann을 통해서 이 철학자를 알게 됐는데, 정말로 나를 위해 태어난 사람처럼 느꼈다네. 또한 그의 철학이 칸트와 피히테의 철학과 매우 흡사하다는 점에서 경악을 금치 못했네. 그는 이 두 사람(중 어느 쪽)보다 훨씬 더 나를 설레게 한다네."

셸링도 플로티노스를 좋아했다. 사실 셸링의 영향력은 엄청났는데, 그의 철학이 헤겔 체계의 출발점이 되었기 때문만은 아니었다. 셸링은 횔덜린, 괴테, 실러, 슐레겔 형제와도 친구 사이였다. 그는 프리드리히 슐라이어마허Friedrich Schleiermacher에게 직접적으로 영향을 미치기도 했다. 슐라이어마허는 모든 진정한 영성은 신앙이 아니라 직접적 경험의 결과라고 논하면서 종교라는 개념에 혁명을 가져왔다. 셸링의 유기적 통일체 개념과 지각은 단지 외계를 '거울처럼 비추는' 것이 아니라 '작용'하는 것이라는 생각은 게슈탈트심리학(그리고 자기생성적 인지이론)의 상당 부분을 앞지른 것이었다. 무제한적 활동으로서의 에로스라는 그의 관념에서 셸링은 쇼펜하우어, 베르그송, 니체에 이르는 일련의 '의지'철학의 출발점이었다. 틸리히는 이러한 영향 노선을 이렇게 추적했다. "쇼펜하우어의 가장 중요한 제자는 니체였다. 이 흐름은 니체로부터 프랑스의 주의설 철학자voluntarist 베르그송, 하이데거, 사르트르 그리고 금세기의 위대한 형이상학자인 화이트헤드에까지 이른다. 이 모든 흐름은 셸링에서 비롯되었다."[34]

위대한 예술에서 주체/객체 이원론을 초월하는 기회를 갖게 된다는 그의 예술과 미적 지각이론에 의해 셸링은 실러와 함께 거의 모든 낭만주의 미적 운동의 선구자가 되었다. 카시러Cassirer가 지적한 것처럼, 그의 상징적 형식이론은 많은 부분에서 자신의 연구와 융의 분석심리학의 선구자였다.

플로티노스적인 셸링의 무의식 관념은 카루스Carus에게 계승되었다. 『정신Psyche』(1846)이란 책에서 카루스는 의식적인 심적 생활의 열쇠는 무의식에서 발견된다고 주장했다. 더 나아가 그 관념은 쇼펜하우어에서 다시 나타나는데, 그의 제자 중 한 사람인 에두아르드 폰 하르트만Eduard von Hartmann은 『무의식의 철학Philosophy of the Unconscious』(1869)이라는 대단히 성공적이고 영향력 있는 책을 저술했다. 그 책은 10판의 인쇄를 거듭했는데, 프로이트와 브로이어Breuer의 『히스테리 연구studies in hysteria』(1895)가 출판된 것보다 20년이나 앞선 것이었다.

무의식이라는 관념과 관련해서 셸링은 소외alienation라는 지극히 영향력 있는 관념을 도입하기도 했는데, 여기서 소외란, 특히 영이 현현 과정에서 자신을 '상실'하는 것을 의미했다. 그리고 진화 또는 발달은 이 자기소외를 극복하는 것, 영이 영으로 복귀함으로써 소외를 극복하는 것 또는 직접 비이원을 재발견하는 것을 의미했다 [우리는 이것을 흩어져 있던 것을 다시 한데 모으는 것(re-member = 상기)이라고 부른 바 있다]. 주객 이원론에 붙잡혀 있는 인간은 원천과 정상에서 소외되어 있을 뿐만 아니라 일체로부터도 소외되어 있다. 그러므로 인간은 오직 이 이원성과 실존적인 소외를 극복함으로써만 진정한 행복을 발견할 수 있게 된다. 셸링이 이런 내용을 설파했던 베를린 강의에 참석했던 사람 중에는 쇠렌 키르케고르 이외에도 야코프 부르크하르트Jacob Burkhardt, 미하일 바쿠닌Michael Bakunin 그리고 카를 마르크스와 프리드리히 엥겔스Friedrich Engels 등도 있었다.

그러나 이 '발달철학'(또는 에로스의 철학)의 즉각적인 영향은 진화라는 관념이 모든 곳에서 '피부로 느낄 수 있을' 정도가 되었다는 것인데, 이는 다윈보다 60년이나 앞선 것이었다.[35] '자기발달적 유기적 통일체로서의 세계'라는 셸링의 세계관은 창발적 진화이론을 전제로 했다. 그뿐 아니라 실제로 셸링은 명백하게 진화의 가능성을 언급하기도 했다. "인간의 경험이 어떤 종에서 다른 종으로의 변용된 사례를 제시할 수는 없을지라도 경험적 증거의 결여가 그러한 변용이 불가능하다는 것을 증명하지는 않는다. 그러한 변용은 인간의 경험보다 훨씬 긴 기간에 걸쳐서 일어날 수 있다는 것을 인지하고 있기 때문이다."[36]

따라서 1810년, 셸링의 친구이자 제자였던 박물학자 로렌스 오켄Lorenz Oken은 "자연철학이란 신이 이 세계로 영원히 변용한 과학이다."라고 주장했으며, 그 연구 어젠다를 이렇게 기술했다.

자연철학은 원초의 무로부터 발전된 세계 진화의 여러 양상을 보여 주는 임무를 갖고 있다(더 이상 아주 바보 같은 소리는 아니지 않는가?). 즉, 그것은 어떻게 천체와 원소가 발생하였고, 어떻게 이것들이 고급한 형태로 발전하였으며, 어떻

게 유기체가 생겨 최종적으로 인간에게서 이성에 도달하였는가를 보여 주는 것이
다……. 이러한 양상들이 우주 생성의 역사를 구성한다.[37]

시간화된 플로티노스＝진화. 이런 면에 관해서 늘 예리하게 보고해 온 러브조이는
다음과 같이 지적했다. "진화적 진전이라는 일반적인 개념이 출현한 것은 그 가설에
대한 대부분의 과학적 증거가 발견된 것보다 훨씬 앞서 있었다. 그것은 18세기 중반
이전에 매우 널리 읽힌 저술에서도 이미 익숙한 관념이 되어 있었다. 따라서 종종 생
물 진화론의 영향으로 돌리는 효과는 사실상 그 이론이 수립되고 그 교의가 일반적
으로 확산되기 훨씬 이전에 그것과는 독립적으로 이미 출현해 있었던 것이다."[38]

다윈이 등장하여 생물적 진화의 경험적인 증거 일부를 제출했을 때, 여전히 창세
기 신화를 액면 그대로 믿고 있는 소수를 제외하고는 아무도 충격을 받지 않았다. 그
러나 그들은 셸링과 그 밖의 발달론자들이 해 온 것으로 인해 이미 충격을 받았다.

다윈의 위대하고 영속적인 기여는 진화가 일어났다는 사실을 발견한 것이 아니
라(이것은 이미 본 것처럼, 그 당시보다 거의 1세기 전의 가설이었다.), 어떻게 일어났는가
의 발견, 즉 자연선택을 통해 일어났다는 것의 발견(윌리스Wallace와의 공동발견)이었
다는 것이 과거 1세기 이상 과학적 정설이었다. 자연선택의 수정판은 돌연변이가
유전자 변이를 이끌어 내고, 대부분 적응하지 못하지만 소수는 적응과 생존에 필요
한 보다 큰(또는 적어도 다른) 능력에 기여하기 때문에, 이런 돌연변이가 선택되어 유
전자 풀에 보존된다는 것이다. 이 이론이 달성한 것이 무엇이든 간에, 결국 과학은
이 이론에 의해 모든 종류의 에로스, 모든 종류의 '온화한 설득' 또는 초월/창발의 원
동력도 무시할 수 있게 되었고, 그로 인해 사람들은 '겸허한 마음으로 과학의 뒤를
따를 수 있게' 되었다.

그러나 현재 과학자들에 의해 거의 보편적으로 인식되고 있는 것은 자연선택이
'미시진화'(또는 주어진 가능성 범위 내에서의 변화)는 꽤 잘 설명할 수 있지만, 거시진
화(또는 새로운 범위 내에서의 가능성의 창발)는 전혀 설명할 수 없다는 것이다.[39] 빅
뱅에 대해 생각해 본 사실상 모든 사람이 관념론자가 되었다는 사실을 생각해 보면,
이제 대부분의 과학철학자가 진화는 그 자체의 과정 안에 자기초월적 원동력을 내

재하고 있다는 사실을 공공연히 인정하거나 옹호하는 것도 수긍할 만한 일이라 하겠다. 우리는 원칙 2c에서 그것을 모든 홀론이 갖고 있는 자기초월 능력이라고 부른 바 있다. 달리 말하면, 그것은 에로스다.

그러므로 다윈이론의 영구적인 공로는 그것이 거시진화의 메커니즘을 발견했다는 것이 아니라(발견하지 못했기 때문에), 실은 그 이론이 진정한 진화이론은 에로스 같은 것을 전제로 해야 한다는 것을 1세기 넘게 모호하게 만들었다는 점에 있다. 다윈의 영구적인 공로는 사실 거대한 몽매성에 있었다. 모든 과학자가 우주로부터의 사랑 그리고 그 모든 것을 포괄하는 포옹과 비슷한 것들을 모조리 기쁜 마음으로 흔쾌히 깔끔하게 닦아 내기 시작했다. 그러고는 모두가 진실이 다시 승리했다고 자축했다(주지했듯이, 월리스는 자연선택이 에로스를 대체할 수 있다고는 생각하지 않았다. 진화는 '영의 창조 양상이자 방식' 그 자체라고 생각했다. 다윈이 이에 동요되었다는 것도 잘 알려진 사실이다).

그러나 세계는 동요하지 않았다. 다음 장에서 보겠지만, 거의 모든 형식의 관념론이 붕괴되었기 때문에 서구세계는 일찍이 전적으로 자연과학적 평원이라는 존재론적 무게중심이 낮아진 하강 영역에 마치 푹신한 의자에 몸을 맡긴 것처럼 편안하게 정착하게 되었다.

이 기분 좋은 낮고 아늑한—어떤 이는 소심하다고 말할지도 모르겠다—입장을 취한 상태로, 단일 에고와 단일 에코는 명색뿐인 우주의 지배권을 놓고 사투를 계속했다.

그리고 서구세계는 최근까지도 그곳에 머물러 있었다.

달아난 신들의 시대이자 오고 있는 신의 시대다. 이중의 결여와 이중의 없음이라는 상황하에 놓여 있기에 신을 욕구하는 시대다. 달아난 신들은 더 이상 없고, 오고 있는 신은 아직 와 있지 않다.

SEX ECOLOGY SPIRITUALITY

14

신을 해독하기

내부로부터든, 외부로부터든 어디 하나 얽매이지 않고 자유로운 이 각성의식은 마치 하늘
처럼 열려 있다.
　　이 꿰뚫어 보는 각성의식은 부분성과 한계로부터 자유롭다.
　　이 모든 것을 감싸 안는 마음의 광대하고 개방된 공간에서
　　모든 윤회와 열반 현상이 허공에 걸린 무지개처럼 현현한다.
　　흔들림 없는 이 각성 상태 속에서 거울에 비친 상처럼
　　출현하고 존재하는 모든 것은 출현하지만 비어 있고, 반향하지만 텅 비어 있다.
무릇 처음부터 모든 것의 본질은 공이다.
　　　　　　　　　　　　　　　　　　　　　　　　　　　　－초그드룩 랑드롤, 독수리의 비상－

도래해 있음직한 신. 모든 것에 편재하는 세계혼World Soul의 강림. 초인Over-
human, 초혼Over-Soul, 초개인적 여명, 보편인Homo universalis의 도래. 단지 희귀
하고 개별적이고 고립된 현상으로서가 아니라, 이전에 마술, 신화 및 심적 단계가
세계 전반에 걸쳐 그 기본적 패턴에 따라 대규모로, 그리고 조직화된 분화로 나타났
던 것과 똑같이 사회 조직 세력의 중심으로 도래한다. 세계혼의 도래, 초혼의 직관으
로 각각의 혼과 모든 혼의 공동체 안에 모든 것을 축복하면서, 살아 있는 모든 존재
의 의회와 공통성 안에 결합시키면서, 현재 세계중심적인 합리성이 법과 교육, 정부
와 공동체 내에서 제도화되고 보호받고 있는 것처럼, 그 중요성을 보호하는 구조 속
에서 제도화된다. 물질권, 생물권, 정신권이 모든 복합 개인 안에서 단지 이론으로
서가 아니라 의식 내의 중심적인 정체성으로 통합된다(바로 자아 또는 인격이 오늘날의
합리적 문화에서 중심적인 정체성으로 제도화되어 있듯이).

세계혼으로서의 초혼의 도래, 모든 것을 자신의 선성과 영광으로 어루만지면서 자신의 광휘와 축복으로 모든 것에게 세례를 베푼다. 세계혼의 도래, 경이의 구름을 뒤에 끌고, 해방의 노래를 부르면서, 영광과 구원의 춤을 춘다. 오랫동안 찾아왔던 세계혼의 도래, 그것은 모든 '그것', 모든 '우리', 모든 '나'를 어루만져 변화시킨다. 한순간에, 눈 깜짝할 사이에 우리는 변화될 것이다. 우리 모두는 변화될 것이다.

사랑을 잃고, 두들겨 맞고, 상습적으로 구타당해 온 자기는 고통스럽고 고뇌로 가득 찬 (자신의) 자기만을 위한 방식들에서 손을 뗀다. 고독보다 낫겠다 싶어 선택했던 특정 고뇌를 짝으로 삼아 살아온 생활에 지쳐서, 배려 없는 인생의 야만성을 오래 견뎌 온 것을 달래기 위해 당혹해하는 자신의 거울상, 신성의 계승자인 체 가장해 온 자신의 거울상과의 광기 어린 정사를 포기한다. 그 대신 은총 속에서 자신의 혼을 발견하고, 자신의 진정한 존재인 빛나는 신으로 온몸을 적신다. 그 신은 심연으로부터 광채를 뿜어내면서 언제나 미소 짓고 있는 본래 면목이다. 모든 광경의 겉모습에 드러난 이치에 맞지 않는 행복과 친밀함의 바다 위에 힘들이지 않고 떠올라 부유하면서, 자비의 조류에 맞춰 꾸준한 배려 속에 안겨 서로가 서로의 자기인식에 의해 하나가 된다. 존재하는 모든 것의 참자기, 있을 수 있는 모든 것의 공동체, 와야 할 모든 상태를 예고하는 여명 속에서 춤을 춘다.

모든 나는 참자기의 노래를 부르고, 모든 우리는 신성의 예배에 공명하고, 모든 그것은 신의 거처에서 은총의 집을 지각하면서 동시에 기꺼이 드러난 영의 빛을 내뿜을 것이다. 그리하여 사랑 없는 고독한 자기가 지각한 신은 사라지고, 신 없는 시간과 분리의 운명도 사라질 것이다.

축복된, 축복받은 세계혼의 강림. 한순간에, 눈 깜짝할 사이에 우리는 변화될 것이다. 우리 모두는 변화될 것이다.

결국에는 아마도 이 모든 일들이 일어날 것이다.

그러나 어쩌면 일어나지 않을지도 모른다. 나는 초혼, 세계혼에 대한 직관이 세계 전역에 사는 많은 사람에게서 확실히 빈도와 강도 면에서 점점 더 증가하고 있다고 믿고 있다. 이 삼부작의 이어지는 다음 두 권에서 보다 상세하게 그 증거를 보게 되겠지만, 나는 이런 일이 확실히 일어나고 있으며 그것은 매우 인상적인 일이라고 생각한다.

그러나 언제나 그렇듯이, 우리는 우리에게 주어진 미래를 만들어 내지 않으면 안 된다. 편재하는 세계혼의 강림이 촉진될 것인지 아니면 지체될 것인지는 바로 우리가 그 직관을 얼마나 적절하게 해독해 내느냐에 달려 있다고 나는 확신한다.

이미 보았듯이, 모든 심도는 해석되어야만 한다. 그리고 심도를 어떤 식으로 해석하는가는 심도 자체의 탄생을 위해서도 결정적으로 중요하다. 새로운 심도는 새로운 해석을 가능하게 해 준다. 새로운 해석은 심도를 공동으로 창조하고, 그 탄생을 촉진하며, 그 해석을 돕는다. 심도를 해독해 내는 것 자체가 새로운 심도의 창발이 된다.

그런 만큼 영적 직관이라는 이 소중한 선물을 매우 조심스럽게 풀어내야만 할 것이다.

많은 사람이 초혼(또는 그 이상)을 직관하면서도, 그 직관을 여전히 상위 자기Higher Self, 내면의 소리Inner Voice, 혼의 배려Care of the Soul, 내면의 주시자Interior Witnessing, 보편심Universal Mind, 순수각성pure Awareness, 초월적 의식transcendental Consciousness 등 단지 또는 전적으로 좌상상한 용어로 해독하거나 해석하고 있다. 직관의 그런 측면이 아무리 진실한 것이라 해도, 이런 식의 해독은 '우리'와 '그것' 차원을 배제하거나 심각하게 축소시킨다. 사회와 문화, 객관적 현현을 배제했기 때문에 상위 참자기에 의해 본래적으로 요구되던 여러 가지 공동체와 사회적 봉사, 문화적 활동에 관한 짜임새 있는 설명을 하지 못하게 되고, 모든 구현된 자기를 지지하는 기술-경제적 하부 구조를 무시하거나 등한시하게 된다(상위든 하위든 그 중간의 어떤 자기든). 참자기로부터의 훼손만이 아니라, 바로 그 참자기가 현현하는 데 있어 불가피한 측면인 객관적인 상태 또는 객관적인 실재를 무시하게 된다.

만일 내가 상위 자기와 접촉할 수만 있다면 그 밖의 모든 것은 저절로 이루어질 것이라는 사고방식이 저변에 깔려 있는 것처럼 보인다. 그러나 이러한 사고방식은 안타깝게도 영이 언제나 동시적으로 온우주의 사상한으로 현현한다는 것을 놓치고 만다. 영은(어떤 수준에 있든) 사회문화적 기초와 그 객관적인 상관물로 이루어진 공동체 내에서 자기로서 현현한다. 따라서 어떤 상위 자기라도 꼼짝없이 보다 깊은 객관적 상태 속에 존재하는 보다 넓은 공동체에 관여하게 될 것이다. 그러므로 상위 참자기를 접촉하는 것은 모든 문제의 끝이 아니라, 반드시 해야만 할 대단히 힘든 새로운 일의 시작일 것이다.

따라서 영을 직관하고서 그 직관을 상위 참자기(좌상상한) 등 단지 '나' 용어로만 해독하는 것은 현현세계를 모든 차원에서 어떤 식으로 포용할 것인가 하는 성실하고 숙고된 해석이 빠진 상승의 길만으로 끝나게 될 것이다. 이런 해석은 피히테식의 낡은 조치일 것이고, 여전히 순수에고, 순수자기가 모든 문제를 해결할 것이라는 근본적 계몽주의 패러다임의 한쪽 극에 얽매어 있는 해석일 것이다.

이러한 접근에 스며 있는 좀처럼 사라지지 않는 의혹은 이런 것이다. 만일 진정으로 세계의 일을 보살피거나 세계에 대해 걱정한다면 실질적으로는 상위 참자기를 접촉하는 일이 불가능하리라는 것이다(왜냐하면 상위 자기가 그것을 보살필 것이기 때문에 세상 일에 대한 '근심'과 '걱정'은 진정한 자기를 발견하지 못했다는 것을 보여 준다). 실제로는 전혀 그 반대다. 상위 자기에 접촉할수록 세계에 대해 더 많이 걱정하게 된다. 왜냐하면 세계가 곧 당신의 자기, 모든 자기의 성분이기 때문이다. 공즉시색, 브라만이 곧 세계다. 브라만과 최종적으로 접촉하는 것은 이 세계에 궁극적으로 참가하는 것이다.

이런 식으로 진실하고 심오한 직관이 의도는 좋지만 적절하다고 할 수 없는 해석으로 오염되거나 왜곡되거나 편향된다. 영의 직관이 서툴고 성급하게 해독되고, 그 과정에서 소중한 선물이 파손된다. 반면에 보다 자애로운 해독은 그 이상의 더 깊은 직관, '나' '우리' '그것'이 모든 영역을 다루는 직관을 촉진한다. 단지 상위 자기에 어떻게 접촉할 것인가 하는 것뿐만이 아니라, 그 상위 자기가 문화에 어떻게 감싸지고, 자연에 어떻게 구현되고, 사회제도에 어떻게 스며드는가를 아는 것이 중요하다.

실현되고, 감싸지고, 구현되며, 스며든다. 사상한 모두를 덮는(영 그 자체가 사상한 모두를 현현시키기 때문에) 보다 자애로운 해석은 그런 해석을 요구하는 영의 탄생을 촉진한다. 자애로운 해석은 영의 탄생, 영의 하강을 돕는 산파 역을 담당한다. 영의 직관을 보다 적절하게 해석하는 것이 가능하면 할수록, 그 영은 나에게 더 많은 얘기를 해 줄 수 있고 더 많은 소통 채널을 열 수 있게 된다. 그렇게 해서 소통 communication에서 교감communion으로, 교감에서 합일union로, 합일에서 정체성identity으로 그 심도가 더욱 깊어지게 된다.

영을 단지 상위 자기만으로 해석하는 것은 그다지 자애로운 해석은 아니라는 것이 나의 생각이다.[1]

마찬가지로, 영의 심오한 직관을 갖고 있는 많은 선량한 혼이 그 직관을 단지 '그것' 용어로 해독해 버리기도 한다. 영을 모든 현상의 총합으로 또는 거대한 통일 시스템, 그물, 망, 내장 질서, 통일장(우하상한) 등으로 짜인 과정으로 기술해 버린다. 어떤 면에선 그 모든 것이 진실이긴 하지만, 그런 해석은 '나'와 '우리'라는 내면 차원을 전적으로 배제해 버린다. 결코 적절하다고 할 수 없는 이런 해석은 철두철미하게 독백적이며, 철저하게 평원적이다.

이것은 스피노자식의 낡은 조처로서, 낭만주의적인 반항 형태를 취한 근본적 계몽주의 패러다임의 또 다른 극단, 즉 에코 극단에 해당한다. 그들은 원자론을 자신들의 적이라고 생각하며, 중심적 문제는 우주가 거대하고 통일된 하나의 전일론적 시스템이나 질서, 그물망이라는 것을 최종적으로 단호하게 **증명**하거나 제시할 수 있느냐에 달려 있다고 생각한다. 물리학에서 생물학에 이르기까지 엄청난 양의 과학적 증거를 열거하면서 폭넓은 논의를 전개한다. 모두 우주의 전일론적 성질을 객관적으로 증명하도록 조정된 원자론적 개념으로 꽉 찬 에고 집단에게 우주가 전일론적인 것이라고 가르칠 경우, 실제로는 전일론적 개념으로 가득 찬 에고 집단을 얻게 될 뿐이라는 것을 알아차리지 못한다.

정확히 그렇게 한 것만은 아니지만, 진정한 직관을 졸렬하게 해석하는 이 독백적 접근은 '나'와 '우리' 차원을 무시하거나 방치하기 때문에 현현세계 전부를 포용하는 정체성을 발견하기 위해서 우선적으로 필요한 내적 **변용**의 성질을 제대로 이해하지 못한다. 일체에 대해 아무리 많은 말을 하더라도 근본적으로 변하는 것은 아무것도 없을 것이다.

아무것도 변화하지 않는 이유는 '증거' '새로운 패러다임' 또는 '거대한 시스템' 등을 여전히 독백적 그것-언어로 말하고 있기 때문이다. 그것-언어는 내적 변용 과정에는 관여하지 않는다. 깊은 변용을 초래하는 물음은 세계가 전일론적인지 원자론적인지가 아니다. 진정으로 변용을 초래하는 물음은 전일론 및 원자론적 개념 양쪽 모두를 아는 것이 누구인가 혹은 무엇인가 하는 것이다(외면에서 내면으로의 이행). 그런 다음 그러한 개념의 주시자(그 자체는 전일론적이지도 원자론적이지도 않은 주시자)로 머물러 있으면, 온우주 전체를 포용하는 공 안에서 그 주시자가 용해되는 것을 보게 될 것이다(내면에서 우월성으로의 이행).

외면에 대한 논쟁에 머물러 있는 것은 내면을 효과적으로 봉쇄하는 것과 같다. 전일론적인 외면세계에 초점을 맞추게 되면 진정한 변용의 계기를 잃게 된다.

오래전에 나가르주나Nagarjuna는 전일론이든 원자론이든 또는 양쪽 모두든 그 어느 쪽도 전적으로 핵심에서 벗어나 있다고 지적하면서(그는 이들 모두가 틀렸다고 말했다.) 그런 접근들을 파기했다. 그는 공성(또는 개방성)의 순수직관prajna에 이르는 길을 열기 위해 모든 개념 작용을 철저하게 해체시켰다. 만일 붓다를 만나 죽여야 하는 일이 발생할 경우, 과연 전일론자는 어떻게 살아갈지 상상해 보라.

따라서 영에 대한 최초의 직관이 아무리 진실이라 하더라도(나는 그 직관이 진실임을 의심치 않는다.), 영의 모든 차원을 단지 우측의 길로, 단지 거대한 상호 연결적 질서로 환원시키는 해석에 의해서는(그런 기술이 진실이라 하더라도) 촉진되지 않는다.[2] 그러한 해석은 그 자체만 놓고 볼 때 변용이 일어나는 것을 가로막는다. 신성에 대한 대단히 진실한 직관이라 해도 그러한 해석은 더 이상 그 신성의 하강을 촉진하지 못한다. 그러한 해석은 영의 탄생을 돕는 산파 역으로서는 서툰 해석이다(그렇긴 해도 영 자체는 부적절한 해석으로 판명된 것의 진정한 원천이다).

이보다 더 나쁜 것은 영에 대한 직관을 단지 그것 용어로, 독백적 용어로 풀어낼 경우, 그러한 접근들은 순전히 하강적 세계관으로 끝나 버린다는 것이다. 이럴 경우, 영은 단지 외면의 총화, 동굴에 비친 그림자의 총화로 보이게 된다. 그 그림자들이 거대한 상호 연결적 질서와 하나라는 것을 증명하려는 의도 때문에 우리는 결코 외면에서 내면으로 이행하지 않게 되고, 따라서 진정한 초월은 애당초 발견할 수 없게 된다.

이 부적절한 해석은 모든 사람에게 시스템 이론(또는 가이아의 생명의 망 이론 또는 일부 '새로운 물리학')을 가르치는 것이야말로 현대세계에서 가장 시급한 문제인 것처럼 보이게 한다. 그렇게 해서 정말로 필요한 것은 내면의 의식발달 단계에 대한 이해라는 것을 놓치게 된다. 가이아의 주된 문제는 유독한 쓰레기 더미나 오존층의 파괴, 생물권 전역에 걸친 오염이 아니다. 이러한 범지구적인 문제는 오직 범지구적·세계 중심적인 각성에 의해서만 인식될 수 있으며, 그에 필요한 반응을 할 수 있는 것도 그런 수준의 각성뿐이다. 그러므로 가이아의 주된 문제는 충분히 많은 수의 사람이 자아중심에서 사회중심으로, 그 너머의 세계중심으로 발달, 진화하지 못한 데 있다고 할 수 있다. 세계중심 단계에 이르러서야 생태 위기를 인식하게 되고 적절한 조치를 취하게 된다. 가이아의 주된 문제는 외면의 오염이 아니라 내면의 발달에 있다. 내면의 발달만이 외면의 오염을 끝낼 수 있다.

전인습/자아 중심 단계와 인습/민족 중심 단계에서는 범지구적인 공공 자산을 제대로 보살필 수 없다. 오직 후인습/세계 중심 단계에 이르러서야 비로소 문제의 보편적인 차원을 충분히 알 수 있고 효과적으로 대응할 수 있게 된다(형식적 조작 및 비전-논리 단계만이 보편적인 조망을 파악할 수 있다). 따라서 시스템 이론이나 가이아의 생명의 망 같은 우측 지도를 가르치는 것만을 강조하면서 자아중심에서 사회중심, 세계중심에 이르는 내면 발달의 중요성을 똑같이 강조하지 않게 되면 가이아의 종말에 더 크게 기여하게 된다. 가이아의 문제는 범지구적 인식을 요구하며, 좌측의 내면 발달 단계(이는 평원적 에코 접근이 무시한 바로 그 영역이다.)만이 비로소 그 문제를 다룰 수 있게 된다.

이런 식의 순수한 에코적 접근은 그 사촌 격인 순수에고(또는 순수자기)적 접근과 마찬가지로 영의 모든 차원을 단 하나의 특권적 영역으로 환원시키며, 그로 인해 영 자체의 충분한 출현과 하강에 오히려 큰 타격을 입히게 된다. 순수자기 진영이 상위 자기와의 접촉을 이루게 되면 모든 문제가 해결될 것이라고 생각하는 것과 똑같이, 순수에코적 접근에서는 순수에코의 통일된 전일론적인 성질을 완벽하게 제시할 수 있다면 그것으로 모든 문제가 해결되리라고 생각한다. 이러한 강력한 제시는 (스피노자의 객관적인 용어에 의한 **증명**처럼) 모든 사람으로 하여금 궁극적인 통일로 변용되도록 내몰 것이라고 그들은 주장한다.

따라서 이 진영이 인정하는 유일한 '내면' 변화는 원자론적 개념을 신봉하던 것에서 전일론적 개념을 신봉하는 쪽으로 변화하는 한 가지뿐이다. 이 진영은 외면에 중심을 두기 때문에 일체를 인정하기 위해 필요한 내면 발달에 관해서는 믿기 어려울 정도로 소박하고 빈약한 관념만을 갖고 있다. 더욱이 원자론에서 전일론적 개념으로라는 오직 이 하나의 변화만을 인정하기 때문에, 신념의 변화가 의식의 변화를 의미하는 것이 아니라는 결정적으로 중요한 사실을 놓치고 있다. 그것은 단지 새로운 변환translation을 의미할 뿐, 새로운 변용transformation을 초래하지는 않는다.

이에 대한 에코 진영의 전형적인 반응은 만일 사람들이 실재와 거대한 망의 전일론적 일자성을 제대로 배우고 진정으로 이해한다면, 그들 모두가 자신들의 에고를 포기할 수밖에 없을 것이고 진실로 변용되리라는 것이다. 그러나 이미 보았듯이, 실제로는 그와 정반대다. 독백적 세계관을 평원적 용어로 신봉하는 것 자체가 신성한 에고이즘을 초래하게 된다.

[우측만을 다루는 시스템 이론의 관점은 내면의 의식발달 단계(전인습/자아 중심에서 인습/사회 중심을 거쳐 후인습/세계 중심으로)에 대한 이해가 결여되었기 때문에, 좀 더 정확하게는 내면적 전개 과정에서의 아홉 개 분기점 전반에 대한 이해가 결여되어 있기 때문에 의식의 진화와 발달을 세심하게 평가할 방법을 갖고 있지 않다. 이런 이유로 내면 의식을 전혀 탐지해 낼 수 없기 때문에 평원적 접근은 전합리적 의식과 초합리적 의식 간의 차이를 탐지해 내지 못한다. 따라서 계속 엄청난 전/초 오류에 빠지게 된다. 이 접근은 지지자들이 전인습적인 내면 상태를 마치 후인습적 실재인 양 신봉하도록 방치한다. 외면적 전일론과 거대한 생명의 망을 지지할지라도 낭만주의자에게서 보았던 것과 똑같이, 그들이 전인습/자아 중심 단계에 열광하도록 한다.]

따라서 이러한 접근은 사실상 배타적으로 객관적 진실인 법Dharma에 초점을 맞추고, 불Buddha(주관성)과 승samgha(상호 주관성)에는 충분히 초점을 맞추지 않는다. 또는 그 진리의 빛이 심리적·문화적 영역을 통해 어떻게 굴절되는지(그 영이 온우주의 사상한 모두에 어떻게 현현하는지)를 보지 못한다. 객관적 진리가 진리의 모든 것이 되어 버릴 경우('전적으로 전일적'이고 또한 모든 것을 '포함한다'고 생각될 때), 붓다와 상가는 무리하게 평원적 객관주의 용어로 환원되고, 원래는 초월하면서 포함하기를 원했던 이 접근은 모든 초월을 효과적으로 가로막는 하강적 세계관으로 끝나 버린다.

진정한 영적 직관을 이런 식으로 서툴게 해석하는 것은 그 이상의 직관이 탄생하는 것을 촉진하지 못하게 한다는 것, 따라서 이러한 신의 선물을 풀 때에는, 즉 이 소중한 영적 직관을 해독할 때 각별한 주의와 신중함, 철저함이 필요하다는 것이 내가 말하고자 하는 핵심이다.

이 장의 나머지는 이러한 생각을 탐구하는 데 할애할 것이고, 에고 진영과 에코 진영의 세계관이 갖고 있는 난점을 검토하고 요약하는 것으로 끝낼 것이다. 또한 관념론과 그들의 영속적인 유산에 대한 설명도 마무리 지을 것이다. 하지만 먼저 영에 대한 독백적 외면에 기초한 접근이 어떻게 해서 그 효력을 잃게 되었는지 그 마지막 이유에서 이야기를 풀어 보기로 하자.

불완전하거나 불확실하거나

부가원칙 2: 모든 홀론은 온우주에게 IOU(약속어음)를 발행한다

관념론 철학자들 전반에 걸쳐 이어지는 일반적인 주제(또한 세계 곳곳의 거의 모든 신비 또는 관조 지향적 철학자-현자에게서 발견되는 주제)는 유한한 것들, 유한한 홀론은 그 자체만으로는 전적으로 결여된 또는 모순된 상태에 있다는 것이다. 헤겔이 말한 것처럼, "모든 유한한 것들은 모순적이다". 나가르주나 역시 모든 유한한 현상에 대해서 똑같은 주장을 한 바 있다(사고와 사물 모두 자기모순적이다). 에크하르트에서 브래들리Bradley에 이르기까지, 샹카라에서 라마나에 이르기까지, 아비나바구프타 Abhinavagupta에서 가우다파다Gaudapada에 이르기까지. 일반적인 관념은 헤겔이 말한 것처럼, "모든 사물은 그 자체로는 모순적이다."라는 것이다.

이런 유형의 진술은 철학자들 사이에서 종종 상당한 논쟁을 불러일으켰다. 또한 많은 철학자가 그런 진술이 무엇을 의미하는지(또는 의미할 수 있는지) 때문에 곤혹스러워하거나 의아해했다. 그러나 이런 종류의 진술('모든 홀론은 자기모순적이다.')이 신비 지향적 철학자-현자들에게서 나온 이유는, 그들이 영원한 것을 일별—瞥했고, 무한의 맛을 보았으며, 그로 인해 그에 비하면 모든 유한한 것은 생기 없고 불완전하며, 불확실하고, 변하기 쉬운 그림자 같은 것으로 보였기 때문이다. 따라서 유한한 것은 단지 제약일 뿐만 아니라 궁극적으로는 자기패배적이다. 유한인 것은 무한성을 부정하는 것이므로 가장 깊은 의미에서 볼 때 자기모순적인데, 그 이유는 자신의 가장 깊은 진실을 부정하는 것이기 때문이다.

나는 이것이 "유한한 존재는 자신을 억압하고 스스로를 옆으로 밀쳐놓는다."라고 헤겔이 말한 이유라고 생각한다. 따라서 '한정되고 유한한 모든 것은 불안정'하다. 모든 유한한 것, 현현우주를 동요시켜 움직이도록 내모는 것은 바로 이 불완전성incompleteness과 불안정성instability이다. 헤겔은 "어떤 것이 그 자체로 모순을 갖고 있는 한에 있어서만 움직이며 충동과 활동을 갖는다."라고 말했다. (앞에서 보았듯이, 에로스란 높은 상태의 통일을 찾으려는, 따라서 불안정성을 극복하거나 피하려는 동요된 운동이다. 에로스는 궁극적으로 무한성에서만 휴식할 수 있다. 무한성 그 자체는 어떤 모순도 없다. 그렇기에 '시간도 없고' '변화도 없으며', 파괴되지 않는 심연, 금강석의 성질을 갖고 있다—이런 용어는 그 자체만으로는 기술적인 것이 아니라 발달적 기표들일 뿐이다.)

앞에서 말했듯이, 내가 이 모든 것을 언급하는 이유는 사실상 모든 신비 지향적 철학자의 진술이 이런 식으로 끝나기 때문이다. 그중에서 프랜시스 브래들리보다 열정적인 사람은 아마도 없을 것 같다. "관계, 원인, 공간, 시간, 사물 및 자기는 자기모순적이다." 또한 나가르주나의 강력한 변증법도 상상할 수 있는 모든 단일 사고 범주를 무자비하게 꺾어 눌렀는데, 그 결과는 모두 똑같다. 즉, 전적으로 자기모순적이며, 그것들 모두는 끈질기게 추구할 경우 결국 자기파괴에 이른다는 것이다(남는 것은 공성, 무형의 무한성이다. 현상적인 것의 해체는 반야만을 남겨 놓는다).

해체주의자들도 어느 정도까지는 이러한 사고 노선을 밟아 왔다(거의 대부분 헤겔에서 비롯한다. 데리다는 상당한 존경심을 갖고 있긴 하지만 헤겔을 특색 없이 다루고 있다). 그러나 브래들리와 나가르주나를 읽은 후에 해체주의자들의 주장을 보면, 그야말로 내용물 없는 묽은 스프처럼 빈약해 보인다. 게다가 그들은 거의 언제나 안타깝게도 마지막 일격, 즉 완전한 자기모순에 빠지고 싶지 않다면 무한성 안에서 쉬지 않으면 안 된다는 점을 놓치고 있다.

그러나 모든 홀론이 왜 '자기모순적'인지에 대한 신비 지향적 철학자-현자들의 설명은 그다지 명확하지 않은데, 그것이 많은 혼란을 야기시켜 왔다. 나는 그 상황을 좀 더 쉽게, 그리고 좀 더 명확하게 설명할 수 있다고 생각한다.

지금까지 기술해 왔던 것처럼, 요점은 모든 홀론은 전체이자 부분이라는 데 있다. 현현우주에는 어디에도 오직 전체인 것이나 오직 부분인 것은 없다. 그곳에 있는 것은 오직 전체/부분뿐이다. 만일 오직 전체인 것이나 오직 부분인 것이 정말로 어딘가에 존재한다면, 그것들은 그 자체로서 쉴 수 있을 것이다. 그것은 단순히 그것 자체일 수 있으므로 엄청난 불안정성, 내적 '자기모순' 같은 것은 없을 것이다.

그러나 모든 홀론은 전체인 **동시에** 부분이기도 하다. 이 구조 자체에는 이중적인 긴장이 내재되어 있다. 홀론은 전체성이므로 시간 경과 속에서 동일한 실체를 유지하기 위해 일정 정도의 정합성coherence과 일관성consistency을 이루지 않으면 안 된다 (이것이 체제regime, 코드code, 독자성agency, 상대적 자율성 등이다). 그러나 부분성이므로 다른 홀론의 일부분이기 때문에 홀론은 자신의 부분성, 불완전성을 받아들여야만 한다. 그렇지 않을 경우 다른 홀론의 부분으로서 적합할 수 없으며, 부분으로서가 아니라 고립된 전체성으로 무한정 떠돌게 될 것이다. 부분으로서 완결되기 위해서는 자기보다 큰 힘에 결합되어야 한다. 따라서 전체/부분인 홀론은 한편으론 정합성 또는 일관성과, 다른 한편으로는 완전성 사이에서 끊임없는 긴장 상태에 놓여 있을 수밖에 없다.

어느 한쪽의 힘이 커지면 다른 쪽의 힘은 감소한다. 어느 쪽의 '힘'도 그 홀론을 파괴하지 않고는 이길 수 없으며, 그렇기에 그 홀론은 언제나 끊임없이 불안정 상태에 남아 있게 된다. 일관된 상태(독립적인)를 유지하려는 힘이 커지면 완결하려는 힘은 작아진다(공동성은 줄어든다).

이렇게 해서 두 번째 부가원칙, 즉 모든 홀론은 온우주에게 IOU를 발행한다는 원칙이 생겨난다. 여기서 IOU는 '불완전하거나 아니면 불확실하거나'를 의미하며(일반적으로는 I Owe You: IOU는 약속어음을 의미-역자 주), 특히 어떤 홀론이 완결하려는 힘이 커질수록 일관성이나 확실성은 작아지며, 그 역도 그러하다는 것을 의미한다. 따라서 어떤 홀론이 완전하거나 일관될 수는 있지만 그 둘 다일 수는 없다고 말하는 것은 모든 홀론은 불완전하거나 불안정(불확실)하다고 말하는 것과 같은 것이다. 그러므로 모든 홀론은 온우주에게 약속어음을 발행하게 된다.

좀 더 간단하게 말하면, 모든 홀론은 불완전하거나 부정합하기 때문에 우주에게 약속어음을 발행하는데, 그 어음의 실제 내용은 이런 것이다. 나는 당장은 당신에게 갚을 수 없지만, 다시 말해 확실성, 안정성, 완결성, 정합성을 오늘 중으로 달성할 수는 없지만, 그러나 내일이 되면 기꺼이 갚을 것이다. 그러나 어떤 홀론도 그 약속을 지킨 적이 없으며, 지킬 수도 없다.

이 IOU 원칙은, 특히 수학, 물리학, 사회학에서(몇 가지만 들자면) 매우 분명해지고 있다(또는 매우 유명해졌다). 수학에서는 타르스키Tarski의 정리와 괴델Godel의 불완정성 정리에서 이 원칙을 볼 수 있는데, 두 개의 정리 모두 이런 충분히 발달된 수학 체계(수학 홀론)에서 그 홀론은 완전성 또는 정합성을 가질 수는 있지만 둘 다일 수는 없다는 것을 의미한다. 즉, 만일 이러한 수학 체계가 정합성(또는 자기확실성)을 갖도록 만들어질 경우, 그곳에는 그 체계에서 유래하지 않는 기본적인 진리가 남게 된다(따라서 그 체계는 불완전하다). 한편, 그 체계가 이런 진리를 포함하도록 그렇게 해서 완전하게 되도록 만들어질 경우, 그 체제는 필연적으로(또한 내재적으로) 결정적인 점에서 스스로에게 모순된다. 그것은 일관되지 않게 된다.

아마도 사회학에서의 간단한 예가 이 원칙에 담겨 있는 것을 잘 보여 줄 것 같다. 미합중국과 일본은 종종 아주 다른 두 종류의 사회 조직의 예로 거론된다. 일본은 극히 응집력 있는 또는 긴밀히 짜인 사회다(정합성이 있다). 그러나 그것은 외국인을 배제하고 얻은 정합성이다(일본의 외국인 혐오는 꽤나 악명 높다). 달리 말하면, 일본은(대단히 부분적 또는 배타적이라는 의미에서) 대단히 일관되긴 하지만 매우 **불완전**하다는 것이다.

반면, 미국은 가능한 한 완전한 상태로 있으려고 모든 사람에게 문호를 개방한다(인종의 '용광로'). 하지만 그렇게 하기 위해 불안정이라는 대가를 지불한다. 미국은 다양한 문화를 너무 기꺼이 받아들이려다 보니 때로는 봉합된 곳이 뜯겨져 나가는 위험 부담을 감수하는 것처럼 보인다. 긴밀하게 짜인 통일 체제 또는 공통 원리를 갖지 못한 대가, 비일관성이나 불안정성이라는 대가를 지불하고 나서야 상당한 완전성을 달성한다.3) 달리 말하면, 완전성인가 아니면 응집력인가 하는 것이고, 한쪽이 많아지면 다른 쪽은 적어진다는 것이다. 이것이 IOU 원칙이다.

수학에서 IOU 원칙의 도입(러셀Russell, 타르스키, 괴델 등 다양한 방식으로), 즉 집합론에서의 '역설'의 등장은 처음엔 거의 공황 상태라 할 정도의 큰 소동을 불러일으켰는데, 집합론, 수론(암암리에 수학 전체)이 대단히 위태로운 토대에 기반을 두고 있다는 것, 즉 자기모순적 기초에 세워져 있다는 것을 의미했기 때문이다. 어떤 의미에선 이는 진실이었다. 그러나 수학은 무한히 확장하는 집합('초한transfinite')을 (공리로) 간주함으로써 그 역설을 '피해 갔다'.

이것은 2장에서 보았던 '홀론은 무한히 상승하고, 무한히 하강한다'는 것의 또 다른 예에 지나지 않는다. 또한 이것은 수학이 온우주에게 초한적 IOU라는 약속어음을 발행했다는 것을 의미한다는 점을 이제는 알 수 있을 것이다. 좀 더 단순화해서 말하면, 수학이 심대한 자기모순을 피하기 위한 유일한 길은 좀 더 상위 수준의 포괄을 가정하는 것이지만, 이는 어떤 특정 수준의 역설을 피하는 것일 뿐, 자신이 놓여 있는 수준에서는 똑같은 역설에 당면하게 되므로 또 하나의 더 높은 수준을 가정하게 되고, 이런 일은 무한히('초한적으로') 계속된다는 것이다.

그러므로 수학의 역설과 한 개 수준의 IOU는 그다음 상위 수준(그다음 좀 더 포괄적인 집합)에서 폐기될 수 있지만 그 집합은 그 자체의 IOU(불완전하든가 불일치하든가 어느 한쪽이라는)에 직면하게 되는데, 이런 과정은 무한히 계속된다. 집합은 영원히 확장된다고 가정해야만 한다. 집합의 확장이 정지하는 순간 수학은 자기모순에 빠지기 때문이다. 아무도 이 초한적 집합 전체를 실제로 본 적은 없다. 그런 것은 수학이 계속 진행해 가도록, 그리고 무엇보다 그렇게 출발하도록 해 준 약속어음이기 때문이다.

따라서 이것은 IOU(약속어음)다. 그 약속어음에는 지금 당장은 갚을 수 없지만 내일이 되면 기꺼이 갚겠다고 쓰여 있다. 엄청난 이자를 주고라도 기꺼이 갚을 것이다. 왜냐하면 결코 원금을 갚을 수 없다는 것이 실질적인 핵심이기 때문이다. 부채는 결코 변제되지 않는다. 수학도 다른 모든 홀론과 마찬가지로 내재하는 한계, 자체의 '자기모순'을 극복하기 위해 영원히 전진을 계속할 것이다(헤겔의 말을 떠올려 보라. 어떤 것이든 자신의 내부 '모순을 갖는 한 그것은 움직이며, 충동 또는 활동을 갖는다').

모든 홀론은 온우주에게 IOU를 발행하지만, 그 부채는 결코 변제되지 않는다는 것이 핵심이다.

그러므로 IOU란 현현된 모든 홀론은 전부 전체/부분이라는 사실로 인해 그것들 안에 내재하는 긴장 또는 불안정성(불완전성 또는 부정합성)을 나타낸다. 다른 식으로 말하면, 모든 홀론은 공동성 내의 독자성(다른 전체 속에 있는 부분으로서의 전체)이라고 말하는 것과 전적으로 동일한 것이다. 독자성(전체성)이므로 홀론은 존속하기 위해 일관성을 추구해야만 한다. 그러나 공동성(부분성) 때문에 홀론은 보다 완전해지기 위해 다른 홀론과의 결합을 추구하지 않으면 안 된다. 어느 한쪽이 많아지면, 다른 쪽은 적어진다(같은 수준에서는 그렇다. 초월하면 이 둘은 파기되지만, 새로운 수준에서 자체의 IOU에 직면하게 된다).

바꿔 말하면, 독자성이 많아지면 공동성은 적어진다는 것이고, 그 역도 마찬가지다(IOU를 다르게 말하는 또 다른 방식이다). 어느 쪽도 서로를 파괴하지 않고는 끝내 승리할 수 없다. 이 둘은 서로가 존재하기 위해 의지하는 상호 간의 적대자다(그렇기 때문에 그곳에 눌러앉아 있는 한 윤회는 유쾌한 곳이 아니라고 말해도 좋을 것이다).

제3권에서 나는 이 IOU 원칙을 훨씬 더 상세하게 설명할 것이다. 지금 여기서 의도하는 것은 매우 간략한 소개다. 나는 시간에 걸쳐 있는 독자성과 공간에 두루 걸쳐 있는 공동성은 모든 홀론의 기본적인 두 개의 '충동'으로서(어떤 수준에서는) 다양한 분야에서 나타난다는 점을 보여 주려고 한 것이다. 예컨대, 시간과 공간, 정합설과 대응설, 권리와 책임, 은유와 환유metonym, 내재적 가치와 외재적 가치, 결정론과 확률론, 필연성과 우연성, 일관성과 완전성, 의식과 커뮤니케이션 등 이런 항목은 거의 무한히 이어질 수 있을 것이다. 그러나 그 핵심은 이러한 전형적인 이원론(인식론에서의 정합설 대 대응설 같은)이 서로 영원히 싸우도록 운명 지어져 있지만, 어느 쪽도 결코, 절대로 승리를 쟁취할 수 없다는 것이다.

IOU 원칙에 관해서 마지막으로 언급하고 싶은 것은 이 원칙이 대단히 유명하게 된 것은 하이젠베르크Heisenberg의 불확정성 원리Uncertainty Principle에서라는 것이다. 많은 형태로 표현 가능한 이 원리는 기본적으로는 같은 것을 말하고 있다. 어떤 파동 입자의 시간적 요소(독자성)를 알면 알수록 그 공간적 요소(공동성)를 아는 것은 어려워진다는 것이 결정적인 점이다. 예컨대, 파동 입자의 경우 운동과 위치 양쪽 모두를 알 수는 없다는 것이다. 파동 입자는 온우주에게 IOU를 발행한다. 어느 한 측면이 (꼭 집어) 확정되면 될수록, 다른 측면은 점점 더 모호함 속으로 사라져 버린다.

공성

내가 IOU 원칙에 관련된 여러 예를 언급한 진정한 이유, 그리고 헤겔에서 브래들리, 나가르주나, 샹카라에 이르기까지 신비 지향적 철학자-현자들이 언제나 이 원칙을 제시한 이유는 이제 매우 간단하다.

부가원칙 3: 모든 IOU는 공성에서 청산된다

공은 전체도 아니고, 부분도 아니며, 전체/부분도 아니다. 공은 거기서 모든 전체와 모든 부분이 현현하는 실재다. 공성 안에서 나는 전체가 되지 않으며, 내가 단지 어떤 거대한 전체의 부분임을 인식하는 것도 아니다. 오히려 공성 안에서 나는 모든 전체와 모든 부분이 영원히 생기하는 개방성 또는 개간지가 된다. 나-나 (I-I)는 기저 없는 기저, 끝없는 IOU의 흐름에 결코 들어가지 않는 텅 빈 심연이다. 이 나-나는 결코 멈추지 않는 자기모순의 초한적 악몽, 전체와 부분이 폭포처럼 흐르는 끊임없는 윤회의 고뇌 속에서 거하지 않는다. 텅 빈 기저는 시간의 공포와 공간으로 알려진 끊임없는 움직임에 결코 굽히지 않는다. 끝이 없는 IOU의 영원한 고뇌에서 발을 빼고 그 대신 다양한 모습을 비추는 거울처럼 그 전체를 포용한다. 끊임없는 IOU 속에서 언젠가는 해방을 찾을 수 있으리라는 터무니없는 생각, 또는 윤회를 '실재'라고 부르는 이 영원히 갚을 수 없는 빚과 약속어음, 모든 유한한 사물의 핵심에 자리 잡고 있는 병을 유발하는 자기모순과 구원이 관계가 있다고 생각하지 않는다면, 어느 누구도 윤회 속에 머물러 있으려고 하지 않을 것이다.

여기 신비가들의 메시지가 있다. 이 메시지는 너무나 평이하다. 공성, 오직 공성만이 모든 IOU를 청산한다는 것이 그것이다. 오직 공성에서만 온우주에게 진 나의 채무가 청산된다. 왜냐하면 공성 안에서 나는 온우주이기 때문이다. 부채가 청산되고, 죄가 사해지며, 온우주의 차변과 대변이 일치하면서 초한적 광기로부터 해방된다.[4]

나는 공성 안에서가 아니라 공성으로서 결코 끝나지 않는 부분을 추가하는 운명에서 해방되고, 위대한 현현의 원천과 진여로서 자유롭게 우뚝 서 있다. 나는 하늘을 맛보고 온우주 전체를 삼킨다. 하지만 나에게 더해지는 것은 아무것도 없다. 나는 무수한 형태 속으로 사라지지만, 나에게서 빠져나가는 것은 단 하나도 없다. 나는 나 자신의 하루를 맞이하기 위해 태양으로서 떠오르지만, 움직이는 것은 전혀 없다.

관념론자의 유산

서양에서의 관념론 운동은 진정한 상승을 도입하려는 시도, 그 상승을 진정한 하강과 가능한 한 신뢰할 수 있는 형태로 통합하려는 최후의 위대한 시도였다는 것이 가장 중요한 점이다. 거기서는 에고와 에코 모두가 모든 것을 포괄하는 영 안에서 흡수되고 보존되며, 부정되고 존중되고 해방된다. 그들은 플로티노스의 진정한 후계자들이다.

위대한 관념론 운동은 결국엔 실패했지만, 근대와 포스트모던세계에서의 영적 직관에 대한 그 운동의 영속적인 기여는 우아한 해독의 일부로 남을 것이라고 나는 믿고 있다. 그 영속적인 기여는 진실로 포괄적인 세계관, 여전히 출현을 고대하고 있는 세계관, 여전히 집합적 의식으로 부상하면서 살짝 미쳐 간 근대성의 단편을 치유하기 위해 분투하고 있는 세계혼의 필수적인 성분으로 남으리라고 생각한다.

관념론 체계의 상세한 내용은 제3권에서 검토할 테지만, 여기서는 관념론 운동의 핵심을 비전-논리에 의해 표현된 초개인적 영역에 대한 직관이라고 요약할 수 있을 것 같다. 그런데 이 운동에는 엄청난 강점과 함께 치명적인 약점도 있었다.

관념론은 비전-논리이기 때문에 단순한 형식 조작적 합리성을 넘어선 발달적 진화였다. 그것은 도구적이고 자아중심적인 합리성Verstand을 넘어 대립의 통합과 단편의 화해를 수반하면서 대화적·변증법적·상호 주관적 이성Vernunft으로 이동해 간 발달적 진화였다.

관념론은 **홀론계층적 비전-논리**이므로 고립된 전체만을 보거나 버림받은 부분만을 보지 않았다. 각각의 발달 단계는 선행 단계를 보존하고 부정하는 전체/부분이었다. 사실상 관념론에서 모든 홀론은 하위 홀론인 동시에 상위 홀론이기 때문에, 모든 독자성은 언제나 공동성 내의 독자성이라는 점을 지적했다(이 통찰은 '발달을 중지한 괴물'인 계몽주의의 '자랑스러운 반영 문화'에서는 전적으로 결여된 점이다). 그러므로 어떤 이원론에서도 완전히 휴식할 만한 곳은 없다. 오직 전체, 오직 부분이란 없기에 어떤 것도 승리를 쟁취할 수 없다. 영은 진화 과정 전반에서 그 과정 자체로서 말한다. 영은 스스로 전개하고 스스로 실현하는데, 그 과정에서 잃어버리는 것은 전혀 없으며 모든 것이 보존된다.

비전-논리이기 때문에 빅3의 통합이 진지하게 숙고될 수 있었고, 많은 점에서 완성될 수 있었다. 자연은 현상의 상호 연결 과정이나 '그것들'의 집합만이 아니라 잠재적인 나의 집합이기도 한데, 이 나는 우리라는 상호 주관적 공간에서만 존재한다. 따라서 과학, 도덕, 예술은 모두 영의 통합적인 표현이자 계기다. 이 중 어떤 것도 자신만의 권위를 주장할 수 없으며, 각각은 자신들의 임무로 인해 존중받게 된다. 내가 그 모두를 **통합**할 수 있는 것은 내가 어떤 **특정** 현현만이 아니라 영의 매체이기도 하기 때문이다.

가장 중요한 것은 이러한 통합이 그저 말뿐인 공식이 아니었다는 점이다. 관념론자들은 어떤 지점까지는 진정 불가능한 일을 이루어 냈다. 테일러가 요약한 것처럼, 그것은 에고와 에코, 피히테와 스피노자, 마음과 자연, 상승과 하강, 주체적 자유와 개체적 합일을 화해시키는 거의 불가능한 과업이었다.

요구 사항은 터무니없을 정도로 엄청난 것이었다. "급진적 자유에 대한 열망(에고)과 자연과의 통합적 합일(에코)에 대한 열망이 동시에 완전히 만족된다면, 즉 만일 인간이 자기 및 우주에서 자연과 완전히 일체이고 또한 완전히 자기결정적인 주체이려면 먼저 나의 기본적인 자연적 성향에는 도덕성과 자유가 동시에 존재해야 할 필요가 있을 것이다. 나아가, 내가 자연이라는 보다 큰 질서에 의존하고 있는 이상, 나의 내부와 외부의 이 질서 전체가 **영적 목표를** 향해 가야 하고, 그 질서가 **주체적 자유와 합일**할 수 있는 형식을 향해 가야 할 필요가 있을 것이다. 만일 내가 영적인 존재로 남아 있으면서 또한 자연과의 상호 교환에서 자연에 반하지 않는다면, 이 교환은 내가 영적인 힘 또는 존재와의 관계에 들어서는 영적 교섭을 하고 있음에 틀림없을 것이다. 이것은 영적인 목표를 실현하려고 하는 영성 그 자체가 자연의 본질이라는 것을 의미한다. 자연적 실재의 저변에는 자기를 실현하고자 하는 영적 원칙이 존재한다는 것이다."[5]

바로 이런 것들이 셸링이 직면했고 헤겔이 해결한 요구 사항이었다. 자연과 마음 모두가 영 안에서 다뤄지고 통합된다. 통합이 일어날 수 있는 것은 통합 속에서 깨어난 영이 모든 전개 과정에서 현전해 있던 영과 동일한 것이기 때문이다.

"자연은 정신(문맥상 여기서는 Spirit의 일반적인 뜻을 따랐다-역자 주), 즉 자기의식을 인식한다. 의식적인 존재로서의 남녀 인간은 정신에 의해 자연을 본다. 그것에 의해 자연을 파악하려고 한다. 이것에 의해 인간은 자기라는 것에 대해 새로운 이해에 이른다. 인간은 자기를 우주의 개별적인 단편이 아니라 정신의 매체라고 본다. 그로 인해 남녀 인간은 자연 안에 존재하는 정신과의 가장 위대한 **통합**을 달성하는 동시에 가장 완전한 **자율적인 자기표현**을 성취할 수 있게 된다. 인간의 기본 정체성은 정신의 매체이므로 이 둘은 함께 온다. (이것이) 유한한 것과 우주정신 간의 통합을 이루는 기초를 제공한다. 그곳에서 인간은 그 자기의식과 자율적 의지를 희생하는 일 없이 전체와 통합해야 하는 요구조건을 만족시킨다."[6]

'피히테와 스피노자'를 어떻게 통합할 것인가, 어떻게 하면 **자율**(즉, 자기규정)과 **전체**(즉, 자연과의 일체성. 자연에 의해 규정되고 결정되는 것은 자율성의 포기를 의미한다.) 둘 다일 수 있는가 하는 것이 딜레마이자 고뇌였음을 상기하기 바란다. 이 둘은 상호 배타적인 관계에 있는데, 어떻게 하면 통합할 수 있겠는가? 한편에는 에고가 오랫동안 투쟁해 왔던 세계중심적인 도덕적 자율성과 자비 능력을 보존하려는 욕망이 있었다. 단지 자연과 일체가 되는 것은 그 자율성을 상실하는 것이고, 약육강식 같은 자연법칙에 지배되는 것이다. 그렇게 되면 도덕적 자비도 사라지고 만다. 또 다른 한편에는 전체와 완전에 대한 강력한 욕망, 나의 자아보다 더 큰 무언가의 일부가 되고자 하는 욕망, 거대한 에코에 합체하려는 욕망이 있었다. 에고와 에코를, 자기와 자연을 어떻게 통합할 것인가? 한쪽이 많아지면 다른 쪽이 적어지는 것은 명백해 보인다. IOU 원칙은 모든 현현된 홀론을 뒤따르면서 괴롭힌다.

위대한 관념론자의 깨달음은 에고와 에코 모두 영의 현현이라는 것, 그리고 영은 모든 IOU를 청산한다는 것이었다. 한편으론 온우주의 영(또는 최상위 자기, 순수에고, 나-나)은 영이 곧 순수자기이기 때문에 완벽하게 자율적이다(영은 자기단정적이며, 자기규정적이다. 따라서 완전히 자유롭다. 또는 자율적이다). 반면, 영은 영 이외에는 아무것도 없기 때문에 동시에 완전한 전체성이기도 하다. 마음과 자연 둘 다 영 자신의 존재 Being이자 되어 감Becoming의 표현이다. 그러므로 내가 영과의 직관과 일체성에 응하는 만큼 마음의 자유의지와 자연의 일체 모두가 동시에 나에게 주어진다. 발생하는 모든 것이 나-다. 그러므로 나는 자율적이자 또한 전체이고, 자유로우면서 또한 확정적이며, 상승이자 하강, 일자이자 다자, 지혜이자 자비, 에로스이자 아가페다.

따라서 영은 모든 IOU를 청산한다. 왜냐하면 영 안에서 나는 전체/부분이 아니라, 모든 전체/부분이 생겨나고 잠시 머물다 사라지는 무한성이기 때문이다. 그러므로 자연으로부터 마음, 영에 이르기까지 발달함으로써 나는 자유롭고 완전한 방식으로 온우주 전체를 포용할 수 있다. 나-나는 영원토록 그 온우주이기 때문이다. 그것은 바로 지금 영의 눈으로 볼 때, 마음과 자연이라는 부단히 이어지는 나 자신의 이야기에서 하나의 통합적인 장에 지나지 않기 때문이라고 말하는 것과 같다.

다름을 그대로 간직한 채 영에 통합된 그곳에는 나의 가장 진정한 자기(궁극의 나, 즉 불)와 최상의 진실(궁극의 그것, 즉 법) 그리고 모든 것을 포괄하는 일체 중생의 공동체(궁극의 우리, 즉 승)로서의 다자 속의 일자가 있다.

나아가, 관념론자들(과 세계 곳곳의 비이원적 현자들)에 의하면 비범하면서도 전적으로 역설적인 비밀은 최종적인 해방이 이미 언제나 달성되어 있다는 것이다. '마지막 발걸음'은 시간의 수레바퀴에서 완전히 떨어져 나와 처음부터 그곳에 있었던 무시간을 찾아내는 것이다. 무시간은 처음부터 또한 모든 과정에서 언제나 현전해 있다. 가장 위대한 눈부신 클라이맥스는 바로 지금이다. 헤겔은 말했다. "선, 절대선은 세계 속에서 그 자신을 영원히 성취해 가는 중에 있다. 그 결과는 미래 어딘가에서 우리를 기다리고 있는 것이 아니라, 이미 온전한 현실태 안에서 달성되어 있다."

헤겔에 대한 가장 위대한 해석자 중 한 사람인 핀들리Findlay J. N.는 이렇게 쓰고 있다. "흔히 근면하고 학자적이지만 여전히 깊숙이 오도된 해석을 취하는 학자들과 진정한 헤겔주의자를 확연히 구별해 주는 것은 이러한 것을 이해하는 능력에 달려 있다. 다른 학자들은 여전히 눈부신 장관의 절정, 한 무리의 비둘기를 동반한 절대자의 강림을 갈망한다. 그러나 실제로는 지극한 평상 상태로의 단순한 회귀만이 그러한 것이다(이미 본 것처럼, 평상 상태라는 단어는 언제나 비이원성의 특징이다). 헤겔은 온갖 한계를 지니고 있는 지금 여기에 존재하는 유한한 존재가 올바로 존중되고 수용될 때, 모든 곳에 언제나 현존하는 무한한 존재와 동일하다고 가르친다. 정신(영) 안에서 올바로 살아간다면 도시의 번화가에서 사는 것도 성스러운 도시Holy City에 거주하는 것과 같다는 것이다."7)

플로티노스가 알고 있었고 나가르주나가 가르쳤던 것처럼, 저 세계란 언제나, 정말로 언제나 올바로 바라본 이 세계다.

이것은 정말로 경이로운 종합이자 통합이다(이런 식의 발달론적 종합의 공로를 흔히 오로빈도에게 돌리지만, 그 개척자로서 그보다 1세기 전의 셸링에게 돌리더라도 오로빈도의 엄청난 공적에 손상이 가지는 않을 것이다). 하지만 관념론 운동은 결국 그 밝은 약속을 지키지 못했고, 그 거창한 잠재력을 발휘하지 못한 채 끝나고 말았다. 이미 언급했듯이, 그 상세한 내용은 제3권에서 다루겠지만, 그 실패를 두 부분으로 나눠 빠르게 요약할 수 있을 것 같다.

첫 번째는 진정한 지시에 따른 훈련, 즉 진정한 패러다임, 반복 가능한 예시를 개발하는 데 실패했다는 것이다. 달리 말하면, 관념론은 그 창시자들이 갖고 있던 초개인적인 통찰을 의식 내에서 재현해 낼 수 있는 요가, 관조적 실천, 명상 패러다임, 실험적 방법론을 갖고 있지 못했다는 것이다. 관념론의 위대한 체계는 흔히 형이상학으로 오해받았다. 이런 의미에서 그 체계는 어쩔 수 없이 형이상학의 운명을 감수할 수밖에 없었다.

두 번째 실패는 진정한 초개인 영역에 대한 심오한 직관과 통찰이 관념론 운동의 주요한(유일하게 주요한이라고 말하고 싶은) 원동력이었지만, 이러한 직관과 통찰은 거의 전적으로 비전-논리로 표현되었으며, 이것은 이성으로서는 결코 짊어질 수 없는 무거운 짐이었다는 것이다.[8] 특히 헤겔의 경우, 초개인적이고 초합리적인 영을 비전-논리 또는 성숙한 이성과 전적으로 **동일시**했으며, 이로 인해 이성은 자신으로서는 운반할 수 없는 무거운 짐에 짓눌리게 되었던 것이다.

1796년, 헤겔은 횔덜린에게 한 편의 시를 써 보냈는데, 그 시구 일부에서 이렇게 말하고 있다. "사고는 혼을 파악할 수 없기에 자신을 망각한 혼은 공간과 시간에서 나와 무한성의 예감 속으로 뛰어든다. 그리고 거기서 이제 다시 깨어난다. 이것을 다른 이에게 말하고 싶어 하는 자는 누구든 비록 천사의 혀로 말하더라도 언어의 빈곤함을 느끼리라."

헤겔은 이 빈곤함에 그대로 머물렀다("이것에 관한 나의 논고는 존재하지 않으며, 결코 존재하지 않을 것이다."라고 말한 플라톤처럼). 그러나 헤겔은 어떤 의미에선 에코 진영의 퇴행적 감정과 신성한 에고이즘으로 위험하게 전락한 것에 대한 반응으로서 이성은 천사의 혀를 발달시킬 수 있고 발달시켜야 한다고 주장했다. 만일 헤겔이 상위의 초개인 단계를 발달시킬 수 있는 신뢰할 만한 패러다임, 재생 가능한 지시를 갖고 있었다면 이는 옳았을 것이다. 잘 알고 있듯이, 선禪의 스승들도 공空에 대해서 끊임없이 이야기하고 있기 때문이다. 그러나 선사들은 실천할 방법론을 갖고 있다(좌선). 그렇기 때문에 스승들은 그들 자신의 발달적 기의를 통해 초월적 지시대상을 발견하는 것이 가능하다. 따라서 그들의 말(기표)도 실험적이고, 재생 가능하며, 반증 가능한 비판 기준에 기반을 둘 수 있는 것이다.

그러나 관념론자들은 이런 방법론을 전혀 갖고 있지 않았다. 그들의 통찰은 재생이 가능하지 않았고 반증도 가능하지 않았기 때문에 '단지 형이상학'으로 처리되고 말았으며, 이로 인해 서양은 모든 것을 포용하는 세계혼의 강림을 기꺼이 맞아들일 수 있는 소중한 기회를 잃고 말았다.

관념론이 붕괴하자 하강자는 누구도 도전할 수 없는 근대성의 형성자로서 확고한 지위를 확보하게 되었다.

어두운 그림자

다윈의 '자연주의', 즉 지배적인 평원세계관으로서의 탈자연화된 자연은 필요한 모든 기반을 다루는 것처럼 보였다. 남녀 인간이 필요로 하는 '영'의 모든 것은 독백 자연뿐이었고, 그곳에 '영'의 모든 것이 있었다.

그러나 하강자의 손으로서 가장 결정적인 역할을 한 것은 다윈의 '혁명'이 아니었다. 결국 다윈은 이미 알고 있고 이미 수용된 생각에 경험적 증거를 제공한 것에 지나지 않았다. 즉, 생성 중에 있는 신, 영을 추구할 뿐만 아니라 일련의 상위 차원으로 상승해 가면서 영을 표현하는 에로스로서의 진화, 다윈은 그것을 그다지 특별할 것도 없는 방식으로 기록한 것에 불과했다.

문제는 결코 다윈이 아니었다. 카르노Carnot, 클라우지우스Clausius, 켈빈Kelvin이 문제였다. 다윈이 HMS 비글호를 타고 항해 중일 때, 윌리엄 켈빈과 루돌프 클라우지우스는 별개의 열역학 제2법칙에 관한 이론을 정립하고 있었다. 이 두 이론은 후에 동일한 것으로 판명되었는데, 우주가 정지를 향해 가고 있다는 의미로 받아들여졌다. 모든 물리 과정에서 무질서가 증가한다는 것이다.

이것으로 인해 과학세계는 전혀 양립 불가능한 두 집단으로 분할되고 말았다. 세계를 태엽이 감기는 쪽으로 묘사하는 생물학과, 세계를 태엽이 풀리는 쪽으로 묘사하는 물리학이 그것이다. 서로 다른 방향을 가리키는 시간의 '두 개의 화살'…….

이렇게 해서 우리는 완전히 한 바퀴 돌아 1장에서 시작한 그 지점으로 돌아오게 되었다. 이것은 단지 미묘한 환원주의, 온우주를 경험적인 상호 연결적 질서로 붕괴시킨 환원주의만은 아니었다. 이것은 상호 연결적 질서를 한층 더 축소시켜 원자적 요소로 붕괴시킨 거친 환원주의였는데, 이는 전혀 제정신이라고 볼 수 없는 상황이었다. (만일 플로티노스와 셸링, 대승불교와 베단타 힌두교, 칸트와 루소 등이 묘사했던 것처럼 온우주가 실제로 경이로운 다차원적 실재라면 원자만을 인정하는 정신 상태가 얼마나 맹목적이고 폭력적인 것인지 상상해 보라.)

열역학 법칙은 '유기적 통일성'이나 '자기조직적 자연' 또는 '자기현현의 총합적·일원적인 과정'(셸링, 헤겔)과 같은 관념의 기반을 완전히 파괴하는 것처럼 보였다. 에로스는 '물질이라는 최하위 수준에서조차도 작용한다'(칸트)는 관념은 더 말할 나위도 없다. 관념론자가 진화론의 첫 번째 층에서조차 안착할 수 없다면, 그보다 '더 높은 단계'에 대해서 그들이 말하는 것을 믿어야 할 이유가 무엇이란 말인가? 물질세계에 에로스는 없다. 그리고 물질세계가 영의 현현의 일부이고 그것을 포함하고 있다면, 영에는 에로스가 없는 것이며 있을 수 없는 것이 된다. 그러므로 영 또한 없는 것이 된다.

이런 생각은 진화 또는 현현 일반에 대한 모든 관념론적 또는 영적인 관점의 하부구조를 완전히 도려냈다. 장엄한 관념론 전당의 첫 번째 층이 무너지자, 그 뒤를 이어 그보다 높은 층도 거의 즉각적으로 무너졌다(헤겔 사후, 관념론은 실행 가능한 모습으로는 불과 몇 십 년을 버티지 못했다).

동굴을 탈출하려는 이 고상한 시도의 완전한 붕괴가 가져다준 최종적인 영향은 상승을 또다시 매우 의심스러운 눈으로 보게끔 했다는 것이다. "칸트로 돌아가자!"라는 외침이 온갖 곳에서 일어났는데, 이는 결국 합리성과 그 기초인 감각으로 돌아가자, '과학을 뒤따라서 그의 안내에 순종하자'라는 표어로 돌아가는 것을 의미했다.

현상으로 돌아가자, 그림자로 돌아가자, '차안의 세계'로 돌아가자는 것이었다. 관념론의 붕괴로 인해 하강자는 거의 아무런 도전도 받지 않고 근대의 형성자이자 지배자라는 지위를 획득했다. 어떤 종류의 초월적인 영도 유기했을 뿐만 아니라, 비전-논리 자체도 다양한 형태의 도구적 · 주체중심적 합리성으로 그 규모가 축소되었다. 하버마스는 다음과 같이 주위를 환기시켰다. "그 결과, 헤겔 이후에는 이성을 좀 더 겸손한 방식으로 파악하는 사람만이 선택지를 갖게 되었다." 근대성은 "이성을 오성으로, 합리성을 합목적적 합리성으로 축소시켰다."라고 그는 말했다. 즉, 비전-논리가 반영 패러다임, 주체중심의 도구적 합리성으로 후퇴했다는 것이다.[9]

머지않아 헤겔의 제자 루트비히 포이어바흐Ludwig Feuerbach는 모든 영성, 모든 상승은 인간의 가능성을 전적으로 상상에 기원을 두고 '피안의 세계'에 투사한 것에 지나지 않는다고 선언하기에 이르렀다. 포이어바흐에 의하면, 인간의 잠재력을 '신적' 영역에 투사하는 것이야말로 자기소외의 진정한 원인이고 남녀 인간을 무능케 하는 것이다. 사회의 진정한 진보는 영이 영으로 귀환하는 데 있는 것이 아니라, 인간이 자신으로 귀환하는 데 있다. 포이어바흐는 말했다. "종교는 인간을 스스로에게서 분리시킨다. 인간은 신을 자신에게 대립하는 존재로서 자기 위에 놓는다. 신은 인간이 아닌 것이고, 인간은 신이 아닌 것이다. 신은 무한한 존재이고, 인간은 유한하다. 신은 완벽하고, 인간은 불완전하다. 신은 영원하고, 인간은 일시적이다. 신은 전능하고, 인간은 무력하다. 신은 성스럽고, 인간은 죄로 가득 차 있다. 신과 인간은 양극단에 놓여 있다."

이 말은 신화적 분리의 측면을 아주 잘 묘사한 것이긴 하지만, 개인의 초개인적 잠재력과는 전혀 어떤 관련성도 없다. 만일 그러한 수직적 잠재력이 실현되지 않는다면, 수평적인 유한한 세계를 무한히 경이로운 유토피아적 세계로 전환시키려는 전혀 쓸모없는 계획에 투사한 것에 지나지 않게 된다. 무한한 위쪽이 무한한 앞쪽으로 축소·붕괴된 것이다. 그 무한한 앞쪽에 있는 것이 끝없는 과학적 진보든 무제한의 물질적 소유든 궁극의 구원을 약속하는 정치적 유토피아주의든 모두 근본적으로는 유한한 것에서 무한한 것을 구하려는 공연한 소동이므로, 유한한 세계에서는 달성 불가능한 요구를 하는 그 과정에서 돌이킬 수 없는 해를 입히게 된다.

그러나 포이어바흐가 추천한 것은 바로 그런 것이었다. 그는 "정치가 우리의 종교가 되어야 한다."라고 말했다. 카를 마르크스와 프리드리히 엥겔스는 이 말에 매우 세심하게 주의를 기울였다. 엥겔스는 이렇게 쓰고 있다. "자연과 인간을 떠나 존재하는 것은 아무것도 없다. 인간의 종교적인 환상이 만들어 낸 고차원의 존재는 우리 자신의 본질에 대한 환상적인 반영에 불과하다. 우리의 열광은 한때 일반적인 것이었다. 그 당시, 우리 모두는 포이어바흐 추종자였다."

이렇게 해서 모든 근대세계(그리고 포스트모던세계)가 사실상 포이어바흐 추종자가 되었다.

동굴의 윤곽

이렇게 해서 하강자가 좌절된 상승의 상속자가 되었다고 나는 생각한다. 지속적으로 좌절되고 끊임없이 불만으로 가득 차자 위로 오르려는 상승 욕망이 앞으로 나가려는 욕망으로 대치되었다. 불완전한 하나의 신이 또 다른 불완전한 신으로 바뀌었고, 상승은 황급히 허둥대는 그림자의 끝없는 세계 속으로 곤두박질쳤다.

'더 이상 상승은 그만!'이라는 표어로 인해 무한한 수직적 열망은 앞쪽으로 쓰러졌고, 무한성에 대한 올바른 직관은 이제 시간이라는 수평선 위에 잘못 놓이게 되었다. 또한 물질적이고 '자연적'인 모든 것에 대한 일시적으로 흥분되지만 결코 만족시킬 수 없는 공복감으로 대치되었다. 똑같이 무한한 열망이라는 원동력으로 작동되는 배고픔이지만, 이제 그것은 다른 신의 응시하에 작동되었다.

근대적 마음과 포스트모던적 마음은 지금도 그곳에 머물러 있다. 이 근대 시대에 살고 있는 사람들은 두 개의 기본적인 선택지를 갖고 있었고, 지금도 갖고 있다. 그 선택지는 신화인가 아니면 자연주의인가 하는 것이다. 신화적 발달 수준에 머물러 있으면서 이런저런 제국주의적 근본주의와 함께 (약속된 것이긴 하나 좌절된) 상승을 선택할 것인지, 아니면 합리성에까지 발달해서 신화를 내던지고 순수한 하강자의 세계를 선택할 것인가 하는 선택지다. 후자는 상상 가능한 온갖 형이상학적 햇볕에 그을릴 일 없는 순수한 하강자의 세계, '과학을 안내인으로 삼아 겸허하게 그 뒤를 따르는' 세계, 언제나 현상을 개선하려 하고, 어설프게 끝없이 그림자를 수선하면서 영원히 그 그림자를 먹고 사는 하강자의 세계를 말한다.

자연주의 내부에도 2세기나 낡은 동일한 '패러다임'이 여전히 똑같은 진부한 논쟁에 빠져 있다. 그것은 말할 것도 없이 에고 대 에코의 논쟁이며, 그들 모두 여전히 똑같은 손해의 역설을 끌어들이고 있다. 에고는 훌륭한 세계중심적인 자세에도 불구하고, 생물권을 자신의 관심사인 고차원의 종합 안에 어떻게 통합하면 좋을지 아무런 아이디어도 갖고 있지 않다. 그로 인해 자신이 가차 없이 억압해서 생긴 시체를 여전히 온갖 곳에 버려 둔 채, 아직도 전개인적 신화를 초개인적 영으로 완전히 혼동하고 있다. 그렇기에 여전히 자신을 구원해 줄 원천으로부터 숨을 헐떡이면서 달아나고 있다.

에고 진영은 여전히 정신권을 절대화하고 있고, 에코 진영은 여전히 생물권을 절대화하고 있다. 에코 진영이 전혀 인식하지 못하는 것은 자신들도 에고 진영만큼이나 생물권 파괴에 기여하고 있다는 사실이다. '생물권을 구하자'는 목표의 실현 여부는 무엇보다 인간이 공통 목적을 위한 상호 이해와 자발적인 합의에 도달할 수 있느냐에 달려 있다. 그런데 이 상호 주관적인 합의는 정신권에서만 일어난다. 이 정신권적 합의에 미치지 못하는 어떤 것도 계속해서 **생물권**을 파괴할 것이다.

따라서 에고 진영은 작위의 죄sin of commission로 생물권을 파괴하고 있고, 에코 진영은 부작위의 죄sin of omission로 파괴하고 있다.

이미 본 것처럼, 가이아의 일차적인 문제와 위협은 공해, 산업화, 과잉 농작, 토양 파괴, 인구 과잉, 오존층 파괴 같은 것이 아니다. 가이아의 주요 문제는 정신권에서의 상호 이해와 상호 합의가 가능하지 않다는 데 있다.

문제는 가이아가 파멸적인 곤경에 처해 있다는 것을 독백적 언어와 과학적 증거를 갖고 어떻게 제시하느냐가 아니다. 문제의 심각함을 보여 주는 일반적인 증거는 이미, 너무나, 그리고 절대적으로 압도적이다. 누구라도 그런 자료들을 보면 이해할 수 있을 것이다. 하지만 대부분 그런 것에 관심을 보이지 않고 있다.

달리 말하면, 진정한 문제는 외부적인 것이 아니라 내면적인 것이라는 것이다. 진정한 문제는 사람들이 어떻게 자아중심적 의식에서 사회중심적·세계중심적 의식으로 내적 변용을 할 수 있는가에 있다. 세계중심적 의식은 무엇보다 그 문제의 범지구적 차원을 파악할 수 있는 유일한 위치이며, 따라서 이 위치만이 자유롭게, 그리고 열정적으로 범지구적인 해결책을 강구하고 받아들일 수 있는 곳이다.

에코 진영의 경우, 이런 것을 효과적으로 달성하기 위한 내면적 변용과 복잡한 심리적 변화에 관해서는 거의 아무것도 할 말이 없다. 그들은 너무나 외면적·독백적·반영적 '패러다임'에 몰두해 있기 때문에 그들의 내면의 역동성과 발달에 관한 이해는 믿기 어려울 정도로 무지하다. 따라서 그들은 '가이아를 구하기' 위해 일어나야 할 진정한 변화에는 아무런 기여도 하지 못하고 있다.

그렇기 때문에 대부분의 생태철학자는 실재에 관한 객관적이고 독백적인 관점을 변화시켜 모든 사람이 '생명의 망' 개념을 받아들이도록 하는 것이 유일한 '변용'이라고 말한다. 마치 그것이 진정한 내면적 변용을 유발하기라도 할 것처럼 그렇게 말한다. 그러나 생명의 망이라는 존재론은 퇴행적일 뿐만 아니라(그것의 종착점은 언제나 신성한 에고이즘이라는 생물중심적 감정이다.), 생명의 망이라는 존재론이 아무리 진실이라 해도 객관적인 신념의 변화는 결코 내면 발달의 주요 원동력이 될 수 없다는 것이 내가 특별히 강조하고 싶은 점이다.

(예컨대, 모든 생태학적 예측은 흔히 만일 이러하다면 이럴 것이라는 식의 컴퓨터화된 과학적 형식을 취하고 있다. 이런 것은 형식적 조작 단계에서만 파악될 수 있는 것이다. 만일 이렇다면 이럴 것이라는 이러한 시나리오를 전조작 또는 구체적 조작 단계에 있는 사람들에게 가르칠 경우, 그 말을 아무리 여러 번 반복하더라도 그에 대한 발달적 기의를 갖지 못할 것이고, 따라서 실제 지시대상에 대해서는 전혀 어떤 이해도 할 수 없을 것이다. 진정으로 범지구적이거나 세계중심적인 의식은 형식적 조작에 이르지 않고는 가능하지 않다. 달리 말해, 범지구적인 의식은 누구에게나 모두에게 가르칠 수 있는 객관적 신념이 아니라, 무엇보다 먼저 그런 신념을 지닐 수 있는 내면구조에서의 주관적인 변용이라는 것이다. 그러한 변용 자체는 오랜 시간에 걸친 내적 의식발달의 산물이다.)

우리는 그런 내면의 심리적 변용(자아중심에서 사회중심, 세계중심에 이르기까지)이 왜, 그리고 어떻게 일어나는지에 대한 엄청난 양의 정보를 갖고 있다. 그러나 에코 진영은 대체로 그런 내적 역동성에 대해서 무지한 편이며, 아무런 흥미도 보여 주지 않는다. 그들은 외면의 독백자연을 '전일론적' 용어로 기술하는 일에 빠져 있다.

이것은 주체를 성장시키는 대신 대상을 변화시키려는 가장 우직한 모습으로서, 사람들을 변화시키려는 시도로서는 부적절하다는 것을 보여 줄 뿐이다. 단지 독백적·객관적·외면적·과학적 용어에 초점을 맞추는 것은 (그것이 아무리 진실이라 하더라도) 어떤 지점을 넘어서면 근본적인 문제에서 주의를 다른 곳으로 돌려, 근본적인 문제가 외면의 공해가 아니라 내면의 발달에 있다는 사실을 은폐해 버릴 뿐이다.[10]

모든 곳에서 손해를 끼치는 역설이 보이고 있다. 생물권을 절대화하는 것은 냉혹하게도 생물권의 파괴에 기여한다는 것이 그 역설이다.

모든 곳에서 똑같은 이야기가 반복되고 있다. 가이아의 파괴라는 춤을 추고 있는 쌍둥이, 즉 에고와 에코에 대한 이야기가 그것이다.

에고와 에코: 포보스와 타나토스

그러므로 이 장 첫머리에서 내가 언급했던 요지로 돌아가 보면, 이 두 가지 평원 이 데올로기의 변종에 붙잡혀 있었기 때문에 어떤 깊고 높은 계기도 이런 독백적 패러 다임 중 어느 한쪽 용어로 즉각 잘못 해석된다는 것이다. 사람들은 계속해서 초혼 또 는 세계혼에 대한 강렬한 직관을 가지면서도, 이 올바른 직관을 즉각 이탈된 '상위 자 기'(피히테식으로) 또는 '생물권과의 재결합'(스피노자식으로)이라는 식으로 잘못 해석 하고 있다는 것이다.

'상위 자기' 진영은 사회적인 것에 대해서는 거의 관심을 기울이지 않는다. 개인 에게 일어난 모든 일은 '그 사람 자신의 선택' 결과라고 말한다. 과도하게 독자적인 상위 자기는 일어난 모든 일에 대해 책임을 져야만 한다. 과잉 독자성은 전적으로 이 탈된 독백적 에고가 스스로 전능한 유일자라는 환상 속에서 정신착란에 빠진 상태 나 다름없다. 이것은 영의 현현을 구성하는 데 있어서 독자성만큼이나 중요한 공동 성 네트워크를 억압하게 된다.

과잉 독자성은 에로스가 아니라 포보스다. 이것은 사회적인 참여와 상호 주관적 인 활동에서의 철수다. 이 모든 것이 완전히 간과하고 있는 것은 영이 주체로서의 자기(나)로서뿐만 아니라, 상호 주관적인 공동체(우리)와 객관적인 사태(그것)로서 도 현현한다는 것, 즉 불(붓다), 승(상가), 법(다르마)으로서 현현한다는 사실이다. 이 들 하나하나는 서로를 떼어 낼 수 없을 만큼 밀접하게 짜여 있으며, 일체의 선과 선 성 안에 짜여 있다는 것이다.

에코 진영 역시 너무나 자주 세계혼에 대한 직관을 잘못 해석하지만, 그 방향은 정반대다. 이들에게 있어서 세계혼은 여전히, 그리고 똑같이 독백적이고 평원적인 용어로 묘사된 일종의 가이아-자기다. 온자연NATURE이 아니라 (감각적, 경험적) 자연 이 곧 그들이 사랑하는 신/여신이다. 다원적 입장이라는 명목하에 어떤 종류의 실 질적인 위계도 부정하는데, 이는 암묵적으로 전제하고 있는 자신의 자세를 드러내 고 부정하는 것과 같다. 합리성을 넘어서려는 그들의 열의는 이해할 수 있는 일이지만, 그 때문에 그들은 합리적이지 않은 것이라면 어떤 것이든 받아들이려고 한다. 그것이 생물권중심의 지향성을 갖고 있기만 하다면 원예농업 사회에서의 명백한 부족주의에서 마법이나 감상적 자연에 대한 감각적 찬미에 이르기까지 모든 것을 받아들인다. 물론 이 모든 일은 가이아를 구원한다는 미명하에 진행된다.

따라서 (이성에 의해 인식하는) 에코-노에시스적 자기는 종종 생태적 자기(절대화된 생물권)로 잘못 해석된다. 여기서 완전히 간과한 것은 어떤 생태적 자기도 타인의 역할을 취할 수 없다는 사실이다. 그 결과로 인해 발생한 퇴행적 전략은 에고가 공격적 억압으로 전락한 것만큼이나 실망스러운 일이다. 이것은 아가페가 아니다. 이것은 타나토스다. 상위 수준을 죽여 하위 수준을 구하려는 시도다.

에고 대 에코가 서로 싸우는 이런 조건하에서는 결코 독백적(단일 논리) 자연을 대화적(쌍방 논리) 문화로, 그런 다음 자연과 문화 양쪽 모두를 초논리적인 영으로 지향해 갈 수 없을 것이다. 그럼에도 불구하고, 나는 삼부작의 이어지는 두 권에서 바로 그 과제가 포스트모던을 규정하는 최초의 발걸음이라는 점에 대해서 논할 것이다.

환경윤리: 홀론계층적 생태학

내가 보기에, 통합적 포스트모던을 향해 가는 첫걸음은 진정한 환경윤리, 즉 인간 이외의 홀론에 대한 도덕적이고 윤리적인 자세의 확립과 개발에 있다.

에코 진영이 직면해 있는 곤경은 환경윤리를 개발하려는 그들의 시도에서 가장 명백하게 드러난다. 몇몇 눈에 띄는 예외가 있긴 하지만(버치Birch와 코프Cobb의 멋진 『생명의 해방The Liberation of Life』과 마이클 치머만Michael Zimmerman의 저술 및 몇몇 다른 연구자들)11) 대부분의 접근 방법은 '생물 평등성'에 초점을 맞추고 있는데, 이는 (진정한 상승에서 분리되고 고립된) 충만 원리라는 하강의 길의 원칙을 개정한 것이다.

모든 홀론 또는 모든 생명체는 분명 동일한 가치를 갖고 있다는 것이 논의의 핵심이다(이는 모든 질적 구별을 거부하는 또 다른 질적 구별이다). 이 환경윤리는 그 자체만 놓고 보면 고상한 것이고 종종 세계혼, 에코-노에시스적 자기에 대한 심오한 직관에 기초한 것이지만, 그럼에도 불구하고 평원 패러다임 내에서 작동하기 때문에 힘을 잃고 무기력해진다.

제2권에서 주요 생태철학 하나하나를 매우 상세히 검토할 것이고 하나의 대안으로 홀론계층적 생태학holonic ecology을 제시하겠지만, 이 생태학을 아주 간략하게 요약하면 다음과 같다.

1. 모든 사물things과 사상events은 어떤 성질의 것이든 영의 완벽한 현현이다. 어떤 홀론도 관습적으로는 그것을 높거나 낮은 것, 신성하거나 세속적인 것, 단순하거나 복잡한 것, 원시적이거나 고상한 것으로 구별하더라도, 기저로부터 더 가까운 것도 없으며 더 멀리 떨어져 있는 것도 없다. 따라서 모든 홀론은 동등한 궁극적 가치 또는 동등한 기저 가치를 지니고 있다. 모든 형상(색)은 똑같이 순수한 공, 원초적 순수성이다.

2. 그러나 기저 가치에 부가해서 모든 홀론은 이미 본 것처럼 특정한 전체이자 특정한 부분이기도 하다. 하나의 전체이기 때문에 모든 홀론은 '전체 가치'를 갖고 있다. 그것은 그 자체로서의 가치일 뿐 다른 어떤 것을 위한 가치가 아니다. 그것은 그 자신을 위한 목적이지 다른 무언가를 위한 수단이 아니다. 그것은 단지 도구적 가치만이 아니라 자율적 가치도 갖고 있다. 이 가치를 보통 '내재적 가치intrinsic value'라고 부르는데, 나 역시 이 명칭을 수용한다. 나는 이 가치를 '자율적 가치autonomous value' 또는 '전체 가치wholeness value'라고도 부를 것이다. 모든 홀론은 전체이므로 내재적 가치를 갖고 있다.

이로부터 도출되는 것은 전체성이 크면 클수록 내재적 가치도 커진다는 원칙이다. 전체 가치란 달리 말하면 심도 가치depth-value와 같은 것이다. 심도가 깊을수록 가치도 커진다(또한 잠재적 심도가 깊을수록 잠재적 가치도 커진다).

이것은 지금까지 반복해서 봐 왔던 것처럼, 중요성 수준이 있다는 것을 의미하기도 한다. 심도가 깊을수록 또는 전체성이 클수록, 그 전체성은 온우주에서의 중요도가 더 커진다. 왜냐하면 온우주의 더 많은 것이 그 전체성 안에 깃들어 있고, 그 심도 안에 깃들어 있기 때문이다.

(따라서 세포는 분자보다 더 중요한데, 세포가 분자를 담고 있기 때문이다. 그러므로 온 우주의 보다 많은 것을 담고 있고 보다 의미 있게 해 준다. 원숭이는 세포보다 더 중요하다.)

마찬가지로, 하나의 전체성이므로(독자성이므로) 모든 홀론은 그 홀론이 전체를 유지하기 위해 필요한 조건들을 주장할 **권리**를 갖고 있다. 전체성이 커질수록 그 전체성을 유지하기 위해 필요한 권리도 더 커진다(즉, 전체성의 중요성이 커지면 그 중요성을 유지하기 위해 필요한 권리의 네트워크도 넓어진다. 원숭이는 개미보다 더 많은 권리를 갖고 있다). 이러한 권리는 그 홀론에 **추가된** 것이 아니라, 그 특정 홀론의 전체성을 유지하기 위해 필요한 조건(객관적·상호 객관적·주관적·상호 주관적)에 대한 단순한 진술이다. 그러한 권리가 충족되지 않을 경우, 그 전체성은 용해되거나 분해된다.

3. 모든 홀론은 부분이기도 하다. 부분이기 때문에 모든 홀론은 도구적 가치(또는 외재적 가치)를 갖고 있다. 즉, 모든 홀론은 다른 홀론을 위한 가치를 갖고 있다. 모든 홀론은 부분 가치 또는 부분성 가치를 갖는다(더 큰 전체의 부분으로서, 그 전체와 그 구성원은 각 부분에 의존한다. 따라서 각 부분은 그 전체의 존재에 도구적이다. 각 부분은 외재적 가치, 즉 그 자체만이 아니라 다른 것을 위한 가치를 갖고 있다). 또한 어떤 홀론이 더 많은 부분 가치를 갖고 있을수록, 즉 그 홀론을 부분으로 갖추고 있는 전체의 수가 클수록 그 홀론은 온우주에서 보다 기본적이다. 그 이유는 온우주의 더 많은 것이 그 부분을 필요한 구성요소로 담고 있기 때문이다. 원자는 원숭이보다 더 기본적이다(앞에서 기술했던 것처럼, 여기서 도출되는 것은 보다 기본적일수록 중요성은 적어지는데, 그 역도 성립한다).

마찬가지로, (공동성 내에서) 하나의 부분이기 때문에 모든 홀론은 배려와 책임의 네트워크 안에 존재한다. 권리와 마찬가지로, 책임도 홀론에 부가된 것은 아니다. 책임의 네트워크는 단지 부분이 전체를 지지하기 위해 필요한 조건을 부분에게 확실히 규정하는 것일 뿐이다. 나아가, 홀론의 깊이가 깊어질수록 그 홀론이 관여된 공동성 네트워크는 더 넓어지며, 그런 까닭에 공동성 안에서의 책임도 증가한다(독자성의 권리가 더 커지는 것과 상관적이다).[12]

따라서 온우주에 존재하는 모든 홀론은 영 또는 공의 순수한 현현으로서 동등한 기저 가치를 갖고 있다. 나아가, 하나의 특정 전체이므로 각 홀론은 내재적 가치, 심도

가치를 갖는다. 그것이 가치 있는 것은 온우주의 여러 측면을 그 전체의 부분으로서 내부에 확실히 포괄하고 있기 때문이다(보다 많은 측면을 포괄할수록 그만큼 심도가 깊어지고, 내재적 가치도 커지며, 그 홀론의 중요성도 커진다).

끝으로, 모든 홀론은 하나의 부분이므로 내재적 또는 도구적 가치를 갖는다. 왜냐하면 그 홀론 외부에 있는 다른 홀론들은 자신의 존재와 생존을 위해 다양한 방식으로 그것에 의존하고 있기 때문이다(그 홀론이 부분을 이루고 있는 네트워크와 전체가 커질수록 외재적 가치도 커진다. 즉, 그 홀론의 기본적 가치가 커진다. 그 홀론의 존재가 다른 많은 홀론의 존재에 대해서 도구적이기 때문이다).13)

지금 이런 예들을 언급하는 이유는 너무나 만연되어 있는 평원적 존재론으로 인해서 가이아중심적 접근에서는 이런 유형의 다차원적 환경윤리가 파괴되고 있기 때문이다. 모든 홀론은 동등한 기저 가치를 갖고 있다는 사실이 종종 모든 홀론은 동등한 내재적 가치를 가져야 한다는 관념과 혼동되는데('생물 평등성'), 이런 혼동은 전혀 어떤 실질적인 행동도 할 수 없도록 마비시켜 버린다.

소와 당근 둘 다 영의 완벽한 현현이라 할지라도, 소보다는 당근을 희생하는 쪽이 훨씬 더 낫다. 둘 다 동등한 기저 가치를 갖고 있지만, 한쪽은 더 많은 심도를 갖고 있어서 보다 더 큰 내재적 가치를 갖고 있기 때문이다(따라서 더 많은 의식을 갖고 있기 때문에 에코 진영이 생물권을 특권화하고, 어떤 구별도 평준화(생물 평등성)함으로써 '생물권을 구하려는' 일반적인 시도는 실제로는 우리의 인간중심적인 자세를 수정하기 위해 취해야 할 어떤 실질적인 행동도 마비시켜 버린다).

그보다 더 나쁜 것은 평원세계에서는 종종 전체로서의 시스템(거대한 상호 연결적 질서) 또는 생명의 망에만 내재적 가치를 부여한다는 것인데, 그렇게 해서 우리 모두는 거대한 망에서 단지 한 가닥의 실에 불과한 것이 되고 만다. '전체성'을 도입하려는 이 시도는 실질적으로 우리 모두를 도구화시켜 버린다. 그것은 살아 있는 모든 개체를 도구화시킨다. 왜냐하면 살아 있는 존재는 이제 오직 부분 가치, 외재적 가치, 도구적 가치만을 갖고 있기 때문이다. 전일론은 모든 것을 도구화시킨다! (평원에 내재해 있는 손해의 역설에 대한 또 다른 예다. 모든 것을 전일론 안에 집어넣으려는 노력은 모든 것을 부분으로, 단편으로 바꿔 놓는다. 여기에는 거대한 망과는 별도로 개별적인 전체

성 가치나 내재적 가치가 들어설 여지가 없다.)[14]

한마디로, 이 접근에서는 동등한 기저 가치를 동등한 내재적 가치로 착각하고 있다('생물 평등성'). 여기에 남겨진 것은 내재적 가치를 지닌 전체로서의 생물권뿐이며, 이것은 살아 있는 모든 개별 존재를 영광스러운 망 내부에서의 그저 한 부분, 한 가닥의 실, 도구적 수단으로 전환시킨다(즉, 많은 비판가가 에코파시즘이라고 부르는 것을 남겨 놓는다).

앞에서 말했듯이, 많은 사례에서 볼 때 원래의 직관, 즉 모든 홀론이 동등한 기저 가치를 갖고 있다는 것은 진실한 것이고 좋은 것이었다(나는 그것이 윤리를 탈인간중심화하려는 고귀한 시도 배후에 놓여 있는 일차적인 직관이라고 믿는다). 그러나 이 고귀한 직관을 단지 평원적 전일론으로 해독했기 때문에(모든 질적 구별을 부정하는 질적 구별—이 경우에는 '생물 평등성'—을 나타내는 우측의 길이다.) 결국 모든 것을 도구화하는 것으로 끝나고 말았다. 가이아를 파괴하는 데 가장 책임 있는 근본적 계몽주의 패러다임이 새로운 모습으로 등장해서 자신이 잔인하게 파괴하고 있는 가이아를 구원한다고 여전히 주장하고 있다.[15]

이렇게 해서, 세계혼과 에코-노에틱 자기에 대한 올바르고 소중한 직관이 평원적 전일론으로 잘못 해석되고 질적 구별을 평준화시킴으로써 세계혼의 하강을 촉진시킬 수 있는 행동을 마비시켜 버린다. 이런 경우에서 볼 때, "해결의 일부가 아닌 것은 문제의 일부임에 틀림없다."라는 말은 여전히 진실일 것이다.

에고와 에코: 상승자와 하강자

> 감각을 치유할 수 있는 것은 혼밖에 없으며,
> 혼을 치유할 수 있는 것은 감각뿐이다.
>
> - 오스카 와일드 -

세계혼을 상당히 자주, 올바르게, 그리고 심오하게 직관하고 있지만, 그다지 적절하게 해석하지 못하고 있다는 것이 내가 말하는 포인트다. 그 직관을 상위 자기 또는 가이아 자기로 해석하는 경향이 있는데, 양쪽 모두 철저하게 이원적임에도 불구하고 서로 상대방을 개종시키려고 애쓴다. 그들은 에로스와 아가페가 아니라 포보스와 타나토스를 대표한다.

현대인이 진정한 영성을 추구할 경우에도 여전히 순수하게 상승적인 상위 자기를 지향하든가 아니면 전적으로 하강적인 생물권 자기를 지향하든가 어느 한쪽에 빠지기 쉽다.

상승자는 그노시즘, 상좌부불교, 불이일원론적Advaita 베단타, '상위 내면의 소리', 내면의 신성한 영, 원형심리학, 혼 돌보기 등 다양한 형태의 상위 자기를 접촉하는 것에 의존하는데, 이 모든 것은 진실한 것이고 대단히 중요한 것임에는 틀림없다. 하지만 부분성과 배타적인 상승 지향으로 인해 그것들은 평원을 완전히 부정함으로써 그곳에서 벗어나려고 한다. 이것은 대지를 부정하고, 공동체를 부정하고, 육체를 부정하고, 감각을 부정하는 도피로서 공포로 가득 찬 포보스다.

이와는 달리 하강자는 볼 수 있고 느낄 수 있는 신이나 여신에 의지한다. 그러나 그 심오한 진실도 현대의 상승 흐름에서 단절된 대지중심주의, 자아중심주의, 과도하게 개인주의적이고 반권위주의적인 자세로 전락시켜 놓고, 자신을 강제하지 않는 자유로운 그림자놀이를 계속 보존하고 싶어 한다.[16] 그림자와 하나가 되고 비자연화된 자연 안에 자신을 깔끔하게 끼워 맞추기만 하면 마침내 구원을 얻게 될 것이고, 만일 그렇게 해도 별 효력이 없어 보이면 그저 더 열심히, 더 깊이 끼워 맞추기만 하면 그것으로 충분하다는 것이다.

이런 생각은 여전히 그림자에 입맞춤할 수 있으면 언젠가 빛을 보게 되리라는 기대처럼 보인다. 모든 초월적 계기가 차안의 세계를 포용하는 것으로 축소된다. 여기에 있는 것은 타나토스, 환원과 퇴행이라는 무감각한 무거운 손뿐이다.

순전히 하강적인 이런 접근에서는 상승의 길을 철저하게 경멸한다. 그리고는 인간성과 가이아의 거의 모든 문제를 그것에 덮어씌운다. 하지만 걱정할 필요는 없다. 혐오감은 상호적이기 때문이다. 상승자는 하강자가 외부 지향적이고 자기해소적인 무지에 붙잡혀 있다고 주장하며, 그것이야말로 모든 인간 고뇌의 진정한 근원이라고 주장한다.

2천 년이 경과한 지금도 상승자와 하강자는 여전히 서로의 목을 죄고 있다. 여전히 자신들만이 전체라고 주장한다. 여전히 상대를 악마라고 비난하고 있고, 상대를 경멸할 때 쓰는 똑같은 단편화된 광기를 내뿜고 있다.

상승자와 하강자, 그들의 광기는 지금까지도 여전히 이어져 오고 있다.

역사의 최첨단에서

포스트모던의 위대한 탐구는 세계중심적인 비전-논리에 기반을 두고 있는 켄타우로스라는 심신 통합의 추구에 있다고 주장하고 싶다. 그런데 이런 일이 실제로 일어나고 있다는 조짐이 도처에서 보이고 있는데, 이보다 중요한 것은 켄타우로스의 내부로부터, 그리고 그 단계를 넘어서 이제 세계혼으로서의 초혼의 일별이 출현하고 있다는 것이다(나는 이런 일에 대한 증거 역시 꽤나 분명해지고 있다고 생각한다).17)

그러나 영을 잘못 해석할 경우에는 영의 하강을 촉진시키지 못한다. 독백적인 용어로 평탄화하고 균일화하는 해석은 영의 탄생과 축복을 중단시킨다. 그런 해석으로는 상승과 하강을 창발하는 세계혼 안에 통합시킬 수 없다. 단지 각자 선택한 이데올로기의 잔혹한 고통 속에서 서로를 업신여길 뿐이다.

그러나 결정적으로 중요한 요소는 그런 심신 통합이 이미 우리 손 안에 들어와 있다는 것이다. 비이원성에 대한 혁파는 서양에서는 플로티노스에 의해, 동양에서는 나가르주나에 의해 이미 달성되었다(물론 이들만은 아니다). 그리고 비이원성에 대한 진화론적인 이해는 서양에서는 셸링에 의해, 동양에서는 오로빈도에 의해 이미 달성되었다(이 역시 이들만은 아니다). 그들(그리고 그들의 후계자들)이 이룩한 것은 이미 세계 연합과 만물의회를 위한 기초가 되고 있다. 그들은 그들 시대에서는 예외적이고 고립된 개인이었지만, 이제는 우리 시대의 평균적인 양식이 그들과 어깨를 나란히 하고 있다. 그들이 걸은 길은 이제 집합적으로 우리의 것이 될 수 있을 것이다.

물론 해야 할 일은 아직 많이 남아 있다. 그러나 그 기초는 이미 놓여 있으며, 우리는 이미 그 기초를 쟁취했다. 기본적인 것들은 이미 존재하고 있고, 그러한 길은 우리 앞에 열려 있다. 길은 현전해 있는데, 다만 가지 않을 뿐이다. 길은 닦여 있지만 그 길을 선택한 사람이 없을 뿐이다.

우리는 우리 자신의 이러한 뿌리를 받아들일 수 있을 것인가? 우리는 영을 진화하는 생명으로, 온우주 자체의 사랑으로 볼 수 있을 것인가? 영의 선, 영의 에로스는 우리가 무한한 가치의 원천으로 삼으려는 헛된 시도로 인해 상처 입힌 마음과 자연을 해방시킬 수 있을 것인가? 영의 선성, 영의 아가페는 스스로 입힌 상처를 치유하는 애정 넘치는 애무 속에서 마음과 자연 모두를 포용할 수 있을 것인가? 신의 환류운동과 여신의 유출 운동을 상승과 하강의 완전한 원 속에 포함시킬 수 있을 것인가? 우리는 원래의 통찰로 돌아와 영이 언제나 사상한 모두에 똑같이 현현해 있음을 볼 수 있을 것인가? 영은 지금 여기에서 모든 나와 모든 우리 그리고 모든 그것에 영원히 빛나는 영광으로 현전해 있는 것이 아닐까? 영혼에 대한 보다 적절한 해석만이 영에 의한 구원을 촉진시키는 것은 아닐까?

플로티노스가 알고 있었듯이, 세계를 고요하게 하자. 하늘과 땅과 바다를 잠잠하게 하자. 세계로 하여금 대기토록 하자. 자기인식의 텅 빈 기저 속에서 자기수축을 이완시켜서, 그것이 그 기저 속에서 조용히 숨을 거두도록 하자. 영이 혼돈의 열림 속에 모든 것을 어떻게 불어넣는지, 그리고 지는 태양과 영광스러운 지구와 그곳의 빛나는 모든 거주자에게 어떻게 새로운 광휘를 베푸는지 보라. 온우주가 공성 안에서 춤추는 것을 보라. 빛이 크고 작은 일체 중생 속에서 유희하는 것을 보라. 유한한 세계가 신의 놀이 속에서 노래하고 기뻐하는 것을 보라. 모든 것을 투명케 하는 영광 속에 잠겨 시간과 공포를 거부하는 즐거움으로 넘치는 세계, 그 세계는 사랑 없는 자기의 광기를 풀어내어 그것을 광휘 속에 묻어 버린다.

참으로 그러하다. 의식의 텅 빈 기저 안에서 자기수축을 이완시키고, 그곳에서 조용히 숨을 거두도록 하자. 온우주가 자신의 잠에서 깨어나 미친 듯이 신성한 춤을 추면서 스스로 빛나고, 스스로 해방시키며, 불생불멸의 빛에 취해 있는 것을 보라. 세계가 발생하고 무너지면서, 결코 시간이나 고뇌에 붙잡히지 않는 투명한 이미지가 빛나는 심연 속에서 점멸하는 것을 보라. 산이 물 위를 걷고, 태평양을 한 모금에 삼키고, 눈 깜짝할 사이에 수십억의 우주가 생겨나고 무너지는 것을 보라. 숨을 내쉬면서 온우주를 창조하고, 들이마시면서 그것을 용해시키는 것을 보라.

황홀경이 흘러넘쳐서 사랑 없는 자기 위로 더욱 강렬하게 빛나게 하라. 그것이 자기포옹의 고통을 간직한 채 미친 듯이 돌진하여 윤회의 끝없는 고뇌의 수레바퀴를 힘차게 껴안으면서 성 캐서린Saint Catherine(1447~1510, 제노아의 신비가-역자 주)과 함께 의기양양하게 노래하라. "나라는 존재는 신이다. 단지 참여에 의해서가 아니라, 나란 존재의 진정한 변용에 의해서 그러하다. 나의 나는 신이다." 그리고 데임 줄리안Dame Julian(1342~1413, 영국의 신비가-역자 주)과 함께 환희의 노래를 불러 보라. "보라! 나는 신이다! 보라! 나는 만물 안에 존재한다! 보라! 나는 모든 것을 행한다!" 그리고 하쿠인선사와 함께 환희로 가득 찬 사자후를 토해 보라. "바로 이 몸이 부처요! 바로 이 땅이 정토다!"라고.

이렇게 해서 이 대지는 축복받은 것이 되고, 모든 나는 신이 되며, 모든 우리는 신의 가장 경건한 예배자가 된다. 그리고 모든 그것은 신의 가장 은혜로운 신전이 된다.

그리해서 철저하게 고통으로 가득 찬 신 없는 탐구는 여기서 끝난다. 온우주의 심장을 막고 있던 매듭이 유일한 신을 허용하기 위해 풀린다. 잃어버렸다가 다시 찾은 사랑하는 자로 인해 미칠 듯 황홀해진 영이 그곳에서 흘러넘친다. 죽음과 절망의 신 없는 운명은 사라지고, 무관심으로 개입했던 삶의 광기도 사라지며, 시간이 지배하던 잔혹한 날과 끝없는 밤의 눈물과 공포가 사라진다.

그리고 이제 나-나가 새벽을 맞보기 위해 몸을 일으키면, 오직 사랑만이 오늘을 비추리라. 그 사랑의 빛은 이렇게 말한다. "모든 것을 사랑하라. 미친 듯이 사랑하라. 그리고 언제나 끝없이 열렬히 사랑하라. 선택 없이 사랑하라. 모든 것 안으로 들어가 무심으로 사랑하라. 그렇게 해서 일체가 되어 유일한 신, 빛나는 신을 포옹하라."

공성으로서든, 형상으로서든 신 없는 탐구는 영원히 끝내도록 하자. 그러면 오늘 오직 사랑만이 찬란하게 빛날 것이다.

도래했음직한 일자

현대세계는 오늘날 다소간 광기 쪽으로 내달리고 있다. 농부를 위해서는 신화, 지식 계층을 위해서는 평원적 자연주의라는 풍조가 만연되어 있다. 20세기의 끝자락을 10여 년 앞두고 자기조직적이고 자기초월적인 진화의 성질을 재발견한 것이 과학, 그것도 하강적 과학이었다는 것은 참으로 아이러니한 일이다. 영이 현현하는 단일한 원칙이자 편재적인 원칙인 에로스가 시간의 '두 화살'을 통합하게 되었다는 것은 매우 아이러니한 일이다. 그로 인해 합리성을 넘어서기 위한 진화의 길이 열렸다는 것도 아이러니가 아닐 수 없다. 왜냐하면 그것이 진화가 어느 누구에게서도 멈추는 일 없이 매 단계마다 더 큰 내일로 진행해 간다는 것을 명백히 보여 주는 것이었기 때문이다. 오늘이 합리성이라면, 내일은 초합리성일 것이다. 세계 어디에서도 그것을 부정할 만한 과학적 논의는 단 하나도 없으며, 모든 논의가 그것을 지지하고 있다.

따라서 우리는 지금 초합리적인 지각의 최첨단에서 균형 잡고 있는 합리성, 도처에서 모든 사람에게 지속적으로 등장하고 있는 과학적 비전scientia visionis의 최전방에서 다음 단계로 넘어설 태세를 갖추고 있는 합리성 지점에 서 있다. 뿐만 아니라, 우리는 진정 모든 곳에 편재하며 모든 사람에게 편재하는 세계혼의 하강을 그 어느 때보다도 강렬하게 일별하는 바로 그 지점에 우뚝 서 있다.

주석

09 상승과 하강

1. 아이러니한 점은 러브조이가 이 두 운동을 통합하는 핵심에 대해선 아무런 이해도 보여주지 않았다는 것이다(그것에 대해선, 엄밀히 말해 '천둥 치는 듯한 침묵'만이 유지될 수 있을 뿐이다). 따라서 그는 계속해서 일어나는 하강자와 상승자 간의 거대한 싸움의 실질적인 성질에 대해 당혹스러워한다. 가장 아쉬운 점은 두 운동을 완벽하게 통합할 수 있는 그런 시스템—플로티노스의 시스템과 같은—을 무시하고 있다는 것이다. 그렇긴 해도 그는 훌륭한 보고자로서 우리 스스로 구체화하는 데 필요한 모든 정보를 제공해 주고 있다.

    또한 러브조이는 그가 추적하고 있는 관념의 역사에서 그런 관념들의 제창자가 아니라는 점도 언급해야 할 것 같다. 대사슬과 그 세 가지 주요 원칙에 관해서 러브조이 자신은 (설명하겠지만) 그중 두 개를 거부했기 때문이다. 따라서 나는 내 입장을 옹호하기 위해서 권위자를 인용한 것이 아니다. 러브조이는 일종의 적대적 증인이라고 말할 수 있는데, 그렇다고 해서 문제될 것은 없다.

2. 41쪽. 모든 인용은 다른 언급이 없는 한 『존재의 대사슬*The Great Chain of Being*』에서 발췌한 것이다.

    순수한 상승적 일자의 무시간성, 무변화성, 영원성 등에 관해서 말하자면, (서양에서는) 이것의 역사적 기원을 파르메니데스까지 거슬러 올라갈 수 있는 직접적인 영적 직관이라고 가정하는 데에는 몇 가지 이유가 있다. 내가 제시하려는 것은 아직은 추측에 지나지 않는 것이지만 미래의 연구에서 보다 명백하게 드러나리라고 믿는다. 사실들은 꽤나 단순하지만 그 사실에 대한 해석은 쉽지 않다.

    "기원전 460년경 어느 날, 위대한 철학자 파르메니데스가 제자 제논을 대동하고 아테네시로 들어왔다. 파르메니데스의 영원성에 대한 관념에 소크라테스는 깊은 인상을 받왔다. 파르메니데스는 실재란 불변하는 것이라고 주장했다. 제논은 운동이나 변화가 실제로 존재한다는 모든 주장의 불합리성을 논증함으로써 스승의 입장을 지원했다"(카발리에Cavalier, 『플라톤Platon』, 31쪽).

이것은 파르메니데스라고 제목을 단 『대화Diabgue』에서 플라톤이 말한 유명한 일화다. 제논의 '논증'은 철학적 논의의 한 유형(변증법에 의한 반증)의 일례로 종종 거론되어 왔는데, 나 역시 그런 식의 대화가 있었으리라는 것을 의심하지 않는다. 그러나, 예컨대 불교의 천재 철학자 나가르주나가 제시한 유사한 변증법적 논증과 이 논증을 비교해 보면, 제논(과 파르메니데스) 역시 무언가 다른 것을 시도한 것처럼 보인다. 즉, 그도 모든 차별적 개념화로부터 자유로운 실재를 직접 가리키고 있다는 것이다.

남아 있는 파르메니데스의 단편을 읽어 보면 그가 원인적·무형적인 '일자'를 직접적으로 어렴풋이 알아차렸다는 매우 강력한 인상을 갖게 된다. 모든 현현 대상은 그러한 일자에 대한 것이 아니라 궁극적으로는 비실재적인 그림자다. 그런 까닭에 그는 나가르주나가 그랬던 것처럼 진실의 길Way of Truth과 외견의 길Way of Appearance이라는 표준적인 구별을 했다. 모든 구별, 모든 생성과 파괴, 모든 운동과 변화는 외견의 세계에 속한다. 그에 비해서 진실의 세계는 있는 그대로이고, 완전히 자기존재적이며, 어떤 차별화나 구별도 허용되지 않는다. 많은 학자가 썼던 것처럼, 진실의 길은 세계를 영원한 형상 아래로 보는 것이지 그저 평범한 인간의 신념 또는 외견의 길에 따라서 보지 않는다.

운동은 존재하지 않는다는 그의 주장을 액면 그대로 받아들일 경우, 파르메니데스는 혼란에 빠진 인물로밖에는 볼 수 없을 것이다. 그러나 이러한 진술이 실제로는 (개념적인 차별화에서 해방된) 자각의식을 직지直指하는 것이라고 받아들인다면, 그것은 깊은 의미를 갖게 된다.

족첸Dzogchen불교에서 힌두교 베단타 가르침에 이르기까지 우리는, 예컨대 '움직이는 것은 진실이 아니다.'라는 언명을 종종 보게 된다. 이것은 상대적인 운동을 부정하는 것이 아니라, 오히려 운동이나 정지에 선행하는 원초적인 의식을 직지하는 말이다. 원초의식이란 운동이나 정지라는 특정 대상으로서의 시간의 흐름에 들어온 것이 아니라, 모든 대상이 발생하고 사라지는 직접성-개방성 또는 명료성이다.

이 원초의식(그 자체는 움직이지도 정지해 있지도 않다.)은 실제로는 [예컨대 족첸 수행에서 증명된 것처럼(지시를 지적하는 예는 『아이 오브 스피릿The eye of spirit』 제12장과 『일미One Taste』를 보라.)] 이런 유형의 직지의 가르침을 사용하는 사람에게 쉽게 가리킬 수 있다. 파르메니데스를 읽으면서 나는 이것이 그가 시도한 전체의 커다란 일부였다는 확실한 인상을 받았다. 이런 것이 여러 곳에서 분명히 드러난다. 파르메니데스는 철저하게, 그리고 연속해서 **구별**이 실재라는 것을 전제로 하는 세계의 기술을 부정했다. 그는 직접 일자를 가리킨다. 그 일자는 차별화에 **선행**하는 자신의 직접적인 인식으로 알 수 있다.

따라서 파르메니데스의 절대는 많은 학자가 생각했던 것처럼 문자 그대로 둥근 구체는 아니었다. 단지 차별화에 선행하고 외견의 길에 선행하는 존재의 완결성 또는 완전성이었다. 따라서 그의 변증법은 차별화와 환영 같은 외견에 선행하는 실재를 직접 가리키는 방식이었다. 인간은 이러한 외견의 세계를 분리되지 않은 진실이라고 오해하기 때문에 길을 잃게 된다는 것이다.

그렇다면 파르메니데스는 서양인으로서 비록 짧은 순간이나마 원인적 일자에 침투해 들어간 (내가 아는 한) 최초의 영향력 있는 사람이라는 영예를 얻게 된다(이것은 아마도 파르메니데스의 스승에게까지 거슬러 올라갈 수도 있을 텐데, 그들의 전통은 피타고라스 교단Pythagorean Ameinias이라는 이름으로 알려져 있다).

소크라테스와의 만남이 실제로 일어났었다고 생각하는 학자도 있고 플라톤의 창작이라고 믿는 학자도 있지만, 연대는 꽤 잘 들어맞는다. 그 당시 파르메니데스는 65세, 제논은 대략 40세쯤이었을 것이고, 소크라테스는 '상당히 젊은' 편이었을 것이다. 나는 만남이 실제로 있었으리라고 보는 쪽이지만, 어느 쪽이 되었든 이후 그리스철학에 미친 파르메니데스의 영향은 부정할 수 없을 것이다. 영어로 쓰여진 나가르주나에 관한 가장 훌륭한 연구로 잘 알려진 무르티Murti의『불교의 중심철학Central Philosophy of Buddhism』에서는 플라톤의 파르메니데스를 서양에서 나가르주나와 비슷한 최초의 진정한 변증법이라고 쓰고 있다. 플라톤이 그 만남을 창작했든 아니든, 그는 그 만남—'역사적'인 것은 아니더라도 확실히 '철학적'인 만남—에서 파르메니데스를 대화적인 변증법으로서 그에게 가장 깊은 의미를 갖는 것으로 선택하고 있다. 이러한 것은 플라톤 자신이 진정으로 목표했던 것은 문자로는 전할 수 없다고 한 말의 신뢰성을 높여 주는 것이다. 그것은 오직 스승에서 제자에게로, 즉각적인 계시에 의해 직접 나타나는 것이기 때문이다.

3. 42쪽. 필자의 강조임.

4. 45쪽. 필자의 강조임.

5. 45쪽. 필자의 강조임.

6. 53쪽. 필자의 강조임.

7. 49쪽.

8. 48쪽. 필자의 강조임. 나는 이 통합이 원인/비이원 의식에 대한 직접적인 감지에 기반을 둔 것이라고 생각한다(아무리 짧고 초기적인 것이었다 해도, 테레사 수녀가 말한 것처럼 단 한 번 맛본 것만으로도 변용될 수 있다). 그의 신플라톤주의 후계자들이 그렇게 생각했다는 데에는 의심의 여지가 없어 보이며, 그들 자신 역시 실천적인 수행에 참가했다는 것도 의심의 여지가 없어 보인다(플로티노스를 다룰 때 보게 될 것이다). 그러나 적어도 전체적인 플라톤철학은 러브조이가 매우 분명히 보여 준 것처럼 상승과 하강을 전제로 하고 있다.

9. 이 부정과 긍정(부정과 보존!)은 대부분의 비이원적인 관조파에서 찾아볼 수 있다. 선에서 한 가지 예를 들어 보면, "만물이 일자로 돌아간다면 일자는 어디로 돌아가는가?"라는 물음이 있다. 답은 "다자로."다. (제자는 이 이해를 드러내 보여야 하는데, 그저 말로만 해서는 안 된다. 발달적 기의signified 없이 단지 기표signifier만 반복해서는 스승의 호통과 매를 벌 뿐이다.) 이것 또한 유명한 이야기다. "내가 선을 배우기 전에는 산은 그저 산이었다. 선을 배우자 산은 더 이상 산이 아니었다. 선을 다 배우고 나자 산은 또다시 산이었다"(『속전등록續傳燈錄』). 분할선은 공에 대한 인식 또는 순수무형의 자각에 대한 인식(산은 산이 아니었다.)이다. 그곳에서는 만물이 바로 공으로서 완전히, 그리고 자유롭게 일어난다(산은 또다시 산이었다. 자기해방). 그러나 먼저 공의 큰 죽음을 실현해야만 한다. 그렇지 않으면 산속에서 길을 잃게 될 뿐이다(동굴 속의 그림자).

10. Hamilton(역), 『파이드로스Phaedrus』, 52쪽. 고딕체는 필자의 강조임.

11. 『파이드로스』, 54-56쪽.

12. 이 장 후반에서 통합된 타나토스는 죽음의 본능이 아니라 아가페라는 것을 보게 될 것이다. 에로스에서 떨어져 나온 아가페가 타나토스, 죽음의 본능이다.

『아이 투 아이Eye to eye』에서 나는 삶과 죽음의 '본능' 또는 충동을 이론가들이 두 개의 아주 다른 방식으로 사용해 왔다는 점을 지적한 바 있다. 이 둘을 수직 방향과 수평 방향이라고 불러도 좋을 것 같다. 수직적 삶은 내가 여기서 사용하는 것처럼(보다 높고 넓은 통합을 목표로 움직이는) 상승 또는 에로스다. 수직적 죽음은 타나토스다(낮고 얕은 계기로 움직여 가는 것으로서, 갈수록 통합의 정도가 낮아지고 결국에는 비생물적 홀론에 이르게 된다).

반면, 수평적 삶은 특정 수준의 요소들의 보존을 가리키고, 수평적 죽음은 그러한 요소의 부정 또는 포기를 의미한다. 따라서 수직적 삶(에로스)은 선행하는 수준의 요소를 보존해 가면서 수준 자체의 죽음 또는 부정을 받아들인다. 보존하고 부정한다. 보다 큰 삶은 작은 삶의 죽음을 전제로 한다.

따라서 수평적 죽음은 보다 큰 삶의 일부분이다. 그것에 비해 수직적 죽음은 단순한 용해다. 이것은 물론 의미론적인 악몽이긴 하지만, 이렇듯 다른 '삶과 죽음'을 구별하지 못할 경우 수많은 이론적 곤경에 처하게 된다(이 문제에 대한 구체적인 논의는 『아이 투 아이』 7장을 보라).

13. I, 20-21쪽. 모든 인용은 별다른 언급이 없는 한 잉_{Inge}의 『플로티노스의 철학*The Philosophy of Plotinus*』 제1권과 제2권에서 한 것으로, 여기서는 I과 II로 표시했다.

14. I, 120쪽. 이것은 잉이 포르피리우스_{Porphyry}의 기술을 빗대어 설명한 것이다.

15. 여기서도 경험이라는 단어는 잘못된 것이다. 비이원은 경험이 아니라 모든 경험이 일어나고 사라지는 무한한 개방성이다. 비이원의 파악은 단지 경험을 얻기 위한 노력에 흥미를 잃은 지점에서 나타난다. 그렇긴 해도 직접 경험이라는 단어는 이런 인식이 단지 이론적이거나 추상적이 아니라는 것을 전하는 데 장점을 갖고 있다(내가 때때로 '직접 경험'이라는 말을 계속 사용하는 이유는 이 때문이다).

포르피리우스는 네 번의 커다란 혁파 또는 이렇게 말해도 좋다면 '깨달음'을 경험했다고 보고한다. 플로티노스는 이런 인식을 '종종' 가졌다고 말할 뿐이다. '종종 그렇다'거나 '전형적'이라는 의미다. 카를 야스퍼스_{Karl Jaspers}는 이에 대해 이렇게 언급했다. "포르피리우스에 의하면, 희귀하고 이례적인 경험인 것처럼 보이는 것이 플로티노스의 진술에서는 자연스러운 현실이다."

또한 주의를 기울일 만한 것으로는 심령 및 정묘 단계에서의 신비 경험이 종종 아주 극적이고 황홀하며 비범한 것인 데 비해(이런 것은 확실히 경험이다.), 원인/비이원 단계의 인식은 통상 '평범한 것' '특별한 것이란 아무것도 없다'는 것이다. 그것은 모든 평범한 행위에서 신성을 실현하기 때문이다. 따라서 정신병리학에 대한 폭넓은 연구로 알려져 있는 야스퍼스가 다음과 같이 보고한 것은 대단히 시사적이다. "황홀경 상태 또는 신비 체험은 모든 문화의 역사에서 중요한 역할을 담당하고 있다. 그것은 어떤 기본적인 형식의 경험이 반복해서 일어나는 것이며, 심리적으로 관찰할 수 있는 영역이다(내가 심령 및 정묘라고 부른 심층구조). 플로티노스의 사고 초월은 그런 경험과는 다른 것처럼 보인다. 그의 기술은 최소한의 심리적 현상을 담고 있으며, 그 어떤 정신병적인 징후도 담고 있지 않다. 심연을 전하는 그의 기술의 간소함은 매우 인상적이다"(『위대한 철학자 *Great Philosophers*』, 55쪽).

16. 이것은 앞 장에서 논의했던 상위 또는 초개인 단계를 포함하는 좌상상한이다. 이것은 플

로티노스나 오로빈도가 완전무결한 의미에서 궁극의 각자였다는 것을 의미하지는 않는
다. 그러나 그들은 상위 영역에 대한 자신들의 경험적 개시를 기초로 하고 있다는 점에
서 인간의 성장과 발달에 대한 전스펙트럼이론의 가장 뛰어난 대표자들이다.

17. II, 134쪽. 필자의 강조임.

18. II, ix쪽, 137쪽.

19. II, 58-59쪽.

20. II, 139쪽. 고딕체는 필자의 강조임.

21. 그는 '내부 아닌 내부'라고 부른다. 즉, 외부인 내부 또는 주-객을 초월한 비이원성이다.

22. II, ix쪽. 야스퍼스는 강조했다. "플로티노스의 저술은 가장 기저적인 경험에 대한 최상
의 기록이다. 그가 추구한 경험은 시간 속에서 일어나는 일들을 즐기는 것이 아니라 (시
간과) 존재의 모든 순간/계기에 편재하며 또한 모든 의미의 원천인 그런 경험이었다. 이
주관적인 세계에서는 사랑하는 것과 사랑받는 것, 보는 것과 보이는 것이라는 이원성으
로밖에는 알 수 없는 완전한 전체를 그는 실제로 경험했다. 즉, 그는 불완전한 존재인 우
리가 희구하는 도달점을 경험했던 것이다"(54쪽).

　　이것을 약간 수정해서 덧붙인다면, 시간 속에는 없는 경험이란 통상적인 의미에서는
경험이 아니라는 것, 오히려 모든 경험이 일어나는 공지空地 또는 기저라는 것이다(경험
은 시간 안에서 시작과 끝을 갖고 있기 때문에). 비이원적인 인식이란 모든 경험의 즉각
성/직접성이며, 그 자체는 특별한 경험이 아니다. 이것은 붓다에서 그리스도, 크리슈나,
알 할라지al-Hallaj에 이르는 모든 각자가 자신들의 가르침에서 매우 명확히 했던 것처럼
모든 비이원적인 각자에게도 말할 수 있다. 그러나 플로티노스가 경험했던 것 또는 인식
했던 것 그리고 우리 자신의 의식이라는 실험실에서 실험적으로 재생해 보라고 요구하
는 것은 '최상의 목표'만은 아니다. 그것은 모든 발달 단계가 목표로 하는 것이기도 하다.
따라서 기저의 최종적인 파악은 상이든 하든 모든 단계에서 모두 드러난다. 그 위계는 사
다리로서의 자신의 목적을 다했고, 이미 오래전에 내던져졌다.

23. 달리 말하면, 상위 단계는 다른 모든 발달 단계(언어적, 인지적, 자아, 도덕적 등)에서
그런 것처럼 진정한 것이다. 그것은 그 특정 단계까지의 능력을 발달시킨 사람들이 반
복해서 보여 주는 특징들을 재구성한 것이다. 그것은 정의적인 패턴(심층구조)을 갖
는 구조화된 전체이며, 사회적으로 구성된 표층구조를 통제하는 것이다. 이러한 심층
구조는 조건화에 의해서 변경시킬 수 없는 안정적인 순서로 출현한다. (『의식의 변용
Transformations of Consciousness』을 보라.)

이것은 찰스 타트Charls Tart의 '상태 특유 과학state-specific science'이라는 개념과 흡사하다. 다만, 상태라는 말은 대단히 애매한 개념이긴 하다. 전조작, 구체 조작, 형식 조작은 모두 각성 상태에서 일어난다. 그러나 각각의 조작은 극적일 정도로 다른 세계다. 그것은 상태-특유라기보다는 구조-특유의 과학이 필요하다고 말하는 쪽이 나을 것이다. 즉, 단지 비교하는 것이 아니라 재구성이라는 개념을 도입해야 한다는 것이다.

상태라는 것은 중요한 개념적 도구이지만—상태라는 것이 확실히 존재하기 때문에—구별 가능한 상태만 다룰 수 있을 뿐이다(따라서 구별된 의식 상태가 의식의 변성 상태로 대치되었다). 그러나 발달은 그와 같은 구별 가능한 상태가 영속적인 특징(구조)으로 전환될 경우에 일어난다. 14장의 주석 17을 보라. (『통합심리학Integral psychology』을 보라.)

24. 아리스토텔레스는 『영혼론De Anima』에서 '상위 등급'이라는 홀론적 개념을 처음으로 제시했다. 각각의 상위 단계는 하위의 핵심적인 것들을 소유하며(그러나 하위 단계의 모든 것을 갖지는 않는다.), 하위에서는 볼 수 없는 그 자체만의 근본적이고 차별적인 특징들을 추가한다. 그러나 상위와 하위는 공통의 경계를 공유한다.

25. I, 221쪽.

26. 이것은 내화와 진화에 대한 전반적인 주제다. 이 주제는 삼부작 전체를 통해서 계속 추적될 것이며, 매번 새로운 관점을 추가해 가면서 전개될 것이다.

여기서는 다음과 같은 점에 유의하면 좋을 것 같다. 플로티노스의 관점에서 진화 또는 환류란, 만일 우리가 최하위를 A라고 한다면 다음 수준은 A+B, 그다음 수준은 A+B+C 등등이 된다. 그러나 내화 또는 유출의 경우에는 최상위에서 시작하면서 그것을 A라고 한다면, 다음 수준은 A-B, 그다음 수준은 A-B-C 등이 된다. 각각의 내화적 유출은 뺄셈, 즉 선행하는 기저로부터 한 단계 내려온 것이기 때문이다. 이것이 플로티노스가 유출(내화)은 '뺄셈으로 이해'된다고 말한 이유다. 모든 것을 빼고 마지막에 남는 것—즉, 물질—은, 따라서 전체 과정 속에서 가장 **근본적**(또는 기본적)인 것이다. 그것은 최하위 영역에서조차도 여전히 현전해 있다. 나는 그것을 20개 원칙으로 요약했다(따라서 물질은 모든 영역에서 활동한다. 그것은 최하위조차 소유하고 있기 때문이다).

플로티노스에게 있어서는 유출 또는 존재론적 본질에서 상위 차원을 파괴하면 모든 하위의 것들도 파괴된다. 이것은 진화와는 반대다. 진화는 그 현현에서 통일성으로 되돌아가도록 설정되어 있기 때문에 각 단계는 선행 단계 위에 세워진다. 플로티노스는 양쪽 모두를 강조한다. 상위는 그 존재 또는 본질을 하위에 의존하고 있진 않지만, 그 현현은 하위에 의존한다. (여기서 플로티노스와 헤겔은 서로 갈라선다. 관조적 증거는 같은 견해를 갖고 있는 오로빈도와 플로티노스를 지지한다.)

이 주제에 대한 좋은 서론으로는 슈마허Schumacher의 『당혹해하는 사람을 위한 지침 *Guide for the perplexed*』을 보라.

"마음은 생겨나기 이전에 어디에 있었는가"라는 물음에 대해서 플로티노스라면 다음과 같이 답했을 것이다. "2+2=4는 어디에 있었는가? 모든 곳에 있으며, 어디에도 없다."

인간 심신에 현전하는 구조적 잠재성으로서의 상위의 전존재론적 세계 공간의 현전이라는 이 현상은 온우주와 인간의 내화 또는 하강적 흐름을 기술하고 설명하는 많은 이론의 배후에 놓여 있다. 신비 체험(심령, 정묘, 원인 또는 비이원적 성질의)은 인간에게 매우 공통하는 것으로서, 그런 경험이 어디에서 일어나든 (불가피하게 문화적 색채가 덧칠해짐에도 불구하고) 적어도 폭넓은 유사성을 공유한다. 그런 경험이 일어날 때 개인은 틀림없이, 지금 이 순간 개인적인 인간의 마음에 의해 만들어지고 구성된 어떤 그 독자의 것sui generis에 맞닥뜨린 것이 아니라는 압도적인 확신을 갖게 되며, 그보다는 한때 알고 있었지만 지금은 잊어버린 무언가를 인식하고 있다는, 인식 이전에 존재했던 대단히 근본적인 감각 안의 세계 공간으로 안내받고 있다는 압도적인 느낌을 갖게 된다. 그것은 처음부터 내내 그곳에 있었지만, 다만 보지 못했을 뿐이라는 파악이다.

신비 경험에 관한 많은 놀라운 것 중 하나는 문화가 아무리 이러한 파악에 대해 확실한 틀을 짓더라도 이러한 파악은 체험자의 문화적 신조를 강화하거나 확인하는 게 아니라, 오히려 생각할 수 있는 모든 문화적 신념을 완전히 부숴 버린다는 것이다. 다마스쿠스로 가는 길에서의 바울처럼 개인은 완전히 해체된다. 또는 뜻밖의 일에 전적으로 경악하거나 당황한다. 철저한 유물론자도 순수한 관념론자와 마찬가지로 어렵지 않게 이런 경험을 할 수 있으며, 양쪽 모두 위압에 눌려 완전히 침묵에 빠진다. 신비의 심연이 그들에게 열리면 말을 잃은 마음은 그저 경건한 경외심으로 몸을 굽힐 뿐이다.

내화이론은—플로티노스에서 헤겔, 무착에서 오로빈도, 셸링에서 샹카라, 아비나바구프타Abhinavagupta에서 능가경에 이르기까지—이미 모든 상위의 구조적 잠재성의 심도가 현전해 있지만 눈에 보이지 않는다는 점을 설명하려는 시도다. 이것은 수학과 그다지 다르지 않다(그리고 분명 수학은 통상 내화이론에 포함된다). 수학은 인간의 마음에 의해 만들어진 것이 분명하지만, 수학이 과연 인간의 마음에만 적용되는 것일까? 오히려 수학 패턴은 인간의 뇌가 발생하기 이전부터 작용했던 것은 아닐까?

내화이론에서는 인간의 뇌를 만들어 낸 온우주의 형성적 경향과 패턴이 뇌에 의해 인식되고 있다고 설명한다. 이런 특수한 의미에서 그것들은 잠재력으로 현전해 있는 패턴과 세계 공간에 대한 발견dis-coveries, 폭로un-coveries, 인식re-cognitions, 기억anamnesias, 상기recollection, 파악apprehension이지만, 이제 비로소 그러한 잠재력이 개인 안에서 실현되고 파악된 것이다.

이러한 파악은 이 세계 공간의 표층구조가 문화적·역사적·사회적·의지적인 장면에서 성립될 수밖에 없다는 것을 어떤 식으로도 부정하지 않는다. 또한 이것은 인간 개개인이 대부분의 경우, 불확실한 숙명을 인내심을 갖고 부지런히 실현시키지 않으면 안 된다는 것도 부정하거나 가볍게 보지 않는다. 다만, 이러한 파악은 어떤 깊은 의미에서 보면 온우주의 구조와 그 역동적 과정 안에 매몰되어 있다고 말할 뿐이다. 이러한 파악은 단지 개인적이고 주관적인 환상이 아니다. 신비 체험이 처음엔 아무리 놀랍더라도, 인식과 재발견의 감각을 수반하는 이유는 이 때문이다.

오늘날의 분석 기준에서 보면, 많은 내화이론이 상당히 투박해 보인다는 것은 확실하다. 플라톤의 형상 상기이론recollection of the forms은 피타고라스의 수학을 기반으로 형성된 것이라서 요즘의 관점에서 보면 상당한 한계를 갖고 있다. 헤겔의 논리학Logic(현현에 선행하지만 현현과 별개가 아닌 잠재적 패턴, 진화와 발달로 전개해 가는 패턴을 명료화하려는 시도)은 시대에 매우 뒤처져 있고 문화적으로도 한계를 갖고 있다. 샹카라의 원형archetypes은 신화나 문화에 속박되어 있는 형상이란 관념에 물들어 있다. 플로티노스의 유출Efflux은 여전히 그 당시에 개시된 세계에 대한 특정 지식에 기울어져 있다. 무착과 세친의 아뢰야식alaya vijnana은 보다 세련된 것으로서, 그곳에서 초개인적인 형상은 온우주의 기억-습성의 총화라고 보고 있지만, 그러한 기억의 기원까지는 명료화하지 못했다는 아쉬움이 있다(그런 결여된 곳을 메우기 위해 생긴 것이 상호 침투에 의한 인과성이라는 화엄철학이었다).

그렇긴 하지만 이 모든 시도들은 내화의 윤곽을 그려 내려는 진지한 시도였으며, 중심적이고 결정적으로 중요한 점에 관해서는 그들 모두 절대적인 합의에 이르고 있다. 상위 세계 공간은 지금 우리에게 잠재력으로 주어져 있지만 인식하지 못하고 있을 뿐이라는 것이다. 세계의 신비가들은 이런 깊은 모습에서 거의 만장일치의 합의이자 확고한 합의에 이르고 있다. 이러한 합의는 상호 주관적인 해석자 공동체에서 개시되고 논의된 자신들의 경험적인 증거에 기초한 것이다. 신비 경험을 의미 있게 해 주는 유일한 해석은, 즉 그런 경험은 온우주의 심층이 개시된 것이지 개인적이고 주관적인 환상이 만들어 낸 것이 아니라는 것이다.

27. '잠재태potential'와 '현실태actual' 개념의 구별은, 특히 아리스토텔레스로까지 거슬러 올라 간다. 거기에서 질료는 가능태이고, 형상은 현실태다. 하위는 상위의 가능성 안에 있으 며, 상위는 하위의 현실태 안에 있다. 상위란 가능태였던 하위의 현실태다. 수준이 낮을 수록 가능태에 더 많은 영향을 받게 된다. 수준이 높을수록 현실태는 커지고 가능태는 작 아진다. 플로티노스도 거의 이런 노선을 따르고 있다. 현대의 용어는 그 의미를 보존하고 있긴 하지만, 종종 그 사용 방식은 역으로 되어 있다. 상위란 하위 속에 있는 실현되지 않 은 가능성이 실현된 것이 된다. 의미가 달리 표현됐을 뿐, 결국엔 같은 것이다.

28. 잉Inge, I, 248쪽. 플로티노스는 자기에 관한 주목할 만한 이론을 갖고 있는데, 그 이론은 지금도 통용 가능하다. 우리가 두 개의 혼(무시간적인 주시자와 시간적인 자기)을 갖고 있는 것과는 별개로, 자기(또는 혼)는 플로티노스에게 있어서 두 가지 다른 의미를 갖고 있다. 첫째로, 혼은 존재의 특정 수준 또는 차원-세계혼(또는 심령 수준)이다. 둘째로, 혼은 현대인인 우리가 자기시스템이라고 부르는 대홀라키의 항해자다. 즉, 특정 단계가 아니라 각 단계를 밟아 가는 '여행자'이며, 사다리의 발판이 아니라 사다리를 오르는 자 다. 그러한 항해자로서의 혼 또는 자기시스템은 발달의 전스펙트럼에 걸쳐 있을 수 있다 (상위 한계는 예외다. 그곳에서 그 한계를 초월하거나 절대자가 된다). 잉은 말했다. "그 것(혼)은 가치와 존재의 위계에서 초-본질적인 절대로부터 하위-본질적인 물질에 이르 기까지 모든 단계와 접한다. 혼은 그 자신의 중심, 그 자체를 위한 삶을 갖고 있다. 그러 나 혼의 중심은 모든 방향으로 무한히 확장할 수 있다. 그 가능한 확장에는 어떤 한계도 설정할 수 없다"(I. 203쪽).

이런 의미에서 볼 때 발달이란 확장하고 성장해 가는 혼이며, 플로티노스의 말처럼 외 부 세계를 그 자신 안에 더 많이 받아들이는 과정이다. 혼을 어떤 특정 수준의 발달로 이 끌어 가는 것은 무엇인가? 플로티노스에 의하면, "모든 혼은 잠재적으로 만물이다. 각각 의 혼은 그것이 주로 작동하는 기능에 의해 특정된다. 따라서 다른 대상을 정관하는 혼 은 그 대상 자체이며 또한 그 대상이 된다". 달리 말하면, 자기가 주로 주의를 기울이는 수준이 바로 자기가 머물러 있는 수준이라는 것, 우리는 우리가 관조하는 것이 된다는 것이다.

그런 만큼 일자를 관조하라. 플로티노스는 이렇게 말했다. "이것은 자비loving-kindness 가 불처럼 타오를 때, 그리고 혼이 영의 관조에 몰두할 때 시작한다." 플로티노스가 말한 것처럼, "그곳에서 혼은 신과 혼 자신, 그리고 일체를 볼 것이다. 처음엔 자신을 일체로 보지 않겠지만, 정지점, 자신의 한계, 자신이기를 멈추는 곳을 결정하지 못하기 때문에 혼은 자기를 보편적인 존재와 구별하려는 시도를 포기한다. 이렇게 해서 장소를 바꾸지 않고도 일체에 도달할 것이고, 그곳에 머물게 될 것이다" (I. 203쪽).

끝으로, 플로티노스에게 있어서 이러한 차원들은 수동적인 방식으로 혼에 의해 지각되기를 기다리면서 주변에 놓여 있는 것이 아니다. 플로티노스의 지각이론은 '만들어 내고 걸맞게 하는' 것이다. 즉, 지각은 적극적인 것이지 수동적인 것이 아니라는 것이다. 이 이론은 셸링을 경유해서 상당 부분 게슈탈트심리학과 자기생성적autopoietic 인지이론으로 이어진다.

29. 테일러Taylor, 『자기의 기원Sources of the self』, 250쪽.

30. 마찬가지로, 은총Grace은 아가페이며 모든 것에 차별 없이 자유롭게 주어지는 것이다. 그것은 원천-목표라는 오메가 인력으로서 모든 것 위에서 빛나고 있다. 그것은 에로스로 하여금 원천으로 회귀, 환류하도록 촉진한다. (이 은총의 교리는 동양에서, 특히 불교에서 대단히 광범위하게 발견되었다. 이 교리는 모든 구루 요가의 배후에 있는 것이기도 하다.)

일본불교에서는 자력(에로스)과 타력(은총 또는 아가페)을 구분한다. 전자는 선종, 후자는 진종을 대표한다. 그러나 양 종파 모두 이 구별은 궁극적으로는 주체-객체 이원론에 기초해 있다는 것에 동의한다. 최종적으로는 자기도 타자도, 에로스도 아가페도 없다. 에로스와 아가페는 비이원적인 마음속에서만 통일된다.

31. 이미 본 것처럼, 프로이트는 상승을 그 진정한 목표에 이르기까지 추적하지 않았기 때문에(그는 합리성에서 멈췄다.), 하강을 그 충만성 안에서(아가페로서) 볼 수 없었다. '원천에 접속'했을 때, 하강은 죽음이 아니라 선성이며 신의 창조적인 광휘가 생명 없는 물질을 포함해서 만물 위에, 그리고 만물로서 현현하는 것이다.

프로이트는 상승과 하강이라는 큰 원을 보지 못했지만, 그 큰 원에서 그가 이해한 작은 부분을 사용한 것은 물론이다. 정신분석적 치료에서 개인은 '자아에 봉사하기 위한 퇴행'에 참여한다. 즉, 공포와 불안(포보스)으로 인해 이탈되고 소외된 하위 단계로 하강해서 사랑과 수용(아가페)으로 그 하위 단계를 포함하고 재통합시킨다. 이렇게 해서 하위 단계가 억압적 힘에서 해방되고 타나토스의 구속으로부터 해방된다. 그렇게 해서 또다시 보다 상위의 정체성과 보다 넓은 타자에 대한 사랑(아가페)의 행진을 지속하게 된다.

그러나 플라톤의 분열된 각주의 한쪽에 속해 있는 프로이트는 이 모든 것을 보다 큰 맥락에서 보지는 못했다. 프로이트에게 있어서 하강이란 단지 파괴일 뿐인데, 이것은 상승과의 연결이 끊어졌을 때에만 진실이다. 따라서 프로이트는 하강이 물질에까지 손을 뻗치면서 하강 스스로 창조한 모든 것과 발견한 모든 것을 영광스럽게 하는 발산, 초-풍요, 영적인 흘러넘침의 창조적 운동이라는 것을 볼 수 없었다. 그 창조적 운동이 내놓은 것은 죽음이 아니라 선성의 현현이었다.

32. I, 198쪽, 205쪽.

33. I, 254쪽.

34. 이 때문에 신화적 세계관이 평균 모드였던 상황에 놓여 있었던 플라톤과 플로티노스는 경험주의의 힘과 중요성을 무시하지는 않았지만 극적으로 과소평가했던 것이다. 아리스토텔레스조차 경험적인 측정 척도의 중요성을 파악하지 못했다. 플로티노스(그리고 플라톤)는 평균 양식이 신화적 세계관을 배경으로 하는(신화적-합리적) 곳에 있으면서 (불가피하게 또한 미묘하게 그 특정 측면을 받아들이면서) 그것에 대항해서 싸워야만 했다. 그들은 자신들의 실질적인 이성이 신화적 세계관을 초월했고 자신들의 관조가 이성을 초월했을지라도, 신화적 세계관의 중심에 입각해서 말해야 했다. 신화적 모드에 처해 있던 그들로서는 피할 수 없는 일이었다. 신화 단계란 평균적인 의식 수준일 뿐이다. 그러므로 어떤 사람들은 물론 그 수준을 넘어설 수도 있었겠지만, 어느 정도까진 여전히 그 수준을 통해서 말할 수밖에 없었다.

기본적인 조직원칙으로서의 평균적인 의식인 합리성은 분명 신화보다 넓고 깊었으며, 그 자체는 적극적이고 진화적인 전진이었다. 그렇기 때문에 계몽주의철학은 선행 세계관의 대부분을 거칠게 파괴했던 것이다. 그들은 자신들이 엄청난 진리를 갖고 있다는 것에 대해 추호의 의심도 없었다. 그러나 빅3의 분화는 하나의 성취였지만, 빅3를 빅1(평원적 전일론적 시스템 언어, 그것-언어, 우측 길, 독백적 응시)으로 환원시킨 것은 전적으로 별개의 재앙이었다.

플로티노스 그리고 플라톤은 물론 합리성(과 그것을 넘어선 것)을 사용했다. 그러나 그들은 근대 초기의 독백적인 풍조에 처해 있지 않았기 때문에(이 점에선 행운이었다.), 그 합리성은 보다 완전하며 깊고 진실한 것이었다. 테일러가 지적한 것처럼, 그 합리성은 대화적·변증법적인 것으로서 도구적·절차적·독백적인 것만은 아니었다.

그러나 신화-합리성에서 합리성으로 세계관의 **평균 모드**가 이행해 가자, 이성은 우선 자신의 실증주의적인 힘에 사로잡혔고, 온우주 전체를 우측의 길, 경험적·외면적인 요소로만 보았다. 이렇게 해서 다차원적인 온우주는 상호 연결적 질서라는 평원적 전일론으로 붕괴되고 말았다("그들은 거대한 보편 시스템에 관해 길게 논의하는 것을 예사로 했다."). 좌측 요소(그것이 혼이든, 의식이든, 내성이든, 해석이든)는 전혀 들어설 여지가 없었다. 만물은 단지 그물망 속의 한 가닥 실에 불과하다는 말은 모든 것이 도구적이라는 것을 의미했다. 따라서 거기엔 기술적·독백적·도구적 모드의 이성만이 존재했다.

이 점에 대해서는 12장과 13장에서 보다 구체적으로 상세하게 다룰 것이다.

10 차안의 세계, 피안의 세계

1. 여기서의 일자는 엄격하게 말하면, 원인-수준 몰입에 해당한다. 원인 수준을 (내화의) 원천으로 볼 것인지, (진화의) 정상으로 볼 것인지에는 차이가 있지만, 나는 플로티노스와 마찬가지로 일자라는 용어를 비이원(궁극)적 기저로서의 절대라는 의미로도 사용할 것이다. 신성Godhead이나 영Spirit이라는 용어도 마찬가지다. 두 용어 모두 원인적인 일자성이나 궁극의 비이원성을 의미한다(이러한 이중적인 용법은 라마나 마하르시와 그 밖에 많은 사람에게서도 보인다). 나는 문맥에 따라 어떤 의미로 사용됐는지가 분명할 경우에만 그런 용어를 사용할 것이다. 너무 많은 단어들이 있어서 이것은 언제나 어려운 일이긴 하지만, 그 인식과 의미는 명백하다.

2. II, 62쪽.

3. II, 62쪽. '일자One'라는 말로 무한성을 의미하고, '일체All'라는 말로 유한한 현현의 총화를, '개체Each'란 말로 특정 개별 현현을 의미한다면, 비이원적인 '입장stance'이란 개체 안에 일자가 있고, 개체가 곧 일자이며, 일체 안에 개체가 있고, 개체 안에 일체가 있으며, 일체 안에 일자가 있다는 것이 된다. 통속적으로 말하는 범신론적인 입장에서는 일자란 일체이고, 일체 안에 개체가 있다. 홀로그래픽 패러다임에서는 일체 안에 개체가 있고, 개체 안에 일체가 있다. 포괄적인 세계관으로 볼 때, 이런 입장은 마술적 혼효주의다(이것이 종종 부족적·수렵채집적 세계관과 함께 엮이는 것은 이 때문이다).

비이원적인 전통이 다즉일多卽一, 일즉다一卽多라고 말할 때 의미하는 것은 개체 및 일체 속에 일자가 있고, 개체와 일체가 곧 일자라는 의미다.

다즉일, 일즉다에 대한 인식은 물론 동서양을 막론하고 모든 비이원적인 종파에 공통적인 것이자 결정적으로 중요한 요소이기도 하다. 예컨대, 스즈키는 선 각성의 본질은 『화엄경Avatamsaka Sutra』에 담겨 있다고 주장했다. 그 경전에서 절대理와 상대事의 상호 투입—개체 안에 일자事理無碍—이 개체와 일체에 완전히 상호 투입(상즉事事無碍)하도록 한다. 플로티노스의 포인트와 정확히 일치한다.

또한 선 그리고 모든 대승불교의 궁극적인 철학적 입장은 『유마경Vimalakirti-Nirdesha

Sutra』에 표현되어 있는데, 그 입장은 비이원성에 관한 논술이다. 한곳에 모인 성자들이 한 사람씩 비이원성에 대한 정의를 내놓는다. 비이원성이란 열반과 윤회의 둘 아님이다, 깨달음과 열정의 둘 아님이다, 다자와 일자의 둘 아님이다 등으로 이어진다. '올바른' 답은 마지막에 유마거사가 내놓는데, '천둥 치는 듯한 침묵'이 그 답이었다.

4. 각각 패러다임을 마스터하고, 지시와 예시에서 능력을 증명한 사람들의 공동체에서 해석되고, 직접적이고 반복 가능하며 실험적인 개시에 대응한다.

5. 러브조이Lovejoy, 『대사슬*The great chain*』, 55쪽.

6. 잉은 플로티노스에게 있어서 유출과 환류는 비이원적이 아니라, 질료와 형식—다루기 힘든 그리스 이원론—도 또한 계시된 실재로서 하나였다고 지적했다. 잉은 또한 이 비이원성은 명확히 플라톤까지 거슬러 갈 수 있다고 지적했다. 플로티노스는 확실히 그렇게 생각했다. 따라서 잉은 (다른 학자들 중에서) "플라톤주의는 이원이 아니다."라고 단적으로 결론지었다.

7. 초기 불교는 순수한 원인 수준으로 상승하기 위한 노력이었다. 다자로부터 달아나라, 비현현된 것만을 바라보라. 윤회, 환영의 세계는 열반(과 완전한 정지, 적멸nirodh)에서 완전히 초월된다. 윤회와 열반 이 둘은 서로 대립하는 것이다. 이러한 입장은 그 본질적인 부분에서 볼 때 순수한 그노시스(영지)주의다.

반면, 나가르주나의 대승(중도) 혁명은 열반과 윤회가 둘이 아니라고 보는 점에서 철저하게 비이원不二, advaya이다. 이것은 탄트라 또는 금강승 불교의 발흥을 가져왔는데, 여기서는 최악의 오욕조차도 원초적 각성rigpa의 완전한 표현이라고 보았다. 이것은 철저하게 플로티노스적이기도 하다. 흥미롭게도 플로티노스와 나가르주나는 같은 세기(서기 2~3세기)에 살았다.

따라서 나가르주나가 가장 왜곡되고 부분적이라고 느낀 종파에 대해서 공격을 시작했을 때, 그가 공격한 것은 불교도라면 예상했음직한 힌두교가 아니었다. 그가 강력하게 공격했던 것은 초기 불교(상좌부 및 아비달마)였다. 그의 공격은 가차 없이 혹독하고 힘찼으며, 그 논리 역시 매우 신빙성 있는 것이었다. 이것은 플로티노스가 그노시스파에게 가했던 공격과 같은 것이어서 세계혼은 이 특정 시기에 새로운 수준의 영적 실현(즉, 비이원)을 쟁취하기 위해 분투 중이었다고 말하고 싶을 정도다. 그리고 그 임무를 이 두 비범한 인물에게 위탁했다.

그러나 그 이유가 무엇이든 이들 두 혼은 서양과 동양에서 역사적으로 그 유례를 찾아볼 수 없는 영적 혁명을 가져왔다. 동서양을 불문하고 거의 모든 비이원적인 영적 전통은 전체적으로든 부분적으로든 그 계보가 플로티노스와 나가르주나에까지 거슬러 올라 간다고 해도 그다지 과장된 말은 아닐 것이다.

서양에 있어서 기독교가 그 신화적 관여로부터 벗어나 조망적 수련으로 들어선 것은 아우구스티누스와 성 디오니시우스의 노력 때문이었는데, 이들은 플로티노스에게서 직접 깊은 영향을 받았다. 또한 이들로부터 그 이후 거의 모든 기독교 신비주의자, 아빌라의 테레사, 십자가의 성 요한Saint John, 데임 줄리안Dame Julian, 쿠자누스Cusanus, 브루노Bruno, 블레이크Blake, 뵈메Boehme 그리고 에크하르트Eckhart에 이르기까지 플로티노스의 영향이 미치게 되었다. 플로티노스는 더 나아가 노발리스Novalis와 셸링Schelling에게까지 주된 영향을 미쳤으므로 전낭만주의-관념주의 운동(쇼펜하우어Schopenhauer, 니체Nietzsche, 에머슨Emerson, 윌리엄 제임스William James, 로이스Royce 등)에 영향을 미쳤다. 마찬가지로, 신플라톤주의는 유대교 신비주의(카발라Kabbalah와 하시디즘Hasidism)와 이슬람교 신비주의(특히, 수피즘Sufism)에 심대한 영향을 미쳤다. 이 모든 운동을 합하더라도 실질적으로 플로티노스가 가져온 포괄적인 혁명에는 미치지 못했다. 벤Benn이 다음과 같이 주장할 수 있었던 것은 이 때문이다. "다른 어떤 사상가도 이토록 오랫동안, 이토록 직접적이고도 포괄적으로 영향을 미친 혁명을 달성하지는 못했다."

그러나 나가르주나만은 예외다. 티베트불교, 중국의 선불교와 천태종, 일본의 선종, 진언종, 화엄종, 이 모든 종파는 (부분적으로든, 전체적으로든) 그 계보가 직접 나가르주나에까지 거슬러 간다. 그러나 나가르주나의 영향은 대승과 금강승의 놀라운 개화에 미친 것만은 아니다. 그의 변증법은 베단타철학의 위대한 철인—성자 샹카라(라마나 마하르시는 그의 수많은 후계자 중 한 사람이다.)—에게 다대한 영향을 미쳤다. 그리고 샹카라의 비이원(불이advaita) 베단타철학은 후속하는 모든 인도철학을 혁명적으로 일신시켰다(많은 점에서 나가르주나의 중관철학과 유사하며, 불교가 인도에서 거의 절멸되어 갈 때 그 본질은 힌두교 안에 그대로 재흡수되었다).

따라서 동서남북 세계 어느 곳에서든, 모든 비이원적인 길은 진정한 의미에서 세계 영웅인 이 두 명의 가장 위대한 혼과 연결되어 있다고 말해도 과언이 아닐 것이다.

(나가르주나에 대한 확장된 논의는 14장 주석 1 참조.)

8. 틸리히Tillich, 『기독교 사상사A History of Christian thought』, 374쪽. 틸리히와 나는 (테레사와 에크하르트에서 본 것처럼) 순수한 비이원성의 이해에 이르는 기독교의 심령 및 정묘 수준 각성이 아니라 기독교의 신화적 요소를 지적하는 것이다. 오히려 내가 여기서 논의하는 것은 (캠벨이 정의한 것처럼) '신화적 분리'로의 하향 변환이다. 특히 신의 그

리스도로서의 강림(성육신the Incarnation, 하강)과 승천(상승)이란 점에서 이 신화적인 분리는 완전히 기독교를 다른 종교로부터 분리시켰으며, 이후 문화의 전체적인 톤을 결정하였고, 그 본질을 정의하게 되었다. 신은 이 세계를 창조하였다(창조는 분명 선성을 그 정도까지 현현시켰다). 그러나 우리의 최종적인 운명은 이 세상 어디에서도 찾아볼 수 없다(신화적인 분리의 고전적인 상승 이상형).

9. 『기독교 사상사』, 395쪽.

10. 이것은 피터 버거Peter Berger가 말하는 허무화nihilation의 원천이며, 그것은 내가 보기에 의미와 그것에 대해 반응하는 사회적 통합 형식과 안정성을 생성하는 문화적 번역 과정에 대한 위협이다. 버거가 지적하였듯이, 허무화는 치료, 즉 허무화의 원천을 추방하는 것에 대항할 필요가 있다. (허무화는 주어진 수준의 번역에 대한 위협적인 부정이며, 세라피아는 그 수준의 보존 또는 회복이다. 한편, 변용 또는 초월은 그 수준의 부정이면서 또한 보존이다. 보다 큰 세라피아 내부에서의 허무화 또는 자신의 달성을 받아들이고 보존하는 에로스이다.)

　문화는 일반적으로 그 번역의 평균 수준 양식을 보존해야만 하고(사회적인 안전성과 문화적 응집성의 원천으로서), 그것을 부정하는 모든 위협을 막아야 한다. 그때 모든 위협은 단순히, 그리고 본래적으로 허무화로 보게 된다. 그리고 대규모의 세라피아(문화적 패러다임에 대한 강제를 포함해서)가 등장하게 된다(예컨대, 푸코). 합리적인 사회에서 우리는 그들에게 단순히 무법자라는 딱지를 붙이고, 감옥에 가두거나 '광인' 또는 '제정신이 아님'이라는 이름을 붙인 다음 약물을 투여하기도 한다(전 법pre-law과 초법trans-law이라는 두 가지 전혀 다른 형식의 무법outlaw의 구별에 관해선 『사교적인 신A Sociable God』을 보라). 이 둘은 전혀 다름에도 불구하고 단순히 평균적인 문화 패러다임에 대한 허무화로 여겨지며, 둘 다 강력하게 '주변화'된다. 그러나 신화 수준 사회에서 허무화의 죄는 훨씬 더 가혹한 결과를 초래한다. 왜냐하면 그러한 사회에서 국가에 대한 모욕은 동시에 신에 대한 모욕이어서 파문에서 화형에 이르는 모든 수단이 문화적 세라피아로서 필요해지는데, 신화적 사회에서는 빅3가 분화되지 않았기 때문에 그 하나에 대한 위협은 셋 모두에 대한 위협으로 간주되며, 그에 따라 대처되기 때문이다.

11. 우리는 이미 이것이 사도교부(열두 제자로부터 직접 가르침을 받은 교부-역자 주), 특히 로마의 클레멘트(로마 교황, 30~101)와 안티오크의 이그나티우스(35~110)에게서 일어나고 있음을 보았다. 원래 초기 기독교의 '전도사preachers'는 사도와는 별도로 직접적인 경험의 개시로 '성령이 살아 있는' 자, 떠돌아다니는 '영혼pneumatics'이었다. 그러나 사

도교부 시대에 이르러 이러한 영혼설은 약해졌으며 '혼란'으로 이끌었기 때문에, 실제로 위험한 설로 여겨지게 되었다. 따라서 사도교부들은 이렇게 물었다. 왜 그런 것이 필요하단 말인가? 말해야 할 것들은 처음엔 구약에서, 그리고 지금도 쓰이고 있는 신약에서, 그리고 정전과 사도신경(400년경에 완성된 신앙 고백)에서 이미 법전화되고 모두 말해지지 않았던가? 그들은 그렇게 느꼈다. 그러나 그런 것들은 실질적인 경험에 대한 아무런 참조도 없는 일련의 신념에 지나지 않았다. 교회는 그리스도의 에클레시아ekklesia(신자 집회)가 되고, 그것을 통치하는 것은 '올바른 믿음'을 갖고 있는 지역의 사제였지 교회가 통제할 수 없는 영혼을 소지한 전도사는 아니었다. 교회는 더 이상 성자 공동체가 아니라 사제들의 모임이 되었다.

테르툴리아누스에 이르러 그 관계는 거의 순수하게 율법적인 것이 되었고, 성스러운 의식rites의 문제가 되었다. 여기서는 개인이 그 의식의 의미를 이해하는가 아닌가는 문제되지 않았다. 따라서, 예컨대 세례는 갓난아기를 구원할 수 있었다. 여기서부터 성 키프리아누스Cyprian가 성령과 교회의 위계를 한데 결부시킨 것까지는 한 발 정도의 거리였다. 사람은 깨달음에 의해서가 아니라, 서품식에 의해 성직자가 되었다. 성직자가 성스러운 것sanctus은 그가 개인적으로 깨달았는지 성화되었는지 여부가 아니라, 교회의 품계를 갖고 있는지 여부에 달려 있었다.

마찬가지로, 의식을 주제하는 자가 주체적으로 성스러운 자가 아닐지라도, 그리고 참가자가 무슨 일이 진행되고 있는지 전혀 알지 못할지라도 의식은 객관적으로 성스러운 것이자 한데 묶는 것이 되었다. 사람은 성스러운 의식으로, 그것만으로 구원받을 수 있었다. 직접적인 경험이나 발달은 구원과 관계없었다. "교회를 어머니로서 갖지 않는 자는 신을 아버지로서 가질 수 없다"(성 키프리아누스). 여러 가지 이유로 인해서 아우구스티누스는 이 관점에 찬성했다. 그리고 교회는 구조적으로 완전히 신화-합리적인 율법주의가 되었다.

나아가 이제 구원이 율법가의 손에 넘어간 이상, 율법을 범하는 행위가 죄이고 은총이란 그 죄의 사함이 되었다. 여기서 잃어버린 것은 진정한 자기의 발견 또는 신과의 일체로서의 은총 개념이다(성 클레멘트, "자기를 아는 자는 신을 안다.").

조직화된 영적 인식에서는 이러한 일이 거의 불가피하다고 할 수도 있지만, 그러나 분명히 지나칠 가능성은 언제나 있으며, 이 '지나침too far'이 내가 논의한 '하향 번역'의 일부다.

12. 『기독교 사상사』.

13. 호교가들 중에서 가장 중요한 인물인 순교자 성 유스티누스Justin Martyr(100~163, 로마에 최초로 기독교 학교를 세웠다.)는 이 점에서 핵심적이다. 그의 신학은 보편적인 정신 Nous 또는 마음의 실현이 어떻게 해서 배타적인 신화적 속성으로 하향 번역되는지를 보여 주는 완벽한 예다. 그에게는 세 가지 포인트가 있다.

(1) "로고스에 따라 사는 사람은 기독교인이다." 이것은 이해할 수 있는 주장이다. 로고스란 우리에게 내재하는 누스, 즉 보편적인 마음이며, 만일 기독교인이 로고스에 따라 사는 사람으로 정의된다면, 우리는 로고스에 따라 사는 이상 그런 한에 있어서 모두 기독교인이다. 이것은 스즈키가 모든 진정한 종교는 그 근저에 깨달음(보편적인 마음 또는 무심의 발견)을 갖고 있으며, 따라서 모든 진정한 종교는 그 근저로서 선을 갖고 있다고 말하는 것과 매우 유사하다. 여기까지는 유스티누스의 입장에 분할적이거나 신화적인 요소는 없다.

(2) "진리를 말하는 자는 그가 누구든 우리 기독교도다." 이것 역시 유스티누스가 그런 용어들을 정의했던 것처럼, 아직은 이해할 만하다. 그 후에 성 암브로시우스Ambrose 는 이렇게 썼다. "누가 말한 것이든 그 말이 진실인 한 성령에서 비롯한 것이다." 모든 진실은 성령에서 비롯한다. 그리고 실제로 그 진실에 따라 사는 자를 기독교도라고 부른다면, 모든 진실은 기독교도에게 속한다고 정의된다. 또다시 이것도 스즈키의 "모든 진실은 선禪이다."라는 말과 구별이 안 된다.

(3) "로고스가 예수에게서 완전한 형태로 나타나지 않았다면, 구원은 누구에 의해서도 불가능하다." 여기서 유스티누스는 그 선을 넘었으며, 선 아래로, 즉 신화적 소유 의식으로 들어서고 말았다. 이와 같은 '기독교도'의 추론 노선에서만 로고스는 특정의 현현 또는 육화로서 하강해야 할 필요가 있었다. 붓다, 크리슈나, 노자 역시 영의 완전한 체현 (하강 또는 육화)과 인식(상승, 승천)이라고 이해된다면, 그런 점에서 예수만이 유일한 체현이 아니라면, 그것은 세계 교사 또는 화신(아바타)이라는 개념이라고 이해할 수 있을 것이다. 그러나 그중 한 명만이 '절대적이고 유일한 신의 화신'이라고 주장하는 것은 그러한 주장의 기저에서 합리성, 증거 및 직접적인 영적 각성에서 분리해 나와 보호된 신화적 도그마를 놓는 것이 된다. 이런 식으로 주어진 특권적인 위치는 그 기원이 단지 사회중심적인 것으로서 영적인 중심성은 잃고 있다.

이러한 독점적인 입장에서 슬픈 일은, 그것이 (1) 기독교도를 다른 모든 사람 그리고 다른 세계시민과 격리시킨다는 것, (2) 그리스도를 모든 기독교도와 격리시킨다는 것, 왜냐하면 그리스도만이 독특하기 때문에, (3) 궁극적으로 신을 이 세계와 격리시킨다는 것이다. 왜냐하면 유스티누스의 처음 두 개의 보편적인 포인트를 아무리 반복해서 강조한 다 하더라도 육화와 승천은 이 지구상에서 오직 한 번밖에 일어나지 않았기 때문이다.

기독교 호교가들은 이러한 구별을 적용하는 데 있어서 면도날처럼 날카롭다. 따라서 매우 둔감하지 않고선 그들에게 이런 질문을 하기 어려울 것이다. "예수 그리스도만이 유일한가? 단 하나의 예를 들어, 고타마 붓다 역시 완전한 로고스의 절대적인 육화와 승천이 아닌가?" 만일 호교가들이 그렇다고 답한다면, 그들은 자신들의 진정한 또는 보편적인 신념을 충실히 따르는 것이 되며, 그들 논리의 진실한 결론이다. 만일 그렇지 않다고 답한다면, 그들은 여전히 자신들의 국지적인 화산신火山神과 그 신의 '독생자'만을 믿는 것이 된다. 이런 점에서 예수에게서만 유일하게 현현되었던 동일한 로고스에 불교도 역시 참여하고 있다고 주장하는 것은 소용없는 일일 것이다. 한마디 덧붙이면, 많은 현대 기독교 신비가들은 기쁜 마음으로 그렇다고 답할 것이다.

삼위일체 교리(신성의 세 가지 형상, 하나의 실체)는 법화경, 능가경 등에서 전개되었던 불교의 삼신(붓다의 세 가지 신체) 교리와 거의 동일하며, 똑같은 질문에 답하도록 되어 있다. 즉, 만일 불성(여래장tathagatagarbha)이 무시간이고 영원하다면, 왜 그것은 고타마 석가모니라는 역사적인 인물에게 현현했는가, 또한 그와 그것과는 어떤 관계인가라는 물음이다. 그 답 역시 기본적으로 동일하다. 무상의 기저 또는 진실체(공, 법신, 아버지)는 형상의 세계에 응신, 형상으로서의 신체, 역사적 현현으로서 나타난다(고타마, 아들). 그것을 매개하는 것은 변용 신체(보신, 성령)다. 이러한 세 가지는 모두 자성신 Svabhavikakaya(신성Godhead)과 다르지만 동일한 측면이다. 그러나 불교도는 여기서 유일하게 올바른 결론을 이끌어 냈다. 따라서 잠재적으로 법신에게는 무한히 많은 똑같은 아들과 딸이 있을 수 있다는 것, 예수도 완전한 응신의 현현으로서 받아들여질 뿐만 아니라 기대된다는 것이다.

14. 윌버Wilber, 『에덴을 넘어Up from Eden』를 보라.

15. 만일 다른 어떤 사람이 완전히 상승/승천했다면 그것은 정치적으로, 도덕적으로, 종교적으로 사회 전반의 통합과 의미를 파괴할 것이다. 이것이 자기실현의 길을 가로막는 강력한 억제력이 된다는 점은 말할 필요도 없다.

16. 단지 말로만의 주장이 아니라 직접 경험이다. 예컨대, 여기서 여호와가 창조중심적인 신 또는 알파 원천이라고 주장(이것은 확실히 정통파의 주장이다.)하더라도 아무런 소용도 없을 것이다. 이미 본 것처럼, 많은 마술-신화적인 언어적 표현도 '비이원적' 또는 '전일론적'인 것처럼 들린다. "우리가 울면 비가 내린다." 등과 같이 신과 여신이 자연에 내재

되어 있는 듯이 말하는가 하면, "신이 하늘과 땅 모두를 창조했다."와 같이 순수한 알파 근원처럼 말하기도 한다.

그러나 검증은 언제나 존재한다. 이것은 그저 형이상학적인 주장인가 아니면 직접적인 영적 실천과 직접적이고 반복 가능하며 재생 가능한 경험에 근거한 주장인가를 검토하는 것이다. 누구든 "모든 것은 하나다."라고 말할 수는 있다. 문제는 실제로 그런 진술을 한 의식구조가 어떤 것인가 하는 것이다. 마술, 신화, 심적, 심령, 정묘, 원인 중 어떤 수준에서 나온 것인가? 모든 수준이 궁극성을 주장할 것이고, 주장할 수 있으며, 또한 모든 수준에서 때로는 대단히 비이원적으로 들리는 말을 할 수 있기 때문이다.

나의 저술에 익숙한 독자들은 내가 많은 위대한 기독교(유대교, 이슬람교) 신비가에게 얼마나 큰 신세를 지고 있는지 알 것이다. 그들은 마술, 신화, 합리 수준에서 벗어나 심령, 정묘, 원인 수준에 이르러 그곳에 기반을 둔 인물들이었다. 내가 제시했던 이유들 때문에 그들은 실질적인 도달점에 가까이 접근해 갈수록 심히 의심스러운 존재로 보였으며, 훨씬 더 나쁜 운명에 처해졌다는 것이 나의 포인트다.

17. 러브조이, 『존재의 대사슬The great chain of being』, 68쪽. 필자의 강조임.

18. 틸리히의 아우구스티누스에 대한 요약, 『기독교 사상사』, 112쪽.

19. 동양과 서양 베단타(불이)철학 간의 중요한 차이점은 각성에 대한 침투 정도가 다르다는 것이다. 많은 사람이 주시자라는 입장을 매우 쉽게 식별하며 함축된 의미를 파악하고 느끼기 시작하는 것도 가능하다. 이것이 우리가 말하는 '최초의 일별'이다.

다음 단계는 이런 이해에 관해서 명상하는 것이다(서양식으로 말하면 열심히 숙고하는 것이다). 데카르트가 그랬던 것처럼, 이 '나의 존재성I AM' 상태에 실제로 몇 시간씩 몰입한다. 그것은 장시간에 걸친 몰입 단계였으며 개인의 의식과 사고를 완전히 혁신시키는 것이 가능하기 때문에, 데카르트가 말한 것처럼 그가 그 상태에서 나왔을 때 그의 모든 철학이 완전히 형성되어 있을 정도였다.

그러나 베단타(불이)철학(그리고 선, 금강승)에 의하면, 이 단계는 더욱 세련되게 하고 갈고닦아 늘 그러한 각성 상태에 이르러야만 하다. 늘 그러한 각성 상태는 단지 절정 경험이나 고원 경험이었던 것은 아니다. 왜냐하면 절정 경험은 단지 비이원을 각성하기 위한 주시자의 혁파(또는 용해) 상태이기 때문이다. 이런 비유가 적절하다면, 절정 경험에서 비롯한 이론들은 거의 언제나 설익은 것이다. 우리는 이러한 설익은 상태를 아우구스티누스에게서, 그리고 그의 후계자 대부분(행복한 몇 사람의 예외를 제외하고)에게서 볼 수 있다. 그러나 최소한 이것은 올바른 방향에 발을 들인 것이며, 사물의 외면성에서 확실성을 구하려고 하는 억척 같은 실증주의자보다는 무한히 바람직한 일이다.

마찬가지로, 아우구스티누스 이후 신의 존재를 제시(또는 증명)하려는 두 가지 대단히 다른 접근을 볼 수 있는데, 그것이 좌측의 길과 우측의 길이라는 것은 그다지 놀랄 일이 아니다. 좌측의 길(아우구스티누스의 길)은 내면, 즉각적인 의식에서 출발하며, 그 즉각성, 기본적인 각성 상태의 심도를 향해 수직으로 내려가려고 하고, 의식의 절대적인 내면 방향에서 깨달음 또는 영을 발견하려고 한다. 그러한 절대적인 내면성은 내면과 외면 모두를 초월한 비이원의 자각에서 달성된다(내면을 통해서 비이원적 우월성으로 이해하는 길이다). 이것이 거의 모든 신비주의파의 원천을 거슬러 가다 보면 아우구스티누스(그리고 디오니시우스)에 이르게 되는 이유다.

우측의 길은 외면에서 출발해서 외면에서 끝난다. 외면 패턴의 저자(창조주)를 이론적으로 추론해 내려는 시도다(설계설, 존재론적인 증명, 제일 원인적 증명 등). 이것은 현저하게 성 토마스 아퀴나스Saint Thomas Aquinas의 길이며, 교회 내부에서 언제나 (다양한 모습의) 아우구스티누스파와 토마스파 간의 내면적·신비적 의식 접근과 외면적·객관적·율법적·교리적 접근 간의 격렬한 싸움이 있었던 이유 때문이다(외면적인 접근은 오늘날 '현대물리학이 도Tao를 증명했다'는 식으로 계속 이어져 오고 있으며, 모두 우측의 길에 속한다).

아우구스티누스라면, 첫째, 우측의 길로는 증명할 수 없으며(외면적·확증적 증거는 없다), 둘째, 그런 증거가 있다 하더라도 무가치하다고 답할 것이다. 왜냐하면 외면적인 증거만으로는 내면 의식의 **변용**을 초래할 수 없기 때문이고, 또한 이 내면 의식의 변용만이 영을 개시해 주기 때문이다. 아우구스티누스에 따르면, 신을 개시하는 것은 객관적인 신념이 아니라 오직 의지의 변용뿐이다. 이런 점에서 아우구스티누스의 논의는 매우 뛰어나고, 독창적이며, 설득력으로 가득 차 있다.

이 설익은 주시자의 입장이 어려움에 봉착하는 것은 계몽주의 패러다임의 분리된 자아 합리성의 손에 들어갔을 때다. 대승불교와 탄트라불교 전통에서는 순수자기 또는 공인 주시자는 모든 것을 초월하며 모든 것을 포함한다. 따라서 모든 현현 영역에 자리 잡고 있으며, 체현되어 있다(법신 또는 색신Rupakaya을 갖고 있는 공성). 계몽주의의 분리된 자아도 일부 주시자의 직관에 의지하고 있다는 것은 의심의 여지가 없다(앞으로 보게 될 것이다). 그러나 그것이 결여하고 있는 것은 잘 익은 색신, 형상의 세계에서의 완전한 체현이었고, 단지 이런 분리된 측면들이 계몽주의의 '비인간화된 인본주의'에 기여했다.

그러나 후설이 세계가 끝나더라도 순수한 자기에는 영향을 미치지 않을 것이라고 설명할 때, 또는 경험적인 자기에서 주시하는 자기의 분리를 설명할 때(예컨대, 데카르트의 성찰 제15절에서), 또는 피히테가 순수한 관찰 자기를 무한한 그리고 초개인적인 영으로 기술할 때, 이것이 서양 베단타철학의 최고의 것이다. 여기서 필요한 것은 색신뿐이다.

이 서양의 베단타와 동양의 베단타의 일반적인 유사성, 즉 기본적인 인식을 의심하는 것이 불가능한 것은 의심 그 자체가 기본적인 인식을 전제로 하기 때문이라는 것에 관해서 여기서는 대구경大究境, Dzogchen(위대한 완성, 티베트불교 닝마파의 최상위-역자 주) 불교에서 하나의 예만을 들어 보겠다. 족첸은 일반적으로 붓다의 가르침 중 최고의 가르침으로 여겨진다(이것은 파트룰 린포체Patrul Rinpoche의 자기해방된 마음Self-Liberated Mind에서 따온 것이다).

"가끔 어떤 명상자들이 마음의 본성을 인식하는 것이 어렵다고 말하는 경우가 있다(족첸에서는 마음의 본성이란 공성의 절대적인 실재 또는 원초의 순수성을 가리킨다). 어떤 남녀 수행자들 중에는 마음의 본성을 인식하는 것이 불가능하다고 믿는 자도 있다. 그들은 뺨에 눈물을 줄줄 흘리면서 우울해한다. 슬퍼할 이유는 전혀 없다. 인식하는 것은 전혀 불가능하지 않다. 마음의 본성을 인식하는 것이 불가능하다고 생각하는 그 생각 속에 머물러 보라. 그러면 그것이 바로 그것이다."

또한 주시자가 주체와 객체를 넘어, 내부와 외부를 넘어(그러나 양쪽을 포함하면서) 비이원성으로 관통해 가는 것에 대해서, "어떤 명상자 중에는 그렇게 해야 함에도 불구하고 마음을 그 자체(기본적인 즉각성)에 머물도록 하지 못하는 자도 있다. 그 대신 그들은 밖을 보거나 안을 탐색한다. 밖을 보거나 안을 탐색하더라도 그 마음을 발견하지 못할 뿐만 아니라 보지도 못할 것이다. 밖을 보거나 안을 탐색해야 할 이유는 전혀 없다. 밖을 보거나 안을 탐색하는 그 마음으로 직접 들어가라. 그러면 그것이 바로 그것이다." 라고 언급했다.

20. 틸리히Tillich,『기독교 사상사』, 103쪽.

21. 테일러Taylor,『자기의 원천Sources of the self』, 131쪽.

22. 테일러,『자기의 원천』, 139쪽.

23. 틸리히,『기독교 사상사』, 114쪽.

24. 같은 책, 121쪽.

25. 러브조이,『존재의 대사슬』, 84쪽.

26. 사실상, 악의 존재는 선성에 대한 일종의 증명으로 받아들여져 왔다. 악이란 실질적인 실체 또는 진정한 존재가 아니라고 생각되었다. 그것은 단지 그림자였다. 그러나 모든

그림자는 빛으로 인해 생기는데, 이 경우에는 하강하는 선성의 빛이 그것이다. 포인트는 대단히 베단타적이다. 현현은 이원성을 갖는다. 선과 악 모두 상관적인 양극성을 갖고 존재로 들어온다. 어느 한쪽만을 갖는 것은 불가능하다. 이것이 17, 18세기의 유명한 '낙관론optimism'의 기초였다. 그 낙관론은 요즘 우리가 의미하는 것과는 반대였다. 오늘날의 낙관론은 악은 극복될 수 있다는 것을 의미하지만, 그 당시의 낙관론은 악은 결코 극복할 수 없다는 것을 의미했다. 따라서 이 세계야말로 창조 가능한 최상의 세계(즉, 가능한 세계 중 최고의 세계)라는 것을 의미했다. 하강자가 결여하고 있던 것은 공식의 나머지 절반, 즉 비이원적 관점, 선과 악 모두 초월할 수 있다는 관점이었다.

이 부분과 다음 단락은 러브조이의 『존재의 대사슬』에서 따온 것이다. 이들 '두 가지 전략'에 관한 확장된 논의는 다 아바바사Da Avabhasa의 『시신마始新馬의 약속The dawn Horse Testament』 18장을 보라. 다는 알파와 오메가를 의미론적으로 나와는 반대로 사용하고 있지만, 실질적인 의미는 유사하다.

27. 84쪽. 물론 에크하르트, 브루노, 쿠자누스와 더불어 대립의 일치를 보았던, 상승의 길과 하강의 길이 지각의 매 순간 통일되는 것을 보았던 행복한 예외적인 인물도 다수 있었다. 하지만 그들이 이런 인식으로 인해 언제나 행복한 운명을 살았던 것은 아니다.

28. 『존재의 대사슬』, 51쪽.

29. 같은 책, 65쪽.

30. 같은 책, 65쪽.

31. 하강자는 어디에도 간극은 없다고 주장하고, 상승자는 "도약은 어디에나 있다."라고 강조한다. 전자는 평원을 신봉하고, 후자는 그곳에서 뛰쳐나가려고 한다.

현재의 거의 모든 생태철학자는 자신들의 접근 방법이 근본적으로 비이원이 아니기 때문에 어쩔 수 없이 연속성 테제를 주장할 수밖에 없게 되었고, 그로 인해 생태주의자라는 오명을 뒤집어쓰게 되었다. 이것이 생태철학자를 혼란시키는데, 그들은 평원 전일주의가 실제로 해방적 관념이라고 믿었기 때문이다.

내가 1장에서 언급했던 것처럼, 러브조이는 대사슬이론이 세 가지 상호 관련된 관념을 신봉하고 있음을 보여 준다. 충만성plenitude, 연속성continuity, 점진적 이행gradation이라는 세 가지다. 그리고 그는 두 번째와 세 번째 원리(즉, "간극은 없다."와 "모든 곳에서 도약한다.") 사이에 긴장이 있었으며, 여전히 진행 중이라고 지적했다. 이것은 창발적인 이론에 내재하는 이론적 긴장이며, 오늘날의 생물학, 사회학, 심리학의 발달이론에서 여전히 불가피한 긴장 상태를 보여 주고 있다. 이런 긴장이 이론적으로 해결 불가능한 이유는

14장의 'IOU'를 보라.

32. 『신성한 무지*Divine ignorance*』, III, 1쪽.

33. 슈마허, 『당혹해하는 자를 위한 지침』. 슈마허는 생태학자와 환경론자들에게는 영웅 같
은 인물인데, 이는 올바른 평가라고 생각한다. 그러나 생태학자나 환경론자는 그가 완
전히, 그것도 열렬히 위계를 받아들인 것에 대해 당혹감을 감추지 못했다. 왜냐하면 그
들은 진정한 위계와 병적인 위계를 혼동하고 있으며, 따라서 진정한 전일론을 구축할 수
있는 유일한 길은 진정한 위계를 통해서만 가능하다는 것을 이해하지 못하였기 때문이
다. 평원 전일론은 전일론이 아니라, 오히려 심층deep 생태학이 아닌 폭span 생태학을 만
들어 내는 더미주의heapism이자 환원주의에 불과하다.

34. 『존재의 대사슬』, 120쪽.

35. 같은 책, 119쪽.

36. 같은 책, 207쪽, 186쪽.

11 멋진 신세계

1. 테일러, 『자기의 원천』, x쪽.

2. 내가 여기서 주장하는 것은 많은 이론가들이 지적하는 근대성이 가져온 긍정적이고 유익
한 모습을 결국 '더 이상 신화는 그만!'이라는 명제로 집약할 수 있다는 것이다. 이 명제는
구체적 조작에서 형식적 조작으로 넘어가는 변용, 따라서 빅3의 분화, 즉 근대성에 특유
한 긍지 등을 포함한다. 마찬가지로, 많은 이론가가 격하게 비판해 온 근대성 측면 중 대
부분은 결국 '더 이상 신화는 그만!'이라는 명제로 집약할 수도 있을 것이다(이 명제도 원
천에서의 기반의 상실, 실질적인 통합과 의미를 제공하는 맥락의 상실, 무관심한 세계에
부유하는 합리적인 자아와 합목적적-도구적 이성의 설정 등을 함의하기 때문이다).

3. 그들의 상관적 교환은 단지 사회 전체와의 사이에서 일어난 것만은 아니었다. 사회는 그
들의 기도를 이해하지 못했다. 그들의 상관적 교환은 마이크로한 공동체, 승가, 승원, 수
도원 등 같은 마음, 같은 정신, 같은 심도를 갖고 있는 사람들끼리에서 일어났다. 마찬가
지로, 현재 우리의 문화에서도 전형적인 의식, 도덕, 인지 등의 예상된 수준보다 어떤 사
람은 상위에, 어떤 사람은 하위에 속한다.

4. 앞에서 보았던 것처럼, 지시대상referents은 세계 공간 내에서만 존재한다(일정한 지시대
상은 일정한 세계 공간 내에서만 존재한다). 세계 공간은 단순히 이미 주어진 독백적 우

주에 대한 자의적인 해석이 아니다. 오히려 세계 공간은 온우주 안에 내재되어 있다. 그리고 나타낼 수 있는(또는 걸맞게 할 수 있는) 심도에 맞춰 정확히 제약된다.

5. 테일러, 『헤겔*Hegel*』, 4쪽에서 인용.

6. 겝서Gebser의 업적을 훌륭하게 해설한 포이어슈타인Feuerstein의 『의식의 구조*Structures of consciousness*』를 보라. 이 책은 최근에야 영문으로 번역, 출간되었다.

7. 틸리히, 333쪽. 그 이유 중 하나는 합리성의 출현 이외에 상승적 일자가 더 이상 받아들여지지 않았기 때문에 신의 섭리, 조화는 하강세계, 현현된 전체, 일체에만 있는 것이 되었기 때문이다. 그것은 더 이상 개체와 일체가 일자와 갖는 관계가 아니라, 단지 개체와 일체의 관계만이 문제가 되었다. 이미 말한 대로, 충만성의 원리의 하강적 '시스템 이론'이 강조된 것은 이 때문이다. 시스템 이론은 절반은 옳지만, 진리 전부를 나타내기에는 역부족이다.

8. 러브조이, 『존재의 대사슬』, 201쪽.

9. 틸리히, 『기독교 사상사』, 328쪽.

10. 이 단락에서 인용한 채페츠Chafetz의 글은 전부 『성과 우위성*Sex and advantage*』에서 인용한 것이다. 필자의 강조임.

11. 괭이에서 쟁기로의 이행은 그 자체가 쟁기가 갖고 있는 엄청나게 우월한 식료품 생산성에 의해 촉진된 것이지만, 여성 참가 사회에서 현저하게 남성 노동 생산력 사회로 이행하는 것을 의미했다. 따라서 채페츠가 지적했듯이, 공공/생산 영역은 남성과 여성 반반의 상태에서 효율과 편의성으로 인해 남성의 독점적 점유 영역으로 이행해 갔다. 생산 영역에서 모계중심, 또는 양성중심 모드로부터 부권 모드로의 전환은 기마 사회에서도 일어났다.

놀랍게도, 기마 사회의 97%는 부권중심 또는 가부장제였다(렌스키Lenski). 쟁기와 기마기술의 발달로 인해 모권중심/양성중심에서 부권중심으로의 이러한 일반적인 전환은 기원전 3,000년경에 시작했으며, 특히 철(쟁기와 칼)의 발명으로 인해 기원전 1,000년경에 가속화되었다. (제2권에서 제시한) 증거는 이러한 변환이 이데올로기와는 사실상 아무런 관련이 없음을 명백하게 보여 준다. 같은 사회의 하부 구조에서 똑같은 기본적 변용을 일으키는 데 다른 이데올로기들이 적용되기는 했다. 모든 경우에 이데올로기는 그 기본의 뒤를 따랐다(예컨대, 남신이 여신을 대치한 것은 말과 쟁기가 도입된 이후이지 그 이전은 아니다).

여성을 무력한 희생자로 보는 페미니스트에 의해 모권중심 또는 양성적 모드('평등성')에서 부권적 모드로의 이러한 이행에 많은 의미가 부여되었다. 사실 그런 강압이론들은 가용한 자료와 매치시키는 데 지속적으로 실패했을 뿐이다. 하버마스가 지적한 것처럼, 이러한 '강제이론imposition theories'은 현재 실증적으로 반증된 것으로 여겨지고 있다 (이에 대한 증거는 제2권에 제시된다).

증거와 매치되는 것은 차치하더라도, 보다 최근의 페미니스트 이론들(채페츠에서 닐슨Nielsen에 이르기까지 '권력 페미니스트'는 말할 것도 없고)의 큰 장점은 그러한 이론들이 여성을 종속적인 양으로 묘사하는 것을 거부하고 주어진 상황에서 다양한 형태의 사회적 상호 작용의 공동창조자로 보고 있다는 것이다. 이러한 이론은 여성에게 압도적으로 활력을 불어넣어 주는 것이며, 여성을 타자에 의해 정의되는 존재로부터 인류 발달의 각 단계에서 타자와 공동으로 자기를 정의하는 존재로 변환시킨다.

거의 모든 제1파와 제2파 페미니스트는 시대나 지역에 따라 여성이 자신들의 진보적-계몽주의적인 전통 가치와는 다른 가치를 선택했다는 사실로 인해 길을 벗어났으며, 따라서 그러한 가치의 선택을 외적인 힘의 탓으로 돌렸다(어려운 상황에 당면해서 심사숙고된 여성들의 공동창조라고 보지 않았다). 이렇게 외부의 힘을 가정하는 것은 어쩔 수 없이 자동적으로 여성을 타자에 의해 형성된 존재라고 보게 한다. 이 악의로 가득 찬 타자는 남성으로 총칭되었고, 탄압 연구의 기초 과목이 마련되었다. 여성에게 힘을 불어넣으려는 목표로 시작한 강의가 여성을 무력한 존재로 정의 내리는 기묘한 강의가 되어 버린 것이다.

제2권에서는 제3파 페미니스트에 초점을 맞춘다. 이들은 조용히 그러나 극적으로 역사책을 새롭게 재편하는 중에 있다. 그것은 잔혹한 운명에 무기력하게 반응하는 여성의 이야기가 아니라, 이 생물권 안에 살고 있는 생명체로서 잔혹한 조건에서 주체적·전향적으로 가능한 한 최선의 결정을 해 온 여성들의 이야기다.

12. 제2권에서 자아-합리성과 산업화의 출현 간 상호 관계를 추적한다. 자아의 도구적 합리성은 도구적인 기계/산업과 밀접한 관련을 맺고 있다(각각 좌상상한과 우하상한). 따라서 채페츠가 여성의 해방에서 가장 큰 단일 요인으로 산업화를 지적할 때, 그녀는 이런 변화의 우하상한 측면을 기술하고 있는 것이며, 나 역시 찬성한다. 우하상한에서 산업화는 갈수록 개인의 신체적인 힘을 덜 중요하게 만들었는데, 이것은 또다시 여성을 생물권의 복종에서 해방시킨 요인이었다. 이것은 또한 역사적으로 이전의 여성운동이 잠시 번창했지만(처음 출현하게 된 이유는 불분명하지만, 그리스와 인도에서) 계속 유지될 수 없었던 이유를 설명해 준다. 그 물질적 기반(우하상한)은 차별화를 유지해 줄 산업을 갖

고 있지 않았다.

이것은 다른 해방운동에도 마찬가지로 적용된다. 합리성이 보편적 조망과 보편적 해방을 위한 심적 공간은 만들어 주었지만, 그것을 드러내는 것은 산업화였다. 에이머리 러빈스Amory Lovins가 지적한 것처럼, 유럽에서의 산업화는 모든 성인 남녀 그리고 어린이에게까지 수명의 노예와 맞먹는 힘을 주었다(로빈스의 계산을 현재에 적용하면, 모든 사람이 평균 50명 노예의 노동력을 갖고 있는 셈이다). 노예제도를 실질적으로 불법화할 수 있었던 것은 이것 때문일 가능성이 훨씬 더 크다.

이러한 마르크스주의(또는 우측)적인 고찰은 제2권의 일부다. 이것은 제1권의 '관념론적'(또는 좌측)인 제시에 균형을 잡아 줄 것이다. 나의 전반적인 포인트는 온상한 관점은 당연히 양쪽 모두를 똑같이 설명한다는 것이다. 이번에 물질적 기반을 다루지 않는 것은 내가 그 기반을 등한시하거나 가치 절하한다는 의미는 분명 아니다. 앞으로 보게 되겠지만, 그런 측면들은 종종 중요한 차원이었으며, 지금도 그러하다(특히, 의식의 평균 모드에 있어서는).

끝으로, 해방운동에 있어서 산업화의 역할은, 특히 에코 페미니스트로 하여금 미묘한 입장에 처하게 했다. 그들이 하나의 운동으로 존재하는 것은 산업화에 의존하고 있었는데, 바로 그 산업화를 가이아를 황폐화시킨 주범으로 맹렬히 비난해야만 했기 때문이다. 말하자면, 그들은 자신에게 먹이를 주는 주인의 손을 깨물지 않으면 안 되었다거나 자신을 낳아 준 부모에게 등을 돌린 자식이라고 말할 수도 있을 것이다. 나는 이 다루기 힘든 상황을 제2권에서 탐색할 것이며, 왜 켄타우로스 구조가 이런 상황을 통합적으로 다룰 수 있는 유일한 구조인지 그 이유를 지적할 것이다.

13. 아이슬러Eisler, 『성배와 검Chalice and the blade』, 165쪽.

14. 정신권에서의 남녀 평등, 즉 정신권의 공공 영역에 대한 평등한 접근과 그 영역에서의 평등한 권리는 모든 영역에서 엄격한 50 대 50의 균형을 유지해야 한다는 것을 의미하지는 않는다. 많은 페미니스트는, 예컨대 어머니인 여성은 특별한 법적 보호(예를 들어, 유급 출산휴가)가 필요하다고 믿는다. 최전선 전투에 여군을 배치하는 문제는 아마도 계속해서 명백한 승자 없이 진행되는 논쟁거리일 것이다(여군을 최전선에 배치했던 거의 모든 나라—제2차 세계대전 당시 소련과 6일 전쟁 시 이스라엘—는 즉각 그 배치를 포기했다. 여성은 지근거리에서 적을 죽이는 것에 더 많은 혐오감을 갖는다).

마찬가지로, 어떤 페미니스트 연구자는 임신이라는 불가피한 측면 때문에 공공/생산 영역의 '균형'은 남성 60, 여성 40이 적절하다고 생각한다.

달리 말해, 그 균형은 지배적인 결정 요인이나 부당한 편견에 근거하지 않고서도 생물적인 정상 조건이나 차이를 고려할 수 있다는 것이다. 그러나 어디에나 50 대 50의 비율을 적용해야 한다는 것은 그다지 좋은 기준은 아닐 것이다. 그럼에도 불구하고, 균형의 문제는 의식적으로 선의를 갖고 논의할 필요가 있으며, 최종적으로 그 결정권은 여성의 손에 위임하는 것이 좋을 것이다.

15. 아이슬러, 『성배와 검』, 151쪽.

16. 예컨대, 데일 스펜더Dale Spender의 『페미니스트 이론가: 3세기 동안의 주요 여성 사상가 *Feminist theorists: Three centuries of key women thinkers*』(New York: Pantheon, 1983) 및 메리 비어드Mary Beard의 『역사에서의 여성의 힘*Woman as a force in history*』(New York: Macmillan, 1946)을 보라.

르네상스 시대의 여성은 봉건 시대에 비해서 잃은 것이 많은가, 얻은 것이 많은가라는 논의는 아이슬러의 다음과 같은 지적이 옳다고 생각한다. "어떤 시대에도 여성의 종속성에 관한 근본적인 변화는 보이지 않는다"(227쪽). 물론 그 종속성은 남성에 대한 것만은 아니었다. 남녀 모두가 생물권에 종속되어 있었다.

17. 아이슬러, 『성배와 검』, 159쪽.

18. 이것이 이런 유형의 특수한 '심미적 차원'이 좌상상한과 똑같지 않은 이유다. 심미적-감성적 인지는 좌상상한의 초기 발달에서 단지 작은 부분을 점하고 있을 뿐이다. 칸트는 심미적 차원을 이런 의미로 적용했지만, 그로 인해 그가 목표로 했던 빅3의 통합은 참담하게 실패했다. 칸트가 숭고崇高라는 관념으로 암시했던 차원 높은 심미적 발달은 확실히 상위의 좌상상한 발달의 어떤 측면을 가리키고 있다. 그러나 그것은 칸트가 그의 통합적 연결 고리로 마음에 품고 있던 것은 아니다.

또한 나는 미와 예술을 단순히 같은 것으로 보지 않는다. 미는 일자에 대한 어떤 현상의 투명성이며, 예술은 그 주변을 둘러싼 틀이다.

그 틀은 때로는 (회화를 둘러싼) 실질적인 틀일 수도 있으며 또는 (무대 주변의) 아치거나 조각 작품을 둘러싼 분위기일 수도 있다. 어쨌든 그 틀은 언제나 '나 좀 보세요.'라고 말한다. 그 틀 안에 있는 것은 그것이 모나리자든 토마토수프 캔이든 모두 예술이다. 모나리자는 예술이면서 또한 미이고, 토마토수프 캔은 예술이다.

(이러한 논점, 특히 좌상상한의 성질에 관해서는 제3권에서 더 상세하게 논의할 것이다.)

19. 근대성을, (1) 빅3의 차별화/분화(베버), (2) 주체철학의 발흥(하버마스), (3) 도구적 합리성의 발흥(하이데거), (4) 언어의 투명성(소쉬르 이전), (5) 내부로의 광범위한 전회

(테일러), (6) 획일적인 진보 중 일부 또는 전부로 이루어진 것이라고 느슨하게 정의한다면, 탈근대는 그런 요인들을 넘어서려는 모든 시도(또는 반응)라고 정의할 수 있을 것이다. 따라서 아주 다른 방식이긴 하지만, 푸코, 하버마스, 테일러, 데리다, 리오타르 Lyotard 는 그런 정의에 따르는 한 모두 포스트모던 사상가이다. 그들 모두는 '주체의 죽음' '도구적 합리성의 죽음' '획일적 진보의 죽음'이라는 공통 주제로 통일되어 있었다. 그러나 그들이 제안한 해결 방안은 종종 극적으로 다르긴 하다. 내가 제3권에서 제시하는 테제는 그들 모두가 다양한 방식으로 비전-논리에 접근하고 있다는 것(통합적-비조망적), 따라서 그들 모두는 '포스트모던'이라는 것이다. 단순히, 그리고 전적으로 이성과 계몽주의를 내던져 버린 '포스트모더니스트'의 경우에는 통합이 아니라 퇴행이라는 말이 떠오른다.

20. 폴 틸리히의 주장이며, 나 역시 동의한다.

21. 틸리히, History, 33쪽.

22. 잉, 『플로티노스의 철학』, I, 97쪽.

23. 같은 책, II. 196쪽, I. 35쪽. 용감한 아리스토텔레스는 보다 직접적이었다. "신화에 과학적이거나 철학적인 가치라는 속성을 인정하지 않았다"(II, 196쪽).

24. II, 24쪽.

25. II, 17쪽.

26. I, 103쪽.

27. 러브조이, 『존재의 대사슬』, 107쪽.

28. 같은 책, 99-111쪽.

29. 같은 책, 109쪽.

30. 같은 책, 116쪽.

31. 그들은 또한 최초로 탈중심적인 합리성에 내재하는 상대성이론을 명백하게 표현한 사람들이었다. 브루노는 세계에 대한 우리의 지각은 우리가 보는 공간과 시간이라는 위치 position에 따라 상대적이며, 따라서 그 위치의 수만큼 세계에 대한 지각이 있다고 주장했다. 이러한 단자론monodology은 스피노자와 라이프니츠에게 심대한 영향을 미쳤다. 쿠자누스는 (1440년에!) 이렇게 주장했다. "그렇게 보이지 않더라도, 이 지구가 움직이고 있는 것은 분명하다. 우리는 운동을 어떤 고정된 점과의 비교라는 수단으로만 파악하기 때문이다. 떠내려가는 배에 탄 사람이 강가를 보지 않는다면, 그리고 강이 흐르고 있다는 것을 모른다면 어떻게 배가 움직이고 있다는 것을 알 수 있겠는가? 따라서 어떤 사람이 지구에 있든, 태양에 있든 또는 다른 어떤 별에 있든 자신이 점유하고 있는 위치는 움직

이지 않는 중심으로, 다른 모든 것은 움직이고 있는 것으로 보일 것이다." 합리적 조망주의와 상대성에 대한 가장 좋은 기술이다.

32. 러브조이, 『존재의 대사슬』, 262쪽.

33. 같은 책, 232쪽.

34. 같은 책.

35. 같은 책, 211쪽.

36. 같은 책, 184쪽.

37. 같은 책, 186쪽.

38. 같은 책, 188쪽.

12 온우주의 붕괴

1. 어느 단계에서든 의식발달구조에서는 현재 그 사람이 있는 특정 수준까지에서 위아래로 움직이는 상승과 하강 운동을 의식할 수 있다. 예컨대, 어떤 사람이 신화 수준까지 진화했다면, 물질에서 그 수준까지(즉, 물질에서 감각, 지각, 충동, 이미지, 상징, 개념, 규칙에 이르기까지) 상승 흐름에, 그리고 그 수준에서 물질까지(규칙에서 개념, 상징, 이미지 등, 물질에 이르기까지) 하강 흐름에 의식적으로 접근할 수 있다. 이것은 그 사람이 상승과 하강 흐름을 반드시 언어화할 수 있다거나 그런 것들을 의식적으로 정교화하고 이론적으로 객관화할 수 있다는 의미가 아니라, 그 사람이 유출과 환류라는 큰 원에서 의식적으로 '접속'할 수 있는 정도와 범위가 어디까지인지를 의미한다. 발달의 어느 단계에서든 개인은 그 수준으로부터의 상승과 하강 모두를 의식할 수 있다. 따라서 그 사람은 상승이든 하강이든 또는 양쪽 모두든 강조할 수 있다(그 수준까지 위로 또는 그 수준으로부터 아래로).

   두 개의 흐름은 무상 또는 원인 수준에서만 암암리에 합쳐질 수 있다. 그 지점 이전에는 현 수준의 발달까지 올라가고, 그 수준에서 아래로 내려가는 것만 가능하다. 이것의 의미는 (제2권에서) 탄트라를 논의할 때 또는 합체로서의 마음에서 두 흐름의 의식적인 통일을 논의할 때 다시 다룰 것이다.

2. 러브조이, 『존재의 대사슬』, 191쪽.

3. 하버마스Habermas, 『근대에 관한 철학적 담론Philosophical discourse of modernity』, 112쪽.

4. 같은 책, 19쪽.

5. 같은 책, 83-84쪽.

    빅3 각각은 각각의 영역에서 이미 통합되어 있었다(그것이 신화-합리성 이후의 변용을 구성했던 분화/통합이었다). 그러나 세 영역을 더 높은 종합으로 통합하기 위해서는 더 나아간 분화/통합이 필요하다(어떤 수준에서든 그 수준에서 해결할 수 없는 문제는 그 다음 수준에서만 제거된다. 새롭게 필요한 분화/통합에서 분화 요소는 다른 영역을 배제하고 한 영역에만 몰두하는 것에서 의식을 분화하는 것이었으며, 여전히 그러하다). 나는 형식적 조작(및 오성)에서 비전 논리로의 변용은 관념론 운동의 중심적인 토대였다는 것, 그리고 여러 의미에서 비전-논리(대화적, 변증법적, 통합-비조망적, 양극 대립의 상호 침투, 상호 주관적, 감각-비전의 통합)가 포스트모던 연구자들의 주장에 포함된 진실의 비조망적 기반이고 인지적 목표로 남아 있다는 것을 논의할 것이다(이는 제2권과 제3권의 주요 주제다).

6. 도널드 로스버그Donald Rothberg는 이 환원에 관한 하버마스의 포괄적인 견해에 대해서 뛰어난 요약을 하고 있다. "그러한 기초 위에서 하버마스가 '생활세계의 식민화the colonization of the lifeworld'라고 부른 일이 일어났다. 그것은 실제 생활과 주체성에 대한 사회공학적·기술적인 접근 모델과 실천의 출현을 의미했다. 정치적·사회적 관계와 주체성이 '전문가'에 의해 통제되는 사태는 푸코(라비노)에 의해 분석되었다. 그리고 열린 논의와 논쟁이라는 공공 영역의 쇠퇴, 즉 민주적인 절차를 확실히 해 주는 핵심 기제의 쇠퇴는 하버마스에 의해 분석되어 왔다. 이런 식으로, 민주운동의 희망과 관련된 정보에 대한 실천이성과 행동이라는 결정적으로 중요한 공공 영역의 가능성은 부분적으로만 개발되어 있을 뿐이었다. 마찬가지로, 현대적 주체성의 가능성은 폭넓은 통제, 이데올로기의 영향, 상품화 등을 통해 대단히 제약되어 있었다"('근대성의 위기와 사회적 참여 영성의 출현The crisis of modernity and the emergence of socially engaged spirituality').

7. 루이스 멈퍼드Lewis Mumford의 '질의 상실disqualification'은 세계의 수량화 또는 수학화의 주된 영향은 아니었다. 그것은 일차적으로 단지 외면, 우측의 표면에만 초점을 맞춘 세계의 객관화 때문이었다. 우측의 표면은 연장extension이라는 특징을 갖고 있기 때문에 수량화되기 쉬우며, 따라서 쉽게 수학화될 수 있다.

8. 전문적으로 말하면, 깊이와 폭의 내면과 외면 홀라키가 단지 깊이와 폭의 외면 홀라키로 납작하게 붕괴하고 말았다. 홀라키 자체는 앞에서 말한 것처럼 여전히 인식되고 있다(우상, 우하 영역은 모두 홀라키며 이것은 부정되지 않았다. 이 홀라키는 모든 홀라키가 그런 것처럼 깊이와 폭을 갖고 있다). 그러나 인정된 홀라키는 오직 감각과 감각 확장

337

장치로 경험적으로 볼 수 있는 표면, 외면 홀라키뿐이었다. 따라서 모든 가치(모든 좌측 상관물)는 **자동적으로** 배제되었다. 내면 영역이 배제되었기 때문에 질적인 구별, 가치, 의식, 선 또는 최선이라는 홀라키는 존재하지 않았다. 진실을 획득하기 위해 어떤 의식의 변용도 필요하지 않았다. 이렇게 해서 경험적·가치 중립적인 자료로 분석할 수 없는 그 밖의 것들은 진실에서 배제되었다.

따라서 우측의 길이 심도와 폭을 갖는 홀라키를 인정한다 해도 이들 홀라키의 심도는 모두 같은 가치, 제로라는 값(즉, '가치 중립적 표면')만을 갖는다. 따라서 내면과 좌측의 길의 관점에서 보면, 외면 홀라키의 모든 '경험적 심도'(예컨대, 분자는 원자보다 심도가 더 크다.)는 똑같은 폭의 변화에 불과할 뿐이다(즉, 경험적 또는 기능적이며, 순전히 물리적인 크기에만 기초한 것이다. 분자는 원자보다 크다). 가치의 문제는 들어오지 않으며, 들어올 수 없다.

이런 붕괴는 본문에서 내가 짧게 줄인, "수직과 수평의 홀라키가 오직 수평적 홀라키로 붕괴되고 말았다."라는 말에서도 찾아볼 수 있다(좀 더 구체적으로 쓰면, "내면과 외면의 수직과 수평적 홀라키가 외면만의 수직과 수평적 홀라키로 붕괴되었다."가 된다). 이 줄임말에서 수직은 내면을 의미하고, 수평은 외면을 의미한다(마찬가지로, 같은 줄임말에서 심도는 내면을 의미하고, 폭은 외면을 의미한다).

9. 테일러, 『헤겔』, 4쪽.

10. 드레퓌스_{Dreyfus}와 라비노_{Rabinow}, 『미셸 푸코*Michel Foucault*』, 236쪽.

11. 경험적-감각운동적 세계가 기본적으로 '이미 주어져' 있는 것일지라도—대부분의 과학자는 이렇게 가정한다—지식을 그런 경험적인 세계로 제한하는 것이야말로 내가 가장 걱정하는 것이다(그런 환원주의가 곧 반영 패러다임이다).

감각운동세계의 내재적인 특징들(윌프리드 셀러스_{Wilfrid Sellars})은 분명히 그 세계에 대한 합리적인 반영이 출현하기 이전에 일어났던 진화에 의해 출현했다는 것이 나의 의견이다. 그런 점에서 과학자들의 가정은 어느 정도 옳다고 생각한다. 감각운동적 홀론의 기본적인 측면들은 그런 원초적인 의미에서 '이미 주어진' 것이라고 할 수도 있겠지만, (감각운동적 홀론들은) 서로를 **상호** 제정하므로 이런 점에서 보면 절대적으로 이미 주어진 것이라고 할 수는 없다. 그러나 상대적으로 말하면, 인간의 마음은 그 사후에 그 제정을 넘겨받으며 이미 존재하고 있는 홀론과의 교섭을 시작한다. 다만, 마음은 그러한 홀론을 포괄적인 게슈탈트의 구성요소로서 그 자체의 세계를 제정한다. 예컨대, 피아제의 시스템에서는 조작적 인지가 감각운동적 인지에 의해 이미 주어진 홀론과 더불어 작용한다. (그러나 그 홀론하고만 작용하지는 않는다.) 경험과학의 패러다임은 감각운동 홀론의 선택, 개시, 합성 등에는 관여하지만, 그 홀론의 창조에는 관여하지 않는다(쿤이 지적한 것처럼, 이것이 과학이 진보하는 이유다).

그러나 그러한 홀론이 개시해 줄 수 있는 측면들, 그런 홀론의 해석, 무엇보다 그런 홀론들을 반영하는 능력, 개념적인 정교화의 유형 등은 감각운동이 가져다준 외면에 관한 것이다. 이 모든 것은 이미 주어진 것이 아니라, 오히려 대화적으로 개시되는 상호 주관적인 공간에서 발달하는 것이다.

그러나 감각운동적 홀론이 최소한 어떤 중요한 점에서 감각운동적 세계 공간에 이미 존재한다는 사실은(다이아몬드는 분명히 유리를 자른다. 그것은 '다이아몬드' '유리' '자르다' 대신에 어떤 단어를 쓰든 또는 어떤 이론으로 설명하든 그러하다.) 모든 지식이 아무 문제없는 표상을 통해서 이미 주어져 있는 상태를 회수하는 것이라는 관념으로 확대되었다. 그러나 '다이아몬드'와 '유리'는 감각운동적 공간에 존재하는 데 비해, 어떤 것이 다른 것을 자른다는 지식과 왜 그런가라는 이론은 경험적이 아닌 합리적 공간에만 존재한다. 따라서 과학적 지식의 전반적인 지시대상과 게슈탈트는 누군가가 봐 주기를 기다리면서 그저 감각적 세계 안에 놓여 있는 것이 아니다. 게다가 아는 주체 자체는 이러한 전반적인 지시대상의 여러 측면을 유일하게 열어 보여 줄 수 있는 상호 주관적인 공간 내부에서 발달한다.

더구나 감각운동적 홀론의 기본적인 측면은 합리성이 등장해서 그런 것들을 반영하기 훨씬 이전에 이미 놓여 있었던 것임에 비해(원자는 이성이 그런 것들을 생각하기 이전부터 있었으며, 지금도 있다.), 즉 감각운동적 세계 공간 홀론은 심적 수준 형성 이전에 존재한 것임에 비해 문화적 홀론은 그렇지 않다. 마음이 자연을 반영할 때, 자연의 대부분은 이미 존재하고 있거나 심적 수준 이전의 것이다(감각운동적 성분들). 그러나 마음이 마음과 상호 작용해서 이루어진 결과가 문화이며, 문화는 그저 이미 존재하는 것이 아니라 바로 그 상호 작용에 의해 창조된 것이다. 마음은 자연에서 다양한 사실을 발견하기도 하지만 문화를 창조하기도 한다. 바로 이 문화의 창조라는 측면에서 반영 패러다임은 전적으로 부적절한 것이다. 왜냐하면 여기서 이미 존재하는 홀론은 단순히 발견되는 것이 아니라, 오히려 새롭게 창조된 홀론이 그곳에서 산출되기 때문이다.

우리는 분명히 이러한 창조되고 산출된 문화적 홀론을 '반영'하고 '표상'할 수는 있지만(예컨대, 언어 홀론), 단지 객관화하는 경험적인 지식을 통해서 그런 것을 이해할 수는 없는 일이다. 이해를 위해서는 해석과 해석학적 개시를 통해 그런 것들의 의미 안으로 들어가지 않으면 안 된다.

원자의 심도는 상대적으로 얕다. 따라서 실용적인 목적(독백적 탐구에서처럼)을 위해서는 무시될 수 있다. 원자와의 상호적인 이해는 가능하지 않으며, 실제로 추구되지도 않는다(그렇긴 하지만 엄밀히 말하면 원자도 여전히 심도를 갖고 있으며, 따라서 일종의 해석을 통해 자신의 세계를 제정하거나 자신이 반응할 수 있는 나름의 구분을 한다. 원자의 독자성은 유사한 심도의 홀론과 더불어 상호적으로 세계 공간을 제정하는 일종의 개방성이다). 앞에서 말했듯이, 이 심도는 상대적으로 얕기 때문에 인간의 실용적인 탐구 목적에서는 대부분 무시할 수 있다(또한 무시한다).

그러나 심도가 깊어질수록 우리는 단지 경험적인 반영에, 즉 독백적인 모드에 의존할 수 없게 되고, 해석이 지식 탐구에서 점점 더 중요한 위치를 차지하게 된다. 해석적인 심도를 무시하려면 탐색하는 주체에 엄청난 폭력을 가하지 않으면 안 된다.

그렇기 때문에 상호 주관적인 문화 이해는 단지 독백적인 표면 지각(또는 경험적인 경험)이 아니다. 왜냐하면 상호 이해는 의미, 의도 및 심도에 대한 해석을 필요로 하는데, 이런 것들은 단순히 표면에 놓여 있지 않기 때문이다. 이 경우에 앎이라는 결정적으로 중요한 행위는 독백적인 표면의 반영이 아니라, 심도에 대한 해석에 달려 있다. 표면의 생김새를 지각하는 것에서가 아니라, 내적 의도와 의미를 해석하는 데 달려 있다는 것이다. '반영 패러다임'을 아무리 많이 누적하더라도 반영된 것 배후에 있는 것을 드러내지는 못할 것이다. 내가 당신과 이야기할 때, 해석이 패러다임이고 매체는 심도다. 이때, 감춰진 변인은 의도이고 상호 이해가 목표다. 이런 것 중 어떤 것도 반영 패러다임으로는 불가능하다.

그럼에도 모든 지식을 이미 존재하는 상태의 독백적 반영으로 한정하는 것은 다음과 같은 인상을 주었다. 즉, (1) 특정의 문화적 진실도 마찬가지로 고정적이며 또한 불변이다. (2) 상호 주관적인 지식 창조 과정은 감각운동적 진리를 드러내는 데는 아무 관련도 없다. (3) 독백적이고 표상적인 지식이 유일하게 추구할 가치가 있는 지식이다. (4) 주관적인 과정과 상호 주관적인 과정은 경험적 지시대상으로 환원될 수 있다. (5) 심도에 대한 해석은 표면에 대한 경험적인 반영에 포함시킬 수 있다는 결론이 그것이다. 한마디로, 모든 초논리적인 진리와 대화적인 진실을 무언의 독백적인 응시로 환원시킬 수 있다는 것이다.

특히 이것은 객관적인 지식을 개시하는 데 있어서의 상호 주관적 과정의 역할을 무시하는 것으로서, 모든 지식은 전적으로 이미 주어진 세계에서 단지 객관적인 '회수'로 환원 가능하다는 관념과 연결되었는데, 이것이 반영 패러다임이다. 주관적인 나 그리고 상호 주관적인 우리 과정이 객관적인 그것 형태로 환원되었고, 그런 것들은 단순히 표상에 의해 똑같이 회수 가능하다고 생각되었다. 이렇게 해서 모든 해석학적 해석, 모든 심도의 개시, 모든 문화적인 의미, 모든 깊고 높은 주관적인 변용, 즉 모든 것이 전적으로 '이미 주어진' 표면세계에 대한 단순한 독백적 응시로 용해되고 말았다(다음 주석 12 참조).

12. 흥미 있는 점은 경험적–분석적 과학조차도 감각운동 단계에서 전조작, 구체적 조작, 형식적 조작으로 진행해 가는 힘겨운 변용을 필요로 한다는 것이다. 형식적 조작은 이제 일정 수준의 교육을 마친 남녀의 평균적인 기대 수준이다. 그러나 신화적 세계 공간 한가운데에 살던 이전 시대에 합리적 조망을 획득한다는 것은 힘들고 위험한 과업이었다. 이에 비해, 이제 근대성으로 인해 합리적 구조는 당연한 것으로 여겨지며, 교육받은 사람들은 그러한 세계관을 이미 주어진 당연한 것처럼 여기고 있다.

　　푸코는 데카르트에 관해서 이 점을 지적했다. 대부분의 이전 철학자는 진실—합리적인 진실조차—획득을 가능하도록 하기 위해 필요한 내적 수행과 변용을 기술하지 않으면 안 되었다. 그러나 데카르트는 명백한 합리적인 세계관에서 시작하는 것만으로 족했고, 그것을 옹호하거나 어떻게 획득해야 하는지는 설명할 필요가 없었다.

　　따라서 내가 합리적인 우측의 길은 어떤 변용도 필요로 하지 않는다고 말할 때의 의미는 그 길이 현재 기대 가능한 발달 수준(형식적 조작) 이상의 변용을 필요로 하지 않는다는 것이다. 과거의 진화가 이미 힘겨운 변용을 이루어 냈기에 합리적인 과학은 그 달성을 바탕으로 진행할 수 있었던 것이다. 그 이상의 더 높거나 깊은 변용—힘겨운 내적 변용이나 고행—은 '알아야 할 모든 진실'을 획득하는 데 필요하지 않았다.

　　선행하는 내적 변용의 전체 계열—감각운동에서 전조작, 구체적 조작, 형식적 조작에 이르기까지—의 결과로서의 합리성이라는 공통 감각은 완전히 자명한 것으로 보였으며, 그와 같이 단순한 경험적 조망에 대해 개방되어 있는 공통으로 자명한 세계라는 것이 실제로는 특정한 것이고 만들어진 세계 공간이라는 것을 아는 데 실패했다. 그러한 세계 공간 내부에 있는 지시대상 중 많은 것은 단순히 지각되기를 기다리면서 그곳에 있는 것이 아니라, 실제로는 일련의 힘겨운 좌측 길에서의 변용으로 구성된 것이었다. 모든 것이 자명한 것으로 여겨지고, 모든 변용이 무시되었다. 이런 무시로 인해 그 인식론은 완전히 불완전한 것이 되고 말았다. "나는 장미를 본다."라고 할 때, 나라는 것이 어떻게 생성되었는가를 안다는 것에 결정적인 비밀이 있다는 것을 간과한다는 것, 즉 나를 당연한 것으로 놔두고서는 장미라는 감각이 어떻게 생겨났는지 알 수 없다는 것을 간과해 버린다는 것이다. 개별 주체와 객체를 개시해 주는 상호 주관적으로 창조된 세계 공간은 (소여의 것이라고 오해된) 최종 결과에 대한 무심한 응시 속에 파묻히고, 그 결과로 인해 드러난 독백적 대상에 대한 무심한 응시만이 남게 되었다.

13. 산업화—경제적 기반의 도구화—는 이성의 도구화에 분명 중심적인 역할 그리고 종종 지배적인 역할을 담당했다. 자연에 대한 보다 큰 지배력을 획득하려는 노력이 점점 더 통제를 벗어날 만큼 정적 피드백 순환에 빠진 것이다.

자주 언급했듯이, 인간 진화의 여러 단계(와 다양한 세계관의 구축)에 있어서 기술-경제적 기반의 역할은 제2권의 주제이지만, 이 권에서는 다만 내가 그러한 역할을 무시하지 않는다는 것, 뿐만 아니라 그런 것들이 발달 과정에서 (유일한 것은 아니지만) 주요 결정요소가 되어 왔다고 생각한다는 점을 지적하고 싶다.

14. 테일러, 『자기의 원천』, 232쪽.

15. 같은 책.

16. 테일러의 요약, 같은 책, 243쪽.

17. 같은 책, 264쪽.

18. 같은 책, 265쪽에서 인용.

19. 쾌락주의적 쾌감/고통 원칙은 대체로 언제나 우측의 길에서 승인된(종종 유일한) 내적 동기다. 우측의 길이 기꺼이 탐색하려는 내적 차원의 한계가 그곳까지이기 때문이며, 비교적 거의 해석을 필요로 하지 않기 때문이기도 하다. 신체적 감각은 표면에 매우 가깝기 때문에(즉, 홀라키에서 대단히 얕고, 대단히 낮다.), 그리고 우측 이론가들이 우선 자신들의 이론을 작용하도록 하는 무언가를 찾아야 하기 때문에 신체적 쾌감/고통 원칙은 완벽하게 그들의 목적에 적합했다. 이 원칙을 발견하고 나서 그들은 상당한 쾌감을 느꼈으리라 생각된다.

이미 이전의 주석(8장의 주석 23)에서 기술했듯이, 공리주의적 윤리는 기본적 도덕직관Basic Moral Intuition(최대의 폭을 위해 최대의 심도를 보전하고 촉진하는)을 독백적 이성의 언어로 해독한 것이었다. 그곳에서 심도는 평원의 단일 행복(또는 쾌감)으로 해석되며, 폭은 모든 합리성을 구비한 존재(때로는—그것이 최적의 공통분모이기 때문에—감각을 갖고 있는 모든 생물)가 된다. 이렇게 해서 '단일 행복을 최대의 다수에게'라는 표어가 생겼다. 그것은 세계중심적이긴 했지만 세계중심적 평원이었다. 그곳에서는 행복의 어떤 심도나 유형도 보려고 하지 않았다. (이 주제는 제3권에서 탐구할 것이다.)

본문에서 내가 공리주의자들의 평원적 측면을 강력하게 비판하고 있긴 하지만, 그들이 최초의 세계중심적-합리적인 윤리였다는 사실을 간과해서는 안 될 것이다. 이런 점에서 보면 그들은 칭찬받을 자격을 갖추고 있다. 내가 비판하는 것은 그것이 모든 동기를 평원 용어와 쾌락적 행복으로 붕괴시킨 것이라는 데 있다.

20. 물론 프로이트는 자신의 쾌락 원리의 발견을 심리학 분야에서의 획기적인 혁파로 여겼겠지만, 실제로 그것은 순수한 하강세계에서 가장 단순한 욕망을 들춰낸 것에 불과한 것이어서 대서특필할 만한 일은 아니라고 생각한다.

21. 이 주제에 관한 멋진 논의, 또한 그 상실에 대한 비탄에 대해서는 알래스데어 매킨타이어Alasdair MacIntyre의 『미덕 이후After virtue』(2판)를 보라.

22. 이 특정 윤리를 긍정하는 것 자체가 상호 연결적 질서 밖으로 나가는 것이다. 이 윤리는 다른 윤리의 가치를 절하한다. 즉, 1장에서 보았듯이 이것은 가치의 위계를 부정하는 가치 위계다. 질적 구별을 부정하는 이론이면서, 스스로는 감춰진 질적 구별을 하는 이론이다.

    테일러는 벤담Bentham과 엘베시우스Helvétius 같은 이론가에서 보이는 이러한 모순을 완벽하게 지적했다. "이러한 사상가들은 단지 하나의 선만을 인정한다. 그것은 쾌락이다. 모든 핵심은 도덕적인 선과 비도덕적인 선의 구별을 폐기하고, 인간의 모든 욕망을 동일한 가치가 있는 고찰대상으로 삼으려는 것이다. 그러나 공식적으로 정의된 실제 원칙의 내용에 있어서는 아무것도 말할 수 없으며, 대부분의 경우 아무런 의미도 없다"(『자기의 원천』, 332쪽). 즉, 모든 가치가 단일한 것이라고 전제하면서도 자신들의 가치를 다른 가치보다 위에 자리매김하는 일에 매진한다는 것이다. 그들은 자신들의 입장조차 정당화하지 못한다.

23. 같은 책, 282쪽, 264-265쪽.

24. '더 이상 상승은 그만!'이라는 표어를 '더 이상 신화는 그만!'이라는 표어와 혼동했기에, 그 결과 보다 높고 깊은 동기는 거부되었다. 상승을 향한 모든 바람은 이 세계를 가치 절하하고 영광스러운 사후세계라는 이름으로 자신들의 지배력을 행사하려는 종교적 수단으로 생각했다(따라서 모든 홀라키적인 초월과 포함을 단지 신화적인 분리로 혼동했다).

    일부 공리주의자들이 다양한 정도의 '행복'이나 '선'을 재도입하려고 시도했다는 것은 사실이지만, 테일러는 그러한 시도는 설득력이 없었다고 말했다(칸트와 헤겔에게는 확실히 어떤 영향도 미치지 못했다).

25. 테일러, 『자기의 원천』, 328-329쪽. 필자의 강조임.

26. 평원적 전일론은 언제나 철저하게 이원론적이다. 상승을 부정할 뿐만 아니라, 상대적으

로 자율적인 독자성을 그 수준에 있어서의 관계망에서 분리해 내기 때문이다(뒤에서 상세히 다룰 것이다).

27. 테일러,『헤겔』, 22-23쪽.

28. 드레퓌스와 라비노,『미셸 푸코』, 208-209쪽에 있는 푸코,『주체와 권력The subject and power』.

29. 테일러는 계몽주의 패러다임의 동일한 양극을 지적했다. "엘베시우스, 홀바흐Holbach, 콩도르세Condorcet, 벤담과 같은 근본적 계몽주의자의 시도는 객관성이라는 이 관념에 기초해 있다. 또한 계몽주의 시대는 전혀 일관성 없는 두 개의 관념이 융합한 인류학을 진전시키기도 했다. 새로운 객관성과 상관을 이룬 자기-정의적 주체라는 관념, 그리고 인간을 자연의 일부로 보는 관념이 그것이다. 이 두 측면은 언제나 잘 어울리지는 않았다." 조심스럽게 말하자면 그렇다는 것이다.『헤겔』, 10쪽.

30. 이 평범치 않은 이야기를 나만 이런 식으로 읽은 것은 아니다. 한 가지 예를 들어 보면, 찰스 테일러는『자기의 원천』에서 근대(와 포스트모던) 세계관은 다음과 같은 세 가지 특징을 갖고 있다고 결론지었다. (1) 내면성(즉, 자아)에 대한 감각, (2) 자연의 소리(즉, 에코), (3) 세속적인 일상생활의 긍정(테일러가 여기서 특별히 의미하는 것은 초월적 원천, 기저, 존재론적 로고스의 부정, 보다 높은 질적 구별을 부정하는 일상적 생활세계다. 달리 말하면, 완전히 하강된 세계다.)이 그것이다.

31. 하버마스,『근대에 관한 철학적 담론』, 107쪽.

　　나라면 오히려 합리성은 신화의 기초가 되는 구체적 조작 능력은 보존하지만 신화를 만들어 내는 구체적 조작의 배타성은 부정한다고 말하고 싶다. 기본구조는 보존되고 배타적 구조(와 그 폭력성)는 부정된다.

　　6장에서 본 것처럼 신화에 내재하는 폭력성은 부분적으로, 각 홀론은 그들 자신의 존엄성을 갖고 있고 그들의 개별성도 존중받아야 할 다양한 홀론들의 혼합적인 융합에서 비롯한다. 하버마스는 약간 다른 각도에서 같은 결론에 도달했다. "신화는 표층적으로 지각된 모든 현상을 상응성, 유사성, 대조성이라는 (혼합적) 네트워크로 통합하는 전체적인 힘에서 유래한다." 예컨대, "우리 몸에 일곱 개의 구멍이 있는 것은 일곱 개의 행성만이 존재할 수 있다는 것을 의미한다."와 같은 입장은 온우주에 폭력을 가함으로써 세계를 '통합'하려는 것이다. "예를 들어, 언어가 실재에서 분화되지 않았기 때문에 인습적인 기호도 의미론적인 내포나 지시대상과 분리되어 있지 않다. 언어적 세계관이 세계의 질서 속에 짜인 채 남아 있는 것이다." 이것이 '신패러다임'을 그토록 매력적으로 보이게 한 '전일론처럼 들리는' 혼효주의다. 신패러다임은 혼효주의에 필연적으로 수반된 다른 (그리고 꽤나 추한) 특징들을 무시한다. "신화적 전통은 (따라서) 사물의 질서와 그 전통 안에 있는 부족의 정체성에 위험을 주지 않고는 개정될 수 없다. 의미의 맥락과 실재, 외부와 내부의 관계가 혼합되지 않았을 때(분화되었을 때), 과학, 도덕, 예술이 각각의 타당성 요건으로 특화되었을 때, 각각이 독자적인 논리를 따르고 우주론적·신학적·문화적(자아중심적·인종중심적)인 잔재를 털어 버릴 때, 오직 그때에만 (경험적인 것이든 규범적인 것이든) 이론의 타당성 요건의 자율성이, 비밀스러운 이해관계와 권력 주장이 그 안에 들어 있을 수 있기 때문에 환상이 아닐까라는 의혹이 생길 수 있다"(『근대에 관한 철학적 담론』, 115-116쪽).

32. 같은 책, 116쪽.

33. 나아가, 에고 진영에서는 선을 위한 전체 그물망의 행위는 나의 도덕적 행위를 위한 일관된 지침을 제공해 줄 수 없다고 주장했다. 전체가 실제로 부분의 총합 그 이상이고 내가 기본적으로 그 큰 전체의 일부라면, 나는 그 전체가 무슨 생각을 하는지 결코 알 수 없으므로 순수한 의미에서는 내가 전체의 선을 위해 행위한다고 주장할 수 없다(전체가 실제로 무엇을 생각하는지 누가 알겠는가? 전체는 내가 상상할 수 없는 방식으로 나를 이용할지도 모른다. 따라서 나는 결코 '전체를 위한 선'이 나의 개인적 행동의 지침이라고 말할 수 없다. 왜냐하면 전체의 선은 나의 지식을 넘어선 것이기 때문이다).

   한편, 만일 내가 "전체와 하나가 되었다."라고 주장하면, 나는 다른 부분은 알 수 없는 어떤 것을 주장하는 셈이 된다. 나는 실제로는 그물망 속의 한 가닥 실이 아니라고 주장하는 것이다(그러나 전체의 한 가닥 실이라는 것이 나의 공식적인 입장이며, 그 입장은 나의 윤리의 기초가 되는 것이 분명하지만 전체와 하나라는 주장은 그 기초를 부정하는 것이다). 따라서 어떤 주장을 하든 '전체의 한 가닥 실'이라는 주장은 도덕적 행위의 기초로서는 실패한다.

34. 테일러, 『헤겔』, 32쪽.

35. 바꿔 말하면, 칸트는 평원 풍조 일반(그리고, 특히 도구적-공리주의적인 전일론)에 순수한 상승 척도를 도입하고자 분투하고 있다는 것이다. 자유(와 지혜)는 언제나 에로스의 상승 흐름에서만 발견되기 때문에, 칸트가 제시한 도덕적 자유는 그 시대 전체에 열광적으로 받아들여졌다. 포괄적인 의식의 스펙트럼 관점에서 보면, 칸트는 여기서 행복이란 단지 신체적 욕망으로만 존재(그것은 자아중심 단계다.)하는 것이 아니라, 오히려 자아중심적·사회중심적(타율적)인 자세에서 세계중심적인 배려, 세계중심적인 자세로 변

용—상승—하는 데 있다는 점을 지적했다. 그러한 세계중심적인 자세는 나 자신의 합리적인 의지(보편적인 관점에 대한 합리적인 능력)에 의해 만들어진 것이기 때문에 완전히 자유롭고 자기결정적이며 자율적이다(나는 여기에 이전 단계에 비해 상대적으로 보다 자율적이라는 점을 추가한다. 셸링이 얼마 안 있어 지적한 것처럼, 자아-합리성을 넘어선 곳에 보다 큰 자유가 있기 때문이다).

그러나 단색의 세계이자 평원세계에 진정한 상승을 도입하려고 한 칸트의 고귀한, 또한 중요한 점에서 대단히 성공적이었던 이런 시도가 있었기에 머지않아 피히테의 순수 자기 또는 무한한 초개인적 주체의 순수자유라는 통찰로 결실을 맺게 된 것이다. 그리고 순수한 상승을 목표로 한 이런 피히테식의 기도(및 하강과 떨어져 나온 상승에 내재하는 문제)는 하강 흐름과의 통합을 시도하는 촉매가 되었다(하강 흐름 자체는 종종 스피노자로 대표된다. 이 주제는 13장에서 좀 더 상세하게 다룰 것이다). 이런 통합의 문제는 이미 칸트의 에코에서 떨어져 나온 합리적 에고에서 드러났으며, 이것이 본문에서 지금 논하는 문제다(에고 진영 일반의 많은 긍정적인 공헌과 함께).

36. '정치적 원자론'이 '시스템적인 조화'와 불편하게 공존했던 이유다([그림 12-6]을 보라). 전일적인 세계에 주관적인 자기가 들어설 여지는 없다. 따라서 이 원자 같은 자기는 과잉 독자성으로 인해 자동적으로 공동체 안에 묶여 있는 자신의 **공동성**을 볼 수 없게 된다. 이렇게 해서 떨어져 나온 자기는 마치 자기가 비즈니스 활동의 일부인 것처럼 다양한 사회계약론에 의거하게 된다. 관념론자는 (비전-논리를 사용해서) 독자성이란 언제나 공동성 안에서의 독자성이며, (그렇게 인식하든 하지 않든) 따라서 자기란 언제나 관계 속에서의 자기임을 지적한다. 이 주제는 잠시 뒤 다시 다룰 것이며, 권리(독자성)와 책임(공동성)이라는 관념은 이 책 전반에서 다뤄진다.

37. 푸코, 『징계와 처벌Discipline and punish』, 200쪽. 부연해서, 인간의 시대the Age of Man라는 명칭은 남성 위주 시대에 제대로 붙여진 명칭이다. 확실히 독자성을 과도하게 강조하는 것은 남성의 특징이다(급진적인 페미니스트는 이렇게 말하는데, 이 말에 동의하는 것은 어렵지 않다). 독자성을 과도하게 강조하는 남성만이 '계약'에 기초한 공동체이론을 만들어 낼 수 있었다. 이 점에 대해서는 제2권에서 탐구할 것이다.

38. 하버마스, 『근대에 관한 철학적 담론』, 341쪽.

39. 같은 책, 246쪽.

40. 같은 책, 245쪽. 테일러는 푸코와 하버마스 모두에게 동의했다. 또한 '계몽주의 인류학'을 '인간 본성의 대상화'라고 불렀다.

41. 이것은 인간과 사회적 행동에 대한 객관적인 연구—우측의 길—가 중요하지 않다는 것을 의미하지 않는다(그 반대다!). 오히려 요점은 인간이라는 주체(및 상호 주체성-'커뮤니케이션에서의 주체')가 단지 객관적인 구성요소로 환원된다는 것, 경험적 측면으로 환원되고 그것만이 유일한 지식이라고 주장한다는 데 있다. 그때 이러한 시도는 유사과학 pseudo-science이 된다. 왜냐하면 그러한 환원 자체가 순수한 지식으로서의 타당성 요건을 갖고 있지 않기 때문이다. 그것은 (푸코와 하버마스에 의하면) 권력 욕구에 의해서만 유지될 수 있다.

    나는 이 권력 욕구가 타나토스라는 점을 추가하고 싶다. 그것은 상위를 하위로 축소/환원시킨 것이다. 본문에서 논하겠지만, 에고 진영의 중심적인 부정적 동기는 포보스, 즉 하위에 대한 공포다. 하지만 이 특정한 객관화 자세에서는 타나토스가 작용했다. 이 새로운 '비인간화된 인본주의'가 비인간적인 것은 바로 타나토스의 지문이 시체 곳곳에 묻어 있었기 때문이다.

    이런 관점에서 푸코를 읽으면서, 나는 인간의 성실성과 존엄성 그리고 '박애'와 '계몽'이라는 명목하에 평범한 시민을 끌어내리는 타나토스의 손에 대한 그의 격한 분노로 인해 충격받았다. 나는 푸코가 계몽주의 패러다임의 약점에 숨어 있는 타나토스에 대한 위대한 기록자로서 언제까지나 기억될 것이라고 생각한다. 그 계몽주의 패러다임은 커뮤니케이션 주체를 정보의 객체로 환원시켜 놓고 그것을 박애라고 칭하지만, 실은 노예화한 것이었다.

42. 하버마스, 『근대에 관한 철학적 담론』, 265쪽.

43. 하버마스는 다음과 같이 요약했다. "즉, 자기 관련 주체성은 내적 본성과 외적 자연을 객관화하는 대가를 지불하고 자기의식을 획득한다. 주체는 자신의 앎과 행위(반영 및 생산 패러다임)에 내적·외적으로 끊임없이 관련시켜야 하기 때문에, 자기지식과 자율성을 확보하려는 그 행위로 인해 자기를 불투명하고 의존적인 것으로 만든다. 자기에 대한 관계구조(내향된 도구화)에 내재된 이러한 한계는 자기의식적이 되는 과정에서도 무의식으로 남는다. 이로부터 자기과시와 환상을 향한, 즉 주어진 반성과 해방 수준을 절대화하는 경향이 시작된다"(같은 책, 55쪽).

44. 하버마스의 것임. 『근대에 관한 철학적 담론』, 32-33쪽.

45. 같은 책, 55-56쪽.

46. 이것은 호르크하이머Horkheimer와 아도르노Adorno에 대한 하버마스의 요약이다. 하버마스는 대화적인 이성이 아니라 독백적인 이성에 관해서만 동의하는데, 이는 나의 견해이기

도 하다(같은 책, 110쪽).

나아가, 여기서는 푸코를 이런 포괄적인 입장에 자리매김하는 설득력 있는 독서도 전개된다. 즉, 푸코 자신도 명확히 했듯이, 그는 이성 자체가 아니라 이성의 객관화, 대상화, 도구화, 표상화 모드(그리고 그런 모드가 주관화/종속화로 반전되는 것)를 공격한 것이다.

드레퓌스와 라비노도 분명히 이런 생각을 채택하고 있다. 도구적 합리성에서 푸코는 "인간의 욕구는 더 이상 철학적 담론의 주제만큼 그 자체로 목적으로 생각되지 않았다.… 그것들은 이제 권력의 확대를 위한 수단으로서 도구적·경험적인 것으로 보이게 되었다"(141쪽). 대상화-합리성에 관해서는 "푸코의 연구 목적은 특정 테크놀로지에 구현된 대상화 과정이다."(144쪽)라고, 표상적-합리성에 관해서는 "사회 계약적인 관점과 결합된 표상이론은 효율과 공리성이라는 정언명령과 함께 (푸코를 인용하면) '인간에 대한 권력 행사의 일반적인 요리법, 권력을 새겨 넣을 표면으로서의 마음, 그 도구로서의 기호론, 관념의 통제를 통한 신체의 복종'이다."(149쪽)라고 말했다. 우리는 이미 독백적 합리성에 대한 푸코의 견해를 들은 바 있다. 남녀 모두 "정보의 대상이 되었고, 결코 커뮤니케이션의 주체가 되지 못했다".

따라서 드레퓌스와 라비노는 다음과 같이 결론 내렸다. 인간에 적용된 이러한 포괄적인 이성의 독백적 모드가, 특히 어설프게 또는 감쪽같이 은폐된 권력 욕구에 침투해 있다(그것은 언제나 타나토스의 힘, 즉 상호 주관적인 커뮤니케이션과 상호 이해의 객관화, 주관화, 종속화 모드로의 환원이라고 덧붙이고 싶다). 이 때문에 드레퓌스와 라비노는 "푸코의 프로젝트는 좋은 이유에서 대립하는 것으로 오해받아 온 진리와 권력의 관계가 실은 새로운 형식 그리고 수정된 형식의 이성을 복잡화된 권력 형식에 대항해서 적용하는 문제임을 보여 주는 것에 있다."라고 기술했다. 새로운 이성 대 권력에 대해 그들은 "그것은 베버의 기도에 반박하는 것이 아니라 향상으로 보아야 한다. 푸코는 탁월하게 이성적이다."(132-133쪽)라고 말했다.

또한 이것이 푸코가 자신을 칸트의 폭넓은 후계자 중 한 사람으로 보는 이유이며, 하버마스와 동의하는 자신의 입장에서 물러서는 이유이기도 하다. 푸코는 이렇게 말했다. "하버마스는 이런 문제를 제기한 바 있다. 만일 어떤 사람이, 예컨대 칸트나 베버의 업적을 폐기할 경우에 그는 비합리성에 빠질 위험에 처하게 된다는 것이다. 나는 이에 대해 완전히 동의한다." 문제는 합리성을 폐기하는 것으로 해결되지 않는다. 그 합리성의 위험과 오용을 보다 정밀하게 조절해야 해결된다. "우리는 합리적 존재로서 어떻게 하면 합리성을 잘 행사하면서 그것에 내재하는 위험성과 만나지 않을 수 있을까? 우리가 사용하는 이 이성이란 어떤 것일까? 그 이성의 한계는 무엇이며, 그 위험성은 어떤 것일까?"
('공간, 권력, 지식')

　푸코가 모든 지식과 이성을 똑같이, 그리고 온전히 권력/지배에 침투되어 있다고 보았다는 것은 전혀 옳지 않다. 그럼에도 불구하고, 많은 경우에 미국 학자들('정년이 보장된 급진주의자'라고 부르는 것은 노골적이긴 해도 전혀 잘못은 아니다.)에 의해 유지되고 있는 이런 견해는 대단히 공통적인 오해다. 이러한 학자들은 모든 공인된 지식을 해체시키고 싶어 한다.

　푸코의 보다 균형 잡힌 견해, 즉 '우리가 사용하는 이 이성은 어떤 것일까? 이 이성의 한계는 무엇이며, 그 위험성은 무엇일까?'는 본문에서 에고 진영의 부정적 측면에 대한 논점이다. 그곳에서 우리는 이성의 한계와 위험성, 특히 이성이 독백적 · 도구적 모드에 잡혀 있는 경우의 위험과 한계를 탐구했다(13장에서는 이러한 위험성과 한계라는 주제를 다시 다룰 것이다). 이런 것들은, 특히 독백적 합리성에 내재된 위험성이었다(13장에서는 대화적 합리성에 내재된 유사한 위험성과 한계를 탐색할 것이다).

　그러나 이 시점에서 내가 언급하고 싶은 것은 합리성 일반에서 최악의 위험성은 이성에 내재하는 위험성이 아니라, 오히려 너무나 자주 실행되고 있는(되어 온) 그 끔찍하고 지독한 오용에 있다는 것이다. 즉, 합리성의 구조와 산물이 그 자체는 물론이고, 태고, 마술, 신화적 동기를 갖고 있는 자기(또는 사회)에 의해 오용될 수도 있다는 것이다.

　예컨대, 인지적 발달은 도덕적 발달을 위해 필요하지만 **충분하지는 않다**는 것은 오래전부터 잘 알려져 온 사실이다. 따라서 피아제와 콜버그의 예를 적용하면, 인지적으로 형식적 조작에 도달한 사람이라도 도덕 단계 1에 남아 있을 수 있다. 형식적 조작의 합리성은 후인습적 도덕 반응(세계중심적인 상호 인정)을 충분히 지원할 수 있지만, 형식적 조작이 가능하다는 사실이 그런 기준으로 살 것이라는 것을 보장해 주지는 않는다. 도덕발달은 종종 인지발달보다 더디다(하지만 그 역은 아니다. 후인습적 도덕 반응 단계에 있는 사람은 그런 반응을 할 때 언제나 형식적 조작을 사용하지만, 구체적 조작 및 전조작은 후인습 반응을 지원하지 않는다). 따라서 매우 발달된 도덕 반응은 언제나 매우 발달된 인지구조를 수반하지만, 그 역은 성립하지 않는다. 고도로 발달한 인지구조는 그 수준과 같은 도덕 반응을 보증하지 않는다(그 이유를 간단히 말하자면, 그저 상위 수준에서 사고할 수 있는 것과 실제로 그 수준에 맞게 사는 것, 즉 그 수준에 맞는 도덕적 **행동**을 하는 것은 전혀 별개이기 때문이다).

　이것이 자기단계와 기본구조의 차이점이다(이 경우에는 도덕 단계와 기본적인 인지

능력 간의 차이, 후자는 전자에 대해 필요하지만 충분한 조건은 아니다). 이는 형식적 조작에 접근할 수 있는 개인 또는 사회가 전인습적(마술) 또는 인습적(신화) 단계의 어젠다를 실행하는 강력한 구조로 사용될 수 있다는 것을 의미한다. 고차원의 이성이 전혀 잘못된 목적을 위해 사용될 수 있다는 것이다. 합리성이라는 폭발적인 힘(과 그 모든 기술적인 노하우)이 자아중심적 마술 단계 및 민족중심적 신화 단계의 손에 넘겨질 경우, 끔찍한 악몽이 초래된다.

홀로코스트(대학살)는 극도로 세련된 기술적-합리성이 민족중심적인 신화에 봉사한 하나의 악몽이었다. 상호 주관적인 커뮤니케이션과 상호 인식의 형태를 띤 합리성 그 자체는 지배가 아니라 상호 이해를 추구한다. 그보다 낮은 것을 추구하는 합리성은 자아중심적인 권력이나 민족중심적인 지배에 구속되고 예속된 합리성이다. 합리성 이전의 구조들은 자신들로서는 만들어 낼 수 없는 거대한 힘이지만, 종종 세계중심적인 것보다 낮은—보편적 다원주의보다 낮은, 관용과 승인이라는 맥락에서 상호 이해보다 낮은—도덕적 반응을 하는 데 합리성의 기술적인 힘을 손쉽게 이용할 수 있다. 그것은 나의 에고, 나의 부족, 나의 문화를 위한 힘이므로 강탈한 합리성을 극도로 세련된 도구로 사용하는 것이다.

이러한 재앙들—홀로코스트는 상상을 초월한 끔찍한 사례로 언제나 남아 있을 것이다—이 마치 합리성 때문인 것처럼 종종 합리성 자체를 비난했지만, 이것은 해석상의 중대한 오류다. 이러한 재앙은 이성이라는 심도-능력이 자아중심적·민족중심적 마술과 신화 단계의 낮은 도덕적 목적에 예속되기 때문에 일어난다. 이러한 재앙이 합리성 없이는 일어나지 않았을 것이고, 일어날 수 없었을 것이라는 것은 전적으로 맞는 말이다 (혼동한 이론가들이 재앙의 책임을 합리성에게 지운 것은 이 때문이다). 그러나 이러한 재앙은 합리성에 의해 **실행**된 것이 아니라, 오히려 합리성이라는 세계중심적인 조망으로 살 수 없었던 도덕 반응에 의해 실행된 것이다. 그것은 합리성과 그 노하우를 자신들의 자기추진적·타자 파괴적인 수준을 위해 세계 이해가 아니라 세계 지배, 조국, 모국, 선택된 종족이라는 신화-제국주의를 추구하는 지배민족, 지배종교, 지배인종에 이런저런 방식으로 예속시키고 봉사하도록 한 것이다. 이것은 이성의 본질이 아니라 그 실패이며, 신화-제국주의에 예속된 의지의 승리일 뿐이다.

이와 마찬가지로, 현대의 생태 위기도 합리성의 기술적인 힘 없이는 일어날 수 없었다. 그것은 생물권을 분리하는 방식으로 언제나 유린할 수 있는 힘이다(이것은 내가 지속적으로 강조해 왔던 위험성이다). 그러나 생태 위기 배후에 있는 주요한 도덕적 동기는 합리성이 아니라, 민족중심적인 지배 또는 부족적 권력 기도에 봉사하는 합리성(과 기술적-노하우)에 기인한다. 인류를 멸종시킬 수 있다는 것을 알면서도 대기를 오염시키는 것은 어떤 의미에서도 합리적이라고 말할 수 없다. 그것은 누가 뭐라 해도 이성 자체의 능력을 적용하는 데 실패한 이성이며, 또한 사회중심적이고 자아중심적인 마술 및 신화 단계의 타인에 대한 무관심 때문에 빚어진 것이다. 현대의 생태 위기 배후에는 비록 강탈한 합리성이 제공해 주는 수단이긴 해도 자아 및 민족 중심성이 원동력으로 작용하고 있다. 부족주의는 생태 위기에 대한 해답이 아니라, 실은 그 자체가 생태 위기의 원동력으로서의 원인이다. 그곳에서는 나의 부족(또는 나의 집단, 나의 국가)에 강탈된 이성과 전 세계적 공통 재산에 대한 완전한 무관심이 있을 뿐이다.

역사적으로 볼 때, 과거의 부족주의는 생태 시스템의 아주 작은 부분만을 파괴할 수 있었다. 그러나 현재의 확대된 부족주의는 고도의 합리성이 제공하는 도구에 의해 생물권 전체를 파괴할 수 있게 되었다. 그 수단은 합리성이 제공하지만, 그 동기는 자아중심적이고 사회중심적이다. 동기가 이성에 미치지 못한 것이다.

47. 테일러,『자기의 원천』, 354쪽에서 인용.

48. 같은 책, 24쪽.

49. 테일러,『헤겔』, 22쪽.

50. 같은 책, 25쪽.

51. 같은 책, 23쪽.

52. 같은 책, 25-26쪽.

53. 문화(와 합리적 자아)가 자연/리비도적인 충동을 억압하고 분리시킬 수 있다는 것 그리고 그러한 소외된 충동과 다시 접촉할 필요가 있으며 문화적 억압으로부터 해방시키고 의식에 재통합(자아를 위한 퇴행)할 필요가 있다는 것은 진실이다. 그러나 문화를 단지 주요 억압적 세력으로만 볼 경우, 그 치유는 퇴행 이외에 다른 방법은 없게 된다. 바로 이것이 많은 에코-낭만주의자가 그때나 지금이나 신봉하는 자기패배적이고 자기모순적인 자세다.

따라서 우리의 구원을 위해서는 분리 이전(모든 사람이 필요하다고 동의했다.)이 아니라 분화 이전으로 거슬러 가야 한다. 병들기 이전이 아니라 심도 이전으로 돌아가야 한다고 주장했다. 결국 더 얕게 되는 것이 치료 수단이라는 것이 그들의 결론이다.

이러한 퇴행적인 에코 운동은 예전이나 지금이나 비난조로 매우 큰소리를 내고 있다. 논적에 대하여 인신공격적인 논법을 반복해서 퍼붓는다. 자신들의 논적을 성실하지만 잘못했다는 식이 아니라 철저한 바보로 묘사한다. 인신공격이 여기서의 논법처럼 보인다. 이들 특정 단죄자들은 개인적 통합에 실패하기 바로 직전의, 자신들의 개체 발생적 구조에 대응하는 과거의 계통 발생적 구조로 끌려 내려간 것처럼 생각된다.

54. 테일러, 『헤겔』, 26쪽.

55. 『리비전ReVision』, 15권 4호, 184쪽.

56. 하버마스, 『근대에 관한 철학적 담론』, 338쪽.

57. 에코 남성주의 진영에서는 신이 버린 세계에 대한 이론가들이 『성스러운 것의 부재In the absence of the sacred』라는 제목의 책을 썼는데, 여기서 '성스러운 것'이란 태곳적·마술적 구조를 말한다. 그 책에서는 분화와 분리의 차이를 완전히 무시했다. 그래서 그 책의 모든 주장은 그런 실패에 바탕을 두고 있다. 그 책의 저자인 맨더Mander는 자신의 조로아스터교적인 선악 이원론적 세계관으로 근대성을 비판했는데, 그에게 '근대성'이란 원예농업을 넘어선 모든 단계를 의미한다.

에코 페미니즘 진영의 지배적인 견해는 대부분의 원예농업(및 일부 해양부족) 사회에서 대여신Great Goddess을 숭배했지만(김부타스Gimbutas, 아이슬러, 스프레트낙Spretnak 등으로 대표되는 견해), 태양신과 전사적인 부권성의 도래로 인해 거의 문자 그대로 파괴되었다는 것이다. 나는 제2권에서 이런 견해는 신화적 대모상Great Mother figure과 실질적인 대여신을 혼동하고 있음을 제시할 것이다.

대모大母의 원형은 확실히 원예농업구조에 묻혀 있었다(대부大父의 원형이 농경구조에 묻혀 있었던 것과 마찬가지다. 『에덴을 넘어』를 보라). 이것은 대모의 원형이 농경과 자연의 계절적인 순환에 뿌리를 둔 것이 아니라는 것, 오히려 여성 노동력으로 사용 가능한 곡괭이에 뿌리내리고 있었음을 분명하게 보여 준다. 쟁기가 발명되자—이것 또한 순수하게 농경 문화다— 신상神像은 거의 보편적으로 대부신으로 옮겨 갔다. 쟁기는 전적으로 남성이 다뤘기 때문이다. 신화적 이미지는 양쪽 모두 생활에 필요한 양식을 가장 많이 책임지는 성을 반영했다(이런 것을 보여 주는 자료는 매우 많은데, 제2권에서 제시할 것이다).

여전히 농경farming 사회인 농업agrarian 사회에서 여성의 종속화와 가부장적인 지배가 최고조에 달했다. 그에 비견할 만한 문화는 기마/목축 문화 정도였다. 농업/농경 문화는 분명 자연과 그 리듬에 잘 맞춰져 있었다. 그러나 그 자연은 권력과 육체적인 힘 이외의 다른 권리에 대해서는 전혀 무관심한 자연이었다.

그러나 여신은 원예농업 사회든 다른 사회든 특정 구조나 시대, 자연에서가 아니라 유출의 전반적인 운동, 창조적 하강과 초풍요, 아가페와 선성과 자비의 포괄적인 운동이다. 여신은 가이아도, 자연도, 식재신화도 아니다(여신은 그 모든 것을 자신의 신적인 창조적 모형 안에 포함하고 있긴 하다). 여신은 가부장제조차 포함하며, 다른 모든 구조에서와 똑같이 그 구조 배후에도 존재한다. (마찬가지로, 진정한 신은 대부의 원형이 아니라 환류와 상승, 에로스의 포괄적인 운동이다. 이 모든 것은 제2권에서 상세하게 논할 것이다.)

원예농업 사회의 대모적 신화 원형—이는 분명 부권성 도래에 앞선다—과 대여신을 혼동했기 때문에 남성 문화가 여신을 파괴했으며(작은 행성에 사는 소수의 남성 집단이 온우주 전체의 창조적 유출을 파괴했다니?), 그러므로 우리에게 필요한 것은 대모 신화의 회복과 부활이라고 주장할 수 있게 되었던 것이다.

똑같은 조로아스터교적인 이원론, 여신이 추방될 수 있었다는 똑같은 가정이었다. 그러나 실제로 추방된 것은 에코 페미니스트들이 자신들의 이데올로기에 맞춰 재해석한 분화가 덜 된 가치관mythos(그들 특유의 가치관)이었다. 위대한 여신이 창조적 하강과 유출(시대와 모든 시대에)의 전체 운동으로 보일 때, 그 치유는 더 이상 원예농업 신화로 퇴행하는 것이 아니라 오늘의 통합(아가페) 형식에서 신을 구현하는 전진임이 분명해진다.

위대한 여신은 피해자가 아닐 뿐더러, 현현우주 전체를 파괴하지 않고는 추방될 수도 없다. 그러나 여신이 추방됐다고 주장함으로써, 그런 일이 왜 그리고 어떻게 일어났는지 안다고 주장함으로써 이들 에코 페미니스트는 어떤 힘을 손에 넣게 되었다. 그 힘이란 지금 이론가들이 소유하고 있는 집합적인 가치관을 다시 되찾기 위해 무엇을 해야 하는지를 세상에 지시하는 힘이다. 여신이 근대성과 결코 통합될 수 없다는 점을 분명히 하려고 여신을 원예농업적 식재신화에 구속시켜 놓고 영원한 피해자인 조신한 숙녀로 보았다. 여신을 그런 식으로 틀 짓는 것 자체가 여신의 항구적인 창조적 속성을 부정하는 것이며, 그런 속성을 수사학 안에 묻어 버리는 것이다.

일탈할 수 있는 도는 진정한 도가 아니다. 근대성에도 여신이 부재하지 않을 뿐만 아니라, 여신의 선성과 아가페와 자비가 근본적으로 새롭게 창발하는 세계중심적인 다원주의, 보편적인 자비, 다문화적인 관용이라는 자세로 온갖 곳에서 빛을 발하고 있다. 이런 모든 것은 원예농업 사회에서 실행은 고사하고 생각조차 할 수 없었던 것이다. 여신의 자비는 모든 해방운동의 성취 속에 점점 더 강해지고 보다 명백해지고 있다. 근대성의 빛/계몽인 현현여신의 새로운 자비에 걸맞게 살아오지 못했다는 것은, 우리가 여전히 우리 자신의 신적 부모와 대등하게 대화할 수 없는 어린아이일 뿐이라는 것을 보여 준다.

13 하강자의 지배

1. 러브조이, 『존재의 대사슬』, 292쪽.

2. 같은 책, 313쪽.

3. 같은 책, 312쪽.

4. 같은 책, 293-294쪽.

5. 같은 책, 313쪽.

6. 테일러, 『자기의 원천』, 285쪽.

7. 같은 책, 297-298쪽.

8. 같은 책, 299쪽.

9. 같은 책, 301쪽.

10. 같은 책.

11. 이어지는 인용은 이미 8장에서 한 인용의 반복이며, 출전은 그곳에 있다.

12. 이것은 마술적 미분리가 아니다(종종 그 바로 직전이긴 하지만). 왜냐하면 이제 영은 분화된 자연, 즉 단일자연이기 때문이다.

13. 푸코, 『성의 역사The history of sexuality』와 『징계와 처벌Discipline and punish』.

14. 드레퓌스와 라비노, 『푸코』, 140쪽.

15. 러브조이, 『존재의 대사슬』, 256쪽.

16. 같은 책, 281쪽.

17. 셸링, 『초월적 관념론 체계Systems of transcendental idealism』.

18. 피히테의 『전체 지식학의 기초Wissenschaftslehre』는 세 가지 전제를 갖고 있다. 피히테에 의하면, 그 첫 번째는 '자아는 단지 그 자신의 존재를 사실로 가정한다.', 두 번째는 '비자아는 자아에 대립한다.', 세 번째는 '나는 분할된 자아에 대립하는 분할된 비자아를 자아 안에 놓는다.'이다.

    첫 번째 전제는 순수자아, 초개인적인 순수자기 또는 순수주시자(나-나)를 가리킨다. 피히테에 의하면, 그것은 지각은 하지만 결코 대상으로 지각될 수 없는(오직 내부에서 직관될 뿐인) 순수한 활동이다. 이 순수한 활동 또는 순수한 열림은 모든 대상(객체)의 조건이자 기저이며, 따라서 (피히테에 의하면, 무한하고, 초개인적인) 이 '순수자기'로부터 외부로 모든 유한한 객체가 유출한다. 이것이 두 번째 전제다. 이제 유한한 비자아(또는 일반적인 객체)가 존재하므로 그것을 지각하는 것 역시 유한하며 개별적인 자아다.

이것이 세 번째 전제다.

따라서 절대이자 무한한 자기는 그 안에 유한한 자아와 유한한 자연(분할된)을 놓는다. 이것은 지금까지 종종 언급해 왔던 서구 베단타의 명확한 모습이다. 피히테는 이 모든 것을 단지 추상철학의 문제(확실히 그렇긴 하지만)로서가 아니라 의식에 대한 직접적인 탐구로서 이끌어 냈다. 그는 그것을 외면이 아니라 내면의 기초로 삼았다(외면적인 철학을 그는 '결정론과 기계론으로 이끄는 독단론'이라고 불렀다). 그는 학생들에게 이렇게 말하곤 했다. "벽을 주목해 보라. 이제 벽을 주목하는 것이 누구인지 또는 무엇인지 주목해 보라. 그런 다음 누가 그것을 주목하는지 주목해 보라……." 바꿔 말하면, 모든 존재의 기저이지만 그 자체는 대상으로 보일 수 없는 순수주시자를 깊이, 더 깊이 탐구해 보라는 것이다. 피히테에 의하면, 그 순수활동(또는 순수한 주시)만이 모든 객체가 현현하는 기저임과 동시에 필요조건이다. 그런데 그 기저에는 그와 같은 개별적이고 유한한 것은 없다. 그것은 무한이고 절대이며 초개인적인 것이다. (피히테 자신이 종종 지적했듯이 피히테는 유한한 자기를 기저로 보았다고 비판받았지만, 이는 전적으로 잘못된 것이다.)

따라서 피히테에 의하면, 전 세계는 순수자기의 '창조적 상상력'의 산물이다(이렇게 해서 칸트의 물자체를 폐기한다). 이것은 샹카라와 순수 아트만이라는 관념, 순수 브라만과의 동일성, 브라만과 아트만의 창조적 마야maya를 통한 세계의 생성 등과 거의 구분이 되지 않는다.

'서구 베단타' 철학과 동양적 접근 간의 주요한 (그리고 결정적인) 차이점은 후자의 경우 순수주시에 대한 직관은 엄격한 요가 수행에 의한 집중과 강렬한 분별의식(반야지혜)을 통해서 유지되어야 한다는 것이다. 그렇지 않으면 그것은 곧바로 유한한 자기 또는 자아에 의해 '탈취'당한다.

예컨대, 선에서는 '나는 누구인가?'(예를 들어, '붓다의 명호를 찬송하는 것은 누구인가?' 또는 '나의 본래 면목은 무엇인가?' 또는 단지 '무')를 탐구하는데, 진정으로 심오한 혁파가 일어나기까지 평균 6~7년의 수행이 필요하다. 피히테는 이러한 심오한 열림을 단지 얼핏 직관한 것에 지나지 않는 것처럼 보인다. 내가 대부분의 서구 베단타를 "설익었다half-baked."라고 말하는 것은 이 때문이다.

이런 설익은 형태라는 점 때문에 계몽주의 패러다임의 유한한, 과잉 독자적인, 분리된 주체의 손에 놀아나게 된 것이다. 자연 또는 완전한 비자기는 결국 순수자기에 통합되지 못했다. 오히려 자연은 자아가 그것으로부터 자신을 도덕적으로 해방시키기 위해 투쟁하지 않으면 안 될 도구적 배경이었다. 이런 해방, 즉 '미몽에서 깨어나는 과정'은 끊임없는 것이었다. 따라서 나는 셸링이 피히테는 에고와 에코를 진정으로 통합시키지는 못했다고 주장할 때, 셸링이 옳다고 생각한다. 그러나 이 때문에 피히테가 올바른 방향으로 중대한 발걸음을 내디뎠다는 점을 과소평가해서는 안 될 것이다. 다만, 그가 진정한 혁파와 진정한 통합에는 훨씬 미치지 못했다는 것일 뿐이다. (나는 피히테가 제시한 '의식의 실천적 역사'는 헤겔의 발달론적 의식 현상학의 선행 요인이었을 뿐만 아니라, 거의 모든 발달심리학파의 원조였다는 점을 특별히 언급하고 싶다.)

피히테의 최종적인 입장에 대해 말하자면, 그는 진정한 하강에서 결별한 끊임없는 상승의 길에서 멈췄으며(다음 주석을 보라.), 자연을 원래대로 필요한 적으로 남겨 놓았다고 말할 수 있을 것이다.

19. 그것은 순수한 상승, 순수한 초월, 순수한 환류, 근본적인 초연함의 시도였다. 칸트와 피히테는 보다 큰 규모로 평원 존재론에 상승과 반평준화의 흐름을 재도입하려고 애썼는데, 이 때문에 그들의 철학이 준 충격은 언제나 '해방적'이라는 말로 묘사된다. 자유는 언제나 상승하는 흐름 속에 존재한다. 그러나 두 사람 모두에게 골치 아픈 딜레마가 남아 있었다. 상승의 흐름을 하강된 현현세계와 어떻게 통합시킬 것인가 하는 문제였다. 왜냐하면 앞에서 보았듯이 상승은 그러한 통합 없이는 언제나 억압, 즉 포보스로 퇴화한 에로스라는 대가를 지불하지 않으면 안 되기 때문이다.

20. 남성은 유전적으로 관계성에서 어려움을 겪기 때문에, 종종 스피노자의 무한 실체와 같은 비인격적인 '그것-언어'를 좋아한다. 여기에는 골치 아픈 상호 인격적인 대화적 이해가 없기 때문이다. 많은 심층 생태학 추진자가 비인격적인 영적 실체와 비자연화된 자연을 지지하기 위해 거의 모두 스피노자에게 의지했는데, 이것은 남성적 모드인 과잉 독자성을 이용하는 것이다.

21. 그것은 순수한 하강, 순수한 내재, 완전한 유출, 근본적인 침잠이었다. 에코 진영은 거대한 상호 연결적 질서, 현현시스템 안에서 작업하면서 칸트와 피히테의 순수에고가 거의 내버린 세계(와 자연)에 영을 재도입하려 했고, 분리된 주체의 억압된 단편들을 다시 짜맞추려고 시도했다. 확실히 자애, 배려, 포용적인 아가페는 언제나 하강 흐름에서 발견된다. 그러나 여기에도 딜레마는 있다. 그것을 어떻게 진정한 상승과 통합할 것인가 하는 문제다. 왜냐하면 이미 보았듯이 아가페는 상승 없이는 언제나 타나토스로 퇴화하기 때문이다. 분화 이전 상태로의 완전한 퇴행, 이것은 치유healing가 아니라 더미heaping(즉, 상처)일 뿐이다.

22. 동양에서도 똑같은 딜레마가 순수자기 또는 의식(푸루샤Purusha)과 현현세계의 하강적 실체(프라크리티Prakriti), 또는 공과 색, 열반nirvana과 윤회samsara를 통합시키려는 욕구로 나타났다. 초기의 유가행파는 그노시스적인 또는 상승적인 해결책을 채택했다. 비현현 공 안에 모든 형상을 용해 또는 흡수시키는 것, 열반 안에 윤회를 적멸시키는 것이었다.

    '비이원성'으로 가는 최초의 결정적이면서 영속적인 영향을 미친 발걸음은 나가르주나가 처음으로 내디뎠다. 그것은 플로티노스의 철학과 매우 유사한 것이었다(초월과 포함, 열반과 윤회는 둘이 아니다). 이러한 비이원적인 혁파는 후에 샹카라에 의해 베단타 힌두교에, 아비나바구프타(960~1050)에 의해 카슈미르 샤이비즘(시바신앙)에, 파드마삼바바(티베트불교의 개조)에 의해 금강승에 적용되었다. 이는 극히 소수의 예일 뿐이다(이 주제에 관한 확장된 논의는 14장 주석 1을 보라).

    철저하게 진화론적인 비이원성으로 내딛은 두 번째 발걸음은 동양에서는 가장 명확한 모습으로 오로빈도에 의해서, 서양에서는 본문에서 소개한 신사(셸링)에 의해서였다. 이 동양적 접근은 제2권에서 깊이 있게 탐구될 것이다.

23. 테일러, 『헤겔』, 36쪽.

24. 테일러, 『자기의 원천』, 382쪽.

25. 키르케고르의 여러 서한에서, 〈아이러니라는 개념The concept of irony〉〈셸링의 베를린 강의 노트Notes of Schelling's Berlin Lecture〉. 잘 알려져 있듯이, 셸링이 신화로 일탈하기 시작하자 키르케고르는 그에 대해 갖고 있던 찬탄을 상실했다(이 경우, 키르케고르의 의견에 동의하기는 어렵지 않다).

26. 『코플스턴Copleston이 한 말』, 7권 1호, 133쪽. 셸링이 쓴(또는 그에 대한) 좋은 책을 구하기는 매우 어려운데, 이는 대단히 불행한 일이다. 『철학의 역사History of philosophy』는 비교적 입수하기 용이한 책으로서, 여기에 셸링의 작품에 대한 훌륭한 요약이 실려 있다. 이 책은 그나마 쉽게 입수할 수 있는 유일한 책이기 때문에 인용문 대부분은 이 책의 것이다.

27. 피히테, 셸링 그리고 헤겔은 모두 나름의 대홀라키이론을 갖고 있다. 어떤 식으로 해석하더라도 그것들은 본질적인 부분에서 플로티노스적이다.

28. 『코플스턴』, 7, 상권, 141쪽.

29. 셸링의 용법. 헤겔도 유사한 구상을 제시했지만, 용어는 달랐다. 물론 통일적 절대의 정확한 본질에 대한 논의는 그다지 다르지 않다.

30. 『코플스턴』, 7권 1호, 163쪽.

31. 『코플스턴의 요약』, 7권 1호, 139쪽.

32. 셸링의 에고와 에코의 훌륭한 종합과 통합은 오늘날의 환경에 대한 대부분의 접근에 비해 예리한 대조를 보인다. 오늘날의 접근들은 여전히 전형적으로 에고-합리적인 계산적 모험('수정 환경주의')이거나 아니면 다양한 형태의 퇴행적 에코-낭만적인 '재마법화'를 추구하고 있다.

'세계의 재마법화'를 주장하는 많은 에코-낭만주의자는 여전히 우리 주변에 있다. '신패러다임' 사상학파 대부분은 평원의 상호 연결적 질서(근본적 계몽주의 패러다임)에 대한 충성 맹세를 배신하고, 평원 내부에서 어떤 합리주의적 시스템 이론(대체로 에코 남성주의자)이나 감정 속에 드러난 자연(대체로 에코 페미니스트) 사이에서 동요하고 있다. 평원의 상호 연결적 질서에서 벗어나려고 시도할 경우, 그들은 연금술, 신화적 애니미즘, 점성술, 식재신화, 수렵채집 단계의 인간-자연 미분화로 **퇴행**해 감으로써 그렇게 한다.

이런 접근들에서 표준적인 에코-낭만주의자의 구성요소는 다음과 같다. (1) 전/초 오류로 이끄는 분화와 분리에 대한 혼동, (2) 무엇보다 자신들의 탐구를 가능케 해 준 분화를 수평으로 평준화해 버리는 것, (3) 역사와 진화를 지금은 잃어버린 낙원에서 우리를 쫓아낸 극악무도한 범죄로 보는 것, (4) 태곳적 미분화(계통 발생적·개체 발생적 모두에서)를 비이원적·영적·신비적 또는 포괄적으로 전일적인 것으로 추켜세우는 것, (5) 이제는 약속의 땅이 된 태곳적 실낙원의 부활에 기초한 문화(와 근대성)에 대한 비판, (6) 신성한 에고이즘으로의 퇴행, 떨어져 나온 에고를 경험적 평탄화 안에 보존하는 독백적 시스템 이론 형태(하버마스) 또는 '신성'에 연결하는 링크로서 생물중심적 감정과 감상적인 정서의 형태(테일러)로의 퇴행, (7) 실낙원을 시스템 이론이나 또는 신체 감각에 기초를 둔 혼효주의와 미분화라는 '새로운' 인식론으로 회복하려는 '신패러다임'에 대한 욕구가 그것이다. 몇 가지 눈에 띄는 예를 들면 다음과 같다.

모리스 버먼, 『세계의 재마법화The Reenchantment of the World』 및

『감각으로 돌아오기Coming to Our Senses』.

모리스 버먼은 그의 신패러다임을 위한 탐구를 그레고리 베이트슨Gregory Bateson의 사이버네틱 리얼리티(평원에 대한 시스템 이론적 접근)를 열렬히 신봉하는 것에서 시작한다. 『세계의 재마법화』에서 버먼은 마법에서 깨어난 현대세계, 즉 환멸을 느낀 현대세계

에 대한 표준적인 비판에서 시작한다. 그는 근대성의 궁지를 전혀 파악하지 못했기 때문에 그 환멸을 빅3의 분리에서 보지 않고 빅3의 분화에서 보았다. 따라서 중세의 연금술, 정령신앙, 점성술, 마술 신화적인 모든 것에 대한 표준적이자 열렬한(또한 불성실한) 칭송이 그 뒤를 잇는다.

나름의 전/초 오류에 완전히 빠져 있던 에코-낭만주의자 버먼은 격상주의에 붙잡혀 있었다. 한쪽에는 분할적인 의식(근대적·과학적·합리적인 모든 것)이 있고, 다른 쪽에는 '참여적 의식(그 밖의 모든 것: 그는 연금술, 마술, 분열병, 꿈, 신비주의, 샤머니즘, 신화학 등 전근대적인 모든 것을 언급했다.)'이 있다. 근대의 합리성/과학은 아주 나쁜 것이기 때문에 그 밖의 모든 것은 매우 좋은(또는 다른 정도로 좋은) 것이다. 그렇기에 그는 연금술, 점성술, 원시적 참여를 칭송할 수밖에 없었다.

이렇게 해서 버먼은 모든 것이 서로 '연결되어 있다'고 보는 중세의 '통일의식'(그의 용어임)의 예로서 16세기의 오즈월드 크롤Oswald Croll의 예를 들었다. 그는 호두가 머리의 병을 예방하는 것은 호두 속살의 모양이 뇌를 닮았기 때문이라는 '사실'을 제시한 사람이다. 이에 대해 우리는 진실성과 성실성에 대한 검증으로 이렇게 물어야 할지도 모른다. "버먼 박사 당신은 머리가 아프면 호두 두 알을 드시나요?"

이 호두/뇌의 예는 앞에서 본 것처럼 비유를 문자 그대로의 실제로 받아들인 착각이다(피아제의 전조작 단계). 두 개의 홀론이 비슷한 독자성을 가질 경우, 그곳에는 같은 인과적인 힘이 있을 것이라는 생각으로 혼효주의를 낭만주의 방식으로 '전일론'이라고 잘못 읽은 것이다. 버먼은 이 통일의식에 대한 상당히 많은 예를 마술, 연금술, 점성술 등에서 끌어냈다. 여기 르네상스 시대의 마술사 아그리파 폰 네테스하임Agrippa von Nettesheim이 1533년에 쓴 『오의奧義철학De Occult Philosophia』에서 인용한 부분이 있다. "모든 별은 자신만의 특별한 성질, 특징, 조건을 갖고 있으며, 그 빛을 통해서 그런 것들을 만들어 낸다. 모든 사물은 그것을 비춰 만들어 낸 빛을 받아들이기 때문에 특정한 인영印影, 특징이 사물에 찍히게 된다. 그런 것들의 특징에는 특정한 미덕이 포함된다. 모든 사물은, 특히 그 사물을 지배하는 별로부터 받아들인 그러한 특성을 갖고 있다"(75쪽).

이 '천문-논리=점성술'은 좌측의 마술-신화적인 세계관이 우측 요소(분화 이전의)와 혼효적으로 뒤섞인 좋은 예다. 버먼은 "이와 같은 지식 시스템에서는 근대적인 내부와 외부, 심리적인 것과 유기적(또는 물리적)인 것의 구분은 존재하지 않는다. 아그리파는 사랑을 강하게 만들고 싶으면 비둘기를 먹고, 용기를 얻고 싶으면 사자의 심장을 먹으라고 말한다."라고 언급했다.

이런 종류의 '천문-논리=점성술'이 칭송될 수밖에 없었던 것은 이 혼효주의가 근대 과학과 비교해 볼 때 '전일론적'이고 '통일적'인 것처럼 보이기 때문이다. 그러나 계몽주의의 죄는 (낭만주의자들이 생각했듯이) 미분화된 혼효주의를 상실한 것에 있는 것이 아니라, 그 혼효주의의 최종적인 분화—빅3의 분화—가 일어났을 때 이 분화가 그것에 대응해야 할 새로운 통합을 가져오지 못했기 때문이라는 것, 새로 발생한 자아-합리적 세계 공간에서 새로운 내면성이 새롭게 열린 외면세계와 통합되지 못했다는 데 있다(나, 우리, 그것이 분화되어 있는 상태). 따라서 근대에 들어와 분리된 요소를 중세의 통합된 요소와 단순하게 비교하면 근대성은 단지 '커다란 잘못'처럼 보일 수밖에 없게 된다. 이것은 평원적인 비교에 불과하다. (이것은 수평적 분화/통합의 비교일 뿐 다른 심도의 분화/통합을 비교한 것은 아니다.)

그러나 버먼은 마술-신화세계로의 단순한 회귀가 불가능하다는 것, 좋은 생각도 아니라는 것을 알고 있다(왜 그런지 그 이유는 그 자신도 정확히 모르지만). 거기서 그는 코스를 약간 바꿔(이것도 전형적인 전/초 오류의 격상주의자식으로) 우리가 실제로 필요한 것, 절실하게 필요한 것은 '성숙한 형태'의 애니미즘을 되찾는 것이라고 말했다. 연금술/마술/혼효적인 세계관을 그는 '소박한 애니미즘'이라고 부르며, 우리의 구원은 그가 말하는 '**포스트모던 애니미즘**'의 부활에 달려 있다고 주장했다. 그 최선의 후보로서 그는 그레고리 베이트슨과… 놀라지 마라, 사이버네틱 시스템 이론을 꼽았다. 물론 여기서 그가 바라는 것은 실제로는 태곳적이지 않은 태곳적 모드의 회복이다.

"디지털한 것을 매우 중요시하는 우리 문화는 사물과의 신화적인 관계를 태곳적 모드의 사고법을 되찾는 것에서만 회복할 수 있다." 그리고 이것은 "홀리스틱 또는 사이버네틱한 비전에 적응한 사회를 만들어 낼 것이다." 그와 같은 비전은 "근대에 적응한 연금술적인 이성의 성숙한 유형이 될 것이 분명하다"(252쪽, 255쪽, 277쪽. 버먼은 꿈, 정신병, 전일론, 연금술 등을 다루기 위해 '변증법적 이성'을 사용했다. 그러나 그런 것들은 비전-논리가 아니라 태고$_{paleo}$ 논리다). 그러면서 버먼은 이 베이트슨적인 사이버네틱 전일론만이 포스트모던 시대에 세계를 구원할 수 있는 최선의 후보라고 말했다.

그러나 그런 다음 마침내 버먼은 그 모든 것을 생각해 보고, 마지막 페이지에서는 지금까지 열심히 추천해 왔던 모든 것을 사실상 무효화시켜 버렸다(이상하게도 그는 다음 책에서도 똑같은 일을 했다. 이것은 곧 보게 될 것이다). 베이트슨적인 사이버네틱스의 어떤 문제에 관해서 '그저 언급'만 하고, 버먼은 (의도적으로 그런 건지 아닌지는 모르겠지만) 평원적 전일론 전체에 파괴적인 비판을 퍼부었다(지금까지 본 모든 이유로 인해,

특히 독백적 시스템의 대단한 권력 욕구에 대한 비판은 정말로 옳다). 그는 "전일론은 한마디로 독재의 대리인agent이 되었다."라고 말했다. 그리고 자연에 대한 전일론적인 숭배는 이 독재와 제휴했는데, 그 이유는 '인공물에 대비한 자연의 찬미는 파시스트 이데올로기의 중심 원칙'이었기 때문이다(291-292쪽. 고딕체는 필자의 강조임). 다른 학자들은 이것을 좀 더 솔직하게 에코파시즘이라고 불렀다.

따라서 버먼은 구원을 위해 아무것도 내놓을 것이 없게 되었다. 전/초 오류로 인해 그는 존재론적인 짐을 그대로 짊어지게 되었다. "우리는 해야만 할 선택, 그러나 할 수 없는 선택에 직면해 있다. 즉, 문명이 억압한 태곳적 지식에 대한 각성이다." 바꿔 말하면, 우리 어른들이 진정으로 필요한 것은 유치원적 지식을 성숙한 형태로 받아들이는 것이라는 것이다. 그러한 선택을 '해야만 하지만 할 수 없는' 것은 단지 그것이 그의 전/초 오류에 기초한 선택이기 때문이다.

전/초 오류에 지배된 채, 분화와 분리를 완전히 혼동한 채 버먼은 구원이 마음과 신체의 분화 이전에 존재함이 틀림없다고 생각했다. 즉, 그는 구원은 일차적으로 신체적·감각적인 곳에 있는 것이 분명하며, 따라서 우리에게 진정으로 필요한 것은 이 감각 지향적이고 성적 쾌락으로 충만한 우리의 쾌락주의적인 문화에서… 좀 더 신체적이 되는 것이라고 말했다.

이렇게 해서 그의 다음 책 『감각으로 돌아오기』에서 버먼은 사이버네틱 시스템 이론에 대한 흥미를 완전히 던져 버리고 신체로 전환했다(정말로 포스트모던 시대의 가장 좋은 구원의 기회였던 베이트슨식의 사이버네틱 평원에 대해선 단 한마디도 하지 않았다. 이 두 권의 책 사이에 버먼은 시스템 이론에 대한 강력한 비판의 글을 썼는데, 전제는 잘못된 것이었지만 그 결론은 옳았다고 생각한다). 그는 전일론적 시스템 이론에서 '나로 하여금 느끼도록 해 주는 자연'으로 전환했으며, 그 관심을 신체, 느낌, 충동적인 힘과 순수감정, 감각적인 즐거움에 두었고, 그런 과정에서 완전히 고전적인 하강적 세계관을 채택했다. 즉, 모든 상승은 결국 극복해야 하는 것(주관/객관의 '분열'), (종종 사악한) 무엇보다 결코 일어나지 말았어야 할 것으로 보았다.

따라서 도처에서 하강자가 2천 년 넘게 외쳐 온 해묵은 만트라에 반향하면서 버먼은 상승을 완전히 내버릴 때가 왔다고 결론 내렸다. 그러고는 이 결론이 매우 독창적인 것이라고 생각했다. "상승구조를 반복하는 것 말고도 다른 선택이 있다. 그것은 완전히 그 상승구조를 버리는 것이다. 이런 선택을 하지 않는 한 우리의 문화와 우리 자신을 치유할 수 있는 길은 없다. 완전히, 그리고 최종적으로 인간일 수 있는 기회는 이 선택에 달려 있다"(307쪽).

상승의 길이 지나치게 힘든 것을 요구한다고 보는 모든 하강적 쾌락주의자의 논점에서 버먼은 이렇게 믿었다. "이것이 결정적인 점이다. 진정한 각성은 신체를 진정으로 알고 정말로 느끼는 것이다." (선에서는 깨달음을 '심신탈락心身脫落'으로 정의한다는 것을 여기선 무시하기로 하자.) "상승에서 전환하여 세계 속에서의 신체적 현전으로 향할 것", 버먼에 의하면 그곳에 구원이 있다(310-311쪽).

따라서 우리가 정말로 진정한 방식으로 정감을 느낄 수 있다면, 우리의 실존적인 모든 문제는 용해되어 사라질 것이다. 나의 느낌/감정은 타인의 역할을 취할 수조차 없다는 것, 나의 감정은 감정인 한 자기중심적인 자신의 궤도를 선회하는 자기반향적이라는 것, 감정은 진실한 사랑만이 빛나고 자비만이 만개할 수 있는 상호 주관적인 곳까지는 결코 상승할 수 없다는 것, 일차적인 도덕 충동으로서 '기분 좋음'을 조장하는 윤리는 나를 신성한 에고이즘과 실존적인 지옥에 내려놓는다는 것, 이 모든 것에 대해서 버먼은 단 한마디도 언급하지 않았다. 그는 단지 '자연과 신체 기능으로의 직접적인 참여'만을 원했다. 이런 자세에 몰입하는 것이야말로 그 자세의 자기중심적 성질이라는 것을 그는 전혀 알아차리지 못했다.

단일 경계 오류

근대와 탈근대 시대에서 퇴행적 낭만주의 심리학의 전략은 언제나 현대인의 심리적 발달의 최초 분기점을 중심에 놓는 것이었다. 최초의 분기점이란 출생 후 3년까지의 단계를 말하며, 이 무렵에 자기와 타자의 끔직한 '분열'이 일어난다(퇴행적 낭만주의 심리학자들은 통상 분기점 1과 분기점 2를 구분하지 않기 때문에, 미분화 및 비분리 참여라는 원초적·태곳적 상태로부터 자기와 타자, 주체와 객체가 '최초'로 분화한 것을 의미한다. 앞에서 본 것처럼, 그런 분화는 생의 초기 2~3세 사이에 일어난다). 이러한 필수적인 분화(분기점 1과 분기점 2)를 분리라고 완전히 혼동했기 때문에 그 분화를 자기가 타자로부터, 자신으로부터, 자연으로부터 영원히 분할되는 원초적인 상실, 원초적인 소외라고 해석했다. 그래서 그 이후의 인간의 욕망, 원동력, 동기, 문화적 활동 등은 모두 실낙원을 회복하려는 실패할 수밖에 없는 왜곡된 시도처럼 보게 되었다.

버먼 역시 그의 출발점으로 바로 이런 이론가들을 채용했다. "앙리 왈롱Henri Wallon, 모리스 메를로 퐁티Maurice Merleau-Ponty, 자크 라캉Jacques Lacan 같은 프랑스철학자들과 아동

심리학파에서는 이 (자기-타자 분리의) 순간을 세계 내 존재로서의 정체성이 탄생하는 것으로, 또한 세계로부터 소외가 시작하는 것으로 보았다"(36쪽). 이러한 분화가 너무 지나쳐서 또는 빈약하게 발달해서 병적인 분리와 소외로 변질될 수 있다고 보는 것이 아니라, 그 분화 자체가 커다란 죄라는 것이다. (미국에서는 노먼 브라운이 이런 입장을 가장 강하게 취하고 있었는데, 버먼은 종종 그를 매우 칭송하면서 인용하고 있다.)

이러한 이론 모두가 갖고 있는 커다란 문제는 현대의 평원 패러다임이라는 틀에서 작동하기 때문에 기본적인 하나의 경계, 즉 자기와 타자(또는 주체와 객체) 사이의 수평적 경계만을 인정한다는 것이다. 확실히 모든 소외는 어떤 식이든 자기와 타자의 분리를 전제로 하기 때문에 이 일차적인 분화(분기점 1과 분기점 2)는 소외의 가능성이 아니라 소외 그 자체가 될 수밖에 없게 된다.

(단일 경계 오류에 대한 추가적인 논의는 6장 주석 3과 14장 주석 17을 보라.)

이러한 이론들이 전혀 보지 못하는 것은 수직적 차원의 다른 경계 유형이 있다는 것이다. 신체적 자기와 신체적 타인의 분화(분기점 1), 정서적 자기와 정서적 타자의 분화(분기점 2), 개념적 자기와 개념적 타자의 분화(분기점 3) 그리고 문화적 역할 자기와 역할 타자의 분화(분기점 4) 등 수직적 스펙트럼에 따라 진행해 가는 분화로 인해 여러 경계가 생기는데, 각각의 자기는 이 주요 기능적 경계에 바탕을 두고 있다.

그런 경계 중 하나만이 신체적인 것이며, 실제로 물리적 신체라는 피부 경계를 갖고 있다(분기점 1). 그 이외의 모든 경계(정서, 심적, 영적)는 전혀 피부라는 경계를 갖고 있지 않다(신체를 참조하고, 그것에 기초하고 있을 뿐이다). 예컨대, 나의 심적 자기는 가족, 가치, 목적, 집단, 국가 등 다양한 종류의 동일시를 포함하는데, 이 중 어떤 것도 피부 경계 안에 존재하는 것은 없다.

오히려 어떤 실체가 신체적 경계 내부에는 없고 그런 다양한 경계(감정적·심적) 내부에 존재하는 것은 그것이 그 특정 자기감각 또는 홀론의 규칙(코드code, 체제regime 또는 독자성agency)을 따를 때다(당신이 체스 게임의 규칙을 따를 경우, 당신은 신체적으로 어디에 있더라도, 심지어 전화로도 말을 움직일 수 있으며 게임의 '내부'에 있는 셈이다. 그러나 물리적 공간을 바꾸지 않더라도 게임의 규칙을 깰 경우, 당신은 게임 '외부'에 있게 된다).

즉, 어떤 실체가 어떤 홀론구조의 내부에 존재한다는 것은 그 홀론의 심층구조의 규칙을 따를 때(홀론의 체제, 코드, 패턴에 동화될 때)다. 그것은 신체적 경계, 정서적 경계, 심적 경계에서도 진실이다. 음식을 삼켜 위로 들어가면, 음식은 소화되어 필요한 영양소는 혈액 안에 흡수되는데, 그러면 이제 음식은 물리적 신체구조 안에 동화된다(음식은 물리적 신체의 진정한 일부가 된다. 정말로 신체의 '안'이 된다). 그리고 필요치 않은 음식은 소화관을 통과해 몸 밖으로 배출되고, 결코 신체의 일부가 되지 않는다. 그 음식 찌꺼기는 결코 신체 자체의 패턴으로 동화되지 않는다. 그것은 신체라는 게임, 신체의 규칙, 패턴, 체제, 코드의 외부에 머문다.

마찬가지로 어떤 사람이 당신의 정서 공간 안에 있을 경우, 그 사람은 위장 속이 아니라 당신의 정서를 구성하는 일부가 된다. 그리고 정서 공간은 피부라는 경계 너머에 존재하며, 아주 드물게 신체 경계로 들어올 뿐이다(체크인한다). (이미지와 정서적 표상으로서의) 그 사람은 당신의 정서적인 패턴의 일부(당신의 전반적인 기분 상태 및 구조)가 된다. 따라서 그것은 당신의 위장 안에 있는 음식처럼 정서 공간 안에 존재한다. 그러나 이 두 개의 경계는 결코 똑같은 신체 공간에 있는 것이 아니다(그것이 내가 어떤 실체는 그 홀론의 심층구조의 패턴이나 규칙을 따를 경우에 그 구조 또는 홀론 안에 있는 것이라고 말할 때 의미하는 것이다. 나는 정서적으로 사람, 목적, 집단, 국가에 그것이 실제로 어디에 있든 관계없이 동일시할 수 있다. 내가 나의 정서 공간, 나의 정서적 정체성 안에 그런 것들을 들여놓을 때 나의 일부가 되며, 그런 것들은 나의 기분 상태 패턴이나 특정한 규칙에 따라 그 공간 안에서 작동한다. 그런 기분 상태는 새로 들어온 요소를 동화시키기 위해 조절하거나 심층구조를 변경시킬 수도 있다).

심적 공간 역시 마찬가지로 정서 공간 외부에 존재한다(인지적인 심적 공간은 실질적으로 타인의 역할을 취할 수 있고, '그들의 눈을 통해 볼' 수 있으며, 새로운 아이디어를 동화시키거나 조절할 수도 있다). 그리고 영적 공간은 심적 공간 외부에, 거대한 온우주 내부에 존재한다.

이러한 경계들은 모두 결정적으로 중요하다. 사실, 초기 경계의 분화는 그다음 상위 경계에 있는 자기의 통합을 위한 필수 조건이다. 따라서 안정된 정서적 자기는 안정된 신체적 자기경계 위에 자리 잡으며, 안정된 심적 자기는 안정된 정서적 대상관계 항상성(안정된 정서적 경계) 위에 자리 잡는다. 이전에 분화된 자기는 새로 출현한 자기에게 통합된다. 마찬가지로, 새로운 자기는 새로 발생한 환경에서 타자와 자기를 안정되게 분화하지 않으면 안 된다. 이전 자기구조의 경계들은 자신의 기능과 능력 안에 보존되지만, 배타성이나 부분성은 폐기된다. 선행 경계는 단순히 잃어버리거나 증발해 없어지거나 소실되지 않는다. 그것들은 초월되고 포함된다.

이런 일은 모든 자기/타자 경계가 영 안에서 철저하게 부정되고(초월되고) 철저하게 보존(포함)될 때까지 계속된다. 예컨대, 선사들은 자신의 물질적 신체와 물질적인 의자 (또는 물질적인 타자) 사이의 차이점에 대해 완벽하게 말할 수 있다. 선사들은 신체와 의자 사이의 분할을 치료하지 않는다. 선사들은 모든 경계가 발생하도록 허용하는 텅 빈 열림 속에서 자기/타자 경계를 초월하고 **포함**한다. 그러면서 모든 경계를 있는 그대로 축복한다. 선사들은 의자와 신체, 자아와 타자, 위와 아래, 야옹과 멍멍 사이의 차이와 경계를 완벽하게 인식한다. 깨달음이란 '용·융meltdown'이 아니다. 깨달음이란 텅 빈 신성의 투명한 미광으로서 전 현현영역을 부정하고 보존하는 것이다.

그러나 만일 중요한 (그리고 필수적인) 그런 경계 모두를 단지 하나의, 유일한 대경계로 축소시키고 그것을 유일한 '자기/타자' 경계라고 부를 경우, 엄청난 이론적 혼란이 초래된다. 예컨대, 정신분석학에서조차도 단지 하나의 경계만을 인정하기 때문에 모든 심적 동일시는 구순 단계로의 일시적인 퇴행을 포함한다는 관념이 여전히 남아 있으며, 심적 경계를 넘어선 것을 신체적 구순 경계로 퇴행한 것으로 여기게 되었다(모든 내사introjection는 음식과 똑같은 경로를 따라야만 한다. 왜냐하면 그것이 유일한 경계이기 때문이다).

마찬가지로, (선과 신비주의를 잠시 접해 본 적이 있는) 보다 전위적인 이론가들에게는 상위 차원이 어떤 식으로든 비이원성을 포함하고 있고 모든 중요한 활동과 발달적 활동은 이 '단일한' 자기/타자 경계 주변을 중심으로 일어나는 것처럼 보이기 때문에, 게다가 이러한 (신체적 및 정서적인) 최초의 중요한 경계들이 출생 후 3년 이내에 분화되기 때문에, 이것만이 그 이후의 인간발달에 있어서 유일한 분기점처럼 보일 것이고, 이로 인해 태곳적 전前 분화 상태의 상실이 돌이킬 수 없는 소외처럼 보이겠지만, 실은 최초의 깨어나는 단계에 지나지 않는다.

최초 경계에 부속된 실존적인 불안은 경계에 의해 만들어진 것이 아니라, 단지 경계에 의해 드러난 것으로서 인식된 삼사라/윤회에 속하는 것이다. 그런 불안에 대한 의식은 분화 이전으로 퇴행해 감으로써 불안을 지울 수는 있겠지만 극복한 것은 아니다. 그 불안은 경계가 만들어지기 전으로 돌아감으로써가 아니라, 그 경계를 초월함으로써 극복된다.

그러나 버먼은 '단일 경계'라는 평원 패러다임을 따랐기 때문에, 이 '유일한' 분화를 (발린트Balint가 그런 것처럼) '기본적인 과오, 결핍'이라는 의미에서 '기본적 결함'이라고 불렀다. 그 결함은 마치 지리적 지층선처럼 압력이 가해지면 지진을 일으키려고 기다리고 있는 구構나 다름없다. 그러나 버먼은 이 기본적인 분화/결함을 보편적이라고 믿지 않았는데, 그 이유는 전근대 수렵채집 부족들은 전혀 그렇지 않았거나 아주 조금만 그렇기 때문이라고 그는 말했다(이 점에 관해선 나 역시 아무런 이의도 없다). 그러나 신석기 시대의 농경 문화라는 대범죄와 더불어 가축과 야생동물의 구별이 시작되었고, 그 이후 인간의 역사는 보다 큰 비참과 과오 속으로 전락했으며, 나머지 모든 것은 인간이 자기와 타자를 분리한 그 유일한 기본적 결함을 극복하기 위한 시도였다는 것이다. 이렇게 해서 그는 태평스럽게 선언했다. "인간 역사의 대부분은 일종의 불필요한 인조물에 지나지 않는다"(311쪽).

그가 '과오'라고 생각하는 한 가지 특별한 예는 신석기 시대에 들어 시작된 '가축'과 '야생'의 구분이다. "생물에게서 일단 야생과 가축이라는 구별이 생기게 되면 그에 따라 자기와 타자는 필연적으로 대립적인 관계에 있게 되고, 이를 어떻게 해야 할 것인가라는 '문제'가 대두된다"(76쪽). 그가 가축과 야생의 구별이 필연적으로 주체와 객체를 소외시킨다고 주장하는 점에 주목하기 바란다(이런 식의 '필연성'은 모든 분화를 분리로 해석할 경우 어디서나 나오기 마련이다. 왜냐하면 떡갈나무 가지 하나하나가 모두 도토리에 대한 폭력처럼 보이기 때문이다).

마찬가지로, (에코 남성주의) 낭만주의자(이들은 수렵채집을 옹호한다.)에 의한 대범죄는 언제나 원예농업(가축 대 야생)인데, 여기서 간과되는 것은 수렵채집 문화에서도 날 것과 익힌 것의 구별이 있었다는 점이다. 이것 역시 자신의 목적을 위해 자연을 변경한다는 점에서는 똑같은 것이다. 그러나 퇴행적 낭만주의 입장은 초기의 인간 존재 상태는 '자연을 변경'시키려고 하지 않았다는 데 있다. 왜냐하면 그들은 근대성에 대한 비판이라는 자신들의 목적을 위해 이미 그러한 상태를 설정해 놓았기 때문이다(즉, 낭만주의자들은 분화를 인정하지 않았기 때문에 '낙원'은 과거에 존재할 수밖에 없으며, 분화 이전의 과거가 실낙원임에 틀림없는 것이 된다. 고상한 야만인이라는 멋진 해석에 도달한 것은 엄청나게 많은 불유쾌한 반대 증거를 무시하고 만들어 낸 하나의 이데올로기다. 최근에는 필립 슬레이터Philip Slater와 길버트 브림Gilbert Brim이 이러한 재마법파에 속한다).

그런데 버먼은 "신석기 문명이 자기와 세계 간의 대립을 열어 놓았다. 신석기 시대 사회의 모형과 자기/타자, 야생/가축이라는 범주적 구별에서 이런 분열적인 사이클이 만들어진 것은 피할 수 없는 일이었다. 서구의식은 이런 이원론에 의해 심대한 영향을 받았다."라고 주장했다. 그러나 동양적 의식도 마찬가지로, 야생/가축이라는 구별을 했음에도 불구하고 어쨌든 '비이원적'이다(여기서 이 결정적인 분기점에 관한 그의 논의 전체의 정당성이 무너졌다. 실제로 이 분기점은 골치 아픈 이원론이 아니라 성장을 위한 분화이기 때문이다).

이 모든 점에서 볼 때, 그의 논의에는 분화와 분리에 대한 진지하고 일관성 있는 구별이 없으며, 필요한 기능적 역할을 하는 아주 다른 종류의 경계를 전혀 구별하지 않고 있다. 여기에는 단지 기본적인 간극, 결함, 분열이 있을 뿐이다. (자연에서의 다른 모든 과정과 마찬가지로) 전 분화, 분화, 탈분화된 통합과 통일이 있음에도 불구하고, 그의 논의에는 단순히 주체/객체 융합 대 주체/객체 소외만 있을 뿐이다. 단순히 멋진 도토리 대 떡갈나무가 도토리에게 저지른 잔혹한 폭력만이 있을 뿐이다. 떡갈나무는 소외되고 분열되고 왜곡된 도토리인 셈이다.

따라서 버먼의 경우, 분기점 2를 넘어선 모든 것(즉, 생물중심적 신체 자아, 신체-생기적 자아를 넘어선 모든 것)은 근본적으로 수렵채집인은 갖고 있지 않았지만 그 이후의 모든 인류 역사가 비극적으로 극복하려고 시도했던 '분열' '간극'을 메꾸려는 비극적이고 비참한 시도 이외에 다른 것이 아니다. 나무 열매를 따던 단계를 넘어선 모든 것, 즉각적인 감각적 신체를 넘어선 모든 것은 근본적으로 일어나서는 안 될 일('일종의 불필요한 인조물')이었다. 왜냐하면 즉각적인 감각적 신체를 넘어선 모든 것은… 악이기 때문이다.

이것은 버먼에게 있어서 유일한 **존재론적** 실재는 마음과 신체가 분리되기 이전의 감각적 신체, 생기적-정서적 신체(즉, 분기점 3 이전)라는 것을 의미한다. 생기적 신체('신체적 실재')만이 유일한 근본적인 실재이므로 모든 역사는 이 생기적 신체에 코드화되어 있음에 틀림없으며, 그 신체와 신체의 원초적인 감정의 변동으로 보일 수밖에 없다. 그 밖의 모든 것은… 그 간극, 그 기본적인 결함을 메꾸려는 비극적인 시도일 뿐이다. 따라서 진정한 역사란 바로 신체의 역사다, 이상 끝. "역사란 최종적으로 육체의 활동이며, 그것은 신체 분석 기법을 사용해서만 드러낼 수 있다. 진실은 오직 신체적 관점에서만 보일 수 있다"(136-137쪽, 필자의 강조임).

이것은 헌신적인 환원주의자에게조차도 무리한 주문이다(마르크스주의자조차도 폐기했다). 따라서 신체를 역사의 제일 원동력으로 삼기 위해 버먼은 신체에 대한 매우 교묘한 정의를 고안해 내야 했는데, 이런 정의에 의해 그는 모든 논점을 감출 수 있었다. 그는 신체에 대해 다섯 개의 전혀 다른 정의를 부여했는데, 이런 정의에 의해 그는 역사를 자신의 뜻대로 다룰 수 있게 되었다.

다섯 개의 다른 용법이란, 신체적으로 느낀 신체, 경험 일반으로서의 신체, 내면성으로서의 신체, 분화 이전 의식으로서의 신체, 물리적 신체로서의 신체(뇌를 포함해서)다. 그러나 처음의 두 개가 가장 중요한 것이어서 나는 이 두 개에 초점을 맞출 것이다.

(1) 신체라는 말로 버먼은 일차적으로 물리적 감각적 · 감각-신체를 의미한다. 그가

책 제목을 『감각으로 돌아오기』라고 한 것은 이 때문이다. 일반적으로 우리가 '육체' '감각' '기본적 감정'이라고 하는 것과 같은 의미다.

(2) 그러나 그는 모든 '강렬한 경험'을 '신체'라는 말로 표현하기도 했다. 따라서 버먼의 우주에서는 강렬하게 경험된 것은 모두 신체적인 것이다(여기에 그는 신체 감각이 완전히 소실되는 강렬한 신비 상태도 포함시켰다. 왜냐하면 그의 정의에 의하면 이 경험이 강렬한 것인 이상 그것은 신체적인 것임이 분명하기 때문이다. 이것은 현상학적으로 완전히 틀린 것이지만, 그런 것은 전혀 문제가 되지 않는다).

'신체＝경험'이 갖고 있는 진정한 문제는 경험주의 일반의 근본적인 문제이기도 하다.

경험주의의 의미

경험주의의 강점은 지식은 경험에 바탕을 두어야 한다고 늘 일관되게 주장해 왔다는 데 있으며, 경험주의의 파국은 그 주의가 경험을 결코 적절하게 정의할 수 없었다는 데 있다. 실제로 경험주의는 많은 경험적 증거를 제외한 채 '감각 경험'만이 경험이라고 보고 있다. 분명히 그것(감각 경험)만이 공적인 것이라고 (잘못) 생각했기 때문일 것이다. 따라서 경험주의는 일반적인 파악 전체로서의 경험(이것이 옳고 바람직한 것이다.)이 아닌 감각적 파악으로서의 경험(환원주의적)만이 경험이라는 입장으로 바뀌는 경향이 있다.

감각 경험만이 있는 것이 아니라, 심적 경험도 있고 영적 경험도 있다(신체, 마음, 영이라는 단순화시킨 홀라키만 적용하면 동일한 분석을 의식의 스펙트럼 전체 수준에도 적용할 수 있다. 의식의 스펙트럼은 곧 경험의 스펙트럼이다).

그러나 경험주의자는 통상 단순히 감각 경험을 추상화한 것이 심적 경험이라고 본다(반영 패러다임). 여기에는 (앞에서 상세하게 논했듯이) 근본적 계몽주의 패러다임에 포함된 모든 자기모순과 부적절성이 들어 있다. 예컨대, 수학은 단순히 감각 경험으로부터 추상화한 것이 아니다. 수학은 대단히 풍요롭고 농밀한 심적 경험이다. 나는 나의 인식에 들어온 수많은 상징, 관념, 개념 등을 마음의 눈을 통해 직접적으로 파악한다. 그런 것들은 그 자체로 구름, 바위, 비의 경험과 마찬가지로 전적으로 진정한 것이다. 결국 상징과 바위 둘 다 실제로 경험하는 순간 나의 인식에 즉각적으로 주어진다. (바위는 '진정'하지만 상징은 '그렇지 않다'고 말하는 것은 즉각적 인식에 대한 직접적 경험이 아니라 심적인 연역적 추론이다.)

(이미지, 상징 및 개념 같은) 심적 경험은 종종 '무미건조하고 추상적'이라는 '나쁜 평

판'을 받는다. 그러나 심적 경험은 감각 경험과는 달리 그 자체가 직접적이고 즉각적일 뿐만 아니라, 한발 더 나아갈 수 있고 감각 경험을 표상할 수 있기 때문에 그런 것이다. 바위라는 단어(심적 경험으로서의 '바위')는 감각 경험으로서의 바위를 표상할 수 있다. 만일 내가 감각 경험의 대체물로서 심적 경험을 갖는다는 생각에 붙잡혀 있다면, 확실히 그러한 심적 경험은 나쁜 의미로서 '단지 추상적인 것'이 될 것이다. 나는 기호는 갖고 있지만 지시대상은 피하는 것이 된다. 그러나 그것은 심적 경험의 **오용**일 뿐 심적 경험에 대한 **정의**는 아니며, 심적 경험에 대한 **설명**은 더더구나 아니다. 심적 경험 대부분은 순수한 경험적·감각적 지시대상을 갖고 있지도 않다. 나는 경험적으로 간단히 바위를 가리킬 수 있다. 그러나 선망, 자존심, 명예, 질투 등은 간단히 경험적으로 가리킬 수 없는데, 이것이 언어에 대한 경험주의이론들—감각적·반영적 이론들—이 여러 차례 보았듯이 상호 주관적인 언어이론의 대화적인 측면에 직면하자 완전히 붕괴된 이유다. 대부분의 심적 경험과 기호는 감각대상을 가리키는 것이 아니라 다른 심적 경험이나 지시대상을 가리킨다. 그런 것들은 감각자료에서 추출된 것이 아니라 해석학적 원형을 순환하는 농밀한 심적 경험이 농축된 것이다. 심적 경험은 감각적 요소를 갖고 있지만 그런 감각적 요소로 **환원**시킬 수는 없는데, 그 이유는 심적 경험이 감각적인 요소로부터 유래하지 않기 때문이다. 심적 경험은 감각자료를 초월하면서 **포함**한다. 따라서 그런 심적 경험들은 단지 감각적 인상만을 가리키는 것이 아니며 또한 그것으로부터 추상화한 것만도 아니다.

따라서 해석학자들이 오래전부터 지적해 왔듯이, 언어는 단지 감각세계를 **표상**하는 것만이 아니라 감각에서는 발견되지 않는 세계를 **창조**한다. 언어는 세계를 열어 보여 주고 세계를 현전케 한다. 단지 세계를 표상하는 것만이 아니다. 언어는 정신권의 것으로, 기본적으로 생물권이나 물질권을 가리키는 것이 아니라 그런 자연 영역을 넘어서 있으며, 마술적이든 신화적·합리적·실존적이든 다른 심적이고 언어적인 경험을 가리킨다. 이들 심적·언어적 경험 중 어떤 것은 심적 이전의 홀론을 가리키며 어떤 것은 초심적 홀론을 가리키기도 하지만, 대부분은 다른 심적 수준 홀론을 가리킨다. 이 점에 관해선 잠시 뒤에 다루겠지만, 어쨌든 그런 것들은 단지 감각 경험으로부터 추상화한 것들이 아니다.

[앞에서 보았듯이, 정신권이 이렇듯 '구성'된 것이지 단지 '반영' 또는 '표상'된 것이 아니라는 것은 (많은 급진적 상대주의자가 주장하는 것처럼) 그러므로 자의적이라는 것을 의미하지는 않는다. 그런 것들은 여전히 문화적 학습을 가능하게 해 주는 타당성 요건에 기반을 두고 있다. 왜냐하면 심적 홀론도 그 자신의 법칙에 지배되는 패턴을 따르고 있기 때문이며, 단지 무질서한 공간에서 자유롭고 행복하게 부유하는 것은 아니기 때문이

다. 그러나 상대주의의 진실성은 (나도 강력하게 옹호하는 것이지만) 정신권은 단순히 생물권을 반영하는 것이 아니며, 문화는 경험과학에 의한 물리적 세계를 얼마나 충실히 반영하는가로 판단될 수 없다는 주장에 있다. 만약 지식이나 문화가 단순히 '자연의 거울'일 뿐이라고 오해한다면, 만약 자연에 관한 진정한 지식이 현대 경험과학에 의해서만 주어진다면 모든 문화는 그저 과학에 대항하는 것으로 판단될 수밖에 없을 것이고, 과학이외의 문화는 오직 뉴턴의 '니어 미스near misses'나 '원형'으로 환원되고 말 것이다. 문화를 다양하게 판단할 수는 있겠지만, 단지 경험주의자의 판단에 맡기는 것은 다른 곳에서도 그렇지만 적절하지 않다.]

언어의 세계-창조, 세계-개시, 세계-현전 능력을 생각해 보면, 언어에 대한 단지 '반영적'인 경험적 · 행동주의적 이론들은 설 자리를 잃을 수밖에 없다. 촘스키Chomsky의 언어이론을 달리 어떻게 생각하든, 그가 스키너Skinner에게 퍼부은 잘 알려진 공격을 통해서 그런 행동주의이론들을 산산조각 냈다는 사실은 거의 보편적으로 인정되고 있다.

그런데 직접적인 감각 경험과 직접적인 심적 경험(둘 다 부분적으로 매개될지라도 최종적으로는 언제나 즉각적으로 그들 자신을 드러낸다.)에 더해서 직접적인 영적 경험이라는 것도 있다. 예컨대, 정묘 단계의 계시는 바위에 대한 경험이나 심적 이미지 경험과 똑같이 직접적이고 즉각적인 방식으로 나의 인식에 현시된다. 그런 것들은 나의 인식에 그저 나타나며, 나는 그것을 파악한다(어떤 매개적 연쇄를 통해 그런 것들이 나타나는가 하는 것과는 별개다. 우리가 이들 매개적 연쇄를 발견할 경우, 그런 연쇄 역시 인식 속에 직접 들어온다).

이 때문에 경험주의가 한탄스럽게도 언제나 '감각적 경험주의'로 향하는 경향이 있긴 하지만, 많은 신비주의자가 '신비적 경험주의'를 말할 수 있는 것은 '경험'이라는 말을 단순히 '직접적인 감각적 인식'만이 아니라 직접적인 신비 경험을 '즉각적 인식'이라는 보다 넓고 보다 진실한 의미로 말하기 때문이다(그토록 많은 신비주의자가 자신들의 노력을 경험적 · 실험적 · 과학적이라고 말하는 것은 이 때문이다).

여기서도 심적 경험은 곤경에 처할 수 있는데, 그 이유는 그것이 직접적인 계시로서의 영적 경험을 나타내기 위해 '신'이라는 단어에 대한 심적 경험을 사용할 수 있기 때문이다. 여기서도 '단지 추상'이라는 문제가 발생한다. 그것은 그 자체가 심적이지 않은 경험을 다루기 위해 심적 경험을 사용한다. 이런 심적 '표상'들은 '단지 형이상학'이 되었고, 칸트 이래로 형이상학은 이치에 맞지 않고 아무런 경험적 근거도 없는 전적으로 좋지 않은 생각이 되고 말았다. 이런 유형의 '단지 형이상학'은 진정한 지식을 결여한 공허한 범주에 지나지 않는 것이 되었다. 다시 말해, 진정한 경험을 결여한 것에 불과한 것이 되고 말았다는 것이다.

그러나 칸트는 영적 경험에 관해선 아무런 지식도 없었기 때문에 형이상학 자체가 죽었다고 생각했다. 누구보다 쇼펜하우어가 칸트에게 파괴적인 공격을 퍼부었던 것은 이런 점 때문이었다(카츠Katz의 신칸트주의적 논의가 붕괴된 것도 여기에서다). 칸트는 경험적인 기초를 결여한 심적 상징은 공허한 것임을 보여 주었다. 그러나 그의 논의에서 진정한 결론은 미래의 형이상학은 모두 경험적이어야 한다는 것, 즉 직접적인 인식과 경험에 기초를 둔 것, 그리고 진정한 지식 획득을 위한 세 가지 요소, 즉 지시/패러다임, 파악, 확증/기각에 기반을 둔 실험적인 것이어야 한다는 것이었다. 관조 경험의 타당성을 주장할 수 있는 것도 그러한 타당성 요건에 부합하기 때문이다.

칸트 이래로 거의 모든 사상가(그리고 그가 개척한 길을 따른 사상가들)는—니체에서 하이데거, 아이어Ayer, 비트겐슈타인, 데리다, 푸코, 아도르노, 리오타르Lyotard에 이르기까지—'형이상학의 죽음'과 '철학의 죽음'을 선언했다. 그것이 '공허한 범주의 죽음'이라는 의미라면 전적으로 동의한다. 그러나 미래의 모든 형이상학에 대한 서론은 그 노력이 완전히 죽은 것이 아니라 진정한 형이상학은 이제 마침내 시작할 수 있게 되었다는 것, (진정한 영적 경험에 기초한) 실질적인 관조적 발달이야말로 형이상학의 미래라는 것이다.

따라서 (신 안에) "신앙의 여지를 만들기 위해 지식(표상적인 형이상학)을 폐기하려는" 칸트의 시도는 나가르주나식으로 완성되었어야만 했다. 즉, 신 안에서의 신앙을 위해서가 아니라 직접적인 신의 경험을 위해서 상징과 개념(추상적 또는 표상적 형이상학)을 폐기하는 것이어야 했다.

따라서 우리가 원하는 것은 경험주의에서 최선의 것, 즉 진정한 지식은 증거와 경험적 기초라는 타당성 요건에 바탕을 두어야 한다는 것을 받아들이는 것이다. 나아가, 우리는 그곳에 오래전부터 분명했어야만 했던 것, 즉 경험에는 감각 경험, 심적 경험, 영적 경험이 있다는 것을 추가하고자 한다(세 가지 경험은 홀라키적으로 서로 긴밀히 짜여 있다. 예컨대, 심적 경험은 문화적인 매개와 색조를 띠게 되지만, 감각 경험과 영적 경험은 똑같이 그런 식으로 만들어지는 것이 아니라 그 자체로 일어난다). 그런 다음 마지막으로 하나 더 추가하고 싶은 것은 서로 다른 유형의 경험을 혼동하지 말라는 것, 어떤 경험 범주를 다른 경험을 다루는 데 사용(범주 오류)하지 말라는 것이다.

따라서 '형이상학의 죽음'의 올바른 의미는 영적 경험을 나타내기 위해 심적 경험(상징)을 사용하는 것의 죽음이다. 그리고 진정한 형이상학의 탄생이란 직접적으로 (그리고 비판하고 검토하는 상호 주관적인 언설 공간인 상가sangha에서 공동으로 공유된, 따라서 철저하게 타당성 요건에 바탕을 둔) 그런 영적 경험을 발견하는 것이다.

어떤 신체를 말하는가?

다시 원래 주제로 돌아가 보자. 내가 이 모든 것을 언급한 이유는 버먼이 신체-감각적 육체를 경험 전부를 의미하는 것으로 해 놓고선, 교활하게도 그것이 의식의 전스펙트럼을 다룰 수 있으며 진정으로 그것이 경험 전부라고 주장하기 때문이다. 그는 필요에 따라서 단순히 신체적 경험에서 모든 경험으로, 다시 거꾸로 정의를 변경했다.

또한 그는 '다섯 개의 신체'를 제창하는 것에서 끝나지 않고, 실제로 그렇게 했다. 로버트 매스터스Robert Masters가 대사슬에 대해 시도한 (꽤 혼란스러운) 해석에 바탕을 두고, 버먼은 인간에게는 실제로 다섯 개의 신체가 있다고 주장했다. (1) 물리적 신체, (2) 생기-생물적 신체, 그는 이것을 살아 있는 신체라고 부르며, 또한 느슨하게 마음이라고 부르기도 했다. (3) 심층의 마음, 성기체적astral 신체 또는 참자기, 그는 이것을 혼이라고 부르기도 했다. (4) 심령 또는 초상적paranormal 신체, (5) 궁극의 영 또는 세계혼으로서의 신체가 그것이다.

이것은 우리가 물질, 신체, 마음, 혼, 영으로 요약했던 것을 다소 혼란스럽게 나열한 것이긴 하지만, 여기서는 두 가지 모두 대사슬과 유사한 것으로 보아도 괜찮을 것 같다. 이보다는 버먼이 의식의 모든 단계가 정말로 신체적인 일이라고 주장했다는 점이 핵심이다. 그는 그러한 것들이 신체적 실재라는 심층 생리 과정에 뿌리를 두고 있기 때문에 (잠재적으로) 보편적이라고 주장하기도 한다(다섯 개의 신체는 내가 보편적 심층구조라고 부르는 것을 소지하고 있다. 그는 자기식으로 대사슬은 문화적인 인조물이 아니라 보편적인 심층구조를 갖고 있다고 말하는 것이다).

버먼이 그쯤에서 멈췄다면, 그런대로 괜찮았을 것이다. (베단타와 같은) 지혜 전통에서도 신체라는 말을 경험이라는 확장된 의미로 사용하며, 의식의 스펙트럼 수준이 경험적인 실재이므로 종종 '신체' 또는 '외피sheath'라고 부른다(조대신, 정묘신, 원인신 또는 붓다의 법신, 보신, 웅신 등은 같은 개념이다).

그러나 이런 전통들의 경우 유념해야 할 것은, 모든 신체가 거친 생리적 신체의 변이는 아니라는 것이다. 생리적 신체 자체는 다수의 신체 중 하나에 불과하며, 대부분의 신체는 완전히 비경험적·비감각적·비생기적·비생물적이다(사상한 관점에서 볼 때, 다른 모든 신체가 우상상한에 **상관물**을 갖고 있긴 하지만, 어떤 것도 그런 상관물로 환원될 수 없으며 어떤 신체도 단지 좌측의 조대-생기적 측면만은 아니다).

그러나 버먼은 양쪽 모두이기를 원했다. 그의 논점은 이렇다. 진실로 진정한 유일한 신체는 조대-생리적 신체뿐이며, 다른 모든 신체는 원초의 간극, 기본적인 과오를 메우기 위해 만들어진 왜곡된 것에 지나지 않는다. 일단 생리적 신체가 세계로부터 분화되면 (분기점 2)—버먼은 이것을 고차원의 통합을 위해 필요한 분화라고 보지 않고 근본적인 분열, 근본적인 소외, 근본적인 결함이라고 보았다—, 즉 일단 이런 분할이 일어나면 다른 모든 신체는 이 간극을 메우기 위한, 원죄(단일 경계)와 화해하기 위한 뒤틀리고 왜곡된 신체들이다. 따라서 다른 모든 신체는—즉, 상승적 발달의 모든 스펙트럼은—최종적으로 단지 '불필요한 인공물'에 지나지 않는다. 이러한 발달과 상승의 전반적인 역동성은 원초의 간극, 두 살 무렵 엄마가 '충분히 비춰' 주지 않았기 때문에 생긴 간극을 메우려는 왜곡된 시도일 뿐이다.

따라서 분기점 2를 넘어선 모든 것은 기본적으로 불필요하다. 버먼은 이런 어리석은 주장과 함께 지난 10만 년에 걸친 인간의 발달을 쓰레기통 속에 내던졌다. 그는 히틀러나 예수나 다 똑같은 기본적인 에너지에 의해 움직인다고 말했다. 그는 페이지를 거듭해 가면서 전 인류의 거대한 어리석음에 대해, 열매를 따 먹던 단계를 넘어선 모든 문화적 인조물에 보편적으로 공통하는 어리석음에 대해 당당하게 꾸짖었다.

가끔씩 버먼은 몇몇 문화적 산물(몇몇 현대 예술가, 연금술사, 알비겐시아~Albigensia~ 지역의 이단 집단인 신비주의 카타리파~Cathars~ 등)에 대해 마지못해 칭찬하려고 멈추기도 했고, 그들의 성취에 대해 서툰 경의를 표하기도 했다. 그러나 (1) 기본적인 과오(분기점 2)는 수렵채집인들은 그런 것을 갖고 있지 않기 때문에 보편적인 것이 아니다. (2) 하지만 채집 단계 이후의 세계는 보편적으로 그것에 묶여 있다. (3) 그러나 그것은 창조적으로도, 파괴적으로도 사용될 수 있다(여기서 그는 창조적인 사용법에 대해 말뿐인 호의를 보이는데, 이렇게 말하는 것은 애당초 그런 일은 전혀 일어난 적이 없었기 때문이다). (4) 그럼에도 불구하고, 그는 상승을 전부 집어치우고 감각과 감정의 세계로 돌아와서 장미 향을 맡을 때에는 오직 장미 향만을 맡으라는 주장으로 끝맺었다.

역사 분석 과정에서 그는 별 생각 없이 역사의 진정한 동인을 지적했다. 이런 진정한 동인은 언제나 저지되어 왔고 이단으로 비난받았던 것인데, 이 이단은 (버먼이 애써 주장한 것처럼) 단순한 신체적인 경험이 아니라 오히려 실질적인 경험적 상승이었다.

버먼은 서구를 특징짓는 네 개의 이단을 제시했다. 그리스인(또는 영지주의: 그는 플라톤/플로티노스를 의미하지만, 실제로는 유대 기독교 영성의 신비주의적 기반도 포함된다.), 알비겐시아인의 이단(프랑스 남부의 카타리파: 실질적인 신비 수행과 경험은 이들로부터 시작됐으며, 이단 심판도 원래 이들을 제거하기 위해 제도화되었다.), 오컬트occult 과학(중세 후기에 시작. 초기 과학자는 신비주의자, 주술사 및/또는 오컬티스트이기도 했다.) 그리고 나치즘/파시즘(이는 일종의 왜곡된 상승에 속한다.)이 그것이다.

흥미롭게도 그가 좋아하는 거의 모든 운동(몇몇 초기 신비주의적 과학자에서 카타리파에 이르기까지)은 실제로 상승에 속하는 것이며(그는 이것을 다섯 개 신체의 실천이라고 부르며, 대체로 스펙트럼의 확대를 의미한다.), 교회에서는 이것을 이단으로 보았다(우리가 탐구했던 이유들 때문에). 그리고 그가 특히 비난했던 운동(나치즘)은 좌절되고 왜곡된 약속이거나 거짓된 약속으로 가득 찬 상승이었다.

하지만 이제는 상승을 모두 폐기해야 할 때다. 따라서 그런 것들은 문제가 되지 않는다. 진정한 상승(카타리파와 같은: 버먼은 이것을 수렵채집 시기 이후 서구에서 생긴 가장 멋진 문화라고 보았다.) 대 왜곡된 상승(나치즘: 나치 이데올로기의 대부분은 버먼이 분명히 한 것처럼 순수하게 하강적·생물중심적·에코파시즘적인 것이었지만)을 구별할 때가 아니라는 것이다.

이제는 상승을 전적으로 내던져야 할 때라는 것이다. 필요한 것은 '신체의 회복' '감각으로의 회귀'뿐이다. 앞에서 지적했듯이, 버먼에 의하면 우리의 구원은 주로 신체적·감각적·생리적인 것에 있으며, 따라서 진정으로 우리에게 필요한 것은 우리의 이러한 감각적·쾌락 추구적·신체 만족적인 문화에서 좀 더 신체적이 되는 것뿐이다.

신체로 돌아가라, 감각으로 돌아가라, 순수한 하강세계로 돌아가라. 만일 나 같은 비판자가 우리의 문화는 이미 감각적인 만족으로 질식될 지경이라고 말하면, 버먼 같은 사람들은 언제나 우리는 신체를 진정으로 느끼는 것이 아니라 단지 그 대체물을 제공하고 있을 뿐이라고 답했다. 그야말로 표준적인 하강적 해결책이다. 감각적 그림자에 충분히 가까이 있지 않은 것이 우리의 문제라는 것이다.

신체로 돌아가라, 감각으로 돌아가라, 그것이 나를 기분 좋게 느끼게 하는 한 전인습적·자기중심적인 본성, 신체의 회복, 신성한 에고이즘의 중심화로 돌아가라. 버먼은 우리의 구원으로서 그가 제창하는 '순수한 사랑'에 대한 하나의 예를 사용했다. 그것은 두 살배기 어린애가 보여 주는 감정의 세계다. 나는 이와 같은 의식이야말로 생명의 사랑이라고 부를 만한 것이라고 믿는다. 아마 그럴지도 모른다. 그러나 그것은 타자에 대한 사랑은 아니다. 두 살배기가 아무리 '자연스럽고' '개방적'이라 해도 타인의 역할을 취할 수는 없다. 사랑이란 우선 타인을 보고 타인의 입장에 서서 종종 자신을 희생하면서 타인에게 존경을 표하는, 그런 진정한 상호 주관적인 배려 공간에 들어서는 것이다. 왜냐하면 그렇게 하는 것이 최대의 폭을 위해 최대의 심도를 촉진하기 때문이다. 자신의 감정에 사로잡혀 있는 두 살배기는 주변에 놓여 있는 성가신 기본적 과오로 인해 괴로워하지 않는다. 이곳은 퇴행적 낭만주의의 에덴동산이며, 온우주의 자비로부터 외면하고 서 있는 자아중심적인 즐거움이 있는 곳일 뿐이다.

버먼은 이 모든 것을 생각해 보고는 책의 마지막 두 페이지에서 그때까지 그가 해 온 논의 전체를 지워 버렸다. "나에게는 떠나지 않는 의문이 하나 남아 있다. 즉, 문화적 성실성의 운반체로 신체를 과대평가한 것은 아닐까 하는 것이 그것이다. 신체 그 자체만으로 회귀하는 것은 폴 라이언Paul Ryan이 한때 나에게 지적했던 것처럼 단자적인 해결이 아닐까? 그것은 모나드를 가져다주는 것은 아닐까?"

전인습적·자아중심적·신체 구속적인 모나드. 감각으로 회귀하는 것에 관해서는 지금까지의 논의로도 충분할 것 같다.

테오도르 로작, 『대지의 소리』

지금까지 가장 세련된 재마법파는 테오도르 로작Theodore Roszak이다. 대단히 읽기 쉬운 『대지의 소리The voice of the earth』에서 로작은 인간과 자연의 분열을 치유하기 위한 '에코심리학' 창조에 나섰다. 이 책은 초개인 차원을 배제하고 전개인 및 개인에게 이중의 의무를 강요할 경우 어떤 일이 벌어지는가를 보여 주기 때문에 유용하고 흥미롭다. 결국에는 둘 다 그 무게를 견디지 못하고 붕괴하고 말았다.

모든 재마법파와 마찬가지로 로작도 전개인(그는 원개인protopersonal이라고 부르기도 했다.) 차원으로부터 개인 차원이 발생하는 과정을 추적했다. 그런 다음 초개인 단계로 발달해 가는 과정 대신에 전개인과 개인을 결합시키는 일만을 생각했다. 천·지·인(신체, 마음, 영, 또는 전개인, 개인, 초개인. 초개인적 각성 속에 거할 때 천국은 바로 지금, 바로 여기 이 대지에 있다는 이해를 포함해서)을 통합하는 대신에, 전반적인 통합을 추진하는 대신에, 균형 잡힌 대지/신체와 인간/마음이 곧 천국/영이라고 혼동하고 있었다. 그리고 어린이와 원초적 인간은 대지와 인간을 명확하게 분화하지 않았기 때문에 천국에서 살았음이 분명하며, 그 에덴을 넘어선 진화는 비극적인 과오라고 말했다. 에코심리학은 이 끔찍한 범죄를 되돌려 놓을 것이고, 그러면 우리 모두는 다시 한번 천국으로 안내뱉될 것이라고 주장했다.

이런 유형의 접근이 갖고 있는 특별한 결점은 이미 보았듯이 진정한 문제(그리고 진정한 병리)는 대지와 인간의 분화에 있는 것이 아니라 대지와 인간의 분리에 있다는 데 있다. 로작은 분화와 분리 이 둘을 철저하게 혼동했고, 이 혼동이 그를 심대한 전/초 오류에 빠뜨렸다. 따라서 그의 '에덴과 같은' 상태에 대한 설명은 혼란과 모호함(그리고 종종 노골적인 자기모순)으로 가득 차 있음을 보여 준다. 한편으로 그는 원초적인 상태가 철저하게 편협적(지독하게 자아중심적·민족중심적)이었음을 알아차리고 있었다(또한 그렇다고 말했다). 그러면서 다른 한편으론 그것이 보편적인 생태적 지혜의 보고임이 분명하다고 말했다. 그러므로 그는 원초적인 미분화 상태를 찬미하는 동시에 그것으로부터 거리를 둘 수 있는 길을 찾지 않으면 안 됐다.

다수의 재마법파와는 달리 로작은 뛰어난 사상가(또한 재능 있는 저술가)여서 철저하게 위계적인 성질을 띠고 출발한 진화 자체의 명백한 사실을 아닌 것처럼 둘러대거나 무시하지는 않았다. "우주는 상호 연결적 시스템의 창발적 위계로서 자신을 드러낸다"(133쪽). "모든 심층 시스템 이론은 위계적이다. 그 이론들은 우주를 낮은 것에서 높은 것, 단순한 것에서 복잡한 것 순서로 이루어진 시스템의 피라미드로 묘사한다"(173쪽).

마찬가지로, 그는 창발성, 신기성 또는 창조성이라는 개념 그리고 홀라키 안의 각 수준은 실제로는 증대하는 상대적 자율성을 전제로 하는 초월 또는 해방이라는 사실도 확실하게 파악하고 있었다. "창발은 우리가 위계적 수준을 규정하는 경계를 넘어설 때 일어난다"(172쪽). "우리가 상위와 하위 시스템 사이(의 경계)를 넘어설 때… 이 놀라운 과정에서 각각의 구조적 수준이 상승할 뿐만 아니라 중요한 의미에서 선행하는 하위 수준의 지배로부터 해방된다. 각 수준은 선행 수준에 의지하지만, 그것을 초월해 있다"(175쪽).

초월과 포함, 이것이 초월을 발생시킨 분화가 지나쳐서 분리에까지 이를 수 있는 이유다. 분리는 하위에 대한 의존을 거부하고, 하위를 소외시킨다(이것은 진정한 병리다). 로작은 이러한 초보적인 차이점을 파악한 것으로 보이지 않는다. 그럼에도 불구하고, 그는 이런 관점에서 L. L. 화이트를 칭찬하면서 인용했다. "병적이지 않을 경우, 인간은 모든 생명 유기체와 마찬가지로 분화된 위계, 위계의 아주 잘 조정된 시스템이다. 위계적 구조는 물질과 마음에 공통적인 기본적 특징이다(필자의 강조임). 우리가 병에 걸리는 것은 이러한 위계의 어떤 수준에서 조정이 실패하기 때문이다. 따라서 신체, 마음과 생리 신체적인 병과의 관계를 명확하게 하려면 반드시 위계적인 접근이 필요하다. 죄책감, 위선, 비탄 등은 위계상의 병변이다"(181쪽).

바꿔 말하면, 병리는 분화된 위계 때문이 아니라 자연적인 위계에서의 병변 때문이라는 것이다. 즉, 문제가 되는 것은 필요한 분화가 아니라 이런 병변이다. 그러나 로작의 제시에서는 이런 결정적인 구분이 철저하게 빠져 있으며, 그로 인해 그는 실질적인 질병을 올바르게 진단도 하지 않은 채 에코심리학으로 인류를 치료하려고 나섰다. 그런 접근에서 자주 보여 주듯이, 질병보다 더 두려운 것은 바로 그 치료이다.

그러면서 그는 곧바로 진화의 기본적인 사실을 솔직하게 인정했다. 그것은 에코철학자로서는 매우 용기 있는 결론으로 그를 인도했다. 즉, 인간은 확실히 진화 피라미드의 정점에 있다고 그는 말했다. "각 수준은 발달 수준의 필요성에 따라서 형성된다. 이것은 우주가 원자와 은하계를 존재하도록 한 때부터 해 온 일이다. 우주는 보다 정교한 복잡성의 질서에 도달하려고 한다. 인간의 상상력이라는 정교한 역동성으로만 이룰 수 있을 것 같은 정교하고 복잡한 영역을 향하고 있다. 이런 위계의 정점에 있는 존재는 그때까지의 모든 가능성을 구현하고 실현하며 표현하는 것이다. 그것은 우주의 미개척인 위치에 놓여 있다. 진화는 역동적인 시스템의 위계로서 전진해 왔다. 그 모든 것은 인간세계에 집약되어 있다. 인간중심성은 위계적으로 진화하는 우주의 집약적인 '현재'로서 발생하고 있다"(185쪽, 191쪽, 209쪽).

로작의 인간원리 채택 배후에 있는 것은 바로 이 '인간중심성'이다. 그는 "존재의 사슬은 빅뱅 이래 복잡한 시스템이 발생하고 진화하는 시간적인 진전이다."(209쪽)라고 말했다.

로작이 설명하는 이 발달 피라미드라는 개념에는 분명히 많은 진실이 있다. 증거는 그로서도 무시할 수 없을 만큼 압도적으로 많다. 그러나 정말로 이 시점에서 진정한 모든 대사슬 사상가가 전형적인 보통의 인간 상태를 넘어서 초인간, 초개인, 영적인 차원으로 발달을 계속해 온 것과는 달리, 로작은 여기서 멈출 수밖에 없었다. 그는 어떤 진정한 초개인적 발달도 인정하지 않았기 때문에 현 상태의 인간(평균적인 자아-심적 의식과 그 수준의 욕망)만이 진화의 정점으로 남게 된다.

또한 그는 초개인적 차원을 결여하고 있기 때문에, 그리고 현재의 인간(개인적 차원)은 어떤 의미에서도 영적인 것을 결여하고 있기 때문에, 로작은 영적인 것을… 전개인적인 영역에 놓을 수밖에 없게 되었다. 그의 피라미드에서는 그것이 남아 있는 유일한 영역이기 때문이다. 그것은 진정한 위대한 홀라키이론가들에서처럼, 전개인적 수준과 개인적 수준(대지와 인간, 신체와 마음)이 초개인적 영역(천국과 영)으로 상승하고 통합되고 치유되어야 하는 것이 아니라, 우리의 구원은 이제 대지와 인간이 최초로 분화되기 이

377

전, 대범죄 이전에 놓여 있는 것이 된다.

그러나 이로 인해 로작은 이론적으로 매우 곤란한 입장에 처하게 되었다. 왜냐하면 그것은 진화—로작이 말하는 보다 높고, 보다 위대한, 보다 복잡한 형태를 향한 동인, 모든 하위 발달이 목표로 삼는 더 큰 '정점의 성취'로 나아가는 동인—가 과거 150억 년 동안 활동해 오면서 마침내 인간을 만들어 냈지만, 그런 진화가 돌연 거꾸로 가기 시작했다는 것을 의미하기 때문이다. 원초의 인류까지는 올바로 진행해 왔지만, 그 이후 모든 것은 잘못되기 시작했다는 것이다. 그 시점에서 모든 설명에서 그토록 칭송하던 진화의 법칙은 사라지고 저자가 좋아하는 이데올로기, 세계가 어떤 식으로 전개되어야 할지에 대한 그의 이데올로기로 대치되었다.

이 시점에서 로작의 이론적인 설명은 거의 모든 중요한 점에서 자기모순을 보이기 시작했다. 초기의 부족적인 의식은 그야말로 편협했으며 철저하게 부족중심적이었다고 그는 말했다. "각각의 부족은 독자적인 의식, 자신들만의 주문을 갖고 있었다"(76쪽). 부족적 의식ritual에는 글로벌하거나 보편적인 것은 없다고 그는 말했다. 부족의 치유사들은 공통의 세계중심적인 힘이 작용한다는 것을 부정했다. 그 힘은 오직 자신들의 부족을 위해서만 작용할 뿐이다. "부족의 치유사들 중에는 (자신의 부족을 넘어서 다른 어떤 사람들에게 도달하려는) 모든 시도의 타당성을 부정했던 사람도 있다"(76쪽). 그곳에서는 글로벌한 인간성은 성립하지 않는다. 따라서 로작은 부족구조와 '치유법'은 "완고할 정도로 편협하다."라고 말했다.

초기/부족 구조 자체에는 세계중심적인 것이라곤 전혀 없었지만, 로작은 그곳에서 천상의 낙원의 흔적을 찾지 않으면 안 되었다. 왜냐하면 그에게는 그곳 이외에 낙원이 있을 곳이 없었기 때문이다. 그로 인해 로작은 너무나 뻔한 모순을 말하지 않을 수 없게 되었다. "과학은 현대세계 사람들의 생활 곳곳에 침투해 있다. 그것은 수렵채집 시대 이후 인류가 가장 보편적인 문화에 접근했다는 것을 의미한다"(95쪽). 수렵채집인들이 과연 보편적 문화를 갖고 있었을까? 그 당시에 같은 언어로 말한 사람이 과연 얼마나 되었을까? 게다가 로작은 그들에게 어떤 보편성도 없었다고 부정하지 않았던가?

또한 미개/부족적 의식 자체가 '생태 지혜'의 원천이었음이 분명하다. 그러나 로작 자신이 제시한 증거에서조차 "부족 사회는 자신들의 환경을 남용하고 파괴했다. 선사시대, 지중해 연안의 부족민과 유목민은 토지를 너무나 지나치게 목초지화하거나 경작해서 그 헐벗은 상처를 지금도 볼 수 있을 정도다. 그들이 자연에 대해 신성한 감각을 갖고 있었다 하더라도 그들이 자신들의 삶터에 오랫동안 상처 입힌 무지를 상쇄시키지는 못했다"(226쪽).

마찬가지로, 다른 원시 사회에서는 "무지로 인해 자신들의 생존을 위협할 정도로 환경을 파괴했다. 하천은 파괴되고, 숲은 벌거숭이가 되었으며, 표토는 벗겨져 나갔다. 하지만 그 피해는 한정적인 것이었고, 일시적인 것이었다"(69쪽).

바꿔 말하면, 원시/부족 구조가 그 자체로서 생태적 지혜를 갖고 있었던 것은 아니며, 단지 범지구적 재산에 대해 보다 큰 피해를 입힐 만한 수단을 갖고 있지 않았을 뿐이라는 것이 올바른 결론일 것이다.

원시 부족과 현대적 환경 파괴 간의 주요 차이점은 지혜가 있는가 없는가가 아니라, 보다 위험한 수단의 출현에 따라 똑같은 지혜의 결여로 인한 파괴가 지금은 파멸적인 규모에까지 이르게 되었다는 것이다. 그 치유책은 (현대적 수단을 뺀) 부족적 형태의 생태적 무지를 재활성화하는 데 있는 것이 아니며, 그런 무지를 (자유시장 원리가 우리를 구원해 줄 것이라는) 현대적 형태로 지속하는 데 있지도 않다. 오히려 그 치유책은 인류 역사상 최초로 현재 되돌이킬 수 없을 만큼 분화된 생물권과 정신권을 통합할 수 있는 켄타우로스적 비전-논리로 진화하고 발달하는 데 달려 있다.

이런 분야에서 가장 앞서 있는 시스템 이론과 생태과학의 유용하고 진실한 부분을 잘 활용하는 것은 중요할 것이다. (로작도 인정하고 있듯이) 그러한 과학은 역사상 최초로 생태계에 대한 무지가 우리 모두를 죽음으로 몰고 간다는 점을 보여 줄 수 있다. 미분리도(부족적), 분리를 지속하는 것도(산업화) 가이아를 구할 수 없을 것이다. 양쪽 모두 이런 점에 관해선 일찍이 본래적인 결함을 충분히 보여 준 바 있다.

이 때문에 로작이 지속적으로 지적했듯이, "어떤 것도(과학을 말한다.) 우리를 하나의 가족으로 결합하는 데 있어 더 좋은 기회를 제공해 주는 것은 없다"(95쪽). 그러나 그는 과학이 꽤나 메마르고 추상적인 것이어서 수많은 사람의 마음과 감정을 움직이지는 못할 것이라는 점을 강조하면서―그는 초개인적 해방을 인정하지 않으므로 여전히 자신의 천국을 다른 곳에서 찾고 있다―우리에게 필요한 것은 과학과… 원시적 애니미즘의 통합이라고 말했다. ("애니미즘적 감수성의 일부를 회복시키려 한다면, 그 과제는 현대 과학과 통합시키는 일이 될 것이다.", 94쪽.)

여기서 로작의 전/초 오류(와 모든 자기모순)가 전면에 등장한다. 로작은 원시인과 유아에게서 자신이 좋아하는 애니미즘의 일부는 취하고 나머지는 버리고 싶어 했다(그는 이것을 단지 '미신'이라고 말했다). 자신이 좋아하는 것을 취사선택한 패러다임에서 그는 "부족 문화에서 발견된 다양한 실천에서 순수하게 '미신'이라고 생각되는 것(예컨대, 주문hexes, 저주curses, 사악한 눈evil eye, 인신제물)은 제외했다."(77쪽)라고 말했다. 그러나 그러한 실천은 미신이 아니다. 그런 것들은 그 발달 단계에서 문화적 의미와 기능을 구성하는 요소들이다. 모든 것이 한 묶음의 세트로 되어 있어서 좋아하는 것만 선택할 수는 없는 일이다.

그러나 분화와 분리를 혼동하고 있고 또한 전개인적인 것과 초개인적 해방을 혼동한 결과, 로작은 전형적인 격상주의 방식을 통해 칭찬할 만한 것에 의존해 가면서 우리를 안내했다. 그는 발달이 (나쁜 의미의) 나르시시즘을 경감시킨다는 사실을 보지 못했다. 따라서 그는 전인습적인 반응과 후인습적인 반응을 완전히 간과한 채 자아중심적인 모든 것을, 민족중심적인 것을 탈피하는 길이라고 칭찬할 수밖에 없었다. 그가 나르시시즘 전반, 애니미즘, 티폰적 신체 자아 충동, 생물중심적 몰입 상태 등을 옹호하지 않을 수 없었던 것은 이 때문이다. 그는 후인습적 사회에 관한 발달론적 개념을 갖고 있지 않았기 때문에 전인습적인 것은 어떤 것이든 구원이라고 선언한 것이다. 그는 "만일 이것이 나르시시즘이라면, 그것을 최대한 많게 하자."라고 말했다.

또한 그는 자기와 타자 간의 경계를 '유일한' 경계라고 보았다. 그런데 원시인과 유아는 그 경계를 갖고 있지 않기 때문에 그 경계의 존재 자체가 '원초적인 범죄'라고 믿었다. 따라서 '이드id'는 분화 이전의 '전 세계'와의 통일을 보여 주므로 우리는 지구라는 행성을 치유하기 위해 어떤 의미에선 그 원초의 상태로 되돌아가지 않으면 안 된다는 것이다.

천상의 원칙, 진정한 초개인적 상태가 있다는 것을 알지 못하기 때문에 로작은 구원을 대지, 인간, 천상(신체, 마음, 영)의 전체적인 통합에서가 아니라 대지와 인간의 미분화 상태에서 찾을 수밖에 없었으며, 대부분의 자기모순은 바로 이 때문이다.

여기서 로작이론 중 매우 진실하고 대단히 유용하다고 생각되는 부분을 다뤄 보기로 하자. 나는 그 부분을 다음과 같이 재구성할 수 있다고 생각한다.

대지와 인간, 신체와 마음, 생물권과 정신권의 분화는 (이미 본 것처럼) 분기점 3에서 시작하며, 분기점 5에서 거의 완료된다. 그런 분기점 각각에서 분화 과정이 지나쳐 병적인 분리로 나갈 수도 있다. 그런 분리가 바로 근대성의 병리의 일부다('흉보'). 그리고 그 치유는 로작이 지적했듯이, 소외된 차원의 '재접촉', 즉 생물권과의 재접촉에 있다. 로작이 이드의 핵심에 생물권이 있다고 말할 때, 나 역시 전적으로 동감이다(이 점에 관해선 6장에 제시한 바 있다). 나는 모든 신경증은 생태 위기(정신권에 의한 생물권의 억압)의 축소판이며, 따라서 세계적인 생태 위기는 세계적인 규모의 신경증이라고 제안한 바 있다.

이런 모든 점에 관해서, 나는 로작에 완전히 동의한다. 그러나 분화와 분리를 혼동하기 때문에, 또한 인간 마음 이상의 진화적 정점(초개인적·초심적인 영)을 인정하지 않기 때문에 그는 자신의—또한 우리의—구원을 (어떻게든 현대과학과 통합된) 유아적 애니미즘/나르시시즘으로의 '성숙한' 퇴행에서 찾을 수밖에 없었다. 그는 전합리/본성/이드를 초합리적 영이라고 착각하고 있었다.

로작은 우리가 재접촉해야 할 가이아/이드가 실제로는 생존 욕구에서만 활동하는 하위 구조라는 점을 인정했다. "그것은 신체의 생존 욕구를 담당하는 완고한 의지로서의 신체적인 지혜다. 고전적인 형이상학적 용법에서 '혼'을 의미했던 것은 이것이다. 신만이 창조할 수 있었던 신체적인 생명 원칙이다. 그러나 그것은 마음 또는 영의 요구보다는 낮은 수준의 기능이다"(159쪽).

이렇게 해서 우리는 재접촉해야 할 것으로 생각되는 마음이나 영보다 낮은 신체/이드/가이아를 갖게 된다. 그러나 로작은 영에 관해서 전혀 아무것도 말하지 않았다. 우리의 구원은 단지 하위의 것에 재접촉해서 그것과 더불어 살아가는 데 있다는 것이다.

생물권/가이아는 확실히 분리되었으므로 나 역시 치유의 일부가 그림자에 대한 억압을 중지하는 것, 즉 소외되고 왜곡된 하위 구조를 재접촉하는 것이라는 데 동의한다. 그러나 하위 구조를 재접촉하는 것은 상위 영역을 발견하는 것과는 전혀 다른 것이며, 진정한 치유와 진정한 통합은 상위 구조에서만 일어날 수 있다. 글로벌 의식, 글로벌 각성, 글로벌 개념 및 글로벌한 해결책은 무엇보다 그 상위 단계(분기점 5와 그 너머에)에서만 시야 안으로 들어온다. 이런 점에서 볼 때, 로작은 전/초 오류라는 깃발을 손에 들고 우리를 전혀 잘못된 방향으로 이끌어 갔다.

나의 용어를 사용하면, 로작은 분기점 3에서 분기점 5까지(신체 자아에서 합리성까지)의 사이에서 일어난 '분리'를 추적했지만, 그 이상의 상위 상태를 인정하지 않았기 때문에 치유는 분기점 3에 선행하는 생물권을 재접촉하고 마술적-애니미즘적인 원초 상태를 부활시키는 것에 있을 수밖에 없었다. 그러나 (분기점 5에서 시작하는) 세계중심적인 합리성만이 분리에 대한 글로벌 해결책을 고안해 낼 수 있고 실행에 옮길 수 있다. 이러한 글로벌한 지향은 분기점 6(비전-논리)에서 강화되고, 분기점 7(초혼 또는 세계혼)에서 완성된다. 그러나 로작은 이미 마술적-애니미즘을 세계혼이라고 착각하고 있기 때문에 우리를 통합적인 행위 상태로 이끌어 갈 아무런 이유도 없었다. 그렇기에 그 대신 그는 유아적 애니미즘/나르시시즘을 현대과학과 혼합시킬 방법을 탐색했던 것이다.

그러나 원초구조는 개체 발생이든 계통 발생이든 본래적으로 생태적 지혜를 갖고 있지는 않다(로작이 분명히 제시한 것처럼). 또한 글로벌한 지향도 갖고 있지 않다(이 또한 분명히 제시하고 있다). 그렇다면 도대체 무엇에 재접촉해야 한다는 것일까? 특별한 형태의 원초적 무지라도 있다는 것인가?

하위 영역과의 재접촉은 대단히 중요하다. 나는 이 점에 관해선 전적으로 찬성한다. 그러나 하위의 것을 재통합하는 것은 상위 차원의 발견은 아니다. 그럼에도 불구하고, 호전적인 하강세계에서는 이러한 해결책을 대단히 매력적으로 본다. 더 이상 상위의 초개인적인 성장은 요구되지 않는다. 단지 우리가 알고 있다고 생각하는 어제로 물러나기만 하면 된다. 여기에 골치 아픈 상승은 없다. 이드가 우리를 낙원으로 안내하도록 하고, 생물권적인 매몰 상태로 하여금 위대한 영으로 가는 길을 안내하도록 하자는 것이다.

피라미드 꼭대기로 올라가서 초개인적 해방 속으로 날아오르는 대신에—이런 인간중심적인 광기는 과거에 이미 해 보았으므로—자아중심적·생물중심적·자기애적·자기에게 왕관을 씌우는 영광으로 미끄러져 내려가도록 하자. 그곳에 지구를 치유하는 길이 있다. 로작(그리고 다수의 생태철학자)은 초개인적 차원을 공격적일 정도로 부정하였기 때문에 전개인적인 영역에게 억지로 그런 영적인 기능을 담당하도록 강요했다.

('재마법파'와 그것에 내재하는 문제에 관한 추가적인 논의는 14장의 주석 17을 보라.)

에코-낭만주의의 악마

재마법파 에코철학자에게는 상통하는 일반적인 공식이 있는 것처럼 보이는데, 그 공식은 "합리성은 악마다, 가이아는 신/여신이다."와 같은 것이다.

이 표준적인 공식의 변종은 버먼과 로작뿐만 아니라, 대부분의 '신패러다임' 이론가, 거의 모든 에코 페미니스트 그리고 거의 모든 에코 남성주의자에게서 발견된다.

여기에는 매우 단순한 이유가 있다고 생각한다. 『에덴을 넘어』에서 나는 진화와 발달에서 어떤 단계의 신은 그다음 단계에서 악마가 되는 경향이 있다고 제안한 바 있다. 어떤 단계에서 숭배하고 자기와 동일시했던 신을, 다음 단계에서는 초월하고 맞서 싸우며 분화시켜야만 한다. 어떤 단계의 신이 다음 단계의 악마가 된다는 것은 자신들이 한때 그랬던 것으로 다시 되돌아가서는 안 된다는 것을 일깨워 주는 환기물이다. 그곳으로 다시 돌아가는 것은 '죄', 퇴화, 퇴행, 퇴각이다.

따라서 다신교 시대의 '판Pan' 신(반인반수의 목신)은 유일신 종교에서는 실질적인 악마로 의인화된다. 다음 단계에서는 이성이 계몽주의의 신이 되고, 일신교적인 신과 신화적 종교는 자유로운 사고와 자유로운 인간의 잠재력을 억압하는 악마가 된다. 신화적 종교의 신은 타도되고 초월되어야만 했다. 그 신은 계몽주의의 악마가 되었다.

마찬가지로, 포스트모던세계가 이제 초합리적 모드로 옮겨 가는 과정에 있기 때문에 이성이 대악마처럼 보이기 시작하는 시대가 무르익고 있는 중이다. 이성은 본래 초월되고 또한 포함되어야 할 것이지만, 그런 것은 문제가 되지 않는다. 사람들에게 제일 먼저 닥친 것은 몇 세대에 걸쳐 신성 그 자체로 보아 왔던 구조―이성이라는 신―로부터 분화해 나오는 어려운 과제다. 이 분화하는 어려운 과제에 당면해서 '초월과 포함'이라는 미묘한 구별은 사람들의 의식에 들어오지 않았다. 이성이 대악마처럼 보이기 시작한 것이다.

그러나 이성이 대악마가 되었다면, 새로운 신은 어디에 있는 것일까? 만일 세계혼(실제로는 후합리적 구조)이 가이아와 혼동되면, 가이아가 새로운 신/여신, 새로운 영이 되고, 분석적·부권적인 합리성은 악마이고, 가이아는 신/여신이라는 표준적인 에코 공식을 갖게 된다. 이것으로부터 수많은 파생적인 공식이 도출된다. 이성은 분석적이고 분할적이다. 가이아는 전일적이고 전체적이다. 이성은 역겨운 부권성이고, 전체성은 다정한 모성이다. 이성은 권위주의적이고, 가이아/전체성은 자유롭다. 이런 식으로 이원주의를 계속해서 끌어내는 것이 새로운 시대를 고하는 것을 의미했다.

달리 말하면, 이러한 것들은 많은 경우 세계혼에 대한 훌륭하고 진실한 직감이긴 했으나, 근본적 계몽주의 패러다임 중 에코라는 낡은 구조에 의해 여과되고, 경험주의적 단일자연(또는 가이아에 대한 평원적 시스템)의 평원적 포옹을 신(또는 영이나 여신)으로 잘못 인식한 것이라고 생각한다.

대부분의 이론가가 평원 패러다임을 피하지 않은 것은 이 때문이며, 이들이 폭과 심도를 너무나 쉽게 혼동하고, 크기만 더 클 뿐 심도는 훨씬 더 얕은 '가이아를 보다 전체적인 것'으로 받아들일 수 있었던 것도 바로 이 때문이다. 더 큰 것을 더 좋은 것과 혼동하는 것이야말로 평원 패러다임이다.

이 모든 것이 많은 생태 접근법의 표준적인 퇴행적(그리고 '재마법적') 경향에 이용되었다. 분석적 이성은 (입에 발린 칭찬 몇 가지를 제외하면) 거의 대부분이 생략되었고, 비난받았다. 이미 여러 차례 보았듯이(예컨대, 버먼과 로작에서), 이러한 접근들은 계속해서 전합리 방향으로 가는 경향이 있다. 또한 가이아 자체(생물권 자체)가 퇴행적이기 때문에 자아중심적·대지중심적이라는 낮은 곳으로 미끌어지는 것이 이런 수많은 표준적인 접근의 특징이기도 하다.

훌륭하고 진실한 영적인 직관이 그다지 우아하지 않은 방식으로 해독되고 있다는 것—실제로 원래의 직관을 중단시킨다는 것—이것이 다음 장의 주제다.

33. 필립 리프P. Rieff, 유포리온Euphorion, 러브조이 298쪽에서 인용. 여러 학자가 플로티노스의 가장 뛰어난 후계자 프로클로스Proclus의 체계가 헤겔의 체계와 유사하다고 지적한 바 있다.

34. 틸리히, 『기독교 사상사』, 488-489쪽.

35. 『초월적 관념론 체계System of transcendental idealism』는 1800년에, 『종의 기원Origin of species』은 1859년에 출간되었다.

36. 코플스턴, 7권, 141쪽.

37. 러브조이, 320쪽.

38. 같은 책, 262쪽, 198쪽.

39. 자연선택이 진화의 기본적인 메커니즘이 될 수 없다는 훌륭한 논의는 수없이 많다. 몇 가지 이유로 인해 바렐라Valera, 톰슨, 로쉬가 쓴 『체현된 마음The embodied mind』은 가장 뛰어난 책 중 하나다. 그들의 제정制定, enactive 패러다임에 대한 논의는 2장 주석 49와 52, 4장 주석 13과 43, 14장 주석 1을 보라. 스튜어트 카우프만Stuart Kauffman의 『질서의 기원The origins of order』도 보라.

14 신을 해독하기

1. 영spirit을 문자 그대로 해석한 '무아no-self' 역시 그다지 유용하지 않다고 생각한다.

불교의 무아 교의

잘 알려져 있듯이, 상좌부불교(및 뒤에 출현한 부파에서 '소승', 즉 '작은 수레'라고 그다지 친절하지 않은 이름으로 불렸던 불교부파 중 가장 오래된 일반적인 아비달마파)에는 중심적인 가르침 중 하나로 '무아(anatta 또는 산스크리트어로 anatman)'라는 교의가 있다. 문자 그대로 '무아/무자기no-self'라는 의미다. 마음의 흐름은 오온五蘊, skandhas(집적集積을 의미함.)에 의해 구성된 것으로, 그 어떤 것도 자기가 아니며 자기를 갖고 있지도 않지만, 이러한 다섯 개의 요소가 모여서 분리되고 집착하며 욕망하는 자기라는 환상을 만들어 낸다. 마음의 흐름에 대해서 보다 주의 깊게 명상적인 분석을 해 보면, 오온은 그 자체로는 충분히 실재이지만 진정한 실재이면서 영속적인 자기를 구성하는 것은 아니다

(그런 것들은 분리되고 순간적인 경험 요소들에 지나지 않는다). 이렇게 해서 해방적인 발견은 동시에 '고苦, duhkha'의 속박에서 자유롭게 되는 것을 의미한다. 고는 자기를 지켜야 한다는 것에서 유래하지만, 그 자기라는 것이 존재하지 않기 때문이다.

이 무아 교의는, 특히 영속적이고 불변하는 절대 주체(프루샤, 아트만)가 존재한다는 브라만교와 삼키야학파를 조준한 대항이었다. 나/아트만 교의에 비해서 무아/아나트만 교의는 엄청난 논쟁적인 힘을 갖고 있었다. 실체의 자리에 유동이, 나/자기의 자리에 무아가, 통일성이 있어야 할 자리에 다양성이, 응집성의 자리에 분리가 있었기 때문이다.

따라서 아비달마는 순간적이고, 다양하고, 분리되고, 원자적인 요소들의 실재(다르마 dharmas)와 그런 것들의 인과적 영향(연기緣起, codependent origination)을 진정한 것으로 받아들였다. 이런 인과적 연쇄(업, 카르마karmic)가 개별적인 순간적 상태를 영속적으로 응집시킨 자기라는 환상을 만들어 낸다. 마치 어두운 밤에 손전등으로 원을 그리면 진짜 원이 있는 것처럼 보이는 것과 같다. 이 응집해 있지만 실은 환상에 지나지 않는 자기는 공포, 집착, 무지(특히, 순간적인 것을 실재라고 보는 무지)에 의해 조종당한다.

그 교의가 어느 정도는 진정한 측면을 갖고 있긴 해도, 이후 불교 발전에 있어서 상당한 논쟁을 불러일으켰다. 거의 모든 불교 종파(대승과 금강승 또는 탄트라 불교)는 아비달마를 출발점으로 삼았지만 그것에 머문 파는 하나도 없었다. 말하자면, 그것을 궁극의 설로 받아들인 종파는 없었다는 것이다. 실제로 과연 아비달마가 완전하고 적절한 체계인지에 대해서도 심한 공격이 있었다. 상대적이거나 현상적인 실재를 다룰 수 있는 능력과 절대 실재를 가리키는 능력 모두에서 공격당했다. 실제로 아비달마는 근본적으로 환상과 실재를 오해했으며, 상대적인 진실과 절대적인 진실에 관해서도 완전히 잘못되었다고 주장한 종파도 있었다.

따라서 나가르주나는 오온과 다르마 자체의 궁극적 실재에 대하여 (그런 것들은 외견상의 실재일 뿐이라는) 치명적인 공격을 개시했다. 또한 유식파(유가행파)와 금강승도 오온 체계를 혹평했다. 그것이 '거친' 실재(조대 영역 또는 응신Nirmanakaya)만을 대상으로 했고, '정묘'와 '극정묘very subtle' 영역(내가 정묘 및 원인 영역이라고 불렀던 것이며, 금강승에서는 이것을 보신 및 법신의 영역으로 본다.)을 다루지 않았기 때문이다. 금강승에서는 명상적 발달의 상위 단계에서 의식의 정묘 및 극정묘 영역이 개시된다고 주장했다(특히, 잠시 뒤에 논의할 무상無上요가탄트라anuttarayogatantra 전통에서). 그들은 아비달마 체계는 이런 점에 있어서 완전히 부적절하다고 주장했다. 그것은 응신(거친 형태 지향 또는 감각운동 지향적 의식)만을 다룰 뿐이기 때문이다.

나가르주나는 불교도로서 삼키야학파나 아트만 전통에 대해서 통렬한 공격을 가하는 데 바빴을 것이라고 생각하겠지만, 사실 그의 주요 표적은 초기 불교인 아비달마였다. "나가르주나 자신은 아비달마 체계-요소(다르마) 교의를 논박하는 데 변증법(비판적 분석)을 적용했다. (나가르주나의 주저 중 하나인) 중론中論, Madhiyamika Karikas은 초기 불교의 실재론적이고 독단적인 해석에 대한 비판에서 출발했으며, 공sunyata의 교의를 좀 더 발전시키기 위한 지속적인 시도다. 삼키야와 아트만 전통의 다른 시스템에 대한 비판은 드물며, 묵시적일 뿐이다"(Murti, 165쪽).

T. R. 무르티Murti의 『불교의 중심철학The Central Philosophy of Buddhism』은 그 난해함과 가끔 보이는 부정확한 점을 제외하면 이 분야에서 하나의 고전이며, 이런 주제에서 여전히 몇 가지 결정적인 요인을 지적하고 있다(59쪽, 데이비드 로이David Loy처럼, 많은 학자가 '무르티의 연구는 이 주제에 관한한 영어로 읽을 수 있는 최고의 책'이라고 생각한다). 무르티의 결론 모두에 찬성하는 것은 아니지만, 그가 제시한 타당한 부분을 제시하고자 한다. 이 모든 것은 결국 영을 '무아' 교의로 해석하는 데에서 일어났던 문제로 귀착된다.

나가르주나에게 있어서 절대 실재(공)는 근본적으로 비이원(불이advaya)이며, 그 자체는 자기도 비자기도 아니고, 아(아트만)도 무아(아나트만)도 아니며, 영속적인 것도 순간적인 것도 아니다. 그의 변증법적인 분석은 이러한 모든 범주가 철저하게 이원적이며 처음부터 다른 것이 있어서 의미를 갖는 것이기 때문에, 그 자체로는 무이며 아무것도 없다는 것(모든 견해, 모든 현상의 공성)을 보여 주기 위해 구상되었다. 이 변증법적인 분석은 모든 사물, 모든 사고, 모든 범주에 적용된다. 그런 것들은 모두 상호 의존하고 있어서 그것 자체로는 무이다. 따라서 그런 것들은 상대적·현상적인 실재이기는 하더라도 절대적·무조건적인 실재는 아니다. 절대적인 실재는 비이원적인 반야(지혜)로 개시되는 공성이며, 상대적인 형상(색)세계의 실재와 떨어져 있는 것은 아니지만, 그것 자체는 모든 형상(색)의 공 또는 진여다.

"반야경전 또는 중관파(나가르주나에 의해 창시된 학파) 전적에서 지겨울 정도로 반복되는 하나의 기본적인 아이디어는 어떤 변화도, 어떤 기원도, 어떤 적멸도, 어떤 오고감도 없다는 것, 진정한 것이란 하나도 아니고, 여럿도 아니며, 아도 아니고, 무아도 아니라는 것, 그것은 언제나 그 자체라는 것이다.

기원, 쇠퇴 등(아비달마에서의 연기)은 무지한 자에 의해 상상된 것이다. 그러한 것은 무지한 자들이 빠지는 공상에 지나지 않는다. 진정한 것은 완전히 그러한 개념적인 구성물이 없는 것[순야(공)]이다. 공은 사고를 초월해 있으며, 그것은 비이원적 지혜-반야 또는 직관에 의해서만 각성될 수 있는 것이다. 그것은 절대 그 자체다.

중관파는 공을 또 하나의 이론으로 생각해서는 안 된다는 점, 법Dharmata(진정한 것/현실)을 현상세계와 다른 것으로 생각해서는 안 된다는 점도 반복해서 주의시킨다. 절대란 어떤 의미에서는 경험성을 갖고 있지 않은 것으로서 현상을 초월해 있지만, 핵심에 있어서는 현상적 실재로서 그것의 본래적인 모습 또는 그것과 같은 모습이다.

비판의 핵심은 초기 불교의 도그마적인 고찰[온蘊, 계界(요소, dhatu), 처處(감각기관, ayatana) 등의 실재성]이다. 온이란 무상한 것이 아니라, 그 자체의 성질을 갖고 있지 않은 공이다. 인연생기因緣生起, Pratitya-Samutpada란 (아비달마에서 말하는 것처럼) 실체의 시간적(그리고 원인적)인 계열이 아니라, 그 근본적인 상호 의존성을 가리킨다. 즉, 모든 실체는 다른 것들에 의존하고 있으며, 그 자체로는 무이다. 그것은 궁극적으로는 진정한 것이 아니라, 외견상 그렇게 보일 뿐이다. 따라서 모든 무아 및 연기 교의는 외견상의 것으로 해석되며, 냉혹한 변증법 해석에 의해서 이러한 궁지에서 벗어나는 것은 아무것도 없다는 것을 보여 준다"(86쪽, 필자의 강조임).

따라서 아비달마 교의에서 현실의 특징이었던 것[비영속성(무상), 무아, 유동성]은 나가르주나에 의해서 비현실의 특징이 된다. 그런 것들은 대립 개념에 의존하는 이원론적인 개념이며, 따라서 그 자체로는 아무것도 아닌 무다. 나가르주나가 말하는 연기—현상 간의 시간적·인과적인 연결 개념—는 어떤 현상도 독립적·무조건적·자기생성적이지 않다는 것, 그것들은 오히려 상호 의존적이라는 것을 의미한다. 이것은 멋진 시스템 이론처럼 보이는데, 실제로 그렇기도 하다. 그러나 나가르주나는 결정적인 점을 추가했는데, 상호 의존성은 비현실의 특징이라는 것이 그것이다. 의존적 실체는 그 자체로 무이기 때문에 그것들은 외견상의 또는 상대적인 실재를 갖고 있을 뿐이지, 무조건적이거나 절대적인 실재는 아니라는 것이다. "현상이 비현실 또는 공인 것은 그것들이 의존적이기 때문이다. 상호 의존성은 비현실의 특징이다"(106쪽).

따라서 연기 자체를 독립적인 현실로 받아들이더라도 이것을 피할 수 없다. 왜냐하면 나가르주나에 의하면, 같은 논의가 연속이라는 개념 그 자체에도 적용되기 때문이다. 만일 모든 것이 상호 의존적으로 일어난다면, 기원 자체도 기원될 것임에 틀림없다. 그렇다면 그것은 상대적이고 비현실이며, 그렇지 않다면 그것은 자기모순적이고 따라서 비현실이다. 어느 쪽으로 보더라도 비현실이다.

따라서 나가르주나에게 있어서 모든 견해는 어떤 성질의 것이든 변증법에 의해 박살

나고 만다. "상대성 또는 상호 의존성은 비현실의 특징이다. 어떤 현상, 어떤 앎의 대상도 이러한 보편적인 상대성에서 벗어날 수 없다. 진리Tattva 또는 진실은 그 자체로 자증, 자명, 자존적이다. 무조건적인 것으로서의 절대만이 진실이며, 바로 그런 이유 때문에 그것은 존재한다거나 존재하지 않는다, 아 또는 무아로 생각될 수 없는 것이다"(139쪽).

따라서 나가르주나에 의하면(또한 완전히 아우구스티누스풍으로 말하면) 우리는 모든 부분적인 견해를 비판할 수 있는데, 왜냐하면 우리 자신의 지각 안에 반야, 즉 비이원적 지혜의 완성(반야바라밀)에 이르는 길을 갖고 있기 때문이다. 그것에 대해서 불완전성은 언제나 아픈 손가락처럼 존재한다. (나가르주나의 변증법에 대한 더 이상의 논의는 다음의 주석 4를 보라.)

절대적 현실은 자기도 자기 없음도 아니며, 실체도 유동체도 아니다. 또한 영속적인 것도 비영속적인 것도 아니며, 그런 이원적인 관념을 조합한 그 어떤 것도 아니다. 그것은 모든 현상, 모든 견해, 모든 자세의 비이원적인 공성이다. 『보적경寶積經. *Ratnakuta Sutra*』(초기 대승불경 중 하나)에 써 있는 것처럼, "모든 것은 영속적이다라는 견해가 한편에, 모든 것은 일시적이다라는 견해가 다른 편에…… '나는 존재한다'라는 견해가 한쪽 끝에, 나는 존재하지 않는다라는 견해가 다른 끝에 있다. 그러나 나와 무아 사이의 중도中道는 표현할 수 없다". 즉, 공이다.

따라서 "중관파에게 있어서 현실이란 하나도 여럿도 아니며, 영속적인 것도 순간적인 것도, 주체도 객체도…… 아도 무아도 아니다. 그런 것들은 상호적 상대적인 개념이며, 똑같이 비현실이다". 나가르주나는 말했다. "비영속성을 영속적이라고 파악하는 것이 환영이라면, 비영속성을 불확실한 것으로 파악하는 것도 똑같이 환영이 아니고 무엇이겠는가?"(239쪽).

그렇다면 의문이 생긴다. 만일 무아와 비영속성이 절대(그 자체는 아도 무아도 아니며, 그 둘 다도 아니고, 그 둘 다 아닌 것도 아니다.)에 적용되지 않는다 해도, 비영속성과 무아라는 관념은 (아비달마에서 주장한 것처럼) 현상적 흐름에는 적용할 수 있지 않을까? 무아라는 개념이 절대적 진실은 아니지만, 적어도 상대적으로는 진실일 수 있지 않을까? 그것을 누메논(현상으로부터 떨어져 있는 물자체)에는 적용할 수 없더라도, 적어도 현상에는 적용할 수 있지 않을까?

여기에도 그 교의는 그다지 잘 적용되지 않는다. 나가르주나(와 그의 제자들)는 현상적 수준에서, 상태(스칸다skandhas, 온)는 자기 없이 존재할 수 없으며, 자기는 상태 없이 존재할 수 없다는 것, 그것들은 상호 의존적이라는 것을 보여 주었다. 마찬가지로, 실체는 양태 또는 유동성 없이는 존재하지 않으며, 또한 그 역도 그러함을 보여 주었다. (자기 없는) 상태 또는 일차적인 양태 자체도 현상에 대한 적절한 설명을 내놓을 수 없다!

"현상적 관점에만 자신들을 제약한다면, 즉 일상적 경험에서 얻은 것만을 그대로 기술한다면, 우리는 상태나 순간 이외에도 행동과 개체/행동 주체를 인정해야만 한다. 무조건의 진실성이라는 본질론적 관점에서 보면, 초기 불교가 거부했던 활동이라는 개념도 순간이라는 개념만큼이나 비현실이다. 올바른 중관파의 입장은 양태라는 개념만으로는 현상에 대한 적절한 설명을 할 수 없다는 것이다. 실체라는 개념도 수용해야만 한다"(187쪽).

마찬가지로, 현상계의 흐름 속에 존재하는 응집된 개체로서의 자기라는 개념에 관해서 '나가르주나는 개체 없이 행위는 없으며, 그 역 또한 마찬가지'라고 명확하게 말했다. 그는 아트만만을 또는 그것에서 떨어져 있는 상태만을 현실이라고 받아들이는 사람을 붓다의 가르침의 의미를 알지 못하는 무지한 자라고 불렀다. 사실, 중관파의 전체적인 입장은 아비달마 체계의 일면적인 양태적 관점에 대한 신랄한 비판, 즉 경험적인 영역에서는 그 반대 측면도 똑같은 모습을 보여 줄 수 있다는 것에서 발전되었다(필자의 강조임).

"마찬가지로, 월칭Chandrakirti(나가르주나의 주요 후계자)은 아비달마파가 경험적 세계에 관해서조차 적절한 설명을 내놓지 못했다고 비판했다. '경험적 진실을 적절하게 묘사하려면, 일시적인 상태 이외에 활동과 개체 역시 받아들이지 않으면 안 된다.' 월칭은 상태나 속성을 그것이 내재하는 기저적인 자기 없이 그것만 보는 관점을 비판했다. 그는 그와 같은 관점은 사고나 언어의 일반적인 양태에 폭력을 행사하는 것이고, 경험적 세계에 대한 올바른 묘사가 아니며, (앞에서 보았던 것처럼) 따라서 그것을 무조건적으로 진실이라고 받아들일 수 없다는 것을 보여 주었다. 양쪽 모두 잘못이라는 것이다"(249-250쪽).

이러한 비판이 보여 주는 것은 "경험, 기억, 도덕적 책임, 영성 등의 기본적인 사실에 대한 설명으로서 요소의 흐름을 제시하는 것은 부적절하다는 것이다. 상태(온)는 아트만을 완전히 대체할 수 없다. 영속적이고 종합적인 통일성은 받아들여야만 한다"(81쪽, 상대적 진실로서). "양태적 관점(무아)에는 일시적인 다른 상태들만이 존재하고, 통일성 원칙은 없다. 그러나 마음의 성질은 자기라는 통일성 없이는 설명할 수 없다"(205쪽).

그렇지만 현상적 영역에서 자기라는 관점만이 모든 것을 설명한다는 것을 의미하는 것은 아니다. "(초기) 브라만교 체계에서의 자기는 차이와 변화를 배제한 획일적인 통일이며, 그것만이 중요한 의미를 갖는다." 그러나 나가르주나에 의하면, "상태와 떨어진 자기는 아무 의미도 없으며, 자기와 떨어진 상태는 존재하지 않는다. 이들 둘은 상호 의존적이다". 따라서 이 둘은 현상적으로는 현실이지만, 궁극적으로는 비현실이다. 즉, 궁극적으로는 공이다(204-206쪽, 249쪽).

한마디로, 응집된/통일적인 자기와 일시적인 상태 모두 상대적으로는 현실이지만, 궁극적으로는 양쪽 모두 공이라는 것이다. 절대는 아도 무아도 아니며(아와 무아 둘 다도 아니며, 아도 아니고 무아도 아닌 것도 아니다.), 일시적인 것도 영속적인 것도 아니다(둘 다도 아니며, 둘 다 아닌 것도 아니다). 절대란 비이원적인 반야 또는 원초적인 각성에 의해 드러난 '진여Thatness'다. 이 진여는 근본적으로 속성을 부가할 수 없으며, 어떤 개념으로도 파악할 수 없다.

(이렇게 말할 수도 있을 것이다. 공이라는 기표記標, signifier는 발달적 기의記意, signified, 즉 반야를 소지한 사람에 의해서만 이해될 수 있다. 그것에 대해서 공의 실제 지시대상은 모든 형상의 공으로서 어떤 개념이나 형태, 예컨대 자기를 그 대립 개념으로 하는 무아에 대해 특권화하지 않고 직접 감지된다. 그러나 공이라는 기표의 지시대상은 반야의 눈뜸/깨어남에 의해서만 명백해진다. 반야는 개념이나 이론이 아니라, 지시 또는 패러다임이다. 그것은 현실 또는 법성法性, Dharmata을 수용하기 위해 생각할 수 있는 모든 사고 범주를 철저하게 거부함으로써 그 실천을 시작한다. 범주를 거부하는 것—변증법으로—이 현실의 원초적이고 장애 없는 본질만이 모든 현상의 진여로서 비이원적으로 비출 수 있도록 각성 내부에 공간 또는 공지를 창조한다. 그러나 그러한 말 모두는 (그럼에도 불구하고) 실질적인 지시대상이 그 '공간' 또는 '공지' 안에서만 개시되는 기표다. 그리고 그 열림 또는 공의 발견 이전에는 그런 것들 모두는 똑같이 표적을 빗나간다. "공은 모든 사고 개념으로부터 자유롭다."라는 말조차도 똑같이 부정될 것이다. 그것 또한 말에 불과하다. 도대체 그 말의 실질적인 지시대상은 어디에 있는 것일까? 바로 지금 당신의 본래 면목은 어디에 있는가?)

학자들은 이후의 동양 사상에 미친 나가르주나의 영향에 대하여 여전히 논의 중에 있지만, 그러나 대부분의 학자는 비이원적 중관파가 그 이후에 계승된 거의 모든 아시아 사고(직접적이든, 간접적이든)에 영향을 미친 심대한 혁명이었다는 데 일치된 견해를 보이고 있다. 공이란 다른 영역과 떨어져 있는 또는 결별해 있는 또 하나의 영역이 아니라 오히려 모든 영역의 진여 또는 공이기 때문에, 열반은 현상세계로부터 떨어져 구해야 할 것이 아니었으며 구할 수 있는 것도 아니었다. 이것은 실로 혁명적인 것이었다.

이렇게 해서 삼키야, 요가 및 아비달마 체계와 같은 순수하게 상승적·그노시스적인 경향(윤회의 완전한 적멸로서 열반을 파악하는)이 다양한 비이원적 체계(유가행파, 베단타, 탄트라)에게 길을 내주게 되었다. 비이원적인 체계 모두는 다양한 방식으로 "공은 형상과 다르지 않으며, 형상은 공과 다른 것이 아니다色卽是空 空卽是色."라고 주장했다. 이것은 상승과 하강, 지혜와 자비, 에로스와 아가페, 다자(윤회와 형상)의 세계를 완전히, 그리고 충분히 포용하는 일자(무형의 열반)를 향한 상승의 통일이고 통합이었다.

이러한 발전 속에서 상승(과 고행)의 길, 정화와 극기의 길(부정한 것을 적멸 속에서 근절시킨다.)은 변용의 길에게 길을 열어 주었다(부정한 것을 그에 상응하는 지혜의 종자로 여긴다. 열반과 윤회는 궁극적으로는 둘이 아니기 때문이다. 상승적 지혜는 하강적 자비를 품고 있다. 따라서 부정한 것들—실로 전 현현영역—을 절대로부터 이탈한 것이 아니라 절대의 표현으로 본다. 이것이 곧 상승과 하강, 공과 색, 지혜와 자비의 통합이다). 그런 다음 자기해방의 길에게 길을 열어 준다. 자기해방의 길에서는 부정한 것을 지금 있는 그대로, 그 일어난 그대로 이미 자기해방된 것으로 본다. 왜냐하면 그런 것들의 기본적인 성질은 언제나 이미 원초적인 순수성이기 때문이다(순수한 현전에서의 순수한 공. 언제나 이미 달성되어 있는 상승과 하강의 합일, 공과 지각, 공과 명증성, 공과 색의 불이).

이 모든 것은 어떤 의미에선 나가르주나에 의해 개시되었다고 할 수 있다. 이미 중관파에서 우리는 반야(지혜)와 자비라는 한 쌍의 원칙을 발견했다. 전자는 모든 형상이 공이라고 보고, 후자는 공이 온갖 형상으로 현현된 것이라고 보았다. 따라서 모든 형상은 똑같은 배려와 자비, 경의로 다루어져야 한다. [상승적 지혜(선)와 하강적 자비(선성)라는 이 주제에 대한 전반적인 논의는 9장과 10장 참조]. "공sunyata과 자비Karuna는 보리심(각성된 마음)의 두 가지 원칙적인 특징이다. 공은 반야, (지혜 또는) 직관이며, 절대와 동일한 것이다. 자비는 현상계의 구체적인 표현을 공에게 부여하는 자비의 적극적인 원칙이다. 은총과 자비의 자유로운 현상화 행위다(하강/내화 또는 아가페/자비의 현현 그 자체의 행위). 전자(지혜)가 초월적이면서 또한 절대(에로스)를 향해 있다면, 후자(자비)는 완전히 내재적이며 또한 현상계를 굽어보고 있다(따라서 이 둘을 함께하면 하강과 상승, 진화와 내화가 된다). 전자는 어떤 결정성도 예측될 수 없는 보편적 실재다(공은 반야에서 반야로서 개시된다). 이것은 선과 악, 애와 증, 덕과 악덕이라는 이원성 너머에 있다. 후자는 선성, 사랑, 순수한 행위다. 따라서 붓다와 보살은 한쪽 발은 절대에 두고 다른 발은 현상계에 둔 이중 성질을 띤amphibious 존재다. 현상적인 측면인 자비를 갖고 무형의 절대(공)가 구체적인 세계에 그 자체를 나타낸다. 그러나 형상은 절대로부터 아무것도 덜어 내지 않으며, 전락시키지도 않는다. 형상을 통해서 개인은 또다시 상승하며 보편적 현실에 의해 완전한 성취를 이룬다"(264쪽, 109쪽).

이 심오한 비이원론은 똑같이 심대한 충격을 주었다. "공은 불교에 있어서 축이 되는 핵심 개념이다. 불교철학 전체가 이 개념에 달려 있다. 실체의 거부와 요소이론의 전면적인 구성을 간직한 초기 불교의 현실적인 단계는 나가르주나의 완전히 비판적이고 자기의식적인 변증법을 준비하도록 했다. 유가행파의 관념론(공의식)이 명백한 공의 수용에 기초해 있을 뿐만 아니라, (가우다파다Gaudapada, 샹카라 그리고 라마나 마하르시에 이르는) 베단타 전통의 비판적이고 절대적(비이원) 경향도 이것으로 거슬러 갈 수 있다"(59쪽).

탄트라파의 발흥에 대해서도 같은 말을 할 수 있다. 탄트라파의 일반적인 실천 체계는 오랜 역사를 갖고 있지만, '탄트라의 발흥에 형이상학적인 기초를 제공한 것은 공'이다. 앞에서 지적했듯이, 열반은 윤회(및 신체, 성, 육신, 감각)와 떨어져 있는 것이 아니라, 오히려 그 안에서 발견되는 것이기 때문이다. "중관파의 공은 탄트라 교의를 가능하게 하였다. 그것이 불교철학과 종교의 새로운 단계를 열어 주었다고 말해도 좋을 것이다. 또한 브라만교의 그에 상응하는 국면에도 영향을 미쳤다." 바타차리야Bhattacharya가 말했듯이, "힌두교 탄트라 경전에서 불교의 공의 영향을 받지 않은 것은 없다. 힌두교 탄트라의 어떤 부분은 그 기원을 불교에 두고 있다고 해도 과언이 아니다. 불교 탄트라가 힌두교 탄트라 경전에 엄청난 영향을 미쳤다는 것은 충분히 증명되고 있다"(전부 109쪽에서 인용).

내가 앞에서 동양에서 나가르주나가 미친 영향은 서양에서 플로티노스가 미친 영향과 흡사하다고 말한 이유도 이런 것들 때문인데, 이들은 비이원 혁명을 가져왔다.

아마도 중관파와 그로 인해 탄생한 이후의 비이원 전통들 사이의 커다란 차이점은 중관파(예컨대, 귀류논증파歸謬論證派, Prasangika와 같은)는 부정의 길에 계속 머물렀다는 것이다. 어떤 개념도(개념 없음이라는 개념도 포함해서) 실재에 적용될 수 없다. 실재는 개념이나 관념에서가 아니라 반야에서 개시되는 '어떤 것'이다(이 점에 대해서는 잠시 뒤에 다루겠지만, 기본적으로는 기표와 지시대상 그리고 그에 상응하는 지시/패러다임의 문제). 공은 개념적인 견해가 아니라 모든 견해의 공이다. 공 그 자체는 또 다른 견해가 아니다. 나가르주나가 신랄하게 말한 것처럼, "모든 견해의 공은 해방의 수단으로서 붓다에 의해 처방된 것이다. 참으로 구제 불가능한 자들은 공을 하나의 견해로 받아들인다. 그것은 마치 줄 것이 아무것도 없다는 말을 듣고, 그 아무것도 없는 것을 달라고 하는 것과 같다"(163쪽).

따라서 궁극적으로 공은 개념적인 논쟁에서 어느 편도 들지 않는다. 공은 다른 견해를 몰아내기 위한 또 하나의 견해가 아니다. 공은 다른 견해를 공격하거나 지지하기 위해 들여올 수 있는 것이 아니라 모든 견해의 공이다. 이것으로 끝이다. 다양한 견해의 상대적인 가치(또는 상대적인 진실)는 그것들 하나하나에 의해 결정되어야 할 것이다.

이후의 비이원 전통은 여러 방식으로 이 강력한 부정의 길의 순수성을 완화시켰고, 다양한 방식으로 공을 드러내기 위한 현상적인 비유metaphors로 사용하는 길도 탐구했다. 비이원advaita 베단타와 유가행파/유식파Vijnanavada는 "모두 부정을 통해서 비이원론advaitism/Nondualism에 도달했다. 그들은 변증법을 통해 외견상의 것을 거부함으로써 순수존재의 비이원성(브라만교)과 순수의식(유식)의 일자성에 도달했다. 그들의 절대는 중관파의 공의 모습을 고스란히 취했는데, 그것은 사고를 초월하고 비경험적인 직관(반야지혜 prajna, jnana)으로만 접근 가능한 것이었다. 또한 절대와 상대라는 두 가지 진실(진속이제 眞俗二諦)에 의거해 있었다"(59쪽).

따라서 "중관파, 유식파, 베단타 체계에 있어서 절대는 비개념적이며 비경험적인 것이다(관조의 눈으로는 지각할 수 있지만, 심안이나 육안으로는 지각할 수 없다). 그것은 초월적인 비이원적 경험으로만 인식되는데, 중관파에서는 반야바라밀prajna-paramita, 유식파에서는 로코타라 즈나나lokottara-jnana, 베단타 체계에서는 아포로크샤누부티 aparoksanubhuti(내적 자기의 직접적 인식)라고 부른다. 경험적인 속성을 절대에 적용할 수 있다는 점을 강조하며, 부정의 언어를 활용한다. 그들은 절대의 형상적 측면(즉, 단지 현상적 범주로는 절대로 정의할 수 없다.)에 대해선 모두 동의한다."

그렇긴 하지만 "베단타와 유식파에서는 절대와 경험된 것을 동일시한다. 베단타에서는 순수존재를 아트만과 동일시하며, 유식파는 의식과 동일시한다. 이러한 것을 현실로 취급하면서도, 이들은 절대를 한정된 경험적인 것으로 보이게끔 하는 잘못된 관념을 제거하려고 애쓴다. 그러나 아트만이나 식을 절대라고 할 경우, 그런 명칭으로 계속 부르는 것은 단어의 오용이다. 왜냐하면 구별할 수 있는 다른 형태가 없기 때문이다. (이 지점에서) 그들은 절대를 절대로 표현할 수 없다는 중관파 입장을 취하며(그 입장에 동의한다.), 언어는 그것을 지시하기 위해 비유적으로만 사용될 수 있다는 것이다"(236쪽, 필자의 강조임).

그러나 그러한 지시가 이후의 비이원학파의 방향을 결정했다(최종적으로는 언제나 공에 머물렀지만). "베단타와 유식(그리고 탄트라)에서는 리얼한 것(현실)과 비유적인 동일시로 아트만과 식을 사용하기 때문에 외견상의 세계와 절대 사이에 일종의 연결 고리를 제공했다. 두 세계 사이의 이행이 보다 쉬워진 것처럼 보인다. 중관파는 절대를 향한 완전한 초월을 강조했기 때문에 절대를 경험세계에서 만나는 것과 같은 것으로 보는 것을 거부했다. 그것은 지나치게 엄격하고 험난한 길이었다. 그러나 원칙에 있어서 이 모든 체계에서 절대의 형식에 있어서는 차이가 없다. 공은 모든 형식의 비이원파에서도 보인다"(237쪽).

절대와 현상 간의 '연결 고리'에 대해서 "베단타와 유식파는 환상(윤회)을 분석하고 그 환상이 진정한 기저 위에서 나타난다는 것, 그러나 환상 그 자체가 저절로 나타나는 것은 불가능하다는 것을 보여 준다(또다시 아우구스티누스가 떠오른다). 따라서 세계-환상은 브라만 또는 식 위에 덧씌워진 부가물이다. 중관파는 환상이 어떤 기저도 없이 일어난다고 본다고 말하는 것은 옳지 않다. 법성(현실 영역)으로서의 진실(진여)은 중관파에 의해 현상의 기저로 인정된다. 그러나 법성이 어떻게 해서 경험에 내재하는지, 어떤 식으로 경험적인 사물을 활성화시키고 비춰 내는지는 보여 주지 않는다. 중관파가 절대와 현상세계를 두 개의 다른 실체로 다뤘다는 것이 아니라, 절대는 실재를 구성하는 사물 안에서는 어디에도 명시적으로 보여 주지 않는다는 것이다. 이 둘 사이의 관계는 충분히 분명하게 되어 있지 않다. 이것이 중관파의 절대 개념이 갖는 단점이라고 말해도 좋을 것이다"(237쪽).

베단타, 유가행파, 탄트라가 수정하려고 시도한 것이 바로 이 '단점'이다. 그들의 다양한 개념 구성에서 순수자기가 절대를 잇는 가교가 되고(베단타), 이원성에서 해방된 순수의식이 가교가 되며(유가행파), 정서나 욕망 같은 일상적인 각성이 가교가 되기도 한다(탄트라). 따라서 탄트라에서 "브라만은 확실히 속성을 갖고 있지 않다(순수한 공이다). 그것은 특정한 사물처럼 사고 대상이 될 수 없다. 그러나 그것은 자명한 것이며(브라만의 비이원적인 직관은 자명하고, 자증하는 즉각성이다.), 그러므로 만사가 명백하게 된다. 그것은 모든 것을 절대적으로, 예외 없이, 조건 없이 비춘다. 유식파는 다소 다른 방식으로, 대상은 의식에 의존하지만 그 역은 아니라는 점을 보여 준다". 마찬가지로, 탄트라는 평범한 감정이나 욕망, 혼동조차도 열린 지각을 갖고 그 안으로 들어가기만 한다면 그 기저에 있는 지혜가 드러난다는 점을 보여 준다. 이 모든 것들이 가교다. 이에 비해 중관파는 "절대는 내재적인 것이라는 것은 보여 주지만, 인식론적으로는 그러하다는 것을 보여 주지 않는다". 이것이 단점이다(237쪽).

밀접하게 관련된 다음 주제(즉, 소승의 거친 오온 너머에서 드러나는 의식의 정묘 단계)로 넘어가기 전에 유식파와 서양의 관념론을 비교한 무르티의 평가에 주목하면서 그의 인용을 끝내기로 한다. "서양에서 유식파와 비교할 수 있는 것은 피히테와 헤겔 체계다. 이들은 모두 순수자아(피히테) 또는 이성(헤겔)을 범주와 범주가 기능하는 대상을 포함하면서 또한 창조하는 자기제정적인 것으로 생각한다. 헤겔과 유식파의 차이점은 헤겔적인 절대는 사고 또는 이성(비전-논리)인 데 비해, 유식파의 절대는 이성 위에 존재하며 비이원이라는 것이다"(317쪽). 이 장 후반에서 내가 한 평가가 보다 정확하고 보다 특정된 것이라고 생각하지만, 나와 무르티의 전반적인 일치는 분명할 것이다.

티베트 탄트라불교(금강승Vajrayana,특히 가장 오래된 닝마파)는 불교의 가르침을 9개 수준yana, (탈것vehicle, 수준level, 단계stage)으로 분류했다. 처음 두 개는 소승, 세 번째는 대승, 나머지 여섯 개는 탄트라(밀교)인데, 이는 다시 세 개의 하위 혹은 외적 탄트라(소작Kriya, 행Charya, 요가Yoga)와 세 개의 상위 혹은 내적 탄트라(마하요가Mahayoga, 아누요가Anuyoga, 아티요가Atiyoga)로 나뉜다.

여기서는 두 개의 최상위 수준인 아누요가(즉, '무상요가 탄트라')와 아티요가 혹은 족첸, 즉 대구경大究境, '위대한 완성'에 초점을 맞추기로 한다.

탄트라 아누요가가 일상적인, 조대 지향적인 마음과 밝게 빛나는 공성 사이를 잇는 가교는 의식의 정묘 상태와 그와 연관된 '에너지', 즉 '풍/바람wind'을 중심으로 한다. 의식은 '조대' '정묘' '극정묘'(원인) 차원으로 나뉘는데, 각 차원은 통상 '풍'으로 불리는 '신체body' 또는 '매개체medium' 또는 '에너지'를 갖는다(따라서 조대 심신, 정묘 심신, 극정묘 심신을 갖는다). 조대심에서 정묘심, 극정묘(원인)심에 이르기까지 발달론적으로 전개되는 명상은 각각을 지지하는 풍, 신체, 에너지의 명상적 조작에 의해 완성된다.

따라서 오온은 아비달마에서와 마찬가지로 완전히 인정되지만, 그러나 각각의 오온은 말하자면 그저 이야기의 시작에 지나지 않는다. 오온은 보통, (1) 육체(색), (2) 감각(수), (3) 지각/충동(상), (4) 감정/이미지('기질disposition/행'), (5) 상징/개념적 의식(식)으로 대별된다(이것은 내가 본문에서 제시한 좌상상한에서 처음 다섯 개 의식의 기본구조와 정확히 일치한다는 점에 주목하기 바란다. 예컨대, [그림 4-1] [그림 5-1] [그림 9-1]을 보라).

고차원의 탄트라에서는 마지막 온—심적 의식 전체—을 다시 세 개로 대별한다. 조대, 정묘, 극정묘가 그것이다. 조대 영역은 감각운동 영역이며, 조대심은 감각운동 세계에 묶여 있는 또는 그것을 반영하는 마음이다(그리고 거친/조대 또는 생기vital풍으로 지지된다). 정묘 영역은 모든 조대-개념으로부터 자유로운 마음(상위 명상 상태, 어떤 꿈 상태 등에서 드러나는 것처럼)이며, 정묘풍(그리고 맥관channel과 적drop—이것들은 '정묘신'의 일부다.)으로 지지된다. 극정묘 영역은 밝게 빛나는 공성의 마음이며, '영원한 불괴의 적eternal indestructible drop'과 가슴 중앙에 있는 극정묘풍으로 지지된다.

이 세 개 영역(조대, 정묘, 극정묘 또는 원인)은 또한 니르마나카야(응신), 삼보가카카야(보신), 다르마카야(법신) 또는 각성, 꿈, 깊은 잠에 상응한다고 말한다[이런 점에서 베단타와의 유사성은 매우 놀라울 정도다. 코조트(Cozort, 1986)와 지아초(Gyatso, 1982)를 보라].

게셰 켈상 지아초Geshe Kelsang Gyatso는 이렇게 설명했다. "다섯 개의 신체 감각의식—안, 이, 비, 설, 신—은 조대 수준 마음에 필요한 것이다. 여섯 번째 의식—심적 의식—은 조대, 정묘, 극정묘라는 세 영으로 대별된다. 80개의 지시적 개념(각성 상태에서의 개념과 온, 5위 75법)은 모두 마음의 조대 수준에 속한다. 이런 것들은 '익숙한 마음used mind'이며, 우리가 기억하고 생각하는 등 다른 생각들을 포함한다. 그것들은 자신들의 대상(조대 영역의 모든 것)을 인식하고 파지하기 때문에 '익숙한 마음'이다. 그것들은 생각하고 명상하며, 우리는 그것들을 사용한다. 명상의 처음 네 가지 징후(5대 요소에 관련된 초기 단계)는 모두 조대심인데, 왜냐하면 그것들이 일어나는 풍이 조대이기 때문이다"(139쪽).

보다 진전된 명상에 의해 조대심(과 그 풍)이 사라지면, 정묘 차원이 발달 계열에 따라 전개되기 시작한다.

내가 쓰는 용어를 사용하면, 이 세 개의 정묘심(조대 지향적인 자아 너머에 있는/켄타우로스)은 심령 수준(그리고 정묘풍의 심령적 신체와 맥관이 이 수준에서 열린다.)에서 시작하며 정묘 영역 자체(다양한 내적 광명을 경험한다.)로 이행해 간 후, 완전한 적멸 또는 순수 비현현 원인 상태로의 몰입으로 끝난다('검은 현명근득顯明近得'으로 경험되는).

따라서 지아초에 의하면, "명상의 다섯 번째 징후[백색광의 현현, 현명이 나타남으로 인해 정묘심이 경험된다. 그것은 하얀 마음(현명)가 나타나면서 시작하며, 붉은 마음의 증가(현명증휘, 둘 다 정묘 수준의 광명이다.)에 이른 후 거의 깨달음에 가까운 검은 상태(현명근득, 원인의 적멸)에서 종결된다. 이어지는 각각의 마음은 선행하는 마음보다 정묘하다. 각각의 단계를 정묘한 것으로 분류하는 이유는 그 마음이 일어나는 동안 거기 조대한 이원적인 개념적 사고가 없기 때문이다"(139쪽). (이것을 8장의 주석 8과 비교해 보기 바란다. 거기서 나는 정묘 수준을 인지에서 거친 지시대상이 없는 것이라고 정의한 바 있다. 그러나 그곳엔 주체와 객체라는 미세한 이원론이 있다. 아누요가에서도 이 점을 지적했다.)

이 정묘 수준 발달은 '검은 현명근득'에서 끝나는데, '검은'이라는 것은 모든 대상적 지각이 끝나기 때문이며, '근득'이라는 것은 순수한 비이원 공성/지각(또는 청정광)에 근접해 있기 때문이다. 이 검은 현명근득을 내 식으로 표현하면, 원인과 비이원 사이의 이행이다. "마침내 마음의 검은 현명근득이 멸한 후 청정광의 마음이 일어난다. 이것을 극정묘심(원인/비이원)이라 부르는데, 이 이상 더 정묘한 마음은 없기 때문이다"(139쪽).

이 극정묘심(원인/비이원)이 깨달음의 텅 빈 기저이므로 '근본심Root Mind' 또는 기초 정신Foundation Mind이라고도 불린다. 이것은 심장/가슴에 있는 '영원불멸의 심적'인 극정묘풍과 관련되어 있다. 지아초에 의하면, "극정묘풍과 그 위에 있는 극정묘심은 심장 중심에 있는 불멸의 적 안에 있다"(74쪽). "이때, 원초의 극정묘풍과 청정광의 마음이 현현한다. 그것이 불멸의 심적이라고 불리는 것은 결코 끊이지 않는 극정묘풍이기 때문이다"(코조트, 72쪽, 76쪽). 지아초는 이렇게 말했다. "이 극정묘풍과 마음이 없다면, 불성의 완전한 깨달음에 이르는 것은 절대로 불가능하다"(140쪽).

지아초는 계속했다. "심장에 있는 이 극정묘심은 근본심 또는 상주심resident mind이라고 불린다. 뒤의 이름은 그것을 조대 및 정묘 수준 마음과 차별하기 위해 사용하는데, 그런 마음들은 일시적인 것이다. 조대심신이 '나'(실재라고 오해하는)에 기초해 있는 일시적인 것인 데 비해, 이러한 귀속 의식 자체의 주된, 연속적인 기초가 되는 것은 극정묘심과 그에 속한 풍이다"(137쪽, 195쪽).

지아초는 계속해서 가장 중요한 점을 설명했다. "연속해서 존재하는 극정묘심이라는 연속체는 결코 죽지 않는다(무시간적이다). 마찬가지로, 연속해서 존재하는 신체—극정묘풍—도 연속해서 존재하는 자기와 결코 분리되지 않는다. 그대는 과거에 그것과 분리된 적이 결코 없었으며, 미래에도 결코 그것과 분리되지 않을 것이다"(195쪽, 필자의 강조임).

'연속해서 사는 자기'라는 말의 용법에 주의하기 바란다. 이 말의 용법에 대해서는 잠시 뒤에 다룰 것이다. 여기서는 다만 그것이 비유로서(또한 스스로 직접 깨달음에 이를 때까지는 단지 비유로 남겼지만), 이 단계를 나타내는 데 매우 적절하다는 점만 유념하기 바란다.

극정묘심(및 연속해서 존재하는 자기)—즉, 청정광으로서의 순수공의식—이야말로 모든 그 이하의 상태 및 영역의 근본 원인이며 지지체다(따라서 '원인'이다). "비밀 만트라(금강승)의 눈에 띄는 특징적인 요인인 자기집착적이고 착각적인 마음은 조대풍에 의존한다는 가르침에 있다. 이 조대풍은 정묘풍에서 일어나며, 정묘풍은 극정묘풍에서 일어나고, 그런 모든 것은 청정광의 텅 빈 마음 위에 있다." 이것은 그야말로 내화 또는 유출(원인에서 정묘, 조대에 이르는)에 대한 정확한 기술이다(194쪽).

따라서 개인은 극정묘의식(비이원 공성/깨달음)까지 발달(또는 진화)한 이후, 상승의 길을 의식적으로 역전시켜 의도적으로 완전한 하강의 길을 재현한다. 원인에서 정묘, 조대에 이르는 길을 재활성화시키고, 상승의 길에서 처음 만났던 모든 명상의 징후와 모든 실제 영역을 하강의 길에서 재진입한다. 이렇게 해서 상승의 길이 하강의 길과 통합된다 (탄트라의 진정한 비밀). 두 개의 길은 심장의 파괴되지 않는 공성에 의해 지지되고 균형을 잡는다.

따라서 지아초는 말했다. "그대가 청정광의 출현에서 몸을 일으킬 때, 처음 만나는 것은 역전된 순서인 검은 현명근득의 마음이다. 그런 다음 붉은 마음의 증가(현명증휘), 백색 마음의 출현(현명), 80개의 거친 개념적 마음(과 감각)에 이르게 된다. 이것은 풍이 원래 해체된 계열의 역순이다. 청정광의 마음은 다른 모든 마음의 기저다. 조대심과 정묘심 그리고 각각의 풍이 심장의 불멸의 적 안에서 용해될 때(순수한 상승) 그곳에서는 오직 청정광만이 지각되는데, 이 청정광으로부터 다른 모든 마음—뒤에 나온 마음일수록 더 조대하다—이 생긴다(하강)"(76쪽, 필자의 강조임).

연속해서 존재하는 자기(또는 참자기, 순수의식)로서의 실재(공)에 관해서는 이미 나가르주나가 실재는 아도 무아도 아니지만 현상계에서는 상태 없이 자기는 없으며 자기 없이는 상태도 없다고 말한 바 있어서, 참자기라는 비유는 실재와 현상계를 잇는 가교로서 적절하다는 것을 보여 준다.

현상적인 자기가 무아에게(공은 아도 무아도 아니다.), 또는 현상적인 무아(현상적 무아란 존재하지 않는다.)가 공에게 길을 열어 준 것이 아니라, 현상적 자기가 순수한 공(엄밀하게 말하면 아도 무아도, 그 양쪽 모두도, 그 양쪽 모두가 아닌 것도 아니다.)에게 길을 열어 준다.

현상적 영역에서는 자기가 필요하며 또한 유용하기 때문에(나가르주나와 월칭이 지적한 것처럼), 가교라는 비유를 사용할 경우 현상적 자기(상대적으로는 실재하지만, 궁극적으로는 환상이고 현상적인)가 참자기에서 길을 열어 준다고 말하는 쪽이 더 낫다(현상적 무아라는 것은 없다. 따라서 엄밀히 말하면 아도 무아도 없으며, 모든 개념 작용에서 떨어져 있는 순수한 공만이 있을 뿐이다).

참자기로서의 공, 순수의식으로서의 공, 리파Rigpa(명지)로서의 공, 원초적 지혜로서의 공(반야지혜, prajna, jnana, yeshe), 원초적 순수성으로서의 공, 이러한 모든 현상과 공을 잇는 가교적인 비유 개념은 대승불교, 금강승불교에서는 무아라는 관념을 보완(또는 대치)하기 위해 사용하기 시작했다. 엄밀히 말하면, 무아라는 개념은 현상적으로도 또한 본질적으로도 틀린 것이기 때문이다.

분명 열반경Nirvana Sutra을 출발점으로, 절대는 종종 비유적으로 '마하트만(대아)' 또는

'참자기'로서 범주화되어 왔다. 이것은 말하자면(여전히 비유적으로) 현상적 자기가 아닌 것, 자기 없는 자기다. 오늘날에도 (몇 가지 예를 들자면) 시바야마柴山선사는 궁극의 상태는 비유적으로 '절대 주체성Absolute Subjectivity'이라고 칭하는 것이 가장 좋다고 말한 바 있다. 그는 이렇게 말했다. "스승은 주체성을 객체성과 대립하는 개념으로 사용하기 위해 쓰는 것이 아니다. 그것은 절대 주체성으로서 상대적 주체성과 객체성을 넘어선 것이며, 그런 것을 자유롭게 만들고 사용한다. 이 근본적인 주체성은 결코 객체화되거나 개념화될 수 없다. 그 자체로 완결이며, 그 자체로 존재의 모든 의미를 갖는다"(『무문관강화Zen comments on the Mumonkan』, 92쪽).

마찬가지로, 시바야마선사는 '분리되지 않은 자기'를 의미하기 위해 '참자기'라는 말을 사용했다. "그러므로 무문은 '참자기를 가리는 곳이 어디에도 없다'고 말했다. 세계가 나-자신I-myself일 때, 그곳에 자기는 없다. 자기가 없을 때, 전 세계는 나-자신 이외에 다른 것이 아니다. 이것이 선에서 말하는 무심이다. 옛 선사들은 한결같이 이 '무위진인'(무아인 참자기)이야말로 스승 또는 절대 주체성이라고 직지했다. 이것이 사람의 본래 면목이다. 자신의 이전 결정 요인을 깨닫는 것이 곧 부모미생전父母未生前의 참자기를 깨닫는 것이다. 사람은 절대 주체성으로서 새롭게 태어나게 된다"(123쪽, 173쪽, 338쪽). 스즈키 노사는 그것을 이렇게 말한 바 있다. "작은 마음이 큰 마음 속에서 자신을 발견한다."

마찬가지로, 금강승에서 가장 높은 탈것에 도달하면(대구경Maha Ati 또는 족첸, '위대한 완성The Great Perfection'), 절대는 종종 영원성, 단일성, 자유, 불멸의 연속성, 순수한 현전 등으로 기술된다. 따라서 위대한 족첸 스승 샤그두드 툴쿠 림포체Chagdud Tulku Rinpoche는 이렇게 설명했다. 림포체는 생기차제生氣次第와 초월을 포함해서 A에서 Z까지 족첸의 모든 가르침을 펼친 몇 안 되는 스승 중 한 분이다. "태어나서 죽는 날까지, 우리의 인생 경험이란, 이것이야말로 진정한 진실이라고 붙들고 있는 끊임없이 변화하는 상대적인 진실이다. 그러나 그것은 완전한 진실이나 영속적인 것이 아니다. 이것을 이해하는 것은 매우 중요하다. 그대가 인생이란 꿈에서 깨어날 때, 진실처럼 보였던 모든 경험은 절대적인 의미에서 더 이상 진실한 것이 아니다."

"우리가 진실을 이해하기 위해 사용할 수 있는 판단 기준은 영속성이다. 만일 어떤 것이 영속적이라면 그것은 진실이다. 만일 무상이라면/영속적이지 않다면 그것은 진실이 아닌데, 왜냐하면 그것은 소멸해 사라질 것이기 때문이다. 이와 같이 깨닫게 되면, 상대적 진실의 환상적인 성질을 꿰뚫어 보고 우리의 근본적이고 절대적인 본성을 이해하는 것만이 불법의 목표라는 것을 알 수 있게 된다. 완전히 깨어난 상태가 곧 깨달음, 즉 우리 존재의 절대적 본질에 대한 흔들림 없는 인식이다. 절대적 본질은 모든 것에 침투해 있으며 어떤 것과도 분리되어 있지 않다. 그러나 우리는 마음의 이원적인 환상 속에서 길을 잃고, 절대적인 것을 보지 못하고 있다. 있지도 않은 분리를 보기 때문에 우리는 상대적인 진실 경험으로 고통받는다. 그러한 고통은 불변, 불멸, 상주하는 깨달음의 지복으로만 치유될 수 있다"(『죽음과 관련된 삶Life in relation to death』, 10-11쪽, 14쪽).

마찬가지로, 족첸 스승 남카이 노르부Namkhai Norbu도 순수현전의 자지自知적인 절대 또는 원초 상태(예셰yeshe/리파)를 설명하면서, 원초 상태(또는 순수현전, 순수공성)란 쾌감이든 명료성이든 '텅 빔' 자체와 같은 특정 경험이 아니라 모든 경험을 인식하는 것(또는 모든 경험의 순수현전)이라는 점을 지적했다. "쾌감과 공백 감각 간에는 엄청난 차이가 있지만, 두 개의 경험에 내재하는 성질은 하나이자 같은 것이다. 우리가 공백 상태(생각 없는 상태)에 있을 때, 그곳에는 (그럼에도 불구하고) 언제나 지속하는 하나의 현전이 있다. 그것은 유쾌한 감각의 경험(또는 다른 모든 경험)에 있어서도 동일한 것이다. 이 현전은 독자적이며 마음 너머에 있다. 그것은 무한한 현현 형태의 기초가 되는 비이원 상태다."

그는 계속했다. 따라서 "('저 밖에 있는') 대상 차원으로 나타나는 모든 것은 실은 전혀 어떤 구체적인 특정한 것이 아니다. 오히려 그것은 원초 상태의 어떤 양상이 우리에게 나타난 것이다. 다른 경험들이 우리에게 일어날 수 있지만, 그 현전은 결코 변화하지 않는다"(『족첸Dzogchen』, 52-53쪽, 50쪽).

다른 명상 수련은 다른 의식 상태와 다른 경험을 만들어 낸다. 그러나 순수현전 자체는 불변이다. 따라서 족첸에서의 최고의 접근은 '명상 없는 불성Buddhahood without meditation'이다. 그것은 이미 완전하게 현전하며 자유롭게 주어진 원초적인 순수성에 대한 직접적인 인식, 모든 형상을 똑같이 포용하는, 나를 포용하고 무아를 포용하며 일어나는 모든 것을 포용하는 순수한 공성에 대한 직접적인 인식이다. 원초의 공성은 어떤 상태에 대립하는 특정 상태, 어떤 개념에 대한 또 다른 개념, 특정 견해에 대한 다른 견해가 아니다. 그곳에서 모든 형상이 발생하는 순수한 현전이다. 그것은 결코 나에 대한 무아가 아니다. 그것은 지금 여기에서의 텅 빈 열림이며, 그 안에서 모든 현현이 일어난다. 불변의 공간은 결코 시간의 흐름에 들어오지 않는다. 그러나 순수한 현전, 원초의 순수성, 강렬한 자비, 불굴의 포용에 의해 모든 것을 인식한다.

이 불변의 현전은 그 안으로 들어가는 것도 그것에서 나오는 것도 아니다. 깨달은 각자는 결코 이 상태에 들어간 적이 없으며, 평범한 사람도 그것이 부족하지 않다(각자는 그 상태에 들어가지 않는다고 하는 것은 누구도 그곳에서 나온 적이 없기 때문이다). 그 것은 절대적으로 어떤 경험이 아니다. 일시적인 상태의 경험이 아니며, 자기의 경험도 무아의 경험도 아니다. 편안한 이완도 아니며, 내어 줌의 경험도 아니다. 그것은 텅 빈 열린 공간이다. 그곳에서 그러한 모든 경험이 발생한다. 빈 공간은 그 자체가 언제나 이미 완전한 현전이 아니라면, 우선 어떤 경험도 일어날 수 없었을 것이다.

이 순수한 현전은 상태의 변화, 변성 상태, 다른 상태, 감춰진 상태, 지복(또는 분노, 공포, 선망)의 상태가 아니다. 그것은 그러한 모든 상태가 오고 가는 단순하고 순수하며 직접적이고 현전하는 지각이며, 그 안에서 그런 상태가 생겨나고 머물다 사라지는 텅 빈 공간이다. 생겨나고 머물다 사라지는…….

그러나 생겨나지도 않고, 머물지도 않으며, 사라지지도 않는 것이 있다. 지각의 즉각성/직접성, 단순한 개방성, 단순한 존재감, 그곳에서 모든 특정한 상태와 특정 경험들은 다만 파문, 주름, 몸짓, 구김살에 지나지 않는다. 하늘에 구름들이 오고 간다. 당신은 하늘이다. 당신은 지나가는 구름을 보고 있는 눈 뒤에 있지 않다. 당신은 구름이 떠다니는 하늘이다. 구름은 막힘이나 장애, 수축, 결점 없이 자유롭게 끊임없이, 쉼 없이, 자발적으로 떠다닌다. 어떤 것도 그 본성에 역행하는 것은 없으며, 아무것도 조각나 있지 않다. 봄이 오면 비가 오고, 겨울이 되면 눈이 내린다. 놀라운 일이다. 이 텅 빈 공간은.

당신은 이 텅 빈 열림이나 공간이 되는 것이 아니다. 당신은 하늘이 되는 것이 아니다. 당신은 언제나 하늘인 것도 아니고, 이미 하늘인 것도 아니다. 당신은 언제나 이미 하늘이다. 그것은 언제나 이미 자발적으로 이루어져 있다. 무엇보다 구름이 오고 갈 수 있는 이유도 이 때문이다. 햇살이 물 표면 위에서 자유롭게 반사한다. 놀라운 일이다! 새들은 이미 숲속에서 노래한다. 정말로 놀라운 일이다! 대양은 자갈과 조개껍질을 적시면서 이미 해변을 핥고 있다. 여기에 이루어지지 않은 것이 무엇인가? 멀리서 울리는 종소리가 들리는가? 깨닫지 못한 게 누구인가?

그렇다 하더라도, 이미 언제나 공성인 것을 무어라 부르면 좋을까? 물고기는 물을 무어라 부를까? 당신이라면 물고기에게 물을 어떻게 알려 줄 수 있겠는가? 물속에서 태어났고, 단 한순간도 물에서 떨어져 본 적이 없고, 물에 의해 지지되는 물고기에게 우리는 무얼 할 수 있을까? 얼굴에 물을 뿌려 볼까? 물고기의 본래 면목이 물이라면 어떻게 해야 할까?

이 언어상의 딜레마에서 살짝 방향을 바꿔, 대승/금강승에서는 종종 다음과 같은 방정식을 사용한다. 큰 마음Big Mind = 무심no-mind, 참자기True Self = 무아no-self, 본래 면목

401

Original Face = 무안no-face, 영원한 금강 = 대상의 비영속성 등이 그것이다. 그러나 곧바로 '참자기'나 '무아' (또는 '영속성'이나 '비영속성') 둘 다 그저 단어일 뿐이라는 점, 즉 단지 기표라는 점을 덧붙인다. 따라서 이러한 공식의 어느 쪽이든 진실이기 위해서는 우리는 순수공성, 즉 모든 언어, 모든 사물, 모든 과정이 자연스럽게 발생하고 사라지는 순수한 빈 공간을 인식하지 않으면 안 된다. '공성' '참자기' '무심' '무아' 이 모든 것은 그저 기표일 뿐이며, 그 지시대상은 관조 패러다임(지시)을 따른 사람에게만 드러난다. 그러한 관조 패러다임은 언제나 이미 순수한 공성에 대한 직접적인 인식, 자신의 '진실한 본성'에 대한 인식을 가져다줄 기의를 발달시킬 만한 힘을 갖고 있다. 공성과 진실한 본성은 말하자면 바다의 물이며, 그 지시대상은 일미라는 보편성이다. 그러나 선 스승들은 당신에게서 공성 또는 비이원성에 대한 설명을 듣고 싶어 하지 않는다. 그들은 당신이 직접적으로 공성을 보여 주길 원한다. 그것은 하품을 하거나 손가락을 튕기는 것처럼 단순한 것일 수도 있다. 바로 그것!

따라서 시바야마선사는 실재를 '절대 주체성'이라고 반복해서 부른 다음, 곧바로 다음의 것을 추가했다. "그것은 절대 주체성, 자신의 본래 면목이다. 그러나 '그것'을 아무리 자세히 묘사하더라도, 그것을 묘사하려고 하는 한 놓치고 말 것이다. 만일 진정으로 그 것을 알고 싶으면 스스로 그것을 파악하지 않으면 안 된다. 이런 이름(절대 주체성, 무심, 참자기, 무아)으로 부르는 것 자체가 이미 잘못된 것이며, 객관화와 개념화로 발을 내디 딘 것이다. 그렇기에 에이사이榮西선사는 '그것은 결코 이름 붙일 수 없는 것이다.'라고 한 것이다"(93쪽, 309쪽).

샤그두드Chagdud도 이렇게 덧붙였다. "붓다께서 가르치신 것처럼 절대적인 진실에 있 어서는 아무것도 오지 않으며, 아무것도 가지 않는다. 모두 불생불멸이다. (순수한 현전 은) 어떤 것도 아니고 아무것도 아닌 것도 아니며, 하나도 아니고 여럿도 아니다. 절대 적인 진실은 이러한 모든 통상적인 개념을 넘어서 있다. 단어로 그것에 이름 붙일 수 없 다." 우리가 그런 것을 인식한다면, 언어는 그런 대로 제 할 일을 할 것이다. 벚꽃이 피기 시작하면 봄바람이 시원하다.

이런 것들을 언급한 이유는 무아가 (특히, 몇몇 서구 이론가들에 의해) 현상적인 의식 흐름에 대한 정확한 설명으로(이것은 단적으로 말해 잘못이다. 자기도 그렇고 상태도 그 렇고 모두 상대적으로 실재다.), 또한 궁극의 실재에 대한 기술(이것도 잘못이다. 궁극은 나/자기와 무아의 공이기 때문이다.)로 잘못 파악되고 있기 때문이다. 그리고 이것이 커 다란 혼란을 야기시켰는데, 이 혼란은 서구에 불법佛法을 확산시키는 데 전혀 도움이 되지 못했다.

'무아'가 문자 그대로 절대나 원초 상태 또는 순수공성에 적용될 경우, 이런 오해가 공성을 극단적인 이원적 관념 안에 가둬 버리게 된다. 나에 대한 경험이 일어나든 아니면 무아에 대한 경험이 일어나든, 둘 다 똑같이 원초 상태, 스스로 인식하는 공성, 자연스러운 광명의 현현이다. '공성'은 일관성 있는 자기라는 입장에 대항하기 위해 무아라는 이론적인 입장을 세워 사용하는 개념적인 교의가 아니다. 그럼에도 불구하고, 어떤 서구 해석자들은 그것을 그런 식으로 사용하고 있다.

마찬가지로, 많은 서구 학자는 무아라는 교의를 현상적인 의식의 연속적인 흐름을 기술하는 데 사용하기도 한다. 현상적인 흐름이 일관성 있는 자기 없이도 존재하는 것으로 여긴다. 이 혼란스럽고 지지할 수 없는 관념은 현상적인 마음이 일관성 있는 자기를 갖지 않을 경우 어떤 일이 일어나는지에 대한 정신의학적인 그리고 심리학적인 엄청난 양의 증거에 정면으로 충돌한다. 그 결과는 경계선 신경증borderline neurosis과 정신병이다. 자기시스템이 그 형성 단계(특히, 분기점 2)에서 자기와 대상이라는 표상을 확실하게 분화시키는 데 실패할 경우, 자기경계는 한편으론 감정적 분출에, 다른 한편으론 만성적인 허무감이나 공허감 또는 우울감에 끊임없이 개방된다. 일관성 있는 자기가 출현하지 못하고 통합되지 못할 경우, 의식의 흐름은 단편적인 일관성 없는 자기의 연속으로 남는다. 이것은 불교도의 천국이 아니라, 심리적인 지옥이다.

따라서 정통파 심리학자들이 마음에는 "일관성 있는 자기가 없다."라는 말을 들으면 소스라치게 놀라 당황하고 만다. 그렇다면 사람들이 경계선 신경증을 갖고 싶어 한다는 말인가? 그들은 불교도가 말하는 것을 도무지 이해할 수 없을 것이다. 왜냐하면 그 자기가 실재인 바로 그 차원에서 자기가 부정되기 때문이다. 일관성 있는 자기의 상실은 깨달음이 아니라, 우리가 아는 한 가장 고통스러운 정신장애 중 하나다.

이러한 특정 서양식 불교 해석은 아주 좋은 의도를 갖고 동서양을 통합하려고 하지만, 무아라는 부적절한 교의를 사용하기 때문에 어쩔 수 없이 극히 일부 서양 사상가를 참조할 수 있을 뿐이다. 누군가는 흄Hume의 인성론에서 필수적인 인용문을 끌어내며(그것은 내가 대상만 보고 있을 경우, 주체는 결코 찾지 못할 것이라는 빈약한 사실 이외에는 아무것도 보여 주는 게 없다.), 자크 라캉Jacques Lacan을 인용하는 사람도 있다(라캉 자신은 단일 경계 오류를 범했으며, 공성에는 아무런 흥미도 없다. 6장의 주석 3과 13장의 주석 32를 보라). 최근에는 무아 교의를 탈구조주의(흄의 반복)와 자기 없는 인지과학에 연결하려는 시도가 있었다(이에 대해서는 뒤에서 다룰 것이다).

그러나 동양과 서양 모두 그 이외의 전통(그 대다수는 현상적으로 일관성 있는 자기를 부정하지 않는다.)은 그들의 '통합'에서 완전히 봉쇄되었다. 이것은 불행하게도 일종의 불교적 오만으로 이끌었다. 자신들의 현상적인 무아 교의(이것은 소승에게서만 독특하다.)가 유일하게 옳은 교의라고 느꼈기에 나머지 모든 사람은 완전히 잘못됐다고 느꼈다(그들은 오로빈도나 라마나 마하르시를 언급하면, 얼굴이 벌게질 정도로 화를 낸다).

잭 엥글러 같은 이론가들의 연구가 그토록 중요한 이유는 이 때문이다. 엥글러는 불교의 관심觀心명상(위파사나vipassana, 마음챙김)과 서양의 심리치료 두 분야 모두에서 훈련받았다(심리치료 전문가로 활동하고 있기도 하다). "무아가 되기 전에 유아가 되라."라는 그의 이론적인 가교는 훨씬 더 유용한 것이다. 즉, 사람은 순수공성 안에서 자기를 초월(또는 해체)하기 전에 우선 안정되고 일관된 자기를 형성해야만 한다는 것이다. 공이 아니라고 자기를 비난하는 것은 떡갈나무가 아니라고 도토리를 비난하는 것과 같다. 이는 앞에서 본 것처럼, 현상적으로나 본질적으로나 대단히 부적절한 것이다. (엥글러의 접근은 나의 전/초 오류에 관한 연구—전前자아, 자아, 초超자아trans-ego라는 순서가 있어서 안정된 초자아로 가기 위해서는 안정된 자아를 형성해야 한다는—와 일치하며, 대니얼 브라운의 불교 명상의 고차원 단계에 대한 연구와도 일치한다. 따라서 우리는 『의식의 변용Transformations of Consciousness』의 공동저자가 되었다. 엥글러의 인용은 49쪽에 있다).

그러나 엥글러의 분석에는 대단히 중요한 또 다른 통찰이 포함되어 있다. 자신의 임상적 경험에 기초해서 그는 충분히 일관된 자기를 발달시키지 못한 사람들이, 특히 이 현상적 '무아'라는 관념에 빠지는 것이 아닌지 의심하기 시작했다. 그것이 자신들의 상태에 대해 말하는 것처럼, 또한 그런 상태를 합리화시킬 수 있는 것처럼 보였기 때문이다. 많은 연구자가 경계선 장애가 미국에서 실제로 증가 추세에 있다고(그러나 자주 보고되지 않을 뿐이라고Masterson) 느끼고 있기 때문에 이 '무아' 관념의 매력은 이해할 만하다 하겠다. 소승의 무아는, 특히 이미 자기일관성에서 불안정감을 갖고 있는 사람들에게 호소력이 있기 때문이다.

아비달마의 순수하고 배타적인 '무아' 교의가 본질적으로 윤회와 현상세계에서의 완전한 철수(및 비난)로 종결되는 상승과 그노시스적인 길이라는 점을 생각해 보면, 무엇보다 이미 윤회에 적응하는 데 어려움을 겪고 있는 사람들에게 직접적으로 강한 호소력이 있는 것은 당연한 일일 것이다. 사랑과 아가페를 갖고 전 현현영역을 포옹하는 대신에, 완전히 손을 떼어 버린 것이다(에로스가 포보스가 된 예다). 타인의 고통에 대해서 문자, 어떤 상좌부 스승이 "난 신경 쓰지 않네. 난 거기서 내려왔거든."이라고 답했다고 한다.

엥글러와 내가 말하고자 하는 것은 문자 그대로의 '무아' 교의를 신봉하는 이론가라면 누구든 경계선 장애가 있다는 것이 아니다. 우리가 말하고자 하는 것은 문자 그대로의 무아 개념은 그 현상적·본질적 영역에서 많은 난점이 있을 뿐만 아니라, 경계선적 세계관과 너무나 쉽게 혼동된다는 것이다. 그리고 확실히 무아 개념은 일관된 자기를 형성하는 데 어려움이 있는 사람들에게, 특히 호소력이 있다는 것이다.

동양과 서양을 통합하려는 시도에서 이 현상적 '무아' 교의만큼 어려움을 야기시킨 것은 없었다. 아마도 이제는 통합의 망을 좀 더 넓게, 좀 더 관대하게 펼칠 때가 된 것 같다. 만일 정말로 불성이라는 것이 있다면, 다른 문화, 다른 지역, 다른 시대는 거들떠보지도 않고 떠났을 리가 없을 것이다. 그 불성은 감수성 있는 남녀의 귀에 대고 '무아anatman'보다 훨씬 더 자주 '대아Mahatman'라는 동등한 관념을 속삭이고 있는 것처럼 보인다.

프란시스코 바렐라의 제정 패러다임

끝으로, 바렐라Varela, 톰슨, 로쉬가 쓴 『체현된 마음』을 다시 다루려고 한다(이전 주석은 2장 주석 49와 4장 주석 13 및 43을 보라). 이미 기술했던 것처럼, 나는 그들의 전반적인 접근이 대단히 중요하며 가치 있다고 생각한다. 그들의 제정 패러다임enactive paradigm은 인지과학 분야에서 좌측과 우측의 길을 통합하려고 한 소수의 시도다. 뿐만 아니라, 좌상 차원에 대한 명상적 접근을 우측 인지과학과 통합하려고 한 유일한 주류 패러다임(그들은 이 말을 지시라는 올바른 의미로 사용한다.)이기도 하다. 이러한 접근만이 지각 영역에서 과학적(즉, 반복적·공동체적·지시적)인 개시를 구체화할 수 있을 것이다.

이와 같은 칭찬을 전제로 하고, 앞에서 언급했던 몇 가지 주제와 관련해서 나의 주요 비판점을 기술하려고 한다.

(1) 바렐라 등은 직접 겪은 경험(좌측)과 객관적인 인지과학(우측)을 잇는 다리를 세우면서 대부분 아비달마의 '자기 없는 마음selfless mind'과 오온이론이라는 교의를 사용했다. 그러나 이미 기술했듯이 이런 소승적 접근은 정말로 상대적으로 진짜이고 실제로 무시할 수 없는 영역에서 일관된 자기를 부정한다. 저자들이 언제나 강조하는 것은 대부분의 사람에게서 일관된 자기는 불가피하며 습관적인 것이라서 관심 명상 훈련에 의해 끊임없이 변화하는 상태로부터 자기가 형성되는 것을 중단시킬 수 있다는 것이다. 그러나

두 살짜리에게 이 명상 훈련은 불가능하기 때문에 자기감각은 인간의 발달에서 불가피한 것이지만, 불가피한 환상이라 하더라도 단지 환상에 불과한 것은 아니다. 그것은 어떤 목적에 기여한다(그것은 실제로 경계선 장애 같은 자기단편화를 예방하며, 이외에도 많은 목적에 기여한다).

이와 같은 (아비달마적인) 원자론적인 분석은 일관된 자기가 결정적으로 중요한 발달 시기를 설명하지 못한다. 따라서,

(2) 이미 기술한 것처럼, 경계선 증후적인 세계관에 빠지기 쉽다. 그러므로 발달의 어떤 단계에서 끔찍한 과오가 일어났으며, 우리는 부분성을 극복하는 고차원의 통합으로 진화하는 것이 아니라 그 과오를 거꾸로 파헤쳐 감으로써 해체시켜야 한다는 퇴행적 낭만주의 관념으로 이끌어 간다.

자기발달의 각 단계는 확실히 선행하는 자기감각의 해체라고 할 수 있다. 자기는 곧바로 공성으로 날아가는 것이 아니라 선행하는 자기를 해체시켜 가면서 보다 넓고 보다 깊은 자기로 성장해 가며, 마지막에 가서 모든 자기가 공성 안에서 해체되는 성장 과정이다. 마음의 흐름은 그 자체를 해체시키지 않는다. 그것은 주의와 의지를 보다 정묘하게 적용하는 것에 의해 해체된다. 달리 말하면, 그것은 마침내 순수공성 안에서 죽을 만큼 강한 자기이지, 원자적 경험들이 연속되는 단편적인 무아로 퇴행하려는 나약한 자기가 아니다.

(3) (4장에서) 이미 본 것처럼, 현대 인지과학 그 자체는 완전히 의식을 결여한 컴퓨터적인 마음(또는 마음의 사회)을 가정한다. 즉, 인지과학은 완전히 무의식 지향적인 컴퓨터가 필요한 인지 기능을 수행하므로 당신이 그곳에 현전해 있을 필요는 없다는 것이다. 실제로 마음에서 일어나는 것은 전혀 의식을 갖지 않은 객관적인 기능의 연속이어서, 의식은 수수께끼 같은 부수현상이거나 '아무짝에도 쓸모없는' 것이라고 선언된다.

저자들은 이것을 '자기 없는 마음'의 발견이라고 부른다. 이러한 과학적 발견과 아비달마의 현상적 경험에 대한 무아 분석을 통합시키길 원하며, 그렇게 해서 경험과 이론 간의 가교를 놓고 싶어 한다. 인지과학의 '자기 없는 마음'이 아비달마의 분석에서 '자기 없는 마음'과 대응한다고 생각한다. 따라서 그들은 관심 명상 수행(이것은 '무아'를 드러내 준다.)이 '자기 없는 마음'의 이론적인 발견과 통합된다고 주장한다.

그러나 인지과학은 자기 없는 마음을 발견한 것이 아니다. 인지과학이 발견한 것은 마음 없는 마음이었다. 인지과학에는 의식적인 자기가 들어설 여지가 없는 것 이상으로 마음챙김/각성 요인이 들어설 여지도 전혀 없다. 이런 것들은 모두 인지과학 탐구 양식

그 자체로 인해 인지과학 논의에서 다뤄지지 않으며, 진정한 경험에서도 배제된다. 앞에서 제시했듯이 마음 없는 마음이라는 관념은 위대한 발견과는 거리가 먼 것으로, 무엇보다 이론적·객관적 관념을 도출하는 객관적·표상적 패러다임의 필연적인 귀결(fait accompli)이다. 바렐라 등은 부적절한 오온이론과 인지과학의 환원적인 부분을 잇는 다리를 놓으려 하고 있다.

(4) 아비달마적인 무아적이고 원자론적인 경험 분석 때문에 저자들은 이것을 공과 인지과학의 자기 없는 마음과 항상 '병치'시킨다. 양쪽 모두의 환원주의적 접근(아비달마와 인지과학)은 '공'을 환기시키는 것으로 여겨진다. 그러나 이미 논했던 것처럼, 공에 특정 관점을 불어넣으려는 것은—(모든 관점이 아니라) 어떤 특정 관점을 몰아내려는 시도만큼이나—공을 여러 관념 중 하나로 환원시키는 것이다. 이것은 공에 대한 '구제 불가능한 관점'에 너무나 가까이 근접해 있다.

앞에서 다룬 네 가지 점을 판단의 근거로 삼으면, 저자들은 네 가지 모두의 부적절한 (또는 잘못된) 측면을 다루고 있으며 그러한 부적절성을 통합시키려고 애쓰고 있다고 생각할 수밖에 없다. 그러한 부적절성이란 소승의 원자론적인 심리학과 인지과학의 환원주의적인 측면, 공에 대한 '구제 불가능한 관점'과의 불장난, 경계선적 세계관을 취하는 경향성 등이다.

저자들도 이러한 어려움 중 어떤 것은 아주 잘 알고 있으며, 어렵게 이런 점들을 수립한 후 신중하게 유보하거나 그런 것들에서 손을 떼는 작업을 용의주도하게 시작한다. 인지과학에서의 '무아' 발견(실제는 단지 그 접근에 내재하는 환원주의)에 관해서 그들은 결국 이렇게 말했다. "인지과학과 실험심리학에서 자기의 단편화가 일어나는 것은 이들 분야가 과학적으로 객관적이 되려고 애쓰기 때문이다. 자기를 세계의 다른 외부 대상, 과학적 관찰대상과 마찬가지로 하나의 대상으로 다루기 때문에, 바로 그 때문에 자기가 시계에서 사라져 버리고 말았다"(230쪽). 정말로 그렇다. 이런 점에서 인지과학은 통합될 필요가 있는 존재의 중요한 사실을 발견한 것이 아니었다(그들이 초창기에 주장했듯이). 그것은 오히려 내버리지 않으면 안 된다는 식으로 주관 영역을 왜곡시켰다(아비달마에서 그랬듯이).

마찬가지로, 초기에는 '훌륭하다'고 불렸던 흄의 자기소실 작용에 대해서도 이제는 객관화와 관련된 것이라고 지적한다. "내부와 외부(주관과 객관) 사이를 다루는 교묘함은 흄의 연구를 능가할 만한 것이 없다"(230쪽).

공과 그것을 '무아' 분석 및 인지과학의 '자기 없는 마음'과 나란히 병치시킨 것에 대해서 저자들은 이제 이렇게 말한다. "이것은 결정적으로 중요한 점이다. 중관파가 다른 학파에 대해선 논박하면서도 자신들의 주장을 거부한 강력한 이유는 여기에 있다. 어떤 개념적인 입장도 기저(어떤 입장)를 형성하게 되는데, 이는 중관파의 힘을 무력화시킨다 (이것은 실용주의가 중관파의 중도와 같지 않은 이유이기도 하다). 우리는 제정적인 인지과학이 중관파와 마찬가지로 마음을 경험적으로 분석해야 할 것이라고 생각하지 않는다. 만일 그렇게 생각하도록 했다면, 우리는 관련된 모든 사람—명상 실천가, 과학자, 학자 및 관심 있는 모든 사람—에게 엄청난 해를 입힌 것이나 다름없다"(228쪽).

아비달마의 요소이론(온, 상태, 다르마)에 관해 말하자면, 저자들은 이 이론이 이후 불교학파에서 어떤 운명에 처해졌었는지 확실히 알고 있다. "이러한 기본적인 요소 분석은 이후 나가르주나와 같은 철학자들로부터 일종의 치명적인 비판을 받았다"(117쪽). 그리고 물론 선의 접근은 그 점에 대해 과연 선답게 옳았다. "아비달마이론은 선에서 전통적인 방식으로 화장되었다"(121쪽).

저자들은 계속해서 자신들이 진정으로 시험해 보고 싶은 것은 이러한 분석(자기 없는 마음, 무아의 현상적인 흐름, 제정)을 사용해서 순수공성의 진실에 대한 무기저성을 환기시키는 것이라고 기술하고 있다. "중관파에 의한 상대세계의 잠정적이고 인습적인 활동에 대하여 변증법이 그것을 넘어선 세계를 지적한 것처럼, 우리도 이 제정이라는 개념이 적어도 일부 인지과학자와 보다 일반적인 과학적 사고 영역에서나마 그것을 넘어서 무기저성이라는 보다 진정한 이해를 보여 줄 수 있기를 희망한다"(228쪽).

나는 개인적으로 제정 패러다임이 대단히 호소력 있고 진정한 지식의 전진이라고 생각하지만, 그렇다고 그런 이유 때문에 그런 것은 아니다. 왜냐하면 그들이 지적하는 '무기저성'은 앞에서 말했듯이 종종 원자론적·환원주의적·경계선 증후적·단편적인 것을 가리키기 때문이다. 그것은 통합되어야 할 것이 아니라, 거부되어야 할 다양한 이론의 여러 측면에 다리를 놓으려 한다.

현상적인 마음 흐름에 대한 '무아' 분석으로 기울어진 편향 때문에 저자들은 마찬가지로(또한 아이러니하게도) 제정 패러다임이 실제로는 많은 문제를 해결할 수 있다는 것을 알아차리지 못하고 있다. '무아' 분석은 이러한 문제를 성급하게 또한 불행하게 분해시키고 와해시켜 버린다. 몇 가지만 언급해 보자.

저자들은 초창기 아비달마의 원자론적인 측면과 인지과학의 환원주의적인 측면에 다리를 놓으려고 하면서, 민스키Minsky의 '사회'(마음의 사회)라는 개념을 참고했는데, 이 개념에서도 자기라는 것은 찾아볼 수 없다. 개인의 마음이란 독자성을 띤 요소들의 집합으

로 이루어진 사회라는 것이다. 여기에는 어느 정도의 진실이 있다(아무도 많은 계몽주의
자가 상상하는 것처럼 자기가 지각을 지배하는 단일 결정체라는 괴물이라고 믿지는 않
는다). 그렇긴 하지만 개인과 사회(둘 다 홀론 속의 홀론이긴 하지만) 사이에는 매우 크
고 중요한 차이가 있다. 개인은 자기지각의 핵을 갖고 있다. 즉, 복합 개체는 사회이긴
하지만, 동시에 자기감각의 핵으로서의 역할도 담당한다는 것이다. 그 자기감각이 진정
한 것이든 환상이든, 개인은 그것을 갖고 있지만 사회는 갖고 있지 않다는 사실만은 변
하지 않는다.

더구나 이 자기감각은 발달한다. 앞에서 보았듯이, 자기감각은 분화/통합이라는 아홉
개의 주요 분기점을 통과해 가면서 발달한다(공성을 완전히 인식하기 전까지는). 이 좌
측 발달 과정은 단순히 **독백적**이고 감각운동적인 인지의 문제가 아니라(그것에 기반을
두고 있긴 하지만), **대화논리적**인 교환, 상호 주관적인 상호 이해의 문제이기도 하다(마지
막에 가서 초논리적인 공성을 발견한다). 그 상호 주관적이고 대화적인 점에서 감각운동
적인 현상학은 (자신의 기반으로서의 기능을 끝내고) 설득력을 잃기 시작한다.

학문으로서의 현상학이 종종 다양한 형태의 구조주의와 신구조주의(탈구조주의에게
조차)에게 길을 열어 주게 된 일차적인 이유도 여기에 있다. 인지의 상호 주관적인 기능
은 현상학적 파악만으로는 명백하지 않은 그리고 파악할 수 없는 패턴을 드러낸다(즉,
감각 또는 직접 경험으로는 드러낼 수 없는 패턴에 따라서라는 의미다). 현상학자들은
언어적인 상호 주관성과 그것이 드러내는 패턴을 다룰 수 없는데, 그 이유는 그러한 패
턴이 현상학적인 방법으로는 복원되지 않기 때문이다.

푸코는 메를로 퐁티Merleau-Ponty(바렐라 등이 자신들의 방법과 가장 유사하다고 말한
이론가)의 강의를 들었던 때를 이렇게 회상했다. "그렇게 해서 언어의 문제가 드러났다.
현상학이 언어적 구조에 의해 만들어진 의미의 효과를 설명하는 데 있어서는 구조 분
석을 따라잡을 수 없었다. 현상학이라는 연인이 언어의 문제를 다루는 데 전혀 무능하
다는 것이 드러나자, 아주 자연스럽게 구조주의가 새로운 신부가 되었다"(밀러, 『열정
Passion』, 52쪽). 이로 인해 피아제, 하버마스 그리고 상호 주관적 유능성의 발달에 대한
보다 적절한 설명이 차례로 등장했다. (현상학의 부적절성에 대한 확장된 논의는 4장 주
석 28을 보라.)

나는 현상학을 집어치우자고 제안하는 것이 아니다(발생적 구조주의를 무조건 신봉
하자는 것도 아니다). 오히려 나는 현상학(특히, 메를로 퐁티류의)이 바렐라 등이 제창
한 것과 매우 유사한 체계를 갖고 있다고 생각한다. 그러나 독백적인 파악은 대화 논리

적인 인지에 의해 보완될 필요가 있다. 이런 점에서 우리는 바렐라와 그의 동료들이 발을 너무 깊이 담갔다고 생각하는 감각운동이라는 늪지에서 멀어지기 시작한다.

감각운동이라는 이 늪지는 저자들이 그 논의의 전개에서 거의 언제나 유기체/환경을 내부/외부와 혼동해서 제시하고 있기 때문에 생긴 것이라고 생각한다. 사실, 이 두 가지는 전혀 다른 유형의 상호 작용이자 제정이다(전자는 우상과 우하 또는 객관적인 유기체와 객관적인 환경의 상호 작용이며, 후자는 좌측과 우측 또는 내면과 외면의 상호 작용이다). 저자들은 유기체와 환경은 서로 공동생성co-generate한다는 주장(나도 여기에 찬성한다.)을 보강하기 위해 레원틴Lewontin과 오야마大山를 인용했다. 그러나 양쪽 저자들의 논의(그리고 이와 유사한 미시/거시 논의의 대부분)도 순수하게 외부(또는 객관적) 언어에 기초해 있다. 그들은 우상과 우하의 상호 작용과 상호적 공동 제정에 관해서, 즉 유기체(그 유전적 물질, 생리적 구조, 신경계 등)와 생태적 환경의 상호 결정에 관해서 말하는데, 이것들은 모두 외면적인 것들이다.

그러나 그것은 내면적 경험(좌측)과 외부의 물질적 형태(우측) 간의 상호 작용과는 전혀 다른 것이다. 외면적인 형태가 유기체적인 것이든 환경적인 것이든 마찬가지다. 이 둘을 같은 것으로 다루는 것은, 다시 말하지만 우상(유기체)과 우하(환경)가 서로 상호 결정한다는 식으로 수정한다 해도 결국 평원(계몽주의) 패러다임에 지나지 않는다. 그러한 통찰이 중요하긴 하지만, 그렇다 해도 여전히 근본적 계몽주의 패러다임임에는 변함이 없다. 그것은 좌측 경험을 우측 기술로 환원시키며, 결과적으로 독백적인 것이 되고 만다(레원틴은 주체와 객체, 유기체와 환경을 서로 바꿔 가며 사용했는데, 바로 그것이 문제다).

이것은 저자들의 제시에서 유기체구조(우상)로서의 감각운동이 직접적인 경험(좌상의 아래 부분)으로서의 감각운동과 혼동되어 나타난다. 이 때문에 그들의 제정 패러다임은 계속 강력한 생물학적 편향에 기울어진 채 남게 된다. 따라서 '인지란 무엇인가?'라는 물음에 대해 저자들은 '제정, 즉 세계를 만들어 내는 구조적인 커플링coupling의 역사'라고 답한다. 그런대로 좋다. 그러나 '그것은 어떤 식으로 작동하는가?'라는 물음에 대해서는 '서로 연결된 감각운동 하위 네트워크의 다중 수준으로 구성된 네트워크를 통해서'라고 답한다. 그것은 지각을 단순히 감각운동 네트워크에 기반을 두지 않고, 지각의 중요한 측면을 그보다 더 근본적인 기초로 환원시켰다. 즉, 대화적인 이해를 독백적인 파악으로 환원시켰다(206쪽).

나는 기본적인 감각운동적 인지와 초기 심적 범주화 과정이 제정 패러다임에서 간주려 제시한 여러 특징을 갖고 있다는 것에 대해 의심하지 않는다. 그러나 그렇다 하더라도 그것은 지각의 아홉 개 분기점 중 앞의 세 분기점만을 다룰 뿐이다.

따라서 저자들은 마크 존슨Mark Johnson의 연구(『마음 안의 신체The body in the mind』)를 예로 들면서 참조한다. 거기까지는 나 역시 그들의 평가에 완전히 동의한다. "(존슨은) 인간은 운동감각적 심상 도식image schema이라는 대단히 일반적인 인지구조를 갖고 있다고 주장했다. 신체적인 경험에서 비롯한 이러한 도식은 특정 구조적 요소에 의해 정의될 수 있는 기본적인 논리를 갖고 있으며, 대단히 많은 인지 영역에 구조를 부여하기 때문에 비유적으로 투사될 수 있다." 이러한 단순한 감각운동적·신체적 도식은 내부, 외부, 경계 등과 같은 기본적인 구별이다(모두 전 개념적인 감각운동적 세계 공간 안에 뿌리내리고 있다).

"존슨은 이런 종류의 예를 자세히 연구한 것에 기초해서 심상 도식은 감각운동 활동과 특정한 형태의 상호 작용으로부터 창발하며, 따라서 경험의 전 개념적 구조를 제공한다고 주장했다." 피아제가 말하는 그 이후의 인지에서의 감각운동 도식의 역할과 대단히 유사하다. 존슨은 "우리의 개념적인 이해가 경험에 의해 조형되므로 우리는 또한 심상 도식적 인지도 갖고 있다고 주장했다. 이러한 개념들도 하나의 기본적인 논리를 갖는데, 이것이 상상적으로 투사된 (고차원) 인지 영역에 구조를 부여한다. 결국 이러한 투사는 자의적인 것이 아니라, 그 자체 신체 경험의 구조에 의해 동기 부여된 비유적이고 환유적인 지도 작성 과정을 통해 달성된다"(175-176쪽).

여기까지는 나도 흔쾌히 찬성한다. 앞에서 기술했던 것처럼, 마음은 감각운동적 신체를 초월하면서 또한 포함하기 때문에 마음의 기본적인 구조(그리고 상위 개념적·형식적 사고)는 분명 전 개념적인 신체적·감각운동적 기반에 놓여 있다('포함' 부분). 그러나 그러한 기초만으로는 상위 구조 자체의 기능이나 패턴, 능력('초월' 부분)을 충분히 설명할 수 없다. 따라서 존슨의 책 제목은 매우 적절하다 할 수 있겠다. 마음은 신체 안에 있지 않다. 오히려 신체가 마음 안에 있다. 바로 이런 이유 때문에 심적 인지와 지각의 중요한 측면들은 단지 감각운동 네트워크거나 또는 특별히 감각운동 네트워크는 아니다.

(마찬가지로, 영은 마음 안에 있지 않다. 마음이 영 안에 있다. 따라서 심적인 해석은 영적 실재에 영향을 받지만, 그것을 만들어 내지는 않는다.)

저자들의 감각운동적·생물학적인 편향으로 인해 우리는 좌측 차원에서 일어나는 똑같이 중요한 구조적 커플링 유형을 간과하기 쉽다. 즉, 감각운동적 유기체가 그 환경과 상호 작용할 뿐만 아니라(우상과 우하의 상호 작용. 이러한 것은 독백적으로 연구하고 기술할 수 있다.), 내면적 주체 또한 상호 이해라는 상호 주관성의 저장고와 상호 작용하고 있다(좌상은 좌하와 상호 작용한다는 것이다). 이런 상호 간의 상호 주관성을 독백적으로 기술하거나 연구할 수는 없는 노릇이다. 그것은 단순히 유기체와 주변 환경과의 상호 작용이나 제정이 아니다. 그것은 개인과 개인 사이의 상호 이해의 제정이다. 상호 이해를 그 목표로 하며 서로 간에 공유된 경험을 교환한다. 이런 모든 것은 경험적·감각운동적인 상관물을 갖고 있긴 하지만, 그런 것들이 그런 상관물 안에 있는 것은 아니다.

바렐라의 구조적 커플링 개념이 유용성을 추가적으로 얻는 곳은 이곳이지만, 저자들은 그것을 충분히 인식하지 못한 것 같다. 객관적인 유기체와 그 제정된 환경과의 구조적 커플링만이 아니라, 유기체의 주관적인 경험과 제정된 문화적 세계 공간(그곳에서 반복해서 말하지만, 상호 객관성만이 아니라 상호 주관성 형식이 창조되며 또한 그것을 창조한다.)의 상호 주관적인 경험과의 구조적 커플링이기도 하다.

따라서 바렐라 등은 소여세계가 있고 그 세계를 소여 유기체가 지각 안으로 회수한다는 표상 패러다임이 강조하는 세계관을 공격한다(나 역시 그 공격에는 찬성한다). 그렇긴 하지만 그들이 제시한 대안도 여전히 독백적이다. (감각운동에 특정된) 독백적 유기체가 독백적 세계를 제정한다는 것(색채 지각이 그들이 좋아하는 예다.)이 그들의 주장이다. 이 모든 것은 진실이며 또한 기초적인 것(또는 감각운동적 출발점)이긴 하다. 그러나 이 모든 것은 상호 주관적 영역에서의 환원 불가능한 발달 단계를 무시한다. 그것은 독백적인 제정 패러다임으로는 회수할 수 없는 것이지만, 대화적인 제정 패러다임은 그것을 포함할 수 있으며, 포함하지 않으면 안 된다.

따라서 저자들은 독백적 소여세계에서 독백적 제정세계로 전환했다(나는 그것이 올바르다고 생각한다). 그러나 대화적으로 제정된 문화세계라는 결정적으로 중요한 요소로 이행해 가는 데에는 실패했다. 그것은 표면(색채 부분)에 대한 독백적 지각의 제정으로 구성된 것이 아니라, 표면에 의해서는 주어지지 않은 깊이에 대한 상호 주관적인 해석의 제정으로 구성되어 있다. 저자들은 이런 식으로 조잡한 자연의 (독백적이고 이미 주어진) 거울 패러다임에서는 피해 갈 수 있었다. 그러나 저자들이 공격한 것은 패러다임의 이미 주어진 부분에 국한될 뿐, 독백적인 부분은 포함되지 않는다. 그 패러다임은 감각운동적 세계의 독백적인 거울에서 감각운동적 세계의 독백적인 제정으로 전환됐을 뿐이다. 그들은 주체가 객체를 제정한다는 것은 바르게 파악했다. 하지만 그 주체가 더 나아가 상호 주관성을 통해서 다른 주체를 제정한다는 데까지는 나가지 못했다. 상호 주관성이란 표면에 대한 지각이 아니라, 대화적 심도에 대한 해석을 말한다(그것 자체는 문화적 세계 공간의 구조적 커플링의 발달적인 역사로 결정된다. 단지 자연/환경/감각운동적 세계 공간의 구조적 커플링만으로 결정되는 것은 아니다).

더 나아가, 초논리적인 공성에 도달하는 것은 오직 대화적인 제정을 통해서만 가능하며, 대화적인 상호 주관성을 원자론적인 독백적 상태와 환원주의적인 마음 없는 인지적 기계론으로 퇴행하거나 용해시켜서는 도달할 수 없다.

(마찬가지로, 보다 강력한 비환원주의적인 접근에서는 발달 자체에서 목적/창발성에 대한 보다 강력한 인식을 허용할 것이다. 모든 변화가 그런 것처럼, 자연적인 변화 역시 그곳에 어떤 흐름이 있을 때에만 일어난다. 이 경우, 그 흐름은 온우주 또는 에로스의 흐름이다. 현재 주어진 세계 공간의 제정은 단지 과거의 구조적 커플링에만 기반을 두고 있는 것은 아니다. 오히려 현재 세계는 미래의 창발적 압력에 기초해서 제정된다.)

끝으로, 다시 한번 제정 패러다임의 강점에 대해 언급하고 싶다. 우선 무엇보다 이것은 진정한 패러다임이다. 그것은 특정 프로그램에 따른 지시적 연구를 구현하고 있다 (즉, 이론적 모델과의 통합을 염두에 둔 직접 경험에 대한 개방적인 연구다). 우리는 그것을 이런 식으로 볼 수도 있을 것 같다.

금강승(저자들이 지지한)에서는 세 가지 불교의 탈것을 하나의 발달론적 원호 안에 포함시키는 것이 전형적이다. 우선 소승의 관심/마음챙김에서 시작하는데, 이것은 직접적인 지각에 대한 독백적 탐구다. 그런 다음 대승으로 이행하는데, 자기와 타자를 교환하는 특수한 접근(통렌tonglen), 즉 지각의 대화적·상호 주관적인 원을 탐구하는 것이 그것이다. 다음으로 금강승 또는 극도로 독백적인 파악과 대화적 교환의 최종적인 용해로 옮겨 가는데, 모든 세계가 놀이처럼 현현하는 비이원적 광휘로 빛나는 공성에서 편히 쉬게 된다(초논리적).

대단히 거친 현대 인지과학의 상태를 생각해 보면, 저자들은 어떤 점에선 소승 수준의 기술 이외에는 다른 선택의 여지가 없었을 것으로 보인다. 그리고 나는 많은 점에서 이것이 인지적 이해에 대한 보다 고차원적 발달의 기초로 기여할 수 있다고 생각한다. 이 점만으로도 저자들의 공적이 적지 않다는 것은 의심의 여지가 없어 보인다. (현상학에 대한 비판은 뒤에 나오는 주석 17을 보라.)

2. 독백적인 과학을 취해서 그것을 완전한 '신패러다임'으로 만들려는 부적절성이 노골적으로 드러나는 곳은 '새로운 물리학과 신비주의'를 다루는 책들의 저자와 이론가들 말고는 다른 어디에도 없을 것이다. 그런 책의 저자는 너무나도 많다. 환원주의자가 (일반적으로 물리학 교과서에서는 다루지 않는) 영적 경험을 할 경우 대체로 철학에 관심을 갖

게 되는데, 그 결과물은 심약한 사람의 경우 읽지 않는 것이 좋을 것이다.

아무리 좋은 의도를 갖고 있다 해도 새로운 물리학(양자론과 상대론)이 신비주의적으로 통일된 세계관을 지지, 지시, 증명한다는 주제를 다루는 이러한 이론 대부분은 평원적 독백 패러다임을 대화적인 영역과 초이론적인 영역에까지 확대시키려고 억지를 씀으로써 완전히 못쓰게 되고 말았다('맛없는 음식이라도 많기만 하다면 좋다'는 평원적 접근이다).

그들은 일반적으로 어떤 수학적 공식을 끌어들인 다음(특히, 슈뢰딩거Schrödinger의 파동방정식과 측정 시 그 공식의 붕괴) 그것에 대해 대단히 폭넓은 해석을 가한다(물리학자 사이에서도 이러한 공식을 어떻게 해석할 것인가를 놓고 날카롭게 대립하고 있음에도 불구하고). 그런 다음 그들은 이런 식의 느슨하게 확대된 해석을 마찬가지로 느슨한 신비적 영성 해석과 결합시킨다. 그 결과, 새로운 물리학이 마치 신비적인 세계관을 지지하거나 증명하기라도 하는 것처럼 보이게 된다.

이런 혼합물을 곧바로 '새로운 물리학'이라고 부른다. 다나 조하르Danah Zohar는 말했다. "'양자론적 사회'라는 아이디어는 전적으로 새로운 패러다임이 우리의 양자론적 실재에 대한 기술로부터 출현하고 있다는 확신과 이 패러다임을 우리 자신과 우리가 살고자 하는 사회세계에 대한 지각을 근본적으로 변화시키는 데까지 확대할 수 있다는 확신에서 비롯된 것이다. 양자론적 실재에 대한 폭넓은 인식은 사회에 긍정적인 변혁을 가져다줄 개념적 기초를 제공해 줄 수 있을 것이다"(『양자론적 사회*The quantum society*』).

존재에 있어서 가장 낮고 가장 얕은, 가장 의식이 적고 심도가 낮은 홀론을 기술하는 공식으로부터 상호 이해와 상호 인정에 기초한 대화적·상호 주관적·문화적 교환을 다루는 '패러다임에까지 확장'된 것이다. 이것은 양자 도약을 훨씬 넘어선 신념의 도약이다. 양자론 공식은 경제학, 심리학, 문학, 시, 도덕과 윤리는 말할 것도 없고 생물학과 자기생성조차 설명할 수 없다. 그러나 물리주의자들은 '가장 기초적'인 것이 '가장 중요'한 것이라고 생각하는 데 너무나 익숙해 있어서 모든 지식의 상위 영역은 가장 심도가 낮은 홀론에 기초해야만 한다고 생각하며, 그렇지 않을 경우 전혀 기초가 없는 것이라고 믿는다. 이렇게 해서 모든 영역에 직접적으로 물리학을 확장하려는 경향이 생기게 되었다.

따라서 프레드 알란 울프Fred Alan Wolf는 말했다. "나는 현재까지 고안된 가장 강력하고 엄격한 과학인 양자물리학이 새로운 심리학, 즉 진정한 인본주의 심리학을 형성하는 데 필요한 기초를 제공해 주리라고 믿는다."

이것은 가슴 아픈 일이 아닐 수 없는데, 이는 울프 박사에 국한된 이야기가 아니다. 진정한 인본주의 심리학은 상호 주관적인 이해와 상호적 인정 과정에 기초해서 세워지지 않으면 안 된다. 이에 관해 양자론이 말할 수 있는 것은 전혀 없다. 바위를 독백적으로 연구하는 분야가 새로운 인본주의의 기초가 되기를 원하는 사람은 아무도 없을 것이다.

독백적 지배와 공격적이고 폭력적인 환원주의의 확장은 그 환원의 양쪽 끝 모두(그리고 그 중간의 모든 곳)에게 재앙을 가져다준다. 실재가 실제로는 중요성이 가장 낮은 그런 홀론을 중심으로 가장 의미 있게 회전한다고 자동적으로 보게 될 뿐만 아니라, 신비주의 자체—앞에서 보았듯이, 최소한 네 개의 아주 다른 신비주의가 있다—가 통일장 또는 역동적 망, 양자론적 진공(또는 수학 공식의 기막히게 창조적인 해석)으로 균질화되고 만다. 이 두 개의 균질화된 양자론과 신비주의의 혼합물이 조잡하게 하나로 압축되고 모든 것을 다루는 기초로 제공된다.

존재의 스펙트럼 양쪽 끝(물질과 신)을 왜곡시키는 것 말고도 그것은 그 사이에 있는 모든 것을 파괴한다. 프레드 알란 울프는 약물로 유도된 신비 체험으로부터 다음과 같은 놀라운 인식을 끌어냈다. "나는 이 탐구(향정신성 약성을 띤 아야화스카의 복용)에서 물리학 관점으로부터 샤머니즘을 이해하려고 노력했다. 내가 발견한 것은 물리학 관점만으로는 샤머니즘을 이해할 수 없다는 것이다." 헌신적인 물리환원주의자만이 그런 진술을 할 수 있을 것이다. 물리학 관점만으로는 샤머니즘은 고사하고 생물학조차 이해할 수 없다. 하물며 예술, 경제, 심리학, 사회학… 은 더 말할 것도 없다. 물리학이 샤머니즘을 다루지 않는 것은 전혀 이상한 일이 아니지만, 울프 박사는 물리학이 거기에 적용되지 않는다는 점에 매우 곤혹스러워한다. 그래서 그는 "우리는 새로운 혈통의 물리학자, 즉 물성보다 살아 있는 과정을 연구하는 물리학자가 필요하다."라고 말했다. 그런 학자들은 이미 존재하는데, 우리는 그들을 생물학자라고 부른다.

이 책 전반에 걸쳐서 여러 차례 보았듯이, 중요성 심도가 얕으면 얕을수록 그 신념 체계는 자기중심적인 것이 된다. 왜냐하면 인간 홀론에서 자기중심성은 얕은 심도에 대응하기 때문이다. 진정한 깊이/높이를 결여할 경우, 개인은 모든 실재를 관찰하는 것은 자신의 내면이라는 것을 알게 되며, 돌연 모든 것이 자신에게 직접 관계된 것처럼 생각된다. 그리고 자기중심적인 단어 연상 마술이 실제로 심오하고 매우 바람직한 것처럼 보이기 시작한다.

'나의 의도가 명확할 때'라고 울프는 설명한다. "길들이 마치 마술처럼 나타나서 나를 한 장소에서 다음 장소로 인도한다. 어떤 연결이 일어난다. 중요한 전화가 걸려 오는 것처럼." 그것은 아마 실제로 심령적 연결일 수도 있겠지만, 심리치료사라면 그것을 자기애 또는 망상이라고 부를 것이다. (세계가 정말로 당신의 에고에 따라 적응할까?) 누가 말해 줄 수 있을까? 울프의 경우, 물론 그것은 모두 양자파의 붕괴에 기초해 있다. 따라서 그를 인터뷰한 사람은 그의 입장을 이렇게 요약했다. "만일 당신이 재떨이를 의도한다면, 가능성의 구름이 그것을 토해 낼 것이다."

프레드는 이 가능성의 구름을 최대한 이용했다. 페루의 라마에서 아야화스카를 복용하기 전에 그는 〈아야화스카의 바람〉이라는 영화를 보게 되었다. 영화는 미국인 학자가 약물을 사용해서 자신의 패러다임이 산산이 흩어지게 된다는, 물론 그와 동시에 아름다운 현지 여성과 사랑에 빠진다는(나의 패러다임을 가지세요!) 꽤나 상투적이고 흔해 빠진 줄거리다. 아마 그래서일까. 프레드는 약물을 복용한 후 그의 마음을 날려 버리고 페루 여성과 사랑에 빠지게 되는데, 이 모든 일이 한 달 만에 일어난다.

"놀랍게도, 설명할 수 없을 정도로 그 영화가 마치 전적으로 그를 위한 인생 훈련처럼 쓰여 있었다." 울프는 흥분해서 이렇게 말했다. "신화가 나의 멱살을 잡고, '프레드 일어나라! 네가 왜 페루까지 오게 됐는지 우리가 보여 주겠다.'라고 말하는 것 같았다." 많은 사람이 약물과 섹스에 빠져 그곳에 정착할 수도 있겠지만, 프레드에게는 그 이상의 중요한 의미가 있었다. '이 영화는'이라고 그는 계속했다. "내가 리마에 도착하기 전에 제작된 것이지만, 나는 바로 내 눈앞에서 나의 인생이 펼쳐져 있는 것을 보았다. 이 영화 전체가 나만을 위해 만들어진 것일까?"

그는 곧바로 그럼에 틀림없다고 결심한 후 이렇게 물었다. "만일 그렇다면 이 영화 각본은 누가 쓴 것일까?" 즉, 그가 도착하기 훨씬 전에 누가 그만을 위한 영화 각본을 썼단 말인가? 그는 말했다. "오스트레일리아의 원주민이 가장 좋은 답을 갖고 있다. 그들은 위대한 영이 우리를 꿈꾸며 또한 모든 물리적 실재를 현실의 것으로 꿈꾼다고 말했다." 그렇다고 가정해 보자. 그러나 위대한 영은 일어나는 모든 것의 각본을 쓰고 있음이 분명하지만, 어떤 영화도, 어떤 일도 전적으로 또는 특별히 프레드 알란 한 사람을 위해 쓰인 것은 없다. 그 특정 영화는 실제로 그다지 상상력이 뛰어나지 못한 영화 제작자에 의해 각본이 쓰였고 제작되었다. 만일 그 영화가 나의 인생을 완벽하게 보여 주었다면, 나는 축하하기보다 매우 염려했을 것이다.

어쩌면 그것은 진정으로 심령적인 것이었을 수도 있고, 어쩌면 자기애적인 상상에 지나지 않을지도 모른다. 그러나 나의 요점은 독백적 지도는 우리의 해석을, 그것이 아무리 진정한 것이라 해도 전인습적인 에고이즘의 방향으로 왜곡시켜 버린다는 것이다. 왜냐하면 그 지도 안에는 대화적 지평으로 끌어내 줄 만한 것은 아무것도 없기 때문이다. 따라서 진정으로 초논리적인 곳으로 피해 갈 수 있는 길은 없다. 나는 새로운 패러다임을 갖고 있다. 당신이 해야 할 일은 당신의 신념 체계를 나에게 맞춰 바꾸는 일이라고 말하는 것 이외에는 남은 것이 없다. 다른 내면적 발달에 관해서는 권할 것이 없으며, 언급하거나 암시할 만한 것조차 없다(새로운 독백적 패러다임의 포용은 자동적으로 균질화된 신비적 허튼 소리로 안내되는 것으로 생각된다. 생각건대, 약물이 선택 사항에 해당될 것이다).

이미 말했듯이, 독백적인 관점은 언제나 신성한 에고이즘과 권력 욕구에 이용당하기 쉽다. 이 점은 푸코에서 하버마스에 이르는 사상가들이 강조해 왔던 점이다. 상호 대화적인 인정과 배려의 패러다임 없이는 신성한 에고이즘에서 끌어내어 세계중심적 자비로, 거기서 다시 세계혼인 초혼으로, 더 나아가 깊은 신비로 이끌어 갈 수 있는 길은 없다. 그 대신 우리는 신적 에고에 의한, 신적 에고를 위한, 신적 에고에 대해 쓴 각본에 따른 인생을 보게 된다. 이것이 곧 영광스러운 새로운 패러다임의 기초가 되는 것을 의미한다. 이것이 너무나 많은 '새로운 물리학과 신비주의'의 핵심인 것처럼 보인다.

울프 박사가 지식의 탐구를 물리학 영역 밖으로 확장하려 했다는 데에는 의심의 여지가 없다. 이런 시도에 대해서는 우리 모두 박수를 보낼 수 있다. 그러나 이렇게 확장된 지식 탐구를 해석하는 방법에 보다 많은 주의를 기울이지 않는다면—즉, 사상한 모두에 걸쳐 똑같이 고려하지 않고, 그 대신 우상상한에서 기본적으로 가장 낮은 홀론 주변을 맴돈다면—우리의 해석은 초개인적인 방향이 아니라 전개인적인 방향으로 기울어질 위험성에 항상 노출될 수밖에 없다는 것이 나의 생각이다.

(리처드 레비턴Richard Leviton,『샤먼의 관문을 통해서: 프레드 알란 울프와 함께 우주를 꿈꾸다Through the Shaman's Doorway: Dreaming the Universe with Fred Alan Wolf, Yoga Journal』, July-August 1992).

3. 미국에서 이러한 문화적 응집력이 결여된 상태는 지난 몇 십 년 동안 가속화되어 왔다. 그 결과, 집단이나 계층, 유형을 불문하고 이 나라의 거의 모든 국민이 자신들만의 소국가가 되려고, 즉 특별한 법적 권리가 보장된 자신만의 특별 집단이 되려고 하고 있다. 특정 권리를 확보하는 가장 쉽고 가장 빠른 길은 희생자 지위를 얻기 위해 경쟁하는 것이다. 이것은 희생자 집단에게 사실상 배상금을 청구할 수 있도록 하기 때문이다. 권리의 제조는 다양한 집단끼리 누가 가장 피해를 보았는지에 따라서 누가 가장 큰 배상금 권리를 갖는지를 놓고 다투기 위해 법정 앞에 줄을 설 정도로 과열 상태가 되고 말았다. 이것은 모든 사람이 모든 사람으로부터 돈을 받아 내려고 하지만 아무도 지불하려고 하지 않는, 대량의 그리고 기묘한 차용증 발행을 초래했다.

이 무제한의 권리 요구 초기에 백인 남성이 가장 큰 배상금 금고였다. 모든 사람이 열렬히 원했던 것은 바로 이 금고였다. 그러나 거의 무진장처럼 보였던 배상금 금고도 이제 완전히 탕진되고 말았다(그리고 고갈되었다). 그 이유는 백인 남성도 이제 피해자로서 특별 권리를 놓고 경합하는 남성에 포함되었기 때문이다. 약물 오용자, 정서장애자, 비만, 단신, 청각장애자, 신체장애자, 흑마술 피해자 등등이 그것이다. 따라서 배상금을 청구할 수 있는 나쁜 사람은 이제 단독으로는 존재하지 않는다. 모든 사람이 다른 모든 사람에게서 피해를 입은 것처럼 보인다. 따라서 모든 사람이 다른 모든 사람으로부터 자신들을 보호하기 위해 특별한 권리를 요구하고 있다.

책임 없이는 권리도 없다. 공동성 없는 독자성은 없다. 둘 중 어느 하나만을 갖는다는 것은 물리적으로, 이론적으로, 그리고 실존적으로도 불가능한 일이다. 그러나 뿔뿔이 흩어지고 조각난 미국 문화에서 모든 집단은 공동성(책임) 없는 독자성(권리)만을 원한다. 나는 그런 권리 중 많은 것에 찬성한다. 그러나 이 나라가 보다 공통된 통일과 응집성 있는 일관된 원칙을 갖지 않는 한, 즉 이러한 권리가 그와 상관된 책임과 공동성에 접속해 있지 않는 한, 그저 권리만 제조하는 것은 국가의 더 큰 분열에 기여할 뿐이다. 무엇보다 새로운 권리를 확보하고 보호할 수 있는 것은 국가뿐이다. 차용증 지불 시한이 다가오고 있다.

4. 이제 우리는 해체에 대한 탐구를 끝내고, 그것을 나가르주나의 공(이 주제에 관해서는 제3권에서 훨씬 더 자세히 다룰 것이다. 다음의 내용은 예비적인 요약이다.)이라는 맥락에 설정할 수 있다.

해체가 두 가지 원칙에 기초해 있다는 것은 이미 본 바 있다. 컬러_{Culler}가 말한 것처럼, 의미는 맥락 의존적이며, 맥락은 무한하다. 그야말로 IOU 원칙에 대한 또 다른 방향의 접근이다(맥락은 전체이지만 결코 무한하지 않다. 만일 그렇다면 자기모순이다. 완결성과 일관성은 결코 양립할 수 없다). 문학은 그 자체로 하나의 전체, 하나의 예술, 자기완결적인 전체가 되려고 하는 한, 언제나 감춰진 IOU, 은연중에 내포된 IOU를 발행할 것이다. 감춰진 또는 은연중에 내포된이란 언어는 그 자체의 성질을 기정의 것, 문제가 없는 것으로 받아들이며, 따라서 언어 자체를 검토하지 않는 경향이 있기 때문이다(이 점에 대해서는 잠시 뒤에 다룰 것이다).

그러나 그 반대의 예부터 먼저 들자면, 수학은 그 초한적인 IOU를 **명시**한다. 즉, 집합은 무한히 확대하지 않으면 안 된다. 그렇지 않으면 수학은 자멸한다. 수학자들은 이런 것을 **명시**했는데, 말하자면 그들의 일이 수학적 언어를 그 자체의 구문구조, 그 자체의 구조를 정밀하게 검토한다는 것이며, 따라서 그들의 IOU를 어쩔 수 없이 명시해야만 하기 때문이다. 수학이 언제나 그렇게 해 왔던 것은 아니다. 실제로 그 IOU는 타르스키 Tarsky/괴델Gödel 혁명 이전까지는, 말하자면 수학을 정신분석해서 그 기초가 되는 심층부에 감춰져 있던 비밀을 파헤쳐 내기 전까지는 매우 암묵적이고, 감춰져 있었으며, 무의식적인 것이었다. 그 비밀이란 수학은 일관되고 완결된 것이 아니라는 것, 결코 그럴 수 없다는 것이다.

타르스키와 괴델이 수학의 심층에서 이런 비밀을 끌어냈을 때, 처음엔 엄청난 소동, 거의 공황에 가까운 소동을 불러일으켰다. 왜냐하면 수학의 바로 그 기초, 즉 오랜 기간 한 개의 완결된 전체, 인간 지식 중 가장 진실하고 자기충족적이고 자기완결된 확실한 형식이라고 생각되어 왔던 수학이 이제 한편으론 자기모순을, 다른 한편으론 불완전성 (비자기 확실성un-self-certainty) 사이를 내재적으로 요동치고 있음을 보여 주었기 때문이다. 그러나 수학은 오늘날 집합을 무한히 확대시키자, 그리고 늘 해 왔던 우리 일로 돌아가자는 식으로 오히려 수월하게 해내고 있다. 이미 기술했던 것처럼, 모든 홀론은 온우주에게 IOU를 발행한다. 그렇다면 여기에 새로운 것이란 없다.

새로웠던 것은 근본적으로 똑같은 드라마가 이제는 일상의 언어 연구, 특히 문학 언어 연구에서도 일어나기 시작했다는 것이다. 언어를 말하는 사람들뿐만 아니라 언어학자들조차도 오랜 동안 감춰진 IOU에 입각해서, 그리고 언어란 이미 주어진 세계를 왜곡 없이 바라보는 투명한 창이라는 소박한 가정에 입각해서 작용해 왔다(예컨대, 이것이 푸코의 고전 시대에 대한 정의였다. 그 당시 언어는 문제가 되지 않았다). '언어적 회전linguistic turn'으로 인해(대체로 소쉬르에서부터 시작한다.), 언어는 자신을 바라보기 시작했다. 체계적으로 생성된 의미의 복잡하게 뒤엉킨 그물망이 커다란 문제가 되었다. 언어 그 자체가 어떤 것을 나타내는 것이 아니라면, 언어는 도대체 어떻게 세상을 표상했단 말인가? 기호와 사물의 관계보다 결코 단순하지 않은 기호 간의 관계가 집중적인 연구의 초점이 되었다.

이런 회전이 크게 두 가지 방향을 취하고 있다는 점은 본문에서 본 바 있다. 하나는 해석학이라는 좌측의 길이고(여기서의 의미는 그 배경이 되면서 종종 비담론적인 사회적 실천에 의해 생성되며, 그것은 맥락 그 자체의 내부에서만 파악될 수 있다.), 또 하나는 구조주의라는 우측의 길이다(여기서의 의미는 규칙으로 통제되는 언어 행동의 구조 또는 초개인적 패턴에 의해 생성되며, 외부로부터의 탐사에 의해서만 파악된다). 해석학은 기의(좌측)에 초점을 맞추는데, 이것은 공감적 참여에 의해 내부로부터 파악될 수 있을 뿐이다. 구조주의는 기표(우측)에 초점을 맞추는데, 이것을 가장 잘 접근할 수 있는 것은 거리를 둔 외면 연구다.

이 우측 구조주의는 얼마 지나지 않아 (푸코에서 바르트, 라캉, 데리다에 이르는) 신구조주의자와 탈구조주의자에게 길을 열어 주었다. 그것은 기표 자체도 대체로 주어진 경험세계에 정착되지 않은 채 '부유'하며, 오히려 거의 언제나 정치, 권력, 편견 등에 정착되어 있다는 통찰과 함께 출현했다. 즉, 의미는 이런저런 색깔처럼 확실하게 지각되기를 기다리면서 표면에 놓여 (부적절한 경험적 이론들에서처럼) 있는 것이 아니라, 깊은 맥락에 의존하는 복잡한 자기참조 시스템이었다. 그런데… 맥락은 무한하다.

이런 통찰이 그 이전에는 '사물은 늘 그대로'라는 불변의 방식으로 단단히 새겨져 있는 것처럼 느껴졌던 의미를 공격적으로(종종 난폭하게) 해체시키는 도구를 탈구조주의자에게 주었다. 이제 의미와 의미의 세계는 지각된 것이 아니라 구성된 것으로서 드러났다. 그렇게 구성된 것이 영원한 진리로 오해되지 않는 한, 그것은 텍스트적으로 해체될 수 있었다. 어떻게 그 진리가 부유하는지, 어떻게 그 진리가 맥락 의존적인지, 어떻게 맥락이 무한히 변하는지, 그리고 어떻게 그 진리가 원칙상 결코 획득될 수 없는지를 지적하기 위한 것인 한 해체될 수 있었다.

해체주의자들(특히, 예일 대학에서 시작했는데, 그곳이 삼인방 교수의 본거지였다—데리다 자신과 명석한 폴 드 만Paul de Man, 그리고 밀러J. Miller가 그들인데, 이들에게는 '해체자 보아뱀'이라는 별명이 붙여졌다.)은 문학 텍스트를 정밀하게 검사하는 일에서 시작했다(루소가 자연이라는 용어를 이중적인 의미로 사용했다는 데리다의 정밀 검사는 지금도 하나의 고전으로 남아 있다). 앞에서 지적했듯이, 문학 텍스트는 그것이 하나의 '전체 작품', 하나의 '예술 작품', 하나의 '자기충족적인 전체'가 되려고 하는 한, 그로 인해 하나 이상의 감춰진 IOU, 은밀한 IOU를 발행하게 될 것이다. 감춰져 있다거나 은밀하다고 하는 것은 언어가 자신의 성질을 이미 정해진 것이자 투명한 것이라고 여기는 경향이 있기 때문이다. 해체주의자들은 처음에는 자신들의 절차에 대한 원칙을 명확하게 하지 않았다(그들은 IOU 원칙을 사용했지만, 그것을 명확하게 하지는 않았다). 그럼에도 불구하고, 그들은 자신들의 방법을 놀라울 만큼 효율적으로 행사했다.

문학 텍스트도 다른 모든 홀론과 마찬가지로 어떤 식으로든 나름의 IOU를 발행한다. 예컨대, 텍스트는 어떤 중요한 점에서 자기모순을 일으킬 것이다. 어떤 핵심 용어에 반대 의미를 담아 사용할 것이다. 그 자체로는 생성할 수 없는 진리를 가정할 것이다. 텍스트가 텍스트를 반사해서 비추게 되고, 그로 인해 메시지가 지워질 것이다. 의미의 위계를 만들어 내겠지만 텍스트 자체가 그 위계를 혼란시킬 것이다. 서로 분리된 척하지만 실제로는 서로를 해체하는 양극성을 만들어 낼 것이다. 어떤 관념을 중심적이 아닌 것으로 주변화하더라도 단지 중심적인 관념을 주변성으로 정의할 것이다. 이런 항목들은 거의 무한한데, 해체주의자는 바로 이러한 IOU를 표적으로 정조준한다. IOU, 즉 이러한 감춰진 모든 비일관성, 자신에 대한 배신은 텍스트가 본래적으로 발행한 것들이다. 이것이야말로 해체주의자들의 어젠다다. 텍스트가 텍스트 자체를 참조하는 지점, 자기모순을 일으키는 지점, 따라서 자신을 해체하는 지점을 겨냥한다(수학이 완전성과 일관성을 동시에 구비하려고 한 지점과 같다).

바로 수학에서 IOU 원칙의 발견이 공황에 가까운 대소동을 불러일으켰던 때와 마찬가지로, 해체주의자는 언어세계의 테러리스트였으며 기성 학회 전당에 메아리처럼 공황을 불러일으켰다. 모든 텍스트가 예외 없이 해체되었다(모든 홀론이 IOU를 발행하기 때문에 가능한 일이다. 문학 텍스트의 경우, 바로 텍스트가 전하려고 한 의미를 찾아내서 그 의미가 그 텍스트를 넘어선 맥락에 의존하고 있으며, 따라서 텍스트 자체로는 전혀 통제 불능이라는 점을 보여 준다. 이렇게 해서 텍스트가 해체된다. 그것은 자기충족적인 일관된 예술적 진술이 아닌 텍스트 자체로는 통제할 수 없는 맥락의 무의식적인 마우스피스에 지나지 않게 된다. 그 맥락은 텍스트가 선언한 메시지를 늪지에 빠뜨려 버리고, 텍스트 자체가 간신히 희미하게 알아차리는 기표의 바다 속에서 표류하게 한다. 텍스트는 예술적이고 숭고한 충격을 주기는커녕, 너무나 무지해서 파악할 수 없는 맥락의 추종자가 되고 만다).

문학이라는 홀론에서 IOU 원칙을 우연히 알게 된 해체주의자들은 마침내 이러한 진실을 통제할 수 없는 지경에까지 몰고 간다. 그것은 어떤 의미에서도 그 진리에 의해 정당화된 것은 아니었다. 따라서 IOU 원칙은 마침내 테러리스트 자신들을 향해 돌아섰고 해체주의자들을 해체시켰다. 본서에서 반복해서 보았던 것처럼, 맥락이 활주한다는 것은 단지 맥락이 자의적이며 권력이나 편견에 지배되어 있을 뿐이라는 것을 의미하지는 않는다. 맥락은 활주한다. 그러나 그것은 종종 상대적으로 안정된 방식으로 활주한다. 의미는 맥락에 구속되어 있다. 그러나 많은 맥락이 공통적이거나 공유된다(또한 상호 이해 속에서 드러날 수도 있다). 맥락은 무한하다. 하지만 상대적이긴 해도 안정된 방식으로 고정되는 것을 막지는 않는다. 사회문화적 실재가 대체로 구성된다는 것은 그것이 자의적으로 구성된다는 것을 의미하지는 않는다. 언어적 의미 자체가 언어 외적인 제약에 노출되어 있기 때문이다(나, 우리, 그것 영역 모두에서). 따라서 의미는 상호 주관적인 순환, 진리의 타당성 요건, 문화적 공정성, 기능적 적합성 등에 의해 보완된다. 5장에서 요약했듯이, 해체주의자들(그리고 극단적인 상대론자들)은 어떤 조망도 최종적으로 특권화되지 않는다고 말하는 데에서 끝나지 않고 모든 조망이 똑같다고 말하는 데까지 내달렸다. 그 시점에서 그들의 입장 자체가 자신들의 타당성 요건을 해체시키고, 결국 그 자체의 무게로 인해 붕괴되고 말았다.

수학에서 IOU의 명백한 공시가 폐쇄되고 자기충족적인 진실에서 안정되고 개방적이고 상대적인 진실로 이행해 간 것과 마찬가지로(공황 시기가 있긴 했지만), 문학세계도 서서히 유사한 이행 과정을 밟기 시작했다(초기의 상당한 공황을 극복해 가면서). 그러나 해체주의 문학 비평의 최종 결과는 언제나 똑같다는 것이 곧 명백하게 드러났다. 텍스트가 폭발해서 사라진다는 것이 그것이다. 해체는 만병통치약의 일반 명칭이 되었다. 해체는 문학 홀론이나 언어 일반에 대해서는 무언가 말할 수 있으나(모든 텍스트는 IOU를 발행하기 때문에) 특정 텍스트에 관해서는 아무것도 말할 것이 없었다. 문학 비평에서와 마찬가지로 그것은 거의 무가치했다(푸코조차 데리다를 문학 테러리스트라고 불렀다).

그러나 60년대 대학 학술계의 급진주의자에게 주문된 '문학 비평'은 이런 것이었다. 건물을 지을 만한 재능이 없다 해도 그런 건 문제가 안 된다. 대신 그저 폭파시키면 된다. (윌버, 『부머리티스*Boomeritis*』를 보라.) 미국 대학에서 해체주의자를 주제로 한 수천 편의 박사학위 논문이 발간되었다. 스탠리 피시Stanley Fish 같은 사람이 그 길을 이끌었다. 1979년경 현대언어학회 학술지에 제출된 논문에서 가장 인용 횟수가 많은 권위자는 데리다였다.

하나의 운동으로서 해체운동은 독일이나 프랑스, 영국(또는 그 밖의 모든 지역)에서조차 결코 일어난 적이 없었다. 따라서 파괴 열풍이 최고조에 달했을 때, 데리다는 "미국은 해체다!"라고 선언했다. 해체운동이 다른 어떤 곳에서도 일어나지 않았던 것은 그것이 문학에 관한 IOU 원칙에 대한 기여와는 별개로 실질적으로는 아무것도 말할 것이 없었기 때문이다. 그것은 그저 누군가가 창조적으로 구축한 것을 해체할 수 있을 뿐이었다. 그것은 철저하게 기생적이었다. 종종 지적되는 것처럼, 그것은 자신의 입장 자체를 용해시킨 지점, 그리고 자신의 신뢰성을 붕괴시킨 그 지점에서 완전한 허무주의로 끝나고 말았다.

진지한 해체주의 운동은 폴 드 만 소동으로 인해 종말을 고하게 되었다. 1987년 12월 1일 아침, 『뉴욕 타임스』는 오트윈 드 그레이프Ortwin de Graef라는 젊은 벨기에 학자가 최근 가장 천재적이고 뛰어난 미국의 해체주의자인 폴 드 만이 1940년대 나치 협력자였다는 논란의 여지가 없는 증거를 발견했다고 보고했다(만은 벨기에 신문에 나치 대의를 지지하는 글과 비평문을 썼는데, 그는 이것을 감추기 위해 매우 고심했다). 그중에는 「현대 문학에서의 유대인」이라는 논문도 있었다. 거기서 그는 '유대인 문제의 해결은 서양에 비극적인 영향을 주지 않을 것이다. 그것은 고작해야 대단치 않은 인물 몇 명을 잃는 것에 지나지 않을 것이다……'라고 쓰고 있다.

해체주의자들은 즉각 별로 쓸모없는 개념적 도구를 갖고 만을 옹호하기 위해 나섰다. 그들은 본래적으로 활주하는 맥락은 실은 다음과 같은 것을 의미하는 것이었다는 점을 보여 주기 위해 맹렬하게 달려들었다. 즉, 만의 나치 옹호 행동은 실제로는 나치 협력자와는 반대였다, 그의 나치 협조는 실제로는 나치를 돕는 것이 아니었다, 그의 반유대적 입장은 실은 친유대적인 것이었다, 범죄자는 실제로는 피해자였다, 이런 식으로 '예'는 실은 '아니요'를 의미한다는 주제가 반복되었다. 맥락은 무한하기 때문에… (흥미롭게도, 해체주의자들은 '적은 연봉'과 '많은 연봉'이 같은 의미라거나, '계약직'이 실은 '정년 보장'을 의미한다고 생각하지는 않았다. 사람이 성실해야 언어도 올바르게 쓰인다는 좋은 예다).

좀 거칠게 말하면, 해체주의자의 변론은 이런 것이었다. 진실과 정의를 확고하게 정착시킬 수 있는 방법은 없다. 틀린 것도 잘못된 것도 있을 수 없다. 따라서 폴 드 만의 범죄는 실은 범죄의 정반대, 즉 무죄였다. 이렇게 해서 저 골치 아픈 가치 위계는 다시 한번 해체되고 거꾸로 뒤집혔다. 폭력적 행위를 단지 언어적인 궁지로 바꿔치기하고, 존재론적 악마를, 예컨대 주어 없는 문장과 같은 정도로 통탄할, 단지 당혹스러운 문학상의 실수로 바꿔치기한 역전이다.

무조망적인 광기는 활주하는 맥락을 단지 자의적인 맥락으로 혼동할 때, 타당성 요건에서 의미를 떼어 낼 때 일어나는 필연적인 결과다. 타당성 요건이란 실제로 누군가가 나치를 도왔는지 돕지 않았는지를 확인할 때까지 활주하는 맥락을 멈춰 세우는 것이다. 본문에서 지적한 것처럼, 해체주의자가 우연히 발견한 부분적인 진실의 중요성을 이해하는 가장 좋은 방법은 그것을 나가르주나의 근본적인(그리고 역설적이지만 훨씬 더 제정신인) 해체라는 맥락 안에 설정하는 것이다. 즉, 상대적인 진실은 오직 상대적 실재만을 인정한다는 것이다(IOU 원칙을 인정하는 한, 절대성을 가장하지 않는 한 수학은 유한 영역에서는 유효하다). 그러나 나가르주나가 보여 준 것은 상대적인 진실을 절대라고 할 경우, 그것은 스스로 모순에 빠지거나 해체된다는 것이다(그것은 해체주의자가 자신을 절대 진실이라고 생각할 때 일어났던 일이다).

나가르주나에게 있어서 상대적인 진실의 해체는 허무주의가 아니라 공성을 드러낸다. 그것은 마음의 눈에 쌓여 있는 개념적인 부스러기를 깨끗이 치워 주며, 비이원적인 직관이 저절로 드러나도록 공간을 만들어 준다. 이렇게 해서 IOU라는 게임의 한계에 도달한다. 만일 완전한 자기모순을 원치 않는다면, 무한한 공성에 머물지 않으면 안 된다. 그것만이 모든 IOU를 청산하고, 그것만이 혼을 무한한 신비의 바다에 자유롭게 해방시킨다.

5. 테일러, 『헤겔』, 39쪽. 필자의 강조임.

6. 같은 책, 44쪽. 필자의 강조임. '남자men'를 '남자와 여자'로 바꿨음.

7. 바이스Weiss, 『헤겔Hegel』, 15쪽에서 인용. 8장에서 기술한 것처럼, 고차원의 발달이 중요한 것은 고차원의 발달에 의해 기저에 접근하기 때문이 아니라, 그것에 의해 언제나 현전하는 기저를 부정하는 것이 더 어려워지기 때문이다.

8. 그들의 비전-논리의 사용 방식을 보면, 칸트는 신중하게 빅3(이론, 도덕, 판단)를 구별했다. 빅3는 경험적-분석적인 탐구에서는 이론적으로, 범주적인 도덕성에서는 실천적으로 표현되었다("당신의 행동을 지배하는 법칙이 보편적인 것처럼 그렇게 행동하라."—즉, 후인습 단계다). 그러나 그가 아무리 감성론적인 판단이 이론과 실천 사이를 잇는 다리를 놓는다는 희망을 표명했다 하더라도, 그리고 그의 그러한 노력이 전술 세대에 대단히 시사적이었다 하더라도 그의 작업은 그 점에 관해선 전혀 만족스럽지 못했다.

피히테가 처음 목표로 삼았던 것은 칸트의 '물자체thing-in-itself'를 분쇄함으로써 형식적 합리성의 속박을 타파하는 것이었다. 그는 이렇게 말했다. 만일 칸트가 말한 것처럼 어떤 식으로도 결코 물자체를 알 수 없다면, 그렇다면 그것은 존재하지 않는 것이다. 대신 그는 그 자리에 무한한, 초개인적인 자기의 생산적인 상상력을 놓았다. 그것이 의미하는 바를 요약하면 이러하다. 의식과 떨어진 곳에 무언가가 의식에 각인시키고 지각을 만드는 것처럼 영원히 알 수 없는 물자체가 있는 것이 아니다. 있는 것은 단지 자기 자신을 다양한 각도에서 다양한 정도로 아는 역동적인 생명 과정뿐이다. 세계는 다양한 방식으로 자신을 안다. 그렇게 하기 위해 그것은 먼저 자신을 소위 유한한 주체와 유한한 객체로 분할한다. 그러나 주체와 객체 모두 동일한 기저에서 나온 것이기에 양립 불가능해 보이는 것은 외견상 그럴 뿐 결코 궁극적인 것은 아니다. 그 기저는 순수한 비이원적 지각으로 회복될 수 있다.

그러나 피히테가 말하는 기저는 언제나 초혼, 즉 심령 수준의 주시자(그의 순수자아)이다. 그는 항상 그것은 '언제나 뒤로 물러난다'고 말했다. 이는 전형적인 심령 수준의 주시자에 대한 직관이다(원인적인 주시자는 **결코** 물러나지 않는다). 그는 켄타우로스적인 비전 수준에서 이 심령 비전을 표현했다. 그것은 그의 도덕적인 입장에서 가장 현저하게 드러났다. 그는 '개별 국가를 넘어선 조직, 즉 국가연합'을 요구했는데, 그것은 세계시민의 세계적인 공동체를 의미했다. 셸링 역시 유사한 의견을 갖고 있었다.

이미 보았듯이, 종종 켄타우로스적인 비전-논리를 수반하는 실존적인 의미에 관해서 '이러한 낭만주의 집단 중에는 주어진 사회 존재를 넘어서 아이러니한 초월이 있었다. 이것은 (역설적으로 그러나 전형적으로) 인생의 의미에 관한 공허감을 초래했다. 20세기의 중심적인 문제, 즉 인생의 의미에 대한 물음은 이 낭만주의 제2기에 매우 강하게 나타났다'(틸리히, 385쪽).

헤겔의 이성Vernunft―형식적 조작의 이해Verstand에 대립하는―은 순수한 비전-논리의 형식이다. 변증법, 대립의 통합, 모든 점에서 '타자로 변하는' 멤버들 그리고 다른 모든 것을 포괄하는 하나의 멤버(네트워크 논리) 등이 그것이다. 비전-논리를 요약하는 유명한 말 중 하나가 이러한 '대립의 상호 침투'다(엥겔스).

방금 언급했듯이, 고차원의 또는 초개인 영역에 대한 그들의 일별에 대해서 피히테는 대단히 강한 심령 수준의 입장을 갖고 있었던 것처럼 보인다. 그의 순수자아는 거의 순수심령 수준 주시자(또는 초혼)나 다름없어 보인다. 피히테는 언제나 "관찰하고 있는 자기를 관찰하라."라는 지시로 접근했다. 물론 그런 일을 할 수는 없다. 그러나 바로 그렇기 때문에 그 자체는 볼 수 없지만 언제나 그것을 통해서 본 모든 것이 움직이는 것처럼, '언제나 물러나는' 보는 자에 대한 직관으로 이끈다. 나는 피히테의 방법이 심령 수준 주시를 개방시켜 준다고 생각한다. 그러나 정묘 또는 원인 수준 주시를 안정적으로 개방시켜 주지는 못한다. 그렇긴 해도 그것은 형식적 조작에서 한걸음 더 나아간 위대한 발걸음이며, 서양 베단타철학의 진정한 개화였다.

헤겔의 절대자Absolute는 저원인 수준 사구나 브라만과 매우 유사하다. 그것은 신의 '모순 없는 성질consequent Nature', 궁극의 (그러나 언제나 과정 속에 있는) 홀론, 모든 현현된 홀론을 포괄하는 홀론이다. 또한 그의 범주Categories는 고정묘 수준의 원형('원초적인 성질')과 매우 유사하다. 많은 전통, 예컨대 무착과 세친의 유가행파는 원형을 영원한 형상이라기보다는 오히려 습관적 기억이라고 보았다. 하지만 그것이 특정 현현에 선행하지만 그것과 별개라고 할 수도 없는 형성 과정이라는 것에는 일치한다. 헤겔은 순수한 원인적 비현현에 관해서는 아무런 경험도 없었으며, 어떤 개념도 없었던 것처럼 보인다. 그가 셸링에게 한 농담("깜깜한 밤에는 모든 소가 똑같아 보인다.")은 여기서는 실제로 그와 대립

425

해서 작용하고 있다. 그의 '유한 속의 무한'은 따라서 '유한 속의 저원인'이지 '유한 속의 궁극'은 아니다.

이것은 고원인의 두 가지 측면을 참고해서 보여 줄 수도 있다. 헤겔은 양쪽 모두를 부정했기 때문에 양쪽 모두는 그의 무한성과는 다른 곳(즉, 고원인이 아니라 저원인 수준)에 있게 된다. 첫째로, 비현현 또는 고원인이란 어떤 현현으로부터도 영향받지 않고 독립되어 있다. 현현 자체는 비현현에 어떤 것도 증가시키지 않으며, 또한 그것으로부터 어떤 것도 감소시키지 않는다(에크하르트는 세계 전체는 신성에 아무것도 추가하지 않는다고 말한 바 있는데, 이것은 플로티노스와 라마나의 견해이기도 하다). 둘째로, 창조가 반드시 원인 수준에서 일어난다고 말할 수는 없지만, 그렇지 않다고 말할 수도 없다. 그렇게 말하는 것은 영에 대한 두 개의 선택적 견해인데, 그러나 영은 선택적이지 않다(이원적이지 않다). 현자가 '일자의 풍요'와 '다자 안에서의 분출과 다자로서의 분출'에 대해 말할 때, 그것은 언어세계에 대한 시적인 양보일 뿐 전혀 충족이유원리의 기초는 아니다. '초풍요'를 충족이유원리로 환원시키려는 이와 같은 시도(스피노자, 라이프니츠, 어떤 측면에선 토마스, 헤겔 등 다양한 사상가에게서도 이것을 볼 수 있다.)는 영에 대한 또는 그것으로부터의 길을 '생각해 내려고' 애쓰는 것은 분명하지만, 결코 성공할 수는 없을 것이다.

이제 저원인(최종신final-God, 사구나 브라만)으로 돌아가 보자. 모든 현현홀론들의 (언제나 물러나는) 홀론으로서, 그것은 모든 홀론의 경험에 참여한다. 어떤 의미에선 그 단계에서 현현한 모든 홀론의 경험을 모두 합친 '결과'다. 물론 그것은 단순한 총화만이 아니라 조직 과정이기도 하다. 이것은 화이트헤드의 결과적인 자연 및 헤겔의 그 안에서 모든 것이 보존되는 자기실현적 정신에 대단히 가깝다(고정묘 수준의 형성 과정으로서의 '원초적인 자연', 그것은 모든 현현에 선행하지만 그것과 다른 것도 아니다).

셸링의 짧지만 틀림없는 고원인 수준 체험은 그의 순수한 무차별 심연Urgrund—순수한 공성—이라는 학설에서 나타났다. 그것은 그야말로 모든 소가 똑같아 보이는 깜깜한 밤과 같다. 헤겔과 마찬가지로, 그 역시 궁극의 단계에 대해서는 명확한 경험도 개념도 갖고 있지 않았던 것으로 보인다. 그의 '유한 속의 무한'은 실은 '유한 속의 고원인'이다.

앞에서 말한 것처럼, 이 모든 경험(또는 직관)은 비전-논리식으로 하향 번역되었는데, 이런 식의 하향 번역에는 자신들의 경험에 대해 아무런 지시적 증거도 남겨 놓지 않았다. 이것은, 특히 관념론의 치명적인 결함이다. 관념론자들이 초개인 영역의 중요한 부분을 얼핏 본 것은 의심의 여지가 없어 보인다. 그들은 최소한 그 경험을 자신들 철학 체계의 이론적인 초석으로 삼았다. 그러나 얼핏 보는 것은 그렇게 사는 것이 아니다. 관념론은 무선적으로 일어나는 직관의 재생산을 보장하는 관조적 명상의 길을 갖고 있지 않았다. 더구나 비전-논리가 관념론자들이 가장 안정되게 적용한 실제 수준이었기 때문에, 비전-논리를 영 자체와 혼동하는 경향이 있었다. 사실 이것이 헤겔이 했던 바로 그것이다[진정한 것은 합리적인 것(이성=비전-논리 또는 변증법적 네트워크)이며, 합리적인 것은 진정한 것이다].

이런 점에서 관념론자들은 확실히 '관념-론자' 또는 '정신(마음)-론자'이기는 했지만, '프노이마-론자' 또는 '영-론자'는 아니었다. 유가행파 용어로 말하면, 관념론자는 실재를 마나(또는 잘해야 오염된 알아야식)와 동일시했지만, 오염되지 않은 순수한 알라야(아말라) 또는 원인적·비이원적 진여까지는 명확하게 혁파하지 못했다.

이로 인해서 헤겔은 현현세계의 본질은 변증법적인 추론에 의해 연역해 낼 수 있다고 믿었으며, 역사적인 발달과 논리적인 추론을 혼동했다.

러셀Russell과 무어Moore가 아니었더라도 그 전제를 근본적으로 해체할 수 있었을 것이다. 많은 사람이 그 '강제적인' 또는 '기계적인' 성질에 충격을 받았다. 헤겔의 방법론은 전적으로 제자리를 벗어나 있긴 했지만, 그의 전체적인 결론도 그것만큼 잘못된 것은 아니었다. 결국 그곳은 초합리적인 영역이다. 그러나 그는 자신의 체계에서조차 (우리가 '궁극적 통합'이라고 부른) 약속한 '화해'를 초래할 수 없었다. 내 식으로 말하자면, 변증법은 비전-논리로 이끌어 주고, 나아가 고차원의(원인 수준조차) 계기를 보여 줄 수 있을지는 모르지만—이는 결코 나쁜 일이 아니다— 그러나 그것은 실제로 그런 상위 수준에까지 데려다줄 수는 없었다. 따라서 그것은 인간 존재의 상승과 하강 흐름을 최종적으로는 또는 어떤 궁극적인 방식으로는 통합할 수 없었다(그렇긴 해도 그것은 올바른 방향으로 내딛은 발걸음이었다고 말할 수 있을 것이다).

셸링은 이러한 부적절성을 알아차렸으며, 자신의 남은 생을 실존('현실positive')철학 형성에 헌신했다. 이것은 전적으로 적절한 것이었다고 생각한다. 켄타우로스-실존 수준은 관념론자의 기초였고, 언제나 기초가 되어 왔기 때문이다. 켄타우로스적인 비전-논리는 그곳까지의 상승과 하강 흐름을 통합할 수는 있다. 그러나 그것을 넘어선 양쪽 흐름의 원천 또는 실제 화해에까지는 도달할 수 없다. 셸링의 옛 친구인 실러가 말한 것처럼, "실제 세계에서는 언제나 어느 쪽인가의 요소(상승과 하강)가 우세하며, (그들이 아는 모든) 경험의 가장 고차원의 지점은 이들 두 원칙 사이를 요동치며 움직이는 것처럼 생각된다". 즉, 그림자로부터 달아날 것인가, 아니면 그림자를 껴안을 것인가이다. 여기

427

에는 모든 비선택적 지각 행위에서 초월과 포함을 통합하는 비이원적인 지각의 발견이
없다.

9. 제3권에서 논할 것이지만, 포스트모던의 위대한 탐구는 우선 무엇보다 사회의 집합적
중심을 켄타우로스적인 비전-논리 또는 비조망적-통합적 심신에 두었다는 것이다. 이
런 발달은 컴퓨터와 정보 테크놀로지의 진화를 기다려야만 했다. 산업적 기초가 지지할
수 있는 것은 도구적 합리성뿐이었다.

간단히 말해, 앞에서 설명했듯이 근대성의 탐구는 합리성에 입각한 에고를 향한 것이
었고, 포스트모던의 탐구는 비조망적인 비전-논리에 입각한 켄타우로스를 향한 것이었
다(나는 제2권에서 이들을 산업적·정보적 기초와 관련시킬 것이다). (『감각과 혼의 결
혼The Marriage of Sense and Soul』 및 『통합심리학Integral Psychology』을 보라.)

11장 주석 5에서 지적했던 것처럼, 근대성은 좀 느슨하게 다음 요인 중 일부 또는 전
부로 구성되어 있다고 정의할 수 있을 것이다. (1) 빅3의 분화(칸트), (2) 에고-주체철학
의 대두(하버마스), (3) 도구적 합리성의 발흥(하이데거), (4) 언어의 투명성('문제되지
않는' 성질, 소쉬르 이전), (5) 광범위한 내부로의 전회(테일러), (6) 단일한 진보라는 신
념, 이 모든 것을 요약해서 나는 합리성에서의 자아라고 부른다. 마찬가지로, 포스트모
던은 (특히, '비전-논리 속의 켄타우로스에 초점을 맞춘') 그런 요인들을 넘어서 발달하
려는(또는 어떤 식으로든 그런 요인에 반응하려는) 시도라고 느슨하게 정의할 수 있을
것이다.

첫 번째 요인(빅3의 분화)은 많은 면에서 결정적인 요소로 남아 있으며, 이제 돌이킬
수 없을 만큼 분화된 빅3의 통합은 근대성에서 탈근대성으로 발달해 가는 데 있어서 결
정적인 문제로 남아 있다. 오직 자연과학적 언어(금융, 경제, 정보, 생태 등의 분야에서
도 똑같은 '그것-언어'가 사용된다.)로 결합된 글로벌세계에서 다루기 힘든 딜레마는 보
편적인 자연과학(그것)이라는 배경하에서 점차 고립되는 개인(나)을 의미 있는 형태로
공동체(우리)와 통합하는 일이다. 개인과 문화의 통합은 집합적 우리가 부족-마술적 사
회와 신화-제국적인 사회를 넘어 진화해 온 사회(즉, 빅3가 실제로 분화된 사회)에서도
여전히 매우 힘든 문제다.

이러한 문제가 가장 분명한 곳(그리고 보다 격화된 곳)은 미국만 한 곳이 없다. 미국인
의 생활에 대한 예리한 관찰자들은—가장 저명한 알렉시드 토크빌Alexis de Tocqueville을 시
작으로—새롭게 발달한 자아(와 그것의 개인주의)와 사회생활이라는 큰 흐름을 통합하
는 어려움과 딜레마에 대해서 지속적으로 논했다. 실제로 토크빌은 신조어를 유통시키

는 데 도움을 주었다. '개인주의'는 새로운 관념을 나타내기 위해 최근에 발명된 단어다. 개인주의는 시민이 자기를 대중으로부터 떼어 내어 가족과 친구라는 원형 속으로 철수할 때 숙고한 끝에 느끼는 평온한 느낌이다. 자신의 취미에 맞춘 이 작은 사회를 형성한 후, 그는 큰 사회의 일은 그 자체가 알아서 하도록 기꺼이 놓아두었다. 그것은 청교도에서 카우보이에 이르는 미국의 자기의존적인 풍토 속에서 악화되었는데, 사회적 한계에까지 이르게 된 근본적 계몽주의의 이탈된 자율적 에고가 그것이다.

로버트 벨라와 『좋은 사회』

이 '새로운 개인주의'는 로버트 벨라Robert Bellah와 그의 동료들(리처드 매드슨Richard Medsen, 윌리엄 설리번William Sullivan, 앤 스윈들러Ann Swindler, 스티븐 팁턴Steven Tipton)에 의해 정밀하게 검토되어 왔다. 그중에서도 『마음의 습관Habits of the heart』과 『좋은 사회The good society』에서 가장 현저하다. 벨라 등은 『마음의 습관』에서 미국적 성격을 형성한 주요 문화적 흐름 네 개를 찾아냈다. 성서적·공화적·공리주의적·자기표현적이라는 네 가지가 그것이다(각각은, 예컨대 윈스럽Winthrop, 제퍼슨Jefferson, 프랭클린Franklin, 휘트먼Whitman으로 대표된다). 네 개 요소 모두가 개인을 매우 중시하지만, 처음 두 개(성서적 그리고 공화적)의 흐름은 저자들이 말하는 '사회 리얼리즘' 형태를 취한다. 사회는 적어도 개인과 마찬가지로 중요하며, 인생의 의미와 보상은 인간관계와 공동체에서 생긴다는 믿음이 곧 사회 리얼리즘이다. 반면, 뒤의 두 개(공리주의와 자기표현)는 '존재론적 개인주의'라는 형태를 취한다. 즉, 사회는 '이차적·인공적 구성물'이고, 개인이 우선적인 실재라는 것이다. 어떤 점에선, 처음 두 개는 공동성의 중요성을 강조하며, 뒤의 두 개는 개인적 독자성을 강조한다고 할 수 있다.

벨라와 동료는 사회실재주의(또는 공동성 강조)라는 두 요소를 어쨌든 현대화되고 재보정된 것으로, 과잉된 개인주의(와 과잉 독자성)에 대한 강력한 대항으로 보려고 하는 것 같다. 그러나 이것을 어떻게 달성할 것인지가 문제인데, 그들의 분석은 종종 심오하긴 하지만 충분히 설득력 있다고는 말할 수 없다. 그 어려움은 내가 보기에 공동성 요소 양쪽 모두 농업 사회(및 그들의 강력한 신화적-멤버십 모드와 농경 사회의 가부장성)에서 유래하며, 따라서 이들 '사회 접착제'는 종종 성차별주의, 인종차별주의, 엘리트주의, 지배자 위계 등(이 모든 것에 대해서는 벨라 등도 인정한다.)에 침식되어 있기 때문이다.

극도로 개인주의적인 뒤의 두 요소는 물론 근대성과 계몽주의에서 유래한 것이다. 공리주의적 개인주의(계산적인 합리성을 강조하는)는 (로크에서 벤담에 이르는) 영국의 계몽주의에서 유래했으며, 표현적인 요소(감정의 표현과 '기분 좋음'을 강조하는)는 에코-낭만주의적인 반항에서 유래했다. 벨라에 의하면, 종종 이들 두 개(공리주의와 표현주의)의 흐름이 융합되어 미국의 극단적으로 독자적이고 과잉 개인주의적인, 거의 '원자적인' 개인주의가 만들어졌다고 한다(나 역시 진실이라고 생각한다).

나의 분석에서 시사한 것처럼, 이 '과잉-에고'(공리주의적인 합리적 에고든, 표현적인 신적 에고이즘이든)는 온우주가 어떤 (명백한) 질적 구별도 없는 독백적 평원으로 붕괴된 것과 밀접하게 연관되어 있다. 따라서 그것은 또한 돌이킬 수 없을 만큼 분화된 빅3가 아직 **통합**되지 못한 것과도 밀접한 관련이 있다. 벨라는 말했다. "대중문화가 질적 변별이 없는 것을 하나의 미덕으로 삼는다면, 또한 지적 문화가 보다 큰 존재의 문제에 대해 어떤 것을 말하는 데 머뭇거릴 만큼 분열되어 있다면 도대체 어떻게 우리 문화를 산산이 흩어지지 않게 할 수 있단 말인가?"(281쪽).

'막연히', "분리의 문화는 두 가지 통합 형식을 제공한다―아니면 유사 통합이라고 해야 할까?―는 그 대답은 놀랄 일도 아니지만, 공리주의적인 개인주의와 표현적인 개인주의에서 유래한 것이다. 하나는 개인적인 성공을 꿈꾼다……. 또 하나는 개인적 감정의 선명한 표출이다. 그러나 이런 통합이 기묘한 것은 그것에 의해 우리가 통합시켜야 할 세계가 욕구와 이완이라는 마비적인 이행 상태에 의해서만 정의되며, 시간과 공간, 선과 악, 의미와 무의미 사이의 어떤 질적 변별도 결여하고 있다는 것이다"(281쪽, 필자의 강조임).

벨라에 의하면, 질적 변별을 완전히 결핍한 세계는 가치 추구에 의해서가 아니라, 단지 무엇을 잘하는가에 의해 해석된다(앞에서 말했듯이, '그것은 어떤 의미인가?' 하는 것이 '그것은 무엇을 하는가?'로 환원된다. 즉, **효율성**이 모든 가치 기준의 **목표**로 대치된다). 벨라는 말했다. "욕망하는 것을 어떻게 손에 넣을까를 생각하는 쪽이 무엇을 위해야 하는가를 정확히 아는 것보다 더 쉬운 일이 되었다"(21쪽).

이것은 분리 문화에 대한 두 가지 지배적인 '특징'으로 예시된다. 하나는 관리자 manager(공리주의적)이고, 다른 하나는 치료자 therapist(표현주의적)이다. "관리자와 마찬가지로, 치료자는 산업사회의 기능적인 조직을 생활에서 문제성 없는 당연한 맥락으로 받아들인다. 생활의 목표는 경제적으로 가능하고 심리적으로 견딜 만한 삶, 즉 '잘 작동하는' 직업과 '생활 양식'을 조합하는 것이다. 치료자는 관리자와 마찬가지로 그런 것들을 당연한 목표로 삼고, 수단의 효과성에 초점을 맞춘다"(47쪽, 필자의 강조임. 문제되지 않는 맥락의 암묵적인 수용으로서의 '적응'에 대해서는 4장의 주석 42를 보라).

"20세기 미국 문화의 윤곽은 대체로 관리자와 치료자로 정의된다." 양쪽 모두 똑같이 개인에게 초점을 맞춘다. "양자 모두 상위 진실성에 기초를 두지 않고, 개인이 그것을 판단하는 생활-효과성의 기준에 따라 개인이 해야 할 역할과 의무를 선택할 수 있다고 생각한다"(47쪽).

특히 개인이 느끼는 것에 따라 선택된다. 모든 '가치'가 등가이기 때문에(드러난 질적 구별이 없다.), 나를 기분 좋게 해 주는 것은 무엇이든 그것이 누군가에게 명백하게 피해를 주지 않는 한 좋은 것임에 틀림없다. "도덕적 기준이 미적 취향으로 바뀌었다."라고 벨라는 말했다(60쪽).

그런 다음, 벨라는 문제의 핵심에 손을 댔다. "만일 자기가 가치의 선택 능력으로 정의된다면, 그 선택 기준이 되는 근거는 무엇인가? 많은 사람에게 있어서 어떤 하나의 가치나 행위 과정을 선택하기 위한 객관적인 기준은 존재하지 않는다. 유일한 정당화 근거는 자신의 특정 선호뿐이다. 올바른 행위란 단지 가장 흥분될 만한 도전 또는 자신에게 가장 좋은 기분을 느끼게 해 주는 어떤 것이다"(75-76쪽).

"자, 만일 자기가 그들의 선호로 정의되더라도 그런 선호가 자의적이라면 각각의 자기가 그 자신의 도덕적 우주를 구성하게 되며, 결국 무엇이 선인가에 대해 서로 충돌하는 주장을 화해시킬 길은 없다는 것이 된다"(76쪽, 필자의 강조임).

여기에 있는 것은 이미 익숙해진 흐름, 즉 표현주의(에코-낭만주의)가 신적 에고이즘과 생물중심적인 감정으로 미끄러진 '나르키소스Narcissus의 문화'(래시Lasch)다. 감각적·물질적인 것이 미국 문화에서 큰 부분을 점하고 있는 것은 별로 놀라운 일도 아니다. 그곳에 있는 것은 소비주의, 성적으로 자극적인 것들, 새로운 패러다임을 가장한 자아중심/생물중심적인 부족주의, 신체-표현적인 각종 '치료', '자신이 좋아하는 것을 하라'는 개인적인 '가치들', 에코중심적인 기복이 심한 감정의 흐름에 따른 동요하는 의미, '기분 좋아지는 것'만을 목적으로 하는 '관계', 기복이 심한 감정의 변화만큼이나 신속하게 형성되고 해체되는 관계다.

벨라 등은 계속해서 이런 '기분 좋은' 것이 최우선인 분위기에서는, 결국 모든 가치가 경제적 가치로 환원된다고 지적했다. 왜냐하면 감정이 지배적인 곳에서는 돈만이 욕망을 충족시킬 수 있는 자유로운 시간을 살 수 있기 때문이다. 돈을 많이 가지고 있을수록 더 많은 자유로운 감정이 허용된다. "옳은 것과 잘못된 것, 선악에 대한 객관적인 기준이 없는 곳에선 자기와 자신의 감정만이 유일한 도덕적 지침이 된다. 언제나 진보하고 있지만 어떤 확정된 도덕적 목적도 없는 세계, 자기가 살고 있는 그런 세계는 도대체 어떤 세계인가? 그곳에서는 개인이 자신만의 공간을 갖는 것이 허용되며, 그 경계 안에 있는 한 전적으로 자유롭다. 그러나 모든 사람에게 자신만의 사적 공간을 갖는 것이 허용되긴 하지만, 실제로 충분한 돈을 갖고 있는 사람만이 자신이 하고 싶은 것을 할 수 있다"(76쪽). 이런 상황하에선 효율성이 의무를 대신하며, 기분 좋은 것이 좋은 사람보다 우선시된다. 그리고 그것은 일차적으로 돈에 의존한다.

이렇게 해서 분리 문화의 '기묘하고 단속적인 통합'이 일어난다. 즉, 특정 생활 방식이라는 피난처에서 자아감정(표현주의) 또는 공유된 감정이라는 사적 공간의 '자유'로 물러나기 위해서 가능한 한 열심히 일하라(공리주의)는 것이 그것이다.

나의 원래 요점으로 돌아오면, 비참하게 실패했던 것은 여전히 빅3의 통합이다(특히 미국에서 현저하지만, 그 증거는 근대성이 지배하는 세계 곳곳에서 차고 넘친다). 특히 공리주의와 개인주의가 교대로 일어나는 신적(및 퇴행적) 에고이즘의 맹공격하에서 비참하게 실패했다(『부머리티스』를 보라). 벨라는 이렇게 말했다. "국제적인 사회에서부터 국가, 지역 공동체, 가족에 이르기까지 모든 수준에서 실패한 것은 통합이다. 우리는 개인으로서의, 집단으로서의, 국가로서의 자신의 선을 공통의 선보다 앞에 놓았다"(285쪽).

벨라는 이 책에서 제시한 분석으로 명백하게 지지되는 일반적인 결론으로 끝을 맺었다. 우리가 보기 어려웠던 것은 현대 사회의 극단적인 단편화가 실은 우리의 개인성에 대한 위협이 되고 있다는 것, 나아가 우리의 개인화에 있어 가장 좋은 것, 즉 개인으로서의 존엄과 자율성을 유지하기 위해선 새로운 통합이 요구된다는 것이다.

"새로운 수준의 사회 통합으로 이행해야 한다는 관념은 완전한 사회를 창조하려는 프로젝트로, 지나치게 유토피아적인 것으로 저항받을 수도 있다. 그러나 우리가 말하는 변용은 필요한 것이자 온건한 것이기도 하다. 그것 없이는 사실상 미래에 실제로 생각할 것이 없을지도 모른다"(286쪽, 필자의 강조임).

저자들(및 포스트모던)이 극복하려는 어려움은 두 개의 '공동성' 요소(성서적 및 공화주의적)와 두 개의 과잉 독자성 요소(공리주의와 표현주의) 간의 긴장에서 유래하는 것으로 보인다. 농업을 기초로 하는 성서적 흐름과 공화주의적인 흐름—둘 다 신화-멤버십 문화로서 최초로 형성된 의무윤리의 변형이다—만이 근대의 과잉 개인주의와 '어떤 장애도 갖지 않는 자기'에 대한 유일한 특효약인 것처럼 보인다. 사실, 이런 긴장은 자유지향 개인주의(장애물이 없는 자기)와 다양한 형태의 공동체이론가(상황 속의 자기) 사이에서 벌어진 끊임없는 논쟁에 반영되어 있다.

그러나 성서적 요소와 공화주의적 요소에서 그들의 인종차별주의, 성차별주의, 지배적 위계 등을 벗겨 낸다 하더라도, 빅3의 통합이라는 막중한 짐을 짊어지기에는 그 '쇄신'의 정도가 충분치 않은 것으로 보인다. 또한 현재 발생하고 있는 개인주의 흐름의 새로운 통합 형식도 종종 유사 통합에 지나지 않는다는 것이 분명해 보인다. 이런 딜레마―탈근대성의 딜레마―가 제2권과 제3권의 중심 주제다.

종교의 진화

종교 시스템의 진화에 관한 벨라의 선구적인 업적에 관해서는 『신념을 넘어서*Beyond belief*』를 보라. 벨라는 20개의 원칙 중 일부 표준적인 모습을 제시했는데, 물론 나는 그러한 점들에 찬성한다. 예컨대, '어떤 시스템 수준에서의 진화'도 나는 조직의 분화(원칙 12b)와 복잡성(원칙 12a)의 증대 과정으로 정의한다. 그것에 의해 유기체, 사회 시스템 또는 고찰대상이 되는 어떤 단위(진화하는 홀론)도 그 환경에 적용하는 보다 큰 힘을 부여받는다. 그러므로 그것은 복잡성이 작은 선행 조직보다 어떤 의미에서는 환경에 대하여 상대적으로 보다 자율적이다(원칙 12d). "그러나 물론 '보다 단순한' 형태도 보다 복잡한 형태와 공존해서 번창하고 생존할 수 있다"(21쪽).

나아가, 벨라는 이렇게 지적했다. "사회 및 문화의 복잡성 수준은 진화적인 틀 안에서 가장 잘 이해될 수 있다는 것이 오랜 동안 분명한 것이었기 때문에 종교 역시 필연적으로 그러한 틀 안에서 고려해야 할 것으로 보인다"(16쪽).

"종교적 심볼리즘은, 적어도 어떤 사례에서는 시간 경과에 따라 보다 차별화되고 포괄적인 형태로 변화하는 경향이 있다(원칙 12)……."라고 벨라는 말했다. 그런 다음, 벨라는 종교적 진화의 다섯 단계를 추적했다. 그는 그것을 원시적·태곳적·역사적·근대 초기 및 근/현대라고 불렀는데, 이는 우리가 태고/마술, 신화, 신화-합리, 합리 초기/자아 및 합리/실존적 단계라고 부른 것과 거의 일치한다. 그의 단계와 나의 기술을 비교해 보면, 거기엔 매우 강한 그리고 폭넓은 상관관계와 유사성이 있음을 알 수 있다.

벨라는 다음과 같이 결론 내렸다. "자유가 증대한 것(원칙 12d)은 각 단계에서 인간의 존재 조건과 인간과의 관계가 변화와 발달에 대해 좀 더 복잡하고 개방적이며 주관적으로 생각해 왔기 때문이다. 이런 종교적 진화 구도는 거의 모든 점에서 사회 진화에 대한 일반적인 이론을 함의했다"(24쪽, 44쪽). 하버마스가 벨라의 업적에서 많은 영감을 받았던 것은 이 때문이다.

벨라는 동시에 우리가 진보의 **변증법**이라고 불렀던 것에 대해서도 충분히 인식하고

433

있었다. 결코 달콤하고 경쾌한 진보만 있었던 것은 아니라는 것이다. "자유가 증대하는 모든 단계는 파괴를 선택하는 자유의 증대이기도 하다"(xvi쪽).

이러한 광범위한 합의점과는 달리, 내가 그의 접근에 대해서 비판하는 것은 그의 접근이 거의 전적으로 사이버네틱 모델(대체로 파슨스Parsons에 의한)에 따른 사회 행동 시스템 분석에 기초해 있기 때문이다. 이 전형적인 우하 시스템 이론은 언제나 질적인 심도를 기능적인 행동언어와 행동주의적인 변수로 용해시키는 경향이 있다. 이 때문에 진정성과 정당성이라는 구별이 사라지고 만다(수직적 변용과 심도를 드러내는 능력이 수평적 변환과 기능적 적응 능력으로 용해된다. 이는 존재를 행위로 변환시키는 우측의 길이다).

벨라는 말했다. "행위 시스템이란 하나 이상의 상징적으로 통제되고 체계적으로 조직된 유기체의 행동으로 정의될 수 있을 것이다." 상징적 메시지는 결국 내적 또는 외적인 메시지의 **표상적인 복원**과 독백적인 복원으로 환원된다. "그런 시스템에서의 정보는 대체로 행위 시스템의 내적 상태나 외적 상황을 나타내는(표상하는) 상징적 메시지로 이루어진다"(9-10쪽).

이것은 전형적인 독백적 환원주의이며, 좌측 차원 전체를 자연스럽게 단지 시스템 분석 이후의 '잔재'로 전락시킨다. "어떤 시스템 내부에 존재하는 상징 패턴의 집합은 부분적으로 그 시스템이 다뤄야 할 외부 세계의 성질에 의해, 그리고 뇌의 인지 과정을 통제하는 법칙적 성질에 의해 결정될 것이다(이것은 전부 우측 차원이다). 이러한 한계 내에서 폭넓은 자유가 존재한다. 이러한 한계 내에서 그것 이외의 가능한 상징 패턴이 똑같거나 거의 같은 정도의 유효성을 갖고 작동할 것이다. 따라서 '동등한 대안들'에 대한 가치 또는 진정성의 문제는 기능적 적응과 정당성이라는 제약 내에 있게 되고, 거의 또는 전혀 주의를 받지 않게 된다"(10쪽).

이러한 환원주의는 자연스럽게 '상징적 행위'를 행동주의적 시스템에서의 동기와 의미의 독백적 연결이라는 관점으로 이끌어 간다. 따라서 종교의 역할은 다음과 같이 축소된다. "종교는 행동 시스템의 의미와 동기를 통합하는 가장 일반적인 메커니즘이다." 따라서 이러한 통합을 가져오는 모든 상징체계는 우리가 그것을 '진실'하다고 부르든 아니든 '종교적'인 것이 된다(12쪽). 모든 종교적 명제의 진실은 그 명제가 얼마나 진실처럼, 그리고 의미 있는 것처럼 보이는가, 따라서 동기와의 통합적인 연결을 가져다주는가라는 기능적인 능력으로 환원된다. 그러나 이것은 진실을 단지 어떤 것을 진실처럼 보이게 하는 기능적 가치로 환원시키는 것이며, 따라서 이 이론에서 진실일 수 있는 주장조차 용해시키는 일이 벌어진다.

따라서 벨라는 좌측과 우측의 길을 통합시키는 '사이버네틱 모델'의 능력에 대해서 지나치게 낙관적인 것 같다. "사이버네틱 모델은 자율성, 학습 능력, 결정 및 통제 능력을 중시하기 때문에 근본적으로 과학적인 접근을 버리지 않고도 종래의 기계적·유기적인 모델에는 없었던 인문과학의 성과를 취할 수 있는 힘을 갖고 있다"(10쪽).

그러나 독백적·사이버네틱적·표상주의적인 시스템 이론은 대화적·상호 주관적·해석적인 계기를 통합하기에는 무력하다는 것이 점차 분명해지고 있다. 이와 같이 표상적인 사이버네틱 모델을 만들어 낸 주관적인 공간 자체도 단지 표상만이 아니라 해석적 상호 주관적인 계기 속에 자리 잡고 있다. 그러나 그러한 계기는 그런 것들을 설명하는 것으로 여겨지는 이론 안에 들어 있지 않다. 독백적 모델이 그런 것을 설명할 수 있다는 믿음은 근본적 계몽주의 패러다임의 가장 부적절한 측면이며, 허공을 떠도는 데카르트적 에고의 가장 나쁜 측면이기도 하다.

그 종교가 좌측 동기와 우측 행동의 의미를 통합하려고 한다는 주장은 전적으로 옳다. 그러나 그 의미 성분을 독백적 표상으로 환원시킬 경우, 추구하는 통합은 완전히 파괴되고 만다.

나는 벨라의 특정한 기능적 우측 분석을 부정하는 것이 아니라, 그것이 유일하거나 가장 기본적인 종교 분석이라는 것을 부정하는 것이다. 벨라는 이러한 관점의 상당 부분을 정밀하게 다듬어 왔으며, 『신념을 넘어Beyond belief』 서문에서 몇 가지 문제를 논의하고 있다. 또한 『마음의 습관』에서 분명히 한 것처럼, 벨라는 통합의 의미 성분을 제공해 주는 질적 구별과 존재론적 가치의 중요성을 매우 민감하게 보았다. 그러나 그런 구별이나 가치는 사이버네틱 또는 시스템 이론으로는 다룰 수 없다.

10. 앞에서 기술한 것처럼, 정신권이 생물권의 일부라고 주장함으로써 실질적인 통합은 완전히 봉쇄되고 말았다. 왜냐하면 정신권은 생물권의 일부가 아니라, 생물권이 정신권의 일부이기 때문이다(인간을 구성하는 것은 그 양쪽 모두 다). 에코 진영의 통합은 폭과 심도를 혼동하는 존재론적 퇴행으로 이루어져 있기 때문에 양쪽 모두를 위태롭게 한다.

11. 에코 페미니스트 중에는 평원적 생물 평등성에 반대하는 학자들도 있다. 그들의 주요 업적에 관해서는 제2권에서 검토할 것이다(그중 한 사람인 치머만Zimmerman은 체니Cheney가 그런 것처럼 그러한 업적에서 매우 소득 있는 성과를 끌어낸 바 있는데, 이 모든 것이 세심하게 평가된다).

그렇긴 하지만 에코 페미니스트는 에고적 독자성을 종종 에코적 공동성으로 대체시켰는데, 이 때문에 그들은 여전히 근본적 계몽주의 패러다임의 또 다른 극인 에코 공동성 극에 붙잡혀 있다. 따라서 평원적 세계관의 폭력과 평준화에서 벗어나려고 시도하면서도, 보다 미묘한 형태로 그것을 영속화시키는 결과를 초래하고 말았다.

샬렌 스프레트낙은 하나의 예에 지나지 않는다. 『자비의 상태States of Grace』에서 그녀는 이미 몇 권의 책에서 전개해 온 독자성에 대한 공격을 계속하면서(그녀는 그것을 남성적 모드의 탓으로 돌렸다.), 그 대신으로 철저하게 공동성에 기초한 접근을 강조했다(말하자면 보다 여성적인). 그러나 그런 다음 이 독자성이 침투된 '가부장적' 세계관을 대체하고 치유할 영적인 지향의 문제가 되면 그녀는 불가해하게도 폭넓은 형태의 위파사나/상좌부불교를 옹호하는 것으로 끝냈다. 그것은 동양에서의 원형적인 상승의 길이며, 근본적으로 이원론적일 뿐만 아니라 과잉 독자적인 길이기도 하다. 이것은 선성을 부정하고 여신을 부정하며, 하강을 부정하고 풍요성을 부정하는 길, 즉 역사적으로 신체, 현세(윤회), 성(과 궁극적으로 죄를 유발하는 것으로서의 여성)을 부정해 온 길이다. 스프레트낙의 입장은 프라이팬에서 도망치려다 불속에 뛰어든 꼴이라고 알려져 있기도 하다.

성적 보편성

나는 스프레트낙과 그 밖의 페미니스트들이 남성과 여성의 가치 영역에서 보편적인 차이가 있다고 한 주장은 매우 옳다고 생각한다. 그러나 이러한 '강력한 성적 보편성'을 구별해 내려는 대부분의 시도는 다차원적인 관점을 취하고 있지 않아서 어려움을 겪고 있다. 나는 광범위한 증거와 논의에 기초해서 제2권에서는 적어도 남성과 여성에게 작동하는 변환과 변용 방법을 식별함으로써 향상될 수 있는 보다 적절한 관점을 제시하고자 한다. 이런 접근에 의해서 우리는 신체적인 보편적 특성, 예컨대 육체적인 힘/이동 능력, 성적인 방종, 출산/수유 및 촉감/만져서 알 수 있는 능력의 차이(그 밖의 공통적으로 고등한 생물적인 차이)에 추가해서 다음과 같은 논의를 할 수 있다. 즉, 나는 남성은 평균적으로 독자성을 중시하는 방향으로 변환하는 경향이 있고, 여성은 공동성을 중시하는 방향으로 변환하는 경향이 있다는 논의를 추가함으로써 그 관점을 진척시켰다. 뿐만 아니라 남성은 에로스(초월성)를 중시하는 방향으로 변용하는 경향이 있고, 여성은 아가페(내재성)를 중시하는 방향으로 변용하는 경향이 있다.

이들 두 가지 '기본적인 보편성'(변환과 변용 방식에서의 남녀의 타고난 차이)은 엄청난 양의 문화횡단적 자료와 남녀의 가치관 차이를 설명하는 데 도움이 된다. 제2권에서 나는 남녀에게서 (때로는 매우 다르게) 나타나는 심리, 도덕, 인지, 대상 관계의 발달 단계를 재구성해 냄으로써 이런 보편적 특성의 적용 가능성을 제시할 것이다(남녀 모두 독자성과 공동성이라는 양방향에서 변환한다. 그러나 남성은 주로 독자성을 중시하고, 여성은 주로 공동성을 중시하는 경향이 있다. 남녀 모두 에로스와 아가페에 접근할 수 있지만, 남성은 전자를, 여성은 후자를 중시하는 경향이 있다). 나는 이러한 보편성이 역사적인 발달 과정(기술/세계관 진화의 여섯 개 남짓한 주요 단계)에서 어떤 식으로 나타나는지도 추적할 것이다.

5장에서 제시한 것처럼, 남녀 간의 항상적 또는 보편적인 차이를 하나하나 따로 떼어 낸 다음, 이러한 보편적인 차이가 다른 세계관, 다른 생산 양식, 다른 기술-경제적 상부 구조 등에서 어떤 식으로 나타나는지를 추적하는 것이 핵심이다. 왜냐하면 이런 다양한 구조는 각각의 진화 단계에서 남녀의 가치 영역에 어떤 때는 여성적 가치를, 어떤 때는 남성적 가치를, 가끔은 양쪽 모두를 강조하고 찬미하면서 다른 가치를 내놓기 때문이다. 그러나 이런 구도에서 강압이라는 개념은 전혀 어떤 설명력도 없으며 끼어들 여지도 없게 된다. 그러므로 우리는 남자는 돼지, 여자는 어리석은 양이라는 고정관념에서 벗어나게 된다.

남녀의 역사적인 위치에 관해서는(오늘날까지도) 급진적 페미니스트와 에코 페미니즘적인 분석이 대부분 이차원적 관점이라는 점 때문에 심하게 병들어 있다(변환에서의 차이만을 분석하고 변용은 다루지 않는다. 독자성 대 공동성만이 그들의 유일한 척도다). 그들은 여러 단계의 역사적인 초월과 변용(상승) 과정에서 있었던 요인들을 다루지 않기 때문에, 실제로는 에로스와 아가페에 속하는 기저를 이러한 페미니즘에서는 어쩔 수 없이 독자성과 공동성으로 분석할 수밖에 없게 된다. 따라서 독자성(과 남성)은 '나쁜 것/악', 공동성(과 여성)은 '좋은 것/선'으로 본다. 그렇다면 나쁜 독자성이 좋은 공동성을 억압해 온 것이 분명해지며, 여성은 어쩔 수 없이 타자에 의해 조형된 존재로 정의된다. 남성이 강제로 여성을 조형시켰다고 말하는 것은 여성을 약자로 규정하는 것이다. 여성들이 세뇌되었기 때문에 이러한 강압에 대항하지 않았다고 말하는 것은 여성을 어리석은 존재로 규정하는 것이다. 이것은 아무짝에도 쓸모없는 자기패배적인 분석에 지나지 않는다. 보다 다차원적인 분석을 적용할 경우, 조형된/나약한/어리석은 등과 같은 범주는 전진을 위해서는 불필요한 것이 될 것이다.

끝으로, 이러한 기본적인 보편성은 우리에게 영의 남성적인 얼굴과 영의 여성적인 얼굴, 남성과 여성의 영성, 영적 실천과 목적의 차이에 관한 강력한 단서를 제공해 줄 것이다(그런 모든 것이 세심하게 탐색된다).

대부분의 페미니즘에 관한 나의 포인트를 간단히 요약하면 다음과 같다. 진정한 초월과 상승(에로스)을 부정하기 때문에 대부분의 에코 페미니스트는 내재성과 하강(아가페)만을 강조한다. 진정한 상승조차 부정하기 때문에 에코 페미니스트는 철저하게 평원에 붙잡혀 있으며, 그렇기 때문에 남성적 독자성을 여성적 공동성으로 바꿔치기하려고 한다. 그들은 평원의 장점과 단점을 명확하게 구분하지 않는다. 그들은 그저 평원과 친해지려고만 한다.

변함없는 수직적 심도와 초월의 결여, 똑같은 그림자의 비위계적인 위계, 똑같은 변용의 실패만이 있을 뿐이다. 그곳에 있는 것은 단지 똑같은 낡은 평원으로부터의 변환뿐이다. 단일성을 갖는 신은 이제 없으며, 단일자연이 곧 여신이다.

이런 접근이 전적으로 잘못되었다는 말은 아니다. 다만 보완, 보강되고 정밀화될 필요가 절실하다는 것이다. 서구 문화의 지배적인 풍조는 확실히 에고 계몽주의 시대로부터 (이미 충분히 봐 온 것처럼) 과잉 독자성을 강조해 왔다. 그것에 대한 에코-낭만주의의 반항(에코 페미니즘은 그 직접적인 후계자다.)은 언제나 공동성을 중시하며, 그 때문에 여성적인 것에 보다 큰(때로는 전적으로) 가치를 두는 경향이 있었다. 그러나 이미 본 것처럼, 여성적/공동성을 강조하는 에코-낭만적 입장은 단지 근본적 계몽주의 패러다임의 또 다른 극에 불과했다(단일자연이라는 거대한 상호 연결적 질서와의 교섭). 그것은 평원적 도로의 건너편에 불과했다.

에고(독자성)와 에코(공동성) 모두가 결여했던 것—지금도 결여하고 있는 것—은 균형이다. 독자성과 공동성만이 아니라 상승과 하강, 에로스와 아가페, 초월과 내재와의 균형이다. 똑같은 이원론을 더 많이 갖는 것은 더 이상 필요하지 않다. 과거에 실패한 쪽과 반대쪽으로 가는 것, 즉 오직 에로스를 능가한 아가페로, 초월을 넘어선 내재로 옮겨가는 것은 플라톤에 대한 또 하나의 단편화되고 분열된 각주가 되는 것이다. (좀 더 포괄적인 관점은 『아이 오브 스피릿』 8장 '통합 페미니즘'을 보라.)

12. 제2권에서 나는 권리/책임으로서의 독자성/공동성이 남성/여성 영역에서 어떻게 그 역할을 하는지 검토할 것이다. 물론 길리건_{Gilligan}의 관찰, 즉 남성적 모드는 독자성/권리를, 여성적 모드는 공동성/관계/책임을 지향하는 경향이 있다는 결론도 참조할 것이다. 이것은 존재의 대홀라키라는 맥락에 설정된 영의 남성과 여성의 얼굴을 고찰하는 서론이다. 이것은 단지 이론적인 검토만이 아니라, 대여섯 단계에 이르는 기술적인 발달 단계에서 남성과 여성의 실제 위치를 그들의 생득적인 지향성의 도움을 받아 조심스럽게 검

토할 것이다.

13. 중요성이 적은 홀론은 보다 적은 권리(와 더 적은 책임)를 갖는다는 것은 그런 홀론들이 아무 권리도 없다는 의미가 아니다. 그리고 그들의 상대적인 권리를 인정하는 것이야말로, 곧 에코-이성적 자기와 일체중생이라는 공동체에 내재하는 생명 해방Liberation of Life, Birch and Cobb의 일부다.

이전 주에서 제시한 것처럼(특히, 8장 주석 23을 보라.), 기본적 도덕직관Basic Moral Intuition: BMI이란 '최대 폭을 위해 최대 심도를 보호하고 촉진'한다는 것이다. 즉, 영을 직관할 때, 우리는 그것이 실제로 사상한 모두에 걸쳐 현현한다는 것을 직관한다(영은 사상한 모두로서 또는 나, 우리, 그것으로서 현현하기 때문이다). 따라서 내가 영을 명확하게 직관할 때, 나는 단지 나 자신에서만, 나 자신의 심도에서만, 나의 나-영역에서만이 아니라, 나와 함께 영을 공유하는 모든 존재의 영역에서도 똑같이 영의 소중함을 직관한다. 따라서 나는 그 영을 보호하고 또한 촉진하길 원한다. 그 영은 단지 나의 내부만이 아니라, 그 영을 소유한 모든 존재의 내부에도 있다. 만일 내가 영을 명확하게 직관한다면, 나는 가능한 한 많은 존재에게서 이러한 영적 전개가 실행되기를 원할 것이다. 나는 영을 단지 나로서만이 아니라 또한 우리로서만이 아니라, 세계 속에서 일어나는 일의 객관적인 상태(그것)로서 자기실현을 이루어 가는 동인으로 직관할 것이다.

따라서 영은 실제로 분명히 사상한 모두로서(또는 나, 우리, 그것으로서) 현현하기 때문에, 영적 직관은 명확하게 파악될 경우 나의 심도가 그 객관적인 상태(그것)로서 우리의 폭에 이르기까지 확장되길 원할 것이다. 불Buddha, 법Dharma, 승Sangha이 그것이다. 최대 폭을 위해 최대 심도를 보호하고 촉진한다는 것은 이와 같은 의미다.

이 기본적 도덕직관을 어떻게 실행할 것인가, 즉 그 응용의 실질적인 방법은 순수직관 속에 들어 있지 않다. 그러한 구체적인 방법은 오히려 우리 모두가 지배로부터 해방된 열린 소통 속에서 논의하고 결정해야 할 상호 주관적·문화적·사회 프로젝트의 일부다. 인간의 도덕적 대응이 신적인 것과 인간적인 것의 정묘한 혼합인 것은 바로 그 때문이다. 내가 모든 나, 모든 우리, 모든 그것 안에서 영을 명료하게 직관하더라도, 최종적인 결정에 이를 만큼 모든 상세한 것(과학적·철학적·윤리적·문화적 등등)을 자동적으로 아는 것은 아니다. 실제로 내가 영의 정묘한 직관을 갖더라도, 상대적인 이해와 상대적인 지식의 결여로 인해 그 직관을 잘못 해독할 수도 있다.

예컨대, 어떤 선 스승이 온우주와 가이아와 그곳에 사는 모든 존재와 일체라는 심오한 직관을 갖고서 어떤 생물도 해치지 않으려 헌신한다 해도, 스티로폼이 생명에 해로운 독극물이라는 것을 자동적으로 알 수는 없을 것이다. 기본적 도덕직관은 신적인 것이 우리의 인식을 고쳐시키는 것이지, 구체적인 방법으로 작동하는 것은 아니다.

나는 앞에서 현대의 도덕적 딜레마 중 가장 고통스러운 딜레마로 중절을 예로 든 바 있다. 자아중심적 발달 수준에서 보면(전인습적), 중절은 대부분의 경우 완전히 수용 가능한 것이다. 왜냐하면 이 발달 수준에서는 그 자체의 심도에서만 인식하기 때문이다(달리 말하면, 심도를 폭 1까지만 확장시킨, 즉 신적 에고이즘이다. 콜버그의 연구가 보여주었듯이, 이 단계의 도덕성은 '내가 원하는 것은 무엇이든 한다'는 것이다). 이 수준에서도 영을 직관한다(다른 모든 수준도 마찬가지다). 그러나 이 수준에 한정된 의식으로 직관한다. 기본적 도덕직관(최대 폭을 위해 최대 심도를 보호하고 촉진한다.)은 여기서 우선 자신을 보살피고, 그런 다음 자신을 지지하는 자를 보살피는 것으로 나타난다(따라서 유아 살해는 전인습적인 중재 재판으로 조직된 부족에게는 꽤 일반적인 일이었다. 렌스키는 이러한 사회에서 출생한 아기의 약 삼분의 일이 '던져졌다'고 보고했다. 그 수준에서 이런 관행은 완전히 정당한 것이었다. 그런 사회를 존속시킨 생태적 용량이 대단히 한정되었기 때문인데, 보통 최대 40명 정도였다. 따라서 유아 살해는 가장 수용할 만한 인구 억제 수단이었다. 그 방법에 의해서 최대 폭을 위한 최대 심도가 확보되었기 때문이다).

사회중심/인습적 수준으로 의식이 확대해 감에 따라서 폭도 자신의 문화, 집단, 국가를 포함할 만큼 확대되었다. 기본적 도덕직관(최대 폭을 위한 최대 심도)은 '옳든 그르든 나의 국가'라는 식으로 나타난다(심도는 선택된 집단 내의 모든 사람이라는 폭으로 확대된다. 그러나 그 외의 사람에게는 거의 적용되지 않거나 전혀 적용되지 않는다). 대부분의 농경 사회, 신화-멤버십 문화에서 중절은 죄로 여겨진다. 태아는 그 신화적 신에 대한 잠재적 신앙자이며, 선택된 집단의 일원이기 때문이다. 그렇기 때문에 유아 살해는 신화적 신의 살해라는 성질을 띠게 되었고, 이것은 신으로부터의 괴멸적인 보복을 초래할 수 있다고 여겨졌다(그것은 신화 수준의 세계에서는 대단히 정당한 믿음이다).

한편, 초기 원예농업적 신화 사회에서는 여신에 대한 희생으로 유아 살해를 행해 왔는데, 이것은 승인되는 것에 그치지 않고 필수적인 것으로 여겨졌다. 왜냐하면 그 특정 심도의 희생이 최대 폭을 위해 최대 심도를 증가시킨다고 믿었기 때문이다(예컨대, 풍요로운 수확을 확보하기 위해). 그 원예농업적·신화적 구조 내에서 보면, 그것은 기본적 도덕직관에 대한 정당한 해독이다(보다 깊은 집단적 심도가 실제로 확보되지 않을 때 그것은 부도덕하게 된다. 그 심도에서는 이러한 행위가 부도덕한 것으로 비난받는다. 성서에 나오는 아브라함의 경우가 고전적인 사례일 것이다. 그는 처음엔 아들을 희생하라는 명령을 받고, 그런 다음 그 명령이 철회되었다. 그 사례는 원예농업/신화 단계에서 쟁기농업/신화-합리적 단계로 이행해 가는 것을 정확하게 보여 준다).

의식이 후인습적(합리적-세계중심적) 수준으로 확대됨에 따라서, 폭은 보편적으로 또한 ('선택된 집단'의 신화적 지위와 관계 없이) 비민족중심적으로 모든 인간을 포함하는 데까지 확대되었다. 중절은 이 수준에서 처음으로 심각한 딜레마가 되었다. 어떤 경우에는 승인될 수도 있고, 어떤 경우에는 그렇지 않은 일이 생겼기 때문이다.

내가 보기에 그 어려움은 바로 기본적 도덕직관의 형식이 최대 폭을 위해 최대 심도를 보호하고 촉진하는 것이며, 그것은 언제나 어떤 심도가 최대 폭을 위해 보다 깊은 심도를 확보하기 위해 희생될 수 있다는 것을 의미하기 때문에 생기게 된다. 중절(또는 출산 선택)의 합법화에 찬성하는 페미니스트의 논의에서는 확실하게 그렇게 말하지는 않지만, 이런 식이다. 어머니(그리고 필연적으로 사회)의 심도는 아기를 가짐으로써 크게 저해될 수 있으므로, 중절을 합법화할 경우 최대 폭을 위한 최대 심도가 확보된다는 것이다(예컨대, 구소련에서는 이러한 주장이 명백하게 사용되었으며, 성인 여성 1/3이 중절 수술을 받았다).

이 논의는 출산 권리의 문제와 직접적으로 관련된다. 그것은 부권성(또는 한때는 적절한 것이었지만 지금은 시대에 뒤떨어진, 정신권에서의 독자성이라는 과도한 남성 권리)을 넘어서려는 시도에서 여성이 자신들의 출산력에 권리를 부여받는 일이 필수 조건이 되었다. '권리'는 언제나 '전체 가치' 또는 '자율적 가치'(본문에서 설명한 것처럼)를 의미하므로 출산 권리는 여성 스스로가 다른 독자성(정부/사회 같은)의 부분(또는 책임)으로서가 아니라 자율적으로 결정한다는 것을 의미한다. 또한 언제나 그런 것처럼, 이러한 권리가 인정되지 않으면 그런 권리에 의해 선언된 전체성, 자율성이 유지되지 않는다. 여성은 이런 면에서 그녀 자신의 전체성, 개인적 인격체가 아닌 존재가 되고 만다(즉, 이런 권리가 인정되지 않으면 특정의 전체성은 용해되고, 여성의 권리는 독자성에 위임된다. 이 경우 독자성은 사회이며, 사회는 중절한 여성을 범죄자라고 선언한다).

이 모든 것은 중절/출산 선택을 찬성하는 정당성 있는 논의다(그것은 통상 임신 후 3개월 이내로 제한되는데, 이는 기본적 도덕직관의 해독에 대한 또 다른 예다. 3개월 이내인 경우, 태아의 심도가 상대적으로 너무 얕아서 더 큰 계획을 위해 희생되는 것을 수용할 만한 것으로 받아들인다. 그러나 태아가 스스로 자신의 생명을 유지할 수 있게 된 '생육' 시점에 이르면 태아는 자율적인 전체가 되고, 우리는 태아의 자립적 전체로서의 권리를 인정하지 않으면 안 된다. 따라서 그 시점에서의 희생은 살인이 된다).

나의 포인트는 우리가 이런 (그리고 다른) 문제를 어떻게 결정하든, 기본적 도덕직관은 확고하고 빠른 결정을 제공하는 것이 아니라, 단지 영적 배려만을 고취시킨다는 것이다. 고취된 영적 배려는 그 직관을 갖는 사람의 심도 수준에서 해독되고, 언제나 '최대 폭을 위해 최대 심도를 보호하고 촉진한다'는 형식을 취한다는 것이다(그 개인이 이해하는 최선의 모습으로).

동물권animal right과 그에 대한 우리의 이해도 마찬가지다. 동물은 인간보다 상대적으로 더 적은 권리(더 적은 심도)를 갖고 있는데, 이것은 그들이 아무 권리도 갖고 있지 않다는 의미는 아니다. 즉, 동물도 일정한 심도, 일정한 전체성을 갖고 있으며, 스스로 내재적 가치를 갖고 있는 자체로서의 목적이다. 동물권에 어느 정도 비중을 두는 것이 좋은가라는 문제는 공정한 논의에 개방되어 있다. 내가 말하고자 하는 포인트는 의식이 자아-합리성(세계중심적 인간)에서 켄타우로스, 나아가 심령(모든 생명)으로 확대해 감에 따라 기본적 도덕직관은 더욱 확대되고(보다 깊고 넓어지며), 그에 따라 단지 인간만이 아닌 다른 존재의 권리도 인정하게 된다는 것이다.

이것은 필요함에도 불구하고 동물을 죽여서는 안 된다는 의미가 아니다. 만일 우리가 동물을 불필요하게 또는 잔혹하게 죽일 경우, 보다 깊은 직관을 가진 사람이라면 충격을 받으리라는 것을 의미한다. 살해된 동물의 심도가 깊을수록(예컨대, 원숭이와 벌레) 우리가 파괴한 내재적 가치는 더 커진다. 이러한 살해는 보다 발달한 사람에게 충격을 주게 될 텐데, 그 이유는 최대 폭을 위한 최대 심도에 이제 인간 이외의 생명도 포함되었기 때문이다.

물론 이것은 동물 살해로 충격을 받는 모든 사람이 켄타우로스 수준 또는 심령 수준에서 행동한다는 의미는 아니다. 사실은 종종 그 반대다. 매우 많은 동물권 운동가는 이데올로기적인 분노에 내몰려 행동하는 것으로 보인다. 그런 행동이 보여 주는 것은 도덕적인 감수성이라기보다는 오히려 편리한 대의에 편승한 신적 에고이즘이다.

더 나아가, 많은 동물권 운동가는 암묵적으로—때로는 드러내 놓고—동물의 생명을 인간의 생명보다 위에 놓는다. 내가 제시한 분석이 옳다면, 이런 사람들은 퇴행적 도덕 질환이라고 부를 수밖에 없는 질병에 걸려 있는 셈이다.

우리가 기본적 도덕직관을 동물(특히, 포유류와 영장류 등 발달한 동물)에게 확대하려고 애쓰는 것은 우리가 하나의 문화로서 인간이 아닌 생명체에까지 확대된 지점에 이를 만큼 의식 확장이 진화했다는 것을 의미한다. 우리가 이러한 기본권을 동물에까지 확대할 경우, 그것은 우리가 동물이라는 홀론의 전체성 가치, 내재적 가치, 전체성을 지킬 권리를 인정하는 능력을 진화시켰다는 것을 의미한다(어디까지 그 권리를 인정할 것인가 는 별개로 하고). 우리가 그러한 권리를 인정하지 않으면 그 전체성은 존중되지 않을 것이고, 그 홀론을 무차별적으로 파괴할 것이다(즉, 그 동물을 잔혹하게 죽일 것이다).

그것은 동물권에 대한 주장의 내재적 가치 측면이다(심도를 파괴하는 것은 그 자체가 잘못이라는 논의). 외재적 가치 측면은 우리의 생명이 동물의 다양성을 최대한 번창시키는 것(에코 시스템의 다양성)에 의존하고 있다는 것이다. 동물을 죽이는 것은 결국에는 우리 자신을 해치는 것이나 다름없다.

그러나 기본적 도덕직관의 흥미 있는 점은 그것이 단지 '심도만을 보호하라'는 명령이 아니라는 것이다. 그것은 '가능한 한 사상한 모두를 보호하라'는 명령을 담고 있다. 즉, 심도만이 아니라, 심도×폭을 보호하라는 것이다(그리고 이것은 언제나 다양한 희생을 요구한다. 왜냐하면 유한한 세계에서 모두가 천국에서처럼 번창할 수는 없기 때문이다). 예컨대, 이것은 동물 개체 수 억제에서도 나타난다. 우리는 동물의 개체 수를 제한하는 것이 (그렇다. 어떤 동물을 죽임으로써) 보다 많은 종류의 동물을 보다 용이하게 번창시킨다는 것을 오래전부터 알고 있었다. 이런 경우, 우리는 더 많은 심도×폭을 위해 특정 심도를 희생시킨다. (모든 동물의 권리를 절대적인 것으로 만들려는 과격한 동물권 운동가들은 이로 인해 완전히 혼란에 빠져 있다. 모든 동물의 권리를 절대화하는 것은 결코 바람직하지 않다.)

한계의 시대에 살고 있는 우리는 인간의 경우에도 똑같은 딜레마에 직면해 있다. 건강 복지 문제에서 국가의 건강보험으로 보장해야 할 질병의 범위를 어디까지 포함시켜야 할 것인가를 결정하는 것은 이러한 딜레마의 축소판이다. 대단히 희귀한 병에 걸린 한 사람을 치료하기 위해 1억 원을 쓸 것인지, 아니면 그 사람은 죽게 내버려 두고 그 돈을 '치료비가 적게 드는' 질병에 걸린 열 사람을 치료하는 데 쓸 것인지? 과연 어느 쪽이 더 좋은 것일까? 한계의 시대에 사는 우리로서는 어쩔 수 없이 선택해야만 한다(아마도 후자를 선택할지도 모른다). 한발 더 나가 보자. 만일 그 한 사람이 대통령이거나 아인슈타인 또는 모차르트이고, 그 열 명이 사형수라면 어떻게 해야 할까? 당신도 이제 그 딜레마가 어떻게 작용하는지 알 수 있을 것이다. 최대 폭을 위해 최대 심도를 보호하고 촉진하라는 직관을 어떻게 해독해야 할까? 직관은 주어져 있다. 우리를 딜레마에 빠뜨리는 것은 언제나 그 해독이다.

기본적 도덕직관은 사상한 모두에 걸친 배려를 고취한다. 그러나 그 직관이 석판에 새겨진 지시를 갖고 오지는 않는다. 한 마리의 원숭이와 천 마리의 개구리, 어느 쪽이 더 가치 있는가? 아마 원숭이일 것이다. 그러나 나의 포인트는 우리가 당면한 **모든** 도덕적 결단(및 딜레마)은 궁극적으로 그런 모습을 취하고 있다는 것이다. 왜냐하면 모든 것은 '최대 폭을 위한 최대 심도'라는 직관에 의해 작동하며, 일정 유형의 심도와 일정 범위의 폭은 언제나 보다 큰 심도와 폭을 위해 희생될 수밖에 없기 때문이다. 그러한 희생을 어떻게 선택할 것인가는 언제나 정말로 윤회의 이원성과 그것의 IOU를 반영하는 우리의 도덕적 딜레마일 것이다. (평원적 공리주의자에게는 심도 유형—심도의 전스펙트럼—에 대한 인식은 없다. 그들은 모든 심도를 감각적 쾌락이라는 단일 행복으로 본다. 그 때문에 행복한 돼지와 불행한 소크라테스 중 어느 쪽을 선택하는 것이 좋은지 말할 수 없게 된다. 내가 앞에서 주장했듯이, 공리주의적 입장은 기본적 도덕직관이 평원의 독백적 이성에서 어떻게 나타나는지를 보여 준다.)

마찬가지로, 기본적 도덕직관은 심도와 폭을 보호하라는 지시이기 때문에 내재적 가치만으로 판단하려는 경향에 강력한 제동을 건다. 보다 큰 심도를 갖는 전체성은 확실히 보다 큰 내재적 가치를 갖지만, 그것은 이야기의 '절반'에 지나지 않는다. 한 마리의 원숭이와 천 마리의 개구리 예로 돌아가 보자. 내재적 가치로만 판단한다면 우리는 원숭이를 선택할 것이다. 그러나 원숭이나 개구리나 외재적인 공동성 네트워크(폭) 안에 존재한다. 만일 개구리 무리가 취약한 에코 시스템의 일부이고 그 죽음이 전체 생태계를 파괴한다면(개구리가 원숭이보다 기본적이기 때문에), 우리는 개구리를 구하는 쪽을 선택할 것이다. 왜냐하면 그 선택이 다른 원숭이들의 생명을 포함해서 최대 폭을 위해 최대 심도를 보존할 것이기 때문이다(이런 미묘한 문제가 보여 주는 것은 기본적 도덕직관이 세부적인 방법이 아니라, 단지 배려만을 제공한다는 예다).

인간사에서의 차별철폐법affirmative action 같은 미묘한 문제에서도 마찬가지다. 어떤 집단의 심도가 다른 집단에 의해 조직적으로 억압받아 왔다는 것이 드러난다면, 최대 폭을 위한 최대 심도의 촉진은 확실히 그 불균형을 수정하는 일에 관여할 것이다. 그러나 그래 왔다는 사실을 드러내는 일은 또다시 미묘한 문제다.

내가 이러한 예를 언급하는 것은 쟁점의 찬부를 말하려는 것이 아니라, 기본적 도덕직관은 심도만을 중심으로 하거나(그렇다면 파시즘이 될 것이다.) 폭만을 중심으로 하지 않고(그렇다면 전체주의나 다수의 전제를 초래한다.) 양쪽 모두를 중심으로 한다는 것을 보여 주기 위한 것일 뿐이다. 기본적 도덕직관은 우리에게 최대 심도를 최대 폭으로 촉진시키라는 직관, 즉 사상한 모두에 걸친 영적 고취를 제공한다. 또한 그것은 그 직관을 어떻게 촉진시켜야 할 것인가라는 매우 고통스러운 딜레마도 제공한다. 그것은 유한한 존재가 유한한 상황에서 어떻게 무한한 배려를 존중해야 하는가 하는 딜레마다.

　　이러한 모든 문제와 내가 제시한 해결 방안('해결'이란 말은 너무 지나친 것이긴 하지만)은 제3권에서 상세하게 다뤄진다. 여기서는, 다만 모든 홀론은 일정한 심도와 그것에 상관하는 권리를 갖고 있으며 폭 안에서 그것에 상관하는 책임을 지면서 존재하고 있다는 점, 또한 우리의 의식이 보다 깊은 심도에까지 발달 진화함에 따라서 기본적 도덕직관을 보다 적절하게 해독하게 된다는 점, 그것은 윤회samsara라고 알려진 어리석은 상황하에서 우리가 할 수 있는 최선을 다해 최대 폭을 위해 최대 심도를 확대하도록 우리의 의식을 고취한다는 점에 주의를 기울이기 바란다.

14. 이미 보았듯이, 평원적 에코 전일주의는 최대 폭과 최대 심도를 혼동하기 때문에 그 도구화 자체도 완전히 반대 방향을 취한다. 생물권은 그 존재를 정신권에 의존하지 않는다. 그러나 정신권은 그 존재를 생물권에 의존한다(다른 식으로 말하면, 정신권이 생물권의 일부가 아니라, 오히려 생물권이 정신권의 일부라는 것이다). 이것은 생물권이 정신권(과 정신권적인 인간)에 대해서 도구적 가치를 갖지만, 그 역은 아니라는 것을 의미한다.

　　그러나 나의 접근은 어떤 영역에서도 도구적 가치에만 머물지 않는다. 생물권이 정신권에 대해 도구적이긴 하지만, 생물권 자체도 여전히 똑같은 기저 가치를 소유하고 있다(보고 감지할 수 있는 신/여신으로서). 또한 더 나아가, 각각의 생물권 홀론은 내재적 가치를 갖고 있다(원숭이는 원자보다 더 큰 내재적 가치를 갖고 있다. 그러나 원자는 원숭이보다 외재적 가치가 더 크다). 따라서 온우주 전체는 심도와 의식의 정도에 상관된 권리와 책임의 네트워크로서 존재한다. 어떤 것도 결코 다른 어떤 것에 단지 도구적이지 않으며, 모든 것은 궁극적으로, 최종적으로 원초의 순수성, 빛나는 공성의 완전한 현현으로서 완벽하게 평등한 기저 가치를 갖고 있다.

15. 경험적인 '전일론적' 세계관을 제시함에 있어서 대부분의 에코 진영은 무엇보다도 그들에게 전일론적 망을 제시하도록, 그리고 이해하도록 해 주는 거대한 상호 주관적인 의미와 대화적인 네트워크를 당연한 것으로 보기 때문에 그런 것을 완전히 놓쳐 버린다. 그들은 광범위한 상호 주관적인 소통 교환이라는 폭넓은 역동성이 그들의 객관적인 생명의 망 이론의 획득을 허용하며 또한 지지해 준다는 것에 대해선 전혀 아무런 논의도 하지 않는다. 그렇기 때문에 그들은 타자 또는 세계 전체에 어떤 식으로 상호 주관적인 합의와 상호 이해를 재생해야 하는가에 대해선 추천할 만한 어떤 것도 갖고 있지 않다. 그들은 단지 모든 사람이 자신들의 시스템 이론에 찬성하고 받아들이는 것의 중요성을 공

격적으로 강조한다. 여기서는 상호 주관적인 세계관이 어떤 식으로 자아중심에서 사회 중심 그리고 세계중심적인 이해로 발달하는가 하는 것은 완전히 무시된다.

내면적·상호 주관적인 세계 공간(온우주의 좌측 차원)을 당연시하는 것(따라서 무시하는 것)은 결과적으로 자연세계를 보다 '정확하게 반영한' 전일론적인 지도를 만드는 것이 해야 할 일이라고 믿게끔 한다. 이것이야말로 근본적 계몽주의(및 데카르트적) 패러다임, '반영이라는 자랑할 만한 문화', '발달이 정지된 괴물'이며, 이것이 온우주의 실질적인 분단, 온우주의 붕괴와 가이아의 약탈에 가차 없이 기여했다. 이는 분명 내면적 변용 과정에 참여할 수 없는 무능력 때문이다. 그러나 자연세계의 반영 자체는 무엇보다 내면적 변용에 의존하고 있으며, 전진시켜야 할 상호 이해와 상호 합의가 존재하는 곳은 바로 그 내면이다. 그리고 내면의 변용만이 가이아를 구원할 수 있다.

16. 크라머르Kramer와 알스타드Alstad가 저술한 『구루 백서*The Guru Papers*』는 이야기 전체를 갖고 있다고 주장하는 순수한 하강적 접근의 전형적인 예다. 저자들은 상승적 흐름에 관한 무지를 모든 상승 노력에 대한 비판의 발판으로 삼고 있는 것처럼 보인다. 그래서 자신들의 입장에 대한 어떤 도전도 권위주의로 해석한다. 실재의 절반에 국한시키는 한 그들의 노력은 존경받을 만하지만, 그 노력은 부분성으로 인해 하강적인 지배로 편향되어 있다.

마찬가지로, 골드스미스Goldsmith의 『길: 생태적 세계관*The Way: An Ecological World-view*』은 에코 시스템 세계관에 대한 매우 훌륭한 설명이며, 그에 관해 나 역시 많은 부분에 동의한다. 그러나 동시에 그것은 공격적일 정도로 독백적이고 완전히 하강적인 것으로서, '모든 사람이 자연세계와 진정으로 조화롭게 사는 방법을 알고 있던 인류의 최초 시기'로의 퇴행적인 동경으로 가득 차 있다(이 소박함은 실로 놀랍다). 게다가 이런 독백적 관점은 전형적으로 온우주의 좌측 차원의 역동성에 관해서는 아무런 개념도 갖고 있지 않다. 이런 점에서 독백적 관점은 상당히 이원적이며 단편적이다. 그러면서도 제목이 말하듯이, 물론 그것이 유일한 길이라고 주장하면서 그 주장을 대담하게 진술한다. '이러한 원칙은 모든 것을 포괄하며, 자기충족적인 모델을 형성한다……'(괴델이나 타르스키에 관해 들어 본 적이 없는 게 분명해 보인다).

이 두 권의 책은 오늘날의 세계에서 하강적인 길의 원형적인 예다. 이러한 접근에는 어떤 수직적 심도도 없지만, 그럼에도 불구하고 저자들은 그것을 일종의 겁 없는 천박함으로 치장한다. 두 권의 책에서는 상승적인 흐름, 진정한 변용적인 내면의 개시가 없기 때문에 그런 세계관을 갖고 있는 사람은 근본적으로 자신들의 일에 대해 어떤 도전도 있을 수 없다고 생각한다. 거기엔 그들의 현재 상태보다 더 높거나 더 깊은 의식은 없으며, 다만 다른 사람들이 수용해야 할 독백적 세계관이 있을 뿐이다. 그들의 구원에는 자기변용 같은 것은 문제되지 않으며, 다만 타인의 세계관을 변화시키면 그것으로 족하다. 그러므로 이것은 하강적 흐름에 내재된 지배이며, 권위주의와 싸운다고 주장하는 권위주의이고, 자신들의 이야기가 전부라고 주장하는 평원적 관점에 불과하다.

17. 이러한 주장에 대한 증거는 제2권과 제3권에서 제시할 것이다.

이런 점에서 스타니슬라브 그로프Stanislav Grof와 진 겝서에 대해 마지막으로 몇 가지 더 언급할 것이고, 리처드 타나스의 업적에 관해서도 언급하고자 한다. 먼저, 그로프에서 시작해 보자(이하의 언급은 그로프의 업적에 관한 나의 이전 논의에 견줘서 읽기 바라며, 먼저 6장의 주석 3을 읽어 보기 바란다).

스탠 그로프

그로프는 『뇌를 넘어서*Beyond the Brain*』(1985)에서 그의 심리학 모델과 나의 모델 사이의 두 가지 주요 '불일치' 또는 '부적합'한 점을 지적하고 있다(그 이외에는 대단히 폭넓은 합의가 있음에도 불구하고). 첫 번째는 분만 전후perinatal 매트릭스에 관한 것이다. 그는 이렇게 지적했다. "(분만 전후의 출생/죽음의) 최고의 중요성에 대한 진가를 알지 못하고는 인간 본성에 대한 이해는 불완전하고 불만족스러운 것이 될 수밖에 없다는 것이 나의 의견이다. 윌버의 모델에 이런 요소들이 통합되면 보다 논리적인 일관성과 실천력을 부여할 것이다. 이것이 실현되지 않는 한, 그의 모델은 중요한 임상 데이터를 설명할 수 없으며, 임상 전문가들이 정신병리의 실천적 과제를 다루는 데 있어서 그의 모델의 치료적 함의에 관한 기술은 그의 작업 중 가장 신빙성이 적은 부분으로 남게 될 것이다"(136-137쪽).

나의 분기점 0에 관한 설명(6장 주석 3)으로 그리한 이론의 대부분을 만족시킬 수 있을 것이다. 나는 1982년 이후 전반적인 스펙트럼 모델의 통합적인 일부로 분기점 0을 고려해 왔다(그로프의 연구와 존 로언John Rowan의 해명을 참고로).

그로프와 그 밖의 사람들이 언급한 두 번째 주요 '불일치'는 나의 모델의 '직선성'이다. 그로프는 이렇게 말했다. "나의 관찰은 의식의 진화가 켄타우로스에서 정묘 영역과 그 너머로 진행해 갈 때 직선적인 궤도를 따르지 않고, 어떤 의미에서는 그 자체를 감싼다는 점을 시사해 준다. 이 과정에서 개인은 초기 발달 단계로 되돌아가지만, 그것들을 성숙한 성인의 관점에서 평가한다. 동시에 그 사람은 선형적 진화라는 맥락에 직면했을 때에는 인식하지 못했던 이런 단계의 특정한 측면과 질을 의식적으로 알아차리게 된다"(137쪽).

이 책 전반에 걸쳐 내가 제시한 것들은 내가 그런 진술에 일반적으로 찬성한다는 것을 분명히 보여 줄 것이다. 아마 그로프보다 더 근본적으로 그럴지도 모른다. 단지 자아/켄타우로스를 넘어선 각 단계만이 아니라, 발달의 모든 단계가 선행 단계를 포함하면서 전개된다. 뢰빙거에서 콜버그, 피아제에 이르는 발달학자들이 오래전부터 지적해 왔던 것처럼, 모든 발달 단계는 선행하는 패턴을 수정하고 감싸면서 새로운 구조에 재동화시키는 등 다양한 재작업을 포함한다. 다양한 단계의 선형적 성질이라는 것은 단순히 폭넓은 패턴의 (일시적인 경험이 아니라) 안정된 적응을 가리키는 것이다. 그것은 도토리가 '선형적'으로 떡갈나무가 된 것과 마찬가지로 '선형적'으로 전개한다. 많은 일시적인 경험은 잠재적인 경험 스펙트럼 전반에 걸쳐서 일어날 수 있다. 그러나 안정된 적응, 지속적인 적응은 선행 단계를 분화/통합해야만 하는 홀라키적 구조의 지속적인 구조화에 달려 있다(그로프가 말하는 '자체로 감싸지는').

동시에 개인은 조대/정묘/원인 상태(깨어 있는, 꿈꾸는, 깊은 잠)에 접근할 수 있기 때문에 일시적인 경험은 스펙트럼상의 가능한 경험 범위 내에서 일어난다. 그로프의 연구에서는 그러한 일시적인 절정 경험을 중시하는 경향이 있지만, 내가 이의를 제기하는 것은 그것이 아니다(절정 경험은 종종 상당한 치료 효과가 있는데, 그것 역시 괜찮다).

나는 그런 것에 대해 일관되게 동의해 왔다(그러나 『에덴을 넘어』를 시작으로 나는 실제로 성장이 일어나기 위해서는 일시적인 경험/상태가 안정된 패턴으로 전환되어야 할 필요가 있다는 점을 지적해 왔다. 이 점에 대해서는 잠시 뒤 다시 다룰 것이다). 어떤 비판가들은 나의 모델 중 단계 부분에 초점을 맞추면서, 내가 한 번에 한 단계씩 요란한 소리를 내면서 이동해 가는 일종의 단일 결정체 같은, 융통성 없는, 일방통행적인 발달을 염두에 두고 있다고 생각한다. 그러나 어떤 발달학자도 발달을 이런 식의 일방통행적인 협소한 개념으로 생각하지는 않는다. 다양한 발달 단계는 나선적이고, 구불구불하며, 때로는 후퇴하기도 하는 성장의 굽이진 길에 세워진 이정표에 지나지 않는다(그 자체는 매우 중요한 것이지만, 단일 결정체는 아니다). 발달학자들은 대체로 이것을 당연한 것으로 전제한다.

나아가, 나의 모델에는 의식의 기본 수준 또는 파동(물질에서 신체, 마음, 혼, 영에 이르는)도 있으며, 그런 수준을 비교적 독립적으로 통과해 가는 다양한 발달 라인 또는 지류(인지, 정서, 도덕, 자기정체성, 영성/신앙, 방어 등)도 있다. 따라서, 예컨대 어떤 사람이 인지적으로는 매우 높은 발달 수준에 있으면서 정서적으로는 중간 수준에, 영적으로는 낮은 수준에 있을 수도 있다. 이렇듯 전반적인 발달에는 선형적인 것이란 있을 수 없다.

이 주석에서 강조하겠지만, 전반적인 발달은 선형적이지 않으며 또한 자기가 모든 변성 상태 및 일시적인 절정 경험에 접근할 수 있다 하더라도 그런 상태가 지속적인 특질이 되려면 발달 흐름에 들어와야만 하며, 상태에서 구조(또는 안정된 능력)로 변환되지 않으면 안 된다. 이런 일이 일어나는 모든 발달 라인에서(인지, 도덕, 정서 등) 발달은 발달 학자들이 정의했듯이 '선형적'이다. 즉, 각각의 단계는 그에 앞선 단계가 닦아 놓은 능력 위에 세워진다(예컨대, 원자, 분자, 세포, 유기체처럼). 일시적인 절정 경험을 아무리 많이 하더라도 분자를 거치지 않고 원자를 세포로 변환시킬 수는 없는 일이다.

간단히 말해, 내가 제안한 모델은 변성 상태와 발달구조 모두를 설명할 수 있지만, 그로프의 모델은 잘해야 전자만을 설명할 수 있을 뿐이다. 발달을 전혀 설명할 수 없다는 것이 그의 모델에서 가장 큰 제한점이라는 것이 나의 생각이다. 상위 영역의 영속적인 실현과 안정된 접근이 나의 일차적인 관심사였기 때문에, 나는 일시적인 상태에는 그다지 관심을 기울이지 않았으며 지속적인 특질에 보다 많은 관심을 기울였다. 하지만 나는 상태와 구조 둘 다를 충분히 인정한다.

따라서 나의 관점에서 보면, 자기체계는 잠재적인 경험의 스펙트럼 전체에 걸쳐 있을 수 있다(이 점에 관해선 잠시 뒤에 설명할 것이다). 최소한 이 점은 실제로 논의의 여지가 없을 만큼 명백한 것이지만, 자기는 조대, 정묘, 원인이라는 커다란 세 영역(또는 깨어 있는, 꿈꾸는, 깊은 잠)에 현전해 있다. 따라서 안정된 성장과 발달 단계 어디에서도 자기는 이런 상태뿐만 아니라 다른 일시적인 경험에도 접근 가능하다('유입'이든 '주입'이든 '침투'든).

이러한 일시적인 유입은 그 자체로는 안정된 적응과 영속적인 구조화에는 전혀 미치지 못한다(다음의 기술을 보라). 그러나 이러한 일반적인 절정 경험은 성장과 발달 단계에 있는 모든 자기에서도 일어난다(자기는 모든 단계에서 세 영역 모두에 스며 있고 감싸 있기 때문이다). 내가 어린이도 일종의 초개인적 유입(대체로 정묘 상태에서) 체험을 할 수 있다는 데 늘 동의해 온 것은 이 때문이다. 또한 거의 모든 발달 단계에서 정묘 영역으로부터의 '채널링'이 일어날 수 있는 이유이기도 하며, 초상 현상paranormal이 발달의 특정 단계가 아니라 거의 모든 성장 단계에서 일어날 수 있는(또는 일어나지 않을 수도 있는) 유입이라는 것도 이 때문이다. 나아가, 정신분열이 때로는 신비 영역으로부터의 침투로 인해 일어난 결과일 수 있는 것도 이 때문이다(사실, 『아트만 프로젝트』는 어떤 정신병적 상태에서는 에고의 변환이 와해되어 초개인적 에너지가 유입된 것이라는 점을 명확하게 기술한 최초의 책이었다).

그러나 많은 이론가들이 지나치게 극적이고 일시적인 이러한 유입이나 침투에 초점을 맞췄기 때문에 실질적인 성장과 발달 과정은 상당 정도 잘못 구성되었거나 오해되기도 했으며, 일시적인 유입(때로는 중요하고 심오한 것이긴 하지만)이 마치 의식의 모든 목적처럼 되고 말았다. 이것은 소수의 연구자로 하여금 정신병을 신비적 성장을 위한 멋진 기회로 보거나(예를 들면, 레잉Laing), 어린아이의 환희를 성장으로 인해 비극적으로 차단된 천국적이고 신비적인 상태로 보고 그에 대해 찬가를 부르도록 했다(예컨대, 노먼 브라운, 마이클 워시번Michael Washburn).

절정 경험이 다양한 비범한 상태를 일별할 수 있게 하는 것은 분명하지만, 안정된 적응 과정은 성장과 유사한 방식으로 진행된다(이것이 어린아이, 정신병자 또는 채널러가 실제로 그 유입을 자기 것으로 하거나, 거기에 안정적으로 적응할 수 없는 이유다. 그런 경험들은 자기시스템의 자율적 통제 밖에서 일어나기 때문이다. 이 주제는 잠시 뒤에 다시 다룰 것이다).

가장 중요한 것은 이러한 절정 경험에 초점을 맞춤으로써 이러한 경험에서 실제로 무엇이 획득 가능한가에 대하여 커다란 혼란을 야기시켰다는 것이다. 왜냐하면 절정 경험 이론가들의 생각과는 달리, 의식의 스펙트럼 전체가 인양되기를 기다리면서 완성된 모습으로 바다에 가라앉아 있는 보물처럼 주변에 놓여 있는 것이 아니기 때문이다. 의식은 발굴되기도 하지만 그만큼 창조되기도 한다. 따라서 곧 알게 되겠지만, 이러한 절정 경험을 해석함에 있어서 우리는 대단히 신중하지 않으면 안 되며, 또한 가장 중요한 요인으로서 절정 경험이 일어나는 상호 주관적인 공간에 관한 해석에 극도로 신중하지 않으면 안 된다.

우선, 무엇보다 초개인 경험이 전개인 계기(태곳적 이미지, 플레로마적인 미분리, 계통 발생적인 유산, 동식물과의 일체감, 분만 전후 패턴 등)의 '재진입' '재생' '재경험'을 포함할 수도 있다는 것은 초개인의식이 그러한 태곳적 구조에 속한다는 것을 의미하지는 않는다. 진입하는 것은 초개인의식이지 태곳적 모드가 아니다. 문제는 언제나 '그 모드 밖에 없을 때, 그 모드만으로 달성할 수 있는 것이 무엇인가?' 하는 것이다. 어떤 전개인 구조도 그 자체만으론 본질적인 초개인의식을 생성할 수 없지만, 그러나 초개인의식의 대상이 될 수는 있으며, 그렇기 때문에 '재진입'되고 '재생'될 수 있다. 그러므로 전개인구조는 일종의 초개인의식의 운반 수단이 될 수는 있지만 결코 그 원천은 아니다. 전/초 오류는 이 예에서 보듯이 늘 제자리를 지키고 있다.

나아가, 이미 『사회적인 신A Sociable God』에서 제시했던 것처럼 절정 경험, 고원 경험 및 안정적인 적응을 구별할 필요가 있다. 또한 '가까운 미래에 에고를 넘어서는 길'(월시Walsh와 본Vaughan의 『에고를 넘어서는 길Paths beyond ego』에 수록)에서 제시했듯이, 상위 발달이란 부분적으론 일시적인 상태가 안정된 적응이라는 지속적 구조로 변환된 것이다. 우리가 일종의 초개인의식에 (제한되지만 자유롭게) 접근하기도 한다는 것은 일시적인 경험이 지속적인 지혜-적응의 구성요소가 아니라는 사실을 변화시키지는 않는다[이러한 문제를 다룬 통찰이 풍부한 레이놀즈Reynolds(1994)의 논문을 보라].

모든 심리 영역이 유동적인 접근에 개방되어 있다는 주장에 대해 각별히 신중해야 하는 것은 이런 이유 때문이다. 레이놀즈(1994)는 그로프의 관점을 요약해서, "그로프가 LSD와 과호흡breathwork을 적용한 치료 세션에서 수집한 임상 자료에는 의식의 모든 영역에 대해 매우 자유로운 접근이 있다는 것을 보여 준다."라고 논했다.

그러나 의식의 모든 영역이 (홀로트로픽하게 또는 다른 식으로) 의식의 특정 주체에게 사실상 언제나 가용한 것은 아니다. 예컨대, 도덕 단계 2에 있는 성인은 도덕 단계 5의 의식에 접근하지 못한다. 도덕 단계 5(그 단계의 엄청난 풍요로움과 특징들 모두)는 도덕 단계 2에게는 가용하지 않다. LSD, 과호흡, 그 밖의 강력한 극적인 체험을 아무리 많이 하더라도 타인의 역할을 취하는 데 필요한, 그런 역할을 반영하고 비판하는 데 필요한, 그리고 보편적인 자비로 이행하는 데 필요한 상호 주관적 구조를 창출해 내지는 못할 것이다. 그러나 그것만이 안정된 초개인의식을 밝게 빛나게 할 수 있다.

(이러한 상위 단계의 심층구조가 개인의 내부에 잠재성으로 현전해 있다고 하는 감각은 존재한다. 나는 그것을 '기저 무의식'이라고 불렀는데, 예컨대 이것은 촘스키Chomsky가 뇌에는 모든 언어가 잠재적인 형태로 내재해 있다고 생각한 것과 유사하다. 그러나 그것은 두 살짜리가 프랑스어에 자유롭게 접근할 수 있고 말할 수 있다는 의미는 아니다. 따라서 도덕 단계 2에 있는 사람도 마찬가지로 도덕 단계 5의 경험에 접근할 수는 없는 일이다.)

따라서 도덕 단계 2에 있는 사람이 일시적으로 자기/타자 경계가 용해된 경험을 했다 하더라도(분만 전후 매트릭스로 퇴행한 후에는 확실히 그럴 수도 있다.), 그 사람은 비이원적 상태에 대한 전인습적인 이해만을 '붙잡거나' '담을' 것이고, 현현시킬 수 있을 것이다. 즉, 그 사람은 비이원적 상태에 대한 의미를 전혀 이해할 수 없다는 것이다. 도덕 단계 2에 있는 사람은 사회적으로 합의된 타자의 일반화된 역할을 유동적으로 할 수 없을 것이고, 따라서 보편적인 마음에 안정적으로 적응할 수도 없을 것이다.

포스트모더니즘과 상호 주관적 공간

그로프는 이러한 일반적인 문제점을 잘 알고 있으면서도 결정적으로 중요한 이 분야에 거의 주의를 기울이지 않았다는 것이 나의 느낌이다. 그가 쓴 것을 읽어 보면 이 상호 주관적 세계 공간을 당연시하는 경향이 있는데, 그렇기 때문에 단지 독백적 주체가 독백적 경험을 갖는 것을 기술할 뿐이다. 데카르트적인 주체가 어떤 경험을 하거나, 원형적 이미지를 보거나, 강렬한 쾌감/고통을 경험하거나, 식물과 동일시하거나, 유체 이탈 체험을 하거나, 탄생을 재체험하거나 혹은 완전히 용해시키는 것이 전부다. 그로프는 이러한 현상학적 경험에 대하여 실로 놀라운 카탈로그를 만들었다(나는 그 대부분을 현상학으로 받아들인다).

그러나 이 모든 현상학은 그러한 경험 주체가 상호 주관적이고 대화적인 과정을 통해서만 형성된다는 것 그리고 그러한 (감춰진) 상호 주관적 구조에 의해서만 존재한다는 것을 당연시하기 때문에 그것에 대해 주의를 기울이지 않는다. 이런 상호 의존적 구조는 그 자체로는 LSD든 과호흡이든 또는 요가나 그 밖의 어떤 현상적인 의식 안에서도 솟아나지 않는다. 초개인적인 경험에 대한 그로프적인 항목은 단지 경험에 대한 현상학으로서, 그 자체로는 정확하고 중요한 것이긴 하지만 모든 현상학이 실패하는 바로 그 지점에서 실패하고 있다(또는 미치지 못하고 있다). 그것은 그러한 의식 현상을 행하는 주관적·상호 주관적인 패턴을 당연한 것으로 취급하기 때문에 그러한 경험이 전개 가능하기 위해 필요한 과정과 상호 주관적인 구조를 드러내는 데 실패했다(다음 내용을 보라).

이러한 경험은 주어진 주관적 공간에서는 전개되지 않는다. 주관적 공간은 상호 이해와 상호 인식의 발달론적 과정에 의해 형성되는 상호 주관적 공간 속에서, 그것에 의해서만 존재한다. 이러한 상호 주관적 공간이 주관적 경험의 배경 또는 실제 공간이다(즉, 모든 경험이 그 안에서 일어나는 상호 주관적 공간이다). 배경 그 자체는 경험으로 의식되지 않기 때문에 현상학적으로는 발견할 수 없으며, 따라서 그로프의 항목 어디에서도 발견할 수 없다(이 점을 제외하면, 그 자체로는 중요하다).

(배경적이고 구조적인 무의식—상호 주관적 공간의 감춰진 패턴—에 관한 논의는 4장 주석 28을 보라. 데카르트 이후에 패러다임의 진정한 본질은 구성된 상호 주관적 공간의 중요성을 발견한 것에 있다. 그런 패러다임은 구조주의에서 해석학, 계보학, 고고학 및

서기법書記法 연구grammatology에 이른다. 이 점에 관해서는 다음에 다시 다룬다.)

상호 주관적 공간을 당연한 것으로 볼 경우, 고립된 개인적 주체가 일련의 독백적 경험을 갖는 것처럼 보이게 된다. 그로프가 우리에게 제공한 것은 수많은 그런 경험에 대한 현상학이다. 그러나 그의 분석은 상호 주관적 공간(여기서 특정 주체와 객체가 발생한다.)의 본질을 당연한 것으로 그대로 남겨 놓는다. 따라서 이 접근은 여전히 근본적 계몽주의 패러다임에 잡혀 있다. 이 패러다임은 주체가 경험할 수 있는 것들을 확대시킴으로써(비일상적인 경험 항목들) 변화할 수 있다고 본다. 그러나 무엇보다 우선 특정 주체와 특정 경험의 발생을 허용하고 지지하는 상호 주관적 공간은 탐구하지 않는다. 이런 경험이 발생하는 주관적 공간은 주어진 것이 아닐 뿐만 아니라 문제가 없는 것도 아니다. 그 공간은 발달하는 공간이다.

상호 주관적 공간의 탐구는 현상학으로는 드러나지 않는 발달론적이고 형성적인 과정으로 이끌어 간다. 이러한 탐구는 개별 주체의 형성 단계를 드러내어 보여 주며, 그 때문에 주체가 극적인 경험적 에피소드(과호흡, LSD 등)로 폭격받고 있을 때 그 독백적 겸험 중에서 **동화시킬 수 있는** (그리고 안정적으로 적응할 수 있는) 것을 드러내어 보여 준다. 이와 같은 탐구는 일상적인 경험과 비일상적인 경험의 지형과 현상학뿐만 아니라, 그런 **경험**이 일어나고 있고 또한 일어날 수 있는 상호 주관적 공간(따라서 그와 같은 경험이 안정적으로 통합될 수 있도**록 해 주는)의 발달론적 지도도 제공해 준다. 이러한 예 몇 가지를 다음 항목에서 보게 될 것이다.

따라서 나의 접근에서는 현상적 절정 (및 일시적) 경험에 대한 (중요하지만 제한된) 연구가 안정된 적응구조의 형성 단계를 포함하는 보다 폭넓은 틀 안에 포함된다. 이런 경험을 하는 주체는 완전히 형성된 상태로 낙하산을 타고 지상에 내려오지 않는다. 따라서 주체가 획득 가능한 경험의 유형은 홀로트로픽한 모습으로 미리 주어진 것이 아니며, 어떤 주체에게나 자유롭게 획득 가능한 모습으로 현전해 있는 것도 아니다(초개인적 경험은 가능하지만, 안정된 적응과 동화는 그렇지 않다. 이 점에 관해서는 곧 다룰 것이다).

한마디로, (로크 또는 데카르트적인) 근본적 계몽주의 패러다임을 극복하기 위해서는 확대된 새로운 세계 기술만으로는 불충분하며, 그러한 기술을 하는 의식의 상호 주관적인 구성, 그 안에서 주체와 객체가 현현하는 세계 공간의 상호 주관적인 전개 과정에 대한 인식이 불가결하다(앞의 주석 15를 보라). 나는 이 책 전반에 걸쳐서 대부분의 '신패러다임' 이론가들(이들은 자칭 비데카르트적이라고 주장하는데, 그로프는 이들을 호의적으로 인용했다.)이 실은 철저하게 데카르트적이라는 사실을 충분히 제시했다고 생각한다. 의식의 주체는 단지 세계에 대한 새로운, 확대된, 과정 지향적인, 비원자론적인, 반기계적인 기술만을 주고 있을 뿐, 기술하는 그 주체가 실은 대화적인 과정에 의해 만들어진 것이라는 이해는 전혀 없다. 그러한 과정은 직접적인 대상으로 의식에 들어오지 않기 때문에 그들의 '신패러다임' 기술에는 결코 나타나지 않는다. (이러한 이론가들은 4장 주석 28에 기술된 '구조적 무의식' '배경이 되는 해석학적 무의식' '기능적 무의식'이라는 다양한 유형의 무의식을 인식하지 못한다. 이 모든 것이 하이데거에서 푸코, 하버마스에 이르는 데카르트 이후 패러다임으로의 실질적인 진정한 돌파를 구성한다.)

바로 이러한 상호 주관적인 세계 공간의 형성 과정이 다양한 유형의 주체와 객체가 안정적으로 출현할 수 있는 공간 또는 공지를 만들어 내며, 이러한 발달론적 과정이 의식의 진화와 적응의 주요 호$_{arc}$를 형성한다. 그러나 이러한 과정 중 어떤 것도 '신패러다임'에는 없으며, 그로프가 제시한 현상적 경험의 확대된 지도 어디에서도 보이지 않는다.

절정 경험이 스펙트럼의 전 범위에서 일어날 수 있다는 것은 확실한데, 이것은 다음과 같은 특정한 의미를 갖는다. 평균적인 성인은 계통 발생적(원형적)인 이미지 전반, 다양한 분만 전후 매트릭스, 심리 역동적인 무의식에 접근할 수 있으며, 뿐만 아니라 조대/정묘/원인(깨어 있는/꿈꾸는/잠자는)이라는 일반적인 상태 전반에도 접근할 수 있다. 따라서 평균적인 성인은 매 24시간마다 일반적인 의식 스펙트럼 전반을 경유할 수 있다(조대에서, 정묘, 원인으로, 그리고 다시 반대 순서로 상승과 하강, 진화와 내화라는 큰 원을 매일 한 번씩 순환한다. 물론 소규모 형식으로도 일어난다는 것은 말할 것도 없다). 그러나 그러한 상태(와 그런 상태가 만들어 내는 일시적인 경험들)는 홀라키적인 구조화 과정을 통해서만 안정적인 의식적 적응으로 변환될 수 있다. 상태가 특질로 변환되는 것은 그런 과정을 통해서다.

절정 경험과 고원 경험이 사람의 인생을 심대하게 변화시키며, 그들의 세계관을 완전히 뒤흔들어 놓고, 낡은 신념을 산산이 부수어 놓을 수 있다는 데에는 의심의 여지가 없다. 그러나 그런 다음에 그들은 그런 경험들을 어디로 이끌어 가는가? 그 경험으로 무엇을 하는 것일까? 경험자의 구조 중 어디에 적합한 것일까? 그 경험을 어떻게 드러내 표현할 수 있을 것인가? 그러한 사람들은 초개인구조가 요구하는 지혜와 자비의 무게를 견딜 만한 안정적인 적응과 의식적인 책임이 준비되어 있는 것인가? 아니면 그 '통찰'은 다른 멋진 경험처럼 왔다가 어둠 속으로 사라져 그저 막연한 기억으로만 남는 것인가?

다시 도덕 단계를 사용해서 한 가지 예만 들어 보자(도덕 단계는 사람들이 상호 주관적 공간에서 실질적으로 어떻게 자신을 자리매김하는지를 보여 주는 지표가 되기 때문이다. 이것은 사적인 경험과는 대비된다). 콜버그의 도덕 단계는 지금까지 수많은 다른 문화(제1, 제2, 제3 세계)에서 검증받았으며, 그가 제시한 기본 단계와 다른 예외는 단 하나도 발견된 적이 없다(사소한 차이는 있지만, 그 차이는 커다란 틀 내에서의 변이일 뿐이다). 여기서 말할 수 있는 것은 그 단계들이 확실히 보편적인 심층구조라는 것이다(길리건이 바꾼 것은 표층구조이지 심층구조가 아니다).

따라서 심오한 깨달음과 유사한 경험(원인적 비현현에서의 일시적인 자기의 용해라고 해 두자. 원인적 비현현 상태는 분명 언제나 획득 가능하다.)을 한 도덕 단계 2에 있는 사람은 그 경험으로 인해 그의 신념 시스템과 세계관이 크게 흔들릴 수 있으며, 또한 이것이 세계 내에서의 그의 도덕적 지향을 변용토록 이끌어 갈 수도 있을 것이다. 그러나 그로 인해 그가 이행해 가는 곳은 도덕 단계 3일 것이다. 그 밖에 달리 갈 곳은 없다. 갑자기 도덕 단계 6(또는 그 이상)으로 도약할 수는 없다. (무엇보다도, 도덕 단계 6은 도덕 단계 5와 4의 다양한 구조 위에서 작동하는데, 이러한 구조가 아직 출현해 있지도 않고, 현전해 있지도 않다. 이것은 마치 분자 없이 세포를 만들려는 것과 같다.)

일시적인 깨달음과 유사한 경험은 실제로 거의 누구에게나 가용하다(유동적인 접근)는 사실에만 초점을 맞출 경우, 그 경험적인 불꽃놀이가 잦아든 후 의식의 호가 다시 그 구조적인 패턴으로 돌아간다는 중요한 사실을 놓치게 된다. 그 구조적인 패턴 자체는 상호 주관적인 형성 과정에서 진화하고 발달한다. 내가 말하려는 것은 경험적 개시가 중요하지 않다는 것이 아니라(전혀 반대다.), 그것이 현상적인 영역을 대상으로 하며 주체의 경험을 독백적이고 문제없는 것처럼 다루는 경향이 있다는 것이다. 그럴 경우, 주체는 이미 존재하는 의식의 중심이므로, 그 의미가 드러날 때까지 경험을 그 중심에 투사하기만 하면 된다. 이렇게 해서 안정된 의식 안에서 주체와 객체 모두가 발생하도록 해 주는 상호 주관적인 세계 공간을 보지 못하게 된다. 주체와 객체가 발생하는 상호 주관적인 발달을 언급하지 않고 객관적인 경험만을 변경시키는 것은, 따라서 지속적인 효과를 갖기 어렵게 될 것이다(이것이 진정한 데카르트 이후 패러다임의 전반적인 요점이다).

몇 가지 예

여기서 상호 주관적 공간의 몇 가지 예와 전형적인 현상학이 왜 그 상호 주관적 공간을 드러내 보여 주지 못하는지(그리고 데카르트식의 현상학을 넘어서기 위해 왜 포스트모더니즘이 필요했는지) 그 이유를 들어 보기로 한다. 포커라는 카드 게임을 보고 있다고 가정해 보자. 카드 한 장 한 장은 실질적인 현상이다. 우리는 그 카드를 직접 볼 수 있으며, 카드 한 장 한 장을 아주 세밀하게 기술하면서 완벽한 현상학에 도달할 수도 있다. 그러나 그 카드는 다양한 규칙(포커의 규칙)에 따라 사용되는데, 그런 규칙은 카드 어디에도 쓰여 있지 않다. 그러한 규칙은 드러난 현상 어디서도 나타나 있지 않다. 따라서 모든 카드에 대한 완전하고 철저한 기술(과 현상학)조차도 어떤 규칙이 적용되는지 말해 주지 않을 것이다.

그 규칙, 즉 포커 게임의 실제 구조(또는 문법이나 구문론)를 발견하기 위해선 일종의 구조주의 접근법을 적용하지 않으면 안 된다. 그러기 위해선 카드의 집합적 행동을 탐구해야 하고, 각 카드의 관련 패턴을 연구해야만 한다. 어떤 카드가 언제, 어디로 가는지 연구하지 않으면 안 된다. 어떤 카드 조합이 승리하는 것인지 지적할 수 있어야 하고, 카드를 사용하는 특정 방식과 패턴을 밝혀내야만 한다. 이런 것 중 어떤 것도 카드에는 적혀 있지 않다. 한마디로, 카드 간의 관계성을 연구하지 않으면 안 된다는 것이다(상호 주관적인 관계성). 그저 주체만을(또는 그저 객체만을, 여기서는 개별 주체나 객체를 의미하기 위해 카드를 사용한다.) 아무리 많이 연구하더라도, 즉 현상학을 아무리 많이 하더라도 상호 주관적인 패턴은 보여 주지 못할 텐데, 하지만 모든 카드는 그런 상호 주관적인 패턴을 따를 것이다.

포스트모던적 접근, 즉 데카르트 이후의 접근은 모두 배경되는 상호 주관적(및 상호 객관적)인 패턴이 상당 부분 개별 주체와 객체라는 현상을 지배한다는 믿음으로 통일되어 있다. 그러한 배경은 개별 주체와 객체의 현상학 또는 기술로는 드러낼 수 없다. (앞의 주석 1에서 보았듯이, 푸코가 현상학이 언어적 의미조차 다룰 수 없는 이유를 설명한 바로 그것이다. 주관적인 현상학으로는 상호 주관적인 구조를 보여 줄 수 없다.)

따라서 그렇게 하는 것이 아무리 중요하다 해도 현상학의 확장만으로는 데카르트적 패러다임을 극복할 수 없다(바로 이 점이 그로프가 기여한 부분이다). 초의식적인 주체와 변성 상태를 경험하는 메가 카드를 갖고 있다 해도, 그런 카드는 여전히 그 카드 어디서도 찾아볼 수 없는 패턴을 따를 것이다. 따라서 진정한 데카르트 이후 접근들은 개별 주체와 객체가 발생할 공간 또는 공지를 만들어 내는 상호 주관적 패턴과 상호 객관적 패턴(4장 주석 28에서 상세히 기술한)에 초점을 맞춘다. 또한 그런 접근에서는 이런 배경(개별적 의식 상태 어디서도 명확하게 드러나지 않는 배경)이 개별 의식 상태에 미친 영향도 탐구한다.

여기서 말하는 '공간space' 또는 '공지clearing'란 무엇을 의미하는 것일까? 하이데거에서 기원했지만 다양한 다른 (그러나 관련된) 의미를 갖고 있는 이 관념의 핵심은 이러하다. 실재는 주변의 모두가 보도록 놓여 있는 이미 주어진 독백적 실체가 아니다. 오히려 다양한 유형의 주체와 개체가 나타날 수 있는 공간 또는 공지를 만들어 내는 것은 다양한 사회적 실천과 문화적 맥락이다. 예컨대, 내 식으로 말하면 마술적 세계 공간은 그 안에 물활론적 객체가 나타날 수 있는 공지를 만들어 낸다. 신화적 세계 공간은 그 안에 자비로운 신이 나타날 수 있는 공간을 만들어 낸다. 합리적 세계 공간은 그 안에 세계중심적인 자비가 나타날 수 있는 공지를 만들어 낸다. 심령적 세계 공간은 그 안에 세계혼이 나타날 수 있는 공간을 만들어 낸다. 원인적 세계 공간은 그 안에 심연이 인식될 수 있는 공지를 만들어 낸다. 이런 것들 중 어떤 것도 모든 사람의 눈에 띄도록 그저 저 밖에 놓여 있는 것은 없다. '이미 주어진 단일한 세계'는 없다는 것이다(이것이야말로 포스트모더니즘의 근본적인 통찰이다).

포스트모더니즘은 일반적으로 주체와 객체를 드러내고 인식할 수 있도록 하는데, 이것은 무엇보다도 상호 주관적 공간(과 그와 상관된 상호 객관적인 영역)이라는 사실을 인식하는 것과 결합되어 있기 때문이다. 이것이 포스트모던 탈구조주의자들이 자신들의 계보를 언어가 상호 주관적인 구조임을 보여 준 소쉬르에까지 거슬러 올라가는 이유이며, 경험주의보다 해석을 강조한 니체에까지 거슬러 올라가는 이유다. 이것은 또한 위대한 포스트모던 사상가들이 (후설과는 대조적으로) 단지 기술적인 현상학으로는 파악할 수 없는 배경적인 상호 주관적 공간에 대한 다양한 설명을 내놓은 이유이기도 하다. 하이데거는 해석학적 또는 해석적 존재론을 사용했다(앞에서 보았듯이, 표면은 보여질 수 있지만—현상학에서처럼—심도는 해석되어야만 한다). 푸코는 현상의 배후와 그 밑으로 파내려 가기 위해 고고학과 계보학을 사용했다(푸코가 존재하는 것은 오직 표면뿐이라고 주장하더라도, 그는 상호 객관적인 표면과 그 표면의 행동 규칙을 보고 있다). 데리다는 기표들의 유희와 그것들의 끝없는 맥락을 지적하기 위해 그래머톨러지를 사용했다(어떤 맥락도 기표의 현상학에서는 발견될 수 없다). 중요하지만 그 자체로는 부적절한 의식의 현상학(그 자체는 데카르트적인 공간에 확고하게 뿌리내린 채 남아 있다.)과 나란히 명백하게 포괄하려고 내가 시도했던 것이 바로 이 포스트모던 전환인데, 그것은 자체의 구성적인 형태로 사상한 모두를 고려하도록 요구한다.

그것을 개인의 심리에 적용할 경우, 우리가 사용해 왔던 도덕적 구조와 그 구조의 발달이 전형적인 예가 된다. 사람들은 일반적으로 자신이 좋아하는 무엇이든 생각할 수 있다고 느낀다. 그것은 어떤 제한 내에서는 진실이다. 그러나 도덕 단계 2에 있는 사람은 어떤 상황에서도 도덕 단계 5의 생각을 할 수 없을 것이다. 앞에서 말했듯이 단계 5는 그 이전 단계들의 성분으로 만들어지는데, 이는 철자가 모여 단어가 되고, 단어가 모여 문장이 되고, 문장이 모여 하나의 절이 되는 것과 똑같다. 지금까지 어느 누구도 문장이 없는 절을 본 적은 없다. 달리 말하면, 상호 주관적인 도덕구조는 그 안에서 개인적인 생각이 발생할 공간을 만들어 내며, 그 공간에 적합하지 않은 생각은 발생하지 않는다는 것이다. 내가 상호 주관적인 구조는 그 안에서 다양한 유형의 주체와 객체가 발생할 수 있는 공간 또는 공지를 만들어 낸다고 (또한 이것이 하버마스를 포함해서 다양한 포스트모던 운동의 본질적인 통찰이라고) 말할 때 의미하는 것은 바로 이것이다.

이 예에서 보여 주는 두 가지 포인트는 이렇다. 첫째는, 어떤 변성 상태 또는 절정 경험도 도덕 단계 2에 있는 사람에게 도덕 단계 5에 해당하는 생각을 하도록 해 줄 수 없다는 것이다. 둘째는, 특정 단계에서 한 주관적인 경험에 대한 어떤 현상학도 (또는 4장의 주석 28에서 기술한 것처럼, 어떤 배경적인 분석도) 그 단계의 구조만을 드러내어 보여 줄 뿐이라는 것이다. 거의 모든 '확장된 의식의 지도'가 여전히 놓치고 있는 것은 바로 그것이며, 그 경험들이 아무리 초개인적인 것이라 해도 여전히 데카르트적일 수밖에 없는 이유이기도 하다. '온수준, 온상한' 접근은 특별히 이런 한계점을 바로잡으려는 진지한 시도다.

과거의 현실태와 미래의 잠재성

이것은 더 나아가 두 개의 경험, 즉 근본적으로 과거의 회복(또는 재생) 과정인 경험과 근본적으로 미래의 발견 또는 발달적 형성 과정인 경험 사이의 커다란 차이점을 보다 명확하게 해 준다. 이 둘을 차례로 다뤄 보자.

예컨대, 평균적인 성인은 이미 출생외상을 포함한 모든 구조를 갖고 있다. 그러한 분만 전후 구조는 이미 구축되어 있지만, 단지 무의식적이거나 회복되지 않은 상태다. 필요한 것이 있다면 억압이나 망각의 역치를 낮추는 일이다. 프로이트적인 또는 개인적인 역동적 무의식 그리고 계통 발생적 또는 태곳적 유산을 드러내는 데에도 똑같은 작업이 필요하다. 그런 것들은 실질적인 구조 형태를 띠고 이미 거기에 존재하고 있다(다만, 그저 '망각'했거나 '매몰'되어 있을 뿐이다).

따라서 이미 형성된 그러한 구조의 회복 또는 재생은 대서특필할 것도 없이 그 자체로 치료적이다(이 문제에 관해선 나도 그로프에 전적으로 동의한다). 물론 이러한 경험들은 여전히 흡수되어야 하고, 현재 진행 중에 있는 구조화에 적용해야 할 것이다(원칙 12c). 이것이 모든 성장과 진화의 정의다. 또한 그 경험들은 여전히 자기감각이라는 주관적인 공간에 동화되어야 할 것이다. 따라서 도덕 단계의 예를 다시 적용하면, 도덕 단계 5에 있는 사람은 세계중심적 일자로서의 생명에 대한 하나의 지표로서 식물과의 일체감을 경험할지도 모른다. 도덕 단계 1에 있는 사람은 같은 경험을 자기애적인 자기확장으로 경험할 것이고, 나라는 존재의 대단함을 설명해 주는 존재론을 갖게 될 것이다.

그러나 이전에 이미 진화된 그러한 (계통 발생적 및 개체 발생적인) 구조들은 억압/망각이라는 장막을 걷어 올릴 수 있는 기법에 의해(LSD, 요가, 과호흡, 심리치료, 강력한 스트레스 등) 실제로 회복될 수도 있다. 따라서 그런 경험들을 흡수하는 데에는 근본적이고 엄청난 자기감각의 변용이 필요하지는 않다. 재생과 흡수는 실제로 과거구조의 억압 또는 매몰로 인해 생겨난 다양한 병리를 해소할 수도 있다. 이 회복은(특정 병리의 해소와는 별도로) 이미 본 것처럼, 단계 2에서 단계 3으로 또는 단계 3에서 단계 4로 자기를 성장시키는 변용으로 이끌어 갈 수도 있다.

그러나 이것은 기본적으로 이미 현전해 있지만 표면 아래에 가라앉아 있는 구조의 재생(종종 치료적인)이다. 일차적인 당면대상은 억압을 구성하는 고통(또는 망각)의 차단막을 걷어 내는 데 있는 것이지, 자기가 현재의 주관적 공간을 근본적으로 포기하고 위로 변용해야만 하는 것은 아니다. 그것은 만일 억압이 일어나지 않았다면 그 공간에서 이미 잘 적응했을 만한 재료를 다시 한번 현재의 주관적인 공간에서 재생시키는 것이다. 따라서 (예컨대, 식물과의 동일시에 의해) 자기가 객관적인 세계관을 변화시킬지라도, 객관적 세계관의 변화는 그 세계관을 지지해 주는 주관적인 공간을 반드시 변화시키는 것은 아니다. 성자뿐만 아니라 자기밖에 모르는 에고이스트도 '유일한 생명'을 옹호할 수 있다.

그러나 (계통 발생적 또는 개체 발생적으로) 이미 형성되어 있지만 그 이후에 억압됐거나 매몰된(또는 망각된) 과거구조를 회복하는 것과 현현된 의식으로부터 최초로 전개되면서 미래구조가 구축되는 것과는 아주 다른 것이다. 여기서 강력한 경험적 개시는 이미 현전하는 주관적 구조에서 재생되어야 하는 것이 아니라, 앞으로 존재하게 될 구조를 구축하는 주관적 및 상호 주관적인 과정의 일부여야 한다. 즉, 그러한 경험은 기존 구조의 표면화의 일부가 아니라, 미래구조 구축의 일부여야 한다는 것이다.

간단히 말해, 과거의 **현실태**를 파헤쳐 내는 것과 미래의 **잠재성**을 끌어내는 것은 매우 중요한 차이점이 있다. 과거의 현실태(진화 과정에서 이미 전개되었지만 그 후 매몰된 구조)는 계통 발생적인 유산과 개체 발생적인 유산(물질/식물/동물 동일시에서 분만 전후 매트릭스, 프로이트적인 정신역동적 무의식, 집합적인 태고 무의식에 이르기까지)을 포함하고 있다. 좀 더 먼 이러한 구조에 접근하기 위해 초개인의식이 필요한 경우도 있긴 하지만, 그런 구조들은 이미 형성되어 있고, 이미 진화되어 있으며, 이미 전개되어 있다는 것이 포인트다. 따라서 (어떤 수단을 통해서든 일단 그 망각의 장벽이 제거되면) 우리는 그 구조에 '유동적 접근'이 가능해진다.

그러나 미래의 잠재성은 잠재성으로만 가용할 뿐이다. 그 구조 자체는 특정인의 특정 진화 속에서 아직은 구축되지 않았기 때문이다(상위 도덕 단계가 하위 단계에게는 미래의 잠재성인 것과 같다). 따라서 평균적인 개인은 임의적이고 일시적인 경험(조대, 정묘, 원인 전반에 걸쳐)에 접근할 수는 있다 하더라도, 그러한 경험이 의식에 들어와 영속적이고 책임 있는 안정된 특질이 되기 위해서는 진행 중인 주관 및 상호 주관적 구조화 흐름 속에 구축되지 않으면 안 된다. 도덕 단계 2에 있는 사람은 도덕 단계 5의 모든 특징에 돌연 자유롭게 접근할 수는 없는 일이다. 이러한 미래의 잠재적 구조는 상호 주관적으로 구축되고 만들어지지 않으면 안 된다. 그런 구조들은 형태가 완전히 갖춰진 채 과호흡법으로 주관적 표면 위로 나오기를 기다리면서 보물 상자 속에 들어 있는 것이 아니다.

이것은 언어구조와 문법구조, 인지발달, 뢰빙거의 자기발달, 하버마스의 의사소통 능력, 정신분석적 대상관계 등 열거하자면 끝이 없어 보이는 다른 발달에서도 똑같이 진실이다. 이러한 것 중 어떤 것도 이미 형성된 계기에 대한 유동적 접근(및 파헤침)을 전제로 하지 않는다. 오히려 상호 개인적이고 상호 주관적인 구축과 창조를 전제로 한다. 이 모든 것은 과거의 현실태(예컨대, 식물과의 동일시)를 파헤쳐 내는 데 흥분해서, 또한 정묘 또는 원인 상태(예컨대, 유사 깨달음)를 경험하는 것에 흥분해서 간과되는 경향이 있다.

상위 영역(정묘 또는 원인)에서의 일시적인 절정 경험은 그런 차원으로의 변용을 촉진시킬 수는 있다. 그러나, 예컨대 도덕 단계 2에 있는 사람을 도덕 단계 5 이상으로 도약시킬 수는 없다. 그런 일이 가능하다는 어떤 증거도 없다. 물론 상호 주관적인 영역을 무시하면, 그 시점에서 단일의 초개인적 경험이 주체 및 상호 주체의 불가피한 발달 단계를 우회해서 돌연 초개인 주체를 만들어 낸 것처럼 보일 것이다.

나는 앞에서 도덕 단계 1에 있는 개인이 일시적으로 모든 식물/동물과의 계통 발생적 동일시라는 절정 경험을 할 수도 있다는 예를 든 바 있다. 그 경험은 결국 필연적으로 도덕 단계 1의 자기구조, 즉 자기애적이고 전인습적인 구조에 의해 해석될 수밖에 없다. 이런 일은 '주말의 깨달음 세미나'에서 너무나 빈번하게 일어나는데, 거기서는 초개인 샘에 잠시 몸을 담근 사람이 마치 '변용된' 사람처럼 출현하지만, 실은 견딜 수 없는 에고이스트의 출현에 불과하다. 그 사람은 '권한을 부여받았기' 때문에 이제 세계가 자신의 주위를 선회한다고 믿는다. 이것은 데카르트적인 에고를 해소한 것이 아니라, 우주적인 규모로 과잉 팽창시킨 것이다. 찰스 테일러의 말을 빌리면, 고차원에 일시적으로 침투한 것은 괴물에게 권능을 부여한 꼴이 되고 만다.

(이러한 경험은 확실히, 그리고 종종 그 사람으로 하여금 그 이전에는 표면 아래에 있었지만 극적인 회복 경험으로 인해 발견된 과거의 현실태와 접촉하도록 한 덕분에 특정 병리를 해방적으로 경감시키기도 한다. 이러한 경험이 상호 개인적 척도상에서 잘하면 한두 단계 향상시킬 수도 있긴 하지만, 대체로 그 사람에게 이미 현전해 있는 적응 수준을 강화하는 것으로 끝나는 경우가 대부분이다.)

만일 이러한 두 개의 아주 다른 과정(과거의 실재 요소와 미래의 잠재 요소)의 역동성을 혼동하거나 하나로 섞어 놓고, 그런 다음 둘 다 똑같이 '이미 충분히 접근 가능하다'는 패러다임으로 모델화하면(그것은 과거의 실재 요소 및 특정 초개인적 경험과 상태의 침잠 무의식인 경우에만 진실이다.), 보다 미세한 객관적 경험을 만들어 내는 것이 일차적인 과제처럼 보이게 되고, 그러한 새로운 경험의 개시를 안정적으로 조절해 줄 수 있는 성장과 발달의 주관적·상호 주관적인 과정에 초점을 맞추는 데는 등한시하게 된다.

동시에 이것은 그로프 모델을 상호 주관적 유능성 구조 형성에 관한 엄청난 양의 (임상적·철학적·실험적·대화적·치료적) 연구(피아제, 오스틴Austin, 설Searle, 셀먼Selman, 뢰빙거, 콜버그, G. H. 미드, 하이데거, 하버마스 등)에 개방시켜 줄 것이다. 이러한 연구는 대단히 넓은 분야를 다루므로 포괄적인 모델을 만들고자 한다면 결코 무시할 수 없는 것들이며, 데카르트 이후 진정한 혁명의 핵심으로 자리 잡고 있는 연구가 바로 이런 연구들이다(그로프 연구에 대한 확장된 논의는 『아이 오브 스피릿』 7장을 보라).

서구정신의 열정

리처드 타나스의 『서구정신의 열정The Passion of the Western Mind』은 매우 사려 깊고 통찰력으로 가득 찬 훌륭한 책이다. 그러나 에필로그에서 그가 제시한 근대성에 관한 문제, 즉 근대성이 무엇을 달성했고 무엇을 파괴했는지에 관한 문제는 대단히 미묘하고 어려운 문제가 아닐 수 없다.

타나스가 제시한 것처럼, 일반적인 아이디어는 근대정신이 초창기의 전근대적 **참여신**

461

비주의(그는 그것을 '미분화된 통일의식'이라고 부르기도 한다.)로부터 소외와 분리, 이원론이라는 고통스러운 과정을 거쳐 출현했으며(근대성의 에고), 근대정신은 이제 주체와 객체, 마음과 자연, 남성과 여성, 내부와 외부, 아는 자와 아는 것과의 변증법적인 종합과 재통합이라는 고비를 맞고 있다는 것이다.

이 도식은 (프로이트, 융, 힐먼Hillman, 그로프 등) 심층심리학 연구에서 발견한 것들로 지지된다는 것이 타나스의 생각이다. 이러한 접근은 분리된 합리적 에고의 절대적인 자율성을 손상시켰기 때문이다(앞에서 보았듯이, 심층심리학은 확실히 에고를 탈중심화하는 많은 시도 중 하나였다).

이 지점에서 타나스는 기본적 분만 전후 매트릭스(또는 분기점 0, 이 분기점은 '태아와 자궁의 미분리된 통일성에서 고통스러운 분화 과정을 거쳐 자궁 밖 해소와 통합으로 움직인다'에 기초한 그로프의 설명)로 돌아간다. 타나스는 서구 역사 전부를 이러한 분만 전후 출생외상의 주요 하위 단계 세 개를 끌어내서 보고자 했다.

타나스는 서양정신의 '출생 드라마'를 생물적 출생외상으로 환원시킬 수 없다는 점을 조심스럽게 지적하면서도, 실제로는 늘 그렇게 하는 경향이 있다. "(집합적인 서양정신의) 이러한 원형적인 발달 역학은 분만 전후 과정의 역학과 근본적으로 동일하게 나타난다"(모든 인용은 430-444쪽에서).

이것은 모든 분기점에서의 분화/통합 과정이 단지 하나의 출산 과정 분기점으로 환원된다는 것을 의미한다. 분기점 0이 서양정신의 유일한 분기점이라는 의미다. 타나스는 서양의 전 역사가 이 세 개의 하위 단계로 이루어진 것이 하나의 '초궤적metatrajectory'이라고 보았다. 서양의 집합적인 정신은 자연 및 전체적인 우주와의 분화되지 않은 일체성에서 출발했다고 그는 말했다('전체와의 결합'이라고 말하면서도, 그 전체가 무엇을 의미하는지는 구체적으로 언급하지 않는다. 이 점에 대해서는 곧 다룰 것이다). 그런 다음, 집합적인 정신은 분리, 차별화, 소외라는 고통스러운 과정을 밟기 시작한다(여기엔 분화와 분리 간의 구별이 없다. 있는 것은 소외뿐이다). 이 이원적인 소외는 근대와 탈근대를 통해서 현재에 이르기까지 계속된다(그리고 소외라는 출생의 두 번째 단계에서 역사적으로 잃어버린 것과 재통합하게 될 내일의 끝자락에 서 있다.)고 그는 말했다.

따라서 "주체-객체의 근본적인 이분법이 현대인의 의식을 규정하고 지배한다. 그 이분법이 현대인의 의식을 구성하며, 일반적으로 그 이분법을 절대적인 것으로 가정한다. 또한 모든 '현실'세계에 대한 관점과 경험의 기초로서 당연시된다. 그 이분법이 이 해결되지 않은 출생외상과 연합된 원형적 조건에 뿌리내리고 있는 것처럼 보인다".

이 이른바 미해결의 출생외상(분기점 0의 두 번째 하위 단계에 고착된 집합적인 서양정신)으로 인해 '어머니와 분화되지 않은 유기적 통일 상태인 원래 의식, 자연과의 참여신비주의'를 졸업overgrow, 단절disrupted, 상실lost했다는 것이다.

졸업, 단절, 상실이라는 말이 묘하게 병치되어 있음에 유의하기 바란다. 우리가 성장해서 어떤 것에서 벗어나는 것을 졸업이라고 말할 경우(예컨대, 나는 손가락 빠는 것에서 졸업했다.), 졸업은 통상 좋은 것, 바람직한 것을 말하고, 단절이나 상실은 통상 나쁜 것이자 소외를 의미한다. 그러나 이 둘의 혼동은 분화와 소외를 혼동하는 타나스의 혼란과 관련된 것으로 보인다. 따라서 근대에 들어 마술-신화적인 혼융 상태에 있는 비반성적인 주체의 몰입으로부터 분화된 것은 필요한 과정이 아니라, 일차적으로 소외를 일으키는 미해결된 출생외상이 되고 만다.

타나스는 근대성의 분화가 필요한 운동이었음을 분명히 알고 있었지만, 분화와 분리를 구별하지 않았기 때문에 근대성의 가장 큰 특징을 소외라는 모드로 파악했다. 그는 '분리' '이분법' '이원론'을 언제나 같은 것으로 묘사했다. "여기서 (미해결의 출생외상), 개인 수준과 집합 수준 양쪽 모두에서 근대정신의 심대한 이원론—마음과 물질, 자기와 타자, 경험과 실재 등 분리된 자아가 자신을 둘러싼 포괄적인 세계로부터 돌이킬 수 없이 분리되었다는 확산된 감각—의 원천을 볼 수 있다."

이렇게 해서 모든 분화가 단지 분리로 변환되고 만다. 동시에, 타나스는 모든 분기점을 분기점 0으로 붕괴시켰다. 이 커다란 혼동은 내가 보기엔 분기점 일반에 작용하는 역동성—언제나 혼융 상태로부터 분화로, 그런 다음 통합으로 움직이는 역동성(앞에서 검토한 9개 분기점 모두가 이런 모습을 취한다.)—, 이 모든 분기점의 일반적인 역동성을 단순히 기본적으로 분만 전후인 것처럼 취급했기 때문으로 보이며(그 이유는 분만 전후 분기점도 첫 번째 분기점으로서 일반적인 역동성을 동일하게 따르기 때문이다.), 따라서 어떤 강렬한 분화/통합 과정이 발생할 때마다(어떤 분기점이 지적되자마자), 그것을 분만 전후 과정이라고 부른 것으로 보인다. 결과적으로, 그 밖의 모든 중요한 분기점은 가장 기본적인 분기점(분기점 0)으로 붕괴되는 경향이 발생한다.

따라서 타나스에게 남아 있는 주요 성장과 발달 단계는 세 개(와 단 하나의 출생과정)뿐이고, 그 세 단계를 서양사 전반에 짜 넣을 수밖에 다른 도리가 없었다. 실제로 발달 단계는 죽음/재생(또는 분화/통합) 과정이며, 집합적으로는 적어도 다섯 번 내지 여섯 번에 걸쳐 일어났었다. 그 하나하나는 심대한, 세계 창조적인, 새로운 세계를 탄생시키는 변용을 가져다주었다(예컨대, 태고에서 마술, 신화, 합리, 켄타우로스에 이르기까지). 이런 모든 경우에서 발달은 기본적으로 분만 전후 드라마를 다른 수준에서 반복한 것이라고 말하는 것은 가장 기본적인 분기점에 특권을 부여한 것이고, 그것으로 후속하는 보다 중요한 분기점을 설명하려는 것과 같다(여기에는 열심히 부정하긴 하지만, 그럼에도 불구하고 설명으로서 신봉하는 환원주의의 지속적인 위험이 내재해 있다).

마찬가지로, 모든 분기점을 분만 전후 분기점으로 환원시킨 타나스의 방법은 그를 단일 경계 오류로 이끌었다. 그것은 앞에서 제시했듯이(6장 주석 3과 13장 주석 32), 모든 퇴행적(및 환원주의적) 발달이론에 공통되는 특징이다. 의식에서 오직 하나의 경계만(또는 발달을 보다 적절히 묘사하는 아홉 개 남짓의 경계 혹은 분기점이 아니라 오직 하나의 분화/통합 분기점만)을 인정하기 때문에, 그 '단일' 경계의 창조가 성장과 발달에서 필요하고 적절한 과정이라고 보게 하는 대신 원초적 소외, 원초적 상실처럼 보게 한다('졸업' '단절' '소외'를 나란히 병치시킨 것은 이 때문이다. 떡갈나무가 마치 도토리의 소외된 단절인 것처럼).

이 단일 경계 오류로 인해 타나스는 모든 분화(와 분리)를 서양 전체의 마음에 머물러 있는 분만 전후 경계와 미해결된 출생외상으로 환원시킬 수 있었다.

앞서 말한 것처럼, 그것은 근대에 들어 만들어진 경계 현상을 분만 전후라는 출생 경계로 환원시킨 것이다. 그러나 근대성을 정의하는 경계(자아/세계의 경계)는 분기점 5의 경계로서 출생외상 이후 다섯 개의 다른 경계가 만들어진 이후의 경계다. 이러한 모든 선행 경계는 근대적 복합 개체 안에 감싸지며, 그 자체의 개체 발생 과정에서 전개한다. 그러나 그 경계는 근대성에 의해서 추가된 창발적 요소만을 정의하는 것은 아니다. 근대성의 특정 분리가 분만 전후 매트릭스(분기점 0의 두 번째 하위 단계)를 재발시킬 수도 있다는 것은 확실히 가능한 일이다. 그러나 그것은 타나스 도식의 인과관계를 완전히 역전시킨다. 타나스는 실제로는 결과인 것을 원인으로 보고 있다. 더욱이 그는 (단일 경계 오류에 기초해 있어서) 그 원인을 전적으로 분만 전후의 것으로 잘못 해석했다.

따라서 근대성 특유의 경계(분기점 5)는 상대적으로 미분화된 선행 상태(이 경우에는 신화적 혼효주의)로부터 분화된(빅3) 상태로, 그런 다음(아직도 진행 중인) 통합 상태로 이어지는 성장의 표준적인 과정을 경과한다. 이때 성장에 따른 시련이 (한편으로는) 융합 또는 분화의 실패거나 (다른 한편으로는) 분리 또는 과분화로 인해 병적인 상태로 진행해 갈 수는 있다. 그러나 그렇다고 분기점 5에 특유한 문제를 분기점 0에서의 실패로 환원시킬 수는 없는 일이다. 그것은 근대성의 길을 준비하는 데 걸린 오만 년이라는 변용의 역사를 지워 버리는 일이다.

병리가 분기점 0에 있다면, 그 병리는 확실히 후속하는 발달에 영향을 미칠 것이다. 그러나 그것은 근대 이전 사회의 경우 유사한 출생외상을 전혀 갖지 않았다는 것을 (그 사회는 확실히 근대성을 갖지 않았으므로) 묵시적으로 의미하기 때문에, 분기점 0의 출생외상이 근대성이 갖는 병리의 주요 원인일 수는 없다. 오히려 분기점 5 경계에서의 근대성의 분리는 전근대 시대에는 일어나지 않은 방식으로 그 자체를 분기점 0의 '실존적' 하위 단계(하위 단계 2)에 고정시킬 수 있었다. 왜냐하면 전근대성에는 고정시킬 수 있는 집합적인 분기점 5 경계가 없었기 때문이다. 물론이지만, 전근대의 모든 변용도 기본적으로는 분만전후 출산 과정과 동일한 과정을 밟는다.

어떤 방식으로 보든, 분만 전후 매트릭스가 근대성의 원인일 수는 없다. 오히려 분기점 5와 6에서 만들어진 근대성 자체의 문제가 분기점 0 하위 단계를 재활성화시킬 수는 있을 것이고, 근대성 자체가 만들어 낸 딜레마의 신체적인 기초로서 선택된 원인이 될 수는 있을 것이다. 자궁 밖으로 나온 것은 모든 인간 존재에게 첫날부터 일어났던 일인데 비해, 근대성은 최근 들어 비로소 일어난 일이다.

따라서 내가 말하고 싶은 일반적인 일치점은 근대성이 분명 발달 분기점의 하위 단계 2(분화 하위 단계)에 고착되긴 했지만, 그 고착은 분기점 0이 아니라 분기점 5라는 것이다. 그것은 분기점 5의 하위 단계 2에 해당한다(분만 전후 매트릭스나 분기점 0의 하위 단계 2가 아니다). 그것이 헤겔이 말하는 '발달이 정지된 괴물' 또는 이 경우 유산된 괴물이다. 본문에서 여러 번 지적한 것처럼, 근대성의 분화가 분리로 전락한 것은 근대성이 상위의 비전-논리라는 통합적·해소적인 입장을 결여하고 있기 때문이다(비전-논리는 분기점 5의 달성이며, 분기점 6의 기반으로 작용하기 때문에 괴물을 통합한다. 이러한 실제 소외에 관해서는 잠시 뒤에 다룰 것이다).

생물적 출산 매트릭스도 마찬가지로 모든 분기점에서 하위 단계 2(고통으로 가득 찬 분리)를 갖고 있다. 근대성의 '산통'이라고 말하는 경우 의미하는 것은 바로 이것이다. 그래서인지 타나스(그리고 그로프)도 분만 전후 매트릭스라는 개념을 이런 의미로 사용한다. 그러나 그들은 생물학적 환원주의를 극구 부정하면서도, 결국에는 즉각적으로 그렇게 환원시키는 경향이 종종 있다.

이것은 분명 대단히 복잡하고 다차원적인 상황을 매우 단순하고 꽤나 질서 정연한 상태로 환원시키려는 시도처럼, 마치 복잡성 자체를 최초의 단순한 1-2-3 과정으로 완화시키는 것처럼 보인다. 그러나 이 1-2-3 과정(발달 분기점) 자체는 긴 역사적 시간 속에서 심대한(그리고 매우 다른) 변용을 수없이 반복해 온 것으로 보아야 할 것이다.

여기 있는 것은 퇴행낭만주의의 표준적인 전/초 오류다. "자궁/세계와의 '원초적 통합성'이 역사적으로 '분단되고 상실'되었다." 이제 그것은 성숙한 신체/형식으로 부활할 것이다. 타나스는 정확히 이런 식으로 주장했다.

이러한 유형의 관점이 갖는 결정적인 문제는, 이른바 '세계 전체와의 원초적 통합'이 실제로는 '통합'이 아니라는 것이 그 하나의 문제며, '세계 전체'도 아니라는 것이 또 하나의 문제다. 모든 발달이 바로 이런 단일하고 단순한 1-2-3 과정(초궤적으로서의 단일한 역사적 분기점)이라고 할지라도, 내가 보기에는 이 관점은 두 가지 점 모두에서 잘못이라고 생각된다.

원초의 '통일' 상태(실제 자궁으로 생각하든, 아니면 전근대 또는 역사 이전의 참여신비주의로 생각하든)는 통일이 아니라 단지 미분화 상태일 뿐이다. 이는 도토리가 떡갈나무의 모든 가지와 잎을 통합하고 있다고 말하는 것과 같다. 실제로는 우선 무엇보다 그런 것들이 아직 분화되지 않은 상태. 도토리는 이후에 등장한 요소들을 통합한 상태에 있지 않다. 통합해야 할 요소들이 아직 존재하지 않기 때문이다. 그런 상태를 '잠재적으로' 통합하고 있다고 말할 수 있을지는 모르겠지만, 또다시 이 경우의 통합은 잠재적인 것이지 실질적인 것은 아니라는 것이 포인트다. 따라서 미래에 부활되어야 할 과거의 실제 요소는 존재하지 않는다. 따라서 어떤 경우든 재접촉해야 할 실질적인 통일은 없다. 도토리가 실제로 통일시키고 있는 유일한 것은 세포라는 구성요소뿐이며, 떡갈나무가 되어도 이 세포는 계속될 텐데, 그렇지 않으면 고사한다. 떡갈나무는 미래의 소외로 들어간 것이 아니다. 떡갈나무가 직면한 '문제'는 잎과 뿌리와 줄기를 어떻게 통일시킬 것인가 하는 것이며, 도토리는 이런 일과는 전혀 무관하다. 그것과 마찬가지로 자궁 속의 상태도 전근대 상태도 직면한 문제는 빅3의 통합이 아니다. 그런 것들은 아직 통합될 수 있는 분화된 실체가 아니기 때문이다. 그런 것들은 존재하지 않거나, 사실상 분화되지 않았다.

마찬가지로, 이 원초의 '통일'은 '세계 전체'와 하나가 아니다. 왜냐하면 잎과 가지가 아직은 세계의 일부가 아니기 때문이다. 말하자면, 실제로 현전해 있는 '전체 세계'는 극미의 세계다. 마찬가지로, 인간에게 있어서도 자궁 속의 태아는 출생에 따라 스스로 '분리' 또는 '소외'라고 여기게 될 도덕, 예술, 논리, 시, 역사, 경제 등 상호 주관적인 전체 세계와 일체가 아니다. 오히려 태아는 반드시 분화되어야 할 생물신체적 매트릭스와 일체 상태에 있다. (마찬가지로, 전근대 매트릭스도 빅3의 통합이 아니라 그런 것들을 분화시키지 못한 상태다. 이것은 혼효 상태이지 통합이나 실질적인 통일 상태는 아니다.)

어떤 각도에서 보더라도, 그곳에는 부활되어야 할 실질적인 통합은 없다. 있는 것은 다만 언젠가는 벗어나게 될 미분화 상태뿐이다. 이 미분화된 극미 상태를 '전체 세계와의 통일'이라고 부르는 것은 명백히 받아들일 수 없는 일이다.

이와 관련하여 부언하면, 이와 같은 혼란에 기초한 전형적인 발달론에 대한 심리학적 접근의 예로서는 워시번의 『자아와 역동적 기저The Ego and the Dynamic Ground』(1988)를 보라. 이 책은 떡갈나무를 재접촉된 도토리로 정의하는 고전적인 시도이다. 넬슨Nelson의 『분열의 치유Healing the Split』(1994)도 마찬가지로 혼란스러운 시도로서, 워시번의 퇴행적 지향성과 발달론 모델을 통일시키려고 시도했다. 워시번과 넬슨의 시도는 모두 일종의 단일 경계 오류에 기초해 있어서, 그것이 다양한 전/초 오류를 끌어들인다. 유아 상태의 '원초적 통일'이 '기저 또는 전체와의 무의식적 통일'이 되고, 그것이 의식적이고 성숙한 상태에서 부활되어야 할 영적 상태로 여겨진다. 자아가 일단 그 상태까지 퇴행해서 그것과 재결합하게 된다는 것이다. 그들은 유아가 성인보다 이런 영적 상태에 '더 개방'되어 있다고 보았다.

여기서 주의해야 할 게 하나 있다. 모든 이론가가 합의하고 있듯이, 이 유아는 타자의 **역할을 취할 수 없으며**, 그렇기 때문에 진정한 사랑, 자비, 상호 인격적인 배려나 관심을 갖는 것이 불가능하다. 진정한 사랑과 자비는 적어도 타인의 신발에 자신의 발을 맞추는 능력과, 자신의 성향과는 어긋나더라도 의식적으로 타인을 위해 행동하는 능력을 전제로 한다. 자폐적인 유아적 자기가 이런 행동을 할 수는 없는 일이다. 타인의 역할을 취하는 것은 고사하고 타인을 인식하지도 못한다.

달리 말하면, 이 '원초적 통일'은 자기중심적인 궤도 밖으로 나올 수 없으며, 그렇기 때문에 상호 주관적인 사랑과 진정한 자비는 전혀 없다. 사랑과 자비를 결여한 자기중심적인 상태를 영적이라고 불러야 하는 그런 상태를 회복하고 싶어 할 이유가 무엇이겠는가? 만일 영이 사랑이라면, 진정한 사랑과 자비를 전혀 알 수 없는 유아적 자기가 어떻게 영적인 것에 보다 개방적일 수 있겠는가? 주체와 객체가 하나이기 때문에 유아적 자기가 영적이라는 말로 대응하는 것은 그야말로 단일 경계 오류에 빠지는 것이다. 그런데 이러한 이론을 작동시키는 원동력은 바로 그런 혼란이다.

성인에 따라서는 퇴행적 상황에서 유년기의 기억을 회복하기도 한다. 그러나 그러한 성인은 이제 그 기억을 보다 넓고 합리적인 조망적 인지 내부에 놓게 된다. 즉, 그들이 두세 살 무렵에 타인의 역할을 취하는 것을 기억해 내고 그것이 의미하는 것을 생생하게 말한다 하더라도, 임상적이고 경험적인 증거는 그 나이의 어린이는 실제 타인의 역할을 취하지 못한다는 것, 취할 수 없다는 것을 반복적으로 일관성 있게 보여 준다(예컨대, 세 산

실험).

어린 시절의 기억 흔적 중에는 꽤 정확한 것도 있다(그러나 많은 경우 부정확하다). 성인의 경우, 그 기억들을 이미 전개된 넓은 시야 속에서 재활성화하거나 그곳에 놓은 다음, 그 기억들을 꽤 진화된 의식으로 마치 원래 경험되었던 것처럼 '읽는다'. 일단 타인의 역할 취하기를 배우고 나면 그 능력은 상실되지 않는다(치명적인 병에 걸리지 않는 한). 따라서 성인이 아무리 퇴행하더라도 그곳에서 회복된 기억은 상호 주관적이고 넓은 시야 공간에서 회복되기 마련이며, 그런 다음 즉각 자동적으로 그 공간으로부터 해석이 일어난다. 마치 그것이 원래 일어났던 것의 정확하고 지울 수 없는 사진인 것처럼 읽게 된다. 그 나이의 어린이가 그런 일을 할 수 있다는 증거는 전혀 없지만, 그것은 전혀 문제가 되지 않는다.

일부 사례에서, 어떤 유형의 기억 흔적이 실제로 존재하면서 또한 정확한 경우도 있다. (어떤 연구자의 주장에 따르면) 자궁으로까지 거슬러 갈 수도 있는데, 마치 상처처럼 정신에 각인을 새겨 놓는다고 가정할 수도 있어 보인다. 그러나 성인이 그 각인된 기억을 '회복'하고 또다시 활성화시킬 때, 최초로 각인이 새겨질 때에는 인식하지 못했던 각인의 다른 측면을 의식에 가져오게 된다. 거기에 있다고 가정한 각인된 기억은 고도로 진화된 상호 주관적인 공간을 통과하게 되며, 그때 각인이 새겨질 때에는 있지 않았던 의미와 조망을 끌어들일 수 있다. 그러고는 이 끌어들인 것을 회복된 결과 탓으로 돌리게 된다. 실제로 회복 행위는 과거 실재 요소의 회복을 훨씬 넘어 고도로 복잡화된 현재 의식구조에 따라 창조된 과거의 재구성에까지 이르게 된다. 이 모든 것이 많은 경험적 증거가 부정하는 능력을 이 하위 구조들에 부여하게 된다.

앞에서 말했듯이, 유아와 아동도 초개인 상태(보통은 정묘 상태)에서 주입된 것을 경험할 수 있다는 데에는 의심의 여지가 없다. 그러나 이러한 경험이 일어나는 상호 주관적 공간은 기본적으로 전인습적이고 자아중심적인 곳이지, 후인습적이고 자비로운 곳은 아니다. 따라서 그렇게 주입된 것에는 고도로 진화된 영적 각성이 수반될 수 없다. (이 문제에 관한 확대된 논의는 『통합심리학』을 보라.)

이 유아적인 '영적 합일'이 특히 매력적(그리고 신적)으로 보이는 것은 에고 자체를 최악으로 묘사한 경우일 것이다. 전형적인 낭만주의 어젠다에 따르면, 에고를 변용적이고 초월적인 분화로 묘사하지 않고 단지 분리로 정의할 뿐이며, 성숙한 에고를 단지 '분할적' '추상적' '분석적'이라고 부를 뿐이다. 여기서 간과하는 것은 결국 성숙한 에고가 보편적이고 세계중심적인 의식을 만들어 낸다는 것, 모든 발달 중에서 진정으로 후인습적이고 보편적인 자비와 사랑이 흘러나오기 시작하는 최초의 의식이라는 것이다. 성숙한 에고가 만들어 낸 세계중심적인 조망은 유아적 자기로서는 (문자 그대로) 상상조차 할 수 없는 많은 전체성을 통합하고 결합시키는 것이 가능하다.

일반화해서 말하면, 영적 상태에 '보다 개방된' 것은 유아적 자기가 아니라 성숙한 에고다(그리고 에고를 초월한 상태는 훨씬 더 개방적이다. 이 '훨씬 더 개방된' 상태는 한때 상실한 이 '영적 기저'를 '회복'하기 위해서 사랑과 자비를 결여한 유아적 상태로 돌아가는 것을 포함하지 않는다. 그런 관념은 오직 단일 경계 오류에 의해서만 지지될 수 있다). (워시번 모델에 대한 자세한 비판은 『아이 오브 스피릿』 6장을 보라.)

때로 이들 이론가 중에는(타나스도 그중 한 사람이지만) '세계 전체'라는 말이 실제로는 '보편적 매트릭스' 또는 존재의 기저를 의미한다고 주장하는 사람도 있다. 분화 이전의 자궁 상태는 (어떻게 생각하든) 확실히 존재의 기저와 하나다. 그러나 다른 모든 상태도 절대적으로 그러하다. 따라서 그런 점에서 특히 이 상태를 특권화할 이유는 전혀 없다. 더욱이 이 기저와의 합일을 의식적으로 인식한다 할지라도, 자궁 상태는 그곳에서 가장 먼 곳에 있다. 공空인 기저에서, 그리고 공인 기저로서 의식적으로 각성할 수 있기 전에 우선 통과해야 할 성장 단계가 가장 많이 놓여 있는 곳이 이 자궁 상태이기 때문이다.

(전혀 별개의 문제이지만) 만일 분화 과정에서 어떤 병리 현상(융합 상태에 고착된 채 남아 있든가 또는 분화가 지나쳐 분리되면)이 발생할 경우, 그 병리를 치유하기 위해 소외된 측면(과거의 실재 요소)에 재접촉하는 일은 있을 수 있다. 그러나 이 과거에 실재했던 요소는 한때 현전했다가 소외된 하위 수준의 측면들이긴 하지만, 전체 시스템을 통합하기 위해 발생해야 할 아직 현전해 본 적이 없는 상위 수준은 아니다. 여기서도 상위 통합을 규정하는 측면은 과거에 실재했던 요소와 재접촉하는 데 있기보다는 뭔가 매우 새로운 것의 출현에 있다(이 새로운 요소는 역사상 존재한 적이 없으며, 따라서 역사상 상실된 적도 없다).

이 모든 요인이 타나스에 의해 (단일 경계를 둘러싼) 단순한 1-2-3도식으로 붕괴되고 말았다. 먼저, '전체 세계' 또는 '보편적(우주적) 매트릭스'와의 원초적인 합일이 있고, 그런 다음 '그' 세계로부터 역사적으로 소외되고, 다시 '그' 세계와 합일한다는 도식이 그것이다. "그러나 이 이중속박, 즉 한편으론 (전체 세계와의) 원초적인 합일이 있고 다른 한편으론 출산의 고통과 주체-객체 이분법 사이의 이런 변증법적인 경험은 예상치 못한 제3의 상태를 가져온다. 개체화된 자기와 보편(우주) 매트릭스와의 구원적인 재합일이 그것이다."

이것은 내화 과정과 진화 과정에서 일어난 특별한 사건을 혼동하는 것으로 보인다. 내화, 즉 일자로부터 다자로의 초풍요적 유출을 단순히 생물적인 출생과 혼동한 것이다. '보편적 매트릭스'(일자)는 따라서 실제 자궁이 되고, 출산 과정은 일자로부터 개체(및 다자)가 분리되는 과정이 된다. 이것이 '이원적인 세계'를 만들어 내며, 생물적 출생외상이 어머니가 아기를 포옹함으로써 해소되듯이(이것은 '비이원적' 상태다.) 일자의 재결합으로 해소된다.

이 환원주의는 포괄적이다. "개체화된 자기와 보편 매트릭스와의 구원적인 재합일이다. 이렇게 해서 아기가 태어나고 어머니에 의해 포옹된다. 해방된 영혼은 지하세계로부터 상승하여 길고 먼 오디세이 이후 고향으로 귀환한다. 개인과 우주가 화해한다. 이제 고통, 소외, 죽음(출생외상)은 탄생을 위해, 자기창조를 위해 필요했던 일로 이해된다. 근본적으로 이해 불가능했던 상황이 이제 깊은 이해가 가능한 커다란 맥락 속에서 필요한 요소로서 인식된다. 변증법이 완결되고, 소외는 구원받는다. 존재로부터의 분열도 치유된다. 세계는 원초의 마법적 지복 속에서 재발견된다. 개인은 자율적인 자기로 단련되었고, 이제 존재의 기저와 또다시 합일된다."

분명히 일자와의 일종의 '재결합' 또는 '회복'이 있기는 하다(앞서 본 것처럼, 그것은 일자로의 상승 과정이다. 이 과정에 대해선 잠시 뒤에 다시 다룰 것이다). 그러나 이 '재합일'에 관해서 주의해야 할 첫 번째는 '되찾아야' 할 이 '일자' 또는 '전체'는 선행하는 진화 과정에는 한 번도 존재한 적이 없었다는 것이다. 집합적 근대성의 역사적 '자궁'이었던 '원초의 마법적 지복'은 실제로는 온우주 전체 및 일자와의 달콤한 홀리스틱 통합 상태가 아니었다. 그것은 '신체에 일곱 개의 구멍이 있으므로 일곱 개의 행성밖에는 없다. 이에 반대하는 자는 화형에 처해진다'는 식의 잔혹한 미분화였다. 어른이 되어 '성숙한 모습으로' 손가락 빨기와 재결합하고 싶어 하지 않듯이, 미분화 상태와 '재결합'해야 할 이유는 전혀 없을 것이다.

근대성의 특징인 소외는 선행하는 신화구조 또는 이른바 '통합된' 구조(실제로는 폭력적일 정도로 혼효적인 구조)로부터의 소외는 아니다. 오히려 빅3가 돌이킬 수 없을 정도로 분화된 이후, 그것들을 화해시키고 통합시킬 수 있는 분명한 길이 아직은 보이지 않고 있는 것이다. 상실된 것은 아무것도 없었다. 다만 그 무언가를 발견하지 못했을 뿐이며, 이것이 빅3를 조각내어 단편화에 이르게 한 것이다. 전적으로 새로운 이 세계 공간 내부에서 새롭게 발생한 요소를 통합하려는 고투는 아직 미완이며 달성되지 않고 있다. 그 통합의 달성은 상실된 것과의 재합일이 아니라 전혀 새로운 창발적인 통합을 전제로 한다. 그런 통합은 전례가 없는 전적으로 새로운 통합을 가져올 것이다.

근대성이 선행구조를 억압했다는 것도 그 자체로는 전혀 새로운 것이 아니다. 신화 단계는 가능한 곳이면 어디서든 마술 단계를 억압했다. 근대성 역시 그 전 단계를 엄청나게 억압했지만, 그런 억압이 근대성을 규정하는 것은 아니다. 근대성을 규정하는 것은 빅3의 분화다. 따라서 선행구조에 대한 억압을 역전시키는 것만으로는 상위 구조(비전-논리)의 창발이 이루어지지 않는다. 그러나 근대성을 정의하는 각 영역을 통합할 수 있는 것은 상위 구조뿐이다. 근대성이 주로 억압에 의해 정의된다고 주장하는 것은 전형적으로 퇴행낭만주의적인 입장이다. 분화를 분리와 혼동하는 전/초 오류이며, 원죄로 인해 상실한 것의 회복을 구원이라고 볼 뿐, 시간 속에서 아직 창발하지 않은 어떤 것을 향해 가는 것이라는 점은 생각하지 않는다.

근대성은 근대 이전에는 **통합**되어 있던 자연을 소외시킨 것이 아니다. 근대 이전에는 통합되어야 할 분화된 자연이 결코 현전해 있지 않았다. 근대성은 자연을 분화시켰지만 그 통합에는 실패한 것이다. 근대성은 근대 이전에는 성공했던 것을 실패한 것이 아니라, 오히려 어떤 선행 단계도 시도한 적이 없었던 사업(빅3의 분화-통합)의 두 번째 단계(통합)에서 실패한 것이다. 그것은 회복해야 할 것에서 실패한 것이 아니다. 분화를 통합하는 새로운 길을 발견하지 못한 것이다.

그러나 전/초 오류를 범한 다수의 사람처럼, 타나스도 '근대성을 치유'할 새로운 통합이 실제로는 재합일이 아니라는 것을 알고 있었다. 그 때문에 그는 고심하면서 그것이 재합일이라는 것을 제시한 후 급히, 그러나 신중하게 이 관점에서 거리를 두기 시작했다. 실제로 그는 이 '새로운 전체의 회복'이 "원초의 무의식적 합일과는 전적으로 새로운 수준, 대단히 다른 수준에 있다."라고 말했다. 그것은 '인류 역사상 근본적으로 새로운 것'이라고 말했다.

분명히 '대단히 다르고, 근본적으로 새로운 것'이다. 그것은 숲 전체와 일체라는 것을 발견한 떡갈나무와 도토리 단계와 재합일한 떡갈나무만큼이나 다른 것이지만, 불행하게도 이런 사실은 타나스가 과거 실재 요소의 회복으로 돌아가는 것을 막지는 못한다. 이 새로운 상태는 '잃어버린 통일성과의 화해, 승리와 치유로 가득 찬 (이전 역사에 또는 선사시대에 갖고 있던 어떤 것과의) 재합일이 될 것이다'.

진화적 성장 단계의 역동성에는 일련의 죽음과 재생의 반복이 전제된다는 인식이 포함되어 있어야 보다 적절한 관점일 것이다. 미분화에서 분화로, 그런 다음 통합에 이르는 일련의 과정이 그것이다. 새로운 통합은 후속 성장 단계와 비교해 보면 미분화이므로,

그것은 새로운 융합/분화/통합 과정(각각은 새로운 성장 분기점이다)의 기반이 된다. 출생외상과 분만 전후 과정은 신에게로 귀환하는 다수의 분기점 중에서 가장 기본적이지만 가장 중요성이 작은 분기점이다.

가장 기본적이라고 하는 것은 그것이 개체 진화에서 최초의 분기점이기 때문이다. 그 분기점은 성장해 가면서 참자기로 귀환하는 기반이자 최초의 현현이며, 또한 의식 현현의 기반이 되는 분만 전후 매트릭스와 패턴을 설정한다(그로프가 반복해서 주장하는 것처럼, LSD와 과호흡 같은 강렬한 실험적 개시 속에서 그 분기점이 신체적 형식을 갖게 될 가능성이 있다는 것은 틀림없어 보인다). 그러나 동시에 그 분기점은 가장 중요성이 작기도 하다. 왜냐하면 생물/신체적인 분만 전후 매트릭스로부터의 분리/개별화는 문화, 사회, 예술, 정치, 과학 등과 같은 세계에 대해서는 아무것도 설명할 수 없기 때문이다. 그런 세계들은 모두 출생 드라마가 끝난 후에 나타난다. 분명히 분기점 0에서 발생한 병리가 상위 분기점에 영향을 미칠 수는 있지만, 그 원인은 아니다. 상위의 각 분기점은 새로운 능력, 새로운 욕망, 새로운 인지, 새로운 동기, 새로운 병리를 가져오는 발현인자이므로 새로운 병리는 출생 분기점으로 환원될 수 없을 뿐만 아니라 설명될 수도 없다.

상위 경계 및 분기점이 가장 기본적인 것(분기점 0)으로 붕괴되고 단일 경계 오류를 신봉하게 되면, 그 이후의 융합/분화/통합 운동은 모두 첫 번째 분기점의 반복 재생처럼 보이게 된다. 나에게는 이보다 더 나쁜 환원주의는 없어 보인다.

서양정신의 열정은(동양정신도 마찬가지로) 진화 과정 중 앞에 있던 것을 회복하는 데 있는 것이 아니라, 내화 과정에 이전에 있었던 것을 회복하려는 데 있다. 즉, 현현 이전의 것, 내화운동 그 자체에 앞서 있던 것, 시간과 이원성, 자궁과 무덤, 출생과 죽음, 이 모든 것에 앞서 있던 것을 회복하려는 것이다. 스스로 존재하고, 스스로 빛나며, 스스로 드러내고, 스스로 전개하는 영은 그 자신을 온우주에 온우주로서 표현한다. 그것을 되찾으려는 것이 바로 서양정신의 열정이다.

서양정신의 진화는 그 해답으로부터 멀리 떨어져 나온 소외가 아니라, 그 해답을 향해 가는 일련의 (영웅적이고 고통으로 가득 찬) 거대한 일보였다. 해답이란 미래로의 잠재적 요소로서의 혼돈적 끌어당김이며, 그것은 온우주의 모든 개시의 원천이자 도달점이다. 온우주의 진열대에서 발을 뗄 때 심연 속으로 몸을 내던질 때, 개인 내부의 미래 잠재력은 현실태가 된다. 그때 개인은 자궁으로부터가 아니라 공성으로부터, 그리고 온우주 전체로서 재생한다.

진 겝서

진 겝서Jean Gebser의 업적에 관해 마지막으로 다루고 싶은 것이 있다. 겝서는 현재 멈칫거리며 진행 중인 통합-비조망적인 정신의 변용에 관하여 상세하게 기술했기 때문이다.

겝서는 완성 상태의 통합-비조망적인 구조란 그것이 전체, 그것 자체, 가장 영적·정신적인 것에 대해 투명한 상태, 전체 지평, 다스 간제das ganze(전체)에 어떤 장애도 없이 접근해 있는 상태라고 생각했다. 이런 생각에는 놀랄 만한 게 없다. 우리는 현전하는 전체성을 유일한 전체성 그 자체라고 보는 경향이 있기 때문이다. 그러나 실제로 그 전체성은 언제나 확대해 가는 전개 과정에서 그저 한 단계의 전체성에 지나지 않는다. 그렇기 때문에 예수와 에크하르트가 이 통합구조를 체현했다고 시사할 때, 겝서가 과녁에서 멀리 빗나갔음을 알 수 있었다. 그럼에도 불구하고, 그는 깨달음의 연속성(그것은 궁극 또는 비이원 단계에 초점을 맞춘다.)을 다루는 곳에서 이렇게 쓰고 있다. "겝서는 이것에 대해서는 아주 조금 알고 있을 뿐이며, 그것조차도 오해였을 수 있다." 그리고 "에크하르트에게는 겝서에게는 없었던 영적 각성의 깊이가 있다"(포이어슈타인은 그 후에 겝서의 통합구조 너머에 최소한 심령, 정묘, 원인 및 비이원 단계가 놓여 있다는 데 동의했다).

겝서의 태고구조와 기원Origin에 관한 혼동에 대해서도 같은 말을 할 수 있을 것 같다. 태고구조에 대해서 겝서는 이렇게 말했다. "그 구조는 기원에 가장 근접해 있으며, 아마도 원래는 동일한 것이었을 수도 있다." 실제로 태고구조에 가장 가까운 것은 유인원이다. 포이어슈타인은 내가 겝서는 전/초 오류를 범하고 있다고 쓴 것에 대해 비난했다. 물론 겝서는 명백한 모습으로 전/초 오류를 범하고 있지는 않다. 그러나 전합리적인 태고구조와 초개인 및 원인 구조의 혼동, 전합리적인 마술구조와 초합리적인 심령구조의 혼동, 전합리적인 마술구조와 초합리적인 정묘구조의 혼동 등 온갖 곳에서 전/초 오류를 보이고 있다. 예컨대, 원인적 주시자는 '태고에 가장 가까운' 곳에 있지 않다. 그것은 그야말로 정반대 방향에 있다. 또는 정묘 영역의 원형은 신화구조 안에 있지 않다. 모든 초합리적인 형상은 원인구조에 가까이 있지, 마술구조에 가까이 있지 않다.

다 아바바사의 말을 빌리면, 통합-비조망적 구조는 단계 3에서 단계 4 사이의 구조다. 그 너머에 단계 4(심령), 5(정묘), 6(원인), 7(비이원)이 있다. 우리는 겝서가 예시한 통합구조가―스트라빈스키Stravinsky, 세잔Cezanne, 프랭크 로이드 라이트Frank Lloyd Wright 등의 의식―실제로 단계 7인 비이원 단계라고 생각하지 않는다.

태고의식은 기원에 가장 근접해 있으며, 원래는 사실상 같은 것이라는 겝서의 입장을 지지하기 위해 포이어슈타인은 다음과 같이 쓰고 있다. "태고의식이 언제나 현전하는 기원에 가장 가까운 것은 그 내적 통합구조의 단순성에 있다." 그러나 이런 기술로는 해결할 수 없다. 우선 기원은 비범주적이어서 단순하지도 복잡하지도 않다. 기원은 복잡성에 대해서도 단순성에 대해서도 등거리에 있다. 그 투명성 안에 양쪽 모두를 포괄하고 있다. 따라서 단순-복잡이라는 척도를 쓸 수는 없다. 만일 쓰고 싶다면 더 아래로 끌어내려, 예컨대 원숭이의 마음을 취해 그것을 보다 기원에 가깝다고 인식하지 않는 이유는 무엇인가? 여기서도 완전히 역방향을 취하고 있다. 이런 점에서 태고구조의 인간을 특권화할 이유는 전혀 없다. 벌레 쪽이 훨씬 그 기원에 가깝기 때문이다.

포이어슈타인은 겝서가 실제로 의미하고자 한 것은 부분적으로는 태고구조가 잠재적인 의미에서 기원에 가까이 있다는 것이라고 지적하면서도, 포이어슈타인 자신은 즉각적으로 기원은 똑같이 모든 구조의 기저이기 때문에 기원에 가까이 있는 것은 모든 구조에서도 진실이라고 지적한다. 그래서 나라면 모든 구조는 잠재적으로 기원으로부터 등거리에 있으므로 유일하게 다른 척도는 기원에서 실현적인(자기실현적인) 거리일 것이고, 유일하게 받아들일 수 있는 이 척도를 사용할 경우, 태고는 기원에서 가장 먼 곳에 있는 것이 된다는 말을 덧붙일 것이다.

나는 게오르그 포이어슈타인 저술의 열렬한 팬이다. 그래서 나는 그의 많은 멋진 책 중 한 권 『요가: 황홀경의 기법*Yoga: The Technology of Ecstasy, Los Angeles*』(Jeremy P. Tarcher, 1989)에 서문을 쓰는 영예를 갖기도 했다. 여기서 언급한 것은 우리가 친밀함을 유지하면서도 서로 일치하지 않는 유일한 점이다. (앞에서 언급한 글에서 포이어슈타인은 태고/기원에 대한 나의 관점에 완전히 동의하지는 않더라도 이 문제에 대한 겝서의 입장이 '미해결의 난점을 담고 있는' '실패cop-out'임을 인정했다.)

이런 점을 제외하고, 포이어슈타인과 나는 합리-자아 너머의 단계가 통합-비조망적인 마음이라는 점, 그 마음은 심신 통합성, 언어적 투명성, 의식적 영성 방향에 보다 개방적인 마음이라는 점, 그 마음의 성질은 홀론적이고 대화적이며 변증법적이라는 점에 대해서 명백히 일치한다. 포이어슈타인과 나는 이런 통합적인 마음, 이런 개방적인 정신이 집합적으로 발생하고 있다는 증거에 대해서도 잘 알고 있다. 이것은 이어지는 제2권의 주제 중 하나다.

참고문헌

Abend, S.; M. Porder; and M. Willick. 1983. *Borderline patients: Psychoanalytic perspectives*. New York: International Univ. Press.

Abhinavagupta. 1988. *A trident of wisdom*. Trans. J. Singh. Albany: SUNY Press.

Abraham, R.; and C. Shaw. 1985. *Dynamics*. 3 vols. Santa Cruz: Aerial.

Abrams, M. 1971. *Natural supernaturalism*. New York: Norton.

Abrose, E. 1990. *The mirror of creation*. Edinburgh: Scottish Academic Press.

Achterberg, J. 1985. *Imagery in healing*. Boston: Shambhala.

Achterberg, J. 1990. *Woman as healer*. Boston: Shambhala.

Adair, R. 1987. *The great design*. New York: Oxford Univ. Press.

Adler, G. 1979. *Dynamics of the self*. London: Coventure.

Adorno, T. 1973. *Negative dialectics*. New York: Continuum.

Albert, M., et al. 1986. *Liberating theory*. Boston: South End Press.

Alexander, F. 1931. Buddhist training as an artificial catatonia. *Psychoanalytic Review* 18: 129–145.

Alexander, S. 1950. *Space, time and deity*. New York: Humanities Press.

Alkon, D. 1992. *Memory's voice*. New York: HarperCollins.

Allaby, M. 1989. *Green facts*. London: Hamlyn.

Allison, J. 1968. Adaptive regression and intense religious experiences. *J. Nervous Mental Disease* 145: 452–463.

Allport, G. 1955. *Becoming*. New Haven: Yale Univ. Press.

Almaas, A. 1986. *Essence*. York Beach, Maine: Samuel Weiser.

Almaas, A. 1988. *The pearl beyond price*. Berkeley: Diamond Books.

Anderson, L. 1991. *Sisters of the earth.* New York: Vintage.

Anderson, S., and P. Hopkins. 1991. *The feminine face of God.* New York: Bantam.

Anthony, D.; B. Ecker; and K. Wilber, eds. 1987. *Spiritual choices.* New York: Paragon.

Apel, K. 1980. *Towards a transformation of philosophy.* London: Routledge & Kegan Paul.

Aquinas, T. 1969. *Summa theologiae.* 2 vols. New York: Doubleday/Anchor.

Arieti, S. 1955. *Interpretation of schizophrenia.* New York: Brunner.

Arieti, S. 1976. *The intrapsychic self.* New York: Basic Books.

Aristotle. 1984. *The complete works of Aristotle.* Ed. J. Barnes. Princeton: Princeton Univ. Press.

Armstrong, A., ed. 1953. *Plotinus.* London: George Allen & Unwin.

Artaud, A. 1965. *Artaud anthology.* San Francisco: City Lights Books.

Assagioli, R. 1965. *Psychosynthesis.* New York: Viking.

Astavakra. 1982. *The song of the self supreme.* Clearlake, Calif.: Dawn Horse Press.

Augros, R., and G. Stanciu. 1988. *The new biology.* Boston: Shambhala.

Aurobindo. n.d. *The life divine and The synthesis of yoga.* Pondicherry: Centenary Library, XVIII-XXI.

Avalon, A. 1974(1931). *The serpent power.* New York: Dover.

Ayala, F., and J. Valentine. 1979. *Evolving.* New York: Benjamin-Cummings.

Baars, B. 1988. *A cognitive theory of consciousness.* Cambridge: Cambridge Univ. Press.

Bachelard, G. 1987. *On poetic imagination and reverie.* Dallas: Spring.

Badiner, A. 1990. *Dharma Gaia.* Berkeley: Parallax.

Bailey, R. 1993. *Eco-scam.* New York: St. Martin's Press.

Baldwin, J. 1975(1906-1915). *Thought and things.* New York: Arno Press.

Bandura, A. 1971. *Social learning theory.* New York: General Learning Press.

Bandura, A. 1977. Self-efficacy: Toward a unifying theory of behavioral change. *Psychological Review* 34: 191-215.

Barbour, I. 1990. *Religion in an age of science.* San Francisco: Harper.

Barbour, I., ed. 1973. *Western man and environmental ethics.* Reading, Mass.: Addison-Wesley.

Baring, A., and J. Cashford. 1991. *The myth of the Goddess.* New York: Viking Arkana.

Barnstone, W., ed. 1984. *The other bible.* San Francisco: Harper.

Barrow, J., and F. Tipler. 1988. *The anthropic cosmological principle.* Oxford: Oxford Univ. Press.

Barthes, R. 1972. *Critical essays.* Evanston, Ill.: Northwestern Univ. Press.

Barthes, R. 1975. *S/Z.* London: Cape.

Barthes, R. 1976. *The pleasure of the text.* London: Cape.

Barthes, R. 1982. *A Barthes reader.* Ed. S. Sontag. New York: Hill & Wang.

Bataille, G. 1985(1927–1939). *Visions of excess.* Ed. A. Stoekl. Minneapolis: Univ. of Minnesota Press.

Bateson, G. 1979. *Mind and nature.* New York: Dutton.

Bateson, M. 1990. *Composing a life.* New York: Plume.

Baynes, K.; J. Bohman; and T. McCarthy. 1987. *After philosophy.* Cambridge: MIT Press.

Beall, A., and R. Sternberg, eds. 1993. *The psychology of gender.* New York: Guilford Press.

Beard, M. 1946. *Woman as a force in history.* New York: Macmillan.

Beck, A.; A. Rush; B. Shaw; and G. Emery. 1979. *Cognitive therapy of depression.* New York: Guilford Press.

Becker, E. 1973. *The denial of death.* New York: Free Press.

Belenky, M., et al. 1986. *Women's ways of knowing.* New York: Basic.

Bellah, R. 1970. *Beyond belief.* New York: Harper & Row.

Bellah, R.; R. Madsen; W. Sullivan; A. Swindler; and S. Tipton. 1993. *The good society.* New York: Vintage.

Bellah, R.; R. Madsen; W. Sullivan; A. Swindler; and S. Tipton. 1985. *Habits of the heart.* Berkeley: Univ. of California Press.

Benoit, H. 1955. *The supreme doctrine.* New York: Viking.

Bentham, J. 1990. *The principles of morals and legislation.* Buffalo, N.Y.: Prometheus Books.

Benton, T. 1984. *The rise and fall of structural Marxism.* New York: St. Martin's Press.

Benvenuto, B., and R. Kennedy. 1986. *The works of Jacques Lacan.* London: Free Association Books.

Berger, P. 1977. *Facing up to modernity.* New York: Basic Books.

Berger, P. 1979. *The heretical imperative.* New York: Doubleday.

Berger, P., and H. Kellner. 1981. *Sociology reinterpreted.* Garden City, N.Y.: Doubleday.

Berger, P., and T. Luckmann. 1966. *The social construction of reality.* Garden City, N.Y.: Doubleday.

Bergson, H. 1944. *Creative evolution.* New York: Random House.

Berkeley, G. 1982(1710). *A treatise concerning the principles of human knowledge.* Cambridge: Hackett.

Berman, M. 1981. *The reenchantment of the world.* Ithaca, N.Y.: Cornell Univ. Press.

Berman, M. 1989. *Coming to our senses.* New York: Simon & Schuster.

Berne, E. 1972. *What do you say after you say hello?* New York: Bantam.

Bernstein, R. 1983. *Beyond objectivism and relativism.* Philadelphia: Univ. of Penn. Press.

———, ed. 1985. *Habermas and modernity.* Cambridge: MIT Press.

Berry, T. 1988. *The dream of the earth.* San Francisco: Sierra Club.

Berry, W. 1977. *The unsettling of America.* San Francisco: Sierra Club.

Bertalanffy, L. von. 1968. *General system theory.* New York: Braziller.

Binswanger, L. 1956. Existential analysis and psychotherapy. In F. Fromm-Reichmann and J. Moreno, eds., *Progress in psychotherapy.* New York: Grune & Stratton.

Birch, C., and J. Cobb. 1990. *The liberation of life.* Denton, Tex.: Environmental Ethics Books.

Bird, D. 1974. *Born female.* New York: David McKay.

Blanck, G., and R. Blanck. 1974. *Ego psychology: Theory and practice.* New York: Columbia Univ. Press.

Blanck, G., and R. Blanck. 1979. *Ego psychology II: Psychoanalytic developmental psychology.* New York: Columbia Univ. Press.

Blanck, G., and R. Blanck. 1986. *Beyond ego psychology.* New York: Columbia Univ. Press.

Blofeld, J. 1970. *The tantric mysticism of Tibet.* New York: Dutton.

Blos, P. 1962. *On adolescence: A psychoanalytic interpretation.* New York: Free Press.

Blos, P. 1967. The second individuation process of adolescence. *Psychoanalytic Study of the Child* 22: 162–186.

Blumberg, R. 1984. A general theory of gender stratification. In Collins 1984: 23–101.

Bohm, D. 1973. *Wholeness and the implicate order.* London: Routledge.

Bonifaci, C. 1978. *The soul of the world.* Lanham, Md.: Univ. Press of America.

Bookchin, M. 1990. *Remaking society.* Boston: South End Press.

Bookchin, M. 1991. *The ecology of freedom.* 2nd ed. Montreal: Black Rose.

Boorstein, S. 1983. The use of bibliotherapy and mindfulness meditation in a psychiatric setting. *J. Transpersonal Psych.* 15 2: 173-179.

Boorstein, S., ed., 1980. *Transpersonal psychotherapy.* Palo Alto, Calif.: Science and Behavior Books.

Bosanquet, B. 1921. *The meeting of extremes in contemporary philosophy.* New York: Macmillan.

Boss, M. 1963. *Psychoanalysis and daseinanalysis.* New York: Basic Books.

Boucher, S. 1993. *Turning the wheel.* Boston: Beacon.

Boudon, R. 1971. *The uses of structuralism.* London: Heinemann.

Boulding, E. 1976. *The underside of history.* Boulder, Colo.: Westview.

Bourdieu, P. 1989. *The logic of practice.* Oxford: Basil Blackwell.

Bowie, M. 1991. *Lacan.* Cambridge: Harvard Univ. Press.

Bowlby, J. 1969, 1973. *Attachment and loss.* 2 vols. New York: Basic Books.

Bradley, F. 1902. *Appearance and reality.* New York: Macmillan.

Bradley, F. 1922. *The principles of logic.* Oxford: Clarendon Press.

Bragdon, E. 1990. *The call of spiritual emergency.* San Francisco: Harper.

Brainerd, C. 1978. The stage question in cognitive-developmental theory. *Behavioral and Brain Sciences* 2: 173-213.

Branden, N. 1971. *The psychology of self-esteem.* New York: Bantam.

Brandon, R., and R. Burian, eds. 1984. *Genes, organisms, and populations.* Cambridge: MIT Press.

Brandt, A. 1980. Self-confrontations. *Psychology Today*, Oct.

Brennan, A. 1988. *Thinking about nature.* London: Routledge & Kegan Paul.

Brentano, F. 1973. *Psychology from an empirical standpoint.* London: Routledge & Kegan Paul.

Bridenthal, R., and C. Koonz, eds. 1977. *Becoming visible.* Boston: Houghton Mifflin.

Brim, G. 1992. *Ambition.* New York: Basic Books.

Brittan, A., and M. Maynard. 1984. *Sexism, racism and oppression.* Nesw York: Blackwell.

Broad, C. 1925. *The mind and its place in nature.* London: Routledge & Kegan Paul.

Broughton, J. 1975. The development of natural epistemology in adolescence and early adulthood. Doctoral dissertation, Harvard.

Brown, D. P. 1977. A model for the levels of concentrative meditation. *International J. Clinical and Experimental Hypnosis* 25: 236-273.

Brown, D. P. 1981. Mahamudra meditation: Stages and contemporary cognitive psychology. Doctoral dissertation, University of Chicago.

Brown, D. P., & J. Engler. 1980. The stages of mindfulness meditation: A validation study. *J. Transpersonal Psychology* 12 2: 143-192.

Brown, D. P.; S. Twemlow; J. Engler; M. Maliszewski; and J. Stauthamer. 1978. The profile of meditation experience POME, Form II, Psychological Test Copyright, Washington, D.C.

Brown, L., and C. Gilligan. 1992. *Meeting at the crossroads.* New York: Ballantine.

Brown, N. O. 1959. *Life against death.* Middletown, Conn.: Wesleyan Univ. Press.

Bruner, J. 1983. *In search of mind.* New York: Harper & Row.

Buddhaghosa, B. 1976. *The path of purification.* 2 vols. Boulder, Colo.: Shambhala.

Bulkeley, K. 1994. *The wilderness of dreams.* Albany: SUNY Press.

Burke, E. 1990. *Reflections on the revolution in France.* Buffalo, N.Y.: Prometheus Books.

Cabezon, J., ed. 1992. *Buddhism, sexuality and gender.* Albany: SUNY Press.

Callenbach, E. 1977. *Ectopia.* New York: Bantam.

Callicott, J. 1986. The metaphysical implications of ecology. *Environmental Ethics* 8: 301-316.

Callicott, J. 1986. The search for an environmental ethic. In Regan 1986: 381-424.

Campbell, Jeremy. 1982. *Grammatical man.* New York: Simon & Schuster.

Campbell, Joseph. 1959-1968. *The masks of God.* Vols. 1-4. New York: Viking.

Campbell, Joseph. 1968. *The hero with a thousand faces.* New York: World.

Campenhausen, H. von. 1955. *The fathers of the Greek church.* New York: Pantheon.

Caponigri, A. 1963. *Philosophy from the Renaissance to the romantic age.* Notre Dame, Ind.: Univ. of Notre Dame Press.

Capra, F. 1982. *The turning point*. New York: Simon & Schuster.

Capra, F., and D. Steindl-Rast. 1991. *Belonging to the universe*. San Francisco: Harper.

Caputo, J. 1986. *The mytical elements in Heidegger's thought*. New York: Fordham Univ. Press.

Cassirer, E. 1951. *The philosophy of the Enlightnment*. Boston: Beacon.

Casti, J. 1989. *Paradigms lost*. New York: Avon.

Casti, J. 1990. *Searching for certainty*. New York: William Morrow.

Chafetz, J. 1984. *Sex and advantage*. Totowa, N.J.: Rowman & Alanheld.

Chagdud Tulku. 1987. *Life in relation to death*. Cottage Grove, Ore.: Padma.

Chagdud Tulku. 1991. *Mirror of freedom*. Various volumes. Junction City, Calif.: Padma.

Chang, G. 1971. *The Buddhist teaching of totality*. University Park: Pennsylvania State Univ. Press.

Chang, G. 1974. *Teachings of Tibetan yoga*. Secaucus, N.J.: Citadel.

Chase, S., ed. 1991. *Defending the earth*. Boston: South End Press.

Chaudhuri, H. 1981. *Integral yoga*. Wheaton, Ill.: Quest.

Chirban, J. 1981. *Human growth and faith*. Washington, D.C.: University Press of America.

Chittick, W. 1992. *Faith and practice of Islam*. Albany: SUNY Press.

Chodorow, N. 1978. *The reproduction of mothering*. Berkeley: Univ. of Calif. Press.

Chodorow, N. 1989. *Feminism and psychoanalytic theory*. New Haven: Yale Univ. Press.

Chomsky, N. 1980. *Rules and representations*. New York: Columbia Univ. Press.

Chomsky, N. 1984. *Modular approaches to the study of mind*. San Diego: San Diego Univ. Press.

Chomsky, N. 1986. *Knowledge of language*. New York: Praeger.

Chopel, G. 1992. *Tibetan arts of love*. Ithaca, N.Y.: Snow Lion.

Chopra, D. 1992. *Unconditional life*. New York: Bantam.

Churchland, P. 1984. *Matter and consciousness*. Cambridge: MIT Press.

Churchland, P. 1986. *Neurophilosophy*. Cambridge: MIT Press.

Churchman, C. W. 1979. *The systems approach and its enemies*. New York: Basic Books.

Clifford, T. 1984. *Tibetan Buddhist medicine and psychiatry*. York Beach, Maine: Samuel Weiser.

Collins, A. 1987. *The nature of mental things.* Nortre Dame, Ind.: Univ. of Notre Dame Press.

Collins, R., ed. 1984. *Sociological theory.* San Francisco: Jossey-Bass.

Commoner, B. 1990. *Making peace with the planet.* New York: Pantheon.

Commons, M.; F. Richards; and C. Armon. *Beyond formal operations.* New York: Praeger.

Connell, R. 1987. *Gender and power.* Stanford: Stanford Univ. Press.

Copleston, F. 1960-1977. *A history of philosophy.* 9 vols. New York: Image.

Copleston, F. 1982. *Religion and the one.* New York: Crossroad.

Corballis, M. 1991. *The lopsided ape.* New York: Oxford Univ. Press.

Cornell, D.; M. Rosenfeld; and D. Carlson. 1992. *Deconstruction and the possibility of justice.* London: Routledge.

Cornell, J., ed. 1988. *Bumps, voids, and bubbles in time.* Cambridge: Cambridge Univ. Press.

Cott, N., and E. Pleck, eds. 1979. *A heritage of her own.* New York: Simon & Schuster.

Cousins, M., and A. Hussein. 1984. *Michel Foucault.* London: Macmillan.

Coveney, P., and Highfield. 1990. *The arrow of time.* New York: Fawcett Columbine.

Cowan, P. 1978. *Piaget with feeling.* New York: Holt.

Coward, H. 1990. *Derrida and Indian philosophy.* Albany: SUNY Press.

Cozort, D. 1986. *Highest tantra yoga.* Ithaca, N.Y.: Snow Lion.

Crittenden, J. 1992. *Beyond individualism.* Oxford: Oxford Univ. Press.

Culler, J. 1982. *On deconstruction.* Ithaca, N.Y.: Cornell Univ. Press.

Da Avabhasa. 1977. *The paradox of instruction.* San Francisco: Dawn Horse.

Da Avabhasa. 1978. *The enlightenment of the whole body.* San Francisco: Dawn Horse.

Da Avabhasa. 1982. *The liberator.* Clearlake, Calif.: Dawn Horse.

Da Avabhasa. 1989a. *The basket of tolerance.* Clearlake, Calif.: Dawn Horse.

Da Avabhasa. 1989b. *The Da upanishad.* Clearlake, Calif.: The Dawn Horse.

Da Avabhasa. 1991. *The dawn horse testament.* Clearlake, Calif.: Dawn Horse.

Da Avabhasa. 1992. *The method of the siddhas.* Clearlake, Calif.: Dawn Horse.

Daly, M. 1973. *Beyond God the father.* Boston: Beacon.

Daly, M. 1978. *Gynecology.* Boston: Beacon.

Dargyay, E. 1978. *The rise of esoteric Buddhism in Tibet.* New York: Weiser.

Darwin, C. 1872. *Origin of species and The descent of man*. New York: Modern Library.

Dattatreya. 1980. *Tripura rahasya*. Tiruvannamalai, India: Sri Ramanasramam.

Dattatreya. n.d.. *Avadhuta gita*. Mylapore, Madras: Sri Ramakrishna Math.

Davies, P. 1991. *The cosmic blueprint*. New York: Simon & Schuster.

Davies, P. 1992. *The mind of god*. New York: Simon & Schuster.

Davies, P., and J. Gribbin. 1991. *The matter myth*. London: Viking.

Dawkins, R. 1976. *The selfish gene*. New York: Oxford Univ. Press.

Deatherage, O. 1975. The clinical use of "mindfulness" meditation techniques in short-term psychotherapy. *J. Transpersonal Psychology* 7 2: 133–143.

de Beauvoir, S. 1952. *The second sex*. New York: Bantam.

Deikman, A. 1982. *The observing self*. Boston: Beacon.

Delaney, G., ed. 1993. *New directions in dream interpretation*. Albany: SUNY Press.

Deleuze, G., and F. Guattari. 1983. *Anti-Oedipus*. Minneapolis: Univ. of Minnesota Press.

Delphy, C. 1984. *Close to home*. Amherst: Univ. of Mass. Press.

Dennett, D. 1978. *Brainstorms*. Cambridge: MIT Press.

Dennett, D. 1984. *Elbow room*. Cambridge: MIT Press.

Dennett, D. 1991. *Consciousness explained*. Boston: Little, Brown.

Derrida, J. 1976. *Of grammatology*. Baltimore: Johns Hopkins.

Derrida, J. 1978. *Writing and difference*. Chicago: Univ. of Chicago Press.

Derrida, J. 1981. *Positions*. Chicago: Univ. Chicago Press.

Derrida, J. 1982. *Margins of philosophy*. Chicago: Univ. of Chicago Press.

Descartes, R. 1911. *The philosophical works of Descartes*. 2 vols. Cambridge: Cambridge Univ. Press.

Deutsche, E. 1969. *Advaita Vedanta*. Honolulu: East-West Center.

Devall, B., and G. Sessions, eds. 1985. *Deep ecology*. Layton, Utah: Gibbs Smith.

Dew, P. 1987. *Logics of disintegration*. London: Verso.

Dewey, J. 1981. *The philosophy of John Dewey*. Ed. J. McDermott. Chicago: Univ. of Chicago Press.

Diamond, I., and G. Orenstein. 1990. *Reweaving the world*. San Francisco: Sierra Club.

Diamond, M. 1974. *Contemporary philosophy and religious thought*. New York: McGraw-

Hill.

Dinnerstein, D. 1976. *The mermaid and the minotaur.* New York: Harper & Row.

Dionysius the Areopagite. 1965. *The mystical theology and celestial hierarchy.* Surrey: Shrine of Wisdom.

Dogen. 1993. *Rational Zen.* Trans. T. Cleary. Boston: Shambhala.

Doore, G., ed. 1988. *Shaman's path.* Boston: Shambhala.

Doresse, J. 1986. *The secret books of the Egyptian Gnostics.* Rochester, Vt: Inner Traditions.

Dossey, L. 1993. *Healing words.* San Francisco: Harper.

Douglas, M. 1966. *Purity and danger.* London: Routledge.

Douglas, M. 1978. *Implicit meanings.* London: Routledge.

Douglas, M. 1982. *In the active voice.* London: Routledge.

Dozier, R. 1992. *Codes of evolution.* New York: Crown.

Dretske, F. 1988. *Explaining behavior.* Cambridge: MIT Press.

Dreyfus, H. 1979. *What computers can't do.* New York: Harper & Row.

Dreyfus, H. 1982. *Husserl: Intentionality and cognitive science.* Cambridge: MIT Press.

Dreyfus, H., and P. Rabinow. 1983. *Michel Foucault: Beyond structuralism and hermeneutics.* Chicago: Univ. Chicago Press.

Dudjom Lingpa. 1994. *Buddhahood without meditation.* Junction City, Calif.: Padma.

Dudjom, J. 1991. *The Nyingma school of Tibetan Buddhism.* 2 vols. Boston: Wisdom.

Durkheim, E. 1990. *Ethics and the sociology of morals.* Buffalo, N.Y.: Prometheus Books.

Dyer, D. 1991. *Cross-currents of Jungian thought.* Boston: Shambhala.

Eccles, J. 1984. *The human mystery.* London: Routledge.

Eckersley, R. 1992. *Environmentalism and political theory.* Albany: SUNY Press.

Eckhart, Meister. 1941. *Meister Eckhart.* Trans. R. Blakney. New York: Harper.

Eckhart, Meister. 1980. *Breakthrough.* Trans. M. Fox. New York: Image.

Eco, U. 1976. *A theory of semiotics.* Bloomington: Indiana Univ. Press.

Eco, U. 1984. *Semiotics and the philosophy of language.* Bloomington: Indiana Univ. Press.

Edinger, E. F. 1992. *Ego and archetype.* Boston: Shambhala.

Edwards, P., ed. 1967. *The encylopedia of philosophy.* New York: Collier Macmillan.

Ehrlich, P., and A. Ehrlich. 1991. *Healing the planet.* New York: Addison-Wesley.

켄
윌
버
의
성,
생
태,
영
성:
진
화
하
는
靈

Eichenbaum, L., and S. Orbach. 1983. *Understanding women*. New York: Basic Books.

Eisler, R. 1987. *The chalice and the blade*. San Francisco: Harper.

Eliade, M. 1964. *Shamanism*. Princeton: Princeton Univ. Press.

Eliade, M. 1969. *Yoga: Immortality and freedom*. Princeton: Princeton Univ. Press.

Elior, R. 1993. *The paradoxical ascent to God*. Albany: SUNY Press.

Ellenberger, H. 1970. *The discovery of the unconscious*. New York: Basic Books.

Emerson, R. 1969 (1909–1914). *Ralph Waldo Emerson: Selected prose and poetry*. Ed. R. Cook. San Francisco: Rinehart.

Engels, F. 1942 (1884). *The origin of the family, private property, and the state*. New York: International Publishers.

Engler, J. 1983. Buddhist satipatthana–vipassana meditation and an object relations model of therapeutic developmental change: A clinical case study. Doctoral dissertation, University of Chicago.

Engler, J. 1984. Therapeutic aims in psychotherapy and meditation: Developmental stages in the representation of self. *J. Transpersonal Psychology* 16 1: 25–61.

Erdelyi, M. 1985. *Psychoanalysis: Freud's cognitive psychology*. New York: Freeman.

Erdmann, E., and D. Stover. 1991. *Beyond a world divided*. Boston: Shambhala.

Eribon, D. 1991. *Michel Foucault*. Cambridge: Harvard Univ. Press.

Erikson, E. H. 1950, 1963. *Childhood and society*. New York: Norton.

Erikson, E. H. 1959. *Identity and the life cycle*. New York: International Univ. Press.

Evans, D. 1993. *Spirituality and human nature*. Albany: SUNY Press.

Evans-Wentz, W. 1971. *Tibetan yoga and secret doctrines*. London: Oxford Univ. Press.

Fairbairn, W. 1952. *Psychoanalytic studies of the personality*. New York: Basic Books.

Fairbairn, W. 1954. *An object relations theory of the personality*. New York: Basic Books.

Fausto-Sterling, A. 1985. *Myths of gender*. New York: Basic Books.

Feigl, H. 1967. *The 'mental' and the 'physical'*. Minneapolis: Univ. of Minnesota Press.

Fenichel, O. 1945. *The psychoanalytic theory of neurosis*. New York: Norton.

Ferrucci, P. 1982. *What we may be*. Los Angeles: Tarcher.

Feuerbach, L. 1990. *The essence of Christianity*. Buffalo, N.Y.: Prometheus Books.

Feuerstein, G. 1987. *Structures of consciousness*. Lower Lake, Calif.: Integral.

Feuerstein, G. 1989. *Yoga.* Los Angeles: Tarcher.

Feuerstein, G., ed. 1989. *Enlightened sexuality.* Freedom, Calif.: Crossing.

Feuerstein, G., and T. L. Feuerstein, eds. 1993. *Voices on the threshold of tomorrow.* Wheaton, Ill.: Quest.

Feyerabend, P. 1978. *Against method.* London: Verso.

Fields, R. 1991. *The code of the warrior.* New York: Harper.

Fingarette, H. 1958. The ego and mystic selflessness. *Psychoanalytic Review,* 45: 5-40.

Fischer, R. 1971. A cartography of the ecstatic and meditative states: The experimental and experiential features of a perception–hallucination continuum. *Science* 174: 897-904.

Flanagan, O. 1984. *The science of the mind.* Cambridge: MIT Press.

Flavell, J. 1963. *The developmental psychology of Jean Piaget.* Princeton, N.J.: Van Nostrand.

Flavell, J. 1970. Concept development. In P. Mussen (ed.), *Carmichel's manual of child psychology.* Vol. 1. New York: Wiley.

Fodor, J. 1975. *The language of thought.* Cambridge: Harvard Univ. Press.

Fodor, J. 1983. *The modularity of mind.* Cambridge: MIT Press.

Fodor, J., and E. Lepore. 1992. *Holism.* Oxford: Blackwell.

Forman, R., ed. 1990. *The problem of pure consciousness.* New York: Oxford Univ. Press.

Foss, L. and K. Rothenberg. 1987. *The second medical revolution: From biomedicine to infomedicine.* Boston: Shambhala.

Foucault, M. 1965. *Madness and civilization.* New York: Random House.

Foucault, M. 1970. *The order of things.* New York: Random House.

Foucault, M. 1972. *The archaeology of knowledge.* New York: Random House.

Foucault, M. 1975. *The birth of the clinic.* New York: Random House.

Foucault, M. 1978. *The history of sexuality.* Vol. 1. New York: Random House.

Foucault, M. 1979. *Discipline and punish.* New York: Vintage.

Foucault, M. 1980. *Power/knowledge.* New York: Pantheon.

Fowler, J. 1981. *Stages of faith: The psychology of human development and the quest for meaning.* San Francisco: Harper & Row.

Fox, M. 1979. *A spirituality named compassion.* San Francisco: Harper.

Fox, M. 1991. *Creation spirituality.* San Francisco: Harper.

Fox, W. 1990. *Toward a transpersonal ecology.* Boston: Shambhala.

Frager, R., and J. Fadiman, 1984. *Personality and personal growth.* New York: Harper & Row.

Frank, J. 1961. *Persuasion and healing: A comparative study of psychotherapy.* Baltimore: Johns Hopkins.

Frankfurt, H. 1988. *The importance of what we care about.* Cambridge: Cambridge Univ. Press.

Frankl, V. 1963. *Man's search for meaning.* Boston: Beacon.

Frankl, V. 1969. *The will to meaning.* Cleveland: New American Library.

French, M. 1985. *Beyond power: On women, men, and morals.* New York: Ballantine.

Freud, A. 1946. *The ego and the mechanisms of defense.* New York: International Univ. Press.

Freud, A. 1963. The concept of developmental lines. In *The psychoanalytic study of the child,* vol. 8, pp. 245-265. New York: International Univ. Press.

Freud, A. 1965. *Normality and pathology in childhood.* New York: International Univ. Press.

Freud, S. 1937. Analysis terminable and interminable. *Standard Edition* (SE). 23, pp. 209-253. London: Hogarth Press.

Freud, S. 1959 (1926). Inhibitions, symptoms and anxiety. SE 20. London: Hogarth Press.

Freud, S. 1961 (1923). *The ego and the id.* SE 19. London: Hogarth Press.

Freud, S. 1961 (1930). *Civilization and its discontents.* New York: Norton.

Freud, S. 1964 (1940). *An outline of psychoanalysis.* SE 23. London: Hogarth Press.

Freud, S. 1971. *A general introduction to psychoanalysis.* New York: Pocket Books.

Freud, S. 1974. *New introductory lectures in psychoanalysis.* New York: Norton.

Frey-Rohn, L. 1974. *From Freud to Jung.* New York: Delta.

Friedan, B. 1963. *The feminine mystique.* New York: Dell.

Friedl, E. 1984. *Women and men.* Prospect Heights, Ill.: Waveland Press.

Fromm, E.; D. T. Suzuki; and R. DeMartino, 1970. *Zen Buddhism and psychoanalysis.* New York: Harper & Row.

Fukuyama, F. 1992. *The end of history and the last man.* New York: Avon.

Futuyma, D. 1986. *Evolutionary biology*. 2nd ed. Sunderland, Mass.: Sinauer.

Gadamer, H. 1976. *Philosophical hermeneutics*. Berkeley: Univ. of Calif. Press.

Gadamer, H. 1992. *Truth and method*. 2nd ed. New York: Crossroad.

Gadon, E. 1989. *The once and future goddess*. New York: Harper.

Galileo, G. 1990. *Dialogues concerning two new sciences*. Buffalo, N.Y.: Prometheus Books.

Gallup, G. 1982. *Adventures in immortality*. New York: McGraw-Hill.

Gard, R. 1962. *Buddhism*. New York: Braziller.

Gardner, H. 1972. *The quest for mind*. New York: Vintage.

Gardner, H. 1991. *The unschooled mind*. New York: Basic Books.

Gardner, M. 1985. *The mind's new science*. New York: Basic Books.

Gazzaniga, M. 1985. *The social brain*. New York: Basic Books.

Gazzaniga, M. 1992. *Nature's mind*. New York: Basic Books.

Gebser, J. 1985. *The ever-present origin*. Athens: Ohio Univ. Press.

Gedo, J. 1979. *Beyond interpretation: Toward a revised theory for psychoanalysis*. New York: International Univ. Press.

Gedo, J. 1981. *Advances in clinical psychoanalysis*. New York: International Univ. Press.

Geertz, C. 1973. *The interpretation of cultures*. New York: Harper & Row.

Gergen, K. 1991. *The saturated self*. New York: Basic Books.

Gibson, J. 1979. *The ecological approach to visual perception*. Boston: Houghton Mifflin.

Giddens, A. 1971. *Capitalism and modern social theory*. Cambridge: Cambridge Univ. Press.

Giddens, A. 1977. *Studies in social and political theory*. London: Hutchinson.

Gilligan, C. 1982. *In a different voice*. Cambridge: Harvard Univ. Press.

Gilson, E. 1941. *God and philosophy*. New Haven, Conn.: Yale Univ. Press.

Gimbutas, M. 1991. *The civilization of the Goddess*. San Francisco: Harper Collins.

Gleick, J. 1987. *Chaos*. New York: Viking.

Globus, G. 1990. Heidegger and cognitive science. *Philosophy Today* (Spring), 20-30.

Goldberg, A., ed. 1980. *Advances in self psychology*. New York: International Univ. Press.

Goldsmith, E. 1993. *The way: An ecological world-view*. Boston: Shambhala.

Goldstein, J. 1983. *The experience of insight*. Boston: Shambhala.

Goleman, D. 1988. *The meditative mind.* Los Angeles: Tarcher.

Goleman, D., and M. Epstein. 1980. Meditation and well-being: An Eastern model of psychological health. *Revision* 3: 73-85.

Goodwin, B.; N. Holder; and C. Wyles, eds. 1983. *Development and evolution.* Cambridge: Cambridge Univ. Press.

Gore, A. 1992. *Earth in the balance.* New York: Houghton Mifflin.

Gossman, L. 1990. *Between history and literature.* Cambridge: Harvard Univ. Press.

Gottesman, I., and M. Schields. 1972. *Schizophrenia and genetics: A twin study vantage point.* New York: Academic Press.

Gottlieb, R., ed. 1990. New York: Crossroad.

Gould, S. 1977. *Ontogeny and phylogeny.* Cambridge: Harvard Univ. Press.

Green, E.; A. Green; and D. Walters. 1970. Voluntary control of internal states: Psychological and physiological. *J. Transpersonal Psychology* 2: 1-26.

Greenson, R. 1967. *The technique and practice of psychoanalysis.* New York: International Univ. Press.

Greenstein, G. 1988. *The symbiotic universe.* New York: Morrow.

Greist, J.; J. Jefferson; and R. Spitzer, eds. 1982. *Treatment of mental disorders.* New York: Oxford Univ. Press.

Griffin, D. 1989. *God and religion in the postmodern world.* Albany: SUNY Press.

Griffin, D., ed. 1988. *The reenchantment of science.* Albany: SUNY Press.

Griffin, D., and R. Falk, eds. 1993. *Postmodern politics for a planet in crisis.* Albany: SUNY Press.

Griffin, D., et al. 1989. *Varieties of postmodern theology.* Albany: SUNY Press.

Griffin, S. 1978. *Woman and nature.* New York: Harper.

Groddeck, G. 1949. *The book of the It.* New York: Vintage.

Grof, C., and S. Grof. 1990. *The stormy search for the self.* Los Angeles: Tarcher.

Grof, S. 1975. *Realms of the human unconscious.* New York: Viking.

Grof, S. 1985. *Beyond the brain.* Albany: SUNY Press.

Grof, S. 1988. *The adventure of self-discovery.* Albany: SUNY Press.

Grof, S., with H. Bennett. 1992. *The holotrophic mind.* San Francisco: Harper.

Gross, R. 1993. *Buddhism after patriarchy.* Albany: SUNY Press.

Group for the Advancement of Psychiatry (GAP). 1976. *Mysticism: Spiritual quest or psychic disorder?* New York: GAP (publication 97).

Guénon, R. 1945. *Man and his becoming according to Vedanta.* London: Luzac.

Guenther, H. V. 1989. *From reductionism to creativity: rDzogs-chen and the new sciences of mind.* Boston: Shambhala.

Guntrip, H. 1969. *Schizoid phenomena, object relations and the self.* New York: International Univ. Press.

Guntrip, H. 1971. *Psychoanalytic theory, therapy, and the self.* New York: Basic Books.

Gupta, B., ed. 1987. *Sexual archetypes, East and West.* New York: Paragon House.

Gyatso, K. 1986. *Progressive stages of meditation on emptiness.* Oxford: Longchen Foundation.

Gyatso, K. 1982. *Clear light of bliss.* London: Wisdom.

Habermas, J. 1971. *Knowledge and human interests.* Boston: Beacon.

Habermas, J. 1973. *Theory and practice.* Boston: Beacon.

Habermas, J. 1975. *Legitimation crisis.* Boston: Beacon.

Habermas, J. 1979. *Communication and the evolution of society.* Trans. T. McCarthy. Boston: Beacon Press.

Habermas, J. 1984-1985. *The theory of communicative action.* 2 vols. Trans. T. McCarthy. Boston: Beacon.

Habermas, J. 1990. *The philosophical discourse of modernity.* Trans. F. Lawrence. Cambridge: MIT Press.

Haley, J., and L. Hoffman, eds. 1968. *Techniques of family therapy.* New York: Basic Books.

Hall, E. 1959. *The silent language.* New York: Doubleday.

Halliwell, J. 1992. *Quantum cosmology.* Cambridge: Cambridge Univ. Press.

Hampshire, S. 1975. *Freedom of the individual.* Princeton: Princeton Univ. Press.

Hanly, C., and J. Masson. A critical examination of the new narcissism. *International J. Psychoanalysis* 57: 49-65.

Hargrove, E. 1989. *Foundations of environmental ethics.* New Jersey: Prentice Hall.

Harland, R. 1987. *Superstructuralism.* London: Methuen.

Harman, W. 1988. *Global mind change*. New York: Warner.

Harner, M. 1980. *The way of the shaman*. New York: Harper.

Harris, E. 1991. *Cosmos and anthropos*. Atlantic Highlands, N.J.: Humanities Press International.

Harris, E., ed. 1992. *Cosmos and theos*. Atlantic Highlands, N.J.: Humanities Press International.

Harris, K. 1978. *Carlyle and Emerson*. Cambridge: Harvard Univ. Press.

Harris, M. 1974. *Cows, pigs, wars and witches*. New York: Random House.

Harris, M. 1977. *Cannibals and kings*. New York: Random House.

Harris, R. 1993. *The linguistics wars*. New York: Oxford Univ. Press.

Hartmann, H. 1958 (1939). *Ego psychology and the problem of adaptation*. New York: International Univ. Press.

Hartmann, N. 1932. *Ethics*. New York: Macmillan.

Hartshorne, C. 1984. *Omnipotence and other theological mistakes*. Albany: SUNY Press.

Hartsock, N. 1985. *Money, sex, and power*. Boston: Northeastern Univ. Press.

Hastings, A. 1990. *Tongues of men and angels*. New York: Holt, Rinehart & Winston.

Haught, J. 1984. *The cosmic adventure*. Ramsey: Paulist Press.

Hawkes, T. 1977. *Structuralism and semiotics*. Berkeley: Univ. California Press.

Hawking, S. 1988. *A brief history of time*. New York: Bantam.

Hayward, J. 1987. *Shifting worlds, changing minds*. Boston: Shambhala.

Hayward, J., and F. Varela, 1992. *Gentle bridges: Conversations with the Dalai Lama on the sciences of mind*. Boston: Shambhala.

Heard, G. 1963. *The five ages of man*. New York: Julian.

Hebb, D. O. 1949. *The organization of behavior: A neuropsychological theory*. New York: Wiley & Sons.

Hegel, G. 1949. *The phenomenology of mind*. Trans. J. Baille. New York: Humanities Press.

Hegel, G. 1971. *Hegel's philosophy of mind*. Oxford: Clarendon.

Hegel, G. 1974. *Hegel: The essential writings*. Ed. F. Weiss. New York: Harper Torchbooks.

Hegel, G. 1977. *Phenomenology of spirit.* Trans. A. Miller. Analysis by J. Findlay. Oxford: Oxford Univ. Press.

Hegel, G. 1993. *Hegel's science of logic.* New Jersey: Humanities Press International.

Heidegger, M. 1959. *Introduction to metaphysics.* New Haven: Yale Univ. Press.

Heidegger, M. 1962. *Being and time.* New York: Harper & Row.

Heidegger, M. 1968. *What is called thinking?* New York: Harper & Row.

Heidegger, M. 1977. *Basic writings.* Ed. D. Krell. New York: Harper & Row.

Hill, G. 1992. *Masculine and feminine.* Boston: Shambhala.

Hillman, J. 1972. *The myth of analysis.* New York: Harper & Row.

Hillman, J. 1975. *Re-visioning psychology.* New York: Harper & Row.

Hillman, J. 1989. *A blue fire.* Ed. Thomas Moore. New York: Harper & Row.

Hinding, A. 1986. *Feminism.* Minnesota: Greenhaven.

Hixon, L. 1989. *Coming home.* Los Angeles: Tarcher.

Hobbes, T. 1990. *The Leviathan.* Buffalo, N.Y.: Prometheus Books.

Hockett, C. 1987. *Refurbishing our foundations.* Philadelphia: John Benjamins.

Hoeller, K. 1982. *Merleau-Ponty and psychology.* New Jersey: Humanities Press.

Hoffman, E. 1981. *The way of splendor.* Boston: Shambhala.

Hofstadter, D. 1989. *Gödel, Escher, Bach.* New York: Vintage.

Holton, G. 1988. *Thematic origins of scientific thought.* Cambridge: Harvard Univ. Press.

Horkheimer, M., and T. Adorno. 1972 (1944). *Dialectic of enlightenment.* New York: Continuum.

Horner, A. 1979. *Object relations and the developing ego in therapy.* New York: Aronson.

Horney, K. 1950. *Neurosis and human growth.* New York: Norton.

Horney, K. 1967. *Feminine psychology.* New York: Norton.

Horowitz, M. 1988. *Introduction to psychodynamics.* New York: Basic.

Houston, J. 1980. *Life force.* New York: Delta.

Hoy, D., ed. 1991. *Foucault: A critical reader.* Cambridge, Mass.: Basil Blackwell.

Hume, D. 1964. *A treatise of human nature.* Oxford: Clarendon.

Hume, D. 1990. *An enquiry concerning human understanding.* Buffalo, N.Y.: Prometheus Books.

Hume, R., trans. 1974. *The thirteen principal Upanishads.* London: Oxford.

켄
윌
버
의
성,
생태,
영성:
진화하는
靈

Humphrey, N. 1983. *Consciousness regained.* New York: Oxford Univ. Press.

Husserl, E. 1962 (1931). *Ideas.* New York: Collier.

Husserl, E. 1965. *Phenomenology and the crisis of philosophy.* New York: Harper & Row.

Husserl, E. 1970. *The crisis of European sciences and transcendental phenomenology.*
    Evanston, Ill.: Northwestern Univ. Press.

Husserl, E. 1991 (1950). *Cartesian meditations.* Boston: Kluwer.

Huxley, A. 1944. *The perennial philosophy.* New York: Harper & Row.

Huxley, J. 1990. *Evolutionary humanism.* Buffalo, N.Y.: Prometheus Books.

Inada, K. 1970. *Nagarjuna.* Tokyo: Hokusiedo Press.

Inge, W. R. 1968 (1929). *The philosophy of Plotinus.* vol. 1 & 2. Westport, Conn.: Greenwood.

Jackendoff, R. 1987. *Consciousness and the computational mind.* Cambridge: MIT Press.

Jacobi, J. 1942. *The psychology of C. G. Jung.* London: Routledge.

Jacobson, E. 1964. *The self and the object world.* New York: IUP.

Jaggar, A. 1988. *Feminist politics and human nature.* New Jersey: Rowman & Littlefield.

Jahn, R., and B. Dunn. 1989. *Margins of reality.* San Diego: Harcourt Brace Jovanovich.

Jaki, S. 1978. *The road of science and the ways to God.* Chicago: Univ. of Chicago Press.

Jakobson, R. 1980. *The framework of language.* Michigan Studies in the Humanities.

Jakobson, R. 1990. *On language.* Cambridge: Harvard Univ. Press.

James, W. 1950 (1890). *Principles of psychology.* 2 vols. New York: Dover.

James, W. 1961 (1901). *The varieties of religious experience.* New York: Colliers.

Jameson, F. 1972. *The prison-house of language.* Princeton: Princeton Univ. Press.

Jameson, F. 1981. *The political unconscious.* Ithaca, N.Y.: Cornell Univ. Press.

Jamgon Kongtrul the Third. 1992. *Cloudless sky.* Boston: Shambhala.

Janeway, E. 1980. *Powers of the weak.* New York: Knopf.

Jantsch, E. 1980. *The self-organizing universe.* New York: Pergamon.

Jantsch, E., and C. Waddington, eds. 1976. *Evolution and consciousness.* Reading, Mass.:
    Addison-Wesley.

Jantzen, G. 1984. *God's world, God's body.* Philadelphia: Westminster Press.

Jaspers, K. 1966. *The great philosophers.* New York: Harcourt.

Jee, L. 1988. *Kashmir Shaivism.* Albany: SUNY Press.

켄
윌
버
의
성,
생
태,
영
성:
진
화
하
는
靈

John of the Cross. 1979. *The collected works of St. John of the Cross.* Trans. K. Kavanaugh and O. Rodriguez. Washington, D.C.: ICS Publications.

Johnson, C. 1993. *System and writing in the philosophy of Jacques Derrida.* Cambridge: Cambridge Univ. Press.

Johnson, M. 1987. *The body in the mind.* Chicago: Univ. of Chicago Press.

Jonas, H. 1958. *The gnostic religion.* Boston: Beacon.

Jordan, J., et al. 1991. *Women's growth in connection.* New York: Guilford.

Jung, C. G. 1957. *The undiscovered self.* New York: Mentor.

Jung, C. G. 1961. *Analytical psychology: Its theory and practice.* New York: Vintage.

Jung, C. G. 1964. *Man and his symbols.* New York: Dell.

Jung, C. G. 1971. *The portable Jung.* Ed. J. Campbell. New York: Viking.

Kakar, S. 1982. *Shamans, mystics, and doctors.* New York: Knopf.

Kalupahana, D. 1986. *Nagarjuna.* Albany: SUNY Press.

Kalweit, H. 1992. *Shamans, healers, and medicine men.* Boston: Shambhala.

Kant, I. 1949. *Kant's Critique of Practical Reason and other writings in moral philosophy.* Trans. L. Beck. Chicago: Univ. of Chicago Press.

Kant, I. 1951. *Critique of judgement.* New York: Hafner.

Kant, I. 1990. *Critique of pure reason.* Buffalo, N.Y.: Prometheus Books.

Kant, I. 1993. *Prolegomena.* Chicago: Open Court.

Kaplan, R. D. 1994. The coming anarchy. *Atlantic,* Feb.

Kapleau, P. 1965. *The three pillars of Zen.* Boston: Beacon.

Katz, J. 1972. *Semantic theory.* New York: Harper & Row.

Katz, J. 1990. *The metaphysics of meaning.* Cambridge: MIT Press.

Katz, S., ed. 1978. *Mysticism and philosophical analysis.* Oxford: Oxford Univ. Press.

Katz, S., ed. 1983. *Mysticism and religious traditions.* Oxford: Oxford Univ. Press.

Kaufman, G. 1985. *Theology for a nuclear age.* Oxford: Manchester Univ. Press.

Kaufmann, W. 1974. *Nietzsche.* Princeton: Princeton Univ. Press.

Keegan, J. 1993. *A history of warfare.* New York: Knopf.

Keeton, W., and J. Gould. 1986. *Biological Science.* 4th ed. New York: Norton.

Kelley, G. 1955. *The psychology of personal constructs.* 2 vols. New York: Norton.

Kelly, J. 1982. Early feminist theory and the *Querelles des femmes,* 1400-1789. *Signs* 8 (Autumn): 4-28.

Kernberg, O. 1975. *Borderline conditions and pathological narcissism.* New York: Aronson.

Kernberg, O. 1976. *Object relations theory and clinical psychoanalysis.* New York: Aronson.

Kessler, S., and W. McKenna. 1978. *Gender.* Chicago: Univ. of Chicago Press.

Khan, Inayat. 1977. *The soul: Whence and whither.* New York: Sufi Order.

Khyentse, D. 1992. *The heart treasure of the enlightened ones.* Boston: Shambhala.

Kierkegaard, S. 1953. *Fear and trembling and The sickness unto death.* New York: Anchor.

Kierkegaard, S. 1957. *The concept of dread.* Princeton: Princeton Univ. Press.

Kierkegaard, S. 1992. *The concept of irony and Notes of Schelling's Berlin lectures.* Trans. Hong and Hong. Princeton: Princeton Univ. Press.

Kimball, R. 1991. *Tenured radicals.* New York: Harper.

King, A., and B. Schneider. 1991. *The first global revolution.* New York: Pantheon.

Klein, A. 1986. *Knowledge and liberation.* Ithaca, N.Y.: Snow Lion.

Klein, M. 1932. *The psychoanalysis of children.* London: Hogarth.

Koestenbaum, P. 1976. *Is there an answer to death?* New York: Prentice-Hall.

Koestler, A. 1964. *The act of creation.* New York: Dell.

Koestler, A. 1976. *The ghost in the machine.* New York: Random House.

Kohlberg, L. 1981. *Essays on moral development.* Vol. 1. San Francisco: Harper.

Kohut, H. 1971. *The analysis of the self.* New York: IUP.

Kohut, H. 1977. *The restoration of the self.* New York: IUP.

Kojeve, A. 1969. *Introduction to the reading of Hegel.* Ithaca, N.Y.: Cornell Univ. Press.

Kramer, J., and D. Alstad. 1993. *The guru papers.* Berkeley: North Atlantic Books.

Krishna, G. 1972. *The secret of yoga.* London: Turnstone.

Kroy, M. 1982. *The rationality of mysticism.* Privately published.

Kuhn, T. 1970. *The structure of scientific revolutions.* Chicago: Univ. of Chicago Press.

Kunsang, E., trans. and ed. 1986. *The flight of the garuda.* Kathmandu: Rangjung Yeshe Publications.

Kurzweil, E. 1980. *The age of structuralism.* New York: Columbia Univ. Press.

LaBerge, S. 1985. *Lucid dreaming*. Los Angeles: Tarcher.

Lecan, J. 1968. *The language of the self*. Baltimore: Johns Hopkins.

Lecan, J. 1982. *Feminine sexuality*. New York: Norton.

Laing, R. D. 1969. *The divided self*. New York: Pantheon.

Lake, M. 1991. *Native healer*. Wheaton, Ill.: Quest.

Lakoff, G. 1987. *Women, fire and dangerous things*. Chicago: Univ. of Chicago Press.

Lakoff, G., and M. Johnson. 1980. *Metaphors we live by*. Chicago: Univ. of Chicago Press.

Lakoff, R. 1975. *Language and woman's place*. New York: Octagon Books.

Lancaster, B. 1991. *Mind, brain, and human potential*. Rockport, Mass.: Element.

Lasch, C. 1979. *The culture of narcissism*. New York: Norton.

Laszlo, E. 1972. *Introduction to systems philosophy*. New York: Harper & Row.

Laszlo, E. 1987. *Evolution: The grand synthesis*. Boston: Shambhala.

Laszlo, E. 1994. *The choice: Evolution or extinction?* Los Angeles: Tarcher.

Laughlin, C., J. McManus, and E. d'Aquili. 1992. *Brain, symbol and experience*. New York: Columbia Univ. Press.

Lawson, H. 1985. *Reflexivity*. La Salle, Ill.: Open Court.

Layzer, D. 1990. *Cosmogenesis*. New York: Oxford Univ. Press.

Leach, E. 1974. *Claude Lévi-Strauss*. Chicago: Univ. of Chicago Press.

Lecky, P. 1961. *Self-consistency*. Hamden, Conn.: Shoe String Press.

Lehman, D. 1991. *Signs of the times*. New York: Poseidon.

Leibniz, G. 1990. *Discourse on method and Monadology*. Buffalo, N.Y.: Prometheus Books.

Lenski, G. 1970. *Human societies*. New York: McGraw-Hill.

Leopold, A. 1981 (1949). *A sand county almanac*. Oxford: Oxford Univ. Press.

Lerman, H. 1986. *A mote in Freud's eye*. New York: Springer.

Lerner, G. 1979. *The majority finds its past: Placing women in history*. New York: Oxford Univ. Press.

Lerner, G. 1986. *The creation of patriarchy*. New York: Oxford Univ. Press.

Leslie, J., ed. 1989. *Physical cosmology and philosophy*. New York: Macmillan.

Lévi-Strauss, C. 1966. *The savage mind*. London: Weidenfeld.

Lévi-Strauss, C. 1972. *Structural anthropology*. New York: Penguin Books.

Levin, M. 1979. *Metaphysics and the mind-body problem*. Oxford: Oxford Univ. Press.

Levinson, D., et al. 1978. *The season's of a man's life*. New York: Knopf.

Levy, H., and A. Ishihara. 1989. *The tao of sex*. Lower Lake, Calif.: Integral.

Lewontin, R. 1983. The organism as the subject and object of evolution. *Scientia* 118: 63–82.

Liebes, Y. 1993. *Studies in the Zohar*. Albany: SUNY Press.

Lightman, A. 1991. *Ancient light*. Cambridge: Harvard Univ. Press.

Locke, J. 1990. *A letter concerning toleration*. Buffalo, N.Y.: Prometheus Books.

Locke, J. 1990. *Second treatise on civil government*. Buffalo, N.Y.: Prometheus Books.

Loevinger, J. 1977. *Ego development*. San Francisco: Jossey-Bass.

Loewald, H. 1978. *Psychoanalysis and the history of the individual*. New Haven: Yale Univ. Press.

Longchenpa. 1977. *Kindly bent to ease us*. 3 vols. Trans. H. V. Guenther. Emeryville, Calif.: Dharma Press.

Lovejoy, A. 1964 (1936). *The great chain of being*. Chambridge: Harvard Univ. Press.

Lovelock, J. 1988. *The ages of Gaia*. New York: Norton.

Lowe, V. 1966. *Understanding Whitehead*. Baltimore: Johns Hopkins Press.

Lowen, A. 1967. *The betrayal of the body*. New York: Macmillan.

Loy, D. 1987. The cloture of deconstruction. *International Phil. Quarterly* 27: 1, 60–80.

Loy, D. 1989. *Non-Duality*. New Haven: Yale Univ. Press.

Luk, C. 1962. *Ch'an and Zen teaching*. 3 vols. London: Rider.

Lukacs, G. 1971. *History and class consciousness*. Cambridge: MIT Press.

Lukoff, D.; F. Lu; and R. Turner. 1992. Toward a more culturally sensitive DSM-IV. *Journal of Nervous and Mental Diseases* 80: 673–682.

Lycan, W. 1987. *Consciousness*. Cambridge: MIT Press.

Lyons, J. 1991. *Chomsky*. Cambridge: Cambridge Univ. Press.

Lyotard, J. 1984. *The postmodern condition*. Minneapolis: Univ. of Minnesota Press.

Maccoby, E., and C. Jacklin. 1974. *The psychology of sex differences*. Stanford: Stanford Univ. Press.

Machiavelli, N. 1990. *The prince*. Buffalo, N.Y.: Prometheus Books.

MacIntyre, A. 1984. *After virtue*. 2nd ed. Notre Dame, Ind.: Univ. of Notre Dame Press.

MacIntyre, A. 1990. *Three rival versions of moral enquiry.* Notre Dame, Ind.: Univ. of Notre Dame Press.

Macy, J. 1991. *World as lover, world as self.* Berkeley: Parallax.

Madison, G., ed. 1993. *Working through Derrida.* Evanston, Ill.: Northwestern Univ. Press.

Mahasi Sayadaw. 1972. *Practical insight meditation.* Santa Cruz, Calif.: Unity Press.

Mahler, M. 1968. *On human symbiosis and the vicissitudes of individuation.* New York: IUP.

Mahler, M.; F. Pine; and A. Bergman. 1975. *The psychological birth of the human infant.* New York: Basic Books.

Mahoney, M. 1991. *Human change processes: The scientific foundations of psychotherapy.* New York: Basic Books.

Maliszewski, M.; S. Twemlow; D. Brown; and J. Engler. 1981. A phenomenological typology of intensive meditation. *ReVision 4.*

Mander, J. 1991. *In the absence of the sacred.* San Francisco: Sierra Club.

Manes, C. 1990. *Green rage.* Boston: Little, Brown.

Manjusrimitra. 1987. *Primordial experience.* Boston: Shambhala.

Marcel, A., and E. Bisiach, eds. 1988. *Consciousness in contemporary science.* Oxford: Oxford Univ. Press.

Marcuse, H. 1955. *Eros and civilization.* Boston: Beacon Press.

Margenau, H. 1987. *The miracle of existence.* Boston: Shambhala.

Marin, P. 1975. The new narcissism. *Harper's.* Oct.

Marsh, J.; J. Caputo; and M. Westphal. 1992. *Modernity and its discontents.* New York: Fordham Univ. Press.

Martin, M., and B. Voorhies. 1975. *Female of the species.* New York: Columbia Univ. Press.

Marx, K. 1974. *Political writing.* 3 vols. New York: Random House.

Marx, K. 1977. *Capital.* 3 vols. New York: Random House.

Maslow, A. 1968. *Toward a psychology of being.* New York: Van Nostrand Reinhold.

Maslow, A. 1970. *Religions, values, and peak experiences.* New York: Viking.

Maslow, A. 1971. *The farther reaches of human nature.* New York: Viking.

Masterson, J. 1981. *The narcissistic and borderline disorders.* New York: Bruner/Mazel.

Masterson, J. 1988. *The search for the real self.* New York: Free Press.

Maturana, H., and F. Varela. 1992. *The tree of knowledge.* Rev. ed. Boston: Shambhala.

May, R. 1969. *Love and will.* New York: Norton.

May, R. 1977. *The meaning of anxiety.* Rev. ed. New York: Norton.

May, R., ed. 1969. *Existential psychology.* New York: Random House.

May, R.; E. Angel; and H. Ellenberger, eds. 1958. *Existence.* New York: Basic.

Mayr, E. 1982. *The growth of biological thought.* Cambridge: Harvard Univ. Press.

McCarthy, T. 1978. *The critical theory of Jürgen Habermas.* Cambridge: MIT Press.

McCawley, J. 1988. *Thirty million theories of grammar.* Chicago: Univ. of Chicago Press.

McCulloh, W. 1965. *Embodiments of mind.* Cambridge: MIT Press.

McFague, S. 1987. *Models of God.* Philadelphia: Fortress Press.

McGaa, E. 1990. *Mother earth spirituality.* San Francisco: Harper.

McKibben, B. 1989. *The end of nature.* New York: Random House.

McMullin, E., ed. 1985. *Evolution and creation.* Notre Dame, Ind.: Univ. of Notre Dame Press.

Mead, G. H. 1934. *Mind, self, and society.* Chicago: Univ. Chicago Press.

Merchant, C. 1983. *The death of nature.* San Francisco: Harper.

Merchant, C. 1989. *Ecological revolutions.* Chapel Hill: Univ. of North Carolina Press.

Merchant, C. 1992. *Radical ecology.* London: Routledge.

Merleau-Ponty, M. 1962. *Phenomenology of perception.* London: Routledge & Kegan Paul.

Merleau-Ponty, M. 1963. *The structure of behavior.* Boston: Beacon.

Merquior, J. 1985. *Foucault.* London: Fontana.

Merquior, J. 1986. *From Prague to Paris.* London: Verso.

Metzner, R. 1986. *Opening to inner light.* Los Angeles: Tarcher.

Metzner, R. 1993. The split between spirit and nature in European consciousness. *ReVision* 15(4): 177-184.

Meyendorff, J. 1975. *Byzantine theology.* New York: Fordham Univ. Press.

Meyer, J. 1975. *Death and neurosis.* New York: IUP.

Midgley, M. 1978. *Beast and man.* Ithaca, N.Y.: Cornell Univ. Press.

Milbrath, L. 1989. *Envisioning a sustainable society.* Albany: SUNY Press.

Mill, J. S. 1990. *On liberty.* Buffalo, N.Y.: Prometheus Books.

켄
윌
버
의
성,
생
태,
영
성:
진
화
하
는
靈

Mill, J. S. 1990a. *The subjection of women.* Buffalo, N.Y.: Prometheus Books.

Mill, J. S. 1990b. *Utilitarianism.* Buffalo, N.Y.: Prometheus Books.

Miller, J. 1976. *Toward a new psychology of women.* Boston: Beacon.

Miller, J.1993. The Passion of Michel Foucault. New York: simon & schuster. Minsky, M. 1985. *The society of mind.* New York: Touchstone.

Minsky, M., and S. Papert. 1987. *Perceptrons.* Cambridge: MIT Press.

Mitchell, N., ed. 1985. *Nobel prize conversations.* San Francisco: Saybrook.

Moltmann, J. 1985. *God in creation.* London: SCM Press.

Money, J., and A. Ehrhardt. 1972. *Man and woman, boy and girl.* Baltimore: Johns Hopkins.

Monod, J. 1971. *Chance and necessity.* New York: Knopf.

Monroe, R. 1971. *Journeys out of the body.* New York: Doubleday.

Moody, R. 1988. *The light beyond.* New York: Bantam.

Mookerjee, A. 1982. *Kundalini.* New York: Destiny Books.

Morris, C. 1971. *Writings on the general theory of signs.* The Hague: Mouton.

Muller-Ortega, P. 1989. *The triadic heart of Shiva.* Albany: SUNY Press.

Mumford, L. 1966. *The myth of the machine.* New York: Harcourt.

Murphy, M. 1992. *The future of the body.* Los Angeles: Tarcher.

Murphy, M., and S. Donovan. 1989. *The physical and psychological effects of meditation.* San Rafael, Calif.: Esalen.

Murphy, N. 1990. *Theology in the age of scientific reasoning.* Ithaca, N.Y.: Cornell Univ. Press.

Murti, T. 1970. *The central philosophy of Buddhism.* London: Allen & Unwin.

Naess, A. 1989. *Ecology, community, and lifestyle.* Cambridge: Cambridge Univ. Press.

Nagao, G. 1989. *The foundational standpoint of Madhyamika philosophy.* Albany: SUNY Press.

Nagao, G. 1991. *Madhyamika and Yogacara.* Albany: SUNY Press.

Nagel, T. 1986. *The view from nowhere.* New York: Oxford Univ. Press.

Narada. 1975. *A manual of Abhidhamma.* Kandy: Buddhist Publication Society.

Nash, R. 1989. *The rights of nature.* Madison: Univ. of Wisconsin Press.

Needham, J. 1956. *Science and civilization in China.* Vol. 2. Cambridge: Cambridge Univ.

500

Press.

Needleman, J. 1980. *Lost Christianity*. Garden City, N.Y.: Doubleday.

Neisser, U. 1976. *Cognition and reality*. Ithaca, N.Y.: Cornell Univ. Press.

Nelson, J. 1994. *Healing the split*. Albany: SUNY Press.

Nerval, G. de 1993. *Aurelia and Sylvie*. Santa Maria: Asylum Arts.

Neufeldt, R. 1986. *Karma and rebirth*. Albany: SUNY Press.

Neumann, E. 1954. *The orgins and history of consciousness*. Princeton: Princeton Univ.
    Press.

Newmeyer, F. 1986. *Linguistic theory in America*. New York: Academic Press.

Nicholson, S., and B. Rosen. 1992. *Gaia's hidden life*. Wheaton, Ill.: Quest.

Nielsen, J. 1990. *Sex and gender in society*. 2nd ed. Prospect Heights, Ill.: Waveland Press.

Nietzsche, F. 1965. *The portable Nietzsche*. Ed. W. Kaufmann. New York: Viking.

Nietzsche, F. 1968. *Basic writings of Nietzsche*. Trans. and ed. W. Kaufmann. New York:
    Modern Library.

Nisbet, R. 1980. *History of the idea of progress*. New York: Basic Books.

Nishitani, K. 1982. *Religion and nothingness*. Berkeley: Univ. of California Press.

Norbu, N. 1989. *Dzogchen: The self-perfected state*. London: Arkana Penguin.

Norbu, N. 1989. *Self-liberation through seeing with naked awareness*. Barrytown, N.Y.:
    Station Hill.

Norbu, N. 1992. *Dream yoga and the practice of natural light*. Ithaca, N.Y.: Snow Lion.

Norris, C. 1987. *Derrida*. London: Fontana.

Novak, P. 1993. Tao how? Asian religions and the problem of environmental degradation.
    ReVision, 16 (2): 77-82.

Nyanaponika. 1973. *The heart of Buddhist meditation*. New York: Weiser.

Nye, A. 1988. *Feminist theory and the philosophies of man*. London: Routledge.

Nyima, C. 1989. *The union of Mahamudra and Dzogchen*. Kathmandu: Rangjung Yeshe
    Publications.

Nyima, C. 1991. *The bardo guidebook*. Kathmandu: Rangjung Yeshe Publications.

O'Brien, T., ed. 1988. *The spiral path*. St. Paul, Minn.: Yes International.

Ochs, C. 1983. *Women and spirituality*. New Jersey: Rowman & Allanheld.

501

Odajnyk, V. 1993. *Gathering the light*. Boston: Shambhala.

Ornstein, R. 1991. *The evolution of consciousness*. New York: Prentice Hall.

Ortner, S., and H. Whitehead, eds. 1981. *Sexual meanings*. Cambridge: Cambridge Univ. Press.

Otto, R. 1969. *The idea of the holy*. New York: Oxford Univ. Press.

Oyama, S. 1985. *The ontogeny of information*. Cambridge: Cambridge Univ. Press.

Paehlke, R. 1989. *Environmentalism and the future of progressive politics*. New Haven: Yale Univ. Press.

Paine, T. 1990. *Rights of man*. Buffalo, N.Y.: Prometheus Books.

Palmer, H. 1988. *The enneagram*. San Francisco: Harper.

Parfit, D. 1984. *Reasons and persons*. Oxford: Oxford Univ. Press.

Parkin, S. 1989. *Green parties*. London: Heretic Books.

Parsons, T. 1951. *The social system*. New York: Free Press.

Parsons, T. 1966. *Societies*. Englewood Cliffs, N.J.: Prentic-Hall.

Passmore, J. 1980. *Man's responsibility for nature*. London: Duckworth.

Peacocke, A. 1986. *God and the new biology*. London: J. M. Dent & Sons.

Peacocke, A., ed. 1981. *The sciences and theology in the twentieth century*. Stocksfield: Oriel/Routledge.

Pearce, J. C. 1992. *Evolution's end*. San Francisco: Harper.

Peat, F. 1991. *The philosopher's stone*. New York: Bantam.

Peirce, C. 1931-1958. *Collected papers*. 8 vols. Cambridge: Harvard Univ. Press.

Peirce, C. 1955. *Philosophical writings of Peirce*. Ed. J. Buchler. New York: Dover.

Penrose, R. 1990. *The emperor's new mind*. New York: Oxford Univ. Press.

Perls, F.; R. Hefferli; and P. Goodman. 1951. *Gestalt therapy*. New York: Delta.

Peters, T., ed. 1989. *Cosmos as creation*. Nashville: Abingdon Press.

Phillips, A. 1988. *Winnicott*. Cambridge: Harvard Univ. Press.

Piaget, J. 1977. *The essential Piaget*. Eds. H. Gruber and J. Voneche. New York: Basic Books.

Plant, J., ed. 1989. *Healing the wounds*. Philadelphia: New Society.

Plaskow, J., and C. Christ, eds. 1989. *Weaving the visions*. San Francisco: Harper.

Plato. 1973. *Phaedrus and letters VII & VIII*. Trans. W. Hamilton. New York: Penguin.

Polkinghorne, D. 1983. *Methodology for the human sciences.* Albany: SUNY Press.

Polkinghorne, J. 1989. *Science and providence.* Boston: Shambhala.

Popper, K. 1974. *Objective knowledge.* Oxford: Clarendon.

Popper, K., and J. Eccles. 1983. *The self and its brain.* London: Routledge.

Porritt, J., and D. Winner. 1988. *The coming of the greens.* London: Fontana.

Post, S. C., ed. 1972. *Moral values and the superego concept in psychoanalysis.* New York: International Univ. Press.

Postal, P. 1974. *On raising.* Cambridge: MIT Press.

Priest, S. 1991. *Theories of the mind.* Boston: Houghton Mifflin.

Prigogine, I. 1980. *From being to becoming.* San Francisco: Freeman.

Prigogine, I., and I. Stengers. 1984. *Order out of chaos.* New York: Bantam.

Putnam, H. 1987. *The faces of realism.* LaSalle, Ill.: Open Court.

Putnam, H. 1988. *Representation and reality.* Cambridge: MIT Press.

Pylyshyn, Z. 1984. *Computation and cognition.* Cambridge: MIT Press.

Quine, W. 1985. *The time of my life.* Cambridge: MIT Press.

Rabinow, P., ed. 1984. *The Foucault reader.* New York: Pantheon.

Radha, S. 1992. *From the mating dance to the cosmic dance.* Palo Alto: Timeless Books.

Ram, D., and P. Gorman. 1985. *How can I help?* New York: Knopf.

Ramana Maharshi. 1984. *Talks with Sri Ramana Maharshi.* Tiruvannamalai: Sri Ramanasramam.

Ramana Maharshi. 1972. *The collected works.* London: Rider.

Rangdrol, T. 1989. *Lamp of Mahamudra.* Trans. Erik Pema Kunsang. Boston: Shambhala.

Rangdrol, T. 1990. *The circle of the sun.* Kathmandu: Rangjung Yeshe Publications.

Rangjung Dorje. 1992. *Song of Karmapa.* Kathmandu: Rangjung Yeshe Publications.

Regan, T., ed. 1986. *Matters of life and death.* New York: Random House.

Reich, W. 1971. *The function of the orgasm.* New York: World Publishing.

Reiter, R., ed. 1975. *Toward an anthropology of women.* New York: Monthly Review Press.

Reynolds, B. 1994. A consideration of the transpersonal models of Stanislav Grof and Ken Wilber. Unpublished manuscript.

Ricoeur, P. 1978. *The philosophy of Paul Ricoeur.* Boston: Beacon.

Ricoeur, P. 1981. *Hermeneutics and the human sciences.* Cambridge: Cambridge Univ.

Press.

Rifkin, J. 1984. *Algeny.* New York: Penguin.

Rifkin, J. 1991. *Biosphere politics.* San Francisco: Harper.

Ring, K. 1980. *Life at death.* New York: Coward McCann & Geoghegan.

Ring, K. 1984. *Heading toward omega.* New York: Morrow.

Rizzuto, A. 1979. *The birth of the living God.* Chicago: Univ. Chicago Press.

Roberts, B. 1989. *What is self?* Austin: Goens.

Robinson, H. 1982. *Matter and sense.* Cambridge: Cambridge Univ. Press.

Rodgers-Rose, L. F., ed. 1980. *The black woman.* Beverly Hills: Sage.

Rogers, C. 1961. *On becoming a person.* Boston: Houghton Mifflin.

Rolston, H. 1987. *Science and religion.* New York: Random House.

Rolston, H. 1988. *Environmental ethics.* Philadelphia: Temple Univ. Press.

Roos, P. 1985. *Gender and work.* Albany: SUNY Press.

Rorty, R. 1979. *Philosophy and the mirror of nature.* Princeton: Princeton Univ. Press.

Rorty, R. 1982. *Consequences of pragmatism.* Minneapolis: Univ. of Minnesota Press.

Rosaldo, M., and L. Lamphere, eds. 1974. *Woman, culture, and society.* Stanford: Stanford
    Univ. Press.

Rosen, H. 1985. *Piagetian dimensions of clinical relevance.* New York: Columbia Univ. Press.

Rosenthal, D., ed. 1991. *The nature of mind.* New York: Oxford Univ. Press.

Rosewater, L., and L. Walker, eds. 1985. *Handbook of feminist therapy.* New York: Springer.

Rossi, A. 1977. A biosocial perspective on parenting. *Daedalus,* 106 (2): 1-31.

Rossman, N. 1991. *Consciousness.* Albany: SUNY Press.

Roszak, T. 1992. *The voice of the earth.* New York: Touchstone.

Rothberg, D. 1986. Philosophical foundations of transpersonal psychology. *Journal of
    Transpersonal Psych.* 18: 1-34.

Rothberg, D. 1986. Rationality and religion in Habermas' recent work. *Philosophy and
    Social Criticism* 11: 221-243.

Rothberg, D. 1990. Contemporary epistemology and the study of mysticism. In R. Forman
    (ed.), *The problem of pure consciousness.* New York: Oxford Univ. Press.

Rothberg, D. 1992. Buddhist nonviolence. *Journal of Humanistic Psychology* 32 (4): 41-75.

Rothberg, D. 1993. The crisis of modernity and the emergence of socially engaged spirituality. *ReVision* 15 (3): 105-115.

Rothenberg, P., ed. 1988. *Racism and sexism.* New York: St. Martin's Press.

Rothschild, J., ed. 1989. *Machina ex dea.* New York: Pergamon.

Rousseau, J. 1983. *The essential Rousseau.* New York: Meridian.

Rowan, J. 1990. *Subpersonalities.* London: Routledge.

Rowan, J. 1993. *The transpersonal.* London: Routledge.

Rowbotham, S. 1974. *Women, resistance and revolution.* New York: Vintage.

Rubin, G. 1975. The traffic in women. In Reiter 1975: 157-210.

Ruether, R. 1983. *Sexism and God-talk.* Boston: Beacon.

Russell, P. 1992. *The white hole in time.* San Francisco: Harper.

Rutter, M., and M. Rutter. 1993. *Developing minds.* New York: Basic Books.

Sabom, M. 1982. *Recollections at death.* New York: Harper & Row.

Sadawii, N. 1980. *The hidden face of Eve: Women in the Arab world.* London: ZED Press.

Sade, M. de. 1965. *Justine, Philosophy in the bedroom, and other writings.* New York: Grove Weidenfeld.

Sadock, J. 1991. *Autolexical syntax.* Chicago: Univ. of Chicago Press.

Sahlins, M. 1972. *Stone age economics.* New York: Aldine.

Sanday, P. 1981. *Female power and male dominance.* Cambridge: Cambridge Univ. Press.

Sanday, P., and R. Goodenough, eds. 1989. *Beyond the second sex.* Philadelphia: Univ. of Penn. Press.

Sandel, M. 1982. *Liberalism and the limits of justice.* Cambridge: Cambridge Univ. Press.

Sandel, M., ed. 1984. *Liberalism and its critics.* New York: New York Univ. Press.

Sannella, L. 1976. *Kundalini: Psychosis or transcendence?* San Francisco: Dakin.

Sarup, M. 1989. *An introductory guide to post-structuralism and postmodernism.* Athens: Univ. of Georgia Press.

Saussure, F. 1966 (1915). *Course in general linguistics.* New York: McGraw-Hill.

Sayers, J. 1982. *Biological politics.* New York: Tavistock.

Scarce, R. 1990. *Eco-warriors.* Chicago: Noble.

Schafer, R. 1976. *A new language for psychoanalysis.* New Haven: Yale Univ. Press.

Scharfstein, B., ed. 1978. *Philosophy East/Philosophy West.* London: Basil Blackwell.

Schaya, L. 1973. *The universal meaning of the Kabbalah.* Baltimore: Penguin.

Scheffer, V. 1991. *The shaping of environmentalism in America.* Seattle: Univ. of Washington Press.

Schelling, F. 1978 (1800). *System of transcendental idealism.* Trans. P. Heath. Charlottesville: Univ. Press of Virginia.

Schmitt, C., and Q. Skinner, eds. 1988. *The Cambridge history of Renaissance philosophy.* Cambridge: Cambridge Univ. Press.

Schneider, S. 1989. *Global warming.* New York: Vintage.

Schneiderman, S. 1983. *Jacques Lacan.* Cambridge: Harvard Univ. Press.

Schopenhauer, A. 1969. *The world as will and representation.* 2 vols. New York: Dover.

Schumacher, E. F. 1977. *A guide for the perplexed.* New York: Harper & Row.

Schuon, F. 1975. *Logic and transcendence.* New York: Harper.

Schuon, F. 1976. *The transcendent unity of religions.* New York: Harper & Row.

Schuon, F. 1986. *The essential writings of Fritjof Schuon.* Ed. S. Nasr. Shaftesbury: Element.

Searle, J. 1969. *Speech acts.* Cambridge Univ. Press.

Searle, J. 1983. *Intentionality.* Cambridge: Cambridge Univ. Press.

Searle, J. 1984. *Minds, brains, and science.* Cambridge: Harvard Univ. Press.

Searle, J. 1992. *The rediscovery of the mind.* Cambridge: MIT Press.

Searles, H. 1960. *The nonhuman environment in normal development and in schizophrenia.* New York: IUP.

Segal, H. 1976. *Introduction to the work of Melanie Klein.* London: Hogarth.

Selman, R., and D. Byrne. 1974. A structural analysis of levels of role-taking in middle childhood. *Child Development* 45.

Shapiro, D., and R. Walsh, eds. 1984. *Meditation: Classic and contemporary perspectives.* New York: Aldine.

Sheldrake, R. 1981. *A new science of life.* Los Angeles: Tarcher.

Sheldrake, R. 1989. *The presence of the past: Morphic resonance and the habits of nature.* New York: Viking.

Sheldrake, R. 1990. *The rebirth of nature*. London: Century.

Shepherd, L. 1993. *Lifting the veil: The feminine face of science*. Boston: Shambhala.

Shibayama, Z. 1974. *Zen comments on the Mumonkan*. New York: Harper & Row.

Shoemaker, S., and R. Swinburne. 1984. *Personal identity*. London: Basil Blackwell.

Silburn, L. 1988. *Kundalini*. Albany: SUNY Press.

Singer, P. 1977. *Animal rights*. New York: Avon.

Singh, K. 1975. *Surat shabd yoga*. Berkeley: Images.

Sivard, R. 1985. *Women: A world survey*. Washington, D.C.: World Priorities.

Sjoo, M., and B. Mor. 1987. *The great cosmic mother*. San Francisco: Harper.

Skolimowski, H. 1981. *Eco-philosophy*. Salem, N.H.: Marion Boyars.

Slater, P. 1991. *A dream deferred*. Boston: Beacon.

Smith, A. 1990. *Wealth of nations*. Buffalo, N.Y.: Prometheus Books.

Smith, H. 1976. *Forgotten truth*. New York: Harper & Row.

Smith, H. 1989. *Beyond the postmodern mind*. Wheaton, Ill.: Quest.

Smith, H. 1991. *The world's religions*. San Francisco: Harper.

Smith, P., and O. Jones. 1986. *The philosophy of mind*. Cambridge: Cambridge Univ. Press.

Smuts, J. 1926. *Holism and evolution*. London: Macmillan.

Sogyal Rinpoche. 1990. *Dzogchen and Padmasambhava*. California: Rigpa Fellowship.

Sorokin, P. 1937-1941. *Social and cultural dynamics*. 4 vols. New York: American Book Co.

Spence, J., and R. Helmreich. 1978. *Masculinity and feminity*. Austin: Univ. of Texas Press.

Spengler, O. 1939. *The decline of the West*. New York: Knopf.

Sperry, R. 1983a. *Science and moral priority*. New York: Columbia Univ. Press.

Sperry, R. 1983b. *Science and moral priority*. New York: Columbia Univ. Press.

Spinoza, B. 1985. *The collected works of Spinoza*. Princeton: Princeton Univ. Press.

Spiro, M., ed. 1965. *Context and meaning in cultural anthropology*. New York: Free Press.

Spitz, R. 1959. *A genetic field theory of ego formation*. New York: IUP.

Spitz, R. 1965. *The first year of life*. New York: IUP.

Spragens, T. 1990. *Reason and democracy*. Durham: Duke Univ. Press.

Spretnak, C. 1991. *States of grace*. San Francisco: Harper.

Spretnak, C., ed. 1982. *The politics of women's spirituality*. New York: Anchor.

Spretnak, C., and F. Capra. 1985. *Green politics.* London: Paladin.

Stace, W. 1987. *Mysticism and philosophy.* Los Angeles: Tarcher.

Stavenhagen, R. 1975. *Social classes in agrarian societies.* Garden City, N.Y.: Doubleday.

Steinberg, D., ed. 1992. *The erotic impulse.* Los Angeles: Tarcher.

Stephanou, E. 1976. *Charisma and gnosis in Orthodox thought.* Fort Wayne, Ind.: LMOR.

Stern, D. 1985. *The interpersonal world of the infant.* New York: Basic.

Stevens, A. 1983. *Archetypes.* New York: Quill.

Stich, S. 1983. *From folk psychology to cognitive science.* Cambridge: MIT Press.

Stone, C. 1987. *Earth and other ethics.* New York: Harper & Row.

Stone, M. 1976. *When God was a woman.* New York: Harvest.

Stone, M. 1980. *The borderline syndromes.* New York: McGraw-Hill.

Strauss, L. 1989. *Liberalism ancient and modern.* Ithaca, N.Y.: Cornell Univ. Press.

Stuard, S., ed. 1976. *Women in medieval society.* Philadelphia: Univ. of Penn. Press.

Sturrock, J. 1979. *Structuralism and since.* Oxford: Oxford Univ. Press.

Sullivan, H. 1953. *The interpersonal theory of psychiatry.* New York: Norton.

Suzuki, D. T. 1959. *Zen and Japanese culture.* Princeton: Princeton Univ. Press.

Suzuki, D. T. 1968. *Studies in the Lankavatara Sutra.* London: Routledge.

Suzuki, D. T. 1970. *Essays in Zen Buddhism.* 3 vols. London: Rider.

Swimme, B., and T. Berry. 1992. *The universe story.* San Francisco: Harper.

Szarmach, P., ed. 1984. *Introduction to the medieval mystics of Europe.* Albany: SUNY Press.

Taimni, I. 1975. *The science of yoga.* Wheaton, Ill.: Quest Books.

Takakusu, J. 1956. *The essentials of Buddhist philosophy.* Honolulu: Univ. Hawaii Press.

Tannahill, R. 1992. *Sex in history.* Scarborough House.

Tannen, D. 1990. *You just don't understand.* New York: Morrow.

Tarnas, R. 1991. *The passion of the Western mind.* New York: Harmony.

Tarnas, R. 1993. The Western mind at the threshold. *Quest.* 6 2 (Summer): 25-31.

Tart, C. T. 1975. *States of consciousness.* New York: Dutton.

Tart, C. T. 1986. *Waking up.* Boston: Shambhala.

Tart, C. T. 1989. *Open mind, discriminating mind.* San Francisco: Harper.

Tart, C. T., ed. 1992. *Transpersonal psychologies.* New York: Harper Collins.

Taylor, C. 1975. *Hegel*. Cambridge: Harvard Univ. Press.

Taylor, C. 1985. *Philosophy and the human sciences–philosophical papers* 2. Cambridge: Cambridge Univ. Press.

Taylor, C. 1989. *Sources of the self*. Cambridge: Harvard Univ. Press.

Taylor, P. 1986. *Respect for nature*. Princeton: Princeton Univ. Press.

Teilhard de Chardin, P. 1961. *The phenomenon of man*. New York: Harper Torchbooks.

Teilhard de Chardin, P. 1964. *The future of man*. New York: Harper Torchbooks.

Teresa of Ávila. 1961. *Interior castle*. Trans. E. Peers. Garden City, N.Y.: Image.

Thompson, W. I. 1989. *Imaginary landscapes*. New York: St. Martin's Press.

Thompson, W. I., ed. 1987. *Gaia: A way of knowing*. Hudson, N.Y.: Lindisfarne Press.

Thompson, W. I., ed. 1991. *Gaia 2: Emergence*. Hudson, N.Y.: Lindisfarne Press.

Thondrup, T. 1989. *Buddha mind*. Ithaca, N.Y.: Snow Lion.

Thornton, M. 1989. *Folk psychology*. Toronto: Univ. of Toronto Press.

Thurman, R. 1984. *Tsong Khapa's speech of gold in the essence of true eloquence*. Princeton: Princeton Univ. Press.

Tillich, P. 1967. *A history of Christian thought*. New York: Simon & Schuster.

Tocqueville, A. de. 1969. *Democracy in America*. New York: Anchor.

Tolstoy, L. 1929. *My confession, my religion, the gospel in brief*. New York: Scribners.

Tong, R. 1989. *Feminist thought*. San Francisco: Westview.

Torrance, T. 1981. *Divine and contingent order*. Oxford: Oxford Univ. Press.

Torrance, T. 1989. *The Christian frame of mind*. Colorado Springs: Helmers & Howard.

Toulmin, S. 1982. *The return to cosmology*. California: Univ. of California Press.

Toynbee, A. 1972. *A study of history*. Oxford: Oxford Univ. Press.

Trungpa, C. 1976. *The myth of freedom*. Boston: Shambhala.

Trungpa, C. 1981. *Glimpses of Abhidharma*. Boulder: Prajna Press.

Trungpa, C. 1988. *Shambhala: The sacred path of the warrior*. Boston: Shambhala.

Trungpa, C. 1991. *Crazy wisdom*. Boston: Shambhala.

Turkle, S. 1984. *The second self*. New York: Simon & Schuster.

Ulanov, A. 1971. *The feminine*. Evanston, Ill.: Northwestern Univ. Press.

Underhill, E. 1955. *Mysticism*. New York: Meridian.

Unger, R. 1975. *Hölderlin's major poetry: The dialectics of unity.* Bloomington: Indiana Univ. Press.

Unno, T., ed. 1989. *The religious philosophy of Nishitani Keiji.* Berkeley: Asian Humanities Press.

Urgyen, Tulku. 1988. *Vajra heart.* Kathmandu: Rangjung Yeshe Publications.

Vaillant, G. 1977. *Adaptation to life.* Boston: Little, Brown.

Varela, F. 1979. *Principles of biological autonomy.* New York: North Holland.

Varela, F.; E. Thompson; and E. Rosch. 1993. *The embodied mind.* Cambridge: MIT Press.

Varenne, J. 1976. *Yoga and the Hindu tradition.* Chicago: Univ. Chicago Press.

Vattimo, G. 1989. *The end of modernity.* Baltimore: Johns Hopkins.

Vaughan, F. 1979. *Awakening intuition.* New York: Doubleday.

Vaughan, F. 1986. *The inward arc.* Boston: Shambhala.

Venkatesananda, trans. 1981. *The supreme yoga.* Australia: Chiltern.

Verman, M. 1992. *The books of contemplation.* Albany: SUNY Press.

Vicinus, M., ed. 1972. *Suffer and be still: Women in the Victorian age.* Bloomington: Indiana Univ. Press.

Waldrop, M. 1992. *Complexity.* New York: Simon & Schuster.

Walsh, M., ed. 1987. *The psychology of women.* New Haven: Yale Univ. Press.

Walsh, R. 1977. Initial meditative experiences: I. *J. Transpersonal Psychology* 9: 151-192.

Walsh, R. 1978. Initial meditative experiences: II. *J. Transpersonal Psychology* 10: 1-28.

Walsh, R. 1980. Meditation. In R. Corsini (ed.), *A handbook of innovative psychotherapies.* New York: Wiley.

Walsh, R. 1984. *Staying alive: The psychology of human survival.* Boston: Shambhala.

Walsh, R. 1989. Can Western philosophers understand Asian philosophies? *Cross-currents* 34: 281-299.

Walsh, R. 1990. *The spirit of shamanism.* Los Angeles: Tarcher.

Walsh, R., and F. Vaughan, eds. 1993. *Paths beyond ego.* Los Angeles: Tarcher.

Warren, K. 1987. Feminism and ecology. *Environmental Ethics* 9: 3-20.

Washburn, M. 1988. *The ego and the dynamic ground.* Albany: SUNY Press.

Watts, A. 1968. *Myth and ritual in Christianity.* Boston: Beacon.

510

Watts, A. 1972. *The supreme identity*. New York: Vintage.

Watts, A. 1975. *Tao: The watercourse way*. New York: Pantheon.

Weber, M. 1963. *The sociology of religion*. Boston: Beacon.

Weil, A. 1972. *The natural mind*. Boston: Houghton Mifflin.

Weinberg, S. 1992. *Dreams of a final theory*. New York: Pantheon.

Welwood, J. 1990. *Journey of the heart*. New York: Harper Collins.

Werner, H. 1964 (1940). *Comparative psychology of mental development*. New York: IUP.

West, C. 1989. *The American evasion of philosophy*. Madison: Univ. of Wisconsin Press.

West, M., ed. 1987. *The psychology of meditation*. Oxford: Clarendon.

White, J. 1979. *Kundalini, evolution, and enlightenment*. New York: Anchor.

White, L. 1973. The historical roots of our ecologic crisis. In Barbour 1973: 18–30.

Whitehead, A. 1957 (1929). *Process and reality*. New York: Macmillan.

Whitehead, A. 1966. *Modes of thought*. New York: Macmillan.

Whitehead, A. 1967. *Adventures of ideas*. New York: Macmillan.

Whitehead, A. 1967. *Science and the modern world*. New York: Macmillan.

Whitmont, E. 1982. *Return of the goddess*. New York: Crossroad.

Whorf, B. 1956. *Language, thought and reality*. Cambridge: MIT Press.

Whyte, L. L. 1950. *The next development in man*. New York: Mentor.

Whyte, L. L. 1954. *Accent on form*. New York: Harpers.

Wilber, K. 1977. *The spectrum of consciousness*. Wheaton, Ill.: Quest.

Wilber, K. 1980. *The Atman project: A transpersonal view of human development*. Wheaton, Ill.: Quest.

Wilber, K. 1981. *Up from Eden*. New York: Doubleday/Anchor.

Wilber, K. 1986. *A sociable god*. Boston: Shambhala.

Wilber, K. 1989. *Eye to eye*. Boston: Shambhala.

Wilber, K. 1991. *Grace and grit*. Boston: Shambhala.

Wilber, K.; J. Engler; and D. P. Brown. 1986. *Transformations of consciousness: Conventional and contemplative perspectives on development*. Boston: Shambhala.

Willis, J., ed. 1987. *Feminine ground*. Ithaca, N.Y.: Snow Lion.

Winkelman, M. 1990. The evolution of consciousness. *Anthropology of Consciousness*, 1

(3/4): 24-32.

Winkelman, M. 1993. The evolution of consciousness? *Anthropology of Consciousness*, 4 (3): 3-10.

Winnicott, D. 1958. *Collected papers*. New York: Basic Books.

Winograd, T., and F. Flores 1986. *Understanding computers and cognition*. Norwood, N.J.: Ablex.

Wit, H. 1991. *Contemplative psychology*. Pittsburgh: Duquesne Univ. Press.

Wittgenstein, L. 1953. *Philosophical investigations*. London: Basil Blackwell.

Wollstonecraft, M. 1990. *A vindication of the rights of women*. Buffalo, N.Y.: Prometheus Books.

Wolman, B., and M. Ullman, eds. 1986. *Handbook of states of consciousness*. New York: Van Nostrand Reinhold.

Woolhouse, R. 1983. *Locke*. Minneapolis: Univ. of Minnesota Press.

Wright, E. 1984. *Psychoanalytic criticism*. London: Methuen.

Wulff, D. 1991. *Psychology of religion*. New York: Wiley.

Wuthnow, R.; J. Hunter; A. Bergesen; and E. Kurzwell. 1984. *Cultural analysis*. London: Routledge.

Yalom, I. 1980. *Existential psychotherapy*. New York: Basic.

Yogeshwarand Saraswati. 1971. *Science of the soul*. India: Yoga Niketan.

Young, D. 1991. *Origins of the sacred*. New York: St. Martin's Press.

Yuasa, Y. 1987. *The body*. Albany: SUNY Press.

Ywahoo, D. 1987. *Voices of our ancestors*. Boston: Shambhala.

Zadeh, L. 1987. *Fuzy sets and applications*. New York: Wiley.

Zaehner, R. 1957. *Mysticism, sacred and profane*. New York: Oxford Univ. Press.

Zammito, J. 1992. *The genesis of Kant's critique of judgement*. Chicago: Univ. of Chicago Press.

Zanardi, C., ed. 1990. *Essential papers on the psychology of women*. New York: New York Univ. Press.

Zimmerman, M. 1981. *Eclipse of the self*. Athens: Ohio Univ. Press.

Zimmerman, M. 1990. *Heidegger's confrontation with modernity*. Bloomington: Indiana

Univ. Press.

Zoeteman, K. 1991. *Gaiasophy*. Hudson, N.Y.: Lindisfarne.

Zohar, D. 1990. *The quantum self*. New York: Morrow.

Zweig, C., ed. 1990. *To be a woman*. Los Angeles: Tarcher.

찾아보기

내용

켄
윌
버
의
성,
생
태,
영
성:
진
화
하
는
靈

❀ 저자 소개 ❀

Ken Wilber

우리 시대 최고의 통합사상가로 꼽히는 미국 출신의 저술가이자 철학자로, 23세의 젊은 나이에 동서양 사상을 섭렵한『의식의 스펙트럼*Spectrum of Conciousness*』을 저술하여 세상을 놀라게 했다. 그는 심리학, 사회학, 철학, 신비주의, 포스트모더니즘, 과학, 시스템 이론을 총망라해서 인간의식의 발달 및 진화에 대한 특유의 통합 이론을 제시하여 의식 분야의 아인슈타인으로 불리기도 한다. 선불교와 티베트 족첸을 비롯한 여러 전통의 수행을 40년 이상 직접 실천해 오고 있는 윌버는 1998년 통합연구소를 설립한 이후 통합 이론 및 훈련을 주도해 오고 있다. 그의 사상은 낭만주의 시기, 의식발달론 시기, 수준과 파동을 포섭하는 확장된 의식발달론 시기, 진리의 사상한론 시기, AQAL론 시기라는 대략 5단계를 거쳐 변화, 발전하였다. 초기의 대표적인 저서로는『의식의 스펙트럼*The Spectrum of Consciousness*』『무경계*No Boundary*』『아트만 프로젝트*Atman Project*』가 있고, 후기의 대표 저서로는『성, 생태, 영성*Ses, Ecology, Spirituality*』『모든 것의 역사*A brief History of Everything*』『통합심리학*Integral Psychology*』이 있다. 그의 저서 대부분이 현재 한국에서 번역, 출판되었다.

❀ 역자 소개 ❀

조옥경(Cho Okkyeong)

켄 윌버의 저서를 한국에서 가장 활발하게 번역하여 소개하고 있는 통합치유 전문가로서, 고려대학교 심리학과를 졸업하고 동 대학원에서 문학박사학위를 받았다. 인도 푸나 대학에서 요가심리학을 전공하고 하타요가의 대가 아엔가 센터에서 요가 수련을 한 후 미국 히말라야 요가연구소에서 하타요가 지도자 과정을 수료하였다. 서울불교대학원대학교 심신통합치유학과 교수로 재직하며 요가를 바탕으로 몸-마음-영성의 통합적 건강 패러다임을 연구, 지도하고 있다. 한국요가학회 회장을 역임하였고 현재는 한국명상학회 부회장, 대한심신치의학회 부회장을 맡고 있다. 요가, 명상에 관한 다수의 논문과 저서를 출판하였고, 『켄 윌버의 통합심리학』(학지사, 2008), 『에덴을 넘어』(공역, 한언, 2009), 『세상에서 가장 아름다운 용기』(공역, 한언, 2006), 『영원의 철학』(김영사, 2014), 『아이 오브 스피릿』(공역, 학지사, 2015), 『켄 윌버의 신』(공역, 김영사, 2016) 등을 번역하였다.

김철수(Kim Chulsoo)

고려대학교 대학원에서 심리학으로 박사학위를 받았으며, 계명대학교 심리학과 교수로 재직(1983~2012)한 바 있다. 역서로는 『아이 투 아이』(대원출판, 2004), 『무경계』(정신세계사, 2012), 『아이 오브 스피릿』(공역, 학지사, 2015)이 있으며, 논문으로는 「영원한 지혜와 첨단과학 지식 간의 만남」[사회과학논총, 18(1), 1998, 계명대학교], 「의식의 구조와 자기의 발달과정」[사회과학논총, 24(1), 2005], 「Wilber의 통합(AQAL)과 통합 방법론적 다원주의」[사회과학논총, 26(1), 2007] 등이 있다. 윌버의 '온수준, 온상한' 모델을 기반으로 한 통합연구와 그 성과를 정치, 교육, 리더십, 조직 문화 등 현실에 적용하는 데 관심을 갖고 있다.

켄 윌버의 성, 생태, 영성 (하)
-진화하는 靈

Sex, Ecology, Spirituality:
The Spirit of Evolution, Second Edition

2021년 1월 15일 1판 1쇄 발행
2022년 2월 25일 1판 2쇄 발행

지은이 • Ken Wilber
옮긴이 • 조옥경 · 김철수
펴낸이 • 김 진 환
펴낸곳 • ㈜ 학지사
　　　　04031 서울특별시 마포구 양화로 15길 20 마인드월드빌딩 5층
대표전화 • 02) 330-5114　　팩스 • 02) 324-2345
등록번호 • 제313-2006-000265호

홈페이지 • http://www.hakjisa.co.kr
페이스북 • https://www.facebook.com/hakjisabook

ISBN 978-89-997-2232-5 94180
　　　978-89-997-2230-1 94180(set)

정가 27,000원

이 도서의 국립중앙도서관 출판시도서목록(CIP)은 서지정보유통지원시스템
홈페이지(http://seoji.nl.go.kr)와 국가자료공동목록시스템(http://www.nl.go.kr/kolisnet)
에서 이용하실 수 있습니다.
(CIP제어번호: CIP2020044424)

출판 · 교육 · 미디어기업 학지사

간호보건의학출판 학지사메디컬 www.hakjisamd.co.kr
심리검사연구소 인싸이트 www.inpsyt.co.kr
학술논문서비스 뉴논문 www.newnonmun.com
원격교육연수원 카운피아 www.counpia.com